WAIC 2023世界人工智能大会 WORLD ARTIFICIAL INTELLIGENCE CONFERENCE | LAiW

人工智能
法律与政策

人工智能
法治应用

AI

人工智能法治
人物专访

人工智能
司法案件分析

LAW

人工智能
法治理论研究

人工智能法治发展
专题报告

人工智能法治
专题采访

The Blue Book of World Artificial Intelligence Rule of Law

2023

世界人工智能法治**蓝皮书**

学术顾问　张文显　薛　澜

主　编　崔亚东

副主编　叶　青　刘晓红　黄开胜　施伟东

上海市法学会　浙江清华长三角研究院
华东政法大学　上海政法学院　编

上海人民出版社

编委会

前言

《世界人工智能法治蓝皮书（2023）》与大家见面了（以下简称《蓝皮书（2023）》）。自2019年8月30日《世界人工智能法治蓝皮书（2019）》发布（国内外首创），迄今已经走过五年历程（以下简称《人工智能法治蓝皮书》）。在国家发展中，“五年计划”是我国国民经济发展阶段性重要规划。在学术界，五年是评价一个研究领域权威性的标准期限。五年，《人工智能法治蓝皮书》从创立走向成熟，走出了一条创新之路。

《人工智能法治蓝皮书》的创立

2018年9月17日，国家主席习近平在致2018世界人工智能大会的贺信中深刻地指出：“新一代人工智能正在全球范围内蓬勃兴起，为经济社会发展注入了新动能，正在深刻改变人们的生产生活方式。把握好这一发展机遇，处理好人工智能在法律、安全、就业、道德伦理和政府治理等方面提出的新课题，需要各国深化合作、共同探讨。”

智联世界，无限可能。

人工智能是一把双刃剑，在造福人类的同时，也会带来风险与挑战。如何应对这一新课题？智能社会治理被提上日程，人工智能法治应运而生。

2018年9月18日，世界人工智能大会①在上海召开，在大会期间，由上海市法学会主办了“人工智能与法治”高端论坛，②

① 世界人工智能大会（WAIC）由国家发展和改革委员会、工业和信息化部、科学技术部、国家互联网信息办公室、中国科学院、中国工程院、中国科学技术协会和上海市人民政府共同主办。大会始终坚持高端化、国际化、专业化、市场化、智能化的办会理念，逐步成长为全球人工智能领域最具影响力的行业盛会。

② 2018年9月19日，世界人工智能大会分论坛——“人工智能与法治”高端研讨会在上海正式召开。会议以“发展应用与法律保障”为主题，由上海市经济和信息化委员会、上海市法学会、上海人民出版社、上海市科学技术协会、上海市科学学研究所、科大讯飞主办。上海市法学会会长崔亚东主持开幕式，中国法学会副会长张文显、上海市高级人民法院院长刘晓云（时任）、科大讯飞董事长刘庆峰等领导和嘉宾出席此次会议。科大讯飞高级副总裁、政法事业群总裁赵志伟在会上发表“人工智能最新进展及在政法领域的应用思考”主题演讲。会上，《“人工智能与法治”上海倡议》正式发布。

并发布了《人工智能与未来法治构建上海倡议》，在全国率先提出了构建人工智能未来法治体系建设的观点，受到了国内外法学界、科技界的高度关注。

人工智能法治是一个新概念、新事物。推动人工智能法治研究，助力智能社会治理，是法律人的责任。2019年年初，我与施伟东副会长商量，提出编写《人工智能法治蓝皮书》的设想，为推动人工智能法治研究提供理论支撑和数据支持。这一设想得到了华东政法大学校长叶青、上海政法学院校长刘晓红、浙江清华长三角研究院院长王涛（时任）等同志的支持。遂由上海市法学会联合浙江清华长三角研究院、华东政法大学、上海政法学院为主编单位，① 组成专门编写团队，并在2019年8月30日世界人工智能大会法治论坛上发布第一部《世界人工智能法治蓝皮书（2019）》(国内外唯一)。《蓝皮书（2019）》一经发布，即引起社会各界的高度关注，央视、人民网、凤凰网、澎湃新闻、上海相关媒体等作了详尽报道。同时，被上海市列为人工智能上海高地建设的“七大行动”之一。《蓝皮书（2019）》第一次较全面地搜集、汇总、分析了中国乃至世界人工智能法治发展状况，为繁荣人工智能法学研究、引领人工智能法治体系建设、推动人工智能全球治理提供了宝贵的资料和较高质量的分析报告。

《人工智能法治蓝皮书》的发展

事非经过不知难。

天下本无路，路是人走出来的。

人工智能是一个新事物，人工智能法治更是一个新概念。这一概念在2018年刚刚提起时，许多人对此并不认识。《人工智能法治蓝皮书》编写团队在无先例、无参照、无经验的情况下，敢于做第一个吃螃蟹的人，团结拼搏，攻坚克难，大胆创新，勇于前行，在实践中不断探索，在探索中积累经验，以钉钉子的精神，一步一个脚印，一年一个台阶，逐年提升，逐步完善，从零到一，从一到五。今天，当《蓝皮书（2023）》出版之时，回顾五年的路程，实属不易。

《人工智能法治蓝皮书》的特点

《人工智能法治蓝皮书》以自然年度编写并发布，除具有蓝皮书 ② 的共同特点之

① 2019年《世界人工智能法治蓝皮书》的主编单位为上海市法学会、浙江清华长三角研究院，2020年迄今，主编单位均为上海市法学会、浙江清华长三角研究院、华东政法大学、上海政法学院。

② 蓝皮书，是指由独立第三方完成的综合性研究报告。蓝皮书源于英国，本意指一种政府发表的文件，用蓝色封皮，性质与白皮书相同。后大量研究机构借用“皮书”带有的权威含义，给一些研究报告冠以“皮书”之名，以示其看法和观点具有一定的代表性和权威性。

外，也具有自己的鲜明特点：

一、编写宗旨。《人工智能法治蓝皮书》始终坚持以习近平法治思想为指引，立足国内，放眼世界，以服务国家新一代人工智能发展战略实施为目标，以服务破解人工智能可能带来的风险与挑战，构建智能社会治理秩序，助力智能社会全球治理为重点，以保障人工智能安全、可信、可靠、可控、健康发展为愿景，通过搜集、汇总年度国内外人工智能法治发展的最新资料、最新案例、最前沿观点并分析形成评估报告，为人工智能领域相关政策、法律法规的制定实施和人工智能法治研究提供最新资料、科学指导和专业支持，为推进智能社会全球治理提供中国智慧，实现人工智能与人类共生共荣的最终目标。

二、内容丰富、观点新颖，具有权威性、引领性、实用性。《人工智能法治蓝皮书》聚焦本年度国内及国外人工智能法治最新发展动态，通过主体结构四大板块和“观点精粹”专栏，全面反映本年度人工智能法治发展情况。一是人工智能法律与政策，较全面地收集了本年度国内及部分国家和地区的立法机关、行政机关，以及国际组织制定的有关人工智能的具有普遍约束力或强制力的法律、法案、条例、指令等规范性文件；二是人工智能法治理论研究，主要对本年度国内人工智能法治研究基本情况进行梳理，重点对著作、科研项目、研究论坛、研究论文等进行专项分析，对国外主要国家和地区人工智能法治研究情况进行检索分析；三是人工智能法治应用，主要对本年度国内和国外人工智能在立法、执法、司法和法律服务等法治领域的应用进行分析；四是人工智能司法案件分析，国内主要以司法数据统计为基础，通过对本年度人工智能司法案件的地域、诉讼主体、标的、案件类型等情况的分析，反映人工智能司法案件的实践状况，以及相关治理问题的发展态势。同时通过检索，对国外发生的涉人工智能典型司法案件进行汇总，为研究者提供参考；五是观点精粹栏目，收集汇总上一年度“世界人工智能大会法治论坛”专家演讲、研讨观点，以发挥其引领性价值。《人工智能法治蓝皮书》涵盖了中国乃至世界有关人工智能法治发展的战略、政策、法律、理论研究、实际应用和典型案例资料。

三、聚焦人工智能发展前沿、回应人工智能治理热点。聚焦前沿、回应热点是本书的一大特点。本书设计了“专题报告”“专家访谈”等板块，《蓝皮书（2020）》推出“涉疫情人工智能应用”相关专题报告；《蓝皮书（2021）》推出“数据权利保护、自动驾驶法律问题”相关专题报告；《蓝皮书（2022）》推出“元宇宙法律治理”专题报告；《蓝皮书（2023）》重点讨论了以“ChatGPT为代表的生成式人工智能治理问题”，使《人工智能法治蓝皮书》具有时代性、前沿性、指导性、可读性。

四、创立“人工智能法治发展指数”，开展分析评估。《人工智能法治蓝皮书》集国内外法学、科技界专家智慧，创立了人工智能法治发展指数（世界首创），并根据《指数》，组织专家团队对本年度中国人工智能法治发展进行评估，形成《中国人工智能法治发展评估报告》。以可量化可视化的形式，实时反映中国人工智能法治发展情况，并在年度《人工智能法治蓝皮书》中发布。《指数》制定后，在实践中不断完善，目前已上升至4.0版，得到了国内外法学法律界、科技界专家学者、社会公众持续关注与高度评价，为推动国内人工智能法治的发展发挥了积极作用。

五、数据真实可靠，具有较强的参考价值和保存价值。《人工智能法治蓝皮书》相关数据库建立在浙江清华长三角研究院法治与治理研究中心，并由中心组织专家团队负责数据采集管理分析。数据团队通过应用包括pytorch构架构建人工智能—法律模型人工智能技术，Spark大数据计算框架等先进的检索工具和科学的数据分析技术，保证了数据的真实性、完整性和准确性。《人工智能法治蓝皮书》设计了“调研问卷”，并采用问卷星系统收集，通过上海市法学会公众号、各省市法学会调查问卷函，以及部分高校涉人工智能法学专业师生推荐等方式填报。《人工智能法治蓝皮书》收集的数据真实可靠，为人工智能法治研究提供了可靠的资料依据和数据支持，具有较强的参考价值和保存价值。

六、体例完善、结构合理、设计创新。《人工智能法治蓝皮书》既具有一般蓝皮书的规范性、标准化特点，又具有自身的特色和创新性。在体例、结构上具有稳定性与延续性，同时每年根据人工智能法治发展最新动态，在体例和结构上不断创新。例如《蓝皮书（2020）》《蓝皮书（2021）》先后增加了《人工智能法治发展指数》《中国人工智能法治发展评估报告》、年度“世界人工智能大会法治论坛观点精粹”以及“专题报告”“专家访谈”“调查问卷”等板块，五年间，从《蓝皮书（2019）》六个板块增加至《蓝皮书（2023）》十个板块，不仅在体例、结构上更加完善和丰富，也使本书更具有参考性、可读性。本书封面由北京高高国际文化传媒有限责任公司孙莉设计，其突破了传统蓝皮书的固有版式，不再采用大面积单调蓝色，而是根据最具美感的黄金分割比例，在保留局部少量蓝色色块为固定元素的同时，留出年度可自由变化色块的空间，力求呈现科技感、现代感、规则感，也兼具醒目辨识效果，整体神相似，年年不相同，体现了推陈出新的设计理念。

七、中英文双语出版，影响力不断扩大。2019 年迄今，《人工智能法治蓝皮书》已经出版发行了五册，在国内外形成了一定的影响力，是研究人工智能法治领域的专门著作系列，也是目前世界有关人工智能法治领域研究的第一部专著系列，开启了人工智能法治研究蓝皮书之先河。2019 年《人工智能法治蓝皮书》立项伊始，即被纳入上海打造人工智能高地整体战略，被上海市列为《关于建设人工智能上海高地 构建一流创新生态行动方案》“七大行动”之一，成为上海人工智能“一流创新生态”的标志性品牌之一。2022 年起，《人工智能法治蓝皮书》英文版由上海人民出版社与施普林格·自然（Springer Nature）出版集团按年度出版发行，使《世界人工智能法治蓝皮书》真正走向了世界，为建构人工智能法治体系，营造人工智能法治生态，繁荣人工智能法学研究，推动人工智能全球治理发挥着积极作用。

《人工智能发展蓝皮书》的展望

习近平同志指出：“人工智能是新一轮科技革命和产业变革的重要驱动力量，加快发展新一代人工智能是事关我国能否抓住新一轮科技革命和产业变革机遇的战略问题。”①

2016 年 3 月，世界瞩目的“人机大战”，谷歌 AlphaGo 战胜了世界围棋顶尖高手李世石，震惊世界。围棋——这一被誉为人类智力最后的堡垒被人工智能攻克。这一事件被视为人工智能发展的里程碑，在全球迅速掀起了人工智能发展新的浪潮。

2016 年 10 月，美国白宫发布了《国家人工智能研究与发展战略计划》，美国政府投入大量资金支持人工智能研究与发展。2016 年，“人工智能”写入我国《国民经济和社会发展第十三个五年规划纲要》。2017 年 7 月 8 日，我国国务院发布《新一代人工智能发展规划》（国发〔2017〕35 号），人工智能被上升为国家战略。其后，世界许多国家纷纷出台支持人工智能发展的国家战略，大力发展人工智能，人工智能成为驱动各国经济快速增长的重要力量。

① 2018 年 10 月 31 日习近平总书记在十九届中央政治局第九次集体学习时的讲话。

2022 年 11 月，OpenAI[①] 发布生成式对话机器人 ChatGPT。[②]ChatGPT 面世后，迭代速度堪称光速。2023 年 3 月，GPT-4[③] 发布后，OpenAI 宣布推出插件功能，使 ChatGPT 具备了更强语言模型能力，使其能够访问最新信息、执行计算和使用第三方服务，具有典型的“人化”特征。作为人工智能技术驱动的自然语言处理工具，ChatGPT 被称为新一代人工智能技术的典型代表，被视为继互联网、智能手机之后的第三次革命性产品，亦被人们视为人工智能发展史上的又一里程碑。

ChatGPT 狂飙突进式的更新迭代，引发了人类社会的恐慌。2023 年 3 月 29 日，在人工智能领域，一次非常难得的产业界和学术界共振，以埃隆·里夫·马斯克（Elon Reeve Musk）为首的超千位业界、学界人士联名发出公开信，呼吁所有人工智能实验室应立即暂停训练比 GPT-4 更强大的模型，为期至少 6 个月。[④]

以 ChatGPT 为代表的新一代人工智能发展，是应该“踩刹车”还是“加油门”？人们发出了世纪之问。

科技是第一生产力，是推动世界发展进步的重要力量。同时，科技又是一把“双刃剑”，在赋能人类社会的同时，也会带来风险与挑战。人工智能具有的技术性和社会性的双重属性以及其发展的不确定性，必然会在法律、安全、就业、道德伦理、政府治理、经济发展、社会稳定等方面带来风险和挑战。这是科技发展、智能社会带给人们的新课题。因此，不只是“踩刹车”还是“加油门”的问题，应该加快建立和完善人工智能道德准则、行业标准、制度规范、法律法规体系和监管机制，运用法治

① OpenAI 成立于 2015 年 12 月，是处于美国旧金山的一个人工智能研究实验室，由非营利性的 OpenAI Inc. 及其营利性的子公司 OpenAI LP 组成。由科技领袖山姆·阿尔特曼（Sam Altman）、彼得·泰尔（Peter Thiel）、里德·霍夫曼（Reid Hoffman）和埃隆·马斯克（Elon Musk）等人创办。

② ChatGPT（Chat Generative Pre-trained Transformers，生成式聊天预训练转换器），是由美国人工智能组织 OpenAI 开发，并于 2022 年 11 月发布的人工智能聊天机器人，本质上是一种生成式预训练转换器（GPT）语言模型。

③ GPT 是 Generative Pre-Training 的简写。GPT-4 是 OpenAI 为聊天机器人 ChatGPT 发布的语言模型。2023 年 3 月 14 日，OpenAI 发布 GPT-4。

④ 2023 年 3 月 29 日，未来生命研究所（Future of Life Institute）发布“暂停巨型 AI 实验：一封公开信”，呼吁所有 AI 实验室立即暂停训练比 GPT-4 更强大的 AI 系统至少 6 个月。辛顿、马库斯和马斯克均签署了这封公开信。信中写道：广泛的研究表明，具有与人类竞争智能的人工智能系统可能对社会和人类构成深远的风险，这一观点得到了顶级人工智能实验室的承认。公开信链接：https：//futureoflife.org/open-letter/pause-giant-ai-experiments/。

思维和法治方法引领、规范、促进、保障人工智能安全、可靠、可信、可控、健康发展，趋利避害，使其更好地造福人类。这一行动，需要形成全球共识，共同协作、共同推动。《人工智能法治蓝皮书》将继续为此发挥作用。

《蓝皮书（2023）》的编写情况

编写过程。《蓝皮书（2023）》编写工作于2022年11月启动，于2023年4月完稿。《蓝皮书（2023）》延续《蓝皮书（2022）》编写体例，由前言、人工智能法治发展综述、《人工智能法治发展指数4.0》和《中国人工智能法治发展评估报告（2022）》、2022世界人工智能大会法治论坛观点精粹、2023智慧法治学术影响力TOP100作品·作者·期刊、分析报告（计4个部分）：第一部分“人工智能法律与政策”、第二部分“人工智能法治理论研究”、第三部分“人工智能法治应用”、第四部分“人工智能司法案件分析”，人工智能法治发展专题报告（计6篇）：《企业数据保护研究报告》《刑事数字合规研究报告》《元宇宙安全风险的治理机制研究报告》《元宇宙规制研究报告》《生成式人工智能治理研究报告》《ChatGPT的中国式法律规制研究报告》，人工智能法治人物专访（4位），人工智能法治专题采访（2篇），世界人工智能法治蓝皮书（2023）调研问卷与分析以及7个附件组成。

《蓝皮书（2023）》的综述、指数报告、分析报告（第一至第四部分），分别由林竹静、彭辉、郝作成、詹可、陈吉栋、吴涛负责执笔。专题报告（第五部分）分别由付新华、裴炜、赵精武、张钦昱、商建刚、唐林垚等相关专业领域专家学者撰写。人工智能法治人物专访、人工智能法治专题采访（第六、第七部分），由赵玉成组织执笔，分别对孔祥俊、马长山、［美］罗斯坦·J. 纽维尔、［美］凯文·阿什利等专家进行访谈，并形成访谈报告（专题报告、专家访谈与专题采访基本保留作者、专家原有的观点，因篇幅所限对文字进行了压缩）。附件部分由章弈宸负责执笔。胡荣鑫、胡鹏、周巡、朱翘楚、王光林、吴大奎、白文迪、潘昊、龚思涵、陈玉英、吴亦澜、曾涛、刘烨、陈曦、熊雅文、邢恩铭、施子涵、陈洁、姜宵、赵佳怡、陆晨莹、陆蕾、印梦婕、缪文宇、方乐、范小阳、杨思、杨楚钰、张逸群、种兆彤、张浩然、徐艾敬、林容楚、林瑶瑶、李海怡、刘佳、方梓菡等同志参与了本书书稿的研究和校对工作。在此，向所有参与《蓝皮书（2023）》编写及提出意见建议的专家、学者、工作人员表示衷心的感谢。

《蓝皮书（2023）》重点聚焦世界人工智能法治发展最新动态，搜集汇总各国有关人工智能法治发展的战略、政策、法律、理论研究、重大项目应用、典型司法案例等方面的最新资料，通过分析、评估，形成了较为客观、公正、准确、全面的分析报告。《蓝皮书（2023）》内容更加丰富、数据更加翔实。《蓝皮书（2023）》在延续上年蓝皮书的架构下，有以下新的变化：

一是修订《人工智能法治发展指数4.0）》(以下简称“指数4.0”)，根据人工智能领域最新发展和专家意见，调整修订了“指数4.0”，并据此对2022年中国人工智能法治发展进行了评估，形成了《中国人工智能法治发展评估报告（2022）》。

二是加强了国外涉人工智能司法案例收集和分析。在第四部分“人工智能司法案例分析”中，使用英语、德语、法语、西班牙语、俄语、日语、韩语等多种语言，检索了上千个外国涉人工智能司法案件，进行关键要素的提取以及典型性分析，并基于数据、算法、算力三个方面提炼出有价值的裁判观点，以供国内司法实践参考。

三是在人工智能法治发展专题报告板块，围绕以ChatGPT为代表的生成式人工智能治理、元宇宙规制等人工智能法治前沿、热点问题展开研讨；在人工智能法治人物专访栏目，聚焦数字经济、数字政府、数字社会建设等热点问题，邀请国内人工智能法学界、实务界专家学者发表见解。

四是数据来源。《蓝皮书（2023）》数据库建设、数据采集与管理工作由浙江清华长三角研究院法治与社会治理研究中心“人工智能法治数据库”提供支持。“人工智能法律与政策”数据主要源自中国全国人大网站、国务院及其各部门网站、地方人民政府网站，以及美国、欧盟等相关国家与地区的政府部门、组织机构网站公开内容、法律法规数据库及其他公开出版的研究报告等。“人工智能法治理论研究”数据源自CNKI中国知网数据库、Web of Science数据库、中国法学创新网、中国学术会议在线、艾思学术会议、当当网、亚马逊网等图书销售网站、百度搜索、微信搜索，以及国家社科基金项目数据库、司法部官网、中国法学会官网以及教育部官网。“人工智能法治应用”数据源自全国人大、公安部官网、31个省级人大官网、省级法院官网、省级检察院官网、省级政府官网、公安厅官网、司法厅官网、中国法院网、中国法律服务网、26家主要人工智能企业的官方网站以及上述机构相对应的官方微信公众号，并辅以Bing、Google等搜索引擎检索和相关调研报告。“人工智能司法案件分析”数据源自中国裁判文书网、威科先行法律信息数据库，LexisNexis、Westlaw、相关国家政府网站，以及其他网络公开资料。

经《人工智能法治蓝皮书》编委会研究决定，增补黄开胜（浙江清华长三角研究院院长）为蓝皮书副主编，由于工作变动原因，王涛同志不再担任蓝皮书副主编。在此，谨向王涛同志致以崇高敬意，并对他为《人工智能法治蓝皮书》的创立、编写作出的贡献表示衷心的感谢！同时，编委会研究决定增补夏咸军（上海市法学会党组成员、秘书长）、张海斌（上海外国语大学法学院院长、校学术委员会委员）、张宏俊（上海市浦东新区工商联张江人工智能商会会长、汇纳科技股份有限公司董事长）为编委，沈志滔（上海外国语大学法学院副院长）为编辑部成员。

各位读者，经过五年的实践，《人工智能法治蓝皮书》质量逐年提升，但人工智能法治仍是一个新事物、新学科，本书的编写工作仍处于探索阶段，加之编写人员能力水平有待提升，数据资料的搜集，尤其是对国外数据、资料的收集整理难度较大，在编写过程中，对数据、资料的分析以及文字等方面还可能存在疏漏或谬误之处，敬请各位读者批评指正。

崔亚东

2023 年 6 月 2 日

目录

第三部分 人工智能法治应用

第四部分 人工智能司法案件分析

第五部分 人工智能法治发展专题报告

附　录

人工智能法治发展综述

人工智能，是引领新一轮科技革命和产业变革的关键技术，是全球科技竞争的制高点。

2022 年，人工智能在助力基础科学研究与加速产业落地方面“两条腿”走路，均取得不俗成绩。在基础科学领域，典型如“AlphaTensor”[①]人工智能系统解决了困扰数学界半个世界的难题——找到两个矩阵相乘最快的方法。[②]在产业发展方面，2022 年 ChatGPT[③]的面世将人工智能大模型这一概念引入更多人的视野。[④]同时，2022 年亦是自动驾驶行业具有里程碑意义的一年：德国成为世界上第一个 L4 级别自

① AlphaTensor 是人工智能工具首次创建的高效准确数学算法。

② 2022 年 10 月，英国《自然》杂志封面以“矩阵游戏”为题，发表了人工智能公司“深度思维”团队的最新发现：人工智能可以解决矩阵乘法问题。一款名为“AlphaTensor”的人工智能系统能自行发现新算法，从而解决了 50 年来数学领域一个悬而未决的问题——找到两个矩阵相乘最快的方法，成为全球首个可为矩阵乘法等基本任务发现新颖、高效且正确算法的人工智能系统。

③ ChatGPT（Chat Generative Pre-trained Transformers，生成式聊天预训练转换器），是由美国人工智能组织 OpenAI 开发，并于 2022 年 11 月发布的人工智能聊天机器人，本质上是一种生成式预训练转换器（GPT）语言模型。它建立在 OpenAI 的 GPT-3.5 和 GPT-4 版本系列大型语言模型（LLM）之上，并通过使用监督学习和强化学习技术进行迁移学习的方法进行了微调和优化。ChatGPT 的原始版本是基于 GPT-3.5 开发。基于最新的 OpenAI 模型 GPT-4 的版本于 2023 年 3 月 14 日发布，并在有限的基础上面向付费用户开放。ChatGPT 本质是一种专注于人工智能技术自动生产内容 AIGC（AI Generated Content）的语言模型。目前，该语言模型已经可根据提示生成几乎任何主题的原始文本与部分图片、视频等，包括代码、文章、论文、笑话、诗歌等，并可以协助人类完成一系列任务。

④ 智能汽车与智慧城市协同发展联盟：《2022 年智能网联汽车十大关键词》，载《汽车与配件》2023 年第 1 期。

动驾驶合法化的国家。[①] 中国累计发放超过 1000 张道路测试牌照，自动驾驶从研发测试走向大规模商业化试点。[②] 人工智能在基础研究、生产制造、应用服务等多个领域呈现百舸争流、百花齐放的强劲发展趋势。后疫情时代，数字经济将在全球经济复苏中发挥重要作用，未来十年中国也将迎来智能化的数字浪潮。新一代人工智能技术在各行业的深入应用，对大数据分析和智能决策需求的增长、云服务普及率的不断提高将极大推动人工智能以更大范围、更高效率、更加精准地优化各行业生产和服务资源配置。

2022 年也是人工智能法治发展的重要年份。国内外人工智能的专门立法开始出现，人工智能法学界开始超越碎片化的技术表象，深入探知人工智能技术及其应用的法理本质，全面思考人工智能法律应对的整体框架，甄别人工智能法的理论体系与核心议题，启发更具价值的学术讨论，进而在此基础上做好规划，夯实基础，更快促进新时代新征程上人工智能与经济社会发展的深度融合，推动新一代人工智能健康发展。

一、人工智能发展

2022 年 11 月，中国电子信息产业发展研究院发布的《2022 中国人工智能创新发展指数报告》显示：近年来，中国人工智能进入与经济深度融合应用新阶段，智能化转型全面推进，人工智能产业在全球的影响力不断增强。2017 年至 2021 年，中国人工智能产业规模增长了 2.6 倍，占全球比重提升到 16.8%。专利申请量占全球比重持续扩大，从 2012 年的 13% 增长到 2021 年的 70.9%。[③] 另据美国斯坦福大学发布的《2022 年人工智能指数报告》显示，尽管地缘政治紧张局势加剧，但从 2010 年到 2021 年，美国和中国在人工智能方面的跨国合作数量最多，自 2010 年以来增长了五倍。[④] 美国和中国主导了人工智能的跨国合作，同时也是全球人工智能赛道上两个最

① 叶强：《德国自动驾驶立法评析》，载《国外社会科学》2022 年第 2 期。

② 吴俊贤、张小信：《上海市智能网联汽车规模化示范应用发展分析》，载《人工智能》2022 年第 4 期。

③ 张萌：《超越对抗的中美关系探究》，载《外交学院》2022 年第 10 期。

④ 谢黎：《斯坦福大学发布〈2022 年人工智能指数报告〉》，载《世界科技研究与发展》2022 年第 3 期。

重要的竞争对手。

英国数据分析媒体 Tortoise Intelligence① 在对全球 62 个调查对象国家人工智能发展状况进行比较分析后发布的全球 AI 指数调查结果显示，美国、中国、英国、加拿大、以色列位列前五。而据《2022 年人工智能领域技术创新指数分析报告》，② 过去 5 年（2018 年 1 月至 2022 年 10 月），全球超过 50 个国家和地区共申请了 115 万件人工智能领域相关专利。其中，专利申请数量最多的两个国家就是中国与美国，专利申请数量分别是 64.85 万件和 19.10 万件（见图 1）。中国在人工智能领域的专利申请量表明，中国在人工智能领域的创新非常活跃。

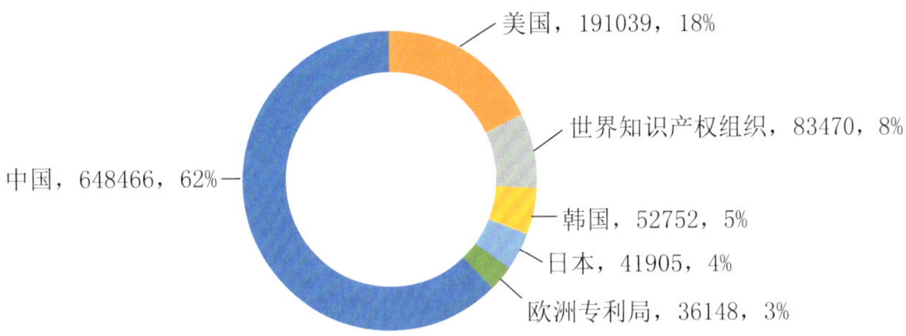

图 1　人工智能领域专利申请量占比（2018 年 1 月—2022 年 10 月）

（一）中国人工智能发展

1. 核心产业规模不断扩大，专利申请量领先全球

2022 年，中国政府加快国家人工智能创新应用先导区建设。支持人工智能优势企业在自动驾驶、智能制造、智慧城市等优势领域开展创新应用，全面构筑人工智能场景创新高地，在此基础上支持头部企业着力构建开源框架和通用大模型的应用生态，加强人工智能算力基础设施布局。加速人工智能基础数据供给，全面夯实人工智能产业发展底座。当前，中国人工智能产业在产业生态、技术创新、融合应用等方面取得积极进展，已进入全球第一梯队。中国信通院测算，2022 年中国人工智能核心产业规模达 5080 亿元，同比增长 18%。③ 人工智能专利申请量居世界首位。2013 年至 2022 年 11 月，全球累计人工智能发明专利申请量达 72.9 万项，中国累计申请量

① Tortoise Media，The Global AI Index，2023 年，https://www.tortoisemedia.com/intelligence/global-ai/。
② 陈文玲：《美国在几个重要经济领域对华遏制的新动向》，载《人民论坛 · 学术前沿》2023 年第 5 期。
③ 赵梦：《“十四五”时期数字经济赋能高质量发展的创新路径》，载《西南金融》2023 年第 3 期。

达38.9万项，占53.4%；全球累计人工智能发明专利授权量达24.4万项，中国累计授权量达10.2万项，占41.7%。①

2. 加速创新载体建设，布局区域智算中心

2022年，一批新型研发机构在人工智能大模型、人工智能计算芯片等领域取得了技术突破。算力基础设施达到世界领先水平。全国一体化大数据中心体系基本构建，“东数西算”工程加快实施；建成一批国家新一代人工智能公共算力开放创新平台。基于对支撑AI应用及研发的智能算力需求扩大，以及全国算力枢纽一体化和“东数西算”的工程建设方向，近两年来各地对人工智能计算/超算中心（以下简称智算中心）的关注度和投资增多。目前中国有超过30个城市建设或提出建设智算中心，其中已有近10个城市的智算中心投入运营，为当地各行业领域提供算力支撑。通过智算中心建设，对区域经济发展和产业升级产生明显推动作用，同时提高了城市治理智能化水平和城市竞争力。

3. 行业企业不断成长，关键核心技术获得突破

截至2022年底，我国人工智能行业企业数量达4227家，约占全球企业总数的16%。人工智能产业已形成长三角、京津冀、珠三角三大集聚发展区。其中，上海人工智能行业企业平均注册资本最高，为5459万元。北京、河北、湖南的人工智能行业企业平均注册规模均在4000万元以上，规模相对较大。百度、阿里、华为、腾讯、科大讯飞等一批人工智能代表企业初步具备支撑产业快速发展的能力。企查查数据显示，近10年来我国新增人工智能相关企业注册量逐年上升，其中2022年新增量同比增长18.55%。②截至2022年，我国人工智能行业企业在应用算法、智能芯片、开源框架等关键核心技术上已取得重要突破，智能芯片、终端、机器人等标志性产品的创新能力持续增强，图像识别、语音识别等应用技术进入国际先进行列，智能传感器、智能网联汽车等标志性产品有效落地应用，部分关键应用技术居世界先进水平。

4. 政策框架日益成熟，治理机制不断完善

中国人工智能产业的高速发展离不开中国政府的大力支持。近年来，中国政府先

①② 王政：《人工智能产业迎来发展新机遇》，载《人民日报》2023年3月15日第18版。

后发布《促进新一代人工智能产业发展三年行动计划》《关于加快场景创新以人工智能高水平应用促进经济高质量发展的指导意见》等多项政策文件，为人工智能核心技术攻关、产品落地应用以及探索发展新模式新路径提供了重要支持。目前，中国已经制定了较为全面的人工智能发展政策框架，人工智能被视为国家优先事项，在各地各级政府乃至全社会均得到极大关注和支持。截至 2022 年，中国已有超过 400 所高校开办人工智能专业，高端人才居全球第二。在人工智能法学研究与立法实践领域，中国正在积极探索人工智能安全、科技伦理治理机制。不断完善人工智能融合应用安全、伦理治理范式，加速构建新一代人工智能法律、市场、代码架构和社会规范相结合的多元路径。

（二）国外部分国家及地区人工智能发展

1. 美国：在人工智能领域仍居领先地位

2022 年，美国继续保持在人工智能领域的领先地位，从安全、技术创新、本土发展、国际合作等方面展开战略部署，同时强调“人工智能 + 国防”。2022 年 2 月，美国国防部在其发布的备忘录中明确将人工智能列为维护美国国家安全至关重要的关键技术。①2022 年 5 月，美国国家人工智能咨询委员会（NAIAC）成立五个专门工作组，以进一步巩固美国在人工智能领域的全球竞争力和国际合作方面的领导地位。NAIAC 还将成立一个小组委员会，负责与执法有关的人工智能发展问题，并将在数据偏差和安全等领域提供指导。②2022 年 10 月，美国白宫发布《人工智能权利法案蓝图》，旨在指导自动化系统的设计、使用和部署，保护美国公众个人数据不被人工智能算法滥用。

2. 欧盟：厘清人工智能及数字立法相关规则

2022 年 9 月，欧洲政策研究中心（CEPS）发布《〈人工智能法案〉和新兴的欧盟

① DoD in the USA. DoD STRATEGIC MANAGEMENT PLAN（Fiscal Years 2022—2026），Mar. 13，2023，https://media.defense.gov/2023/Mar/13/2003178168/-1/-1/1/DOD-STRATEGIC-MGMT-PLAN-2023.PDF.

② NAIAC. National AI Advisory Committee Sets Working Groups，Vision，May 5，2022，https://www.meritalk.com/articles/national-ai-advisory-committee-sets-working-groups-vision/.

数字法案》[①]报告，对欧盟委员会于2021年4月提出的《人工智能法案》和欧盟数字法律之间的关系进行分析，列出了数据保护、数字服务包、数据治理、网络安全、不公平的商业惯例、知识产权和责任承担规则这七个政策领域的重叠、差距和不一致之处，绘制了当前围绕《人工智能法案》关键层面的政策现状表格，为研究者提供了一个合适的分析框架，以探讨《人工智能法案》目前的草案文本与其他（包括即将出台的）欧盟立法之间的相互作用。

3. 俄罗斯：国家人工智能发展中心启动运作

2022年9月，俄罗斯启动俄联邦政府下属的国家人工智能发展中心，[②]该中心作为落实普京总统批准的发展人工智能的国家战略以及落实国家计划“数字经济”框架内联邦项目“人工智能”活动的工具之一，将成为俄罗斯国内企业、学界与政府探索和分析高效人工智能解决方案，实时监测俄罗斯国内人工智能行业发展关键指标的关键平台。

4. 英国：发布《国防人工智能战略》

英国将“AI+国防”作为“全球人工智能超级大国”的重要组成部分。2022年6月，英国国防部发布《国防人工智能战略》，[③]提出通过科学和技术获取国防战略优势，将英国国防机构及其武装部队转变为“有效、高效、值得信赖和有影响力的国防组织”的规划蓝图。2022年7月，英国国防科技实验室宣布成立人工智能研究国防中心，专注于与实现人工智能能力发展相关的基础问题，成果将惠及英国国防及更广泛的经济社会。[④]

5. 德国：提出了新的“数字化战略”

2022年，德国提出了新的“数字化战略”，全面建立互联、可持续的数据文化将

---

① 欧洲政策研究中心（CEPS）:《人工智能法案和新兴的欧盟数字保护法——重叠、差距和不一致》，2022年9月22日，https://www.sohu.com/a/590147874_120076174。

② RUSSIAN NEWS AGENCY：Center for AI development affiliated to Russian government to be launched in September，2022年8月17日，https://tass.com/economy/1494661。

③ Ministry of Defence in the UK：Policy paper：Defence Artificial Intelligence Strategy，2022年6月15日，https://www.gov.uk/government/publications/defence-artificial-intelligence-strategy。

④ Freshfields Bruckhaus Deringer：Germany's Digital Strategy-digitalisation of the telecommunications infrastructure-the second attempt，2022年9月6日，https://www.lexology.com/library/detail.aspx?g=6c484b16-ddf4-4f6b-8489-9b96eed13bb0。

成为未来几年德国科研领域的关键任务。战略的具体内容包括“国家研究数据基础设施 NFDI”数据库建设；欧洲云计划盖亚 -X 和数据空间的互联互通；加强科研领域数据资助计划；扩大超级计算中心的数字化基础设施，提高数据加工能力等。在人工智能领域，德国政府决定对柏林学习和数据基础研究所、慕尼黑机器学习中心等 5 个人工智能能力中心进行每年定额资助，以确保德国在人工智能领域的技术主权。

6. 法国：发布人工智能指南

2022 年 4 月 5 日，为了阐明与隐私保护相关的人工智能问题并支持专业人员遵守相关法规，法国国家信息与自由委员会（CNIL）发布了一套关于人工智能监管的合规评估工具。① 该工具面向普通大众、数据控制者和处理者、人工智能专家等三类人提出具体要求，目的是促进基于人权和基本价值观的人工智能强有力监管框架的形成。CNIL 目前正在制定关于人工智能使用的若干监管框架（包括电子隐私条例和人工智能条例），应该“在未来几年看到曙光”。法国政府正在计划出台新的“人工智能国家战略”，预计在未来 5 年内投入 22 亿欧元用于加快人工智能发展，旨在加快法国人工智能应用并提升竞争力。

7. 加拿大：推出数字宪章实施法案

2022 年 6 月，加拿大创新、科学和工业部长与加拿大司法部长兼总检察长联合提出 C-27 法案，② 即《2022 年数字宪章实施法案》。该法案提议颁布三项新的联邦立法，包括《消费者隐私保护法》《个人信息和数据保护法庭法》以及《人工智能与数据法》。据该系列法案，消费者对其个人信息的收集和使用将拥有更多的控制权。同时，《人工智能与数据法》将为负责任的人工智能开发和使用创建新规则。

8. 日本：发布“人工智能战略 2022”

2022 年 4 月，日本政府在第 11 届综合创新战略推进会上正式发布“人工智能

① Commissione de l’informatique et des libertés（CNIL）：Intelligence artificielle：la CNIL publie un ensemble de ressources pour le grand public et les professionnels，5 avril 2022，https://www.cnil.fr/fr/intelligence-artificielle/la-cnil-publie-ressources-grand-public-professionnels.

② Minister of Innovation，Science and Industry：BILL C-27（An Act to enact the Consumer Privacy Protection Act，the Personal Information and Data Protection Tribunal Act and the Artificial Intelligence and Data Act and to make consequential and related amendments to other Acts，June 16，2022），https://www.canada.ca/en/innovation-science-economic-development/news/2021/11/government-of-canada-invites-small-businesses-to-develop-an-artificial-intelligence-decryption-service.html.

战略 2022”，① 作为指导未来日本人工智能技术发展的宏观战略。该战略目标包括：（1）构建符合时代需求的人才培养体系，培养 AI 时代各类人才；（2）运用 AI 技术强化产业竞争力，使日本成为全球产业的领跑者；（3）确立一体化的 AI 技术体系，实现多样性、可持续发展的社会；（4）发挥引领作用，构建国际化的 AI 研究教育、社会基础网络。

9. 以色列：加强军事领域人工智能推广与应用

2022 年 2 月，以色列国防部发布“人工智能推广与应用战略”，② 指导以色列军队使用人工智能技术，对海量战场数据进行收集和处理，进一步推动军队数字化转型，通过将人工智能整合到不同军事系统或创建新系统，人工智能对实现和维护以色列安全概念（威慑、预警、打击和防御）的每个支柱产生着积极影响。作为在人工智能领域具有先进能力和广泛安全需求的国家，以色列从使用人工智能及其应用程序来实现和维护其国家安全的目标中获益良多。

二、人工智能法治发展

（一）中国人工智能法治

1. 人工智能立法更加完善

2022 年，中共中央、国务院以及国家网信办等部门和地方出台一系列涉及人工智能与数字治理的相关法规规章、政策、标准，促进人工智能升级应用、推动数字经济健康发展。

一是全面规范人工智能算法推荐服务。2022 年 3 月 1 日，国家互联网信息办公室、工信部、公安部、市场监督管理总局共同制定的《互联网信息服务算法推荐管理规定》正式施行，明确将包括生成合成类、个性化推送类、排序精选类、检索过滤

① Japan：AI Strategy 2022，https://www8.cao.go.jp/cstp/ai/aistratagy2022en.pdf.

② Seth J. Frantzman：Israel unveils artificial intelligence strategy for armed forces，Feb 12，2022，https://www.c4isrnet.com/artificial-intelligence/2022/02/11/israel-unveils-artificial-intelligence-strategy-for-armed-forces/.

类、调度决策类等在内的各项算法推荐技术服务纳入监管对象，对互联网信息服务算法推荐技术作出全面规范。①2022年11月25日，网信办出台《互联网信息服务深度合成管理规定》，构建了以服务提供者为核心的深度合成技术监管制度，提出对深度合成技术的审核要求，以压实监管责任。

二是完善信息基础设施领域安全制度。2022年1月，国家网信办等13个部门联合发布《网络安全审查办法》，细化国家安全审查制度，压实主体责任、防范重点场景下网络安全风险，为国家安全、数字经济发展和社会稳定运行筑牢网络安全防线。2022年12月，工业和信息化部加快推动数据安全管理制度化、规范化，出台《工业和信息化领域数据安全管理办法（试行）》，对工业领域数据安全实行分级分类监管。此外，为落实顶层立法中有关数据出境规定的要求，2023年2月，国家网信办发布《个人信息出境标准合同规定》，进一步规范数据出境活动，保护个人信息权益和数据安全，维护国家安全和社会公共利益。

三是加强数据利用方面规范指引。2022年《“十四五”数字经济发展规划》提出强化高质量数据要素供给、加快数据要素市场化流通、创新数据要素开发利用机制的发展目标。在公共数据开放共享方面，2022年，北京、上海、浙江、江苏、四川、广东等地积极探索完善数据管理制度，先后制定、出台或实施了一系列地方条例、办法，对公共数据的开放共享机制以及安全管理要求进行明确。②在数据交易方面，2022年，重庆、深圳、河北、江苏、辽宁、陕西等地先后出台地方性法规，鼓励数据交易活动规范数据交易行为，培育数据交易市场，促进数据高效流通。③在特定行业大数据的开发应用方面，江苏省在地方立法中明确为医疗行业大数据的进一步开发利用构建制度基础，明确了具体要求，为重点行业大数据的流通、再利用提供了经验借鉴。④

2. 人工智能法治研究不断深化

2022年，中国人工智能法治研究呈现“共治与共享”的特点，即在法治轨道上

---

① 国家互联网信息办公室等：《互联网信息服务算法推荐管理规定（网信办、工信部、公安部第12号令）》，2022年1月4日，http://www.cac.gov.cn/2022-01/04/c_1642894606364259.htm。

② 如《北京市数字经济促进条例》《上海市数据条例》《浙江省公共数据条例》《四川省数据条例》等。

③ 如《重庆市数据条例》《深圳经济特区数据条例》《苏州市数据条例》《辽宁省大数据发展条例》《陕西省大数据条例》《福建省大数据发展条例》等。

④ 如《江苏省数字经济促进条例》第40条、第53条等。

深入推进多方主体参与人工智能治理，人工智能法治研究成果便利于民，治理体系向法治化、公平化、系统化发展。

一是更加关注人工智能领域数字治理研究。2022年，人工智能法治理论研究更加关注如何通过数字治理解决各项人工智能应用中出现的大数据杀熟、平台垄断、算法歧视、算法不透明等诸多问题。相关研究认为，只依靠原本的公权力单方进行治理已经难以应对层出不穷的问题，数据治理需要打破已有的政府中心化管理机制，引入企业、平台等利益相关方，构建更加共建共享共治的治理体系，应将算法决策权与个人权利的新型动态平衡作为矫正权力异化的规制目标，通过引入多方利益主体共同参与数字治理，使得人工智能相关应用的运转规则更加公开化、透明化、合理化，各方利益能够得到更加合理的分配。

二是更加聚焦人工智能技术应用研究。2022年，人工智能法治理论研究更加注重以解决实践中的具体问题作为理论研究导向，研究内容呈现出可视、可触、可感知与可验证性等特征。近年来，大数据治理、智慧司法建设等人工智能法治的发展理念已深入人心，如何让人工智能法治的发展理念以高效、精准、便捷、合规的方式落地成为重点研究对象。

三是更加关注人工智能责任承担问题。2022年，人工智能法治理论研究领域的责任承担问题备受关注。目前，在人工智能应用导致的侵权责任承担方面，学界强调，不应当赋予机器人主体地位的共识，应当由人工智能系统的开发者、维护者、使用者等人员承担责任，可通过制定详细可行的责任承担规则，提高人工智能技术的信任度，促进企业社会责任承担意识，从而保证人工智能技术的稳定发展。

四是更加重视人工智能法治体系完善。2022年，人工智能法治理论研究在学科交叉融合下推动合作研究，研究重点从对法律地位、必要性等的分析论证转向加强人工智能法律地位、人工智能成果权利归属、人工智能损害后果责任划分、人工智能风险法律控制等重点问题研究，着力平衡产业发展和社会安全，防止技术在利益的裹挟下无序应用，运用法治手段为人工智能发展保驾护航，具有浓厚法治色彩和产学结合、政学结合的特点。

3. 人工智能法治应用领域延伸拓展

2022年，中国人工智能法治应用在立法、司法、执法、法律服务等多个领域取得新进展。

一是人工智能立法应用呈功能集成化趋势。各地“智慧人大”平台建设不断推进，不仅集法规意见征集、智能辅助立法、规范性文件备案审查、执法检查工作、人大代表履职等功能于一体，还同时引入全流程线上管理模式，确保立法过程的合法合规性。在此基础上，全过程人民民主为人工智能立法应用提供了新思路。基层立法联系点等线下平台利用人工智能技术拓宽立法意见征询渠道，更全面、高效地汇集群众意见。

二是人工智能司法应用实现全领域全要素全流程的深度赋能。在主责主业上，以信息化推动司法公开，建设审判流程、裁判文书、执行信息三大公开平台。在事务性工作的处理上，通过小额诉讼程序、要素式审判模式，为审判瘦身，精准聚焦当事人诉求。在法律适用的释法统一上，同案同判、类案检索机制的运用将司法实践中反复适用的共性技巧，通过技术的呈现和表达传递至更多的诉讼场景中。在实现监督管理的科学决策与评估上，通过司法大数据研究热点问题，分析诉讼行为，总结司法规律，监督审判和执行工作中的质效，确保司法质效均衡发展。

三是人工智能执法应用赋能执法工作的广度与深度。在执法应用的普及适用上，致力于形成全方位、多领域的智能执法应用格局，多省市通过搭建智慧系统或智能平台，创新智慧办案模式，实现了执法规范化程度的不断提高。在技术架构层面，诸多应用通过大数据技术串联起物联网、5G 等多门类技术，开发并在实践中具体应用“非接触式面部表情处理”等，实现执法领域智能应用的精细化，切实提升执法质效。

四是人工智能法律服务应用从建设试验期迈向实际应用期。在特殊人员管理方面，社区矫正和智慧戒毒领域通过打造智慧物联平台，实现自动采集、自动感知、自动获取、资源管理、智能运维等功能的集合。在技术运用方面，成都蜀都公证处作出具有强制执行力的公证债权文书并进行区块链存证，内蒙古鄂尔多斯市东胜区人民法院执行局跨省进行线上核验，既节约了强制执行的时间，又提高了债权实现的效率。

4. 人工智能司法案例呈现新特点

2022 年，中国人工智能司法案件在来源、案由、执行等方面呈现以下新特点：

一是涉人工智能案件来源的地域呈现由原集中部分省市向全国各地拓展态势，但涉案地域分布的程度仍受人工智能技术发展地域差异的影响。

地域		案件数	占比	相比2021年（占全国）
广东		17787	15.07%	↓ 4.80%
北京		12242	10.37%	↑ 2.24%
湖南		9456	8.01%	↑ 1.21%
山东		8863	7.51%	↑ 1.62%
辽宁		7413	6.28%	↑ 2.21%
陕西		7201	6.1%	↑ 4.34%
湖北		7164	6.07%	↑ 4.23%
上海		7104	6.02%	↑ 1.16%
浙江		4806	4.07%	↑ 0.56%
江苏		4597	3.89%	↓ 1.07%

图 2　中国人工智能司法案件地域分布及占比情况

二是涉人工智能司法案件案由比例分布占比差别较大。依据 2022 年中国人工智能司法案件的案由分析，民事、行政、刑事、执行占比分别为 86.92%、0.70%、4.39%、7.98%。民事方面，涉人工智能民事案件以合同类[①]、知识产权[②]与竞争纠纷、侵权责任纠纷（以及人格权纠纷）最为典型。[③]刑事方面，主要集中于对数

① 合同作为交易安排的意定基础，是市场主体意思自治的首选方案。以再保险合同纠纷为例，在“中国人寿财产保险股份有限公司北京市分公司与中国人民财产保险股份有限公司辽宁省分公司营业部二审民事纠纷案”中，对于因人工智能产品出现质量问题而引发人寿保险与人民保险公司对于保险赔付比例的争议，需要从参与主体、权利义务、保险费收取、责任分摊四个方面入手，并且在认定合同效力时，需要基于公序良俗原则进行权利内容审查。参见北京市金融法院（2021）京 74 民终 534 号民事判决书。

② 知识产权与竞争纠纷主要涉及企业财产权益的保护，前者涉及著作权、专利权和商标权，后者涉及竞争性财产权益。新兴财产权益的保护具有新特征，需要创新思维加以应对。以杭州互联网法院审理的 NFT 作品侵权案为例，NFT 数字作品一旦完成交易转移，无法在所有的区块链上予以删除，故法院提出可采取经该侵权 NFT 数字作品在区块链上予以断开并打入地址黑洞的方式以达到停止侵权的效果。参见杭州互联网法院：《用户发布侵权 NFT 作品，“元宇宙”平台要担责吗？法院判了》，2023 年 4 月 3 日，https://mp.weixin.qq.com/s/IQwjcF_a5EoYdc5CFkaQpA。

③ 侵权责任纠纷主要体现智能社会中公民权益遭侵害后的损害填补以及风险预防，此外还涉及人格权益的保护。实践中较为常见的是各类摄像探头遭到滥用，未经消费者同意擅自收集使用个人信息构成侵权的情形，尤其是人脸识别信息。在北京互联网法院审理的 App 强制收集用户画像信息侵权案中，原告罗某认为被告运营的软件在用户首次登录时强制收集用户画像信息用于个性化推送，侵犯其个人信息权益。法院经审理认为，涉案软件在首次登录界面收集用户画像信息，未设置“跳过”“拒绝”等路径，属于强制收集，构成侵权，依法判决被告涉案软件运营者承担相应侵权责任。参见北京互联网法院：《APP 强制收集用户画像信息用于个性化推送，法院：侵权！》，2023 年 4 月 3 日，https://mp.weixin.qq.com/s/UTA52jnPw2erTgJg1jKQhg。

据[①]、算力资源的不当获取行为。[②]行政方面，主要涉及知识产权[③]和政府信息公开。[④]

三是涉人工智能案件以中基层法院管辖为主，标的额集中于50万元以下区间，这一特点与中小企业在经济活动中的整体占比较为契合，人工智能为整个经济体成员带来普惠性的经济增长点。

四是涉人工智能案件服判息诉率较高，体现了一审法院化解矛盾、定分止争的效果，一定程度上反映了承办法官在人工智能等现代科技方面的司法能力以及群众工作能力。

五是涉人工智能案件的法人组织作为诉讼主体占比大幅增长，人工智能作为具有良好前景的新兴领域，近年受到了诸多投资者的青睐。

六是涉人工智能司法案件中的执行案件大幅增长。2022年执行案件占涉人工智能总案件的8.56%，其比例相较于2021年有了大幅增长。这说明在涉人工智能案件总数上升的过程中，存在部分案件执行难的问题，当事人的合法权益并未能在案件一、二审判决后得到及时有效保障。

5. 中国人工智能法治人才培养

2022年，中国人工智能法学学科建设聚焦服务国家战略，以基础研究与人才培

① 在数据方面，非法获取计算机信息系统数据、非法控制计算机信息系统罪较为集中。例如“赵某非法获取计算机信息系统数据、非法控制计算机信息系统罪”案件中，行为人私自使用本人原来的管理员账号及其他公司职工的管理员账号登录某运营商管理系统非法获取他人账号数据，暴露出涉个人数据的公司在合规和安全管理方面存在的不足，尤其是内控机制以及安全意识的培养还需提升。参见（2022）豫****刑初185号刑事判决书。

② 在算力方面，主要涉及基于电力资源的不法侵害行为。例如“陈某、吴某等盗窃罪”案件中，行为人盗接电力为其矿机24小时运转提供算力挖比特币，由于电力资源系国计民生的重要资源之一，为了提供挖矿算力而盗窃电力资源，可能同时构成以危险方法危害公共安全罪。参见（2022）辽**刑终359号刑事判决书。

③ 因知识产权等行政申请被驳回后的复审行政纠纷，争议焦点主要集中在对案件事实基础的审查。例如“数据资讯服务有限公司二审行政”案件中，一审法院认为数据资讯公司未提供充分证据证明诉争商标经使用已经获得了可与引证商标相区分的显著性。二审法院则认为由于诉争商标是否应予核准注册的事实基础发生根本性变化，故对被诉决定及原审判决予以撤销。参见（2022）京行终1161号行政判决书。

④ 政府信息公开类案件，争议焦点主要集中在政府机关获取信息的职责以及告知说明义务的履行情况。例如“张某与北京市海淀区人民政府等信息公开二审行政”案件中，法院认为镇政府经过查询，未找到上述信息，遂将该情况告知上诉人，已经履行了告知和说明理由义务；没有相关法律规定镇政府具有获取上述信息的职责，上诉人亦未提供充分证据证明镇政府制作、获取、保存了上述信息，故不支持张某的上诉主张。参见（2022）京01行终662号行政判决书。

养为重点，创新人工智能法学专业人才培养新模式，逐步实现人工智能与法学的深度融合。在人工智能法治人才培养方面具有以下显著特点：

一是注重多学科交叉。培养人工智能法治人才需要跨越不同学科领域，包括计算机科学、法学、伦理学、哲学等，以确保学生具备跨学科的综合素养。2022年，跨学科的人工智能课程不断开设，为了让学生能够获得更全面的人工智能知识，一些高校开始在不同学科领域之间构建跨学科课程。如上海政法学院，继续保持计算机科学、心理学、哲学、经济学和法学等学科结合的趋势，为学生提供全面的人工智能课程。西南政法大学人工智能法学院同时开设了“卓越法治人才（人工智能法学方向）实验班”、合规实务方向法律硕士研究生，创新人才培养模式。同时开展人工智能法律研究、组织学术交流和培养人工智能法律人才等方式，不断推动人工智能法学的发展和应用。

二是强调实践教育。注重实践教育，通过案例分析、模拟法庭、法律文书撰写等方式，让学生了解人工智能在法律实践中的应用，并提高其实际操作能力。2022年，中国人工智能法治教育坚持需求导向、应用驱动，服务国家战略。如西南政法大学人工智能法学院招收人工智能法实务方向法律硕士研究生，着力于培养服务于智慧公安、智慧检务、智慧司法、智慧律所等建设目标的人工智能技术类的实务型法律人才，为智慧法治建设和法律科技企业蓬勃发展提供人才支撑。

三是全球化视野。培养具有国际化背景和视野的法治人才。同时，加强与国际高校、研究机构的合作，引进优秀教育资源，提高教学质量和水平。2022年，各高校积极与国际接轨，例如清华大学举办第五届计算法学国际会议，邀请中外专家和学者就“智能网联汽车治理”“数据确权与数据流通利用”等议题进行探讨。① 西南政法大学人工智能法学院开办的“人工智能法学”课程，聚焦技术应用与社会治理，在每个专题都设计了国内外人工智能法学领域前沿案例探讨，促进提升人工智能法研究生学术研究能力和实务工作能力。②

① 清华大学智能法治研究院：《清华大学第五届计算法学国际会议圆满召开》，2022年12月4日，参见 https://mp.weixin.qq.com/s/G6AjTWdwv02WVruA4VlbtQ。

② 参见西南政法大学人工智能法学院网站，https://alc.swupl.edu.cn/szdw/rgznfxjyssz/284509.htm。

（二）国外人工智能法治

1. 国外人工智能法治发展

2022年，国外部分国家和地区相继修订和新设法律法规，从规制与激励两个方面协同提升智能社会治理的制度供给。

一是针对特定人工智能使用场景或案例实施立法监管。在美国，最普遍的人工智能应用监管案例是招聘或就业中的人工智能。纽约加入了伊利诺伊州和马里兰州等多个州的行列，对利用人工智能作出或实质性协助候选人筛选或就业决策的自动化就业决策工具（AEDT）进行监管。根据纽约法律，AEDT必须进行年度“偏差审计”，并且需要公开审计结果。各州隐私法，主要是针对面向消费者的人工智能的一般要求，主要囊括在某些州通过的隐私立法中，包含管理“自动决策”的条款，其中包括促进人工智能决策的技术。

二是对不同场景下的人工智能应用制定明确的监管与责任规范。2022年4月23日，欧盟委员会与其成员国就《数字服务法》（DSA）和《数字市场法》（DMA）达成协议（2022年11月1日生效）。DSA为在线服务提供了一个分层责任框架，明确保护消费者权利、处理非法内容、民主控制“系统”平台（包括DMA）以及降低操纵和虚假信息风险的规则。DMA规定了看门人对接纳其他服务提供商的决策权。①2022年9月28日，欧盟委员会提出与人工智能责任规则相关的两项提案。提案一涉及关于对AI的非合同责任的法律规则进行调整的指令（AI责任指令）。② 另一提案是对产品责任指令的修订提案。该项提案有利于当前产品责任规则在数字时代的应用。③

三是探索宽松的监管框架，促进人工智能技术的研发和应用。2022年，英国信息专员办公室（ICO）发布了多项指南，包括人工智能和数据保护指南、解释人工智能作出的决定、人工智能和数据保护风险工具包、人工智能审计框架和人工智能博客资源等，目的是推动将人工智能的巨大潜力转化为促进经济增长和社会发展的强大力

---

① 陈珍妮：《欧盟〈数字服务法案〉探析及对我国的启示》，载《知识产权》2022年第6期。

② 王雪稚：《跨境监管与舆情洞察 | 欧盟〈人工智能法案〉立法及人工智能监管进展综述》，载《走出去智库观察》，https://www.sohu.com/a/664136014_610982。

③ 互联网法律评论：《拟议的欧盟人工智能责任规则：轻松还是负担？》，2022年11月9日，https://www.36kr.com/p/1994247114932999。

量。2022 年 1 月，英国数字、文化、媒体和体育部（DCMS）宣布试点 AI 标准中心，以增加英国对 AI 全球技术标准制定的参与度。2022 年 7 月，DCMS 提出新的《人工智能规则手册》的提案，以促进创新并提高公众对该技术的信任度。该手册包括负责任地使用人工智能的措施，同时减轻企业的合规负担以促进经济发展。①

2. 国外人工智能法治理论研究

2022 年，随着人工智能技术的不断进步和广泛应用，涉人工智能立法、执法、司法与法律服务的全面普及，人工智能法治理论研究得到各国学界的普遍重视。

一是多部门协同研究成为常态。各国学界在研究人工智能法治理论时，通常会涉及多个政府部门，例如科技部门、法律部门、经济部门等，研究强调各部门相互协作，共同探讨如何制定科学合理的政策，并针对具体的应用场景制定相应的法律法规。

二是注重伦理和社会责任方面的研究。在人工智能法治理论研究中，伦理和社会责任问题是一个重要的议题。各国学界普遍认为，人工智能算法的决策可能会对个人权利和社会公正产生影响，研究着重从伦理和社会责任角度出发，建立伦理、科技等委员会，制定制度和原则，并在实际业务中解决用户或其他方面的反馈问题。

三是将鼓励创新发展作为研究导向。各国学界在人工智能法治理论研究中，普遍以鼓励创新发展作为研究导向，强调为了人类共同的美好未来，全世界的人工智能领域参与者应坚持共创、共享、共赢理念，共同创造知识，共同分享技术，在良性竞争中实现共赢。

3. 国外人工智能法治应用

2022 年，国外部分国家和地区运用人工智能技术在辅助立法、执法、司法应用及法律服务应用场景、提高立法、执法、司法、法律服务智能化数字化方面取得了新进展。

一是电子议会愈加强调人工智能立法技术的安全性。由于数字网络空间的攻击加剧，电子议会的内部管理和风险防范都需要更为严格的安全保护措施，网络安全成为人工智能立法技术运用最为关注的话题。此外，自然语言处理技术因其能够实现自然人与计算机之间的有效通信，克服人机对话中的各种限制，在人工智能立法领域运用较广，特别是对于法律文本的起草、评估起到重要作用。

二是人工智能司法应用在发展与争议中前进。一方面，人工智能在司法中的应用

---

① 李思卓：《美国数字货币风险的识别与管控研究》，吉林大学 2022 年博士学位论文。

从自动电子归档等行政办公事务逐渐扩展到以量刑为代表的法庭审判程序中，应用场景不断扩张。另一方面，各国司法领域人工智能技术的应用程度不一，部分国家的探索仍停留在表层，并未触及人工智能技术的实质。但值得注意的是，对于司法领域如何以及在何种程度上适用人工智能技术仍存在诸多质疑的声音。

三是人工智能新兴技术的发展成为国际执法的“双刃剑”。人工智能新兴技术持续取得突破发展的同时，也带来了网络安全隐患。一方面，网络防御者融合新兴技术推出 ANSR、QuICC 等项目以加强网络安全防线；另一方面，网络攻击者频频利用技术突破传统网络安防体系。此外，准确度达 90% 的犯罪预测工具反映出相关技术在消除偏见并提高算法准确度方面取得了较大进展，但由此可能导致的算法错误、歧视问题和公众隐私数据保护问题仍饱受争议。

四是人工智能法律服务应用场景愈加广泛。Zoom、Web-Ex、Microsoft Teams 等视频会议平台得到快速发展。科技公司 DoNotPay 推出一款人工智能聊天机器人，能够帮助用户提出投诉、处理停车罚单等，实现 AI 聊天机器人与用户实时互动。此外，美国 OpenAI 推出 ChatGPT 聊天机器人程序，将计算机程序的自动化思维应用到法律领域，也将影响着法律服务的未来发展。

4. 国外涉人工智能司法案例

2022 年，国外部分国家和地区涉人工智能司法案件的裁判状况，可从算法可归责性、数据处理的正当性、算力使用的合理性三个方面对相关司法经验进行归纳。

一是在算法可归责性方面，侧重对风险与责任分配方式的审查和论证。首先，关于人工智能主体性问题，虽然司法实践存在不同观点，但仍以否定说为主流。① 其次，在使用爬虫等算法是否侵权方面，侧重从数量和质量两个方面来判断。② 再次，

① 如在澳大利亚 DABUS 发明人案件（Commissioner of Patents v. Thaler［2022］FCAFC 62）中，初审法院认为，专利局的决定诉诸“发明人”一词的过时定义，未能理解该术语背后的想法以及可专利发明及其创造者不断变化的性质，推翻了 2022 年 2 月专利部“专利发明人只能是自然人”的决定。专利部提出上诉，上诉法院则认为，不能将所有权和控制权问题混为一谈，考虑到《专利法》的法定语言、结构和历史，以及立法计划背后的政策目标，否定了任命 DABUS 为发明者的申请。

② 在韩国“利用网络爬虫私自复制数据案”［대법원 2022.5.12. 선고 2021 도 1533 판결］中，法院认为首先在数量上，应当比较整个数据库的规模来判断。其次在质量上，必须“综合所有情况，基于数据库制作者是否在复制部分的制作或更新、验证或补充材料等方面在人力或物质方面进行了重大投资”来判断。最后大法院强调，为了防止阻碍信息共享、不利于信息社会和限制竞争的消极方面，简单地复制他人数据库的个别资料或复制未达到重要部分的信息是数据库生产者的权利，不构成侵权。

各国倾向认为，平台算法如果限制了自主决定和拒绝的自由，将产生实质上的劳动关系。① 最后，各国倾向认为，通过算法向用户推荐的行为，可以基于交互式信息中介的身份受到豁免。②

二是在数据处理正当性方面，重点审查数据处理的合法性基础以及合理性标准，并侧重保护人脸、情绪等敏感个人数据。第一，法院会重点审查数据处理的合法性基础。③ 第二，法院认为，数据处理活动的正当性，需要在具体应用场景中进行个案衡量。④ 第三，各国正在探索代表诉讼制度在个人数据保护领域的应用。⑤ 第四，一般侧

---

① 在西班牙劳工和社保监察局确认劳动关系案件［https://www.poderjudicial.es/cgpj/es/Poder-Judicial/Tribunales-Superiores-de-Justicia/TSJ-Navarra/Noticias-Judiciales-TSJ-Navarra/La-juez-obliga-a-contratar-como-asalariados-a-los-206-repartidores-autonomos-que-Glovo-tiene-en-Navarra-］中，法院裁判双方构成劳动关系，并支持了 206 名外卖员的索赔要求。核心理由在于，GLOVO 公司通过算法管理系统、评分系统和定位系统对配送服务进行控制，外卖员无法自行安排工作内容，无法与商家协商服务价格也无法从客户方获得报酬，而 GLOVO 平台享有实际控制权。程序根据每个外卖员的评分分配订单，限制了外卖员自主选择送餐时间和拒绝配送订单的自由，这也体现了劳动关系中特有的依赖性。通过数字平台，GLOVO 对服务进行实时监控，而外卖员无法脱离平台完成配送任务，外卖员享有非常有限的自主权。

② 在美国“Anderson 与 Tiktok 公司诉讼案”［Anderson v. Tiktok，Inc.，Civ. 22-1849（E.D. Pa. Oct. 25，2022）］中，Tiktok 作为交互式计算机服务的提供商，不被视为第三方所提供的内容的发布者，也不对其平台上的第三方内容负责。

③ 如基于卫生部门的公共利益和服务科学研究的豁免必须基于国家法律。在“德国汉堡肿瘤登记处因处理个人健康数据被诉”一案中，德国汉堡行政法院判决［Urteil der VG Hamburg 21. Kammer vom 28.07.2022（21 K 1802/21）］认为，汉堡肿瘤登记处处理有关健康数据的行为是非法的，尽管该处理的性质符合 GDPR 第 9（2）(h）～（j）条的例外情况，但它需要国家通过立法进行明确规定，否则该行为是缺乏安全保障的。

④ 数据处理活动的纠纷既涉及公民权益保护，尤其是基本权利保护，也涉及数据使用者的正当利益以及数据产业发展的利益。在德国“关于医生搜索和评分的网站侵权纠纷”［Urteil des VI. Zivilsenats vom 13.12.2022（VI ZR 54/21）］中，在进行利益权衡时，联邦法院主要关注被告是否通过其网站的设计，通过所提供的广告类型给予个别医生隐性的好处，从而放弃了其作为“中立”信息提供者的角色。原告无权对被告提出删除公布的关于其资料的要求，因为有关的数据是被合法处理的。被告通过运营其网站和对原告个人数据的相关处理，也保护了合法的用户利益，因为它使活跃的用户能够表达和传播意见，这受到《欧盟基本权利宪章》第 11 条第 1 款的保护。

⑤ 在德国联邦消费者中心协会诉 Meta Platform Ireland Limited（原 Facebook Ireland Limited）案［Beschluss des I. Zivilsenats des Bundesgerichtshofs vom 10. November 2022（I ZR 186/17）］中，德国法院提请欧盟法院根据欧洲议会和理事会相关文件审议，如果保护消费者利益的协会将其行动建立在数据主体权利受到侵犯的事实之上，根据《通用数据保护条例》第 12 条第 1 款第 1 句以及第 13 条第 1 款 c 项和 e 项关于数据处理目的和个人数据接收者的信息反馈义务尚未履行，是否属于第 80 条第 2 款所指的“信息处理结果”侵权行为，目前欧盟法院正在审理之中。

重保护人脸、情绪等敏感个人数据。① 第五，厘清数据保护规则中重点条款的解释方案。② 第六，是否收集和占有数据，将影响数据保护规则的适用。③ 第七，国家安全的政治诉求可能会影响司法裁判。

三是在算力使用的合理性方面，维持正当的竞争秩序，刺破技术面纱进行穿透审查。首先，法院倾向认为，充足的算力支持了人工智能企业取得一定的市场竞争优势，然而提供算力并不意味着绝对的垄断地位。④ 其次，法院倾向认为，未经同意的情况下利用网页浏览者的电脑算力进行挖矿获取报酬的行为，与广告程序并无明显差别。⑤ 再次，法院倾向认为，在去中心化元宇宙平台上发布 NFT 的行为，可能引发知识产权和精神损害赔偿纠纷。⑥ 最后，法院倾向认为，比特币等算力产物不应被视为

---

① 在匈牙利数据保护机构（NAIH）调查布达佩斯银行［NAIH-85-3/2022］一案中，匈牙利数据保护机构（NAIH）认为，使用人工智能软件识别情绪状态应被视为敏感性质的处理，在某些情况下可能属于《通用数据保护条例》第 9 条第 1 款所指的特殊类别的个人数据，参见 https://gdprhub.eu/index.php?title=NAIH_（Hungary）_-_NAIH-85-3/2022。

② 例如，在数据主体诉奥地利数据保护机构（DSB）［BVwG-W214 2224204-1］一案中，奥地利法院纠正了奥地利数据保护机构（DSB）的观点，即数据控制者没有义务自行删除数据，而只有在数据主体要求的情况下才有义务。参见 https://gdprhub.eu/index.php?title=BVwG_-_W214_2224204-1。

③ 在美国“JANE DOE（代表自己和其他相同处境的人）与苹果公司关于生物识别信息的纠纷”［3：20-CV-421-NJR］案件中，关于同步数据是否构成生物特征标识符或信息的问题，虽然 BIPA 明确将照片从“生物识别标识符”的定义中排除，照片不是生物识别标识符，从照片中获得的信息也不是生物识别信息，但从脸印中获得的信息可以是生物识别标识符。

④ 通过限制算力而打压竞争对手，有可能会面临反垄断和反不正当竞争诉讼。在美国“汤森路透企业中心有限公司诉罗斯智能公司”［Thomson Reuters Enter. Ctr. GmbH v. Ross Intelligence Inc., C. A. 20-613-LPS（D. Del. Apr. 26，2022）］案件中，法院重点论证了数据库和法律搜索工具的产品市场的独立性，并审查相关协议是否“限制性许可条件来阻止竞争对手进入相关市场”。

⑤ 在日本“提供非法指令电磁记录案”［令和 2 年第 457 号］中，法院认定挖矿程序违背用户意愿，因为其没有设立许可授权机制来获得用户的同意。然而，挖矿程序所占的 CPU 使用率较低，只会使计算机耗电量略微增加，与被社会接受的广告显示程序相比对计算机的影响程度几乎没有差别。同时，网站经营者通过浏览获取利益的机制对于网站的信息流通非常重要，难以认定挖矿程序构成发出非法指令的程序，具有不正当性。

⑥ 在西班牙涉 NFT 第一案“西班牙知识产权保护组织诉 PUNTO FA，S.L.”［AJMB 1900/2022］一案中，被告在未经原作者授权和允许的情形下，将画作以 NFT 的方式进行金融交易并在各种数字平台和社交媒体上公布，该行为侵犯了原作者的著作权。本案尚在审理之中，原告已向法院申请采取预防措施，请求停止使用作品，删除所有复制作品的元素，并禁止新的侵权行为。

《刑法》上的财物。①

5. 国外人工智能法治人才培养

2022 年，人工智能技术的快速发展对法学法律界提出了新的挑战和需求，因此各国都在积极推进人工智能法治人才的培养，完善人工智能法治人才培养体系。

一是营造良好的人工智能法治人才培养环境。国外部分国家和地区通过资金扶持、研发投资以及平台建设等措施支持人工智能法治人才培养，如英国通过了《国家人工智能战略》，将投入不低于 23 亿英镑的资金鼓励人工智能法治发展和人才培养。②泰国正在制定国家人工智能（AI）行动计划，该行动计划旨在促进泰国人工智能人力资源的发展，并培养人工智能法治人才，共同制定国家人工智能法规、法律、标准和政策。③

二是注重人工智能法治教学的国际化与应用性。发达国家在人工智能法治人才培养中注重通过与国外高校、研究机构的合作，引进优质的教育资源，促进学生的跨文化交流和全球化视野的拓展。如 2022 年 7 月，法兰克福歌德大学与路易斯法学院合作举办"人工智能和刑事司法"暑期课程。该课程面向毕业生、博士生、博士后研究人员以及来自公共和私营部门的从业者开放，共同探索将人工智能作为公共和私营部门的支持工具，并培训参与者的技能，以制定和解决与之相关的刑事责任问题。④如 2022 年 3 月，英国国际法和比较法研究所与新加坡管理大学人工智能和数据治理中

① 在韩国"关于侵占比特币是否构成刑事犯罪的裁判"[대전지방법원 2022.7.7. 선고 2021 노 3179, 2022 초기 987 판결]案件中，根据韩国《刑法》第 346 条和第 361 条，侵占罪的客体仅限于自己所保管的他人的财物。法院认为，首先，比特币没有物理实体，因此不属于有形物；其次，比特币是一种数字电子资源，不属于可以被人类管理的"物理能源"；最后，比特币虽然是合法货币，但并不具有法偿性和强制性，并且比特币这种虚拟货币价值波动性较大，因此也不能像支配具有固定价值的存款或债券那样对其进行支配。综上，比特币不能被认定为《刑法》上的"财物"，所以也就不能以被告人随意使用或拒绝返还为由认定被告人成立侵占罪。双方当事人之间的纠纷可通过民事途径解决。

② HM Government：National AI Strategy，2022 年 12 月 18 日，https://www.gov.uk/government/publications/national-ai-strategy/national-ai-strategy-html-version。

③ Eka Santhika：Thailand to Develop AI Action Plan to Drive National Growth，2022 年 12 月 17 日，https://opengovasia.com/thailand-to-develop-ai-action-plan-to-drive-national-growth/。

④ Luiss School of Law：International Summer School on "AI and Criminal Justice"，2022 年 7 月 11 日，https://contrust.uni-frankfurt.de/event/international-summer-school-on-ai-and-criminal-justice/。

心共同举办“人工智能、法律和伦理”短期课程，旨在帮助参与者了解人工智能背景下出现的法律、监管和道德问题，并培养参与者将批判性地评估与人工智能相关的法律、监管和政策发展的能力。①

三是重视人工智能法治人才生态系统建设。加强产学研协同培养人工智能法治人才。将高校作为人工智能法治人才培养的主体，重视人工智能法治教师队伍建设，加强人工智能法治学科专业建设和课题体系设计，如埃默里大学聘请马修·萨格（Matthew Sag）教授加入埃默里大学法学院，担任人工智能、机器学习和数据科学法学教授。并且埃默里大学还将雇用50到60名教师在人工智能和法律、人工智能和商业经济法律等领域深入进行教学和研究。相当多法学院开设人工智能法短期课程，包括哈佛法学院于2022年6月27日至7月6日在线举办的第10届法律和逻辑暑期学校，匹兹堡大学法学院于2022年7月7日至15日主办的第三届人工智能和法律暑期学校等。②

三、人工智能法治发展展望（2023）

IDC最新数据显示，全球人工智能市场在2022—2026年预计实现18.6%的年复合增长率，2023年将突破5000亿美元，到2026年达到9000亿美元。③当前，全球各主要国家在人工智能领域的竞争日趋激烈。据英国牛津洞察智库发布的《人工智能准备指数报告》，④截至2022年1月，全球已有约40%的国家发布或将要发布国家人

---

① British Institute of International and Comparative Law：Short Course：Artificial Intelligence，Law and Ethics，https://www.biicl.org/events/11708/short-course-artificial-intelligence-law-and-ethics?gclid=Cj0KCQjwlPWgBhDHARIsAH2xdNcurrvwkNJP3Fc188gEE5aAG6S577Sv7dRzQZHr_Q1WjMitKpPBNsAaAhd9EALw_wcB&cookiesset=1&ts=1679707599.

② Department of Law：Call for applications：Summer Schools 2022 on AI and Law & Law and Logic，21 April 2022，https://www.eui.eu/news-hub?id=call-for-applications-2022-summer-school-on-ai-law-and-law-logic.

③ 罗丹、李颖萱：《数据中心能耗现状分析与绿色发展探索》，载《通信世界》2022年第17期。

④ Oxford Insights：Government AI Readiness Index 2022，2022年12月12日，https://www.oxfordinsights.com/government-ai-readiness-index-2022。

工智能战略。各国均试图通过国家战略层面的率先布局谋划，成为人工智能领域的领先者。进入 2023 年，随着人工智能的加速发展，如何强化人工智能的有效治理成为全球性、全局性议题。人工智能的发展涉及许多重要法律问题，如数据隐私、知识产权、人工智能责任等，尤其是 ChatGPT 的出现使人工智能发展进入一个新阶段，竞争会更加激烈，风险与挑战也会更加显现。2023 年 4 月 11 日，中国国家互联网信息办公室就《生成式人工智能服务管理办法（征求意见稿）》公开征求意见。其中明确提出，提供者应当对生成式人工智能产品的预训练数据、优化训练数据来源的合法性负责。加强人工智能的伦理、道德、制度、法律建设，引领规范人工智能发展，以保证人工智能应用的合法性与合理性，将伴随着人工智能的发展而发展。2023 年人工智能法治发展重点关注：

1. 加强数字领域人工智能法治

数字时代，数据也已经成为国家、企业与个人的重要资产。如何合理对人工智能进行监管，以确保安全和隐私，成为社会各界和各国政策的关注热点。人工智能成为事关国家安全和发展全局的基础核心领域。2023 年，人工智能法治发展应重视通过法律规范授权人工智能、数字化治理试验区、先导区、示范区、创新共同体建设，培育创新土壤，充分发挥人工智能法治的制度保障作用，聚焦制造、医疗、交通、金融等先行领域，推动先进技术发展应用。

2. 健全人工智能法律法规与制度规范

新一代人工智能具有高度的自主性、自学习及适应能力，传统的监管模式已难以适应其发展需求。尤其在智能产品应用后果和风险预判、问题责任归属、潜在安全风险管控等方面都面临着新的挑战。2023 年，人工智能法治发展应建立健全保障人工智能健康发展的法律法规与伦理制度规范，初步实现人工智能重点领域“有法可依”，重要应用场景均有法律法规和相关规则予以规范，为人工智能技术的可持续健康发展奠定了良好法治基础。

3. 完善生成式人工智能伦理规范

2023 年，人工智能法治发展应高度重视以 ChatGPT 为代表的生成式人工智能的革命性创新，通过及时更新和完善相应的规范指引，加强对 ChatGPT 等新一代人工智能技术的监管和评估。4 月 11 日国家网信办起草《生成式人工智能服务管理办法

（征求意见稿）》（以下简称《管理办法》），向社会公开征求意见。《管理办法》指出，提供生成式人工智能产品或服务应当遵守法律法规与伦理规范。《管理办法》一经出台，可能意味着中国将成为全球最早实施 AIGC① 相关法律法规的国家，释放出中国支持生成式人工智能健康发展和商业应用，并通过引导和规范让生成式人工智能技术发挥更大的社会和商业价值，引导新一代人工智能为推动人类文明进步正向赋能的强烈信号。

① AIGC 是人工智能和内容创作的结合，能够让机器自动生成高质量、高效率的内容，在智能硬件、大数据分析等领域都有广泛应用。AIGC 包括图像、视频、音频等多种类型，包括自动生成文本和音频。从目前 AIGC 的发展来看，其应用范围正在逐步扩大，并且已经从简单的文字内容生成发展到智能图片编辑、语音识别和智能写作等。

人工智能法治发展指数 4.0

《世界人工智能法治蓝皮书》专家组①

2023 年 5 月 4 日

2022 年 10 月 10 日至 10 月 22 日，党的二十大顺利召开，中国共产党第二十次全国代表大会是在全党全国各族人民迈上全面建设社会主义现代化国家新征程、向第二个百年奋斗目标进军的关键时刻召开的一次十分重要的大会。党的二十大报告强调加快实施创新驱动发展战略，推动战略性新兴产业融合集群发展，构建新一代信息技术、人工智能、生物技术、新能源、新材料、高端装备、绿色环保等一批新的增长引擎。人工智能作为引领新一轮科技革命和产业变革的战略性技术，成为推动科技跨越发展、产业优化升级、生产力整体跃升的重要驱动力量。

2022 年是中国人工智能发展的关键一年，习近平总书记在多个场合都表达了对人工智能以及相关问题的关切。2022 年 1 月 17 日，习近平在世界经济论坛视频会议的演讲中指出，要为人工智能、数字经济等打造各方普遍接受、行之有效的规则，为科技创新营造开放、公正、非歧视的有利环境。2022 年 4 月 19 日，习近平在中央全

---

① 专家组：崔亚东（上海市法学会会长、上海市高级人民法院原党组书记、院长、二级大法官）、张文显（中国法学会学术委员会主任、教授、博士生导师）、薛澜（清华大学苏世民学院院长、人工智能国际治理研究院院长、教授、博士生导师）、叶青（华东政法大学校长、教授、博士生导师）、刘晓红（上海政法学院校长、教授、博士生导师）、刘宪权（华东政法大学教授、博士生导师）、刘学尧（上海大学教授）、施伟东（上海市法学会党组副书记、专职副会长）、彭辉（上海社科院法学所研究员、博士）、林竹静（上海市人民检察院检察官、博士）、赵玉成（上海市教育报刊总社编辑部副主任）。

面深化改革委员会第二十五次会议上指出，要全面贯彻网络强国战略，把数字技术广泛应用于政府管理服务，推动政府数字化、智能化运行，为推进国家治理体系和治理能力现代化提供有力支撑。2022 年 9 月 16 日，习近平在上海合作组织成员国元首理事会第二十二次会议上的重要讲话提出，要落实好贸易和投资、基础设施建设、维护供应链、科技创新、人工智能等领域合作文件，继续加强共建“一带一路”倡议同各国发展战略和地区合作倡议对接。习近平总书记高度重视人工智能的发展、应用和制度建设，以上重要讲话为推动下一阶段我国新一代人工智能健康发展提供了科学指导和目标引领，也为人工智能法治研究提出了新的要求。

为推动人工智能法治体系建设，客观、准确、全面反映我国人工智能法治发展状况，引领、推进人工智能法治研究，《世界人工智能法治蓝皮书》编委会专家组于 2020 年首次构建了《人工智能法治发展指数》，2021 年和 2022 年则征求了张文显等法学界著名专家意见，以及结合人工智能发展趋势，对指数体系进行了修改完善，分别形成了《人工智能法治发展指数 2.0》和《人工智能法治发展指数 3.0》。编委会组成《世界人工智能法治蓝皮书》专家组，依据前后三版指数，先后撰写了《中国人工智能法治发展评估报告（2019）》《中国人工智能法治发展评估报告（2020）》和《中国人工智能法治发展评估报告（2021）》，并分别在当年世界人工智能大会上发布，在国内外产生了积极影响。随着人工智能在国内外战略地位的不断强化、技术的飞速发

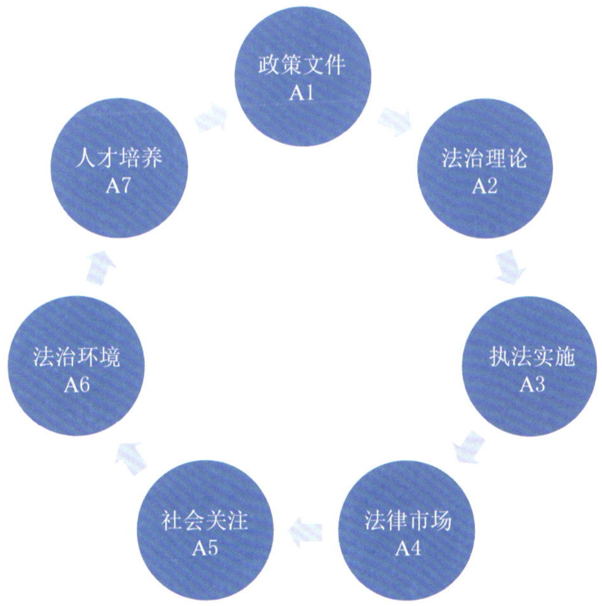

图 1　人工智能法治发展评估指标体系 4.0

展以及规制进程的加速，此次评估将更加关注人工智能法治的战略谋划、理论深度及实际成效。基于上述目的，专家组再次对指数体系进行了小幅修改，增加一项二级指标“战略认知 B3”，并对“政策文件 A1”“法治理论 A2”“执法实施 A3”和“社会关注 A5”的权重予以了微调，形成了《人工智能法治发展指数 4.0》(以下简称“指数 4.0”)。

一、指数 4.0 调整的主要考量因素

其一，指数 4.0 在一级指标“政策文件 A1”下新增二级指标“战略认知 B3”。第一，作为法治评估指标体系，本评估一直将“政策文件”作为重点关注对象，并常年赋予较高权重。此次新增二级指标“战略认知 B3”后，该项一级指标下的测评内容得到了丰富，能够更加准确地反映政策文件一项指标的详细情况。第二，将“战略认知 B3”设定为主观指标，重点调查公众对国家各部门和各层级有关政策文件中呈现的对人工智能战略谋划和定位的认知，主客观相结合，更加全面地展现政策文件一项的实际状况。第三，“战略认知 B3”与现有指标“政策关注 B14”一项的区别在于，后者仅考察公众是否关注以及关注程度的问题，指向公众对人工智能法律与政策的注意力和兴趣，不涉及对其深层次的理解和评价。而前者进一步考察关注深度的问题，指向公众对人工智能法律与政策的基本理解和判断，包括对其目标、原则、内容、效果等方面的认知。公众对人工智能法律与政策的战略认知直接关系到其在社会中的顺利实施，也是人工智能法治从高速度转向高质量发展的关键因素。

其二，指数 4.0 上调了一级指标“政策文件 A1”的权重，相应降低了一级指标“社会关注 A5”的权重。第一，这一调整主要是出于 A1 下二级指标数量增加的考虑，将原本“社会关注 A5”中相应的测评数据归入新增二级指标“战略认知 B3”之下。第二，在人工智能法治前期高速稳定发展的背景下，作为基础建设的政策文件 A1 一项来到了关键时期，此前的评测已经连续下调了“政策文件 A1”的权重，指数 4.0 希望重点反映该项指标最新的进展。

其三，指数 4.0 上调了一级指标“法治理论 A2”以及“执法实施 A3”的权重，相应大幅下调了一级指标“法律市场 A4”的权重，这一调整的主要出发点是想回

归本评测的重点和初衷。第一，此前的评测中，“法律市场 A4”一项得分居于前列（2021 年得分 93.8，在一级指标中居第二位），而“执法实施 A3”一项的得分一直偏低（2021 年得分 81.8，在一级指标中居末位），但执法实施环节对人工智能法治的发展会产生直接和显著的影响。为了直面这一方面的不足，客观反映人工智能法治发展的真实状况，有必要加强对该项指标的重视和考察。第二，与“政策文件 A1”类似，在此前快速发展的背景下，有关人工智能法治的研究也来到了关键时期，因此指数 4.0 也想突出“法治理论 A2”一项的发展。

考虑到人工智能法治进入高质量发展阶段，为了动态反映各项指标的发展和变化，提升指标对人工智能法治发展的贡献，专家组对权重作出了上述调整。

表 1　人工智能法治发展评估指标体系（4.0）及权重

一级指标	二级指标	主客观	测试点	评分标准	变迁
政策文件 A1（17.25%）	法规政策 B1（36.72%）	客观	法规政策颁布量	以人工智能为主要内容的与内容涉及人工智能的法规政策数量增减幅度	19.45%（1.0）→ 17.25%（2.0）→ 16.05%（3.0）→ 17.25%（4.0）
	判决裁决 B2（34.04%）	客观	涉人工智能司法案件量	涉人工智能司法案件增减幅度	
	战略认知 B3（29.24%）	主观	政策定位感知度	公众对政策文件中的人工智能定位感知	
法治理论 A2（13.68%）	国家级课题 B4（29.54%）	客观	国家级课题数	国家社科基金法学类增减幅度（国家社科基金法学类）	13.58%（1.0）→ 12.48%（2.0&3.0）→ 13.58%（4.0）
	省部级课题 B5（22.23%）	客观	省部级课题项目数	人工智能法治省部级项目增减幅度（司法部、科技部、教育部和中国法学会）	
	论坛研讨决策咨询 B6（21.74%）	客观	论坛数（次数）	人工智能法治论坛增减幅度	
	期刊发文 B7（26.49%）	客观	期刊发文量（篇）	法学等综合性刊物上人工智能法治论文增减幅度	
执法实施 A3（16.89%）	政策运用 B8（33.12%）	主观	政策文件实施效果	人工智能发展政策性、法律性文件实施效果满意度	19.09%（1.0）→ 16.09%（2.0&3.0）→ 16.89%（4.0）
	软件运行 B9（29.07%）	主观	软件运用实施效果	人工智能法治应用是否经常出现软件运行错误感受度；是否经常出现算法歧视感受度	
	智慧司法 B10（37.81%）	主观	司法应用水平	人工智能司法应用感受度	

（续表）

一级指标	二级指标	主客观	测试点	评分标准	变迁
法律市场 A4（13.49%）	企业数量 B11（45.72%）	客观	企业数量增减幅度	以“人工智能 + 法治”为核心业务企业数量	17.09%（1.0）→ 15.09%（2.0&3.0）→ 13.49%（4.0）
	营收能力 B12（54.28%）	客观	营收能力增减幅度	以“人工智能 + 法治”为核心业务企业营业能力	
社会关注 A5（13.05%）	立法关注 B13（35.14%）	主观	立法先行迫切度	从国家层面出台规制利用人工智能实施违法犯罪活动和针对人工智能系统实施违法犯罪活动的文件	17.35%（1.0）→ 15.35%（2.0）→ 14.65%（3.0）→ 13.05%（4.0）
	政策关注 B14（33.19%）	主观	政策文件关注度	对人工智能发展的政策性、法律性文件关注度	
	论坛关注 B15（31.67%）	主观	法治论坛关注度	对在上海举办的“世界人工智能大会法治论坛”为代表的相关论坛关注度	
法治环境 A6（14.32%）	包容态度 B16（33.56%）	主观	人工智能包容度	人工智能发展包容度	13.44%（1.0）→ 12.42%（2.0）→ 14.32%（3.0&4.0）
	法律规制 B17（32.09%）	主观	人工智能包容度	法律对人工智能发展的规制情况	
	应用感受 B18（34.35%）	主观	人工智能感受度	人工智能应用带来感受度	
人才培养 A7（11.32%）	学生人数 B19（54.27%）	客观	科技类法律学生人数	高校科技、知产法律专业学生人数	无（1.0）→ 11.32%（2.0—4.0）
	课程设置 B20（45.73%）	客观	课程开设数量	高校人工智能法律相关专业设置、研究机构、课程开设数量	

二、人工智能法治发展评估指标体系（4.0）的特点

1. 覆盖人工智能法治发展的“全维度”

指数 4.0 的体系框架涉及了政策、理论、执法、市场、社会、环境、人才 7 个层面，覆盖面已经比较完备，尤其是在指数 2.0 增加“人才培养 A7”之后，能够较好地反映人工智能法治发展的整体面貌。同时，出于体系稳定性和评估可比较性的考虑，指数 4.0 维持了指数 2.0 和 3.0 整体的一级指标框架，仅对少数二级指标及权重进行了调整。

2. 构建人工智能法治评价的“全层次”

指数 4.0 以政策和实施为根基，以环境、理论和市场作中坚，以关怀和人才谋未来。通过对各一级指标权重的重新分配，政策文件 A1 重新成为占比最大的一项指标，紧随其后的是执法实施 A3，二者构成第一梯队，体现了本指标体系对人工智能法治的基础支撑以及实施情况的重点关注。第二梯队是法治环境 A6、法治理论 A2 和法律市场 A4，分别体现人工智能法治的环境保障、理论引领和市场活力，是人工智能法治发展的中坚力量。第三梯队是社会关注 A5 与人才培养 A7，前者反映人工智能法治的公众关注度，后者为其注入新的活力，保障人工智能法治行稳致远。

3. 突出人工智能法治发展的“全考察”

新增二级指标“战略认知 B3”后，二级指标总数变为 20，主客观指标各占 10 项。而且政策文件 A1 融合了主观和客观指标，作为此次评测的重点之一，能得到更加全面和真实的反映。主客观指标达成平衡后，也更能从主观和客观相对比的方式反映更多人工智能法治的细节，更加有效地指引人工智能法治发展的具体方向。

中国人工智能法治发展评估报告（2022）

《世界人工智能法治蓝皮书》专家组评估团队[①]

2023年5月4日

自2020年以来，《世界人工智能法治蓝皮书》编委会组建专家组，连续三年对我国人工智能法治发展情况进行评估，并形成了评估报告，分别在当年的世界人工智能大会上发布，受到了社会各界的广泛关注。2022年，元宇宙和ChatGPT等人工智能热点事件引发激烈讨论，《中共中央 国务院关于加快建设全国统一大市场的意见》也要求“深入开展人工智能社会实验，推动制定智能社会治理相关标准”。深圳和上海则率先发布了地方性人工智能产业专项规范，人工智能法治进入新一轮高速发展阶段。为了持续反映人工智能法治发展的现实状况，推动人工智能法治研究，助力人工智能健康发展，根据《人工智能法治发展指数4.0》设定的指标体系、评估办法，专家组对2022年我国人工智能法治发展状况进行了评估。

本次评估采用调查问卷和客观测评两种方法进行，在总结吸收前两次评估经验的基础上，做了以下优化：（1）高度匹配问卷主要调查对象的身份和职业，在保持专业性的同时，增加了部分更加贴合调查对象工作场景的问题，如“您认为人工智

---

① 专家组评估团队执行主任：彭辉（上海社科院法学所研究员、博士）；评估团队成员：叶青（华东政法大学校长、教授、博士生导师）、刘晓红（上海政法学院校长、教授、博士生导师）、刘学尧（上海大学教授）、董立武（上海市委政法委毒品预防处处长）、杨寅（上海政法学院教授）、林竹静（上海市人民检察院检察官、博士）、赵玉成（上海教育报刊总社编辑部副主任）、上海社科院法学所研究生团队、上海政法学院研究生团队。

能司法应用在多大程度上帮助了您的工作?”。同时继续紧跟法律的最新发展，问卷设置了对国内人工智能领域首部省级地方性法规《上海市促进人工智能产业发展条例》以及上海数据交易所的相关调查问题；（2）问卷设计增加了开放性的题目及选项，如在对有关政策文件关注度的问题中，除了固定选项，还设置了“如果有关注，您最为关注哪部法律”这一开放性选项，收集的信息更加丰富和多样化；（3）结合前期数据处理经验，进一步加强了数据筛选和分类工作，比如特别区分了“法 C（中国法学核心科研评价来源期刊）”和“非法 C”的期刊论文，测评数据更加细致精准。

一、测评数据分析

1. 主观数据

主观数据来源。主观数据采集对象主要聚焦于人工智能技术人员、研究者、人工智能法律产品使用者、其他类四类社会群体。采集方式主要采用问卷调查，2022 年末，上海市法学会向北京、河南、天津、陕西、江苏、山西、吉林、广东、福建、山东、河北、湖北、四川、重庆、黑龙江、甘肃、安徽、贵州、辽宁、云南、内蒙古等省区市法学会发出调查问卷协助函，截至 2023 年 2 月 10 日，回收有效问卷 7902 份。本次问卷调查呈现以下变化和特点：

（1）加大了问卷收集力度，扩大了问卷对象调查范围，回收问卷量跨越式增长。此次共回收问卷 7944 份，同比增长 624.8%。调查对象中，“其他类”人员占到了 15.24%，这一比例同比增加 47.8%，主观数据的广泛性和有效性得到了显著提升。（2）调查对象对开放性问题的完成率显著提升，一方面得益于整体问卷收集力度的加大，另一方面也在于问卷题目的设置更加贴合调查对象的真实经验和关切。（3）数据来源的专业性进一步提升，法官 / 检察官、警察和其他公务人员的总占比达 78.41%，同比增长 20.2%，尤其是其他公务人员一项的比例同比增加 54.5%，这样更切合本评估重点关注执法实施这一方面的预期。

表 1　问卷调查样本构成

类　别	基本指标	频　数	百分比（%）
年　龄	18—25 岁	803	10.11
	26—30 岁	1535	19.32
	31—40 岁	2918	36.73
	41—50 岁	1629	20.51
	51—60 岁	1023	12.88
	60 岁以上	36	0.45
职业或身份	法官 / 检察官（含法官助理、检察官助理）	1125	14.16
	警察	1587	19.98
	其他公务员及事业单位人员	3517	44.27
	律师、公司法务	162	2.04
	涉人工智能企事业单位人员	131	1.65
	教师、高校研究人员	95	1.20
	学生	116	1.46
	其他	1211	15.24

2. 客观数据

本次评估的客观数据有以下两个方面的优化：

一是扩充了数据来源，除了 2021 年评估时利用的北大法宝法律法规数据库、中国裁判文书网、天眼查、企业查、国家社科基金、司法部、中国法学会、教育部网站、中国知网、威科法律数据库、Heinonline 数据库、地方政府、各级法院、人工智能企业官网、当当网、京东图书、微信公众号平台和法学创新网外，新增了北大法意、法信、各级市场监督管理局、科技部官网、ProQuest 数据库作为新的数据来源。北大法意和法信分别作为北大法宝和中国裁判文书网的补充，各级市场监督管理局主要作为收集相关企业年报的补充途径，利用科技部官网收集科技部管理下的人工智能法治相关课题信息，ProQuest 数据库与 Heinonline 数据库配合使用，用于统计国内学者在外文期刊上发表的人工智能法治相关文章的情况。

二是优化了数据处理，客观数据结合了此次测评重点进行收集和处理，使之更能反映人工智能法治的现状和发展趋势。在政策文件方面，不仅统计了各级别法律文件的数量，还深入分析了它们的具体内容，特别是对人工智能的描述和定位，从而揭示了政府对人工智能发展的态度和支持程度。在法治相关著作和论文方面，根据不同的级别和影响力，赋予了不同的权重，从而更准确地反映了学术界对人工智能法治问题的关注和研究水平。通过优化后的数据处理方法，能够更全面和客观地评估人工智能法治的现状和发展趋势，为相关政策制定和学术研究提供有价值的参考。

二、总体得分

根据测评：2022 年中国人工智能法治发展评估总体得分 90.19 分，相较于 2021 年提升 1.15 分，初步迈入“高”水平，昭示了中国人工智能法治高水平发展的新阶段。

表 2　人工智能法治建设水平等级

人工智能法治建设	人工智能法治建设水平数范围	人工智能法治建设水平
Ⅰ	90 ＜ A ≤ 100	水平高
Ⅱ	80 ＜ A ≤ 90	水平较高
Ⅲ	70 ＜ A ≤ 80	水平一般
Ⅳ	60 ＜ A ≤ 70	水平较低
Ⅴ	0 ＜ A ≤ 60	水平很低

三、单项得分

（一）一级指标、二级指标

与 2021 年相比，2022 年中国发展质量稳步提升，但面对经济下行压力和动荡的外部环境，经济恢复的基础尚不牢固，一级指标指数与二级指标指数虽大多数得到了提升，但不同指数的发展呈现明显的差异化趋势。

1. 一级指标

经综合评估，一级指标指数得分由高到低如下：政策文件 A1（97.5）＞法治理论 A2（94.1）＞人才培养 A7（93.9）＞法律市场 A4（91.6）＞法治环境 A6（86.3）＞

执法实施 A3（84.7）＞社会关注 A5（83.1）。与 2021 年相比，一级指标中除了“政策文件 A1”与“法律市场 A4”两项，其他各项一级指标得分都得到了不同程度的提升。具体变化及原因分析如下：

第一，法治环境显著改善，执法实施有效提升：“法治环境 A6”的大幅增长一方面来源于基础制度构建后的有力保障，另一方面来源于人工智能广泛应用带来的切实良好感受，该项的提升将为人工智能法治发展奠定良好的环境氛围。“执法实施 A3”的大幅增长首先主要来自法律软件应用感受的显著提升，其次是由于政策运用的稳步优化，法律与政策实施效果的提升反映了现阶段人工智能法治建设方面的有效落地，但也必须结合技术与社会的发展作出持续的努力。

第二，人才培养如火如荼，法治理论与社会关注稳步提升：“人才培养 A7”的增长主要得益于各大院校对人工智能专业的高度重视和考生的持续青睐。人工智能专业涉及多个学科领域，具有广阔的就业前景，人才培养作为人工智能发展的关键支撑得到了广泛关注。“社会关注 A5”的增长源于公众对人工智能立法尤其是具体政策的持续关注，人工智能立法和政策是一个复杂而紧迫的议题，公众的高度关注有利于促进法治建设的健康发展。“法治理论 A2”的增长反映了学术界对人工智能法律问题的深入研究和探讨，尤其是与技术相结合的法学重大课题的攻坚克难，将开辟人工智能法学研究的新疆域。

第三，法律市场略显疲态，政策认知有待加强：“法律市场 A6”的走低关键在于相关企业长期面临的营收难题，虽然企业数量继续大幅增加，但普遍缺乏核心竞争力。“政策文件 A1”得分下降的客观原因是新加入的二级指标“战略认知 B3”的得分明显低于 A1 下的其余两项指标。法律法规的数量仍然持续增加，尤其是涌现了大量的地方性立法文件，司法机关审理的涉人工智能案件数量也剧烈增加，但是公众对于人工智能在国家战略高度层面的认知与其他两项有显著差距。

表 3　人工智能法治评估一级指标得分及占总分比例

一级指标	得分	总分	占总分比例（%）
政策文件 A1	16.82	17.25	97.5
法治理论 A2	12.87	13.68	94.1

（续表）

一级指标	得分	总分	占总分比例（%）
执法实施 A3	14.30	16.89	84.7
法律市场 A4	12.36	13.49	91.6
社会关注 A5	10.85	13.05	83.1
法治环境 A6	12.36	14.32	86.3
人才培养 A7	10.63	11.32	93.9

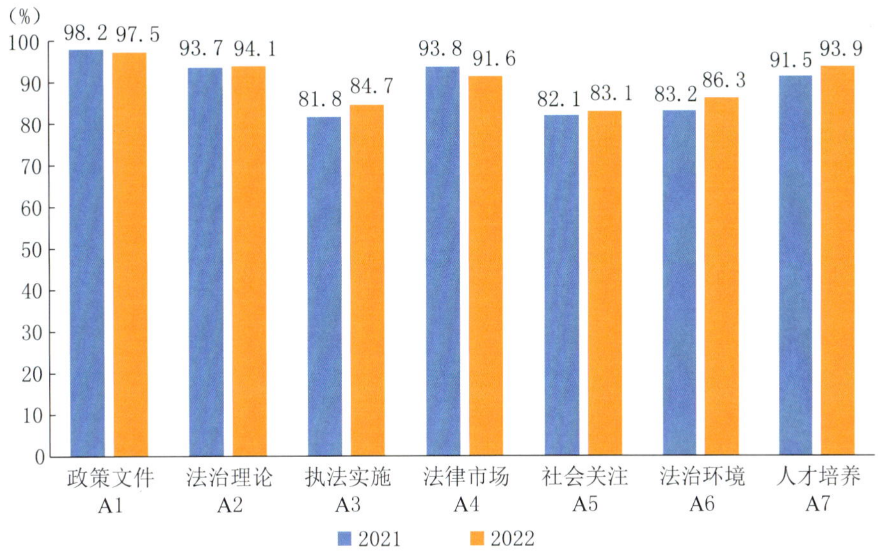

图 1　人工智能法治评估一级指标完成度（2021 年与 2022 年）

2. 二级指标

（1）二级指标得分情况。经综合评估，二级指标指数得分由高到低如下：

法规政策 B1（99.4）＞企业数量 B11（99.0）＞判决裁决 B2（98.6）＞期刊发文 B7（98.3）＞国家级课题 B4（95.0）＞学生人数 B19（94.0）＞战略认知 B3（93.8）＝课程设置 B20（93.8）＞论坛研讨决策咨询 B6（92.9）＞政策运用 B8（92.1）＞应用感受 B18（90.0）＞省部级课题 B5（89.1）＝政策关注 B14（89.1）＞包容态度 B16（87.7）＞软件运行 B9（87.6）＞营收能力 B12（85.4）＞立法关注 B13（82.4）＞法律规制 B17（80.7）＞论坛关注 B15（77.7）＞智慧司法 B10（75.9）。

二级指标得分表明：法规政策持续增加，司法审判有序开展，理论研究攻坚克难，政策运用贴合现实，软件运行显著改善，智慧司法着手布局，企业数量持续增长，政策关注稳步提升，公众更加包容开放，法律规制明显改善，学生人数大幅增加，课程设置同步优化，但战略认知有待深化，营收能力遭遇瓶颈，论坛关注有所下降。

表 4　人工智能法治评估二级指标得分及占总分比例

二级指标	得分	总分	占总分比例（%）
法规政策 B1	6.30	6.34	99.4
判决裁决 B2	5.79	5.87	98.6
战略认知 B3	4.73	5.04	93.8
国家级课题 B4	3.84	4.04	95.0
省部级课题 B5	2.71	3.04	89.1
论坛研讨决策咨询 B6	2.76	2.97	92.9
期刊发文 B7	3.56	3.62	98.3
政策运用 B8	5.15	5.59	92.1
软件运行 B9	4.30	4.91	87.6
智慧司法 B10	4.85	6.39	75.9
企业数量 B11	6.11	6.17	99.0
营收能力 B12	6.25	7.32	85.4
立法关注 B13	3.78	4.59	82.4
政策关注 B14	3.86	4.33	89.1
论坛关注 B15	3.21	4.13	77.7
包容态度 B16	4.22	4.81	87.7
法律规制 B17	3.71	4.60	80.7
应用感受 B18	4.43	4.92	90.0
学生人数 B19	5.77	6.14	94.0
课程设置 B20	4.86	5.18	93.8

（2）二级指标得分变化。第一，显著上升的指标：软件运行和应用感受有效提升，学生人数大幅增加，法律规制更加有效。与 2021 年相比，得分显著提升的

是（括号内为提升分数）：软件运行 B9（7.3）、应用感受 B18（5.7）、学生人数 B19（3.4）、法律规制 B17（3.1）。软件运行 B9 的大幅提升首先来自司法机关对相关软件系统的持续投入和优化，软件系统的性能和安全性得到提升。2022 年，上海市高级人民法院上海法院执行办案系统升级改造和上海市人民检察院上海刑事案件智能辅助办案系统检察院配套改造项目，分别以 652 万元和 80 万元的价格公开招标，体现对智慧司法的密切关注和高度重视。应用感受 B18 的提升一方面来源于执法机关继续在执法过程中推广人工智能技术的运用，另一方面还在于人工智能技术在应用中展现了更高的准确性和可靠性，为公众提供了更多的保障和安全感，增强了公众对人工智能技术的信赖和依赖。如最高人民法院在 2022 年积极推动建立覆盖全国法院及主要财产形式的网络查控系统，与中国人民银行、公安部等 10 多家单位、3900 多家银行联网，可以查询被执行人全国范围内的各项财产信息，对各种财产形式做到全面覆盖，实现了依法调查财产方式的根本变革。学生人数 B19 的增长反映了人工智能相关专业持续受到社会的关注和学生的青睐。2022 年全国新增 95 所高校获批人工智能专业（如北京大学、同济大学、对外经济贸易大学等），浙江大学从 2022 年起在本科新生中开设数字法治卓越班，首届学生将以各省份优秀考生为生源，按法学专业招收 20 名左右精英本科生。法律规制 B17 的增长原因首先是人工智能基础立法的有效支撑，《个人信息保护法》和《数据安全法》等基本法律铸就了对人工智能风险的有效防范体系。其次来自顶层设计的引领，2022 年，国家新一代人工智能治理专业委员会此前发布的《新一代人工智能伦理规范》得到深入落实，伦理道德融入人工智能全生命周期，为从事人工智能相关活动的自然人、法人和其他相关机构提供了伦理指引。

第二，稳定上升的指标：政策关注持续增加，包容态度有所提高，司法审判和智慧司法运用有序开展，课程设置不断优化。与 2021 年相比，得分稳定提升的有（括号内为提升分数）：政策关注 B14（2.8）、包容态度 B16（1.3）、判决裁决 B2（1.2）、智慧司法 B10（1.2）、课程设置 B20（1.1）。政策关注 B14 的提升主要得益于国家层面对人工智能发展的高度重视和战略部署。2022 年科技部等六部门印发《关于加快场景创新以人工智能高水平应用促进经济高质量发展的指导意见》的通知，要求统筹推进人工智能场景创新，着力解决人工智能重大应用和产业化问题，全面提升人工智能发展质量和水平，更好支撑高质量发展。包容态度 B16 的提升反映了公众对人工智能技术的认知和接受程度有所提高。一方面，人工智能技术在各个领域和行业的广泛应用加上政府的支持和鼓励，社会形成了一种积极的氛围和文化，鼓励对人工智能技术的学习和使用。另一方面，人工智能技术的发展引发了社会层面广泛的讨论，公众在对话和实际体验过程中增进了对人工智能的认识，由此提升了公众的理解和信任。判决裁决 B2 一项的增长有以下两个方面的原因：一是人工智能技术不断创新，推动了各行各业的数字化转型，经济社会对技术创新的保护意识不断提高；二是涉及前沿技术的复杂纠纷频繁出现，侵权行为更难防范。这也导致了事实认定和法律适用的复杂性将持续增加，对司法人员的专业能力提出了更高的挑战。智慧司法 B10 的提升主要得益于司法机关对人工智能技术融入审判实践的重视。最高人民法院 2022 年 12 月发布《关于规范和加强人工智能司法应用的意见》(以下简称《司法应用意见》)，提出推动人工智能同司法工作深度融合，全面深化智慧法院建设，努力创造更高水平的数字正义，到 2025 年，基本建成较为完备的司法人工智能技术应用体系。课程设置 B20 的提升一方面来自国家和地方政府对人工智能教育的重视和支持，出台了一系列的政策措施，鼓励高校开设人工智能专业或方向，建立产教融合的人才培养模式。2022 年 7 月，教育部学位管理与研究生教育司印发《人工智能领域研究生指导性培养方案（试行）》，提出进一步深化人工智能领域研究生培养改革，引导高校加强前瞻性基础研究，实现变革性原创成果突破，培养满足创新型国家建设急需的高层次基础理论人才和复合型创新人才。课程设置 B20 的提升另一方面则来自高校自身的教育改革和创新意识，各大高校积极响应社会需求，调整专业设置和课程体系，加强与企业和研究机构的合作，持续提高人工智能教育的质量和水平。

第三，略微上升的指标：期刊发文与课题研究平稳提升，政策运用更加贴合现实，法规政策数量与立法关注稳步增长，企业数量略有增长。与 2021 年相比，得分有所提升但并不显著的是（括号内为提升分数）：期刊发文 B7（0.9）、国家级课题 B4（0.8）、省部级课题 B5（0.8）、政策运用 B8（0.8）、立法关注 B13（0.8）、法规政策 B1（0.4）、企业数量 B11（0.2）。期刊发文 B7 一项得分的提升反映了人工智能相关问题在法学领域的持续热度。2022 年，法学核心期刊人工智能领域的发文数量达到了 356 篇，涉及数据、个人信息保护、数字法治与元宇宙、算法等多个方面，展现了中国人工智能法学研究的广度和深度，但在一些难点问题上仍未见创新性的突破。国家级课题 B4 和省部级课题 B5 两项得分的提升说明了人工智能法治建设在国家和地方层面都受到了重视和支持，这为人工智能技术的健康发展提供了有力的理论指导和实践借鉴。尤其是国家级课题层面，2022 年国家社科基金法学年度项目 236 项，涉及“新技术法学”的国家社科基金年度项目高达 63 项（其中 2 项为重点项目）。但省部级课题数量与国家级课题数量之间的差距依然较大，地方仍需加强对人工智能研究的重视。政策运用 B8 得分提升的主要原因是在此前人工智能有关法律文件尤其是操作性规范密集出台的背景下，一方面此类规范本身回应了人工智能监管的需求，因此使得政策运用更加贴合社会现状，另一方面也使得法律和政策实施机关的工作开展有了较为明确的指引。立法关注 B13 一项得分的提升反映了公众对人工智能技术在立法层面的持续关注，在一定程度上也反映了公众对人工智能技术的期待和压力。该项的提升还需更加切实地通过立法回应公众的现实需求，针对性地解决与公众切身相关的现实问题。法规政策 B1 一项得分的提升来自人工智能立法的持续完善和更新。2022 年，在人工智能立法层面，最亮眼的是地方层面的人工智能产业专项立法，深圳和上海先后出台《深圳经济特区人工智能产业促进条例》和《上海市促进人工智能产业发展条例》。另外，国家层面也有一系列细分领域的规范出台，如《互联网信息服务算法推荐管理规定》《工业和信息化领域数据安全管理办法（试行）》等。企业数量 B11 一项的得分略有增长，但总量已经很大。截至 2022 年底，全球人工智能代表企业数量 27255 家，其中中国企业数量 4227 家，约占全球企业总数的 16%。① 主要原因是人工智能技术的应用场景不断推广，与其他产业和实体经济深度融合，成为经济社会发展新的增长引擎。但是市场淘汰率仍然较高，企业的持续发展有一定难度。

第四，得分下降的指标：论坛决策咨询与关注略微下降，企业营收能力遭遇困境。与 2021 年相比，得分下降的是（括号内为下降分数）：论坛研讨决策咨询 B6（0.6）、论坛关注 B15（0.7）和营收能力 B12（4.2）。论坛数量与关注的同步下降有三个方面的原因，第一，客观原因是管控要求导致论坛举办的现实条件受阻。第二，有关话题存在重复性，论坛本身的吸引力在人工智能海量的讨论信息之下有所下降。第

① 参见王政、杨东：《人工智能产业迎来发展新机遇》，《人民日报》2023 年 3 月 15 日第 18 版。

三，在人工智能发展的过程中伴随着知识沉淀和细分，形成了一些专业性较强的交流平台，对于大众的关注度降低，转而在细分平台上进行专业化的交流。因此后续测评预计会扩充数据来源，将在细分平台上的专业化交流列入考察范围，使得“论坛关注”一项的评测更加客观和准确。营收能力 B12 的下降是人工智能企业普遍面临的营收增长困境导致的。以 AI 龙头企业为例，2022 年上半年，云从科技营收 3.91 亿元，同比下降 13.97%，2022 年上半年亏损 3.25 亿元。2022 全年，科大讯飞 2022 年营业收入较 2021 年仅上涨 2.77%，净利润剧烈下降 63.94%。一方面，人工智能技术的研发投入高昂，需要大量的人才、数据和计算资源，而这些都是有限的资源。另一方面，人工智能技术的商业化应用还不成熟，很多领域还没有明确的需求和场景，导致人工智能企业难以找到有效的盈利模式和市场定位。因此，人工智能企业要想实现营收增长，需要在技术创新和市场拓展上作出平衡和取舍，同时也要关注社会责任和伦理道德，避免造成负面的影响和风险。

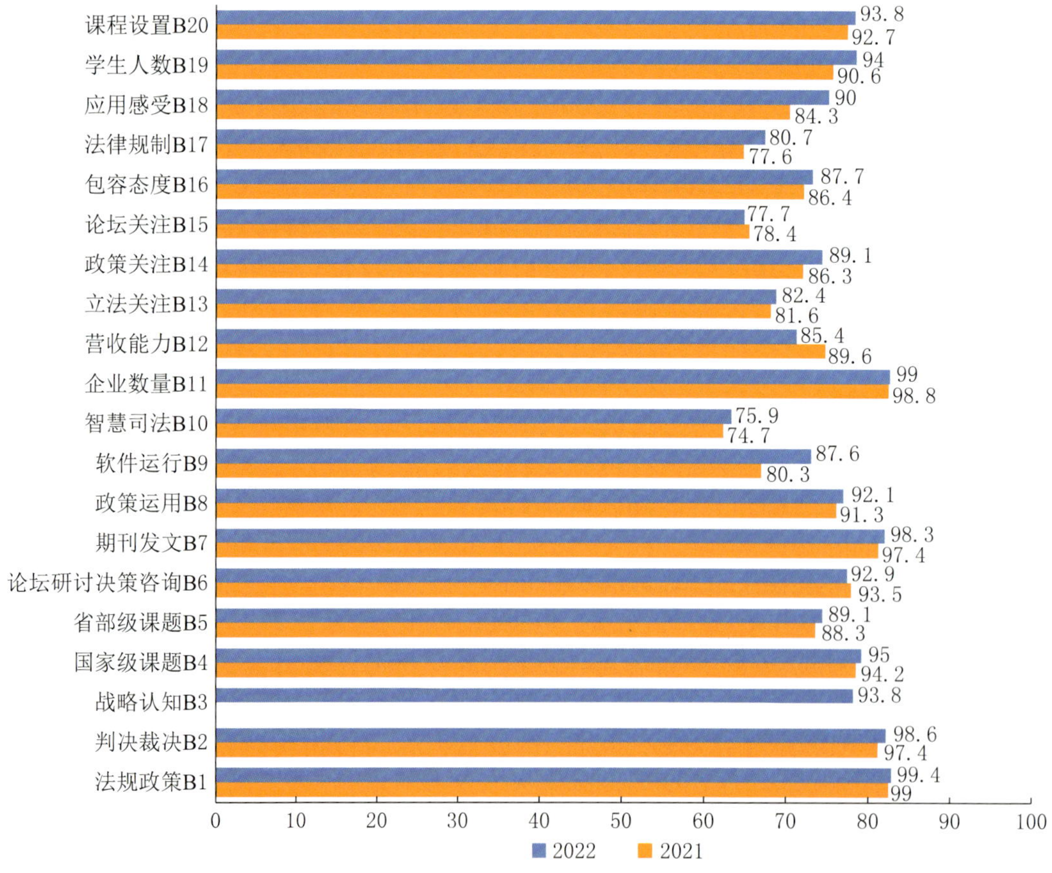

图 2　人工智能法治评估二级指标完成度（2021 年与 2022 年）

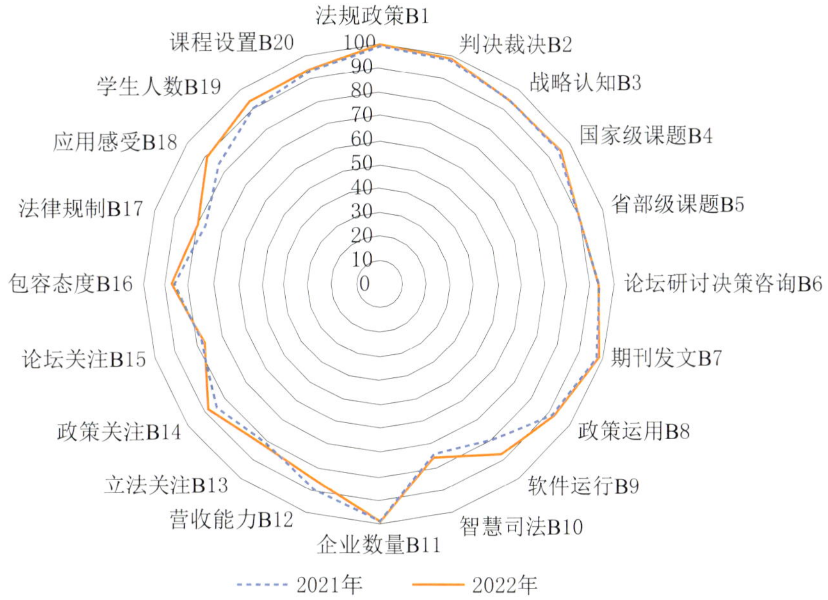

图 3　人工智能法治评估二级指标完成度（2021 年与 2022 年）

（二）主观指标、客观指标

1. 客观指标得分

经综合评估，客观指标指数得分由高到低如下：法规政策 B1（99.4）＞企业数量 B11（99.0）＞判决裁决 B2（98.6）＞期刊发文 B7（98.3）＞国家级课题 B4（95.0）＞学生人数 B19（94.0）＞课程设置 B20（93.8）＞论坛研讨决策咨询 B6（92.9）＞

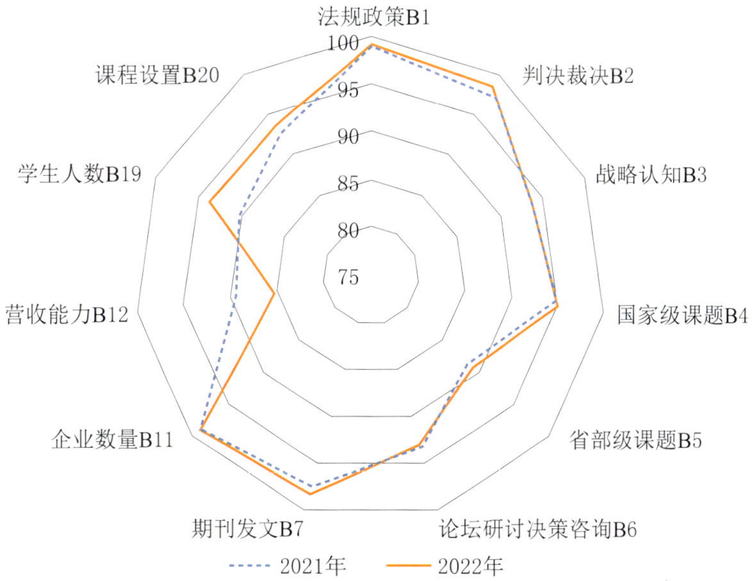

图 4　人工智能法治评估客观指标完成度（2021 年与 2022 年）

为 4 分），然而期刊发文 B7 与论坛研讨决策咨询 B6 的分差扩大至 5.4 分（2021 年为 3.9 分），企业数量 B11 与营收能力 B12 的分差扩大到 13.6 分（2021 年为 9.2 分）。一方面，上述分差仍然表明，人工智能法治的数量和理论方面的进步超过了质量和实践方面的提高，这意味着人工智能法治在具体应用和质量保障上还有很大的提升空间。另一方面，不同层面的协调发展状况呈现差异，技术运用和使用感受以及人才数量和培养质量两个方面的同步提升得到了加强，但理论研究和政策吸纳以及企业数量和营收能力方面的差距进一步扩大，说明理论研究要更加具有现实关怀，企业经营需要更加注重关键技术突破和核心竞争力的提升。

人工智能发展的主客观方面建设都需要不断完善和提高。主观方面，公众对人工智能法治的信任和满意度是衡量其有效性和合理性的重要指标。测评显示，当前在包容态度、软件运行和法律规制等主观领域的得分显著低于平均得分。因此要加强人工智能法治的宣传和教育，提高公众的法律意识和科技素养，增强公众对人工智能法治的参与和监督。客观方面，人工智能法治的发展要有坚实的法律基础和科学依据，但人工智能技术的发展日新月异，带来的安全和伦理层面的风险也层出不穷。因此要加快制定和完善相关的法律法规，尤其是具有实际可操作性的具体行为规则，规范人工智能的开发和应用，保障人工智能的安全和可靠，促进人工智能与法治的协调和融合。

四、2022 年人工智能法治发展的热点话题

1. 人工智能产业发展需求催生专业性和地方性专门立法

在人工智能立法领域，虽然现已有《数据安全法》《网络安全法》和《个人信息保护法》中有关规定作为基本的规制框架，但是目前国家层面有关人工智能的专门立法尚未出台，许多关键问题都缺乏明确的界定，如人工智能的法律地位、行为效力等。2022 年国家层面的重要政策文件主要是《中共中央　国务院关于构建数据基础制度更好发挥数据要素作用的意见》（以下简称“数据二十条”），“数据二十条”从数据产权、流通交易、收益分配、安全治理等方面构建数据基础制度。数据是人工智能发

展的关键基础设施，也是高度专业化的细分领域。随着大数据不断积累，深度学习和强化学习等算法不断优化，数据技术将与人工智能技术更紧密地结合在一起。与此同时，除了数据、网络和个人信息等方面的负面风险，人工智能产业自身的良性发展又需要法律层面的具体引领和保障。在此背景下，2022 年国内部分省市洞察到了这一制度需求，开始出台地方性的人工智能产业法规，推动当地产业的有序发展。

上海作为人工智能产业的关键高地，持续领跑我国人工智能法治的发展，2022 年发布实施了《上海市促进人工智能产业发展条例》。作为全国首部促进人工智能产业发展的省级地方性法规，该条例立足促进法的基本定位，注重创新性和引领性，充分发挥有效市场和有为政府的作用，采取各种激励措施推动人工智能产业高质量发展。该条例的一大特点是特别制定了“激发创新活力”条款，鼓励市场主体积极创新，并明确有关部门要根据人工智能的特点对相关的监管规则、标准进行相应地制定、修改或废止，建立人工智能领域轻微违法行为免罚清单，从而最大限度地激发创新活力。另一大特点是促进基础要素的流通、使用和运营，在此过程中推动相关主体的权益保护，从而更好地调动和激发市场活力。

作为人工智能产业发展位列全国前三的重要科技创新城市，深圳出台了我国首部人工智能产业专项规范——《深圳经济特区人工智能产业促进条例》，于 2022 年 11 月 1 日正式实施。该条例首次明确了人工智能概念和产业边界，推动建立面向产业的算力算法开放平台，定期制定并发布人工智能场景需求清单，并设立了人工智能伦理委员会。该条例总体上体现了对人工智能产业发展的政策支持和鼓励，在为产业发展保留足够的弹性与空间的前提下，通过专门的人工智能治理机构，设定监管底线，同时进行风险防控。

北京也于 2022 年底推出《北京市数字经济促进条例》，规定加快信息网络基础设施建设，推进算力基础设施建设，加强新技术基础设施建设。统筹推进人工智能、区块链、大数据等新技术基础设施建设，支持建设通用算法、底层技术、软硬件开源等共性平台。此外，北京市经济和信息化局于 2022 年 8 月发布《北京市促进数字人产业创新发展行动计划（2022—2025 年）》。指出到 2025 年，北京市数字人产业规模将突破 500 亿元，成为全国数字人产业创新高地，并将“广泛应用语音识别、语音合成、自然语言理解等人工智能技术，研发智慧大脑、情感计算等新算法，提升数字人交互体验”作为主要任务之一。

对于地方性的人工智能产业立法而言，关键在于如何平衡促进创新发展与安全监管，地方性立法在这一方面的先行先试对于将来国家层面的人工智能专门立法而言是重要的经验积累，尤其是应当在实践中完善和细化相应专门委员会的工作机制，及时回应时代需求，充分总结地方经验，促进人工智能立法与人工智能技术同步发展。

2. 人工智能技术助力数字政府和智慧城市建设

2022年6月，国务院印发《关于加强数字政府建设的指导意见》，明确提出要加快完善与数字政府建设相适应的法律法规框架体系。此前，“十三五”规划纲要提出，“以基础设施智能化、公共服务便利化、社会治理精细化为重点，充分运用现代信息技术和大数据，建设一批新型示范性智慧城市”。2020年以来，以人工智能为代表的新一代信息技术的发展与应用为智慧城市的融合发展培育了创新土壤，综合管理需求也为城市带来了精细化治理的线上新常态。数字政府和智慧城市的建设广泛涉及人工智能技术的应用，2022年涌现了一大批利用人工智能技术推动政府数字化、智能化运行的典型案例。

长三角三省一市是地方数字政府协同发展的典型区域，《长江三角洲区域一体化发展规划纲要》提出“加快长三角政务数据资源共享共用，提高政府公共服务水平”，“共同推进数字政府建设，强化公共数据交换共享”，以及“加强大数据、云计算、区块链、物联网、人工智能、卫星导航等新技术研发应用，支持龙头企业联合科研机构建立长三角人工智能等新型研发平台”。长三角地区政务服务“一网通办”平台自2019年启动运行，经历了近4年的发展，目前提供148项跨省服务事项，累计全程网办超过642.63万件，实现37类高频电子证照共享互认，电子亮证超过1430.19万次，长三角数据共享交换累计达8.02亿条，极大地便利了长三角地区的民众和企业。此外，三省一市还建立了长三角“一网通办”的持续运营和维护机制，保证了数据的共享和交换的质量，并共同制定了《长三角地区政务服务“一网通办”技术标准》。

2022年，多个城市的智能政务平台也迎来了新的突破，如深圳龙岗区基于昇腾AI基础软硬件打造了城市智能中枢——人工智能融合赋能平台，从城市管理、市场监督、智慧交通、智慧消防、智慧水务、智慧工地等多方面推动人工智能创新应用，例如在智慧交通方面，结合昇腾AI智能分析算法，对骑电动车未戴头盔、车辆违停等各类交通事件数据进行大数据分析，助力交警部门和各街道实施督导整改。除了宏观的智慧城市建设，微观的智慧社区建设也有赖人工智能的应用。2022 年 5 月民政厅等九部门印发《关于深入推进智慧社区建设的意见》的通知，提出到 2025 年，基本构建起网格化管理、精细化服务、信息化支撑、开放共享的智慧社区服务平台，初步打造成智慧共享、和睦共治的新型数字社区，社区治理和服务智能化水平显著提高，更好感知社会态势、畅通沟通渠道、辅助决策施政、方便群众办事。

人工智能技术与公共治理的高度融合，可以有效打通不同部门和层级，可以调动海量数据和信息，是日趋复杂的治理环境和更加科学的决策需求所催生的，也是需求导向型和公众响应型政府建设所必需的。推进国家治理体系和治理能力现代化，人工智能技术是重要和有效的工具，需要进一步发掘其在公共治理方面的潜能，让创新为治理赋能，让治理为创新助力，打造人工智能助力国家治理现代化的中国方案。

3. 人工智能技术助力中国法治现代化建设

2022 年 12 月 8 日，最高人民法院发布的《司法应用意见》是人民法院贯彻落实党的二十大精神，通过积极转变社会治理方式推动司法审判模式和工作机制的自我革新的关键一步。在新时代背景下，《司法应用意见》的发布为人工智能法治的发展提供了指引，也是习近平新时代中国特色社会主义思想的世界观和方法论在法律领域的体现，是中国式现代化建设道路上的一次有益探索。

《司法应用意见》明确了人工智能在司法领域属于辅助性技术手段，在保证人民法院独立行使审判权的同时，保障了用户对于人工智能技术介入司法的选择权，强化了对人工智能司法应用的监督，确保及时识别算法漏洞、规避技术风险，以此保证人工智能辅助裁判技术的准确性。2022 年 9 月 23 日，厦门市思明区人民法院进行了全国首场元宇宙庭审，当庭宣判两起交通事故保险代位求偿案件。厦门大学法学院师生在线同步参与，这也是全球首次在元宇宙中将法律教学与真实庭审相结合的创新尝试。不同于二维在线诉讼，元宇宙庭审中每位参与者进入的都是三维虚拟法庭空间，在这里可以更加直观、具象地感受真实的庭审氛围，同步在虚拟空间中入场、起立、坐下，每一个庭审细节都能得到沉浸式体验与还原。

2022 年 6 月，全国检察机关数字检察工作会议召开，提出要把虽活跃但总体还沉睡着的各类数据唤醒，让它们按内在规律链动起来，进而实现关联分析、深度挖掘，为强化法律监督、深化能动履职、做实诉源治理提供前所未有的线索、依据。实践层面，最高人民检察院第四十二批指导性案例中，“浙江省杭州市某区人民检察院督促治理虚假登记市场主体检察监督案”是检察机关运用数据赋能法律监督的一个典型案件。该案中，检察机关积极运用大数据赋能法律监督，纳入全省模型库推动全省联动监督，构建“解析个案、梳理要素、搭建模型、类案治理、融合监督”的大数据检察监督路径，推动社会治理的转变。

除了审判和检察工作，人工智能还在公安执法中发挥了重要的助益作用。湖南省株洲市公安局新建的政治建警分类督察系统利用大数据导引警务督察工作方向，提升工作效能。通过在基层公安机关广泛应用，可以实现警力的精准有效投放。北京市公安局经侦总队为进一步规范涉案资金查询冻结执法工作，研发了涉案资金执法监督工具，从根源上有效杜绝涉案资金查询冻结不规范的行为，强化数据化执法监督能力。

此外，海关部门在日常查验中也尝试引入人工智能技术。2022 年以来，合肥海关持续推动智能审图系统在查验工作中的深度应用，依托人工智能技术和大数据、云平台，结合机检图像和申报信息等进行综合研判，破解伪报、夹藏等隐匿手法，持续提升智能审图快速精准识别能力。2022 年 3 月，在芜湖朱家桥码头，货物经码头上的大型集装箱检查设备扫描后，图像实时传输至海关集中审像中心。仅用 10 秒，审像中心智能审图系统即发出报警，提示该集装箱内存在异常。海关关员随即根据系统在机检图像上标注的嫌疑部位，在查验现场精准掏箱查验，发现该批货物商品名称和归类申报不实，涉及货值 401.1 万元。

人工智能技术在审判、检察、公安和海关工作中的应用是有关机关不断探索、积极创新并自我革新，实现现代化社会治理和高水平法治建设的大胆尝试。人工智能技术是当今世界一项重要的创新驱动力，也是推动中国式法治现代化建设的有力工具。人工智能技术可以帮助法律人员提高工作效率，提升司法公信力，保障人民群众的合法权益。人工智能技术还可以促进法律知识的普及，增强社会公民的法治意识，构建和谐稳定的社会秩序。人工智能技术与法治现代化建设的结合，是中国社会发展的必然趋势，也是中国特色社会主义法治体系的重要组成部分。

4. 基础法律的落地实施推动人工智能法治研究“由虚转实”

总体而言，2022 年，随着《数据安全法》和《个人信息保护法》等基础法律的落地实施，人工智能法治进入新的研究阶段。学界对于人工智能法治的研究从必要性论证向执法、司法适用层面转变，呈现出“由虚转实”的特点。例如，因新法的适用问题而引起关注的人工智能运用中的个人信息保护问题和数据安全问题；又如人工智能运用中的算法技术和法律价值的结合问题，区块链在司法中的应用问题；还有人工智能技术在司法裁判中的运用问题、数字法治的重要发展面向问题等。

2022年，中国人工智能法治研究重点集中在8个领域，分别是：人工智能与个人信息保护、人工智能应用与数据安全、人工智能法治与算法规制、人工智能法治与区块链、人工智能应用与平台经济反垄断、人工智能主体问题与运用、人工智能法治与数据流通、人工智能法治与数字法治。这些领域涵盖了人工智能技术的发展和应用所面临的伦理、法律和社会方面的重要问题，也反映了学界对于人工智能法治建设的关注和期待。

这些领域的研究有以下三个方面的特点：第一，从必要性论证到实践探索。随着人工智能技术的广泛应用，其对于个人、社会和国家的影响日益显著，也带来了一系列的风险和挑战。因此，学界不再满足于讨论人工智能是否需要法治，而是转向了如何将人工智能纳入法治轨道，如何运用法治思维和方法解决实际问题，如何构建适应人工智能发展的未来法治体系。第二，从单一领域到多元融合。人工智能技术的发展涉及多个方面，如算法、数据安全、个人信息保护、区块链等，这些方面又相互关联和彼此影响。因此，研究的范围也不再局限于某一个领域，而是要跨越不同的领域，形成多元融合的视角。例如，人工智能与区块链的结合，既涉及技术层面的协同和创新，也涉及法律层面的规制和保障。第三，从单一学科到多学科交叉。人工智能技术的应用不仅涉及法律问题，还涉及伦理、社会、经济等问题。因此，人工智能法治研究也不能仅仅依赖于法学知识，而是要借鉴和引入其他学科的理论和方法，形成多学科交叉的研究模式。例如，人工智能主体问题不仅是一个法律上的归属问题，还是一个哲学上的本质问题。这些特点反映了中国人工智能法治研究的进步和创新，也显示了中国法学界在推动人工智能伦理和治理方面的责任和担当。

为了推动人工智能法治化，后续的研究有必要继续从多方面进行深入探讨和分析。首先，要明确人工智能法治的内涵和外延，以及它与其他相关概念的差异和联系。其次，要探究人工智能法治的基本原则和价值导向，以及如何在不同领域和场景中具体实施。再次，要研究人工智能法治的制度构建和执行机制，以及如何应对可能出现的冲突和难题。最后，要研究人工智能法治的国际合作和交流，以及如何借鉴和参与国际规则的制定和执行。人工智能法治是人工智能发展的重要保障和前提，也是人类社会进步的必然要求。只有建立健全人工智能法治体系，才能有效规范人工智能的行为和责任，保护人类的权利和利益，促进人工智能与社会的和谐共生。未来，随着人工智能技术的不断创新和应用，人工智能法治面临着更多的挑战和机遇。我们应该积极应对，不断完善，努力构建一个公平、透明、可信、可控的人工智能法治环境。

五、总体评价与发展展望

2022 年我国人工智能法治的总体评价与发展展望可概括如下：

（1）人工智能立法进入爬坡期，创新发展与安全监管需要审慎平衡。在人工智能立法初期，许多国家层面的立法对于人工智能领域出现的新问题保持了一定的理性谦抑，但随着人工智能的大范围应用，已经逐步出现了许多亟待法律进行回应的突出问题，然而由于人工智能本身的复杂性以及技术的迅速变动，相关问题在法律层面的界定对立法技术提出了很高的要求。势必促使 2023 年相关立法的进一步更新和完善，地方立法的先行先试有利于积累更多的经验，为将来国家层面的立法提供借鉴。

总体上，目前的地方立法以促进产业发展为主要目标，同时辅以对隐私权侵权和信息安全风险的防范。将来的地方立法必须坚守底线思维，同时结合地方实际进行具体的规则设计，尤其要突出分场景的规制模式。在这样的情况下，审慎决策后的差异化规则不宜被轻易否定，因为一则是各地产业发展状况不同，二则是各地的执法监管水平也不同。人工智能产业发达的地区往往执法监管水平也较高，可以设定较为宽松的规则鼓励企业的创新发展，但同时也应建立相应的预防和监测机制，敏锐地捕捉出现的新问题，及时发现和阻却风险。相比而言，对于执法监管水平较低的地区，可以更加关注人工智能技术经常带来的个人信息泄漏、算法歧视等普遍问题，通过严格执法来提升自身监管水平的同时，也为将来对该类普遍问题在国家层面的规制提供切实经验。

（2）人工智能发展进入突破期，科技向善与社会伦理有赖法治保障。2022年，全国多个城市开展了自动驾驶全无人商业化试点，我国自动驾驶行业正式向L3级迈进。AI绘画技术也在2022年迎来重大突破，以Midjourney和Stable Diffusion为代表的AI绘图软件引入人工智能的扩散算法，突破了实用化的临界点，国内美图秀秀、抖音等软件也加入了AI画图功能。2022年末，美国人工智能研究实验室OpenAI推出的自然语言处理工具ChatGPT引爆全球，这一工具不仅能与用户顺畅对话，而且还能完成撰写邮件、视频脚本、文案、翻译、代码等任务，更昭示着强人工智能的出现。人工智能技术在日常生活的多个领域高度渗透，给人类生活带来的影响也日渐加深。与此同时，人工智能技术引发的各类问题也层出不穷，据美国联邦政府统计，在2021年7月1日至2022年5月15日的10个月内，有392起事故与L2级ADS辅助驾驶系统有关。ChatGPT在与用户交谈时出现了侮辱用户、对用户撒谎的情形，这些都是人工智能的法律规制亟待回应的问题。2023年初，西班牙哥伦比亚海港城市卡塔赫纳第一巡回法庭的主审法官使用ChatGPT作出了判决，他用自己的观点和ChatGPT的扩充回答作为最终决定的依据。这是全球第一例在法律裁决中使用AI技术的案件，人工智能与法治呈现更加复杂的互动关系。

人工智能在日常生活和法律场景中的广泛应用一方面可以促进经济发展，扩展人的机会空间和自由，另一方面也可能带来一系列安全问题、伦理风险和挑战。随着人工智能技术的不断发展，越来越多的个人信息和隐私被数字化和网络化，由此引发了人们对于人工智能和社会伦理的关注和担忧。人工智能与社会伦理的关系，不仅仅是一个技术和法律的问题，更是涉及伦理和道德的重要议题。要引导人工智能技术的有序发展，法律规制就必须树立和贯彻科技向善的理念，维护人的尊严不受技术的侵害。科技向善的本质是将人作为技术的尺度，核心在于人对技术的自省和干预，把技术规则体系纳入由法律、伦理所构建的社会规则体系中，以造福人类为准则。2022年3月20日，中共中央办公厅和国务院办公厅印发《关于加强科技伦理治理的意见》，提出完善政府科技伦理管理体制、压实创新主体科技伦理管理主体责任、发挥科技类社会团体的作用、引导科技人员自觉遵守科技伦理要求，全方面健全科技伦理治理体系。科技伦理治理，是对科技创新活动的“向善”性引导，也是科技创新持续造福人类的重要保障。

（3）人工智能治理进入场景期，专业执法和精准施策要求因地制宜。人工智能技术的快速发展推动了人工智能应用场景的持续增加，同时也呼唤更为精细化和专业化的治理机制。人工智能治理不仅需要制定相关的法律法规和技术标准，还需要针对不同的行业和场景，建立相应的执法部门和执法机构，加强对人工智能应用的监督和管理。目前人工智能的场景化治理集中在自动驾驶、智慧医疗、人脸识别和智能金融等典型应用领域。

在自动驾驶领域，国家层面，2022年3月，工信部印发《车联网网络安全与数据安全标准体系建设指南》，提出到2025年，形成较为完善的车联网网络安全和数据安全标准体系。地方层面，2022年7月，北京市高级别自动驾驶示范区工作办公室宣布正式开放国内首个无人化出行服务商业化试点，并对此前发布的《北京市智能网联汽车政策先行区自动驾驶出行服务商业化试点管理实施细则（试行）》进行修订和完善，明确了自动驾驶车辆收费、安全监管、事故处理等方面的要求。北京市智能网联汽车政策先行区也针对自动驾驶地图在政策、管理和技术等方面进行创新和开展应用试点工作，制定了相关的标准和规范。

在智慧医疗领域，2022年2月，国家市场监督管理总局印发《“十四五”医药工业发展规划》，提出了加快推进智慧医药产业发展、促进新型基础设施与智慧医药深度融合、加强智慧医药标准化建设等措施和要求。2022年3月，国家卫健委发布关于印发《互联网诊疗监管细则（试行）》的通知，要求医疗机构开展互联网诊疗活动，处方应由接诊医师本人开具，严禁使用人工智能等自动生成处方。同时鼓励有条件的省份在省级监管平台中设定互联网诊疗合理性判定规则，运用人工智能、大数据等新兴技术实施分析和监管。

在人脸识别领域，2021年8月，最高人民法院印发了《关于审理使用人脸识别技术处理个人信息相关民事案件适用法律若干问题的规定》，明确了使用人脸识别技术处理个人信息的行为主体、责任主体、侵权责任、免责事由等问题。2022年，安徽、山东、辽宁、江苏等多地的法院适用了这一规定审结了若干使用人脸识别技术侵犯自然人隐私权的案件，公众反映良好。

在智慧金融领域，2021年12月，中国人民银行印发《金融科技发展规划

（2022—2025年）》的通知，提出利用区块链技术解决互联网存在的数据安全性、完整性、可信性问题，要求健全智能算法管理规则制度，建立模型安全评估和合规审计体系，及时披露算法决策机理、运行逻辑和潜在风险，通过临界测试、仿真模拟、参数调优等方式着力防范算法黑盒、羊群效应、算法歧视等问题，提升算法可解释性、透明性、公平性和安全性。

人工智能在上述不同领域的应用所涉及的数据、算法、模型和技术都是不同的，人工智能场景化治理的必要性已经日益凸显，采取场景化治理的方式可以更好地保障人工智能技术的良性发展，提高治理效率和精度，提高治理透明度和公正性，提高社会对人工智能技术的认同度和接受度，不断完善治理机制和规范，推动人工智能技术的健康和可持续发展。

2022 世界人工智能大会法治论坛观点精粹

2022 年 9 月 1 日，“2022 世界人工智能大会”在上海举行。9 月 2 日，由上海市人民代表大会常务委员会财政经济委员会、法制工作委员会、上海市经济和信息化委员会指导的，上海市法学会主办的“2022 世界人工智能大会法治论坛”在上海世博中心举办（连续五年）。本次论坛得到了上海市委、市人大、市政府及市委政法委、最高人民法院、最高人民检察院、中国法学会的高度重视和大力支持，最高人民法院副院长杨临萍，最高人民检察院副检察长张雪樵，中国法学会副会长张苏军，上海市人大常委会副主任肖贵玉，上海市人民政府副市长、市公安局局长舒庆、市高级人民法院院长刘晓云、市人民检察院检察长陈勇、上海市法学会党组书记、会长崔亚东等分别在线下线上出席论坛开幕式并致辞。崔亚东主持论坛开幕式。上海市政法相关单位主要负责人、相关部门负责人、市法学法律界、科技界的专家学者以及各法学院校、科研机构相关人员共 200 余人在现场参会，线上播放量为 53 万余次。本次论坛的主题为“数字法治：供给和适用”。13 位国内外法学法律、科技界及人工智能相关领域的专家学者，围绕论坛主题进行精彩演讲，发表深度见解，纵论数字法治未来。

观点之一：加快将上海建设成为智能社会制度供给高地。崔亚东认为，人工智能是上海重点发展的“三大先导产业”之一。上海全力打造具有国际影响力的人工智能高地，制度建设具有长期性、稳定性、根本性。上海建设人工智能制度供给高地对引领、促进、保障人工智能产业安全、可靠、可控发展具有重要作用，是保证人工智能在正确轨道上为人类服务的长远之策、根本之策。2022 年 8 月 30 日，上海市人民代表大会常务委员会发布《上海市促进人工智能产业发展条例（草案）》征求意见稿（以下简称“《条例（草案）》”），这是上海打造具有国际影响力的人工智能“上海高地”具有里程碑意义的一件大事。从建设人工智能制度高地，构建智能社会法治秩序的角度来看，这部法规具有重大意义：首先，这是我国第一部省级促进人工智能产业发展的专门的地方法规。其次，《条例（草案）》是上海“三大先导产业”中的第一部专门的全市性地方法规。再次，《条例（草案）》以科技向善为导向，构建体系化治理框架，维护产业发展与安全。《条例（草案）》一旦通过并实施，一定会引领、促进、规范、保障上海人工智能产业安全、可靠、可控发展，尤其是元宇宙新赛道上行稳致远发挥重大作用。同时，条例所积累的立法智慧将为我国人工智能地方立法提供“上海经验”，为智能社会治理国际合作提供“中国经验”。

观点之二：加强新兴领域地方立法的逻辑框架和思维。阎锐认为，当前，互联网和数字经济为代表的领域已经成为我国发展最快、创新最活跃、辐射最广的新兴领域。在法治中国建设的背景下，我国新兴领域立法是一场注重法治引领、强化制度创新，以法治思维和法治方式引领、推动、规范、保障其健康持续发展的过程。以上海为例，当前我国的新兴领域地方立法具有以下鲜明特征：一是以法律制度的确定性和可预期性相结合，在法治轨道上激发新兴领域的创新活力。二是以有为政府和有效市场相结合，发挥立法对新兴领域的引领推动作用。三是以规则之“定”与创新之“变”相结合，运用法治方式优化新兴领域的发展环境。四是以包容开放和底线约束相结合，在法治框架内做好新兴领域的风险防范与应对。

观点之三：在人工智能能力增强的同时完成其“道德增强”。罗培新认为，智能机器与自动化机器设备相比，有两个显著不同：其一，它们被赋予了更多的决策权，不再是有限决策或完全被预先设定路线或程式的功能机器；其二，它们被要求在更加复杂、充满不确定性的环境中运行，不仅要和其他各种类型的机器互动，而且要与人类或动物产生互动。在人工智能能力增强的同时，我们必须同步完成“道德增强”的过程，这是一个提升道德认知、动机和行为的过程，我们必须从生命本原的角度来理解何为人生，以及在自然状态下奋斗的意义与价值，只有这样，我们才能更好地拥抱人工智能时代。

观点之四：积极应对“芯”科技赛道的法治挑战。张文认为，人工智能芯片赛道也面临着重重挑战，法律供给不足是重要挑战之一。人工智能的发展绝不是某个公司、某个国家的问题，而应该是全球、全人类的问题，需要全球、全社会的共同努力！科技文明的发展进步虽然跌宕起伏，但当我们拉长时间维度来看，总体趋势总是全人类一起合作、一起共享并推动科技进步。

观点之五：重视语义网络中的法律知识表示与推理。恩里科·弗朗切斯科尼（Enrico Francesconi）认为，解决不同类型的法律推理的方法是基于语义网，特别是语义网络标准和链接开放数据，这种方法能够将法律转化为可供计算的代码。根据语义网中的可操作规则转换最低级别的代码，能够使用描述逻辑将法律推理转换为一个相当大的框架。其中，基于具有纯文本逻辑的条文和具有概念逻辑的规范之间的区别，用于实现法律信息检索和法律合规审查。该方法可用于处理更多可行性推理。

观点之六：建构《反不正当竞争法》的“商业数据专条”。孔祥俊认为，《反不正当竞争法》具有保护商业数据的现实逻辑，与商业数据权益保护具有内在的法理契合性，可以构建符合商业数据特性、兼顾涉商业数据各方利益以及促进数据流通和利用的弱权利格局。我国第三次修订《反不正当竞争法》在即，应当将商业数据保护纳入其重点修订范围，专设数据权益保护的“商业数据专条”，作为我国构建健全数据要素权益保护制度的重要内容。

观点之七：加快构建隐私计算与数据要素流动规则。田申认为，促进数字经济的发展，构建数据要素市场，需要统筹“安全与发展”两个价值目标。实现这一目标的路径在于“技术＋制度”的双轮驱动。数据要素有序流动的前提是妥善处理好个人信息保护合规问题。个人信息保护的本质是确保个人的基本权利与合法权益不因数据处理活动而遭受侵害。为平衡保护与利用，个人信息保护法律体系构建了一套以“知情—同意”为导向，以“合法公平”“数据质量”“目的限制”“目的正当”“最小必要”“安全可信”六要素为核心，以“问责”为基础的框架。

观点之八：以地方立法推动建设人工智能世界级产业集群。张英认为，近年来，上海出台了多部人工智能相关的政策文件，包括全国首部人工智能“十四五”规划、首部人工智能地方标准体系等；同时在人工智能法治、安全、伦理领域，也发布了一系列倡议和报告，为地方立法积累了丰富的理论成果和实践经验。上海要持续新一代人工智能健康发展，应始终坚持以人为本、科技向善的原则，以良法善治引领产业创新与深化改革发展。对人工智能应用中可能出现的法律关系、伦理道德和社会治理等带来的挑战进行前瞻预判，平衡好产业发展与安全规范之间的关系，在规制的同时，为新赛道、新产业在可控范围内预留出发展空间。

观点之九：潜意识人工智能系统的监管是一项全球挑战。罗斯坦·纽维尔（Rostam J. Neuwirth）认为，人工智能不仅能带来机遇，同时还有与之相关的风险。人工智能深刻影响了人类的思维、互动沟通、决策，最终也会改变人类的行为方式。某些人工智能系统在人的意识之外部署潜意识技术，以实质性扭曲个人的行为，这种技术会或可能会导致使用者或他人遭受生理和心理伤害。针对实现潜意识操纵的意识阈值界限，需要一场跨学科的讨论，需要心理学、神经科学以及所有参与这些在潜意识中发挥作用的人工智能技术和人工智能系统开发的人员的投入，共同努力确保未来的人工智能技术和系统是安全的，并在一定程度上保护思想的私密性。

观点之十：破解法律文本分析与解释的困境。凯文·阿什利（Kavin D. Ashley）认为，法律文本分析，或称为文本挖掘，是人工智能与法律领域的一个分支，通过采用自然语言处理和机器学习，从案件裁判、合同或制定法中自动提取有意义的语义信息。法律文本分析深度学习装载有大型文本数据库的神经网络。深度学习和神经网络采用多层架构，隐蔽层可以帮助学习具有预测性权重的各种特征。这就存在解释上的问题。神经网络通过学习权重可以进行预测，但还不能产生我们可以理解的解释。概言之，人工智能在法律文本分析中的可解释性难题亟待破解。

附：演讲嘉宾简介

1. **崔亚东**　上海市法学会党组书记、会长，上海市高级人民法院原院长，二级大法官

演讲题目：《打造制度供给高地，保障人工智能产业发展》

2. **戴柳**　上海市人大财政经济委员会主任委员

演讲题目：《促进人工智能产业发展立法保障的若干思考》

3. **阎锐**　上海市人大常委会法制工作委员会主任

演讲题目：《加强新兴领域地方立法的思考——以上海市促进人工智能产业发展规定为视角》

4．罗培新　上海市司法局副局长、法学教授

演讲题目：《上海人工智能产业立法的价值位序思考》

5．张文　壁仞科技创始人、董事长、CEO

演讲题目：《“芯”科技赛道的法治挑战与应对》

6．[意] 恩里科·弗朗切斯科尼（Enrico Francesconi）　意大利国家研究委员会法律信息研究所研究员、佛罗伦萨大学计算机科学院教授

演讲题目：《语义网络中的法律知识表示与推理概述》

7．孔祥俊　上海交通大学凯原法学院教授

演讲题目：《建构〈反不正当竞争法〉的“商业数据专条”——落实中央关于数据产权制度顶层设计的一种方案》

8．田申　抖音集团数据及隐私法务负责人、高级总监

演讲题目：《隐私计算与数据要素流动规则》

9．张英　上海市经济和信息化委员会副主任

演讲题目：《以地方立法推动建设人工智能世界级产业集群》

10．[奥] 罗斯坦·纽维尔（Rostam J. NEUWIRTH）　澳门大学教授

演讲题目：《潜意识人工智能系统的监管：一项全球挑战？》

11．[美] 凯文·阿什利（Kavin D. Ashley）　匹兹堡大学教授

演讲题目：《法律文本分析与解释的困境》

2023 智慧法治学术影响力 TOP 100
作品・作者・期刊

“智慧法治学术影响力 TOP 100”（2023 版）编制说明

一、遴选背景

近年来，随着数字经济的发展以及人工智能、元宇宙等新一代技术的广泛应用，我国智慧法治领域的理论和应用研究成果不断涌现，催生了一批具有法治精神、创新思维、全球视野和实践能力的“人工智能 + 法律”复合型人才。为鼓励优秀学术成果创作、发现人才、促进学术成果传播和学科繁荣发展，由一批大力推动智慧法治研究的核心学术期刊组成的“智慧法治学术共同体”（AITEAM）和中国知网・中国科学文献计量评价研究中心通力合作，依托中国知网数据资源，对智慧法治研究领域学术影响力处于前列的作品、作者和期刊进行遴选。

二、遴选对象和范围

（一）作品

作品需要同时满足以下条件：

1. 发表时间要求

在 2018 年 1 月 1 日至 2022 年 12 月 31 日期间发表。

2. 作品范围要求

在国内期刊公开发表的中文期刊学术论文，须同时满足下列两个条件：

（1）论文发表期刊为《中国学术期刊影响因子年报》（2022 年）统计源期刊或被评价期刊，不包括旬刊、周刊、周二刊，且论文被中国知网《中国法律知识资源总库》专业法律数据库收录。

（2）论文限定在法学领域，且篇名、主题词或摘要中包含“智慧法治”相关词汇，与上两届榜单编制相比，新拓展了“个人信息”“数据法学”“数字经济”等关键词。

根据以上范围，经内容初步筛选，截止到 2023 年 5 月 8 日，共检索出论文 18466 篇。

（二）作者

作者须是以上论文的第一作者或通讯作者，相关作者数量为 13892 名。

（三）期刊

期刊须是以上论文的发表期刊。符合该范围的期刊数量为 1690 种。

三、作品遴选方法

（一）指标说明

为计算论文的定量评分，考察论文以下 7 个指标：

1. 引证指标：他引频次，指所统计的论文截止到统计日期，被中国知网收录的其他作者发表的期刊论文、博硕士学位论文和会议论文引用的频次。

2. 网络传播指标：下载频次，指所统计的论文截止到统计日期，在中国知网（www.cnki.net）中心网站服务器、国内各镜像站点服务器上的所有下载日志所反映的累计下载频次。

3. 论文 PCSI：论文引证标准化指数，是指将被引频次进行标准化处理后所得到的相对影响力评价指标，能够表征论文被“控制后统计源”引用的次数与同学科同年度论文平均水平的差距，该指标可以实现不同学科不同年度论文之间的比较。

4. 施引期刊的影响因子的平均值：代表了施引期刊学术影响力的平均水平。

5. 施引文献的被引频次之和：为二次引用，间接代表了参评论文的学术影响力。

6. 施引文献的下载频次之和：为二次下载，间接代表了参评论文受学者的关注程度。

7. 参考文献所属期刊的影响因子平均值：代表参评论文是否引用了质量较高的期刊。

（二）论文指标标准化

为使不同指标可以比较，对所有指标采用线性归一法进行标准化。以引证指标为例，对论文 x，他引频次为 $TC(x)$，所有参评论文他引频次的最大值为 $max(TC)$，最小值为 $min(TC)$，则他引频次标准化值 $P(x)$ 的计算公式为

$$P(x)=\frac{TC(x)-min(TC)}{max(TC)-min(TC)}$$

其他各项指标计算方式与之类似。

（三）确定各指标权重

采用熵权法确定上述各指标的权重，第 i 个指标的权重为 w_i。

（四）计算论文定量评分

设第 i 个指标的标准化值为 $P_i(x)$，权重为 w_i。那么，对论文 x，其定量评分 $F(x)$ 的计算公式为：

$$F(x)=\sum_{i=1}^{7}(P_i(x)\times w_i\times 100),\ x=1,\ 2,\ \cdots,\ n \qquad n\text{为论文数量。}$$

四、作者遴选方法

对作者 x，以第一作者或通讯作者发表的论文数量为 n，其中第 i 篇论文的定量评

分为 S_i，则该作者定量评分 $F(x)$ 的计算公式为：

$$F(x)=\sum_{i=1}^{n}S_i(x),\ i=1,\ 2,\ \cdots,\ n \qquad n\text{为作者}x\text{发表的论文数量。}$$

（如一篇论文同时有第一作者和通讯作者，第一作者和通讯作者各得该论文定量评分的 0.5 倍分值。公布入选作者所在机构以其评价期间最后发表文献时所在机构为准。）

五、期刊遴选方法

对期刊 x，其刊登的论文数量为 n，其中第 i 篇论文的定量评分为 S_i，则该期刊定量评分 $F(x)$ 的计算公式为：

$$F(x)=\sum_{i=1}^{n}S_i(x),\ i=1,\ 2,\ \cdots,\ n \qquad n\text{为期刊}x\text{刊登的论文数量。}$$

六、遴选过程

“智慧法治学术共同体”（AITEAM）和中国知网·中国科学文献计量评价研究中心共同商定遴选方案，确定遴选对象、范围和方法。由中国知网·中国科学文献计量评价研究中心遴选出符合要求的论文、作者及期刊，并进行定量评价，得到入围名单，然后“智慧法治学术共同体”（AITEAM）秘书处对入围名单进行核查，去除主题明显不是智慧法治研究领域的论文、不符合评选条件的作者，得到智慧法治学术影响力 TOP 100（作品）拟入选名单、智慧法治学术影响力 TOP 100（作者）拟入选名单、智慧法治学术影响力 TOP 100（期刊）拟入选名单，经专家审核后最终形成公布名单。

智慧法治学术影响力 TOP 100 作品

序号	篇　名	作者	机　构	中文刊名	熵权法评分
1	论大数据时代的个人数据权利	程　啸	清华大学法学院	中国社会科学	87.559
2	个人信息保护：从个人控制到社会控制	高富平	华东政法大学 华东政法大学数据法律研究中心	法学研究	72.471
3	探索激励相容的个人数据治理之道——中国个人信息保护法的立法方向	周汉华	中国社会科学院法学研究所	法学研究	54.547
4	个人信息：法益抑或民事权利——对《民法总则》第 111 条规定的“个人信息”之解读	杨立新	中国人民大学民商事法律科学研究中心	法学论坛	48.814
5	个人信息私法保护的困境与出路	丁晓东	中国人民大学法学院 中国人民大学未来法治研究院	法学研究	46.314
6	个人信息国家保护义务及展开	王锡锌	北京大学宪法与行政法研究中心	中国法学	41.844
7	《民法总则》个人信息保护条文研究	张新宝	中国人民大学法学院	中外法学	41.080
8	智能互联网时代的法律变革	马长山	华东政法大学	法学研究	40.429
9	数据共享与个人信息保护	王利明	中国人民大学法学院	现代法学	38.873
10	在分享和控制之间　数据保护的私法局限和公共秩序构建	梅夏英	对外经济贸易大学法学院	中外法学	38.205
11	民法典编纂视野下的个人信息保护	程　啸	清华大学法学院	中国法学	37.584
12	个人信息保护的法律定位	周汉华	中国社会科学院法学研究所	法商研究	36.867
13	个人信息收集：告知同意原则适用的限制	张新宝	中国人民大学法学院 中国人民大学网络和信息法研究中心	比较法研究	36.694
14	论数据用益权	申卫星	清华大学法学院	中国社会科学	36.098
15	个人信息的侵权法保护	叶名怡	上海财经大学	法学研究	35.039
16	论算法的法律规制	丁晓东	中国人民大学法学院 中国人民大学未来法治研究院	中国社会科学	34.392
17	论个人信息权的基本范畴	叶名怡	上海财经大学法学院	清华法学	34.354
18	再论企业数据保护的财产权化路径	龙卫球	北京航空航天大学法学院	东方法学	33.826

（续表）

序号	篇　名	作者	机　构	中文刊名	熵权法评分
19	智慧社会背景下的“第四代人权”及其保障	马长山	华东政法大学	中国法学	32.116
20	数据的私法定位与保护	纪海龙	华东师范大学法学院	法学研究	31.890
21	算法权力的兴起、异化及法律规制	张凌寒	北京航空航天大学法学院	法商研究	31.737
22	我国个人敏感信息界定之构想	胡文涛	上海海事大学法学院	中国法学	31.604
23	个人信息权利的反思与重塑　论个人信息保护的适用前提与法益基础	丁晓东	中国人民大学法学院	中外法学	30.272
24	人工智能时代的司法权之变	季卫东	上海交通大学凯原法学院	东方法学	30.118
25	算法的法律与法律的算法	郑　戈	上海交通大学凯原法学院	中国法律评论	29.824
26	网络平台的公共性及其实现——以电商平台的法律规制为视角	刘　权	中央财经大学法学院	法学研究	29.080
27	论个人信息法律保护的思想渊源与基本原理——基于“公平信息实践”的分析	丁晓东	中国人民大学法学院	现代法学	27.325
28	我国个人信息保护法立法主要矛盾研讨	张新宝	中国人民大学法学院	吉林大学社会科学学报	27.236
29	数据权利属性与法律特征	李爱君	中国政法大学互联网金融法律研究院	东方法学	26.762
30	人工智能时代的刑事风险与刑法应对	刘宪权	华东政法大学法律学院	法商研究	26.614
31	算法透明原则的迷思——算法规制理论的批判	沈伟伟	中国政法大学法学院	环球法律评论	26.437
32	关于法律人工智能在中国运用前景的若干思考	左卫民	国家 2011 协同创新研究计划“司法文明协同创新中心” 四川大学法学院	清华法学	26.350
33	数据到底属于谁？——从网络爬虫看平台数据权属与数据保护	丁晓东	中国人民大学法学院 中国人民大学未来法治研究院	华东政法大学学报	25.999
34	人工智能时代的“内忧”“外患”与刑事责任	刘宪权	华东政法大学法律学院	东方法学	25.976
35	商业自动化决策的算法解释权研究	张凌寒	北京航空航天大学法学院	法律科学	25.672
36	论反垄断法的重构：应对数字经济的挑战	杨　东	中国人民大学法学院未来法治研究院、中国人民大学民商事法律科学研究中心	中国法学	25.519

（续表）

序号	篇　　名	作者	机　　构	中文刊名	熵权法评分
37	什么是数据权利？——从欧洲《一般数据保护条例》看数据隐私的保护	丁晓东	中国人民大学法学院	华东政法大学学报	25.431
38	区块链与未来法治	郑　戈	上海交通大学凯原法学院	东方法学	25.362
39	大数据时代知情同意原则的困境与出路——以生物资料库的个人信息保护为例	田　野	天津大学法学院	法制与社会发展	25.227
40	论我国民法典中个人信息权益的性质	程　啸	清华大学法学院	政治与法律	25.040
41	论个人信息保护的目的——以个人信息保护法益区分为核心	高富平	华东政法大学法律学院	法商研究	24.830
42	个人信息使用的合法性基础——数据上利益分析视角	高富平	华东政法大学法律学院	比较法研究	24.786
43	构建智能社会的法律秩序	张文显	中国法学会学术委员会 吉林大学 浙江大学国家制度研究院	东方法学	23.786
44	个人信息民法保护的模式选择	王　成	北京大学法学院	中国社会科学	23.705
45	人工智能法学研究的反智化批判	刘艳红	东南大学法学院	东方法学	23.346
46	略论人工智能语境下的法律转型	李　晟	中国海洋大学法政学院	法学评论	23.199
47	敏感个人信息保护的基本问题——以《民法典》和《个人信息保护法》的解释为背景	王利明	中国人民大学民商事法律科学研究中心 中国人民大学法学院	当代法学	22.907
48	隐私政策中的告知同意原则及其异化	万　方	北京外国语大学法学院	法律科学	22.500
49	互联网平台用工劳动关系认定	谢增毅	中国社会科学院法学研究所	中外法学	22.358
50	大数据时代算法歧视的法律规制与司法审查——以美国法律实践为例	郑智航 徐昭曦	山东大学法学院	比较法研究	22.336
51	识别与再识别：个人信息的概念界定与立法选择	齐爱民 张　哲	重庆大学法学院	重庆大学学报（社会科学版）	22.270
52	大数据有限排他权的基础理论	崔国斌	清华大学法学院	法学研究	21.999
53	和而不同：隐私权与个人信息的规则界分和适用	王利明	中国人民大学民商事法律科学研究中心 中国人民大学法学院	法学评论	21.768
54	人工智能的社会风险及其法律规制	马长山	华东政法大学法律学院	法律科学	21.625

（续表）

序号	篇　名	作者	机　构	中文刊名	熵权法评分
55	个人信息权作为民事权利之证成：以知识产权为参照	吕炳斌	南京大学法学院	中国法学	21.577
56	个人信息的双重属性与行为主义规制	丁晓东	中国人民大学法学院、未来法治研究院	法学家	21.473
57	元宇宙的规则之治	张钦昱	中国政法大学民商经济法学院	东方法学	21.364
58	数据确权的困境及破解之道	韩旭至	华东政法大学	东方法学	21.175
59	企业数据的利用准则	姚　佳	中国社会科学院法学研究所	清华法学	21.023
60	论个人信息权益的构造	张新宝	中国人民大学法学院	中外法学	20.854
61	网络社会法律治理与技术治理的二元共治	郑智航	山东大学法学院	中国法学	20.497
62	算法规制的谱系	苏　宇	中国人民公安大学法学与犯罪学学院	中国法学	20.454
63	个人信息处理中的“同意”与“同意撤回”	万　方	北京外国语大学法学院	中国法学	20.336
64	论我国民法典中的个人信息合理使用制度	程　啸	清华大学法学院	中外法学	19.902
65	自动驾驶汽车致损的民事侵权责任	冯　珏	中国社会科学院法学研究所	中国法学	19.858
66	侵犯公民个人信息罪法益：个人法益及新型权利之确证——以《个人信息保护法（草案）》为视角之分析	刘艳红	东南大学法学院 东南大学人民法院司法大数据研究基地暨东南大学反腐败法治研究中心	中国刑事法杂志	19.468
67	论企业数据权益的法律保护——基于数据法律性质的分析	丁晓东	中国人民大学法学院	法律科学	19.349
68	自动驾驶汽车的交通事故侵权责任	郑志峰	西南政法大学民商法学院、人工智能法律研究院	法学	19.275
69	个人信息保护法律体系的宪法基础	王锡锌 彭　錞	北京大学宪法与行政法研究中心；北京大学法学院	清华法学	19.165
70	人工智能技术与责任法的变迁——以自动驾驶技术为考察	冯洁语	南京大学法学院 南京大学中德法学研究所	比较法研究	19.116
71	元宇宙治理的法治原则	程金华	上海交通大学凯原法学院 中国法与社会研究院	东方法学	19.103
72	个人信息保护的“同意”困境及其出路	吕炳斌	南京大学法学院	法商研究	19.006

（续表）

序号	篇　名	作者	机　构	中文刊名	熵权法评分
73	区块链技术的司法适用、体系难题与证据法革新	张玉洁	广州大学	东方法学	18.923
74	人工智能时代对民法学的新挑战	王利明	中国人民大学法学院 中国人民大学民商事法律科学研究中心	东方法学	18.570
75	算法偏见及其规制路径研究	刘友华	湘潭大学法学院	法学杂志	18.533
76	侵犯公民个人信息罪中“公民个人信息”的法益属性与入罪边界	于　冲	中国政法大学	政治与法律	18.401
77	基于信任的自动化决策：算法解释权的原理反思与制度重构	丁晓东	中国人民大学法学院、未来法治研究院	中国法学	18.392
78	司法人工智能的重塑效应及其限度	马长山	华东政法大学	法学研究	18.284
79	人工智能对知识产权法律保护的挑战	吴汉东 张　平 张晓津	中南财经政法大学、北京大学法学院、北京知识产权法院审判第二庭	中国法律评论	18.261
80	大数据的竞争法属性及规制意义	陈　兵	南开大学法学院竞争法律与政策研究中心 韩国仁荷大学法学院	法学	18.257
81	人工智能的法律挑战：应该从哪里开始？	陈景辉	中国人民大学法学院	比较法研究	18.205
82	论数字货币的法律属性	杨延超	中国社会科学院法学研究所	中国社会科学	18.171
83	论我国个人信息保护法中的个人信息处理规则	程　啸	清华大学法学院	清华法学	18.094
84	算法歧视挑战下平等权保护的危机与应对	崔靖梓	山东大学法学院	法律科学	17.982
85	“普遍免费＋个别付费”：个人信息保护的一个新思维	张新宝	中国人民大学法学院 中国法学会网络与信息法学研究会	比较法研究	17.939
86	人工类人格：智能机器人的民法地位——兼论智能机器人致人损害的民事责任	杨立新	天津大学法学院 中国人民大学民商事法律科学研究中心	求是学刊	17.929
87	人工智能算法的伦理危机与法律规制	郑智航	山东大学法学院	法律科学	17.655
88	论新型网络犯罪立法及其适用	皮　勇	武汉大学法学院	中国社会科学	17.620

（续表）

序号	篇　名	作者	机　构	中文刊名	熵权法评分
89	人脸识别的法律规制	邢会强	中央财经大学法学院	比较法研究	17.462
90	从“权利规范模式”走向“行为控制模式”的数据信托——数据主体权利保护机制构建的另一种思路	冯　果 薛亦飒	武汉大学法学院	法学评论	17.411
91	法律的“死亡”：人工智能时代的法律功能危机	余成峰	北京航空航天大学法学院 北京航空航天大学人文与社会科学高等研究院	华东政法大学学报	17.373
92	被遗忘权：传统元素、新语境与利益衡量	刘文杰	中国传媒大学法律系	法学研究	17.199
93	论人工智能对未来法律的多方位挑战	高奇琦 张　鹏	华东政法大学政治学研究院	华中科技大学学报（社会科学版）	17.176
94	论人工智能时代智能机器人的刑事责任能力	刘宪权 胡荷佳	华东政法大学法律学院	法学	17.073
95	互联网生态“守门人”个人信息保护特别义务设置研究	张新宝	中国人民大学法学院 中国人民大学网络信息法中心	比较法研究	16.945
96	数据流通理论　数据资源权利配置的基础	高富平	华东政法大学法律学院 华东政法大学数据法律研究中心	中外法学	16.932
97	法益自决权与侵犯公民个人信息罪的司法边界	冀　洋	东南大学法学院 东南大学反腐败法治研究中心暨人民法院司法大数据研究基地	中国法学	16.743
98	无人驾驶汽车侵权责任的链式分配机制——以算法应用为切入点	袁　曾	上海交通大学凯原法学院	东方法学	16.732
99	算法解释权与算法治理路径研究	张　欣	对外经济贸易大学法学院	中外法学	16.711
100	论数据携带权的属性、影响与中国应用	丁晓东	中国人民大学法学院 中国人民大学未来法治研究院	法商研究	16.668

智慧法治学术影响力 TOP 100 入围作者
（按姓氏拼音排序）

作　者	机　构	作　者	机　构	作　者	机　构
包晓丽	北京理工大学	刘宪权	华东政法大学	谢增毅	中国社会科学院
陈　兵	南开大学	刘艳红	中国政法大学	邢会强	中央财经大学
陈洪兵	东南大学	刘友华	湘潭大学	许多奇	复旦大学
陈吉栋	同济大学	龙卫球	北京航空航天大学	许　可	对外经济贸易大学
陈景辉	中国人民大学	马长山	华东政法大学	杨　东	中国人民大学
陈　伟	西南政法大学	马治国	西安交通大学	杨立新	中国人民大学
程金华	上海交通大学	梅夏英	对外经济贸易大学	杨志琼	东南大学
程　啸	清华大学	宁　园	武汉大学	叶名怡	上海财经大学
储陈城	安徽大学	欧阳本祺	东南大学	叶　明	西南政法大学
崔聪聪	北京邮电大学	裴　炜	北京航空航天大学	于　冲	中国政法大学
邓建鹏	中央财经大学	彭诚信	上海交通大学	喻海松	最高人民法院
丁晓东	中国人民大学	彭　岳	南京大学	袁　曾	上海大学
冯晓青	中国政法大学	皮　勇	同济大学	张吉豫	中国人民大学
高富平	华东政法大学	齐爱民	广西民族大学	张继红	上海政法学院
郭春镇	厦门大学	商希雪	中国政法大学	张建文	西南政法大学
韩旭至	华东政法大学	石佳友	中国人民大学	张凌寒	中国政法大学
胡　凌	上海财经大学	苏　宇	中国人民公安大学	张钦昱	中国政法大学
胡　铭	浙江大学	孙道萃	中国政法大学	张　涛	清华大学
胡元聪	西南政法大学	孙　晋	武汉大学	张　欣	对外经济贸易大学
华　劼	同济大学	孙　山	西北政法大学	张新宝	中国人民大学
季卫东	上海交通大学	唐林垚	中国社会科学院	张　勇	华东政法大学
江海洋	山东大学	唐要家	浙江财经大学	张玉洁	广州大学
江　溯	北京大学	田　野	中国人民大学	赵　磊	中国社会科学院
解正山	上海对外经贸大学	万　方	北京外国语大学	郑佳宁	中国政法大学
柯　达	华东政法大学	汪庆华	北京师范大学	郑　曦	北京外国语大学
孔祥俊	上海交通大学	王华伟	北京大学	郑志峰	西南政法大学
孔祥稳	对外经济贸易大学	王利明	中国人民大学	郑智航	山东大学
李爱君	中国政法大学	王禄生	东南大学	周汉华	中国社会科学院
李伟民	武汉大学	王　迁	华东政法大学	邹开亮	华东交通大学
李晓宇	广东外语外贸大学	王肃之	最高人民法院	左卫民	四川大学
林洹民	浙江大学	王锡锌	北京大学		
刘品新	中国人民大学	王　苑	清华大学		
刘　强	中南大学	吴汉东	中南财经政法大学		
刘　权	中央财经大学	谢登科	吉林大学		
刘双阳	东南大学	谢　琳	中山大学		

（本表“机构”为作者现服务机构；依据作者入选作品计算，不代表作者全部作品。）

智慧法治学术影响力 TOP 100 期刊

序号	中文刊名	论文数量	总他引频次	总下载频次	期刊评分
1	东方法学	144	9803	446076	1383.82
2	比较法研究	80	5303	331420	793.58
3	法学研究	39	5621	221858	649.74
4	法律科学(西北政法大学学报)	74	4502	236254	636.74
5	华东政法大学学报	89	3258	201835	623.84
6	中国法学	42	3768	222748	556.99
7	科技与法律(中英文)	187	2273	212923	548.09
8	政治与法律	81	3325	187595	546.47
9	法律适用	125	2682	204563	499.99
10	法商研究	52	3222	164204	472.00
11	中外法学	38	3010	167451	463.69
12	环球法律评论	56	2402	141965	459.44
13	法学论坛	67	3079	154922	458.36
14	法学	58	3330	155659	456.37
15	现代法学	57	2693	163030	442.29
16	电子知识产权	121	2766	155651	439.04
17	法学杂志	80	2650	165468	435.47
18	法学评论	53	2950	158313	411.70
19	中国法律评论	55	2581	125176	394.23
20	清华法学	35	2677	132742	371.66
21	人民检察	215	881	79608	351.09
22	河北法学	79	2172	127192	345.14
23	财经法学	69	1430	95602	344.46
24	中国应用法学	83	1225	91907	339.98
25	行政法学研究	51	1656	117054	324.15
26	法制与社会发展	38	1856	104726	313.14
27	重庆邮电大学学报(社会科学版)	107	1425	95665	313.02
28	中国社会科学	14	2631	102929	306.10
29	法治研究	54	1126	115914	298.17
30	知识产权	57	1391	108723	293.01
31	当代法学	46	1657	104623	292.33
32	电子政务	64	1074	121495	287.59
33	中国检察官	214	664	93465	284.23
34	大连理工大学学报(社会科学版)	67	1093	95798	274.07

（续表）

序号	中文刊名	论文数量	总他引频次	总下载频次	期刊评分
35	政法论坛	39	1262	96898	262.57
36	人民论坛	128	993	116723	261.29
37	国家检察官学院学报	51	1131	80340	257.11
38	上海政法学院学报（法治论丛）	58	1055	65011	254.67
39	中国刑事法杂志	39	1207	78892	238.22
40	重庆大学学报（社会科学版）	49	1514	93927	222.76
41	政法论丛	49	910	83162	222.04
42	中国人民公安大学学报（社会科学版）	87	1043	109350	221.60
43	交大法学	29	1282	57523	210.17
44	法学家	24	1047	78768	197.34
45	北方法学	46	888	71274	195.48
46	中国政法大学学报	46	819	72706	193.35
47	经贸法律评论	34	622	40758	184.83
48	中国出版	78	802	80475	184.33
49	江西社会科学	44	898	55331	177.31
50	行政与法	102	488	70695	164.68
51	北京航空航天大学学报（社会科学版）	41	653	47462	160.02
52	华中科技大学学报（社会科学版）	26	872	54195	156.38
53	学术交流	49	497	40598	154.46
54	探索与争鸣	33	473	44717	151.34
55	西南政法大学学报	49	645	55648	148.93
56	信息安全研究	69	488	49828	147.28
57	苏州大学学报（哲学社会科学版）	29	747	48311	146.93
58	暨南学报（哲学社会科学版）	31	744	44909	142.49
59	竞争政策研究	42	570	38484	142.08
60	武汉大学学报（哲学社会科学版）	20	766	44274	133.89
61	西安交通大学学报（社会科学版）	27	681	54115	133.28
62	南京社会科学	32	444	52007	131.69
63	河南社会科学	34	594	39986	129.50
64	浙江社会科学	24	792	42962	129.14
65	社会科学	21	605	37556	125.15
66	人民论坛・学术前沿	45	356	45056	124.42
67	地方立法研究	27	347	29165	122.87
68	上海大学学报（社会科学版）	18	711	36021	121.29

（续表）

序号	中文刊名	论文数量	总他引频次	总下载频次	期刊评分
69	河南财经政法大学学报	37	384	39751	116.62
70	中南财经政法大学学报	21	346	36073	112.47
71	时代法学	41	526	41900	110.58
72	江西财经大学学报	28	370	36061	109.09
73	东南大学学报（哲学社会科学版）	34	484	41023	108.37
74	广西社会科学	39	432	38851	106.48
75	中国流通经济	27	409	54989	105.60
76	山东大学学报（哲学社会科学版）	23	554	49392	103.52
77	西北民族大学学报（哲学社会科学版）	28	466	40384	102.68
78	西南民族大学学报（人文社科版）	26	392	32088	100.72
79	求是学刊	19	590	30816	100.25
80	价格理论与实践	29	538	53692	98.20
81	出版发行研究	47	317	40436	97.26
82	社会科学辑刊	21	457	42553	96.58
83	甘肃政法大学学报	24	297	26233	95.45
84	犯罪研究	51	311	33303	93.52
85	安徽大学学报（哲学社会科学版）	18	374	30322	93.29
86	青少年犯罪问题	29	203	23994	93.07
87	上海财经大学学报	21	345	34150	92.64
88	吉林大学社会科学学报	17	569	29526	92.45
89	理论月刊	29	257	27284	92.04
90	上海交通大学学报（哲学社会科学版）	18	345	28539	91.73
91	学习与探索	27	207	31812	91.32
92	法治社会	29	272	18880	90.90
93	重庆理工大学学报（社会科学版）	37	319	29828	87.63
94	浙江工商大学学报	18	324	20260	83.40
95	苏州大学学报（法学版）	23	244	23519	83.30
96	兰州学刊	26	289	31907	82.57
97	江淮论坛	18	195	23349	80.96
98	上海师范大学学报（哲学社会科学版）	18	347	21450	80.60
99	江海学刊	17	324	21494	78.79
100	江汉论坛	20	195	22822	77.24

第一部分　人工智能法律与政策

一、概　述

本部分收录的是 2022 年中国及世界部分国家和地区的人工智能法律与政策资料，① 并据此对 2022 年中国及世界（部分国家、地区）人工智能法律与政策的发展状况及趋势作分析。②

1. 中国基本情况

从立法层面看，过去 5 年中国陆续出台的《网络安全法》《民法典》《数据安全法》《个人信息保护法》及相关的刑法修正案等构成了中国信息技术安全、数据隐私安全保护领域的基本法律框架。2022 年，伴随着国家网信办等部门陆续出台的《互联网信息服务算法推荐管理规定》《网络安全审查办法》《移动互联网应用程序信息服务管理规定》《数据出境安全评估办法》《个人信息保护认证实施规则》等一系列法规和规章，人工智能领域的立法日趋完善，形成了符合实际需求，具有中国特色的网络信息、数据隐私安全法治体系。这些规范为促进人工智能技术创新升级、数据安全和隐私保

① 本部分所称“人工智能法律”是指各国家和地区的立法机关、行政机关，以及国际组织制定的有关人工智能的具有普遍约束力和强制力的法律、法案、条例、指令等规范性文件。在中国法域下，“人工智能法律”指广义的法律，包含中国各级人大和政府制定的具有法定效力的规范。“人工智能政策”是指各国中央政府及其各部门、地方政府制定的有关人工智能的具有政策指导性的发展战略、实施方案等规范性文件，以及国际组织所发布的政策性建议。

② 本部分所称“法律与政策”是指涉及人工智能的“法律”与“政策”的统称。“相关法律与政策”是指非以人工智能为主要内容但涉及了人工智能的“法律与政策”。“专门法律与政策”是指以人工智能为主要内容的“法律与政策”。

护、数字经济发展等提供了坚实的制度保障。

从政策层面看，中央政府大力推进的政务服务、社会治理法治化、数字化、智能化，逐步向纵深推进，向基层治理过程应用和落实。国家层面进一步强调促进数字经济和技术创新发展，强化科技伦理审查，落实算法规制，确保数据隐私安全。地方顺应高质量发展的要求，纷纷制定出台符合本地特色的促进产业创新升级的法规政策，推动数字经济发展，提升本地区的竞争力。数字化转型、人工智能应用等已在全国铺开，相关的政策规范也在陆续引导或跟进。坚持数字化、智能化发展，是落实高质量发展要求的有效路径。

2. 国外基本情况

从立法层面看，世界部分国家和地区对于人工智能规制的立法缓慢推进，更多的规范则是促进人工智能的优势地位、促进数字经济发展，并适当关注数据隐私保护。美国通过立法，强制芯片半导体产业转移至其国内，强化科技霸权垄断地位，为人工智能技术的发展甚至人类的安全带来挑战。在欧盟，《数据治理法案》和《人工智能责任指令》相继出台，促进数据的合法合规利用，强化数据隐私保护，明确相关人责任。然而，《人工智能法案》(AIA)的提案仍具争议，并未获得通过。

从政策层面看，世界部分国家和地区积极鼓励人工智能的应用提振经济发展，加强技术创新，确保人工智能优势，同时落实数据隐私安全保护。在欧盟，数据保护部门对人脸识别技术应用的范围进一步明确，鼓励数据的安全利用，激发创新活力。在美国，人工智能在军事领域的应用逐步加深，为科技伦理和国际安全带来挑战；人工智能的规制政策进展缓慢，且缺乏强制性。值得注意的是，北约的政策在持续支持挖掘人工智能在战争中的潜在应用价值。此外，新加坡发布人工智能治理评估框架和工具包，规范人工智能系统的透明性，落实对人工智能的适当监管；泰国也开启了数据隐私保护的法律监管进程。

二、中国人工智能法律与政策

（一）基本情况

2022年8月12日，科技部等六部门联合发布《关于加快场景创新以人工智能高水平应用促进经济高质量发展的指导意见》，统筹推进人工智能场景创新，着力解决人工智能重大应用和产业化问题，全面提升人工智能发展质量和水平，更好支撑高质量发展。8 月 15 日，科技部又发布了《关于支持建设新一代人工智能示范应用场景的通知》，支持包括自动驾驶、智慧农场、智能港口、智能工厂、智能诊疗等在内的 10 个人工智能示范应用场景建设。这些支持人工智能发展的专门政策的出台，以促进人工智能与实体经济深度融合为主线，将着力推动应用场景开放，提升场景应用创新能力，探索人工智能发展新模式新方案新路径，以人工智能高水平应用，促进经济高质量发展，同时也通过技术迭代不断提升人工智能技术创新水平。人工智能技术已经成为数据经济、智能社会治理等领域重要的驱动力。

本部分收录汇总了 2022 年国家和地方发布或生效的涉及人工智能的法律和政策。据公开资料统计，包含国家层面：国务院行政法规、国务院各部门行政规章、国家标准、党中央和国务院政策文件（见表 1-2），国务院各部委部门政策（见表 1-4），地方法规和地方政府规章（见表 1-5），及地方政府政策文件（见表 1-6）等。①2022 年全年有关人工智能的法规、政策、技术标准、伦理准则等的出台，对促进人工智能技术深入创新和深度应用，保障智能社会治理，保障人工智能安全、有序、健康发展，提供了细致的制度支持。

图 1-1 梳理了自 2017 年以来，中国人工智能专门政策规范体系。伴随人工智能技术的迭代升级和通用人工智能的应用加深，国家出台的规范一方面鼓励探索人工智能应用场景的创新，如发布《关于加快场景创新以人工智能高水平应用促进经济高质量发展的指导意见》等；同时，也在持续探索人工智能的有效治理路径，如制定出台部门规章、标准等对算法和深度合成技术的针对性规制，避免对个人权益、社会稳定乃至国家安全产生负面影响，努力确保技术在服务社会发展的轨道上健康发展，服务于人们对美好生活的向往。

表 1-1 是积极探索人工智能发展的各个地方，在人工智能领域的立法统计汇总。在全面推进依法治国的背景下，改革与发展始终在法治轨道上有序推进。地方人大和政府通过出台专门的立法和政策，探索人工智能技术及人工智能产业发展的有效路

① 部分规范文本尚未正式通过，本部分收录最新版的草案或者征求意见稿。由于数量太多，本部分主要统计省级人民政府及其工作部门发布的政策文件。

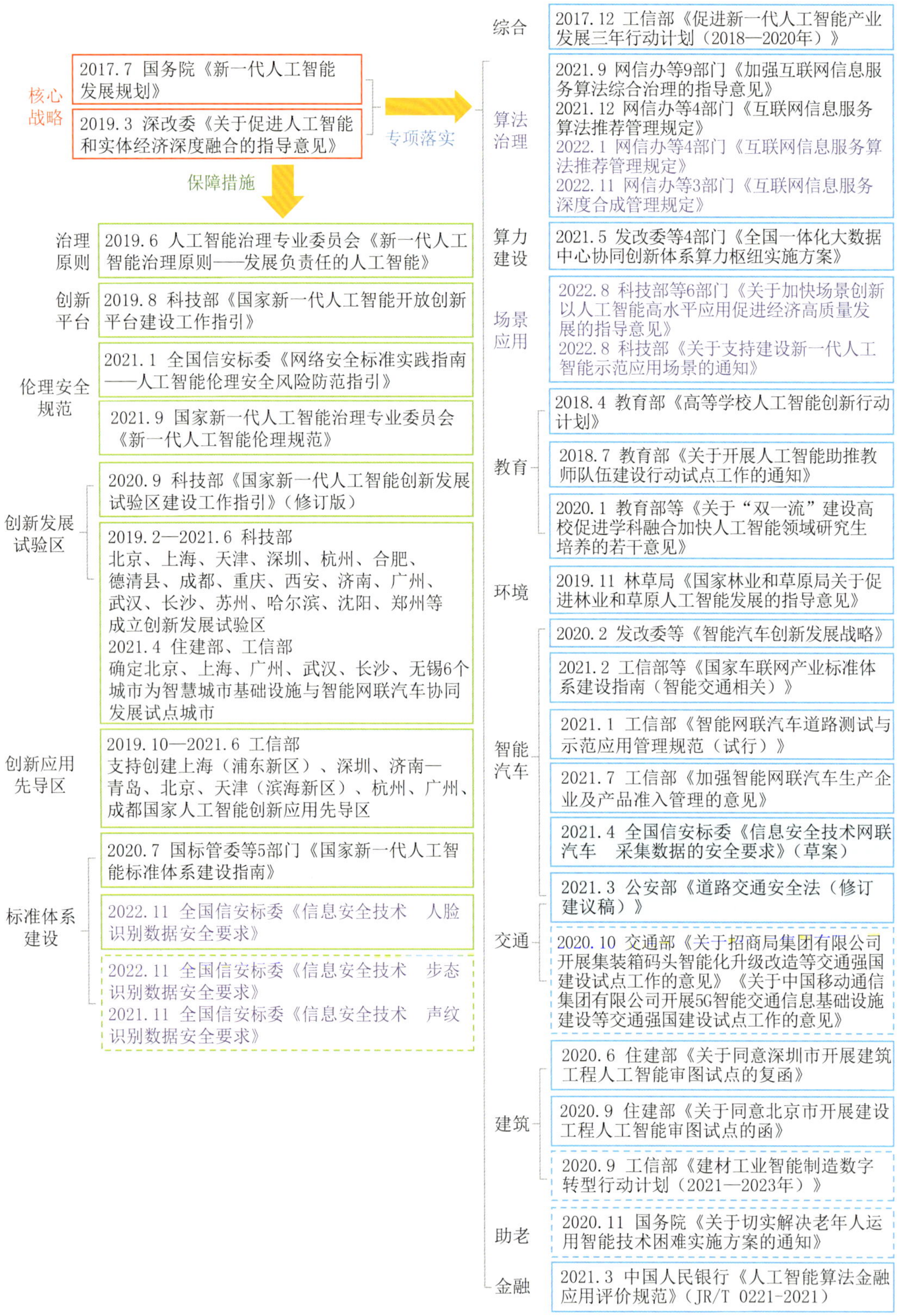

图 1-1　中国人工智能专门政策规范体系①

① 紫色字体为本次蓝皮书更新内容，虚线框表示推动智能化发展的人工智能辅助性规范。阴影背景表示该规范处于征求意见或者修订阶段，尚未正式生效。

径，给予适度弹性的鼓励、支持的措施，也同时明确底线，确保安全。

表 1-1　人工智能专门性地方法规和政策

规范类型	序号	发文/发布/施行日期	发布主体	规范名称
地方法规	1	2022.08.01	深圳市人大常委会	深圳经济特区智能网联汽车管理条例
	2	2022.10.01	上海市人大常委会	上海市促进人工智能产业发展条例
	3	2022.11.01	深圳市人大常委会	深圳经济特区人工智能产业促进条例
	4	2022.11.23	上海市人大常委会	上海市浦东新区促进无人驾驶智能网联汽车创新应用规定
	5	2022.12.29	无锡市人大常委会	无锡市车联网发展促进条例
地方政策	6	2022.01.07	浙江省人民政府办公厅	建设杭州国家人工智能创新应用先导区行动计划（2022—2024 年）
	7	2022.01.26	重庆市人民政府	重庆市智能网联汽车道路测试与应用管理试行办法
	8	2022.08.19	重庆市人民政府	重庆市建设世界级智能网联新能源汽车产业集群发展规划（2022—2030 年）
	9	2022.08.23	上海市人民政府办公厅	上海市加快智能网联汽车创新发展实施方案
	10	2022.09.05	湖南省工业和信息化厅	湖南省智能网联汽车道路测试与示范应用管理实施细则（试行）
	11	2022.09.16	上海市徐汇区科委	关于进一步推动徐汇区人工智能产业高质量发展的扶持意见
	12	2022.09.28	重庆市人民政府办公厅	重庆市发展汽车软件与人工智能技术应用行动计划（2022—2025 年）
	13	2022.09.28	重庆市人民政府办公厅	重庆市推进智能网联新能源汽车基础设施建设及服务行动计划（2022—2025 年）
	14	2022.09.29	重庆市人民政府办公厅	重庆市建设智能网联新能源汽车零部件供应链体系行动计划（2022—2025 年）
	15	2022.11.21	天津市河北区人民政府	河北区支持人工智能产业发展十条措施

（二）国家拓宽深度应用领域并确保安全

1. 法律政策鼓励拓展创新应用场景

（1）基本法律形成逐步开始新的探索。过去 5 年，中国陆续制定实施了《网络安全法》《民法典》《电子商务法》《数据安全法》《个人信息保护法》等法律规范，确立了社会主义市场经济框架下数字社会、数字经济的民商事基本制度。同时，通过刑法修正案的形式，修订、增加了涉及数据、人工智能、网络信息安全等领域的刑事规范。这些基本法律制度为应对数字化转型、促进科技水平提升、激发数字经济活力、保障数字社会安全等问题，提供了坚实的制度保障。

然而，由于数据权属、数据估值、数据交易规则等数据要素的基础性法律制度还没有建立起来，也制约着数据要素市场深入发展和人工智能迭代升级。为此，党和政府发挥政策的能动性，积极探索构建数据基础制度的思路，促进数据的高效流转和应用，激发人工智能创新活力。2022 年 12 月 19 日，中共中央、国务院发布了《关于构建数据基础制度更好发挥数据要素作用的意见》，鼓励制度创新尝试，通过建立保障权益、合规使用的数据产权制度，建立合规高效、场内外结合的数据要素流通和交易制度，建立体现效率、促进公平的数据要素收益分配制度（见图 1-2），充分实现数据要素价值、促进全体人民共享数字经济发展红利，为深化创新驱动、推动高质量发展、推进国家治理体系和治理能力现代化提供有力支撑。

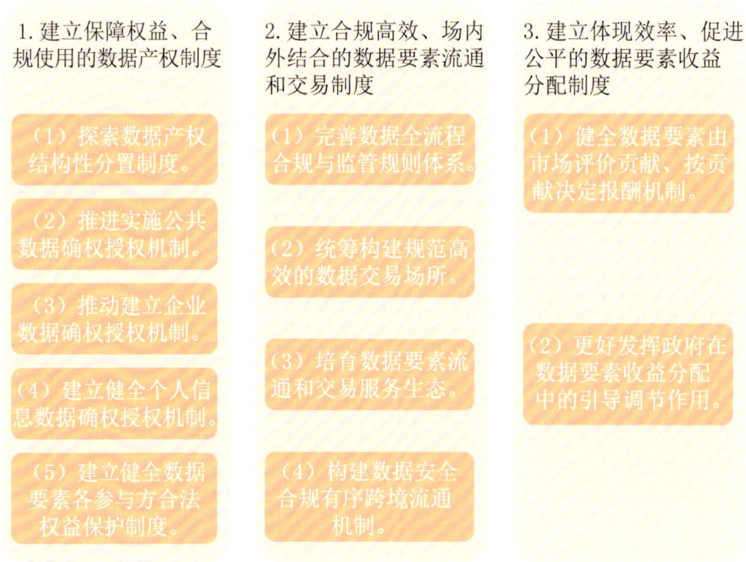

图 1-2　促进公平的数据要素收益分配制度相关举措

2022 年 12 月，被公众广泛关注的 ChatGPT，是人工智能迈向更加智能化的一个里程碑，其成功不仅得益于算法优化、算力提升，也得益于数据库扩大。因此，中国政府在促进数据要素应用领域的制度探索，也将为促进 ChatGPT 等类似的通用人工智能的创新发展提供机遇和支持。此外，国家网信办、全国人大法工委等部门，正在积极修订《网络安全法》，探索人工智能立法的可行性，以应对智能化升级带来的网络信息安全风险。

（2）国家顶层设计布局新的领域应用。繁荣文化发展，丰富精神生活是高质量发展的要求，人工智能是文化领域的应用，为文化的发展和传播提供了有力的支撑。2022 年 5 月 22 日，中共中央、国务院发布《关于推进实施国家文化数字化战略的意见》，明确到“十四五”时期末，基本建成文化数字化基础设施和服务平台，形成线上线下融合互动、立体覆盖的文化服务供给体系（8 项重点任务如图 1-3）。同时，要求在数据采集加工、交易分发、传输存储及数据治理等环节，制定文化数据安全标准，强化中华文化数据库数据入库标准，构建完善的文化数据安全监管体系，完善文化资源数据和文化数字内容的产权保护措施。在文化古籍的保护方面，2022 年 4 月 11 日，中办、国办印发《关于推进新时代古籍工作的意见》，强调加强古籍抢救保护、整理研究和出版利用，推进古籍学科专业建设。加强学科交叉融合，推动古籍学科与材料技术、信息技术、人工智能等领域学科融合发展。

（1）统筹利用文化领域已建或在建数字化工程和数据库所形成的成果，关联形成中华文化数据库。

（2）夯实文化数字化基础设施，依托现有有线电视网络设施、广电5G网络和互联互通平台，形成国家文化专网。

（3）鼓励多元主体依托国家文化专网，共同搭建文化数据服务平台。

（4）鼓励和支持各类文化机构接入国家文化专网，利用文化数据服务平台，探索数字化转型升级的有效途径。

（5）发展数字化文化消费新场景，大力发展线上线下一体化、在线在场相结合的数字化文化新体验。

（6）统筹推进国家文化大数据体系、全国智慧图书馆体系和公共文化云建设，增强公共文化数字内容的供给能力，提升公共文化服务数字化水平。

（7）加快文化产业数字化布局，在文化数据采集、加工、交易、分发、呈现等领域，培育一批新型文化企业，引领文化产业数字化建设方向。

（8）构建文化数字化治理体系，完善文化市场综合执法体制，强化文化数据要素市场交易监管。

图 1-3　推进实施国家文化数字化战略的 8 项重点任务

2022 年 8 月 16 日，中办、国办发布了《“十四五”文化发展规划》，进一步推动社会主义文化繁荣兴盛，建设社会主义文化强国。要求提升公共文化数字化水平。加强规划引导和政策指导，打通各层级公共文化数字平台，打造公共文化数字资源库群，建设国家文化大数据体系。建设智慧图书馆体系和国家公共文化云，建设智慧博物馆，打造智慧广电、电影数字节目管理等信息数字化服务平台。推进农家书屋数字化建设，建立智能化管理体系。推动科技赋能文化产业。把先进科技作为文化产业发展的战略支撑，建立健全文化科技融合创新体系。实施出版融合发展、电影制作提升、印刷智能制造、大视听产业链建设等工程项目，引导和鼓励文化企业运用大数据、5G、云计算、人工智能、区块链、超高清等新技术，改造提升产业链，促进内容生产和传播手段现代化，重塑文化发展模式。

此外，为了促进气象观测预报领域高质量发展，2022 年 4 月 28 日，国务院印发《气象高质量发展纲要（2022—2035 年）》，要求加快关键核心技术攻关。实施国家气象科技中长期发展规划，将气象重大核心技术攻关纳入国家科技计划（专项、基金等）予以重点支持。加强人工智能、大数据、量子计算与气象深度融合应用。推动国际气象科技深度合作，探索牵头组织地球系统、气候变化等领域国际大科学计划和大科学工程。

（3）数字政服助法治政府高质量发展。数字政府是法治政府建设的重要支撑。2022 年 6 月 23 日，国务院发布《关于加强数字政府建设的指导意见》，要求将数字技术广泛应用于政府管理服务，推进政府治理流程优化、模式创新和履职能力提升，构建数字化、智能化的政府运行新形态（具体措施见图 1-4），充分发挥数字政府建设对数字经济、数字社会、数字生态的引领作用，促进经济社会高质量发展，不断增强人民群众获得感、幸福感、安全感，为推进国家治理体系和治理能力现代化提供有力

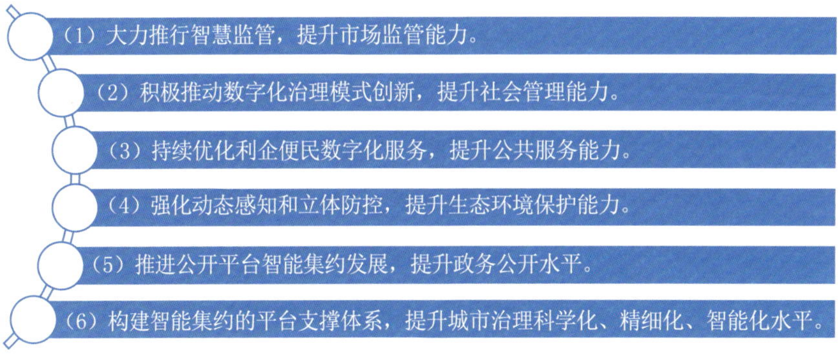

图 1-4　加强数字政府建设的具体措施

支撑。2022 年 7 月 29 日，国务院发布《关于进一步规范行政裁量权基准制定和管理工作的意见》，要求大力推进技术应用。要推进行政执法裁量规范化、标准化、信息化建设，充分运用人工智能、大数据、云计算、区块链等技术手段，将行政裁量权基准内容嵌入行政执法信息系统，为行政执法人员提供精准指引，有效规范行政裁量权行使。

数字政务服务是推动高质量发展的有效措施。2022 年 1 月 20 日，国务院办公厅发布《关于加快推进电子证照扩大应用领域和全国互通互认的意见》，要求加快推进电子证照扩大应用领域和全国互通互认，实现更多政务服务事项网上办、掌上办、一次办，进一步助力深化“放管服”改革和优化营商环境。加大新技术运用力度，积极开展电子证照应用创新。加快推进大数据、云计算、人工智能等新技术应用，不断提升电子证照应用智能化水平。2022 年 2 月 7 日，国务院办公厅发布《关于加快推进政务服务标准化规范化便利化的指导意见》，要求提升智慧化精准化个性化服务水平。依托全国一体化政务服务平台，建设企业和个人专属服务空间，完善“一企一档”“一人一档”，规范和拓展二维码、数字名片等场景应用，实现个性化精准服务。充分运用大数据、人工智能、物联网等新技术，推出“免申即享”、政务服务地图、“一码办事”、智能审批等创新应用模式。

数字政务建设是数字化转型的有力抓手。2022 年 2 月 14 日，国务院发布《“十四五”国家应急体系规划》，积极推进应急管理体系和能力现代化。强调要加快制修订一批支撑法律有效实施的国家标准和行业标准，研究制定应急管理领域大数据、物联网、人工智能等新技术应用标准，鼓励社会团体制定应急产品及服务类团体标准。2022 年 4 月 11 日，国务院发布《2022 年政务公开工作要点》，强调要：第一，加强涉及减税降费的信息公开。开展税收优惠政策咨询和政策辅导，优化 12366 纳税服务平台智能咨询功能。第二，优化政策咨询服务。加强人工智能等技术运用，建设统一的智能化政策问答平台。2022 年 4 月 23 日，国务院发布《关于推动 12345 政务服务便民热线与 110 报警服务台高效对接联动的意见》，要求各地区要加强 12345 平台与部门业务系统的互联互通，实现信息实时全量共享。注重运用大数据、人工智能等技术手段，服务科学决策和促进社会治理水平提高，进一步提升企业和群众体验。

（4）多重政策支持经济稳定应对疫情。2022 年世界各地的发展都面临严峻挑战，面对国内外疫情蔓延、地缘政治冲突等风险挑战，稳定经济脚步是发展的重要保障。为了充分激发国内 14 亿人口的大市场，2022 年 3 月 25 日，中共中央、国务院发布《关于加快建设全国统一大市场的意见》，从全局和战略高度加快建设全国统一大市场。强调要加快推动商品市场数字化改造和智能化升级，鼓励打造综合性商品交易平台。要完善标准和计量体系。优化政府颁布标准与市场自主制定标准结构，对国家标准和行业标准进行整合精简。强化标准验证、实施、监督，健全现代流通、大数据、人工智能、区块链、第五代移动通信（5G）、物联网、储能等领域标准体系。深入开展人工智能社会实验，推动制定智能社会治理相关标准。推动统一智能家居、安防等领域标准，探索建立智能设备标识制度。加快制定面部识别、指静脉、虹膜等智能化识别系统的全国统一标准和安全规范。

消费是拉动经济增长的重要引擎，也是推动智能技术迭代升级的重要力量。2022 年 4 月 20 日，国务院发布《关于进一步释放消费潜力促进消费持续恢复的意见》，加快构建新发展格局，协同发力、远近兼顾，综合施策释放消费潜力，促进消费持续恢复（见图 1-5）。2022 年 5 月 6 日，中办、国办发布《关于推进以县城为重要载体的城镇化建设的意见》，指出要完善消费基础设施。完善消费服务中心、公共交通站点、智能引导系统、安全保障设施，配置电子商务硬件设施及软件系统，建设

（1）创新消费业态和模式	• 适应常态化疫情防控需要，促进新型消费，加快线上线下消费有机融合，扩大升级信息消费，培育壮大智慧产品和智慧零售、智慧旅游、智慧广电、智慧养老、智慧家政、数字文化、智能体育、“互联网+医疗健康”“互联网+托育”“互联网+家装”等消费新业态。
（2）促进健康养老托育等服务消费	• 实施智慧助老行动，加快推进适老化改造和智能化产品开发，发展适合老年人消费的旅游、养生、健康咨询、生活照护、慢性病管理等产品和服务，支持开展省际旅居养老合作。
（3）充分挖掘县乡消费潜力	• 以汽车、家电为重点，引导企业面向农村开展促销，鼓励有条件的地区开展新能源汽车和绿色智能家电下乡，推进充电桩（站）等配套设施建设。
（4）加快健全消费品流通体系	• 进一步完善电子商务体系和快递物流配送体系，加强疫情防控措施跨区域相互衔接，畅通物流大通道，加快构建覆盖全球、安全可靠、高效畅通的流通网络。
（5）健全消费标准体系	• 推进第五代移动通信（5G）、物联网、云计算、人工智能、区块链、大数据等领域标准研制，加快超高清视频、互动视频、沉浸式视频、云游戏、虚拟现实、增强现实、可穿戴等技术标准预研，加强与相关应用标准的衔接配套。

图 1-5　政策促进消费持续恢复的具体措施

展示交易公用空间。2022年5月24日，国务院发布《扎实稳住经济的一揽子政策措施》(六个方面33项措施)，统筹发展和安全，促进平台经济规范健康发展。出台支持平台经济规范健康发展的具体措施，在防止资本无序扩张的前提下设立“红绿灯”，维护市场竞争秩序，以公平竞争促进平台经济规范健康发展。引导平台企业在疫情防控中做好防疫物资和重要民生商品保供“最后一公里”的线上线下联动。鼓励平台企业加快人工智能、云计算、区块链、操作系统、处理器等领域技术研发突破。

营造健康舒适的营商环境是吸引投资拉动经济增长的有效手段，也是深化改革的重要方面。2022年9月7日，国务院发布《关于进一步优化营商环境降低市场主体制度性交易成本的意见》，旨在打造市场化法治化国际化营商环境，降低制度性交易成本，提振市场主体信心，助力市场主体发展，为稳定宏观经济大盘提供有力支撑。强调要：第一，健全惠企政策精准直达机制。加强涉企信息归集共享，对企业进行分类“画像”，推动惠企政策智能匹配、快速兑现；第二，持续加强知识产权保护。健全大数据、人工智能、基因技术等新领域、新业态知识产权保护制度。加强对企业海外知识产权纠纷应对的指导，2022年底前，发布海外重点国家商标维权指南。

(5)支持场景化应用助推高质量发展。2022年7月29日，科技部等6部门发布了《关于加快场景创新以人工智能高水平应用促进经济高质量发展的指导意见》，推动人工智能场景创新，促进人工智能更高水平应用，更好支撑高质量发展(见图1-6)。2022年8月12日，科技部发布《关于支持建设新一代人工智能示范应用场景的通知》，启动支持建设新一代人工智能示范应用场景工作，要求围绕构建全链条、全过程的人工智能行业应用生态，支持一批基础较好的人工智能应用场景，加强研发上下游配合与新技术集成，打造形成一批可复制、可推广的标杆型示范应用场景(首批十个示范应用场景，见图1-7)。此外，2022年7月29日，国家发改委等7部门联合发布了《关于新时代推进品牌建设的指导意见》，提出多项具体举措(见图1-8)，目的是高质量推进品牌建设工作，全面提升我国品牌发展总体水平。

- 1. 着力打造人工智能重大场景
  - （1）围绕高端高效智能经济培育打造重大场景。
    - 鼓励在制造、农业、物流、金融、商务、家居等重点行业深入挖掘人工智能技术应用场景，促进智能经济高端高效发展。
  - （2）围绕安全便捷智能社会建设打造重大场景。
    - 以更智能的城市、更贴心的社会为导向，在城市管理、交通治理、生态环保、医疗健康、教育、养老等领域持续挖掘人工智能应用场景机会，开展智能社会场景应用示范。
  - （3）围绕高水平科研活动打造重大场景。
    - 推动人工智能技术成为解决数学、化学、地学、材料、生物和空间科学等领域的重大科学问题的新范式，以需求为牵引谋划人工智能技术应用场景，融合人工智能模型算法和领域数据知识，实现重大科学问题和发现的研究突破。
  - （4）围绕国家重大活动和重大工程打造重大场景。
    - 拓展人工智能应用场景，为人工智能技术和产品应用提供测试、验证机会。鼓励在战略骨干通道、高速铁路、港航设施、现代化机场建设等重大建设工程中运用人工智能技术，提升重大工程建设效率。
- 2. 提升人工智能场景创新能力
  - （1）强化企业场景创新主体作用。
    - 鼓励行业领军企业面向国家重大战略需求和国计民生关键问题，围绕企业智能管理、关键技术研发、新产品培育等开发人工智能技术应用场景机会，开展场景联合创新。
  - （2）鼓励高校院所参与场景创新。
    - 支持高校、科研院所、新型研发机构等探索人工智能技术用于重大科学研究和技术开发的应用场景。
  - （3）培育壮大场景创新专业机构。
    - 鼓励行业领军企业、科技龙头企业、科技类社会组织、新型研发机构等以人工智能技术与产业融合创新为导向开展人工智能场景创新实践，聚焦产业智能化场景创新需求，建设人工智能场景创新支撑环境、引入行业场景资源、联合开展场景创建、孵化新企业新业务。
  - （4）构筑人工智能场景创新高地。
    - 推动国家新一代人工智能创新发展试验区和国家人工智能创新应用先导区以场景为抓手开展创新试验，在人工智能科技创新突破、人工智能与产业深度融合、人工智能社会实验等方面开展场景创新示范。
- 3. 加快推动人工智能场景开放
  - （1）鼓励常态化发布人工智能场景清单。
    - 鼓励各类主体建立常态化人工智能场景清单征集、遴选、发布机制。推动地方政府、领军企业、行业协会和专业服务机构围绕经济社会发展和科技创新需求征集场景。
  - （2）支持举办高水平人工智能场景活动。
    - 鼓励各地举办高水平场景创新活动，发布场景创新成果、场景合作机会，为场景供给方、研究机构、企业、投资机构提供高端交流平台，加强场景创新主体交流合作。
  - （3）拓展人工智能场景创新合作对接渠道。
    - 鼓励地方政府、央企、行业领军企业通过“揭榜挂帅”、联合创新、优秀场景推介等方式促进场景供需双方对接合作。强化政策、资金支持，推动具有首创性、示范性的标杆场景项目落地。
- 4. 加强人工智能场景创新要素供给
  - （1）推动场景算力设施开放。
    - 鼓励算力平台、共性技术平台、行业训练数据集、仿真训练平台等人工智能基础设施资源开放共享，为人工智能企业开展场景创新提供算力、算法资源。
  - （2）集聚人工智能场景数据资源。
    - 推动城市和行业的人工智能“数据底座”建设和开放，采用区块链、隐私计算等新技术，在确保数据安全的前提下，为人工智能典型应用场景提供数据开放服务。
  - （3）多渠道开展场景创新人才培养。
    - 鼓励普通高校、职业院校在人工智能学科专业教学中设置场景创新类专业课程，激发人工智能专业学生场景想象力，提升学生场景创新素养与能力。
  - （4）加强场景创新市场资源供给。
    - 鼓励银行、保险等金融机构研发面向中小企业场景创新的金融产品，为中小企业推动场景项目建设提供资金支持。

图 1-6　推动人工智能场景创新的具体措施

（1）智慧农场。

• 针对水稻、玉米、小麦、棉花等农作物生产过程，聚焦“耕、种、管、收”等关键作业环节，运用面向群体智能自主无人作业的农业智能化装备等关键技术，构建农田土壤变化自适应感知、农机行为控制、群体实时协作、智慧农场大脑等规模化作业典型场景，实现农业种植和管理集约化、少人化、精准化。

（2）智能港口。

• 针对港口大型码头泊位、岸桥管理以及堆场、配载调度等关键业务环节，运用智能化码头机械、数字孪生集成生产时空管控系统等关键技术，开展船舶自动配载、自动作业路径及泊位计划优化、水平运输车辆及新型轨道交通设备的协同调度、智能堆场选位等场景应用，形成覆盖码头运作、运行监测与设备健康管理的智能化解决方案，打造世界一流水平的超大型智能港口。

（3）智能矿山。

• 针对我国矿山高质量安全发展需求，聚焦井工矿和露天矿，运用人工智能、5G通信、基础软件等新一代自主可控信息技术，建成井工矿“数字网联、无人操作、智能巡视、远程干预”的常态化运行示范采掘工作面，开展露天矿矿车无人驾驶、铲运装协同自主作业示范应用，通过智能化技术减人换人，全面提升矿山行业本质安全水平。

（4）智能工厂。

• 针对流程制造业、离散制造业工厂中生产调度、参数控制、设备健康管理等关键业务环节，综合运用工厂数字孪生、智能控制、优化决策等技术，在生产过程智能决策、柔性化制造、大型设备能耗优化、设备智能诊断与维护等方面形成有行业特色、可复制推广的智能工厂解决方案，在化工、钢铁、电力、装备制造等重点行业进行示范应用。

（5）智慧家居。

• 针对未来家庭生活中家电、饮食、陪护、健康管理等个性化、智能化需求，运用云侧智能决策和主动服务、场景引擎和自适应感知等关键技术，加强主动提醒、智能推荐、健康管理、智慧零操作等综合示范应用，推动实现从单品智能到全屋智能、从被动控制到主动学习、各类智慧产品兼容发展的全屋一体化智控覆盖。

（6）智能教育。

• 针对青少年教育中“备、教、练、测、管”等关键环节，运用学习认知状态感知、无感知异地授课的智慧学习和智慧教室等关键技术，构建虚实融合与跨平台支撑的智能教育基础环境，重点面向欠发达地区中小学，支持开展智能教育示范应用，提升优质教育资源覆盖面，助力乡村振兴和国家教育数字化战略实施。

（7）自动驾驶。

• 针对自动驾驶从特定道路向常规道路进一步拓展需求，运用车端与路端传感器融合的高准确环境感知与超视距信息共享、车路云一体化的协同决策与控制等关键技术，开展交叉路口、环岛、匝道等复杂行车条件下自动驾驶场景示范应用，推动高速公路无人物流、高级别自动驾驶汽车、智能网联公交车、自主代客泊车等场景发展。

（8）智能诊疗。

• 针对常见病、慢性病、多发病等诊疗需求，基于医疗领域数据库知识库的规模化构建、大规模医疗人工智能模型训练等智能医疗基础设施，运用人工智能可循证诊疗决策医疗关键技术，建立人工智能赋能医疗服务新模式。重点面向县级医院，提升基层医疗服务水平。

（9）智慧法院。

• 针对诉讼服务、审判执行、司法管理等法院业务领域，运用非结构化文本语义理解、裁判说理分析推理、风险智能识别等关键技术，加强庭审笔录自动生成、类案智能推送、全案由智能量裁辅助、裁判文书全自动生成、案件卷宗自适应巡查、自动化审判质效评价与监督等智能化场景的应用示范，有效化解案多人少矛盾，促进审判体系和审判能力现代化。

（10）智能供应链。

• 针对智能仓储、智能配送、冷链运输等关键环节，运用人机交互、物流机械臂控制、反向定制、需求预测与售后追踪等关键技术，优化场景驱动的智能供应链算法，构建智能、高效、协同的供应链体系，推进智能物流与供应链技术规模化落地应用，提升产品库存周转效率，降低物流成本。

图 1-7 首批支持建设的新一代人工智能示范应用场景

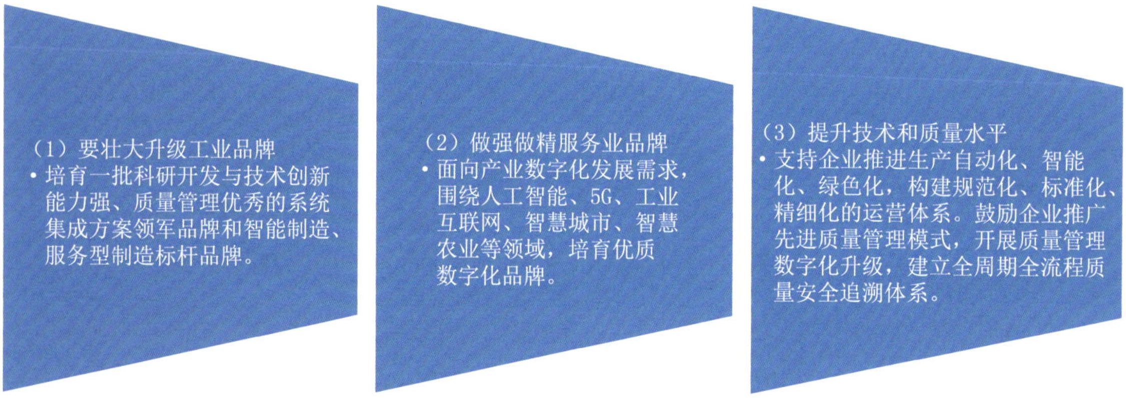

图 1-8　支持高质量推进品牌建设的措施

2. 加强伦理治理保障算法数据安全

（1）加强科技创新应用伦理标准治理。2022 年 3 月 20 日，中办、国办发布了《关于加强科技伦理治理的意见》，旨在进一步完善科技伦理体系，提升科技伦理治理能力，有效防控科技伦理风险，不断推动科技向善、造福人类，实现高水平科技自立自强。该意见明确了科技伦理的原则（见图 1-9），强调要加强科技伦理治理制度保障（见图 1-10）。要求健全科技伦理治理体制，压实创新主体科技伦理管理主体责任。从事生命科学、医学、人工智能等科技活动的单位，研究内容涉及科技伦理敏感领域的，应设立科技伦理（审查）委员会。

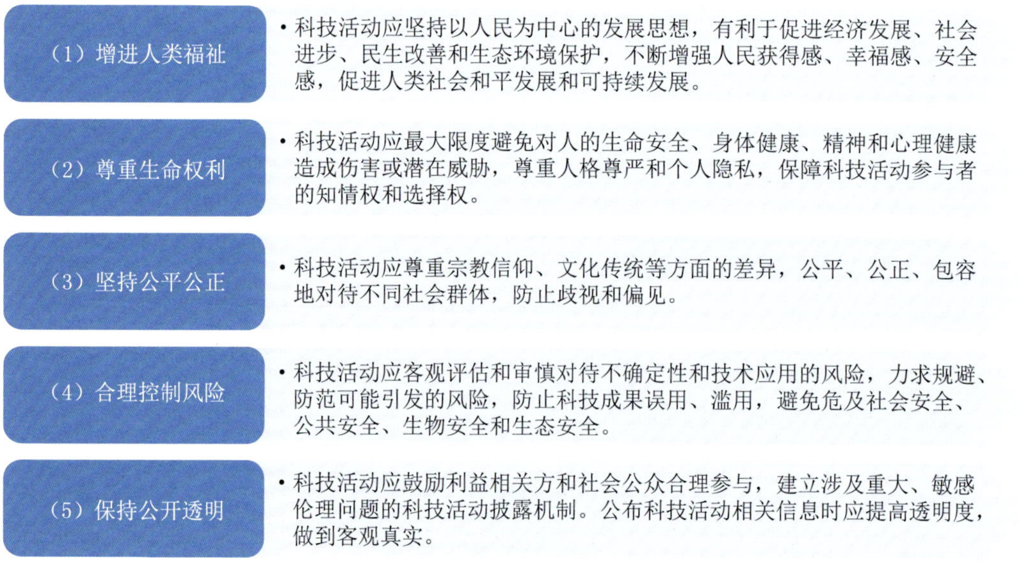

图 1-9　科技伦理的基本原则

（1）制定完善科技伦理规范和标准

- 制定生命科学、医学、人工智能等重点领域的科技伦理规范、指南等，完善科技伦理相关标准，明确科技伦理要求，引导科技机构和科技人员合规开展科技活动。

（2）建立科技伦理审查和监管制度

- 明晰科技伦理审查和监管职责，完善科技伦理审查、风险处置、违规处理等规则流程。建立健全科技伦理（审查）委员会的设立标准、运行机制、登记制度、监管制度等，探索科技伦理（审查）委员会认证机制。

（3）提高科技伦理治理法治化水平

- 重点加强生命科学、医学、人工智能等领域的科技伦理立法研究，及时推动将重要的科技伦理规范上升为国家法律法规。对法律已有明确规定的，要坚持严格执法、违法必究。

（4）加强科技伦理理论研究

- 支持相关机构、智库、社会团体、科技人员等开展科技伦理理论探索，加强对科技创新中伦理问题的前瞻研究，积极推动、参与国际科技伦理重大议题研讨和规则制定。

图 1-10　加强科技伦理治理制度保障的措施

2022 年 7 月 6 日，国家市监总局等 14 部门联合发布《贯彻实施〈国家标准化发展纲要〉行动计划》，旨在更好发挥标准化在推进国家治理体系和治理能力现代化中的基础性、引领性作用。该计划要求：第一，提升装备制造业标准水平。加快完善信息化与工业化两化融合、智能制造等领域产业转型升级标准体系。开展智能制造、绿色制造、服务型制造等方面标准化试点，形成以标准促进装备制造高端化发展典型模式并推广应用。第二，加大新兴产业标准支撑力度。推动生物技术应用领域标准建设。加快推进人工智能医疗器械、新型生物医用材料、新型分子诊断技术等标准研制，进一步优化高端、创新领域医疗器械标准体系。

（2）加强算法综合治理落实专项行动。2022 年 3 月 1 日起施行的《互联网信息服务算法推荐管理规定》，明确定义了算法推荐技术，是指利用生成合成类、个性化推送类、排序精选类、检索过滤类、调度决策类等算法技术向用户提供信息。该规定要求：第一，算法推荐服务提供者应当坚持主流价值导向，积极传播正能量，不得利用算法推荐服务从事违法活动或者传播违法信息，应当采取措施防范和抵制传播不良信息；第二，建立健全用户注册、信息发布审核、数据安全和个人信息保护、安全事件应急处置等管理制度和技术措施，定期审核、评估、验证算法机制机理、模型、数据和应用结果等；第三，建立健全用于识别违法和不良信息的特征库，发现违法和不良信息的，应当采取相应的处置措施。

为了保障用户知情权，该规定要求算法推荐服务提供者告知用户其提供算法推荐服务的情况，并公示服务的基本原理、目的意图和主要运行机制等；为了保障算法选择权，应当向用户提供不针对其个人特征的选项，或者便捷的关闭算法推荐服务的选项。此外，对于面向未成年人、老年人、劳动者和消费者等群体提供算法推荐服务的场景，该规定作出了具体要求，不得利用算法推荐服务诱导未成年人沉迷网络，应当便利老年人安全使用算法推荐服务等。

2022 年 4 月 8 日，为加强互联网信息服务算法综合治理，有效推动《互联网信息服务算法推荐管理规定》（以下简称《管理规定》）落地实施，维护国家安全和社会公共利益，保护公民、法人和其他组织的合法权益，促进互联网信息服务健康有序发展，中央网信办牵头开展了“清朗 · 2022 年算法综合治理”专项行动。主要包括以下五个方面工作（见图 1-11）：

（一）组织 自查自纠	（二）开展 现场检查	（三）督促 算法备案	（四）压实 主体责任	（五）限期 问题整改
• 指导互联网企业对照《管理规定》有关要求，全面梳理算法应用情况，深入开展算法安全能力评估，积极采取有效措施，整改算法应用问题，消除算法安全隐患，维护网民合法权益。	• 中央网信办牵头会同有关部门和各地网信部门组成联合检查组，对部分互联网企业开展现场检查，各地网信部门可结合当地实际自行对属地其他企业开展检查，重点检查企业算法合规情况和算法安全能力。	• 向企业宣传解读《管理规定》中互联网信息服务算法备案的总体原则、备案范围、填报要求和咨询途径等，督促企业尽快完成算法应用情况梳理，并及时开展算法备案信息填报工作。	• 督促企业配备与业务规模相适应的算法安全治理机构和专门人员，建立完善算法安全相关规章制度，积极利用算法服务正能量传播、处置违法和不良信息等工作，监测算法滥用乱象，防范算法安全风险。	• 对检查中发现的措施不健全、执行不到位、效果不理想等问题，向企业及时反馈并督促限期整改，对存在违法违规行为的企业，将依据《管理规定》严肃问责处罚、责令改正。

图 1-11　中央网信办算法综合治理的工作要点

（3）强化安全管控确保数据安全流动。继 2019 年 3 月，市监总局、国家网信办联合发布《关于开展 App 安全认证工作的公告》，正式建立国内第一个全国推行的 App 安全认证制度后，2022 年 6 月 5 日，市监总局、国家网信办又联合发布了国内第二个数据安全领域的认证公告——《关于开展数据安全管理认证工作的公告》，鼓励网络运营者通过认证方式规范网络数据处理活动，加强网络数据安全保护。从事数据安全管理认证活动的认证机构应当依法设立，并按照《数据安全管理认证实施规则》实施认证。该规则依据《认证认可条例》制定，规定了对网络运营者开展网络数据收集、存储、使用、加工、传输、提供、公开等处理活动进行认证的基本原则和要求。

2022年9月1日施行的《数据出境安全评估办法》，是对《网络安全法》《数据安全法》《个人信息保护法》等上位法要求的具体落实，明确解释了“数据出境”的含义。数据出境活动主要包括：第一，数据处理者将在境内运营中收集和产生的数据传输、存储至境外；第二，数据处理者收集和产生的数据存储在境内，境外的机构、组织或者个人可以访问或者调用。《数据出境安全评估办法》强化数据出境安全评估机制对于规范数据出境活动、保护个人信息权益、维护国家安全和社会公共利益的重要作用，将与其他数据出境机制共同指引数据跨境安全、自由流动的合规体系建设。

2022年12月8日，工信部发布《工业和信息化领域数据安全管理办法（试行）》，明确了工业和信息化领域数据和数据处理者概念，明确监管范围和监管职责。该办法沿用了《数据安全法》的立法思路，进一步明确工业和信息化领域的分类分级框架，同时指出工业和信息化领域数据处理者可在此基础上细分数据的类别和级别。作为《数据安全法》的下位法，该办法明确了上位法关于构建数据分级分类管理制度的要求，提出了细化的落地思路。针对不同级别的数据，围绕数据收集、存储、加工、传输、提供、公开、销毁、出境、转移、委托处理等环节，提出相应安全管理和保护要求。该办法构建了数据全生命周期安全管理制度（见图1-12），建立数据安全监测预警、风险信息报送和共享、应急处置、投诉举报受理等工作机制。

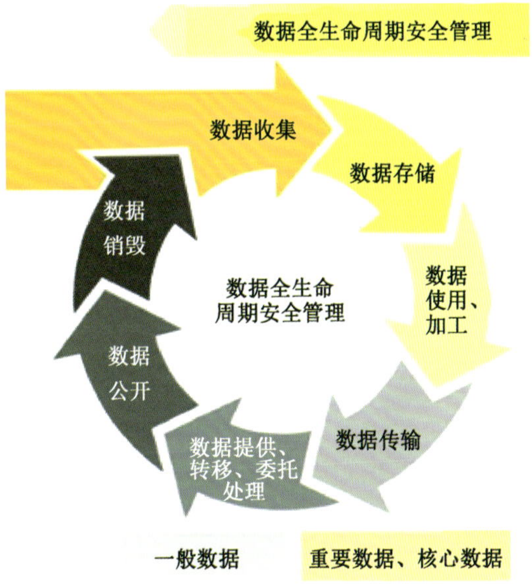

图1-12 数据的生命周期过程

2022 年 9 月 14 日，全国信息安全标准化技术委员会发布国家标准《信息安全技术 网络数据分类分级要求》的征求意见稿。该标准根据数据在经济社会发展中的重要程度，以及一旦遭到泄露、篡改、破坏或者非法获取、非法利用，对国家安全、公共利益或者个人、组织合法权益造成的危害程度，将数据从高到低分为核心、重要、一般三个级别（见图 1-13）。对于数据的分级，标准明确了数据分级的要素，包括数据领域、群体、区域、精度、规模、深度、覆盖度、重要性、安全风险等，其中领域、群体、区域、重要性、安全风险通常属于定性要素，精度、规模、覆盖度属于定量要素，深度通常作为衍生数据的分级要素（见图 1-14）。

a）核心数据

- 一旦被泄露、篡改、破坏或者非法获取、非法利用、非法共享，可能直接危害政治安全、国家安全重点领域、国民经济命脉、重要民生、重大公共利益。

b）重要数据

- 一旦被泄露、篡改、破坏或者非法获取、非法利用、非法共享，可能直接危害国家安全、经济运行、社会稳定、公共健康和安全。

c）一般数据

- 一旦被泄露、篡改、破坏或者非法获取、非法利用、非法共享，仅影响小范围的组织或公民个体合法权益。

图 1-13　数据分级的认定标准

a）领域：是指数据描述的业务范畴，数据领域识别可考虑数据描述的行业领域、业务条线、生产经营活动、上下游环节、内容主题等因素。

b）群体：是指数据描述的主体或对象集合，数据群体识别可考虑数据描述的特定人群、特定组织、网络和信息系统、资源物资、设备设施等因素。

c）区域：是指数据涉及的地区范围，数据区域识别可考虑数据描述的行政区划、特定地区、物理场所等。

d）精度：是指数据的精确或准确程度，数据精度越高表示采集数据和真实数据的误差越小。数据精度识别可考虑数值精度、空间精度、时间精度等因素。

e）规模：是指数据规模及数据描述的对象范围或能力大小，数据规模识别可考虑数据存储量、群体规模、区域规模、领域规模、生产加工能力等因素。

f）深度：是指通过数据统计、关联、挖掘或融合等加工处理，对数据描述对象的隐含信息或多维度细节信息的刻画程度。数据深度识别可考虑数据在刻画描述对象的经济运行、发展态势、行踪轨迹、活动记录、对象关系、历史背景、产业供应链等方面的情况。

g）覆盖度：是指数据对领域、群体、区域、时段等的覆盖分布或疏密程度。数据覆盖度识别可考虑对特定领域、特定群体、特定区域、时间段的覆盖占比、覆盖分布等因素。

h）重要性：是指数据在经济社会发展中的重要程度。重要性识别可考虑数据在经济建设、社会建设、政治建设、文化建设、生态文明建设等的重要程度。

i）安全风险：主要识别数据可能遭到泄露、篡改、破坏、非法获取、非法利用、非法共享的风险。

图 1-14　数据分级的要素

3. 推动自动驾驶智慧交通深入发展

（1）构建自动驾驶安全发展治理框架。2022 年 2 月 25 日，工信部发布《车联网网络安全和数据安全标准体系建设指南》，加快建立健全车联网网络安全和数据安全保障体系，为车联网产业安全健康发展提供支撑。指南要求构建起车联网网络安全和数据安全标准体系（主要包括 6 个方面，见图 1-15），形成较为完善的车联网网络安全和数据安全标准体系。2022 年 3 月 29 日，工信部等五部门联合发布《关于进一步加强新能源汽车企业安全体系建设的指导意见》，强调：第一，加强网络安全防护。对车辆网络安全状态进行监测，采取有效措施防范网络攻击、入侵等危害网络安全的行为。第二，强化数据安全保护。企业要切实履行数据安全保护义务，建立健全全流程数据安全管理制度，采取相应的技术措施和其他必要措施保障数据安全。第三，落实个人信息安全防护。对个人信息实行分类管理，并采取相应的加密、去标识化等安全技术措施，防止未经授权的访问以及个人信息泄露、篡改、丢失。

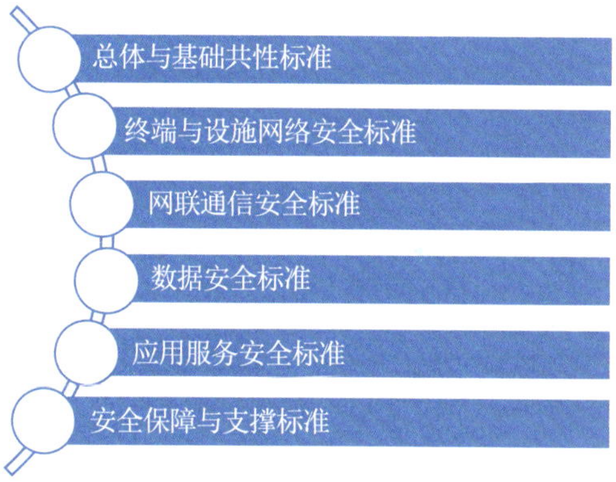

图 1-15　车联网网络安全和数据安全标准体系的要点

2022 年 8 月 8 日，交通运输部发布《自动驾驶汽车运输安全服务指南（试行）》（征求意见稿）。指南对自动驾驶汽车运输的运营者、车辆、人员等的责任义务等提出了明确要求。在安全保障方面，要求从事运输经营的自动驾驶汽车应当具备车辆运行状态记录、存储和传输功能，向运输经营者和属地交通运输主管部门及时传输相关信息。在车辆发生事故或自动驾驶功能失效时，自动记录和存储事发前至少 90 秒至事发后至少 30 秒的运行状态信息。运行状态信息至少包括：车辆基本信息、控制模式变化情况、接收的远程控制指令情况、运行状态、人机交互及车内外影像情况等。未按规定记录、存储和传输自动驾驶汽车运行状态信息，以及提供虚假车辆运行状态信息的，属地交通运输主管部门应会同有关部门，综合运用约谈、通报、信用监管等手段，督促运输经营者予以整改，整改完成后方可继续开展运输经营活动。

在促进自动驾驶等智能交通产业发展方面，自然资源部重点支持地图等基础设施的完善。2022 年 2 月 24 日，自然资源部《关于全面推进实景三维中国建设的通知》要求：第一，统一标准规范，开展协同实施。要求各级自然资源主管部门要按照“只测一次，多级复用”的原则，组织开展协同实施，避免重复建设。第二，强化科技创新，鼓励多方参与。各单位要坚持以科技创新为驱动，促进实景三维中国高质量建设，积极采用大数据、云计算、物联网、人工智能等新兴技术，在物联感知数据与实体数据精准融合、海量实景三维数据轻量化处理等方面进一步实现突破，实现融合创新、智能升级、提质增效。第三，统筹发展安全，促进成果应用。要深刻理解和准确把握总体国家安全观，严格维护测绘地理信息安全的前提，在软硬件配备中，坚持自主可控原则。2022 年 8 月 2 日，自然资源部发布《关于做好智能网联汽车高精度地图应用试点有关工作的通知》，支持在北京、上海、广州、深圳、杭州、重庆 6 个城市开展智能网联汽车高精度地图应用试点。

此外，在自动驾驶试点方面，2022 年 7 月 31 日，交通运输部发布《关于北京百度网讯科技有限公司开展高精地图构建等交通强国建设试点工作的意见》，原则同意在“服务无处不在”的高精地图构建、安全可控的智能汽车技术研发及应用、全息感知的智能道路技术研发及应用、“计算无限可能”的实时云平台研发、智能交通产业生态发展等方面开展试点。2022 年 8 月 22 日，交通运输部公布《第一批智能交通先导应用试点项目（自动驾驶和智能航运方向）》，同意将“北京城市出行服务与物流自动驾驶先导应用试点”等 18 个项目作为第一批智能交通先导应用试点项目，并要求各相关单位在加强风险防控、确保安全的前提下，坚持应用导向，聚焦自动驾驶和智能航运技术与交通运输业务的深度融合，务实创新，并及时总结试点经验，形成面向场景的综合解决方案。

（2）智慧交通领域科技创新稳步推进。自动驾驶技术的应用离不开智慧交通系统的支持，为了提升交通领域的智能化水平，2022 年 1 月 24 日，交通运输部、科学技术部联合印发《交通领域科技创新中长期发展规划纲要（2021—2035 年）》，深入贯彻落实党中央关于加快建设科技强国、交通强国的战略部署，统筹推进交通运输科技创新发展。纲要指出要大力推动深度融合的智慧交通建设。围绕全面提升智慧交通发展水平，集中攻克交通运输专业软件和专用系统，加快移动互联网、人工智能、区块链、云计算、大数据等新一代信息技术及空天信息技术与交通运输融合创新应用，推动交通运输领域商用密码创新应用，加快发展交通运输新型基础设施。同时，强化交通运输专业软件和专用系统研发。研发支撑智慧交通的大规模知识图谱和人工智能关键算法。

2022 年 3 月 10 日，交通运输部、科学技术部又联合发布《"十四五"交通领域科技创新规划》，统筹推进"十四五"交通领域科技创新发展，加快建设科技强国、交通强国。具体措施包括：第一，大力发展智慧交通。推动云计算、大数据、物联网、移动互联网、区块链、人工智能等新一代信息技术与交通运输融合，加快北斗导航技术应用，开展智能交通先导应用试点。第二，强化交通战略科技力量。加强新能源、人工智能、公共安全等领域重点科技创新平台布局，支持高校、科研院所与交通运输企业整合优势资源，联合组建全国重点实验室、国家技术创新中心、国家工程研究中心等，解决关键共性技术瓶颈制约，促进科技成果转化应用。

在道路交通建设智能化方面，2022 年 4 月 3 日，交通运输部发布的《"十四五"公路养护管理发展纲要》，要求推进设施数字化（见图 1-16）。在水路交通智能化建设方面，2022 年 1 月 29 日，交通运输部发布《水运"十四五"发展规划》，提出多项措施提升智能化水平（见图 1-17），推动智慧绿色安全发展水平显著提升，支撑国家战略能力明显增强。

（1）推进基础数据归集

构建标准统一、信息全面、融合共享的数据体系。推进公路基础数据库升级改造，重点汇集基础地理信息、路基路面、桥梁、隧道等静态数据。

（2）提升养护管理数字化水平

结合改扩建、养护工程推进高速公路数字化升级改造，逐步实现对高速公路网全要素动静态信息的数字化呈现和精细化管理，为车路协同、北斗应用、自动驾驶等提供支持。研制推广公路养护智能化应用，重点是基于人工智能的自动化巡查、基于物联网的养护工程质量管理等应用。

（3）推进路网运行管理数字化

通过数字化提高路网运行监测管理与服务能力。推动路网运行感知网络与公路基础设施建设改造工程同步规划、同步实施，在重点运输通道和节点布局完善感知设备设施，实现对路网全天候、多要素的状态感知。

图 1-16 推进公路设施数字化的工作重点

（1）建设智慧港口

• 聚焦智能生产运营，提升港口码头智能化水平。建设新一代自动化码头，应用云计算、大数据、区块链、人工智能、物联网等技术，整合港口、航运、贸易等数据，建设港口“智慧大脑”。创新港口生产运营模式，提升生产运营和安全绿色的自动化、智能化水平。

（2）推动科技创新能力建设

• 构建产学研用协同创新平台，研究推动智慧港口、数字航道、智能航运、水上安全和防污染等重点科研平台建设。积极推进智能航运先导应用示范工程，试点船舶自动驾驶、船岸协同等技术。

（3）推进船舶装备技术升级

• 鼓励航运企业加大科研投入，推进智能船舶发展。

（4）提高海运船队国际竞争力

• 优化海运船队规模结构，提升船舶装备技术水平，建设规模适应、结构合理、技术先进、绿色智能的海运船队。

（5）加强标准制定

• 加强建设养护、智慧港口、智能航道、节能环保、安全应急等领域标准建设，制定锂电池等新能源或清洁能源船舶技术法规。

图 1-17　推进水运智能化的工作重点

此外，为了提升公交系统的高质量发展水平，2022 年 3 月 28 日，交通运输部发布《国家公交都市建设示范工程管理办法》，要求公交都市建设要推动互联网、大数据、人工智能等新技术与城市公共交通融合发展，推广“出行即服务”理念，推进城市公共交通智慧运营监管、企业智能调度、出行信息服务、大数据决策支持等系统建设，为乘客提供城市公共交通实时出行信息服务，提升城市公共汽电车来车信息实时预报率，提高非现金支付比率。

4. 探索支持智能技术促高质量发展

（1）探索社会民生领域智能技术应用。随着中国人口逐步进入老龄化，健康医疗、养老看护等事业需要创新服务模式以满足社会多样化的需求，在适当领域推动智能技术的应用，是保障老龄事业发展的有效途径。2022 年 2 月 21 日，国务院发布《“十四五”国家老龄事业发展和养老服务体系规划》，推动老龄事业和产业协同发展，构建和完善兜底性、普惠型、多样化的养老服务体系，不断满足老年人日益增长的多层次、高品质健康养老需求（见图 1-18）。2022 年 4 月 27 日，国务院发布《“十四五”国民健康规划》，着力推动就医诊断、医疗设备、康复照护等领域的智能化发展（见图 1-19）。在中医药发展方面，2022 年 3 月 3 日，国务院发布《“十四五”中医药发展规划》，指出：第一，提升中药产业发展水平。加快中药制造业数字化、网络化、智能化建设，加强技术集成和工艺创新，提升中药装备制造水平，加速中药生产工艺、流程的标准化和现代化。第二，提升中医药信息化水平。鼓励中医辨证论治智能辅助诊疗系统等具有中医药特色的信息系统研发应用。

培育老年人生活服务新业态
- 推动"互联网+养老服务"发展，引导有条件的养老服务机构线上线下融合发展，利用互联网、大数据、人工智能等技术创新服务模式。

强化老年用品的科技支撑
- 加快推进互联网、大数据、人工智能、第五代移动通信（5G）等信息技术和智能硬件在老年用品领域的深度应用。

发展健康促进类康复辅助器具
- 加快人工智能、脑科学、虚拟现实、可穿戴等新技术在健康促进类康复辅助器具中的集成应用。

推广智慧健康养老产品应用
- 针对老年人康复训练、行为辅助、健康理疗和安全监护等需求，加大智能假肢、机器人等产品应用力度。

图 1-18　满足老年人高品质健康养老需求的措施

（1）创新急诊急救服务
- 完善智能化调度系统，推动院前医疗急救网络与院内急诊有效衔接，构建快速、高效、全覆盖的急危重症医疗救治体系。

（2）促进高端医疗装备和健康用品制造生产
- 重点发展健康管理、智能康复辅助器具、科学健身、中医药养生保健等新型健康产品，推动符合条件的人工智能产品进入临床试验。

（3）促进全民健康信息联通应用
- 推广应用人工智能、大数据、第五代移动通信（5G）、区块链、物联网等新兴信息技术，实现智能医疗服务、个人健康实时监测与评估、疾病预警、慢病筛查等。

图 1-19　推动医疗健康领域智能化的措施

推动智慧社区治理是落实法治深入基层、更好服务百姓民生、提升居民生活获得感、幸福感、安全感的重要路径。2022 年 5 月 10 日，民政部等 9 部门联合印发《关于深入推进智慧社区建设的意见》，旨在充分运用现代信息技术，不断提升城乡社区治理服务智慧化、智能化水平（如图 1-20）。

（1）拓展智慧社区治理场景
- 搭建社区灾害风险预警模型，发展实时监测、智能预警、应急管理和疫情防控智能应用，全面提升社区预警和应急处置能力。促进智慧小区建设，拓展智能门禁、车辆管理、视频监控等物联网和云服务。

（2）构筑社区数字生活新图景
- 推动社区购物消费、居家生活、公共文化生活、休闲娱乐、交通出行等各类生活场景数字化，支持村（社区）史馆、智慧家庭、智能体育场地等建设，打造多端互联、多方互动、智慧共享的数字社区生活。

（3）加强智慧社区基础设施建设改造
- 合理布建社区公共安全视频监控点位，推进"雪亮+"智能化应用。优化社区智慧电网、水网、气网和热网布局，推进小区智能感知设施建设，扩大智能感知设施和技术在安全管理、群防群治、机动车（自行车）管理、生活垃圾处理等领域应用。在维护公共安全等领域，依照相关法律法规稳妥慎重使用人脸识别技术。

图 1-20　深入推进智慧社区建设的具体措施

（2）支持各地智能技术创新应用探索。国家积极支持全国对于人工智能技术创新应用和数字经济发展的新探索，因地制宜精准施策，鼓励创新、应用的全面开花。对于中西部地区，2022 年 1 月 18 日，国务院发布《关于支持贵州在新时代西部大开发上闯新路的意见》，指出要加快构建以数字经济为引领的现代产业体系。明确实施数字产业强链行动，推进国家大数据综合试验区和贵阳大数据科创城建设，培育壮大人工智能、大数据、区块链、云计算等新兴数字产业。加快推进“东数西算”工程，布局建设主数据中心和备份数据中心，建设全国一体化算力网络国家枢纽节点，打造面向全国的算力保障基地。支持贵阳大数据交易所建设，促进数据要素流通。建设国家大数据安全靶场，开展数据跨境传输安全管理试点。适度超前布局新型基础设施，推动交通、能源等基础设施智能化改造升级。

2022 年 6 月 27 日，科技部、贵州省人民政府联合发布《“科技入黔”推动高质量发展行动方案》，指出：第一，提升企业技术创新能力，促进特色优势产业发展。抢抓数字技术变革机遇，推动人工智能、区块链、云计算、物联网、工业互联网等新一代信息技术研发与应用，构筑数字产业发展新优势。第二，坚持开放创新，深化与东部地区科技合作。支持贵州贵阳深化与中关村国家自主创新示范区的科技合作，共建公共大数据中心，推动人工智能、区块链、智能制造等领域科技成果贵州本地转移转化，促进贵州数字经济高质量发展。

对于粤港澳大湾区，2022 年 6 月 6 日，国务院印发《广州南沙深化面向世界的粤港澳全面合作总体方案》，旨在加快推动广州南沙深化粤港澳全面合作，打造立足湾区、协同港澳、面向世界的重大战略性平台，在粤港澳大湾区建设中更好发挥引领带动作用（见图 1-21）。

对于长三角地区，2022 年 3 月 8 日，国家发改委发布《关于推动长江三角洲区域公共资源交易一体化发展的意见》，推动长三角区域率先形成统一开放、竞争有序的公共资源交易市场。健全交易数据部门共享机制，完善数据共享目录和标准，提升数据共享统筹协调力度和共享效率，为行政监管、纪检监察、审计等部门履行职能提供技术、数据、在线监督等支撑服务。健全数据安全风险防范机制，加强数据使用全过程管理，保障数据可信、可控、可管。积极运用大数据、区块链、人工智能等技术手段，加强对交易活动的监测分析，提升监管能力和水平。

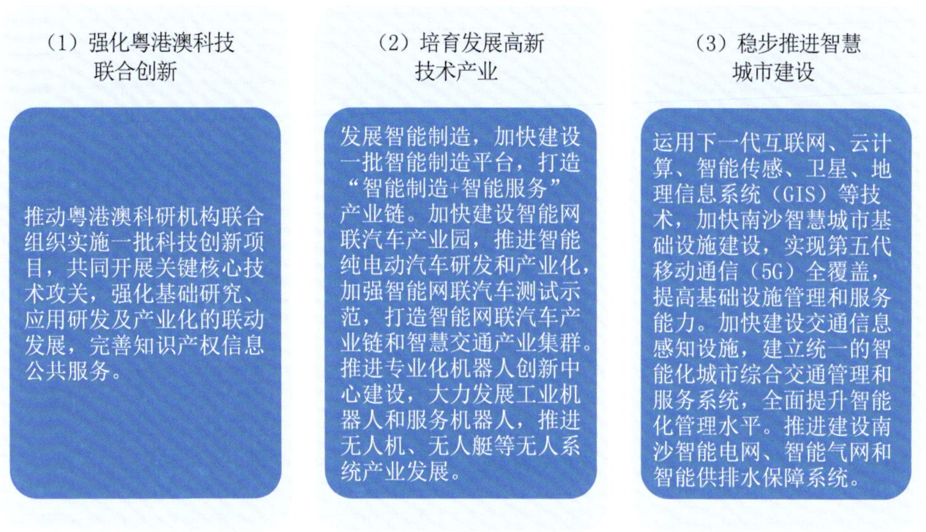

图 1-21　国家支持粤港澳大湾区智慧城市建设的举措

2022 年 1 月 15 日，科技部、浙江省人民政府联合印发《推动高质量发展建设共同富裕示范区科技创新行动方案》，充分发挥科技创新重要战略支撑作用。一方面，加快推进科技园区高质量发展。探索设立新一代人工智能创新发展试验区联盟，支持宁波市建设新一代人工智能创新发展试验区。另一方面，数字赋能公共服务普惠均等。支持浙江实施数字化示范工程，建设人工智能、集成电路、生物医药等引领性开源开放公共平台，加大人工智能、AR/VR 等数字技术在社会事业领域的应用，促进智慧医疗、智能防灾减灾等新服务新业态发展。

对于革命老区，2022 年 5 月 19 日，国家发改委印发《革命老区重点城市对口合作工作方案》，强调要推动革命老区走出新时代振兴发展新路，要完善基础设施和基本公共服务。以数字经济为引领，鼓励城市间在 5G、智慧城市、电子商务、人工智能、大数据、区块链等领域加强合作。充分发挥“互联网 + 教育”作用，鼓励共建共享优质教学资源。支持开展重点医院对口合作，共建中西医优势专科，加强康养产业合作，支持共建专科联盟和远程医疗协作。

对于地域间融合发展，2022 年 3 月 3 日，科技部等九部门联合发布《“十四五”东西部科技合作实施方案》，进一步推进东西部科技合作，加快实现科技自立自强，支撑引领经济社会高质量发展（见图 1-22）。

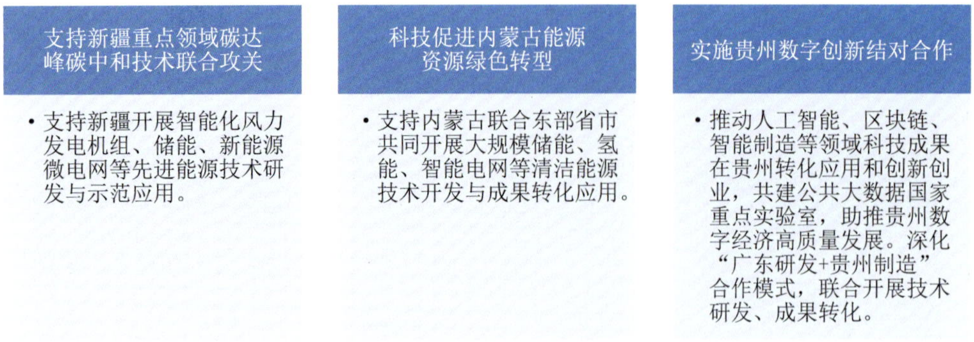

图 1-22　国家支持东西部科技合作具体侧重点

（3）政策促智能技术融合高质量发展。“高质量发展是全面建设社会主义现代化国家的首要任务。”为了推动高质量发展，推进综合改革试点，2022 年 1 月 24 日，发改委、商务部发布了《关于深圳建设中国特色社会主义先行示范区放宽市场准入若干特别措施的意见》，进一步支持深圳建设中国特色社会主义先行示范区，持续推动放宽市场准入，打造市场化法治化国际化营商环境，牵引带动粤港澳大湾区在更高起点、更高层次、更高目标上推进改革开放（见图 1-23）。

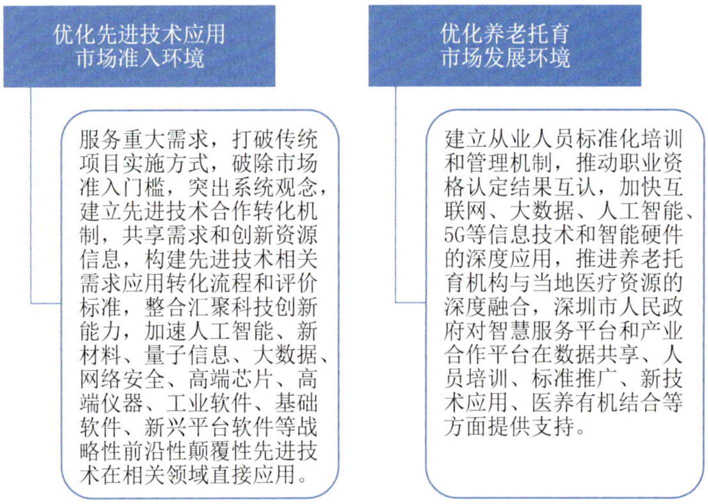

图 1-23　支持深圳先行示范区建设的要点

在制造业方面，2022 年 1 月 20 日，工信部等三部门联合发布《关于促进钢铁工业高质量发展的指导意见》，共提出 12 项任务措施，其中之一是大力发展智能制造。该意见要求开展钢铁行业智能制造行动计划，推进 5G、工业互联网、人工智能、商用密码、数字孪生等技术在钢铁行业的应用，在铁矿开采、钢铁生产领域突破一批智能制造关键共性技术，遴选一批推广应用场景，培育一批高水平专业化系统解决方案供应商。开展智能制造示范推广，打造一批智能制造示范工厂。建设钢铁行业大数据中心，提升数据资源管理和服务能力。依托龙头企业推进多基地协同制造，在工业互联网框架下实现全产业链优化。鼓励企业大力推进智慧物流，探索新一代信息技术在生产和营销各环节的应用，不断提高效率、降低成本。构建钢铁行业智能制造标准体系，积极开展基础共性、关键技术和行业应用标准研究。

在石油化工领域，2022 年 3 月 28 日，工信部等六部门联合发布《关于“十四五”推动石化化工行业高质量发展的指导意见》，实施多项措施（见图 1-24），推动石化化工行业高质量发展。

（1）攻克核心技术，增强创新发展动力

- 布局基础化学品短流程制备、智能仿生材料、新型储能材料等前沿技术。着力开发推广全流程智能控制系统等控制技术。

（2）加快新技术新模式协同创新应用，打造特色平台

- 加快5G、大数据、人工智能等新一代信息技术与石化化工行业融合，推进数字孪生创新应用，加快数字化转型。

（3）推进示范引领，强化工业互联网赋能

- 发布石化化工行业智能制造标准体系建设指南，编制智能工厂、智慧园区等标准。组建石化、化工行业智能制造产业联盟，培育具有国际竞争力的智能制造系统解决方案供应商。

图 1-24　支持石化化工行业高质量发展的措施

在化纤纺织领域，2022 年 4 月 12 日，工信部和发改委联合发布《关于化纤工业高质量发展的指导意见》，强调要加快数字化智能化改造（见图 1-25），推动化纤工业高质量发展，形成具有更强创新力、更高附加值、更安全可靠的产业链供应链，巩固提升纺织工业竞争力，满足消费升级需求，服务战略性新兴产业发展。

（1）加强智能装备研发应用

- 推进大集成、低能耗智能物流、自动落筒、自动包装等装备研发及应用，提升纤维自动化、智能化生产水平。加快涤纶加弹设备自动生头装置及在线质量监测系统的研发及应用，提高涤纶、氨纶、锦纶的纺丝、卷绕装备智能化水平。

（2）推进企业数字化转型

- 推动人工智能、大数据、云计算等新兴数字技术在化纤企业的应用，提升企业研发设计、生产制造、仓储物流等产业链各环节数字化水平。应用数字技术打通企业业务流程、管理系统和供应链数据，实现组织架构优化、动态精准服务、辅助管理决策等管理模式创新，提升企业经营管理能力。

（3）开展工业互联网平台建设

- 鼓励重点企业打造主数据、实时数据、应用程序、标识解析、管理信息系统、商务智能一体化集成的工业互联网平台，支撑企业数字化转型与产业链现代化建设。推动产业链上下游企业通过工业互联网平台实现资源数据共享，加强供需对接，促进全产业链协同开发和应用。

图 1-25　支持化纤工业数字化智能化发展的措施

在建筑业方面，为了进一步提高“十四五”时期建筑节能水平，推动绿色建筑高质量发展，2022年3月1日，住建部印发《“十四五”建筑节能与绿色建筑发展规划》，要求突出科技创新驱动。构建市场导向的建筑节能与绿色建筑技术创新体系，组织重点领域关键环节的科研攻关和项目研发，推动互联网、大数据、人工智能、先进制造与建筑节能和绿色建筑的深度融合。充分发挥住房和城乡建设部科技计划项目平台的作用，不断优化项目布局，引领绿色建筑创新发展方向。

在行政管理能力建设方面，2022年2月25日，自然资源部和国家市场监督管理总局联合发布《关于加强支撑自然资源事业高质量发展的检验检测能力建设的通知》，要求检验检测机构应充分发挥技术优势，加强科技创新，加快便携、快速、自动检测仪器设备的研发与应用，加强大数据、人工智能、航空航天遥感等高新技术在检验检测领域的应用，为自然资源调查监测、评价评估、确权登记、保护、资产管理和节约集约利用，国土空间规划、用途管制、生态修复、海洋和地质防灾减灾，以及土地、地质矿产、海洋、测绘地理信息等职责履行和依法行政提供技术支撑，积极承担自然资源业务工作和重大工程的检验检测等任务，促进自然资源事业高质量发展。

5. 重视高水平人才教育与应用实践

智能技术的创新与应用离不开人才的培育。为了夯实人才根基，2022年1月29日，教育部等三部门联合印发《深入推进世界一流大学和一流学科建设的若干意见》，着力解决“双一流”建设中仍然存在的高层次创新人才供给能力不足、服务国家战略需求不够精准、资源配置亟待优化等问题（见图1-26）。为了规范课堂学习质量，强化学习过程监督，2022年2月11日，教育部等五部门联合发布《关于加强普通高等

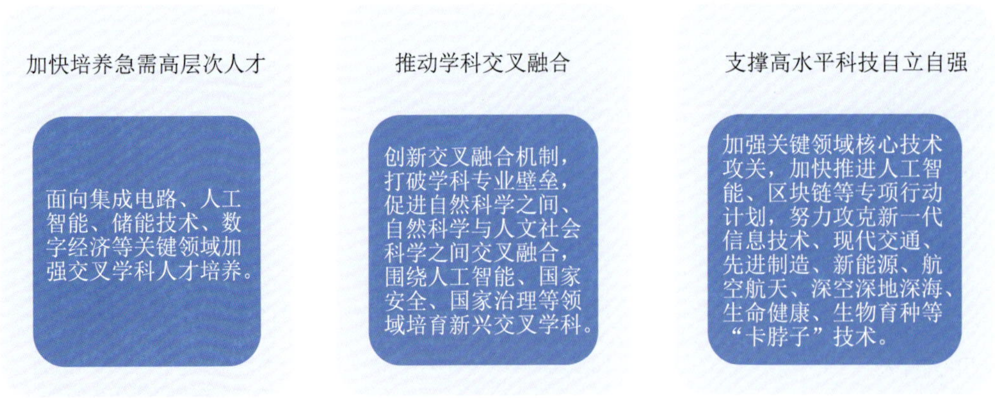

图1-26 支持培训高层次创新人才的措施

学校在线开放课程教学管理的若干意见》，以规范普通高等学校在线开放课程教学管理，维护在线开放课程教学秩序。意见要求，充分运用人工智能、大数据、区块链等新一代信息技术，依法依规对身份认证、课程内容、讨论记录、学习数据实施监控，有效识别“刷课”“替课”“刷考”“替考”行为。

师资队伍的建设，也是教育高质量发展的重要保障。为了推动智能技术在教育教学中的应用，加强师资队伍建设，2022 年 4 月 2 日，教育部等八部门联合印发《新时代基础教育强师计划》，要求推进教师队伍建设信息化。深入实施人工智能助推教师队伍建设试点行动，探索人工智能助推教师管理优化、教师教育改革、教育教学方法创新、教育精准帮扶的新路径和新模式，总结试点经验，提炼创新模式，逐步在全国推广使用，进一步挖掘和发挥教师在人工智能与教育融合中的作用。此外，在 2022 年 4 月 15 日，教育部全国青少年校园足球工作领导小组印发的《2022 年全国青少年校园足球工作要点》中，指出要借助人工智能制作 360 度全景足球技能课程，开发足球智能体感测试系统，形成更加生动、丰富、优质的足球教学资源。

（三）地方探索发展新模式和治理新路径

1. 地方规范促进人工智能产业发展

伴随人工智能技术带来的经济发展红利，一些地方积极探索，通过地方立法促进人工智能产业发展，提振数字经济活力，增强发展竞争力。2022 年 8 月 30 日，深圳市人大常委会通过《深圳经济特区人工智能产业促进条例》，成为我国第一部人工智能产业专项立法，开启了“以规范促发展”的新发展阶段。该条例明确界定了人工智能和人工智能产业的概念。由于目前我国法律尚未对人工智能、人工智能产业等概念作出规定，理论界与实务界对相关概念莫衷一是，该条例第 2 条则从技术角度对人工智能的概念作出了界定，即指利用计算机或者其控制的设备，通过感知环境、获取知识、推导演绎等方法，对人类智能的模拟、延伸或者扩展。同时，第 3 条明确了人工智能产业的概念，即指与人工智能相关的软硬件产品研究、开发和生产、系统应用、集成服务等核心产业，以及人工智能在民生服务、社会治理、经济发展等领域融合应用带动的相关产业。

创新应用是激发人工智能活力的有效手段，为此，条例通过一系列制度设计（见

图 1-27），发挥应用场景赋能人工智能产业发展的作用，激发创新应用潜能。针对市场主体重应用效益、轻基础研究的现实问题，条例给出解决办法：第一，致力关键核心技术攻关。提出建立以市场需求为主导、政产学研深度融合的关键核心技术攻关机制，构建覆盖人工智能关键核心技术攻关全周期的扶持政策体系。第二，推进科技体制改革。创新人工智能项目管理方式，公开征集科技创新项目和成果，通过非周期性项目资助等方式予以支持。

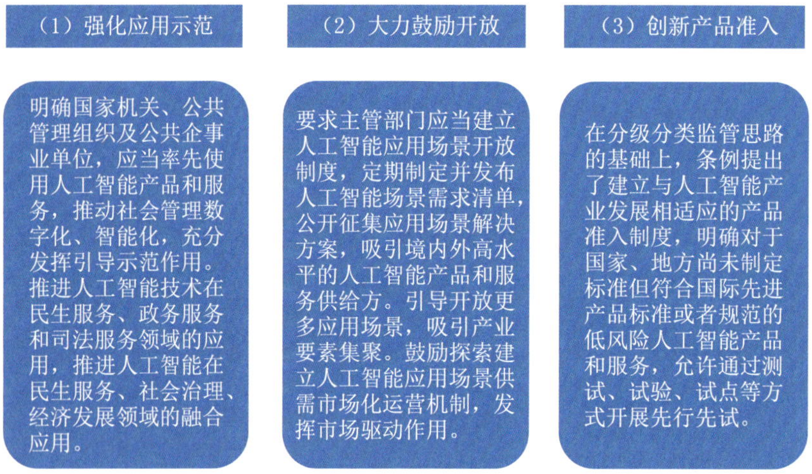

图 1-27 《深圳经济特区人工智能产业促进条例》赋能产业发展的要点

人工智能产业的发展，离不开数据、算力和算法的支撑。条例推动公共数据分类分级有序开放。要求数据管理部门构建人工智能产业公共数据资源体系；会同有关部门建立人工智能应用领域的公共数据和行业数据标准体系，实现数据互通；建立人工智能应用领域的公共数据共享目录和共享规则。同时，建立面向产业的算力算法开放平台。鼓励和支持高等院校、科研机构和企业建设人工智能算力基础设施，开放算力资源，降低企业开发成本，缩短开发周期，培育共享协作的开源治理生态。① 此外，条例要求加强面向人工智能产业的公共服务平台布局。鼓励和支持企业建设人工智能开放创新平台，向行业上下游企业开放人工智能关键共性技术；要求政府部门建设集功能测试、安全性测试、可靠性评估、伦理安全风险于一体的人工智能测试检测及认证平台，打造覆盖关键环节、重点领域的产业支撑体系。

① 我国首部人工智能产业专项立法《深圳经济特区人工智能产业促进条例》正式公布，http：//www.sz.gov.cn/cn/xxgk/zfxxgj/zwdt/content/post_10085826.html，2023 年 3 月 2 日访问。

此外，该条例也注意到了人工智能的安全问题。条例要求设立专门的人工智能治理机构，规定监管部门应当设立人工智能伦理委员会，加快推进人工智能伦理安全规范的制定和实施，深化人工智能技术伦理、安全风险等方面的研究，推动构建覆盖全面、导向明确、规范有序、协调一致的人工智能伦理治理规则。同时，禁止危害国家安全、社会公共利益、侵犯个人隐私和个人信息权益的行为；禁止利用算法技术根据用户的偏好、支付能力实施消费欺诈等侵害消费者权益的行为。

2022 年 9 月 22 日，上海市人大常委会通过了《上海市促进人工智能产业发展条例》，并于 2022 年 10 月 1 日起施行。该条例整体结构包括总则、基本要素与科技创新、产业发展、重点促进、应用赋能、产业治理与安全、附则等内容，共 72 条，促进产业发展是该条例出台的核心目的、基本理念和价值追求。《上海市促进人工智能产业发展条例》采取从目的或功能角度，以描述加列举的方式，对人工智能和人工智能产业给出了明确界定。即条例第 2 条，人工智能，是指利用计算机或者计算机控制的机器模拟、延伸和扩展人的智能，感知环境、获取知识并使用知识获得最佳结果的理论、方法、技术及应用系统。人工智能产业，是指人工智能技术研发和应用所涉及的软硬件产品开发和生产、系统应用、集成服务等，包括关键基础元器件产业、智能软件产业、智能终端产业，以及人工智能技术在经济、生活、城市治理等领域融合应用带动的相关行业。在立法思路方面，条例沿袭了《上海市数据条例》的思路。在人工智能资产评估方面，沿袭了《上海市数据条例》中数据资产评估的思路，算法模型和算力资源的交易流通，也借鉴了数据交易与流通的规定，实现数据流通、交易、资产评估方面的衔接与适当突破。

鉴于人工智能技术本身的特点，该条例进一步明确了影响人工智能发展的三个基本要素：算法、算力、数据。算法是指解决问题方案的准确而完整的描述，基于算法编写、编译的程序是人工智能系统的组成部分。算法作为人工智能的核心技术和基本要素，条例从多方面进行了细化的规定（见图 1-28）。算力决定了利用算法处理数据的速度、数量和质量，高算力有助于推动算法结果的快速输出和人工智能产品的快速应用。为了促进算力的提升，条例区分了公共算力基础设施和自主研发算力基础设施，并进行原则性的规定（见图 1-29）。数据是算法模型得以运行和迭代的基础要素，是机器学习的基本素材，通过数据收集、处理、存储、挖掘、流动等方式，能够获取

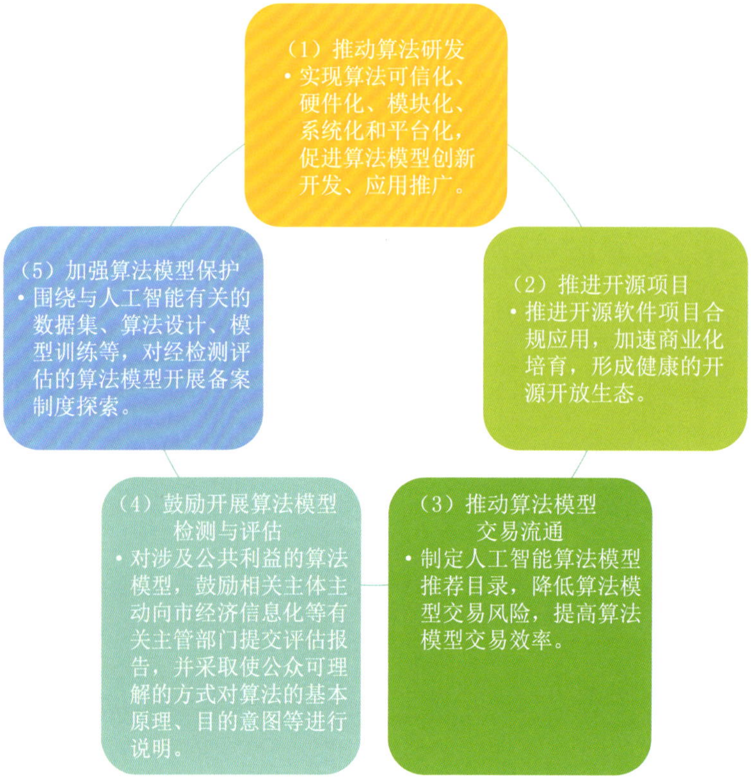

图 1-28 《上海市促进人工智能产业发展条例》对算法的全方位治理

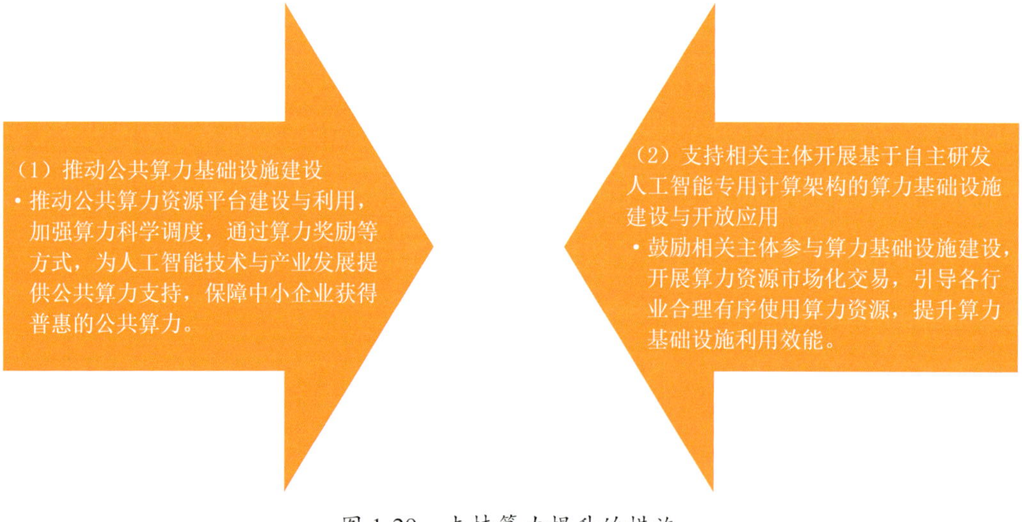

图 1-29 支持算力提升的措施

有价值的信息。条例对数据集建设和开发进行了具体规定（见图 1-30）。条例强调推动算法模型交易流通，加强对算法模型的保护；突出人工智能领域高质量数据集建设，扩大面向人工智能产业的公共数据供给范围。相比深圳而言，上海的条例更加注重促进基础要素的流通、使用和运营，在此过程中推动相关主体的权益保护，从而更

图 1-30　明确数据集建设和开发的具体规范

好地调动激发市场活力。

创新是人工智能迭代升级的活力源泉，该条例专设“激发各类主体创新活力”的规定，鼓励市场主体积极开展各项创新活动，并明确有关部门要根据人工智能的特点对相关的监管规则、标准进行相应地制定、修改或废止，监管部门探索建立人工智能科研、应用等领域的负面清单，同时建立人工智能领域轻微违法行为免罚清单，从而最大限度地激发创新活力。除创新设置负面清单外，条例还针对人工智能新技术、新产业、新业态、新模式，探索分级治理和沙盒监管（如图 1-31）。

科技的发展，离不开伦理的制约。2022 年 3 月 20 日，国务院发布《关于加强科技伦理治理的意见》，明确要强化科技伦理审查和监管，包括严格科技伦理审查、加强科技伦理监管、监测预警科技伦理风险、严肃查处科技伦理违法违规行为。人工智能领域的发展应当遵循安全可控、以人为本、可信可靠、开源开放、应用驱动等原则。为此，条例明确，设立人工智能伦理专家委员会，发挥其在人工智能领域伦理规范方面的作用。其履行的职责包括制定伦理规范指南、推动参与国内外人工智能领域伦理重大问题研讨和规范制定；对涉及生命健康、公共安全等重点领域人工智能应用

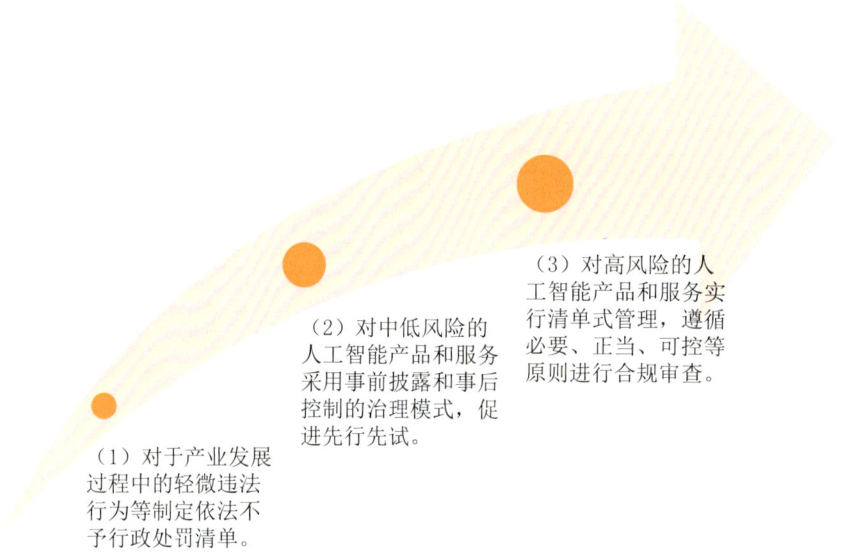

图 1-31　人工智能分级治理的探索尝试

的潜在风险开展评估等。此外，条例还确立了提供人工智能产品和服务的行为底线，明确相关主体开展人工智能研发和应用，应当遵守法律、法规规定，增强伦理意识，不得从事相关禁止行为。禁止提供危害用户人身或者财产安全、侵害个人隐私或者个人信息权益的产品和服务；禁止利用算法技术实施价格歧视或者消费欺诈等侵害消费者权益的行为、实施垄断或者不正当竞争等行为等。

对比上述两个条例，它们都通过立法对城市探索总结的成熟政策举措予以明确固化，对改革创新还在持续深化的内容，通过“概括加列举”等表述方法，为未来的制度创新预留空间。上海的条例更加强调人工智能三大基本要素的流通、使用和运营，并在此过程中推动有关主体的权益保护，强调人工智能先导产业地位，最大激发市场活力。区域协作方面，深圳没作具体规定，上海条例明确推动长三角人工智能产业协同融合发展，探索共同推进跨区域人工智能产业发展规划衔接、技术标准互认、关键领域测试数据共享互认、基础设施建设成本分担和利益共享等工作。

2. 地方数据法规促进数字经济发展

人工智能技术的发展催生了数字经济繁荣，数字经济的发展也进一步促进了人工智能的迭代升级。2022 年，在新冠疫情人员流动管控、美国科技制裁层层加码、全球通货膨胀加剧等复杂背景下，国内外经济活力不足。为了提升经济活力、拉动增长，很多省市纷纷出台了数据条例、数字经济促进条例等地方法规规章，鼓励数据流动和应用，降低交易成本，提升智能化水平、提高交易效率、提升治理现代化水平。

2022 年 2 月 1 日起施行的《福建省大数据发展条例》，从数据资源、基础设施、发展应用、数据安全、保障措施和法律责任等方面对大数据的发展作出了具体规定（见图 1-32）。此外，该条例还规定，政府有关部门应当采取措施培育数据交易市场，鼓励和引导数据交易主体在依法设立的数据平台进行交易，加强对数据交易平台的监管。

（1）在数据采集方面	（2）在公共数据开放方面	（3）在数据开发利用方面	（4）在个人信息保护方面
• 规定采集数据应当向被采集者公开采集规则，明示采集目的、方式和范围，并经被采集者同意。凡能通过共享获取的公共数据，政务部门不得重复采集。同时，为解决部门间数据壁垒、共享不充分等问题，该条例明确公共数据以共享为原则、不共享为例外，分为无条件共享、有条件共享和暂不共享3种类型。凡列入暂不共享类公共数据的，应当有法律、行政法规或者国家政策作为依据。	• 明确应当优先开放与民生密切相关、社会关注度和需求度高的数据。公开数据分为普通开放和依申请开放两种类型。	• 规定依法获取的各类数据经处理无法识别被采集者且不能复原的，可以交易、交换或者以其他方式开发利用。按照有关规定开发利用公共数据资源获得的合法收益，受法律保护。	• 规定开展涉及个人信息的数据活动，应当对所采集的个人信息进行去标识化或者匿名化处理，记录数据处理全流程，不得泄露或者篡改采集的个人信息。

图 1-32　数据治理的关注要点

2022 年 3 月 1 日起施行的《浙江省公共数据条例》，聚力破解部门间信息孤岛、提升数据质量、赋能基层、保障安全等共性难题，加快推进数据高质量供给，探索数据资源深度开发利用，深挖数据要素价值，促进数字经济快速发展。该条例明确了公共数据的定义，拓展了公共数据的范围，将公共数据范围从行政机关扩大到国家机关，包括党委、人大、政协、法院、检察院，并将供水、供电、供气、公共交通等公共服务运营单位依法履职或者提供公共服务过程中收集、产生的数据，以及税务、海关、金融监督管理等国家有关部门派驻浙江管理机构根据本省应用需求提供的数据，统一纳入公共数据管理范围（见图 1-33）。

2022 年 3 月 1 日起施行的《河南省数字经济促进条例》，是全国第三部省级数字经济方面的综合性法规，标志着河南省数字经济发展迈入法治化、规范化和高质量发

（1）明确公共数据平台一体化建设规范

- 突破数字资源“条块分割”体制障碍，要求省公共数据主管部门会同省有关部门，统筹建设一体化智能化公共数据平台，实现公共数据跨层级、跨地域、跨系统、跨部门、跨业务有效流通和共享利用，促进省域整体智治、高效协同。

（2）明确了公共数据管理体制

- 包括明确县级以上政府的统筹协调职责、公共数据主管部门的综合主管职责、各业务部门的专业管理职责，且围绕改善数据质量、提升数据有效性等方面，明确了数据标准化体系、数据质量管控体系、数据反馈补正等机制，为公共数据发展和管理提供了充分的保障。

（3）探索公共数据授权运营机制

- 推动数据要素市场化配置，规定政府可以授权符合安全条件的单位运营公共数据，授权运营单位对利用公共数据加工形成的数据产品和服务可以获取合理收益。

图 1-33 《浙江省公共数据条例》的特点

展阶段。条例包括总则、数字基础设施建设、数据资源开发利用、数字产业化发展、产业数字化转型、数字化治理和服务、数字经济促进措施、数字经济安全保障、法律责任、附则，共 10 章 76 条（见图 1-34）。

2022 年 7 月 1 日起施行的《重庆市数据条例》，由总则、数据处理和安全、数据资源、数据要素市场、发展应用、区域协同、法律责任、附则等组成，共 8 章 60 条。该条例在《数据安全法》《个人信息保护法》等上位法的框架下，结合重庆实际，对数据处理规则和数据安全体系进行建立健全。完善数据处理规则，明确开展数据处理活动的六项禁止性行为和八项数据安全保护义务；明确政务部门和公共服务组织收集数据的四项要求，规范其数据收集行为等。建立数据安全责任制，明确数据处理者是数据安全责任主体，同时存在多个数据处理者的，分别承担各自安全责任。以促进数

（1）规定公共数据应当依法共享，鼓励使用公共数据从事科学技术研究、咨询服务、产品开发、数据加工等活动。鼓励自然人、法人和非法人组织依法开放非公共数据，促进数据融合创新。支持有条件的地方依法设立数据产品交易中心，鼓励和引导数据供需双方依法进行数据产品交易。

（2）明确县级以上人民政府及有关部门应当结合本地实际，规划本行政区域的数字产业化发展，做强电子信息制造业、软件和信息技术服务业，重点培育新型显示和智能终端、物联网、软件、网络安全、先进计算、网络通信、集成电路、人工智能、区块链等数字产业集群。

（3）要求县级以上人民政府应当应用数字技术，推进数字政府、数字社会、新型智慧城市、数字乡村建设，提升公共服务数字化、智能化水平，推进治理体系和治理能力现代化，促进数字经济高质量发展。运用数字技术创新治理和服务模式，加强智慧交通、智慧医疗、智慧康养、智慧教育、智慧城管、智慧安防、智慧生态环境监控等建设，提升公共服务水平。

（4）明确了农业、工业、服务业数字化转型的要求；鼓励中小微企业平台、产业互联网平台、产业数字化转型服务机构与中小微企业建立对接机制，针对不同行业的中小微企业需求场景提供数字化解决方案，加强对产业数字化转型的技术、资金支撑保障；提升各类开发区的数字化管理服务功能，加强数字技术融合应用，支持企业数字化转型发展。

图 1-34 《河南省数字经济促进条例》的特点

字经济发展、有效破除数据壁垒为抓手，在数据资源开发应用、推动数据技术创新等多方面进行探索创新（见图 1-35）。

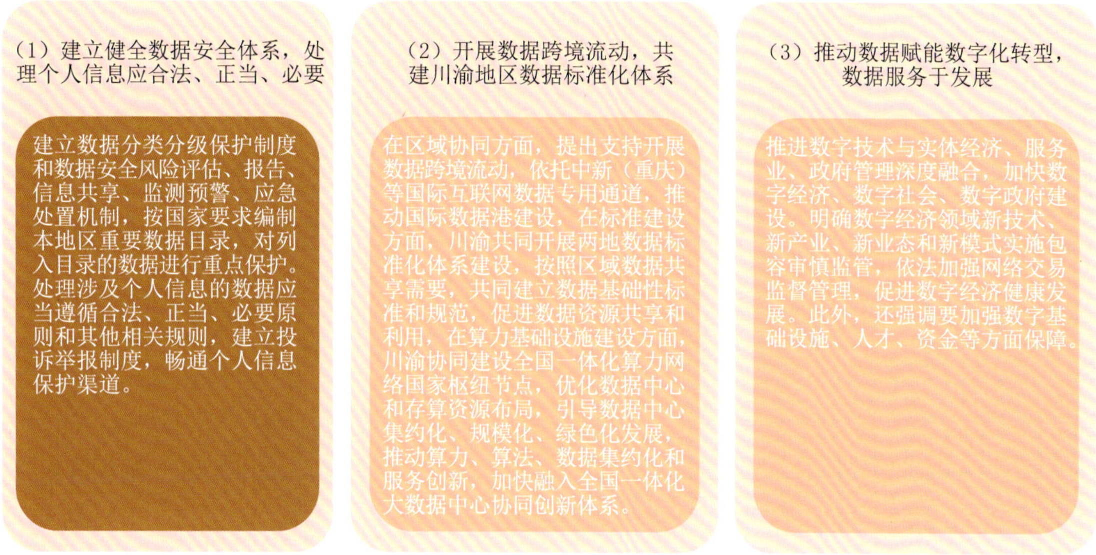

图 1-35　《重庆市数据条例》的特点

2022 年 8 月 1 日起施行的《江苏省数字经济促进条例》，主要包括总则、数字技术创新、数字基础设施建设、数字产业化、产业数字化、治理和服务数字化、数据利用和保护、保障和监督与附则，共 9 章 85 条。围绕数字产业化和产业数字化两大焦点进行重点规范，结合省内发展实际，集中力量推进关键核心技术攻关、适度超前部署数字基础设施建设。支持完善通信网络、算力等信息基础设施，建设物联网、车联网等融合基础设施，布局创新基础设施，推动传统基础设施数字化升级，构建数字基础设施体系。条例要求结合本地区实际，通过规划引导、政策支持等方式，在集成电路、物联网等特色优势领域，加快重大项目推进、产业链上下游对接配套、骨干龙头企业培育，打造具有国际竞争力的产业高地。此外，条例从金融支持、人才培养、市场监管等方面，详细列入了保障和监督数字经济规范有序发展的条款。江苏省还积极探索数据跨境治理实践，于 2022 年 9 月 1 日发布《江苏省数据出境安全评估申报工作指引（第一版）》，以指导和帮助数据处理者规范、有序申报数据出境安全评估，保障数据要素安全跨境流动。

2022 年 8 月 1 日起施行的《辽宁省大数据发展条例》，共 9 章 54 条，是规范辽宁省大数据发展的首部地方性法规。条例专设“数据要素市场”一章，明确了市场主体在数据采集、加工、使用、交易等基本权益方面的保障问题；对数据交易和竞争行为以“负面清单”方式划定禁区，就交易市场配套制度建设予以规定，并对违法交易、侵害其他市场主体合法权益等行为设置了处罚条款。建立公共数据授权运营机制，将数据资源导入市场化开发，提升数据利用价值。条例专设“工业大数据”一章，突出辽宁工业大数据特色，针对本省产业结构特点和工业应用场景优势，规定了企业在数据采集汇聚、开放共享、融合应用、安全保护和数据治理能力等方面的具体义务，以加快工业数字化转型，带动数字经济发展，突出发挥企业在工业大数据发展中的主体作用。此外，条例还就政府培育数据服务企业、推动企业数字化转型等作出规定。

2022 年 9 月 29 日通过的《陕西省大数据条例》，包括总则、基础设施、数据资源、开发应用、产业发展、安全保障、法律责任、附则，共 8 章 81 条，自 2023 年 1 月 1 日起施行。条例明确，县级以上人民政府应当统筹推进信息基础设施建设，完善基础通信网络，加快推进大数据、云计算、区块链等信息基础设施建设，统筹布局新一代移动通信技术、人工智能等信息基础设施建设，推动信息基础设施共建共享、互联互通（见图 1-36）。

（1）在人工智能基础设施建设方面	• 要求省人民政府及其有关部门应当统筹推进数据中心、智能计算中心、超级计算中心等存储和计算基础设施建设，支持优化升级改造，提升计算能力，推动多元计算协同发展，构建高效协同的数据处理体系。 • 设区的市、县（市、区）人民政府按照国家和本省统一部署，推进建设本区域数据中心、边缘计算中心等算力基础设施。
（2）在智能交通领域智能汽车方面	• 要求县级以上人民政府及其有关部门应当完善智能交通体系建设，促进智能交通基础设施与运输服务、能源及通信网络融合发展。 • 交通运输、公安机关交通管理等部门应当推动建设智能道路系统、智能停车、智能交通信号灯等，培育推广智能网联汽车以及共享汽车、智能公交等新业态新模式，推进交通管理、交通运输、公众出行等交通建设管理全流程数字化，提升交通系统运行效率和管理水平。
（3）在金融领域数字化转型方面	• 要求县级以上人民政府及其有关部门应当加快金融领域数字化转型，推动大数据、人工智能、区块链等技术在银行、证券、保险等领域的深化应用，发展智能支付、智慧网点、智能投顾、数字化融资等新模式。 • 推动大数据在工业领域的应用，支持工业企业实施数字化改造，加强工业数字化创新应用，推进工业设备和业务系统上云上平台，建设智能工厂、智能车间，培育推广智能化生产、网络化协同、个性化定制、服务化延伸、数字化管理等新模式。

图 1-36 《陕西省大数据条例》的特点

2022 年 11 月 25 日，北京市人大常委会通过的《北京市数字经济促进条例》，共 9 章 58 条，分别从数字基础设施、数据资源、数字产业化、产业数字化、智慧城市建设、数字经济安全和保障措施等方面对本市的数字经济工作进行法规制度设计（见图 1-37）。此外，苏州市人大常委会于 2022 年 10 月 28 日通过了《苏州市数据条例》，四川省人大常委会于 2022 年 12 月 7 日通过了《四川省数据条例》，厦门市人大常委会于 2022 年 12 月 27 日通过《厦门经济特区数据条例》。三个条例分别结合了本地的特点和产业发展优势，实行分级分类保护，理顺数据管理体制机制，破除数据流动壁垒，促进数据安全合规高效利用，促进本地区经济发展。

（1）数字基础设施建设

- 对数字基础设施建设进行了具体规定，明确其规划布局，要求各项规划应与数字基础设施衔接，统筹和指引数字基础设施建设工作，促进数字技术与传统基础设施的深度融合。
- 重点建设通信网络、物联网络、智算中心等基础设施，推进新技术设施建设，引导社会主体通过政企合作、特许经营等方式参与数字基础设施建设运营。

（2）数据资源

- 对数据目录定位和编制主体责任进行了规定。
- 明确公共数据、各类数据资源共享与数据开放的渠道与规则。
- 明确各主体有权对其合法收集的数据进行处理，并享有受法律保护的数据财产性收益。
- 建立数据要素登记、评估、入表等资产化制度，建立健全数据要素市场生态，支持北京国际大数据交易所发展，促进数据资源的高效流通。

（3）智慧城市建设

- 要求本市的新型智慧城市建设应遵循“四梁八柱深地基”的总体框架布局，建立新型智慧城市规划体系，市经济和信息化部门会同有关部门组织编制总体规划、控制性规划、专项规划和部门顶层设计。
- 依托“三京”“七通一平”共性能力以及信息化项目评审工作职责，推动基础设施、数据资源和公共应用支撑体系的共建共享，实现一网通办、一网统管、一网慧治，丰富场景开放渠道，推行互联网监管新模式，优化数字经济营商环境。

（4）数字经济安全

- 明确任何单位和个人在本市从事数据处理活动，都要维护国家安全、公共利益和个人合法权益。
- 强调重点保护关键信息基础设施，支持建立数据治理和合规运营制度，加强个人信息安全保护。
- 建立健全互联网平台管理制度规则，督促平台企业规范运营；督促市、区人民政府及有关部门强化数字经济安全风险防范的职责，促进数字经济均衡、有序发展。

图 1-37 《北京市数字经济促进条例》的特点

3. 数智协同升级提升政服治理水平

在创新提升治理能力方面，2022 年 1 月 7 日，浙江省人民政府印发《建设杭州国家人工智能创新应用先导区行动计划（2022—2024 年）》，围绕人工智能基础理论、算法模型、数据标准、应用技术等核心环节，提升前沿基础研究能力；持续推动人工智能关键技术攻关项目储备库建设，推进关键技术协同攻关；政府支持建设一批开放创新平台，打造全球人工智能开发生态网络关键节点。该行动计划在支持产业升级、数据平台建设和智能化治理等方面给出多种具体举措（见图 1-38）。2022 年 7 月 30 日，浙江省人民政府发布《深化数字政府建设的实施意见》，以数字化改革助力政

（1）智能产业领航行动	• 壮大智能产业集群。围绕视觉智能、智能家居、智能网联汽车、智能机器人、智慧金融、智能新药研发等领域，实施“智”字产业集群培育行动，组织开展一批培育试点。 • 培育人工智能企业梯队。加大创新应用领域新型创业载体、“双创”基地等建设支持力度，孵化一批人工智能创新创业企业，构建人工智能产业链上下游协同发展格局。 • 加快发展产品及核心部件。加快重点应用场景智能产品、核心部件研发和产业化，打通产业堵点。 • 提升产业平台承载力。推进余杭人工智能小镇、南湖科学中心建设，成为人工智能技术策源地核心区。聚焦人工智能软件、硬件及系统领域，引导紫金港科技城、浙大科技园、5G创新产业园等特色产业平台建设。
（2）数据治理体系筑基行动	• 深入推进数据开放共享。迭代升级杭州市一体化智能化公共数据平台，提升安全保障、数据融合、数据建模、数据应用能力。 • 完善数据交易使用规则。推进杭州市数据安全管控体系全域覆盖，实现网络、平台、系统、数据、业务和管理立体防护。 • 构建行业标准生态体系。制定和实施大数据采集、管理、共享、交易等标准规范。 • 强化数据应用安全保障。探索制定保障人工智能健康发展的伦理规则和制度体系。
（3）城市数智治理引领行动	• 加快民生领域创新应用。加快推动人工智能在医疗、教育、文旅、养老、金融等民生重点领域应用，支持行业领军企业开展多元化场景应用，持续探索新型应用模式。

图 1-38　支持人工智能产业发展的举措

（1）构建公平公正的数字化市场监管体系	充分运用数字技术支撑构建新型监管机制，依托全国一体化在线监管平台，大力深化“互联网+监管”，提升监管精准化、协同化、智能化水平，高标准建设全国市场监管数字化改革试验区，打造营商环境最优省。
（2）构建协同闭环的数字化社会治理体系	推动社会治理模式从单向管理转向双向互动、从线下转向线上线下融合，完善风险预警防控体系，着力提升社会治理各领域的数字化治理能力。提升社会治安防控能力，推进社区矫正数字化建设，提升社会治安立体化、智能化管理水平。
（3）构建优质普惠的数字化公共服务体系	全面提升公共服务数字化、智能化水平，不断满足企业和群众多层次多样化需求，破解群众企业急难愁盼问题，打造泛在可及、智慧便捷、公平普惠的数字化服务体系。
（4）构建全域智慧的数字化生态环境保护体系	全面推进生态环境数字化改革，提升生态环境治理现代化水平和美丽浙江建设系统性、整体性、协同性，推动生态文明建设先行示范。
（5）构建智能高效的应用支撑体系	加强满足全省共性需求的基础性智能化组件开发，建立健全共建共享机制，鼓励市场主体参与，打造全省智能“工具箱”。创新探索云计算、大数据、人工智能、区块链等新型技术在数字政府领域的运用。

图 1-39　深化数字政府建设的措施

府职能转变，不断提升政府治理体系和治理能力现代化水平，加快建设现代政府（见图 1-39）。

在提升政务服务和社会治理水平方面，2022 年 1 月 13 日，上海市人民政府发布《推进治理数字化转型实现高效能治理行动方案》，全面推进上海城市数字化转型，加强数字政府建设，推进治理数字化转型。该方案要求推进“三大治理”应用体系建设。依托“企业专属网页”等，利用人工智能分析、知识图谱建设、个性政策标签等技术手段，提供智能查询、办事服务、政策精准推送、诉求反映等服务，助力企业办事从“能办”向“好办”“愿办”转变。

在协同创新、齐抓共管方面，2022年1月18日，四川省人民政府、重庆市人民政府联合发布《成渝地区双城经济圈优化营商环境方案》，全面落实《成渝地区双城经济圈建设规划纲要》，进一步优化成渝地区双城经济圈营商环境。该方案要求：（1）强化政务数据交换共享。推动人工智能、大数据、区块链等在政务领域广泛应用，协同布局大数据中心，推进信息基础设施共建共享和新型智慧城市建设，推动跨部门跨城市横向对接和数据共享，依法有序推进政务服务数据面向公共服务机构进行共享。（2）推动市场监管执法协调联动。创新监管标准和模式，对新技术、新产业、新业态、新模式等实行包容审慎监管。加强“互联网+监管”，建设智能化监管基础设施，实现相关监管信息联网共享。2022年1月24日，四川省人民政府发布《增强协同创新发展能力行动方案》，大力推动科教兴川和人才强省，强化创新资源集聚转化功能，打造协同创新共同体，增强协同创新发展能力，加快推进成渝地区双城经济圈建设具有全国影响力的科技创新中心（见图1-40）。

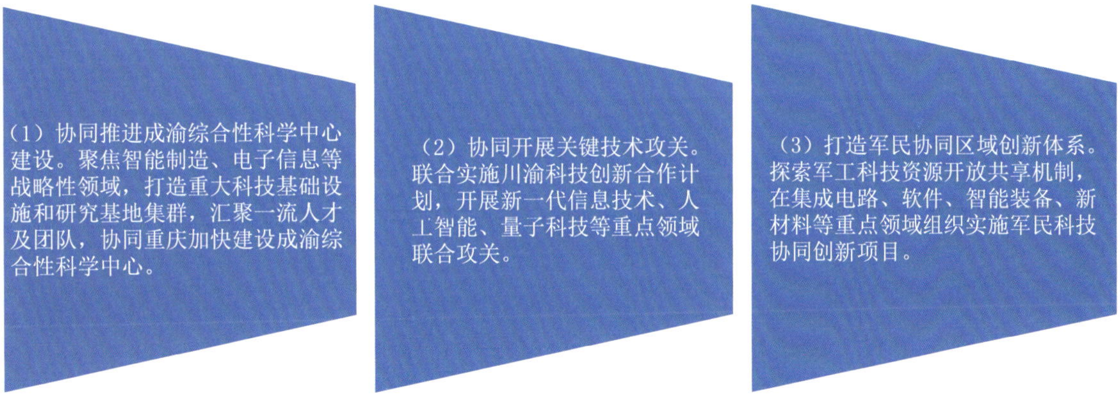

图1-40 加快双城经济圈建设的重点任务

在推进数字化转型方面，2022年7月15日，海南省人民政府发布《海南省政府数字化转型总体方案（2022—2025）》，持续优化“海易办”“海政通”两大平台和“互联网+监管”系统，健全数据共享和业务协同机制，促进政府履职数字化、智能化水平显著提升，政府决策科学化、社会治理精准化、公共服务高效化全面优化（见图1-41），政府数字化发展总体水平达到全国一流。

在服务农村发展、提升基层治理水平方面，2022年4月23日，中共北京市委、

（1）推进政务服务平台标准化	显著提升数字化、智能化水平，统一应用框架，统一建设、接入、协同等标准规范，提供部门应用接入标准化组件，支持各市县各部门基于“海易办”平台自主开发特色服务，更好满足企业和群众多层次多样化服务需求。
（2）完善智能化决策机制	构建涵盖监测预警、决策支持、指挥调度、协同联动等全领域支撑体系，为决策智能化提供技术保障。提升科学立法、严格执法、公正司法的信息化支撑能力，构建统揽全局的决策支持体系。
（3）建立监管对象智能动态维护机制	通过汇集营业执照数据、电子证照数据、备案类许可数据、行政检查数据、行政处罚数据、信用数据以及其他相关业务数据，结合个人库和法人库推动监管对象标签化管理，动态完善监管对象信息。
（4）强化监管智能化技术应用	充分应用非现场、物联感知、掌上移动、穿透式等新型监管手段，汇聚各业务监管部门视频、互联网、移动端数据，弥补监管短板，提升监管的精准性、科学性和有效性。
（5）构建稳健集约的基础设施体系	推进集约智能的政务云建设。打通泛在互联智能感知网络，促进智能感知终端全接入，汇聚政府、行业各类物联网数据资源。
（6）推进安全稳健网络设施建设，提升网络安全防护能力	探索建立人工智能、区块链、算法推荐等新技术安全监管体系。落实安全管理主体责任，建立健全安全管理、保密审查、应急处置工作体系。
（7）建设宜居宜业智慧社会	推动城市公共基础设施数字转型、智能升级、融合创新，构建城市数据资源体系，探索城市信息模型、数字孪生等新技术运用，提升城市治理科学化、精细化、智能化水平。推动未来社区和智慧小区建设。

图 1-41　海南省政府数字化转型工作要点

北京市人民政府共同发布《北京率先基本实现农业农村现代化行动方案》，指出要：（1）强化科技赋能。开展以清洁能源和人工智能为基础的第三代农业机械研究与示范应用，建设无人化示范农场，打造一批智能化特色农园。（2）强化数字赋能。建设乡村振兴大数据平台，构建全市农业农村数据资源“全息地图”。大力推进人工智能、5G、物联网、大数据、区块链等新一代信息技术在农业领域应用，支持发展食用菌、芽苗菜等工厂化生产，建设一批高标准智能“蔬菜车间”，培育一批数字农业全产业链社会化运营服务组织。2022 年 3 月 30 日，北京市委、市政府发布的《关于做好 2022 年全面推进乡村振兴重点工作的实施方案》，要求强化农业科技支撑，推进智能农机装备示范应用，打造 3 个农业机器人应用场景，创建 1 个设施农业全程机械化示范区。

在强化智能技术服务数字经济、社会治理发展方面，2022 年 5 月 25 日，江西省人民政府发布《江西省“十四五”数字经济发展规划》，提出要前瞻布局新兴赛道，紧跟新一代信息技术发展步伐，积极布局 VR、“元宇宙”及数字孪生、信息安全和数据服务、物联网、智能网联汽车、无人机等新兴领域，前瞻布局量子信息、卫星互联网、区块链、人工智能等前沿领域，力争实现“弯道超车”“换车超车”，为全省数字经济发展注入新动力（见图 1-42）。

（1）聚焦产业数字化主战场

- 推进产业、平台、企业全方位数字化转型，加快制造业、服务业、农业数字化发展步伐，赋能构建具有江西特色的现代产业体系。

（2）稳步建设智能高效的融合基础设施

- 高效布局建设人工智能基础设施，支撑“智能+”发展的行业赋能能力。积极推进农业基础设施和相关设备智能化改造。

（3）增强政府数字化治理能力

- 加大政务信息化建设统筹力度，强化政府数字化治理和服务能力建设。建立完善基于大数据、人工智能、区块链等新技术的统计监测和决策分析体系，提升数字经济治理的精准性、协调性和有效性。

（4）开展试点示范

- 积极争取国家各类创新试点在江西省布局，在争创国家数字经济创新发展试验区、国家数字经济领域新型工业化基地、国家工业互联网示范区、国家新一代人工智能创新发展试验区、国家智能社会治理实验基地等国家试点示范上取得突破。

图 1-42　江西省支持数字经济发展的措施

4. 汽车交通能源智能化高质量发展

伴随着全球双碳目标的要求和自动驾驶技术迭代升级，智能网联汽车、智慧交通建设等成为高质量发展的重要推动力。为了规范智能网联汽车道路测试与应用，保障道路交通安全，促进智能网联汽车产业发展，2022 年 1 月 26 日，重庆市人民政府发布《重庆市智能网联汽车道路测试与应用管理试行办法》，鼓励政策先行区加大政策创新、管理创新力度，抢抓产业发展机遇，并授权政策先行区在确保安全的前提下，可以自行开展道路测试与应用，探索完全无人驾驶和商业化运营。同时明确了政府各部门在该办法执行中的责任分工。

该办法还限定了道路测试、示范应用及运营的活动范围。明确了道路测试与应用主体、应用驾驶人、应用的智能网联汽车应当符合的条件。规定了智能网联汽车示范应用与示范运营的所需符合的条件以及应当遵守的各项规定，及其具体合规操作流程。同时，针对智能网联汽车自动驾驶特性作出了具体规定（如图 1-43）。

2022 年 6 月 28 日，广州市基于宽带移动互联网智能网联汽车与智慧交通应用示范区（车联网先导区）建设工作领导小组审议通过了《广州市南沙区智能网联汽车混行试点区及特殊运营场景混行试点总体方案》，标志着南沙区成为广州市首个智能网联汽车混行试点区。按照该方案，南沙区计划到 2025 年，分四个阶段投放总计不超过 2000 台智能网联汽车示范运营，开展不同混行比例、车路协同不同参与度以及多种新型出行服务的大规模城市交通试验；对符合南沙区相关资质要求并取得《示范运

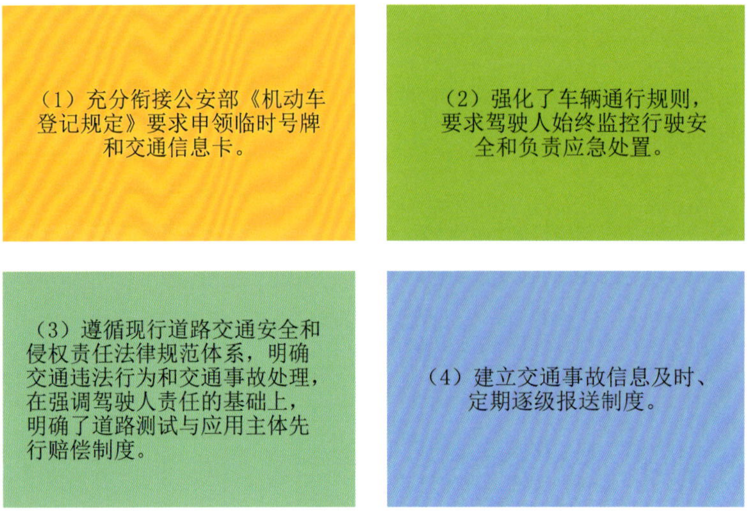

图 1-43　针对智能网联汽车自动驾驶特性所作的具体规定

营资格通知书》的自动驾驶企业，以及取得《示范运营车辆标志牌》的自动驾驶车辆，可在规定区域内开展示范运营，以加速自动驾驶技术成果的商业化落地，促进相关企业实现经营收入和技术进步的正向良性循环。

2022 年 8 月 1 日起施行的《深圳经济特区智能网联汽车管理条例》，是国内首部关于智能网联汽车管理的法规，在承接国家相关法律法规和政策规章的基础上，首次对智能网联汽车的准入登记、上路行驶等事项作出具体规定，填补了上述领域的立法空白，可能会对汽车、自动驾驶以及周边产业的发展产生深远影响。该条例对智能网联汽车进行了明确定义，即“可以由自动驾驶系统替代人的操作在道路上安全行驶的汽车”。将自动驾驶系统划分为“有条件自动驾驶、高度自动驾驶和完全自动驾驶”三种类型。这一分类，基本上可以对应国际汽车工程协会（SAE）对自动驾驶分级中的 L3、L4、L5。

该条例中单独设置一章强调了“车路协同基础设施”对于智能网联汽车发展的重要性，并明确规定“结合智能网联汽车通行需要，统筹规划、配套建设智能网联汽车通用的通信设施、感知设施、计算设施等车路协同基础设施”，以及“鼓励开放共享车路协同基础设施的数据信息、通信网络等资源”。条例中还单独设置一章“网络安全和数据保护”，并明确规定，“智能网联汽车相关企业应当依法取得网络关键设备和网络安全专用产品的安全检测认证，依法制定智能网联汽车网络安全事件应急预案，并建立网络安全评估和管理机制，确保网络数据的完整性、安全性、保密性和可用性，防止网络数据泄露和被窃取、篡改”。

在道路交通智能化建设方面，2022 年 1 月 27 日，中共黑龙江省委、黑龙江省人民政府发布了《黑龙江省综合立体交通网规划纲要》，要求：（1）加快构建现代化高质量综合立体交通网，提升智慧交通发展水平。推动智慧公路、智慧港口、智慧航道、智慧枢纽等智能化基础设施建设，推进交通基础设施数字化、网联化发展。推动卫星通信技术、新一代通信技术、高分遥感卫星、人工智能等新技术在交通运输领域的应用。推广智慧交通应用场景，逐步推进智能网联汽车（智能汽车、自动驾驶、车路协同）、智能输送分拣等在公交、出租、景区接驳、港区物流等领域示范应用。（2）加快既有设施智能化。利用新技术赋能交通基础设施发展，加强既有交通基础设施提质升级，提高设施利用效率和服务水平。推动公路路网管理和出行信息服务智能化，完善道路交通监控设备及配套网络。加强内河高等级航道运行状态在线监测，推动船岸协同、自动化码头和堆场发展。推动新一代空管系统应用。

2022 年 2 月 25 日，重庆市交通局发布的《公路“十四五”发展规划》，推进新一代信息技术与公路交通运输深度融合，积极引导行业新业态、新模式发展，大力推动公路基础设施数字化、智能化升级改造，协同推进技术创新、制度创新、政策创新，增强发展新动能。规划提出多种措施（见图 1-44），促进交通数字化、智能化水平不断提升。

此外，2022 年 1 月 24 日，青海省交通厅发布的《青海省“十四五”交通运输发展规划》，也强调要推动实现各类数据跨界融合，鼓励数据深度开发及应用，推动

（1）推动基础理论和前沿关键技术研发

- 瞄准新一代信息技术、人工智能等科技前沿，加强对可能引发公路交通产业变革的前瞻性、战略性、颠覆性技术研究。
- 突破高速公路智慧化、运营管控智能化、运输组织自主化、仿真测试智能化、身份认证和数据保护智能化等技术。
- 促进道路交通自动驾驶技术发展和先导应用示范，支持开展自动驾驶载货运输服务，稳步推动自动驾驶客运出行服务。

（2）推动数字化、智能化升级改造

- 建设智慧公路，推动建筑信息模型、路网感知网络与公路基础设施同步规划建设，加快公路基础设施数字化改造。
- 推进公路基础设施全要素、全周期数字化转型发展，加强重点基础设施关键信息的主动安全预警。

（3）积极推进大数据支撑应用

- 构建统一标准、统一规范、共享兼容的路网大数据体系，实现全要素感知数据多源融合。
- 研究建立促进公路领域数据资源有效流动的制度规范，推进“公路网大数据中心”建设。
- 打造云网融合的智慧路网云控平台，提升公路交通大数据智能应用水平，有效支撑公路网运行管理与服务工作。

图 1-44　促进交通数字化智能化发展举措

5G、区块链、物联网、人工智能等新兴技术与传统基建运营实景的跨界融合，打造传统基建数字化西部地区标杆示范。

在能源设施建设方面，2022 年 3 月 30 日，四川省人民政府印发《“电动四川”行动计划（2022—2025 年）》，加快打造全国重要的新能源汽车研发制造基地和具有世界影响力的动力电池产业基地（见图 1-45）。

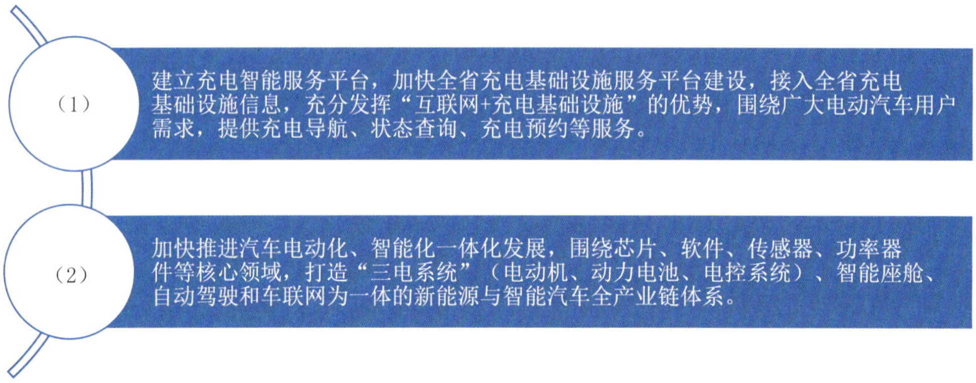

图 1-45　支持新能源汽车产业发展的措施

5. 拥抱科技探索发展与治理新路径

伴随着 2022 年年初，元宇宙概念为公众所熟悉，元宇宙相关产业的发展也带来新机遇。各地纷纷出台政策，希望元宇宙的发展能够带来新的经济增长。在促进发展的探索方面，2022 年 7 月 8 日，上海市人民政府发布了《上海市培育“元宇宙”新赛道行动方案（2022—2025 年）》，着力强化新赛道布局，培育壮大发展新动能，更好助力上海国际数字之都建设（见图 1-46）。

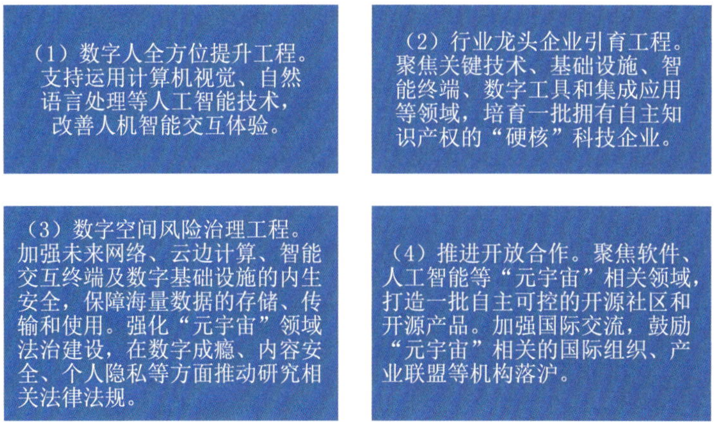

图 1-46　上海市支持元宇宙相关技术和产业发展的措施

2022年8月3日，北京市经济和信息化局发布《北京市促进数字人产业创新发展行动计划（2022—2025年）》，瞄准数字人技术发展趋势，政策精准发力，目标要求到2025年，在云端渲染、交互驱动、智能计算、数据开放、数字资产流通等领域打造5家以上共性技术平台。计划要求：（1）优化数字人生产工具。鼓励研发并推广虚拟现实、增强现实、混合现实终端设备及裸眼3D、全息成像等数字人显示解决方案。广泛应用语音识别、语音合成、自然语言理解等人工智能技术，研发智慧大脑、情感计算等新算法，提升数字人交互体验。（2）推广服务型数字人应用。拓展数字人金融领域应用场景，探索远程银行视觉座席、数字人视频面审面签、数字银行智能客服、线下柜台数字银员等创新应用。

2022年9月15日，河南省人民政府发布《河南省元宇宙产业发展行动计划（2022—2025年）》，出台多项细化措施（见图1-47），助力加快河南省元宇宙产业发展，推动数字技术创新，赋能实体经济数字化转型，打造数字经济新引擎。

（1）加快核心部件和系统研发	充分发挥河南省在先进计算、智能传感器、集成电路、新型显示和智能终端、信息安全等领域特色优势，重点研发声光学元器件及模组、新型光学显示器件、光通信芯片、信息安全芯片、微机电系统传感器等核心部件，大力发展用于元宇宙的操作系统、编译器、数据库、中间件、开发框架等基础软件以及重大集成应用平台。
（2）发展工业元宇宙	依托工业数字化基础，运用采集感知、执行控制、5G/6G通信、云计算、数字线程技术、模型构建、模型融合、模型验证等手段，发展工业数字孪生，打造工业元宇宙。发挥数字孪生虚拟调试、实时联动、模拟仿真等优势，降低研发试错成本，提升管控一体化水平，预判安全生产风险，推动工业数字化、网络化、智能化转型。
（3）发展能源元宇宙	加快能源设施智能化改造，依托智能电网、智能化油气管网、能源大数据中心等智能能源基础设施，推动混合现实、区块链、物联网等技术深度融入能源网络，重点发展智能电网、微电网、分布式能源、新型储能等能源元宇宙基础技术体系，探索全景仿真数字化配网、混合现实沉浸式电力设备巡检运维、区块链技术绿电交易等应用场景。
（4）构建多层次算力设施体系	统筹布局算力基础设施，构建“超算+智算+边缘计算+存储”多元协同、数智融合多层次算力体系。提升国家超级计算郑州中心发展水平。推动郑州、洛阳、许昌、濮阳建设全栈国产化、自主可控智能计算中心。
（5）积极布局新技术基础设施	统筹推进人工智能基础设施建设，打造开放式、普惠性人工智能平台，面向社会提供低成本、开放式、通用性人工智能技术和产品。推动区块链公共服务平台、算力公共服务系统、联盟链底层平台等各类区块链技术创新平台建设，加快区块链在经济社会各领域融合创新应用。探索建设元宇宙数字空间基础平台，集聚国内外企业、开发者资源，打造合作共赢的元宇宙产业生态。

图1-47　河南省支持元宇宙相关产业发展的措施

2022年5月27日，贵阳大数据交易所发布全国首套数据交易规则体系，涉及数据资产价值评估指引、数据交易合规性审查及安全评估指南，旨在进一步规范贵阳大数据交易所的运行机制。为了从核心上探索解决“数据确权难”“数据定价难”“交易互信难”“数据监管难”等难题，贵阳大数据交易所研究制定并发布了数据交易规则体系，包括数据要素流通交易规则、数据产品成本评估指引、数据产品交易价格评估指引、数据资产价值评估指引、数据交易合规性审查指南、数据交易安全评估指南、数据商准入及运行管理指南等一系列文件。同时，为了配套数据交易规则体系的执行，贵州省数据流通交易服务中心还对流通交易平台进行了迭代升级，实现了原始数据“可用不可见”、数据产品“可控可计量”、流通行为“可信可追溯”。此外，贵阳大数据交易所还为数据商、数据中介机构颁发相关登记凭证，并联合北京、上海、深圳、海南、浙江、山东等数据交易机构共同发起了构建良好数据交易生态的倡议。

在落实监管方面，2022 年 2 月 7 日，上海市杨浦区人民检察院联合多家单位制定发布了《企业数据合规指引》。按照合规架构与风险识别处理的逻辑划分为 6 章共 38 条，从数据合规管理体系、数据风险识别、数据风险评估与处置、数据合规运行与保障等方面引导企业加强数据合规管理。该指引对企业的数据合规管理架构与风险识别处理规范作出了规定，包括数据合规管理体系、数据风险识别、数据风险评估与处置、数据合规运行与保障等内容，督促企业对数据进行合规管理，有效惩治预防数据违法犯罪。明确要求数据处理者利用生物特征进行个人身份认证的，应当对必要性、安全性进行风险评估，不得强制个人同意收集人脸、步态、指纹、虹膜、声纹等生物特征信息。

2022 年 5 月 23 日，在广州市政务服务数据管理局支持下，海珠区人民政府根据《广州市海珠区数据经纪人试点工作方案》，率先试点推出全国首批“数据经纪人”名单，共 3 家企业，旨在通过此次试点为全面推行数据经纪人制度积累可复制、可推广的“海珠经验”，为数据要素市场化配置改革输出数据流通创新的“海珠解法”。“数据经纪人”是在政府的监管下，具备开展数据经纪活动资质的机构，其主要有三方面的职责（见图 1-48）。海珠区经过深入研究，首创了“数据经纪人”分类分级标准：（1）根据“数据经纪人”自身基础及业务范围可划分为技术赋能型、数据赋能型、受托行权型三个类别；（2）按照企业数据管理能力成熟度等级、信息安全等级保护等级、企业自有（或实际控制）数据规模等条件，以及相关试点企业数据采集和处理是否符合国家相关安全要求等因素，将“数据经纪人”分为三个等级。海珠区首创的分类分级标准，进一步明确“试点门槛”，提升试点覆盖度，为专业评估和专家评审提供标准依据，能更具针对性、科学性地筛选“数据经纪人”。

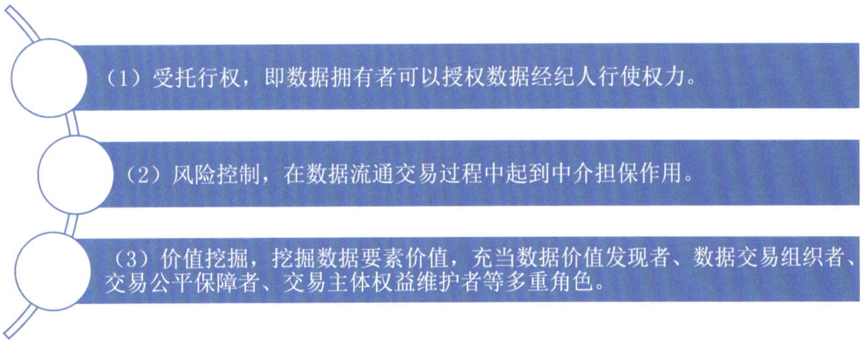

图 1-48　数据经纪人的主要职责

（四）中国发挥人工智能全球治理影响力

“安全是发展的前提，人类是不可分割的安全共同体”，安全可控是人类发展人工智能的基本准则。近年来，伴随着中国在大数据、人工智能等领域科技创新水平的提升、应用广度深度的拓展以及法治治理水平的增强，中国在全球治理中的国际影响力日益提升。2022 年中国主导或参与了多项多边条约或达成多项国际共识。2022 年 4 月 21 日，国家主席习近平在以视频方式出席博鳌亚洲论坛 2022 年年会开幕式并发表主旨演讲时，提出了中方促进世界安危与共的全球安全倡议（见图 1-49）。

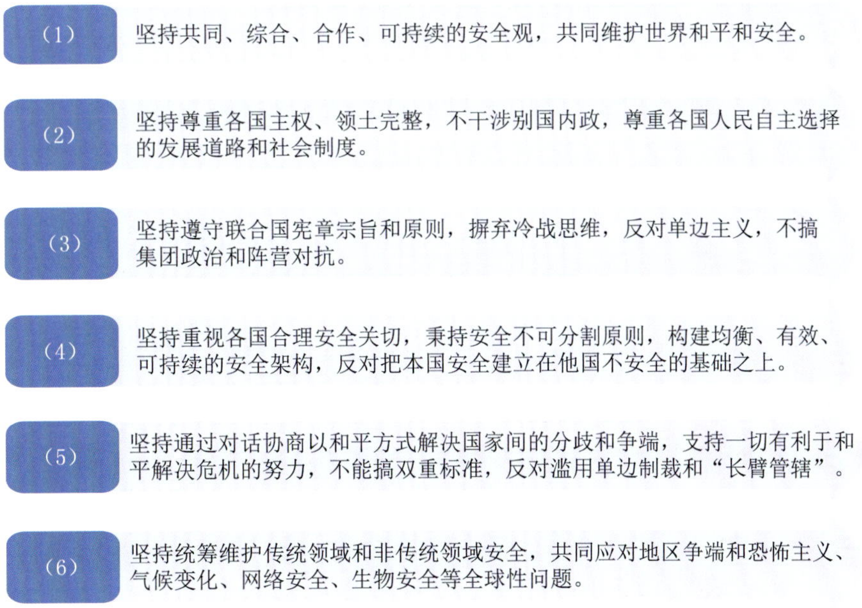

图 1-49　中方促进世界安危与共的全球安全倡议的相关要点

2022年6月8日，“中国+中亚五国”外长在努尔苏丹举行的第三次会晤期间，共同达成《“中国+中亚五国”数据安全合作倡议》：中华人民共和国、哈萨克斯坦共和国、吉尔吉斯共和国、塔吉克斯坦共和国、土库曼斯坦、乌兹别克斯坦共和国欢迎国际社会在支持多边主义、兼顾安全发展、坚守公平正义的基础上，为保障数据安全所作出的努力，愿共同应对数据安全风险挑战并在联合国等国际组织框架内开展相关合作（见图1-50）。

（1）就防范全球信息安全所面临的挑战和威胁，保障数据安全，开展协调行动与合作。

（2）应以事实为依据全面客观看待数据安全问题，积极维护全球信息技术产品和服务的供应链开放、安全、稳定。

（3）反对利用信息技术破坏他国关键信息基础设施或窃取重要数据，以及利用其从事危害他国国家安全和社会公共利益的行为。

（4）防范、制止利用网络侵害个人信息的行为，反对滥用信息技术从事针对他国的大规模监控、非法采集他国公民个人信息。

（5）呼吁企业遵守所在国法律，不得要求本国企业将境外产生、获取的数据在境内存储和处理。

（6）各国应尊重他国主权、司法管辖权和对数据的安全管理权，未经他国法律允许不得直接向企业或个人调取位于他国的数据。

（7）各国如因打击犯罪等执法需要跨境调取数据，应通过司法协助渠道或根据国家间协定解决。

（8）国家间缔结跨境调取数据协议，不得侵犯第三国司法主权和数据安全。

（9）信息技术产品和服务供应企业不得在产品和服务中设置后门，非法获取用户数据、控制或操纵用户系统和设备。

（10）信息技术企业不得利用用户对其产品依赖性谋取不正当利益。除出于维护用户财产安全和社会公共利益的需要外，不得强迫用户升级系统或更新换代。

图1-50 “中国+中亚五国”数据安全合作倡议的相关要点

各方一致认为：（1）信息技术日新月异，数字经济蓬勃发展，深刻改变着人类生产生活方式，对各国经济社会发展、全球治理体系、人类文明进程影响重大。（2）作为数字技术的关键要素，全球数据爆发增长，海量集聚，成为实现创新发展、重塑人们生活的重要力量，事关各国安全与社会经济发展。（3）各方呼吁，各国应秉持发展和安全并重的原则，平衡处理技术进步、经济发展与保护国家安全和社会公共利益的关系。（4）各方重申，各国应致力于维护开放、公正、非歧视性的营商环境，推动实现互利共赢、共同发展。与此同时，各国有责任和权利保护涉及本国国家安全、公共安全、经济安全和社会稳定的重要数据及个人信息安全。（5）各方强调，应在相互尊重基础上，加强沟通交流，深化对话与合作，共同构建和平、安全、开放、合作、有序的网络空间命运共同体。

2022 年 6 月 23 日至 24 日，巴西联邦共和国、俄罗斯联邦、印度共和国、中华人民共和国、南非共和国领导人举行金砖国家领导人第十四次会晤，并共同发表《金砖国家领导人第十四次会晤北京宣言》。宣言指出："我们注意到以大数据、人工智能为代表的数字技术突破应用可为全球可持续发展发挥重要作用。我们注意到金砖国家可持续发展大数据论坛的举办，支持人工智能技术信息交流与技术合作。我们忆及第七届金砖国家通信部长会议宣言。该宣言认识到人工智能技术的迅速发展和巨大潜力及其对经济增长的价值。我们认为需相互合作，通过建立信任、信心、安全，加强透明度和问责，发展值得信赖的人工智能，最大限度发挥其潜力，造福于全社会和人类，尤其是边缘和脆弱人群。我们对涉及人工智能的风险和伦理困境表示关切，例如隐私、操纵、偏见、人机交互、就业、影响和奇点等。我们鼓励金砖成员共同努力解决上述问题，分享最佳实践，开展比较研究，推动制定共同治理方式，指导金砖国家在推进人工智能发展的同时，以符合伦理和负责任的方式使用人工智能。"

2022 年 11 月 7 日，国务院新闻办公室发布《携手构建网络空间命运共同体》白皮书，为引领网络空间治理、加强智能社会治理、推动人类命运共同体建设积极提供中国方案、贡献中国智慧。白皮书围绕数字经济合作、网络安全合作、网络空间治理、促进全球普惠包容发展等介绍了构建网络空间命运共同体的中国贡献，并围绕网络空间发展、治理、安全、合作等方面提出了构建更加紧密的网络空间命运共同体的中国主张。中国将坚持以构建网络空间命运共同体理念为指引，同国际社会一道，广泛团结协作，营造开放、公平、公正、非歧视的数字发展环境，促进数据安全治理和开发利用，推动构建更加公平合理、开放包容、安全稳定、富有生机活力的网络空间，让互联网更好造福世界各国人民。

此外，在中国与俄罗斯联邦、中国与乌兹别克斯坦共和国、中国与白俄罗斯共和国、中国与泰王国、中国与沙特阿拉伯王国等发布的联合声明中，也都提到了数据安全、网络安全、智能社会治理等问题，为引领科技创新发展、推动相关领域国际合作等，提供了中国主张、中国方案，为维护世界和平稳定健康发展，推动人类命运共同体构建提供了坚定支持。

表 1-2　国家总体层面涉及人工智能的行政法规、行政规章、标准及国家政策规范（按发布日期排序）

规范	序号	发文 / 发布 / 施行日期	发布主体	规范名称	主要涉及领域（关键词）
行政法规	1	2022.05.01	中共中央 国务院	信访工作条例	社会治理、智能化
行政规章	2	2022.01.04	国家网信办等 13 部门	网络安全审查办法	网络安全、数据安全、安全审查
	3	2022.03.28	交通运输部	国家公交都市建设示范工程管理办法	交通运输、智能化
	4	2022.06.08	国家广播电视总局 文旅部	网络主播行为规范	网络直播
	5	2022.05.24	交通部	网络预约出租汽车监管信息交互平台运行管理办法	智能监管
	6	2022.05.27	交通部	出租汽车服务质量信誉考核办法	智能监管
	7	2022.06.14	国家网信办	移动互联网应用程序信息服务管理规定	应用程序、信息安全
	8	2022.07.07	国家网信办	数据出境安全评估办法	数据安全
	9	2022.11.04	市场监督总局 国家网信办	个人信息保护认证实施规则	个人信息保护、安全认证
	10	2022.11.16	民政部	养老机构行政检查办法	数字政务、智能化
	11	2022.11.30	农业农村部	农业综合行政执法管理办法	行政执法、智能化
	12	2022.12.08	工信部	工业和信息化领域数据安全管理办法（试行）	数据安全
国家标准	13	2022.05.01	国家市场监督管理总局、中国国家标准化管理委员会	GB/T 40650—2021 信息安全技术　可信计算规范　可信平台控制模块	信息安全、可信计算、标准规范
党中央和国务院发布国家政策	14	2022.01.20	国务院	关于加快推进电子证照扩大应用领域和全国互通互认的意见	数字化转型、数字政务、社会治理
	15	2022.01.26	国务院	关于支持贵州在新时代西部大开发上闯新路的意见	数字经济、数据产业
	16	2022.02.07	国务院	关于加快推进政务服务标准化规范化便利化的指导意见	数字化转型、数字政务、社会治理

（续表）

规范	序号	发文 / 发布 / 施行日期	发布主体	规范名称	主要涉及领域（关键词）
党中央和国务院发布国家政策	17	2022.02.22	中共中央 国务院	关于做好 2022 年全面推进乡村振兴重点工作的意见	乡村振兴、智能化
	18	2022.03.20	中办国办	关于加强科技伦理治理的意见	科技伦理、社会治理
	19	2022.03.21	国务院	关于落实《政府工作报告》重点工作分工的意见	数字经济、智能制造、数字化转型、科技创新
	20	2022.03.25	中共中央 国务院	关于加快建设全国统一大市场的意见	数字经济、标准化、智能化
	21	2022.04.11	中办国办	关于推进新时代古籍工作的意见	文化传承、数字化
	22	2022.04.11	国办	关于印发 2022 年政务公开工作要点的通知	数字政务
	23	2022.04.20	国办	关于进一步释放消费潜力促进消费持续恢复的意见	消费标准、数字经济
	24	2022.04.23	国办	关于推动 12345 政务服务便民热线与 110 报警服务台高效对接联动的意见	数字政务、社会治理
	25	2022.04.27	国办	“十四五”国民健康规划	产业数字化、中医药传承、智能制造
	26	2022.04.28	国务院	气象高质量发展纲要（2022—2035 年）	监测预警、大数据、数字化、智能化
	27	2022.05.06	中办国办	关于推进以县城为重要载体的城镇化建设的意见	数字化、数字政务、社会治理
	28	2022.05.17	国办	“十四五”现代物流发展规划	物流数字化、智能交通、标准规范
	29	2022.05.24	国务院	扎实稳住经济一揽子政策措施	数据赋能产业、数字经济、网络平台
	30	2022.06.06	国务院	关于加强数字政府建设的指导意见	数字政务、社会治理
	31	2022.06.06	国务院	广州南沙深化面向世界的粤港澳全面合作总体方案	智慧城市、社会治理
	32	2022.06.22	中办国办	关于推进实施国家文化数字化战略的意见	数字化转型、数据治理、数据安全、标准规范、产业数字化、文化传承

（续表）

规范	序号	发文/发布/施行日期	发布主体	规范名称	主要涉及领域（关键词）
党中央和国务院发布国家政策	33	2022.07.29	国办	关于进一步规范行政裁量权基准制定和管理工作的意见	数字化转型、依法行政、社会治理
	34	2022.08.16	中办国办	“十四五”文化发展规划	公共文化数字化、科技赋能文化产业
	35	2022.09.01	中共中央　国务院　中央军委	关于加强和改进新时代全民国防教育工作的意见	数字化赋能、国防教育
	36	2022.09.04	中办国办	关于新时代进一步加强科学技术普及工作的意见	科技赋能、产业化、数字化
	37	2022.09.07	国办	关于进一步优化营商环境降低市场主体制度性交易成本的意见	市场监管、数字政务、社会治理
	38	2022.10.07	中办国办	关于加强新时代高技能人才队伍建设的意见	人才资源、科技人才供给
	39	2022.10.28	国办	全国一体化政务大数据体系建设指南	数字政务、数据安全、数字化转型、社会治理
	40	2022.12.02	中共中央　国务院	关于构建数据基础制度更好发挥数据要素作用的意见	公共数据、数据要素、数据权属、数据交易、数据合规、数据安全、跨境流动
	41	2022.12.14	中共中央　国务院	扩大内需战略规划纲要（2022—2035年）	新型基础设施、数据赋能产业、数字产业化、产业数字化、智能制造

表 1-3　第一部分缩略词对照表

第一部分缩略词对照表			
缩略词	完整表述	缩略词	完整表述
中办	中共中央办公厅	国务院安委会	国务院安全生产委员会
工信部	工业和信息化部	国资委	国有资产监督管理委员会
国办	国务院办公厅	交通部	交通运输部
国新办	国务院新闻办公室	科技部	科学技术部
国标委	国家标准化管理委员会	人社部	人力资源和社会保障部
发改委	国家发展和改革委员会	生态部	生态环境部
网信办	国家互联网信息办公室	文旅部	文化和旅游部

（续表）

第一部分缩略词对照表			
国家减灾委	国家减灾委员会	民航局	中国民用航空局
国开行	国家开发银行	银保监会	中国银行保险监督管理委员会
食药监局	国家食品药品监督管理总局	住建部	住房和城乡建设部
市场监管总局	国家市场监督管理总局		

表 1-4 国家各部委涉及人工智能的政策（分部门按日期排序）

序号	发文 / 发布 / 施行日期	发布主体	规范名称	主要涉及领域（关键词）
1	2022.06.30	财政部 交通运输部	关于支持国家综合货运枢纽补链强链的通知	智能交通、智慧物流、数字化转型、标准规范
2	2022.03.08	发改委	国家发展改革委关于推动长江三角洲区域公共资源交易一体化发展的意见	数据流动、数据赋能产业、数据安全、数字化转型
3	2022.11.07	发改委	关于进一步完善政策环境加大力度支持民间投资发展的意见	智能化、制造业
4	2022.12.15	发改委	“十四五”扩大内需战略实施方案	数字经济、智能化、新型基础设施、标准规范、数据赋能产业、数字产业化、产业数字化、智能制造
5	2022.05.14	发改委 国家能源局	促进新时代新能源高质量发展实施方案	智能电网、智能制造、数字化转型
6	2022.01.26	发改委 商务部	关于深圳建设中国特色社会主义先行示范区放宽市场准入若干特别措施的意见	智能制造、新型基础设施、标准规范、无人驾驶、智能化
7	2022.01.20	工信部 发改委 生态环境部	关于促进钢铁工业高质量发展的指导意见	智能制造、智能工厂
8	2022.12.14	工信部 国家网信办	关于进一步规范移动智能终端应用软件预置行为的通告	智能终端、应用程序、信息安全
9	2022.03.28	工信部等 6 部门	关于“十四五”推动石化化工行业高质量发展的指导意见	智能仿生材料、智能制造、智能控制、智能工厂
10	2022.08.18	工信部等 5 部门	关于加快邮轮游艇装备及产业发展的实施意见	智能化、交通运输
11	2022.06.19	国家减灾委	“十四五”国家综合防灾减灾规划	智能监控、智能管控
12	2022.01.26	国家网信办	数字乡村发展行动计划（2022—2025 年）	基础设施数字化、智能控制、智能装备、人才供给

（续表）

序号	发文/发布/施行日期	发布主体	规范名称	主要涉及领域（关键词）
13	2022.01.04	国家卫生健康委	“十四五”全国眼健康规划（2021—2025年）	卫生健康信息
14	2022.01.11	国家卫生健康委	“十四五”卫生健康标准化工作规划	卫生健康信息、信息安全、标准规范
15	2022.01.20	国家知识产权局	2022年全国知识产权行政保护工作方案	智能监管、知识产权保护
16	2022.02.12	国务院安委会	“十四五”国家消防工作规划	智能评估、智能防控、智能监控、智能管控
17	2022.04.06	国务院安委会	“十四五”国家安全生产规划	智能监管、智能监控、数字化转型
18	2022.07.21	国务院安委会办公室	“十四五”全国道路交通安全规划	智能网联汽车、智能基础设施、智能监控
19	2022.06.30	交通部	港口基础设施维护管理规定	智能监控
20	2022.01.24	交通部科技部	交通领域科技创新中长期发展规划纲要（2021—2035年）	智能监测、智能交通、新型基础设施、智能网联汽车、无人驾驶、智慧物流、智能化
21	2022.04.18	交通部等4部门	贯彻落实《中共中央国务院关于完整准确全面贯彻新发展理念做好碳达峰碳中和工作的意见》的实施意见	智能交通
22	2022.10.13	交通部等4部门	关于加快建设国家综合立体交通网主骨架的意见	智能交通、数字化转型、绿色智能
23	2022.08.01	交通部等4单位	加快推进公路沿线充电基础设施建设行动方案	基础设施智能化
24	2022.04.07	交通部等5部门	关于加快推进冷链物流运输高质量发展的实施意见	智能冷链、智慧物流
25	2022.01.14	交通部	城市轨道交通信号系统运营技术规范（试行）	智能运维、智能监管
26	2022.01.16	交通部	交通强国建设评价指标体系	智能交通、智能评价
27	2022.01.18	交通部	关于进一步加强交通运输安全生产体系建设的意见	智能预警、智能监控
28	2022.04.03	交通部	“十四五”公路养护管理发展纲要	智能监测、智能审批
29	2022.04.03	交通部	关于强化道路旅客运输安全工作的通知	智能辅助驾驶、智能监控
30	2022.04.06	交通部	关于做好道路客运电子客票推广普及有关工作的通知	交通运输、数字化、智能化

（续表）

序号	发文 / 发布 / 施行日期	发布主体	规范名称	主要涉及领域（关键词）
31	2022.07.28	交通部	关于同济大学开展交通基础设施韧性提升关键技术等交通强国建设试点工作的意见	智能网联汽车、智能基础设施
32	2022.07.31	交通部	关于北京百度网讯科技有限公司开展高精地图构建等交通强国建设试点工作的意见	智能汽车、智能道路、智能物流、智能出行
33	2022.08.05	交通部	关于加强公路水运工程建设质量安全监督管理工作的意见	智能基础设施、智能监控、智能建造
34	2022.09.20	交通部	关于交通强国建设试点工作的意见	智能运维、智能网联、智能监控
35	2022.12.17	交通部	关于加快推进道路客运复工复产保障人民群众平安健康顺畅舒心出行有关事项的通知	智能监控
36	2022.04.29	交通部办公厅	关于做好《公路水运工程监理企业资质管理规定》实施工作的通知	智能监管
37	2022.05.11	交通部办公厅	农村客货邮融合发展典型案例的函	数字化、便民服务
38	2022.06.27	交通部办公厅	关于进一步做好道路客运安全管理有关工作的通知	智能监控
39	2022.09.23	交通部办公厅	关于开展在役干线公路基础设施与安全应急数字化试点工作的通知	智能养护、数字化转型
40	2022.04.24	教育部	加强碳达峰碳中和高等教育人才培养体系建设工作方案	智能发电、数字化人才培育
41	2022.08.01	教育部	关于推进新时代普通高等学校学历继续教育改革的实施意见	教育智能化、数字化转型
42	2022.08.18	教育部	关于做好庆祝 2022 年教师节有关工作的通知	人工智能教育
43	2022.01.29	教育部 财政部　发改委	关于深入推进世界一流大学和一流学科建设的若干意见	学科交叉、人工智能教育、人才培育、科技创新
44	2022.11.23	教育部 国家语委	关于加强高等学校服务国家通用语言文字高质量推广普及的若干意见	数字化赋能、语言文字科学研究
45	2022.09.05	教育部办公厅	新农科人才培养引导性专业指南	智能育种、数字化赋能产业
46	2022.09.26	教育部办公厅	关于进一步做好“优师计划”师范生培养工作的通知	教育智能化、数据赋能教育

（续表）

序号	发文 / 发布 / 施行日期	发布主体	规范名称	主要涉及领域（关键词）
47	2022.11.15	教育部办公厅	关于开展信息技术支撑学生综合素质评价试点工作的通知	数字化转型、智能化
48	2022.12.27	教育部办公厅	关于组织实施新时代中小学学科领军教师示范性培训（2023—2024 年）的通知	数字化转型、数据赋能教育
49	2022.12.28	教育部等 13 部门	关于规范面向中小学生的非学科类校外培训的意见	智能监管、社会治理
50	2022.04.11	教育部等 8 部门	新时代基础教育强师计划	人才队伍建设、人工智能教育
51	2022.01.25	科技部	浙江省人民政府推动高质量发展建设共同富裕示范区科技创新行动方案	数字赋能公共服务、智能制造
52	2022.09.08	科技部	“十四五”县域创新驱动发展专项规划	智能制造、智能工厂、智能化、数字政务
53	2022.09.21	科技部	“十四五”国家高新技术产业开发区发展规划	智能制造、数字经济、绿色智能、数字化转型
54	2022.09.30	科技部	“十四五”技术要素市场专项规划	数据赋能产业
55	2022.08.15	科技部 财政部	企业技术创新能力提升行动方案（2022—2023 年）	智能计算、算力发展
56	2022.06.27	科技部　贵州省人民政府	“科技入黔”推动高质量发展行动方案	智能制造、数据赋能产业
57	2022.09.15	科技部 应急管理部	“十四五”公共安全与防灾减灾科技创新专项规划	智能交通、数字化人才培育
58	2022.08.16	科技部　中宣部　中国科协	“十四五”国家科学技术普及发展规划	科普数字化
59	2022.11.28	科技部 住建部	“十四五”城镇化与城市发展科技创新专项规划	智能建造、智慧运维、智能制造、数据赋能产业
60	2022.11.02	科技部等 5 部门	“十四五”生态环境领域科技创新专项规划	智能监测、智能化、绿色智能
61	2022.03.04	科技部等 9 部门	“十四五”东西部科技合作实施方案	智能电网、数字化转型
62	2022.08.18	科技部等 9 部门	科技支撑碳达峰碳中和实施方案（2022—2030 年）	智能监测、智能化、绿色智能

（续表）

序号	发文 / 发布 / 施行日期	发布主体	规范名称	主要涉及领域（关键词）
63	2022.03.22	科技部火炬中心与中国银行	关于开展科技金融“一体两翼”助力企业创新能力提升行动的通知	科技创新基金、产业链
64	2022.09.26	民政部	贯彻落实《国务院关于加强数字政府建设的指导意见》的实施方案	民政数字化、数字政务、社会治理、智能化
65	2022.07.20	民政部 市场监管总局	关于全面推进新时代民政标准化工作的意见	数字化转型、治理标准
66	2022.05.10	民政部等 9 部门	关于深入推进智慧社区建设的意见	智慧社区、数字化转型
67	2022.02.14	农业农村部	关于促进“十四五”远洋渔业高质量发展的意见	产业智能化
68	2022.08.21	农业农村部	农业现代化示范区数字化建设指南	农业产业链、农产品加工、农产品流通、数字化转型
69	2022.09.05	农业农村部 中国农业银行	金融助力畜牧业高质量发展工作方案	智慧畜牧业
70	2022.04.19	全国青少年校园足球工作领导小组	2022 年全国青少年校园足球工作要点	教育数字化
71	2022.12.13	商务部等 10 部门	关于支持国家级经济技术开发区创新提升更好发挥示范作用若干措施的通知	产业创新、数字化治理
72	2022.07.06	市场监管总局等 16 部门	贯彻实施《国家标准化发展纲要》行动计划	产业标准、智能制造、数据赋能产业
73	2022.11.23	市场监管总局等 18 部门	进一步提高产品、工程和服务质量行动方案（2022—2025 年）	消费质量升级、数据赋能产业、智能制造
74	2022.01.13	市场监管总局	关于推进企业信用风险分类管理进一步提升监管效能的意见	智能预警、智慧监测、数据安全
75	2022.03.25	水利部	2022 年水文工作要点	智能预警、智慧监测、数字化
76	2022.07.30	水利部	关于推动水利风景区高质量发展的指导意见	智慧服务、智能监测、数据赋能产业
77	2022.05.14	水利部办公厅	关于强化流域管理机构河湖管理工作的通知	智慧监测、数字化
78	2022.10.25	体育总局等 8 部门	户外运动产业发展规划（2022—2025 年）	数据赋能产业、智慧场景应用

（续表）

序号	发文 / 发布 / 施行日期	发布主体	规范名称	主要涉及领域（关键词）
79	2022.04.15	文旅部 教育部	关于促进新时代文化艺术职业教育高质量发展的指导意见	数字化转型、数据赋能产业
80	2022.07.19	应急管理部 国家矿山安全监察局	“十四五”矿山安全生产规划	应急救援、数字技术赋能、智能监测
81	2022.04.07	应急管理部 中国地震局	“十四五”国家防震减灾规划	数字技术赋能、社会治理
82	2022.01.26	中国银保监会办公厅	关于银行业保险业数字化转型的指导意见	数字化转型、数据安全、数据治理
83	2022.04.02	住建部	社会资本投资农业农村指引（2022 年）	农业数字化、智能化、数字乡村、智慧农业
84	2022.04.22	住建部	住建部 2022 年信用体系建设工作要点	数字政务、数字化转型、社会治理
85	2022.12.07	住建部	关于加快住房公积金数字化发展的指导意见	数字化转型
86	2022.10.09	住建部 民政部	关于开展完整社区建设试点工作的通知	数字化转型、社会治理
87	2022.03.28	自然资源部	关于加强自然资源法治建设的通知	数字化转型、依法行政、社会治理
88	2022.08.02	自然资源部	关于做好智能网联汽车高精度地图应用试点有关工作的通知	自动驾驶、位置信息、数据安全
89	2022.08.30	自然资源部	关于促进智能网联汽车发展维护测绘地理信息安全的通知	自动驾驶、位置信息、数据安全

表 1-5　人工智能相关地方法规与地方规章（分地域按日期排序）

类型	序号	发文 / 发布 / 施行日期	发布主体	规范名称
地方法规	1	2022.01.01	山东省人大常委会	山东省大数据发展促进条例
	2	2022.01.01	上海市人大常委会	上海市数据条例
	3	2022.01.01	深圳市人大常委会	深圳经济特区数据条例
	4	2022.01.21	浙江省人大常委会	浙江省公共数据条例
	5	2022.02.01	福建省人大常委会	福建省大数据发展条例
	6	2022.02.01	海口市人大常委会	海口市智慧城市促进条例
	7	2022.03.01	河南省人大常委会	河南省数字经济促进条例
	8	2022.03.18	浙江省人大常委会	中国（浙江）自由贸易试验区条例

（续表）

类型	序号	发文/发布/施行日期	发布主体	规范名称
地方法规	9	2022.03.30	重庆市人大常委会	重庆市数据条例
	10	2022.03.31	北京市人大常委会	北京市知识产权保护条例
	11	2022.03.31	北京市人大常委会	中国（北京）自由贸易试验区条例
	12	2022.04.06	广州市人大常委会	广州市数字经济促进条例
	13	2022.05.13	黑龙江省人大常委会	黑龙江省促进大数据发展应用条例
	14	2022.05.27	河北省人大常委会	河北省数字经济促进条例
	15	2022.05.31	江苏省人大常委会	江苏省数字经济促进条例
	16	2022.05.31	辽宁省人大常委会	辽宁省大数据发展条例
	17	2022.08.29	北京市人大常委会	北京市优化营商环境条例
	18	2022.09.05	深圳市人大常委会	深圳经济特区数字经济产业促进条例
	19	2022.09.29	陕西省人大常委会	陕西省大数据条例
	20	2022.09.29	浙江省人大常委会	浙江省固体废物污染环境防治条例
	21	2022.09.30	福建省人大常委会	福建省养老服务条例
	22	2022.10.12	北京市人大常委会	北京市公共文化服务保障条例
	23	2022.10.28	苏州市人大常委会	苏州市数据条例
	24	2022.11.24	浙江省人大常委会	浙江省安全生产条例
	25	2022.11.25	北京市人大常委会	北京市数字经济促进条例
	26	2022.11.25	广西壮族自治区人大常委会	广西壮族自治区大数据发展条例
	27	2022.11.25	江西省人大常委会	江西省平安建设条例
	28	2022.11.25	江西省人大常委会	江西省无线电管理条例
	29	2022.12.02	四川省人大常委会	四川省数据条例
	30	2022.12.07	抚顺市人大常委会	抚顺市政务数据资源共享开放条例
	31	2022.12.07	南昌市人大常委会	南昌市数字经济促进条例
	32	2022.12.09	山西省人大常委会	山西省数字经济促进条例
	33	2022.12.27	厦门市人大常委会	厦门经济特区数据条例
地方规章	34	2022.01.14	贵州省人民政府	贵州省反间谍安全防范办法
	35	2022.01.22	内蒙古自治区人民政府	内蒙古自治区公共资源交易管理办法
	36	2022.01.28	陕西省人民政府	税费保障办法
	37	2022.01.30	重庆市人民政府	重庆市政府规章管理办法
	38	2022.02.08	浙江省生态环境厅	企业环境信息依法披露管理办法
	39	2022.03.11	北京市教育督导委员会	北京市教育评估监测管理暂行办法
	40	2022.03.14	福建省人民政府	福建省标准化管理办法

（续表）

类型	序号	发文 / 发布 / 施行日期	发布主体	规范名称
地方规章	41	2022.03.25	青海省人民政府	青海省省级政府投资基金管理办法
	42	2022.03.29	山西省财政厅　卫健委	利用 5G 技术提升县级医疗集团服务能力试点项目资金管理办法
	43	2022.04.11	上海市人民政府	上海市政务云管理暂行办法
	44	2022.05.19	北京市经信局	北京市中小企业公共服务示范平台管理办法
	45	2022.06.10	北京市科委 中关村科技园区管委会	中关村国家自主创新示范区优化创新创业生态环境支持资金管理办法（试行）
	46	2022.06.10	北京市科委 中关村科技园区管委会	中关村国家自主创新示范区促进园区高质量发展支持资金管理办法（试行）
	47	2022.06.30	辽宁省人民政府	辽宁省粮食收购管理办法
	48	2022.07.11	内蒙古自治区人民政府	内蒙古自治区 12345 政务服务便民热线管理办法
	49	2022.08.15	重庆市人民政府	重庆市市级重大项目前期工作管理办法
	50	2022.08.31	浙江省科技厅	浙江省科技小巨人企业管理办法（试行）
	51	2022.08.31	浙江省科技厅	浙江省科技领军企业管理办法
	52	2022.09.07	上海市人民政府	上海市交通行业安全生产事故隐患排查治理办法
	53	2022.10.24	上海市发改委　财政局	上海市战略性新兴产业发展专项资金管理办法
	54	2022.11.03	内蒙古人社厅　财政厅	内蒙古自治区技能大师工作室建设项目实施办法（2022—2025 年）
	55	2022.11.03	内蒙古人社厅　财政厅	内蒙古自治区高技能人才培训基地建设项目实施办法（2022—2025 年）
	56	2022.11.22	浙江省财政厅　浙江省社科联	浙江省哲学社会科学专项资金管理办法
	57	2022.12.29	上海市人民政府	上海市气象灾害防御办法

表 1-6　人工智能相关地方规章及规范性文件（按发布日期排序）

序号	省 / 市	市 / 区	成文 / 发布日期	发布主体	规范名称
1	安徽省		2022.01.04	安徽省人民政府办公厅	安徽省“十四五”药品安全发展规划
2	安徽省		2022.01.07	安徽省人民政府办公厅	安徽省全民科学素质行动规划纲要实施方案（2021—2025 年）
3	安徽省		2022.01.07	安徽省人民政府办公厅	安徽省推动公立医院高质量发展实施方案
4	安徽省		2022.01.13	安徽省人民政府办公厅	加快“数字皖农”建设若干措施
5	安徽省		2022.01.19	安徽省人民政府	安徽省支持高校学科建设若干政策
6	安徽省		2022.01.24	安徽省人民政府办公厅	安徽省加快发展外贸新业态新模式实施方案

（续表）

序号	省 / 市	市 / 区	成文 / 发布日期	发布主体	规范名称
7	安徽省		2022.01.25	安徽省人民政府	安徽省“十四五”残疾人保障和发展规划
8	安徽省		2022.01.28	安徽省人民政府办公厅	安徽省“十四五”科技创新规划
9	安徽省		2022.01.30	安徽省人民政府办公厅	安徽省“十四五”知识产权发展规划
10	安徽省		2022.02.07	安徽省人民政府	关于 2022 年重点工作及责任分解的通知
11	安徽省		2022.02.10	安徽省人民政府办公厅	创优营商环境对标提升举措（2022 版）
12	安徽省		2022.02.17	安徽省人民政府办公厅	安徽省“十四五”文物保护和科技创新工作实施方案
13	安徽省		2022.02.22	安徽省人民政府办公厅	安徽省有效投资攻坚行动方案（2022）
14	安徽省		2022.03.14	安徽省人民政府办公厅	安徽省专精特新中小企业倍增行动方案
15	安徽省		2022.03.21	安徽省人民政府办公厅	关于推动绿色食品产业高质量发展的实施意见
16	安徽省		2022.03.29	安徽省人民政府办公厅	关于新形势下进一步加大督查激励力度的通知
17	安徽省		2022.04.28	安徽省人民政府办公厅	安徽省外贸发展提升三年行动方案
18	安徽省		2022.05.05	安徽省人民政府办公厅	关于加强统计基层基础建设的实施意见
19	安徽省		2022.05.09	安徽省人民政府办公厅	安徽省促进中医药振兴发展行动计划（2022—2024 年）
20	安徽省		2022.05.13	安徽省人民政府办公厅	安徽省残疾预防行动计划（2022—2025 年）
21	安徽省		2022.05.16	安徽省人民政府办公厅	安徽省冷链物流发展实施方案（2022—2025 年）
22	安徽省		2022.05.18	安徽省人民政府办公厅	安徽省实施计量发展规划（2021—2035 年）工作方案
23	安徽省		2022.06.01	安徽省人民政府	安徽省全面实施零基预算改革方案
24	安徽省		2022.06.02	安徽省人民政府	稳住经济一揽子政策措施实施方案
25	安徽省		2022.06.15	安徽省人民政府	安徽省“十四五”节能减排实施方案
26	安徽省		2022.06.23	安徽省人民政府	安徽省深化科技创新体制机制改革加快科技成果转化应用体系建设行动方案
27	安徽省		2022.06.23	安徽省人民政府	深化高校学科专业结构改革服务产业创新发展实施方案（2022—2025 年）
28	安徽省		2022.07.27	安徽省人民政府	创业安徽行动方案
29	安徽省		2022.08.18	安徽省人民政府办公厅	加快发展数字经济行动方案（2022—2024 年）
30	安徽省		2022.09.13	安徽省人民政府	支持技工强省建设若干政策

（续表）

序号	省 / 市	市 / 区	成文 / 发布日期	发布主体	规范名称
31	安徽省		2022.09.15	安徽省人民政府	安徽省推进法治政府建设率先突破三年行动计划（2022—2024 年）
32	安徽省		2022.09.23	安徽省人民政府	安徽省碳达峰实施方案
33	安徽省		2022.11.07	安徽省人民政府	安徽省口岸建设发展行动方案（2022—2025 年）
34	安徽省		2022.11.22	安徽省人民政府	关于 2021 年度安徽省科学技术奖励的决定
35	安徽省		2022.11.28	安徽省人民政府办公厅	贯彻落实《国务院办公厅关于进一步优化营商环境降低市场主体制度性交易成本的意见》重点举措
36	安徽省		2022.11.30	安徽省经信厅	关于印发《安徽省工业领域碳达峰实施方案》的通知
37	安徽省		2022.12.07	中共安徽省委 安徽省人民政府	关于完整准确全面贯彻新发展理念做好碳达峰碳中和工作的实施意见
38	北京市		2022.01.06	北京市人民政府	关于北京市 2021 年国民经济和社会发展计划执行情况与 2022 年国民经济和社会发展计划的报告
39	北京市		2022.01.13	北京市文物局	北京市“十四五”时期推进国际文物艺术品交易中心建设规划（2021—2025）
40	北京市	丰台区	2022.01.14	北京市丰台区人民政府	北京市丰台区数字经济创新发展三年行动计划（2021—2023 年）
41	北京市		2022.01.23	北京市人民政府	北京市营商环境创新试点工作实施方案
42	北京市		2022.01.24	北京市人民政府	2022 年市政府工作报告重点任务清单
43	北京市		2022.01.27	北京市人民政府办公厅	打造“双枢纽”国际消费桥头堡实施方案（2021—2025 年）
44	北京市	通州区	2022.01.28	北京市通州区	北京城市副中心推进数字经济标杆城市建设行动方案（2022—2024 年）
45	北京市		2022.01.30	北京市住建委	2022 年工程施工质量管理工作要点
46	北京市	丰台区	2022.02.16	北京市丰台区人民政府	“十四五”时期丰台区高精尖产业发展规划
47	北京市		2022.02.17	北京市规划 自然资源委员会	北京市国土空间近期规划（2021—2025 年）
48	北京市	丰台区	2022.02.21	北京市丰台区人民政府	“十四五”时期丰台区轨道交通产业发展规划
49	北京市	丰台区	2022.02.21	北京市丰台区人民政府	“十四五”时期中关村科技园区丰台园发展建设规划
50	北京市		2022.02.22	北京市人民政府	北京市“十四五”时期能源发展规划

（续表）

序号	省 / 市	市 / 区	成文 / 发布日期	发布主体	规范名称
51	北京市		2022.02.22	北京市人民政府	北京市“十四五”时期重大基础设施发展规划
52	北京市		2022.03.04	北京市教委	2022 年北京市教育信息化和网络安全工作要点
53	北京市		2022.03.11	北京市人民政府办公厅	北京市全民科学素质行动规划纲要（2021—2035 年）
54	北京市		2022.03.14	北京市人民政府	北京市“十四五”时期城市管理发展规划
55	北京市		2022.03.16	北京市教育委员会	北京市中小学生学科类校外培训材料管理实施细则
56	北京市		2022.04.10	北京市人民政府	北京市“十四五”时期交通发展建设规划
57	北京市		2022.04.12	北京市商务局	把握 RCEP 机遇助推“两区”高水平发展行动方案
58	北京市		2022.04.22	北京市科委等 3 部门	关于支持创新型中小企业在北京证券交易所上市融资发展的若干措施
59	北京市		2022.04.23	中共北京市委 北京市人民政府	北京率先基本实现农业农村现代化行动方案
60	北京市		2022.04.25	北京市人民政府办公厅	关于进一步发展装配式建筑的实施意见
61	北京市		2022.04.30	中共北京市委 北京市人民政府	关于加强新时代首都老龄工作的实施意见
62	北京市		2022.05.10	中共北京市委办公厅 北京市人民政府办公厅	关于推动职业教育高质量发展的实施方案
63	北京市		2022.05.19	北京市人社局等 5 部门	关于推进新时代首都人力资源服务业高质量发展的若干措施
64	北京市		2022.05.20	北京市地方金融监督管理局等 4 部门	关于推进北京全球财富管理中心建设的意见
65	北京市		2022.05.30	中共北京市委 北京市人民政府	关于加强基层治理体系和治理能力现代化建设的实施意见
66	北京市		2022.06.01	北京市人民政府办公厅	关于应对新冠肺炎疫情影响促进本市先进制造业平稳运行的若干措施
67	北京市		2022.06.02	北京市人民政府	北京市统筹疫情防控和稳定经济增长的实施方案
68	北京市		2022.06.03	北京市人民政府	关于加快推进气象事业高质量发展的意见
69	北京市		2022.06.08	北京市经信局商务局	北京市数字消费能级提升工作方案

（续表）

序号	省 / 市	市 / 区	成文 / 发布日期	发布主体	规范名称
108	甘肃省		2022.01.10	甘肃省人民政府办公厅	《甘肃省“十四五”制造业发展规划》和《甘肃省“十四五”工业互联网发展规划》
109	甘肃省		2022.01.14	甘肃省人民政府办公厅	甘肃省“十四五”公共服务规划
110	甘肃省		2022.02.18	甘肃省人民政府办公厅	10 件为民实事方案
111	甘肃省		2022.03.01	甘肃省人民政府	甘肃省“十四五”推进农业农村现代化规划
112	甘肃省		2022.04.19	甘肃省发改委	推动生活性服务业补短板上水平提高人民生活品质行动方案（2022—2025 年）
113	甘肃省		2022.04.26	甘肃省人民政府办公厅	加快推进电子证照扩大应用领域和互通互认
114	甘肃省		2022.04.26	甘肃省人民政府办公厅	甘肃省 2022 年政务公开工作要点
115	甘肃省		2022.05.20	甘肃省人民政府办公厅	甘肃省“十四五”城乡社区服务体系建设规划
116	甘肃省		2022.05.25	甘肃省人民政府办公厅	甘肃省打造路衍经济千亿级产业集群行动计划（2022—2025 年）
117	甘肃省		2022.06.17	甘肃省发改委等部门	推进城镇环境基础设施建设实施方案
118	甘肃省		2022.06.17	甘肃省人民政府办公厅	甘肃省深化医药卫生体制改革 2022 年重点工作任务
119	甘肃省		2022.07.20	甘肃省人民政府	甘肃省“十四五”生物医药产业发展规划
120	甘肃省		2022.08.01	甘肃省人民政府办公厅	甘肃省“十四五”冷链物流高质量发展实施方案
121	甘肃省		2022.09.16	甘肃省人民政府	甘肃省矿产资源总体规划（2021—2025 年）
122	甘肃省		2022.09.19	甘肃省人民政府办公厅	支持全国一体化算力网络国家枢纽节点（甘肃）建设运营若干措施
123	甘肃省		2022.09.26	甘肃省人民政府办公厅	甘肃省 12345 政务服务便民热线与 110 报警服务台高效对接联动实施方案
124	甘肃省		2022.09.27	甘肃省人民政府办公厅	统筹推进全省算力资源统一调度的指导意见
125	甘肃省		2022.11.28	甘肃省人民政府	“十四五”老龄事业发展和养老服务体系规划
126	广东省		2022.02.28	广东省人民政府	2022 年省《政府工作报告》重点任务分工方案
127	广东省		2022.03.03	广东省人民政府办公厅	关于推进包容审慎监管的指导意见
128	广东省		2022.04.12	广东省人民政府	中国（韶关）等 8 个跨境电子商务综合试验区实施方案
129	广东省		2022.04.20	广东省人民政府办公厅	广东省突发火灾事故应急预案

（续表）

序号	省 / 市	市 / 区	成文 / 发布日期	发布主体	规范名称
130	广东省		2022.05.13	广东省人民政府	广东省贯彻落实国务院扎实稳住经济一揽子政策措施实施方案
131	广东省		2022.06.14	广东省人民政府办公厅	广东省建设国家中医药综合改革示范区实施方案
132	广东省		2022.06.23	广东省人民政府	广东省碳达峰实施方案
133	广东省		2022.08.30	广东省人民政府办公厅	广东省加快推进城镇环境基础设施建设实施方案
134	广东省		2022.08.31	广东省人民政府	广东省“十四五”节能减排实施方案
135	广东省		2022.10.15	广东省人民政府办公厅	广东省建立健全生态产品价值实现机制实施方案
136	广东省		2022.10.19	广东省人民政府办公厅	支持韶关建设国家老工业城市和资源型城市产业转型升级示范区若干意见
137	广东省		2022.12.16	广东省人民政府办公厅	广东省“十四五”旅游业发展规划实施方案
138	广东省		2022.12.31	广东省人民政府办公厅	广东省全面加强新时代语言文字工作若干措施
139	广西壮族自治区		2022.01.14	广西壮族自治区人民政府办公厅	广西生态环境保护“十四五”规划
140	广西壮族自治区		2022.01.26	广西壮族自治区人民政府办公厅	广西医疗卫生服务体系“十四五”规划
141	广西壮族自治区		2022.01.30	广西壮族自治区人民政府	关于落实2022年自治区《政府工作报告》重点工作部门分工的意见
142	广西壮族自治区		2022.01.30	广西壮族自治区人民政府办公厅	关于建立健全政务数据共享协调机制加快推进数据有序共享的实施意见
143	广西壮族自治区		2022.03.22	广西壮族自治区人民政府办公厅	广西地方法人金融机构高质量发展三年行动计划（2022—2024年）
144	广西壮族自治区		2022.03.26	广西壮族自治区人民政府办公厅	广西边境地区教育提升工程实施方案
145	广西壮族自治区		2022.03.31	广西壮族自治区人民政府办公厅	加强矿产资源开发保护联合监管若干措施
146	广西壮族自治区		2022.04.08	广西壮族自治区人民政府办公厅	促进邮政快递业高质量发展实施方案
147	广西壮族自治区		2022.04.12	广西壮族自治区人民政府办公厅	广西物流业发展“十四五”规划

（续表）

序号	省 / 市	市 / 区	成文 / 发布日期	发布主体	规范名称
148	广西壮族自治区		2022.04.29	广西壮族自治区人民政府办公厅	关于完善广西科技成果评价机制的实施意见
149	广西壮族自治区		2022.05.13	广西壮族自治区人民政府	广西高质量实施 RCEP 行动方案（2022—2025 年）
150	广西壮族自治区		2022.06.17	广西壮族自治区人民政府	广西公共卫生应急体系建设“十四五”规划
151	广西壮族自治区		2022.06.17	广西壮族自治区人民政府	广西卫生健康发展“十四五”规划
152	广西壮族自治区		2022.09.01	广西壮族自治区人民政府办公厅	广西能源发展“十四五”规划
153	广西壮族自治区		2022.10.08	广西壮族自治区教育厅等部门	广西“十四五”特殊教育发展提升行动计划实施方案
154	广西壮族自治区		2022.12.09	广西壮族自治区人民政府办公厅	关于支持崇左市建设国际边关风情旅游目的地的意见
155	贵州省		2022.01.07	中共贵州省委 贵州省人民政府	贵州省法治政府建设实施方案（2021—2025 年）
156	贵州省		2022.01.10	贵州省人民政府办公厅	推动快递业高质量发展的意见
157	贵州省		2022.01.12	贵州省人民政府办公厅	成都铁路监督管理局广州铁路监督管理局关于加强铁路沿线安全环境治理工作的实施意见
158	贵州省		2022.01.21	贵州省人民政府	贵州省妇女发展规划和贵州省儿童发展规划
159	贵州省		2022.02.17	贵州省人民政府办公厅	贵州省“十四五”自然资源保护和利用规划
160	贵州省		2022.03.14	贵州省人民政府办公厅	省级政府投资基金优化整合实施方案
161	贵州省		2022.03.22	中共贵州省委 贵州省人民政府	贯彻落实《质量强国建设纲要》深化质量强省建设的实施意见
162	贵州省		2022.03.28	中共贵州省委办公厅 贵州省人民政府办公厅	促进贵州特色自然保护地高质量发展的实施意见
163	贵州省		2022.04.07	中共贵州省委 贵州省人民政府	做好 2022 年全面推进乡村振兴重点工作的实施意见
164	贵州省		2022.04.18	贵州省人民政府办公厅	贵州省突发事件总体应急预案
165	贵州省		2022.04.28	贵州省人民政府办公厅	贵州省工业企业纾困解难实施方案
166	贵州省		2022.05.10	贵州省人民政府	调整完善土地出让收入使用范围优先支持乡村振兴的实施意见
167	贵州省		2022.05.25	贵州省人民政府办公厅	贵州省全民科学素质行动规划纲要实施方案（2021—2025 年）

（续表）

序号	省/市	市/区	成文/发布日期	发布主体	规范名称
168	贵州省		2022.05.30	贵州省卫生健康委 贵州省医保局	贵州省居家老年人医养服务工作方案
169	贵州省		2022.06.07	贵州省人民政府	贯彻落实《国务院扎实稳住经济一揽子政策措施》任务清单
170	贵州省		2022.07.01	贵州省人民政府	“十四五”贵州省老龄事业发展和养老服务体系规划
171	贵州省		2022.07.22	贵州省人民政府办公厅	加快推进“东数西算”工程建设全国一体化算力网络国家（贵州）枢纽节点的实施意见
172	贵州省		2022.09.05	中共贵州省委办公厅 贵州省人民政府办公厅	贵州省档案事业发展“十四五”规划
173	贵州省		2022.09.17	贵州省人民政府办公厅	贵州省残疾预防行动计划（2022—2025年）
174	贵州省		2022.10.08	贵州省发改委	推动生活性服务业补短板上水平提高人民生活品质实施意见
175	贵州省		2022.10.27	贵州省人民政府办公厅	贵州省新型基础设施建设三年行动方案（2022—2024年）
176	贵州省		2022.11.04	中共贵州省委 贵州省人民政府	贵州省碳达峰实施方案
177	贵州省		2022.12.06	贵州省人民政府	贵州省推动煤炭产业结构战略性调整实施方案
178	贵州省		2022.12.12	贵州省人民政府办公厅	关于贯彻落实计量发展规划（2021—2035年）的实施意见
179	贵州省		2022.12.16	贵州省人民政府	贵州省推动煤炭产业结构战略性调整实施方案
180	贵州省		2022.12.28	贵州省人民政府办公厅	贵州开放大学综合改革方案
181	海南省		2022.02.26	海南省人民政府	海南省创新型省份建设实施方案
182	海南省		2022.05.09	中共海南省委 海南省人民政府	支持儋州洋浦一体化发展的若干意见
183	海南省		2022.05.12	海南省人民政府办公厅	进一步推进我省装配式建筑高质量绿色发展的若干意见
184	海南省		2022.06.07	海南省人民政府办公厅	海南省2022年政务公开工作要点
185	海南省		2022.06.07	海南省优化营商环境工作专班	推广第二批优化营商环境示范案例
186	海南省		2022.06.13	海南省优化营商环境工作专班	海南省2022年营商环境改革创新重点工作任务
187	海南省	万宁市	2022.06.27	海南省万宁市人民政府办公室	万宁市创建2021—2025年度全国科普示范市工作实施方案

（续表）

序号	省/市	市/区	成文/发布日期	发布主体	规范名称
188	海南省		2022.07.25	海南省人民政府办公厅	海南省政府数字化转型总体方案（2022—2025）
189	海南省		2022.09.22	海南省人民政府	海南省妇女发展规划（2021—2030 年）和海南省儿童发展规划（2021—2030 年）
190	海南省		2022.09.29	海南省人民政府办公厅	海南省加快推进数字疗法产业发展若干措施
191	海南省		2022.09.30	海南省教育厅等部门	海南省“十四五”特殊教育发展提升行动计划实施方案
192	海南省		2022.10.28	海南省公安厅等部门	推动海南 12345 热线与 110 报警服务台高效对接联动的工作方案
193	海南省		2022.12.23	海南省人民政府	海南省老龄事业发展和养老服务体系三年行动计划（2023—2025）
194	海南省		2022.12.27	海南省民政厅 海南省发改委	海南省城乡社区服务体系建设规划（2022—2025 年）
195	海南省	琼海市	2022.12.29	海南省琼海市人民政府办公室	琼海市“十四五”特殊教育发展提升行动计划实施方案
196	河北省		2022.01.14	河北省人民政府	河北省生态环境保护“十四五”规划
197	河北省		2022.01.15	河北省人民政府办公厅	河北省制造业高质量发展“十四五”规划
198	河北省		2022.01.16	河北省人民政府办公厅	河北省对外开放“十四五”规划
199	河北省		2022.01.30	河北省人民政府办公厅	河北省“十四五”冷链物流发展实施方案
200	河北省		2022.01.30	河北省人民政府办公厅	进一步推进停车设施建设实施方案
201	河北省		2022.02.17	河北省人民政府办公厅	河北省“十四五”医疗卫生服务体系规划
202	河北省		2022.02.28	河北省工信厅等 3 部门	河北省加快推进钢铁产业高质量发展若干措施
203	河北省		2022.03.08	河北省人民政府	河北省“十四五”应急管理体系规划
204	河北省		2022.03.08	河北省人民政府办公厅	河北省城乡社区服务体系建设“十四五”规划
205	河北省		2022.03.29	河北省人民政府办公厅	河北省全民科学素质行动规划纲要实施方案（2021—2025 年）
206	河北省		2022.04.15	河北省人民政府	贯彻落实《计量发展规划（2021—2035 年）》的实施意见
207	河北省		2022.04.15	河北省人民政府	河北省养老服务体系建设“十四五”规划
208	河北省		2022.04.25	河北省人民政府	河北省“十四五”现代综合交通运输体系发展规划
209	河北省		2022.05.26	河北省人民政府办公厅	河北省“十四五”国民健康规划

（续表）

序号	省 / 市	市 / 区	成文 / 发布日期	发布主体	规范名称
210	河北省		2022.05.28	河北省人民政府办公厅	加快推进电子证照扩大应用领域并与全国互通互认若干措施
211	河北省		2022.07.20	河北省人民政府	加快推进气象高质量发展的意见
212	河北省		2022.07.29	河北省人民政府办公厅	河北省推进多式联运发展优化调整运输结构实施方案（2022—2025 年）
213	河南省		2022.01.04	河南省人民政府办公厅	河南省“十四五”消防事业发展规划
214	河南省		2022.01.13	河南省人民政府	河南省“十四五”文化旅游融合发展规划
215	河南省		2022.01.17	河南省人民政府	河南省“十四五”市场监管现代化规划
216	河南省		2022.01.21	河南省人民政府	河南省“十四五”城市更新和城乡人居环境建设规划
217	河南省		2022.01.21	河南省人民政府	河南省“十四五”公共卫生体系和全民健康规划
218	河南省		2022.01.21	河南省人民政府	河南省“十四五”教育事业发展规划
219	河南省		2022.01.21	河南省人民政府	河南省“十四五”开放型经济新体制和开放强省建设规划
220	河南省		2022.01.21	河南省人民政府	河南省“十四五”人才发展人力资源开发和就业促进规划
221	河南省		2022.01.21	河南省人民政府	河南省“十四五”乡村振兴和农业农村现代化规划
222	河南省		2022.01.21	河南省人民政府	河南省“十四五”养老服务体系和康养产业发展规划
223	河南省		2022.01.21	河南省人民政府办公厅	开展企业技术改造提升行动促进制造业高质量发展的实施意见
224	河南省		2022.01.21	河南省人民政府办公厅	河南省“十四五”气象事业发展规划
225	河南省		2022.01.21	河南省人民政府办公厅	河南省加快传统产业提质发展行动方案等三个方案
226	河南省		2022.01.24	河南省人民政府	河南省“十四五”现代流通体系发展规划
227	河南省		2022.01.24	河南省人民政府	河南省“十四五”战略性新兴产业和未来产业发展规划
228	河南省		2022.01.24	河南省人民政府	河南省四水同治规划（2021—2035 年）
229	河南省		2022.01.26	河南省人民政府	河南省“十四五”航空经济发展规划
230	河南省		2022.01.26	河南省人民政府	河南省“十四五”制造业高质量发展规划和现代服务业发展规划
231	河南省		2022.02.14	河南省人民政府	河南省“十四五”国土空间生态修复和森林河南建设规划

（续表）

序号	省 / 市	市 / 区	成文 / 发布日期	发布主体	规范名称
232	河南省		2022.02.16	河南省人民政府	河南省“十四五”公共服务和社会保障规划
233	河南省		2022.02.16	河南省人民政府	河南省“十四五”深化区域合作融入对接国家重大战略规划
234	河南省		2022.02.16	河南省人民政府	河南省“十四五”数字经济和信息化发展规划
235	河南省		2022.02.16	河南省人民政府	河南省“十四五”营商环境和社会信用体系发展规划
236	河南省		2022.02.22	河南省人民政府	河南省“十四五”现代能源体系和碳达峰碳中和规划
237	河南省		2022.02.23	河南省人民政府	河南省“十四五”科技创新和一流创新生态建设规划
238	河南省		2022.02.23	河南省人民政府	河南省“十四五”生态环境保护和生态经济发展规划
239	河南省		2022.02.23	河南省人民政府	河南省“十四五”应急管理体系和本质安全能力建设规划
240	河南省		2022.03.10	河南省人民政府	明确政府工作报告提出的 2022 年重点工作责任单位
241	河南省		2022.03.22	河南省人民政府	河南省妇女发展规划（2021—2030 年）和河南省儿童发展规划（2021—2030 年）
242	河南省		2022.03.29	河南省人民政府	河南省 2022 年国民经济和社会发展计划
243	河南省		2022.04.21	河南省人民政府	“中原农谷”建设方案
244	河南省		2022.04.21	河南省人民政府	河南省“十四五”现代物流业发展规划
245	河南省		2022.04.21	河南省人民政府办公厅	河南省突发公共卫生事件应急预案
246	河南省		2022.05.19	河南省人民政府办公厅	进一步加快新能源汽车产业发展的指导意见
247	河南省		2022.05.26	河南省人民政府	持续增加农民收入的指导意见
248	河南省		2022.06.10	河南省人民政府办公厅	加快平台经济健康发展的实施意见
249	河南省		2022.06.10	河南省人民政府办公厅	2022 年河南省政务公开工作要点
250	河南省		2022.07.04	河南省人民政府办公厅	河南省加强信用信息共享应用促进中小微企业融资实施方案
251	河南省		2022.07.06	河南省人民政府	加快建设体育河南实施方案
252	河南省		2022.07.06	河南省人民政府办公厅	河南省气象防灾减灾能力提升方案（2022—2025 年）
253	河南省		2022.08.08	河南省人民政府	河南省“十四五”老龄事业发展规划

（续表）

序号	省/市	市/区	成文/发布日期	发布主体	规范名称
254	河南省		2022.08.08	河南省人民政府办公厅	河南省全面加快基础设施建设稳住经济大盘工作方案
255	河南省		2022.08.15	河南省人民政府	河南省加快推动现代服务业发展实施方案
256	河南省		2022.08.24	河南省人民政府办公厅	加快医学科技创新全面提升卫生健康服务能力的实施意见
257	河南省		2022.08.30	河南省人民政府	高质量推进信用河南建设促进形成新发展格局实施方案
258	河南省		2022.09.06	河南省人民政府办公厅	河南省氢能产业发展中长期规划（2022—2035年）和郑汴洛濮氢走廊规划建设工作方案
259	河南省		2022.09.06	河南省人民政府办公厅	设计河南建设中长期规划（2022—2035年）和设计河南建设行动方案（2022—2025年）
260	河南省		2022.09.14	河南省人民政府办公厅	河南省“十四五”中医药发展规划
261	河南省		2022.09.16	河南省人民政府办公厅	河南省高标准农田建设规划（2021—2030年）
262	河南省		2022.09.21	河南省人民政府办公厅	河南省大数据产业发展行动计划（2022—2025年）
263	河南省		2022.09.21	河南省人民政府办公厅	河南省绿色食品集群培育行动计划
264	河南省		2022.09.21	河南省人民政府办公厅	河南省元宇宙产业发展行动计划（2022—2025年）
265	河南省		2022.11.10	河南省人民政府办公厅	河南省加快推进电子证照等“四电”扩大应用和互通互认实施方案
266	河南省		2022.11.30	河南省人民政府办公厅	河南省惠企政策免申即享工作方案（试行）
267	河南省		2022.12.27	河南省人民政府办公厅	河南省石油天然气管道突发事件应急预案和河南省天然气供应突发事件应急预案
268	河南省		2022.12.27	河南省人民政府办公厅	进一步优化营商环境降低市场主体制度性交易成本实施方案
269	黑龙江省		2022.03.28	黑龙江省人民政府	黑龙江省“十四五”数字经济发展规划
270	湖北省		2022.01.14	湖北省人民政府办公厅	开展城乡适龄妇女宫颈癌免费筛查
271	湖北省		2022.04.20	湖北省人民政府	湖北省能源发展“十四五”规划
272	湖北省		2022.08.03	湖北省人民政府办公厅	湖北数字经济强省三年行动计划（2022—2024年）
273	湖北省		2022.09.01	湖北省发改委等5部门	湖北省丹江口库区及上游水污染防治和水土保持“十四五”实施方案

（续表）

序号	省 / 市	市 / 区	成文 / 发布日期	发布主体	规范名称
274	湖北省		2022.09.07	湖北省人民政府	贯彻落实《国家标准化发展纲要》的实施意见
275	湖北省		2022.10.04	湖北省人民政府办公厅	新时代推进品牌建设的实施意见
276	湖南省		2022.01.12	湖南省人民政府办公厅	大力推进产业发展“万千百”工程实施方案
277	湖南省		2022.01.19	湖南省人民政府	落实《政府工作报告》重点工作分工的意见
278	湖南省		2022.03.22	湖南省人民政府	长株潭都市圈发展规划
279	湖南省		2022.03.28	湖南省人民政府办公厅	湖南省促进工业经济平稳增长的若干政策
280	湖南省		2022.04.12	湖南省人民政府办公厅	湖南省 2022 年政务管理服务工作要点和湖南省 2022 年政务公开工作要点
281	湖南省		2022.04.29	湖南省人民政府办公厅	加快发展外贸新业态新模式的实施意见
282	湖南省		2022.04.29	湖南省人民政府办公厅	湖南省贯彻落实《“十四五”就业促进规划》实施方案
283	湖南省		2022.05.27	湖南省人民政府办公厅	湖南省强化“三力”支撑规划（2022—2025 年）
284	湖南省		2022.07.24	湖南省人民政府办公厅	贯彻落实《国家标准化发展纲要》的实施意见
285	湖南省		2022.07.26	湖南省人民政府办公厅	“十四五”支持革命老区振兴发展实施方案
286	湖南省		2022.08.24	湖南省人民政府办公厅	湖南省冷链物流体系建设行动方案（2022—2025 年）
287	湖南省		2022.09.21	湖南省人民政府办公厅	湖南省深化“一网通办”打造“一件事一次办”升级版攻坚行动方案
288	湖南省		2022.09.23	湖南省人民政府办公厅	湖南省“十四五”城乡社区服务体系建设规划
289	湖南省		2022.09.28	湖南省人民政府	推进计量事业高质量发展的实施意见
290	湖南省		2022.12.29	湖南省工业和信息化厅等 3 部门	支持新能源汽车产业高质量发展的若干政策措施
291	吉林省		2022.07.11	吉林省民政厅等 14 部门	吉林省关于进一步推进儿童福利机构优化提质和创新转型高质量发展的实施意见
292	吉林省		2022.07.19	吉林省粮食和物资储备局等 7 部门	吉林大米品牌跃升工程实施方案
293	吉林省		2022.08.16	吉林省工信厅 市场监管厅	组织开展 2022 年全国质量标杆活动

（续表）

序号	省/市	市/区	成文/发布日期	发布主体	规范名称
294	吉林省		2022.08.17	吉林省人民政府办公厅	吉林省科技创新生态优化工程实施方案
295	吉林省		2022.08.26	吉林省医疗保障局	2022年吉林省医疗保障局政务公开工作要点
296	吉林省		2022.08.30	吉林省人民政府	支持长春国家自主创新示范区建设的若干意见
297	吉林省		2022.09.07	吉林省人民政府	推动民航业高质量发展的若干意见
298	吉林省		2022.09.27	吉林省人民政府	吉林省职业技能培训行动计划（2022—2025年）
299	吉林省		2022.10.24	吉林省住建厅	推进勘察设计行业高质量发展的指导意见
300	吉林省		2022.11.04	吉林省文旅厅	促进和规范文化市场新业态发展的意见
301	吉林省		2022.12.07	吉林省人民政府	支持吉林长春国家农业高新技术产业示范区高质量发展的若干意见
302	江苏省		2022.01.08	江苏省人民政府办公厅	优化审评审批服务推动创新药械使用促进医药产业高质量发展行动方案（2022—2024年）
303	江苏省		2022.01.15	江苏省发改委等部门	推动城市停车设施发展实施意见
304	江苏省		2022.01.28	江苏省人民政府办公厅	加快发展外贸新业态新模式若干措施
305	江苏省		2022.03.04	江苏省人民政府办公厅	昆山市建设金融支持深化两岸产业合作改革创新试验区实施方案
306	江苏省		2022.04.28	江苏省人民政府办公厅	江苏省数字政府建设2022年工作要点
307	江苏省		2022.05.09	江苏省发改委	推动生活性服务业补短板上水平提高人民生活品质行动方案（2022—2025年）
308	江苏省		2022.05.16	江苏省发改委等部门	加快推进基础设施投资建设若干措施
309	江苏省		2022.05.23	江苏省人社厅	全省人力资源社会保障系统服务数字经济发展若干措施
310	江苏省		2022.06.16	江苏省人民政府办公厅	促进高校毕业生等青年就业创业若干政策措施
311	江苏省		2022.06.25	江苏省人民政府办公厅	进一步释放消费潜力促进消费加快恢复和高质量发展的实施意见
312	江苏省		2022.06.27	江苏省人民政府	同意中国（扬州）、中国（镇江）、中国（泰州）跨境电子商务综合试验区实施方案的批复
313	江苏省		2022.07.13	江苏省教育厅等部门	江苏省“十四五”特殊教育发展提升行动计划

（续表）

序号	省 / 市	市 / 区	成文 / 发布日期	发布主体	规范名称
314	江苏省		2022.07.23	江苏省人民政府	深入推进计量工作的意见
315	江苏省		2022.07.24	江苏省人民政府办公厅	江苏省冷链物流发展规划（2022—2030年）
316	江苏省		2022.08.02	江苏省人社厅	加强和改进政府补贴性职业技能培训的若干意见
317	江苏省		2022.08.13	江苏省文旅厅 江苏省发改委	江苏省贯彻“十四五”旅游业发展规划实施方案
318	江苏省		2022.09.03	江苏省人民政府办公厅	江苏省推进数字贸易加快发展若干措施
319	江苏省		2022.10.26	江苏省人社厅等 4 部门	深入实施制造业技能根基工程推进技能江苏建设
320	江苏省		2022.10.30	江苏省人民政府办公厅	江苏省进一步优化营商环境降低市场主体制度性交易成本任务分工方案
321	江苏省		2022.10.31	江苏省人民政府办公厅	江苏省道路交通安全宣传教育提升行动计划
322	江苏省		2022.11.14	江苏省人民政府办公厅	切实推进 12345 政务服务便民热线与 110 报警服务台高效对接联动的实施意见
323	江西省		2022.01.11	江西省人民政府办公厅	促进养老托育服务健康发展的实施意见
324	江西省		2022.01.18	江西省人民政府办公厅	江西省“十四五”养老服务体系建设规划
325	江西省		2022.01.25	江西省人民政府办公厅	进一步加大帮扶力度促进中小企业平稳健康发展
326	江西省		2022.01.26	江西省人民政府	江西省“十四五”农业农村现代化规划
327	江西省		2022.01.26	江西省人民政府办公厅	江西省“十四五”就业促进规划
328	江西省		2022.01.30	江西省人民政府	2022 年民生实事工程安排方案
329	江西省		2022.10.22	江西省人民政府办公厅	进一步释放消费潜力促进消费持续恢复的实施意见
330	江西省		2022.11.09	江西省农业农村厅	江西省“十四五”农业农村信息化发展规划
331	江西省		2022.11.22	江西省人民政府办公厅	全省深化“放管服”改革持续优化营商环境重点任务分工方案
332	江西省		2022.11.23	江西省人民政府	加快推进新时代计量工作高质量发展的实施意见
333	江西省		2022.11.23	江西省人民政府	江西省气象高质量发展纲要（2023—2035 年）
334	江西省		2022.12.14	江西省人民政府办公厅	进一步优化营商环境降低市场主体制度性交易成本政策措施
335	江西省		2022.12.27	江西省工业强省建设工作领导小组办公室	江西省推进大数据产业发展三年行动计划（2023—2025 年）

（续表）

序号	省 / 市	市 / 区	成文 / 发布日期	发布主体	规范名称
336	辽宁省		2022.01.01	辽宁省人民政府办公厅	辽宁省“十四五”残疾人保障和发展规划
337	辽宁省		2022.01.01	辽宁省人民政府办公厅	辽宁省“十四五”公共服务规划
338	辽宁省		2022.01.01	辽宁省人民政府办公厅	辽宁省“十四五”海洋经济发展规划
339	辽宁省		2022.01.03	辽宁省人民政府办公厅	辽宁省“十四五”林业草原发展规划
340	辽宁省		2022.01.03	辽宁省人民政府办公厅	辽宁省“十四五”社会信用体系建设规划
341	辽宁省		2022.01.03	辽宁省人民政府办公厅	辽宁省“十四五”生态经济发展规划
342	辽宁省		2022.01.04	辽宁省人民政府办公厅	辽宁省“十四五”旅游业发展规划
343	辽宁省		2022.01.06	辽宁省人民政府办公厅	辽宁省“十四五”服务业发展规划
344	辽宁省		2022.01.06	辽宁省人民政府办公厅	辽宁省“十四五”水安全保障规划
345	辽宁省		2022.01.15	辽宁省人民政府办公厅	辽宁省“十四五”金融业发展规划
346	辽宁省		2022.01.16	辽宁省人民政府	全民健身计划（2021—2025 年）
347	辽宁省		2022.01.19	辽宁省人民政府办公厅	辽宁省营商环境建设行动方案（2021—2025 年）
348	辽宁省		2022.01.20	辽宁省人民政府	辽宁省全民科学素质行动规划纲要（2021—2035 年）
349	辽宁省		2022.01.20	辽宁省人民政府办公厅	辽宁省“十四五”生态环境保护规划
350	辽宁省		2022.01.26	辽宁省人民政府办公厅	辽宁省“十四五”对外开放规划
351	辽宁省		2022.01.28	辽宁省人民政府	2022 年省《政府工作报告》任务分解和责任分工方案
352	辽宁省		2022.01.31	辽宁省人民政府	辽宁省推进“一圈一带两区”区域协调发展三年行动方案
353	辽宁省		2022.02.15	辽宁省人民政府办公厅	辽宁省“十四五”科技创新规划
354	辽宁省		2022.02.19	辽宁省人民政府办公厅	辽宁省深入推进结构调整“三篇大文章”三年行动方案（2022—2024 年）
355	辽宁省		2022.03.11	辽宁省人民政府	进一步深化中国（辽宁）自由贸易试验区改革开放方案
356	辽宁省		2022.03.14	辽宁省人民政府办公厅	加快发展外贸新业态新模式的实施意见
357	辽宁省		2022.04.10	辽宁省人民政府办公厅	辽宁省促进工业经济平稳增长若干措施
358	辽宁省		2022.06.01	辽宁省人民政府	辽宁省贯彻落实国务院扎实稳住经济一揽子政策措施若干举措
359	辽宁省		2022.06.13	辽宁省人民政府办公厅	辽宁省“十四五”促进养老托育服务健康发展实施方案
360	辽宁省		2022.07.05	辽宁省人民政府办公厅	辽宁省“十四五”能源发展规划
361	辽宁省		2022.07.06	辽宁省人民政府办公厅	辽宁省“十四五”特殊教育发展提升行动计划实施方案

（续表）

序号	省 / 市	市 / 区	成文 / 发布日期	发布主体	规范名称
362	辽宁省		2022.07.16	辽宁省人民政府办公厅	辽宁省“十四五”城乡社区服务体系建设规划
363	辽宁省		2022.07.23	辽宁省人民政府办公厅	辽宁省加快发展数字经济核心产业的若干措施
364	辽宁省		2022.08.14	中共辽宁省委 辽宁省人民政府	贯彻《国家标准化发展纲要》的实施意见
365	辽宁省		2022.09.21	辽宁省人民政府办公厅	辽宁省推进多式联运高质量发展优化调整运输结构行动方案（2022—2025 年）
366	辽宁省		2022.09.30	辽宁省人民政府办公厅	辽宁省加快推进清洁能源强省建设实施方案
367	辽宁省		2022.10.01	辽宁省人民政府办公厅	辽宁省冷链物流高质量发展实施方案（2022—2025 年）
368	辽宁省		2022.12.07	辽宁省人民政府办公厅	12345 政务服务便民热线与 110 报警服务台高效对接联动实施方案
369	内蒙古自治区		2022.01.11	内蒙古自治区人民政府办公厅	自治区“十四五”文化和旅游融合发展规划
370	内蒙古自治区		2022.01.12	内蒙古自治区人民政府办公厅	自治区“十四五”应急体系建设规划
371	内蒙古自治区		2022.01.14	内蒙古自治区人民政府	自治区全民科学素质行动规划纲要实施方案（2021—2025 年）
372	内蒙古自治区		2022.02.22	内蒙古自治区人民政府	促进制造业高端化、智能化、绿色化发展的意见
373	内蒙古自治区		2022.03.16	内蒙古自治区国资委	国有企业加大研发投入提升科技创新能力实施方案
374	内蒙古自治区		2022.04.13	内蒙古自治区人民政府办公厅	自治区促进服务业高质量发展实施方案（2022 版）等政策文件
375	内蒙古自治区		2022.04.18	内蒙古自治区人民政府办公厅	全面加强药品监管能力建设工作措施
376	内蒙古自治区		2022.05.19	内蒙古人社厅等 17 部门	“技能内蒙古行动”实施方案（2022—2025 年）
377	内蒙古自治区		2022.07.07	内蒙古自治区人民政府办公厅	促进养老产业加快发展若干政策措施
378	内蒙古自治区		2022.07.11	内蒙古自治区人民政府	加快推进政务服务标准化规范化便利化的实施意见
379	内蒙古自治区		2022.08.17	内蒙古人社厅等 9 部门	重点项目助推就业行动（2022—2025 年）实施方案

（续表）

序号	省/市	市/区	成文/发布日期	发布主体	规范名称
380	内蒙古自治区		2022.08.17	内蒙古自治区人民政府办公厅	关于修改《内蒙古自治区“十四五”保障和改善公共服务规划》部分内容的通知
381	内蒙古自治区		2022.08.17	内蒙古自治区卫生健康委员会办公室	贯彻落实互联网诊疗监管细则
382	内蒙古自治区		2022.09.22	内蒙古自治区人民政府	中国（鄂尔多斯）跨境电子商务综合试验区建设实施方案
383	内蒙古自治区		2022.09.23	内蒙古自治区卫生健康委	内蒙古自治区公立医院高质量发展促进行动实施方案（2022—2025年）
384	内蒙古自治区		2022.09.26	内蒙古自治区卫生健康委	关于征求《关于深入推进医养结合发展的若干措施（征求意见稿）》意见建议的通知
385	内蒙古自治区		2022.11.03	内蒙古自治区人社厅等5部门	促进内蒙古自治区人力资源服务业高质量发展的实施意见
386	内蒙古自治区		2022.11.09	内蒙古自治区人民政府	自治区贯彻落实《计量发展规划（2021—2035年）》实施方案
387	内蒙古自治区		2022.11.28	内蒙古自治区人民政府办公厅	自治区邮政业突发事件应急预案
388	内蒙古自治区		2022.12.13	内蒙古自治区人民政府办公厅	自治区推动12345政务服务便民热线与110报警服务台高效对接联动实施方案
389	内蒙古自治区		2022.12.16	内蒙古自治区人社厅	内蒙古自治区培育打造职业技能培训品牌实施方案
390	内蒙古自治区		2022.12.31	内蒙古自治区人民政府	加快推进数字经济发展若干政策
391	宁夏回族自治区		2022.01.06	宁夏回族自治区人民政府办公厅	宁夏回族自治区信息化建设“十四五”规划
392	宁夏回族自治区		2022.01.13	宁夏回族自治区人民政府办公厅	宁夏回族自治区妇女和儿童发展规划
393	宁夏回族自治区		2022.01.13	宁夏回族自治区人民政府办公厅	宁夏回族自治区信息通信业发展“十四五”规划
394	宁夏回族自治区		2022.01.18	宁夏回族自治区人民政府	宁夏回族自治区知识产权保护和运用“十四五”规划
395	宁夏回族自治区		2022.01.18	宁夏回族自治区人民政府办公厅	宁夏回族自治区公共资源交易高质量发展“十四五”规划
396	宁夏回族自治区		2022.01.18	宁夏回族自治区人民政府办公厅	宁夏回族自治区粮食和物资储备发展“十四五”规划
397	宁夏回族自治区		2022.01.18	宁夏回族自治区人民政府办公厅	宁夏回族自治区养老服务体系“十四五”规划

（续表）

序号	省/市	市/区	成文/发布日期	发布主体	规范名称
398	宁夏回族自治区		2022.01.26	宁夏回族自治区人民政府办公厅	建立健全科技成果评价机制的实施意见
399	宁夏回族自治区		2022.01.29	宁夏回族自治区人民政府办公厅	促进大数据产业发展应用的实施意见
400	宁夏回族自治区		2022.02.08	宁夏回族自治区人民政府	宁夏回族自治区突发事件总体应急预案
401	宁夏回族自治区		2022.02.08	宁夏回族自治区人民政府办公厅	2022 年自治区政府工作报告任务分工
402	宁夏回族自治区		2022.02.09	宁夏回族自治区人民政府	宁夏回族自治区推动高质量发展标准体系建设方案（2021—2025 年）
403	宁夏回族自治区		2022.02.14	宁夏回族自治区人民政府办公厅	宁夏回族自治区公共服务发展“十四五”规划
404	宁夏回族自治区		2022.04.27	宁夏回族自治区人民政府办公厅	全区一体化政务服务平台移动端建设实施方案
405	宁夏回族自治区		2022.04.29	宁夏回族自治区人民政府办公厅	全区 2022 年政务公开工作要点
406	宁夏回族自治区		2022.06.07	宁夏回族自治区人民政府办公厅	自治区促进养老托育服务健康发展实施方案
407	宁夏回族自治区		2022.06.13	宁夏回族自治区人民政府办公厅	工业经济稳增长 36 条政策措施
408	宁夏回族自治区		2022.07.18	宁夏回族自治区发改委	推动生活性服务业补短板上水平提高人民生活品质的行动方案（2022—2025 年）
409	宁夏回族自治区		2022.08.15	宁夏回族自治区人民政府办公厅	全国一体化算力网络国家枢纽节点宁夏枢纽建设 2022 年推进方案
410	宁夏回族自治区		2022.08.19	宁夏回族自治区人民政府办公厅	宁夏回族自治区残疾预防行动计划（2021—2025 年）
411	宁夏回族自治区		2022.09.13	宁夏回族自治区人民政府	加快推进政务服务标准化规范化便利化的实施意见
412	宁夏回族自治区		2022.09.13	宁夏回族自治区人民政府办公厅	宁夏回族自治区能源发展“十四五”规划
413	宁夏回族自治区		2022.10.28	宁夏回族自治区人民政府	贯彻落实计量发展规划（2021—2035 年）的实施意见
414	宁夏回族自治区		2022.10.28	宁夏回族自治区人民政府办公厅	自治区贯彻落实《国务院办公厅关于进一步优化营商环境降低市场主体制度性交易成本的意见》任务分工方案
415	宁夏回族自治区		2022.12.01	宁夏回族自治区人民政府	宁夏贯彻落实气象高质量发展纲要（2022—2035 年）实施方案

（续表）

序号	省 / 市	市 / 区	成文 / 发布日期	发布主体	规范名称
416	宁夏回族自治区		2022.12.03	宁夏回族自治区教育厅等部门	宁夏回族自治区“十四五”特殊教育发展提升行动实施方案
417	青海省		2022.01.06	青海省人民政府办公厅	青海省“十四五”老龄事业和养老服务发展规划
418	青海省		2022.01.06	青海省人民政府办公厅	青海省“十四五”医疗卫生服务体系规划
419	青海省		2022.01.12	青海省人民政府办公厅	青海省“十四五”消防事业发展规划
420	青海省		2022.02.07	青海省人民政府办公厅 甘肃省人民政府办公厅	关于印发兰州—西宁城市群发展“十四五”实施方案
421	青海省		2022.02.11	青海省人民政府	青海省妇女发展规划和青海省儿童发展规划
422	青海省		2022.02.11	青海省人民政府办公厅	进一步加大助企纾困力度促进中小企业高质量发展若干措施
423	青海省		2022.02.18	青海省人民政府办公厅	2022 年青海省促进数字经济发展工作要点
424	青海省		2022.03.04	青海省人民政府办公厅	青海打造国际生态旅游目的地行动方案任务分工
425	青海省		2022.03.29	青海省人民政府办公厅	青海省“十四五”公共服务规划
426	青海省		2022.03.31	青海省人民政府办公厅	青海省法治政府建设 2022 年工作要点
427	青海省		2022.04.24	青海省人民政府办公厅	青海省“十四五”文物事业发展规划
428	青海省		2022.06.16	青海省人民政府办公厅	黄河青海流域生态保护和高质量发展规划
429	青海省		2022.06.16	青海省人民政府办公厅	青海打造国家清洁能源产业高地 2022 年工作要点
430	青海省		2022.06.17	青海省人民政府办公厅	青海省“十四五”冷链物流发展实施方案
431	青海省		2022.07.21	青海省人民政府	青海省“十四五”市场监管现代化规划
432	青海省		2022.07.21	青海省人民政府办公厅	全面推进青海气象高质量发展工作任务分工
433	青海省		2022.08.01	青海省人民政府办公厅	青海省加快推进电子证照扩大应用领域和全国互通互认工作方案
434	青海省		2022.09.09	青海省人民政府办公厅	青海省加快融入“东数西算”国家布局工作方案
435	青海省		2022.09.13	青海省人民政府办公厅	青海打造国家清洁能源产业高地 2022 年工作要点
436	青海省		2022.10.11	青海省人民政府办公厅	青海省实施招商引资“六大行动”工作方案（2022—2025 年）
437	青海省		2022.10.12	青海省人民政府	实施工业经济高质量发展“六大工程”工作方案 (2022—2025 年）

（续表）

序号	省 / 市	市 / 区	成文 / 发布日期	发布主体	规范名称
438	青海省		2022.10.21	青海省人民政府办公厅	青海 12345 政务服务便民热线与 110 报警服务台对接联动实施方案
439	青海省		2022.12.30	青海省人民政府办公厅	青海省加快推进世界级盐湖产业基地建设促进盐湖产业高质量发展若干措施
440	山东省		2022.01.06	山东省人民政府	山东半岛城市群发展规划
441	山东省		2022.01.07	山东省人民政府	山东省全民科学素质行动规划纲要实施方案（2021—2025 年）
442	山东省		2022.01.14	山东省人民政府	山东省新型城镇化规划（2021—2035 年）
443	山东省		2022.01.28	山东省人民政府	山东现代水网建设规划
444	山东省		2022.02.18	山东省人民政府办公厅	加强大件运输管理确保桥梁安全运营的工作方案
445	山东省		2022.03.29	山东省人民政府办公厅	2022 年山东省政务公开工作要点
446	山东省		2022.04.06	山东省人民政府办公厅	“十大创新”“十强产业”“十大扩需求”2022 年行动计划
447	山东省		2022.04.08	山东省人民政府办公厅	山东省“十四五”冷链物流发展规划
448	山东省		2022.04.20	山东省人民政府	贯彻《国家标准化发展纲要》推进标准化创新发展的实施意见
449	山东省		2022.05.12	山东省人民政府	塑强“爱山东”政务服务品牌全面推进政务服务体系建设的实施意见
450	山东省		2022.06.01	山东省人民政府办公厅	山东省人民政府 2022 年立法工作计划
451	山东省		2022.06.07	山东省人民政府办公厅	深化数据赋能建设“无证明之省”实施方案
452	山东省		2022.06.23	山东省人民政府	基础设施“七网”建设行动计划
453	山东省		2022.08.05	山东省人民政府	山东省南四湖生态保护和高质量发展规划
454	山东省		2022.08.22	山东省人民政府办公厅	济南新旧动能转换起步区发展规划（2021—2035 年）
455	山东省		2022.08.26	山东省人民政府	加快推进全省气象高质量发展
456	山东省		2022.09.13	山东省人民政府办公厅	完善科技成果评价机制的实施意见
457	山东省		2022.09.14	山东省人民政府办公厅	促进特色小镇规范健康发展的若干措施
458	山东省		2022.09.27	山东省人民政府办公厅	推动 12345 政务服务便民热线与 110 报警服务台高效对接联动的实施意见
459	山东省		2022.10.11	山东省人民政府	贯彻落实《计量发展规划（2021—2035 年）》的实施意见

（续表）

序号	省 / 市	市 / 区	成文 / 发布日期	发布主体	规范名称
460	山东省		2022.10.14	山东省人民政府办公厅	进一步推动城市公共交通优先发展的指导意见
461	山东省		2022.10.26	山东省人民政府	山东省制造业数字化转型行动方案（2022—2025 年）
462	山东省		2022.10.26	山东省人民政府办公厅	山东半岛工业互联网示范区建设规划（2022—2025 年）
463	山东省		2022.10.28	山东省人民政府	加快推动平台经济规范健康持续发展的实施意见
464	山东省		2022.11.24	山东省人民政府	加快推进新时代科技强省建设的实施意见
465	山东省		2022.12.11	山东省人民政府办公厅	进一步优化营商环境降低市场主体制度性交易成本的实施意见
466	山西省		2022.01.04	山西省农业农村厅等 6 部门	促进生猪产业持续健康发展的实施意见
467	山西省		2022.01.19	山西省人民政府办公厅	山西省加快 5G 融合应用实施方案
468	山西省		2022.01.25	山西省人民政府	山西生态省建设规划纲要（2021—2030 年）
469	山西省		2022.01.30	山西省人民政府办公厅	强化市场主体倍增要素服务保障若干措施（试行）
470	山西省		2022.02.28	山西省人民政府办公厅	完善科技成果评价机制的实施意见
471	山西省		2022.03.01	山西省人民政府办公厅	加快山西杂粮优质种业基地建设方案
472	山西省		2022.03.07	山西省人民政府办公厅	切实加强水库除险加固和运行管护工作
473	山西省		2022.04.01	山西省人民政府	山西省“十四五”残疾人保障和发展规划
474	山西省		2022.04.08	山西省人民政府办公厅	山西省推进资源型地区高质量发展“十四五”实施方案
475	山西省		2022.04.13	山西省人民政府办公厅	促进养老托育服务健康发展实施方案
476	山西省		2022.06.02	山西省人民政府	山西省扎实推进稳住经济一揽子政策措施行动计划
477	山西省		2022.07.04	山西省人民政府办公厅	数字经济高质量发展的实施意见
478	山西省		2022.07.29	山西省人民政府办公厅	山西省促进内外贸一体化发展行动方案
479	山西省		2022.09.02	山西省人民政府	贯彻落实计量发展规划（2021—2035 年）的实施意见
480	山西省		2022.10.25	山西省人民政府办公厅	山西省贯彻落实“十四五”国家消防工作规划实施方案
481	山西省		2022.10.28	山西省教育厅等 5 部门	加强普通高校在线开放课程教学管理的实施意见

（续表）

序号	省 / 市	市 / 区	成文 / 发布日期	发布主体	规范名称
482	山西省		2022.10.31	山西省人民政府办公厅	山西中部城市群高质量发展规划（2022—2035 年）
483	山西省		2022.11.07	山西省人民政府	山西省妇女发展“十四五”规划和儿童发展“十四五”规划
484	山西省		2022.12.07	山西省教育厅等部门	山西省“十四五”特殊教育发展提升行动实施方案
485	陕西省		2022.03.02	陕西省人民政府办公厅	加快发展外贸新业态新模式的实施意见
486	陕西省		2022.03.25	陕西省通信管理局等 20 部门	5G 应用“扬帆”行动计划（2021—2023 年）
487	陕西省		2022.04.01	陕西省人民政府办公厅	科技型企业创新发展倍增计划
488	陕西省		2022.04.07	陕西省人民政府办公厅	推动公立医院高质量发展实施方案
489	陕西省		2022.04.22	陕西省人民政府办公厅	加快推进数字经济产业发展实施方案（2021—2025 年）
490	陕西省		2022.04.29	陕西省人社部等 20 部门	加强劳务品牌建设的实施意见
491	陕西省		2022.05.06	中共陕西省委教育工委 陕西省教育厅	陕西省教育网络安全和信息化“十四五”规划
492	陕西省		2022.05.24	陕西省人民政府办公厅	2022 年政务公开工作重点任务分解方案和绩效评估指标
493	陕西省		2022.06.08	陕西省审计厅	2022 年陕西省内部审计工作指导意见
494	陕西省		2022.07.04	陕西省人民政府	贯彻落实《国家标准化发展纲要》的实施意见
495	陕西省		2022.07.22	陕西省人民政府	碳达峰实施方案
496	陕西省		2022.09.23	中共陕西省委办公厅 陕西省人民政府办公厅	关于推动建筑业高质量发展的实施意见
497	陕西省		2022.11.23	陕西省人民政府	贯彻落实《计量发展规划（2021—2035 年）》的实施意见
498	陕西省		2022.12.06	陕西省人民政府办公厅	深化“放管服”改革持续优化营商环境重点任务分工方案
499	上海市		2022.03.14	上海市人民政府办公厅	2023 年上海市全面深化“一网通办”改革工作要点
500	上海市		2022.03.18	上海市人民政府办公厅	上海城市数字化转型标准化建设实施方案
501	上海市		2022.03.19	上海市金融监管局	关于上海地方金融组织进一步支持新冠肺炎疫情防控和经济社会发展的若干意见

（续表）

序号	省/市	市/区	成文/发布日期	发布主体	规范名称
502	上海市		2022.04.02	上海市科委	全力支持科技企业抗击疫情健康发展的若干措施
503	上海市	青浦区	2022.05.02	上海市青浦区人民政府	青浦区全力抗疫支持复工复产促发展的若干政策措施
504	上海市		2022.05.16	上海市人民政府	深化推进本市困境儿童保障工作的实施意见
505	上海市		2022.05.24	上海市人大常委会	进一步促进和保障城市运行“一网统管”建设的决定
506	上海市		2022.06.02	上海市经信委发改委	上海市工业和通信业节能降碳“百一”行动计划（2022—2025）
507	上海市		2022.06.02	上海市人民政府办公厅	关于全面加强药品监管能力建设的实施意见
508	上海市		2022.06.03	上海市人民政府办公厅	优化固化疫情期间“云审批”等创新举措进一步提升政府管理服务效能的指导意见
509	上海市	嘉定区	2022.06.10	上海市嘉定区人社局	嘉定区促进人力资源服务业集聚支持办法
510	上海市		2022.06.12	上海市人民政府办公厅	上海市数字经济发展“十四五”规划
511	上海市		2022.06.13	上海市人民政府	关于加快推进南北转型发展的实施意见
512	上海市		2022.06.15	上海市自贸区临港新片区管委会	关于促进洋山特殊综合保税区新业态创新发展的实施意见
513	上海市	青浦区	2022.06.17	上海市青浦区人社局	助力复工复产实施人才专项支持举措
514	上海市		2022.06.24	上海市人民政府办公厅	促进绿色低碳产业发展、培育“元宇宙”新赛道、促进智能终端产业高质量发展等行动方案
515	上海市		2022.07.06	中共上海市委 上海市人民政府	关于完整准确全面贯彻新发展理念做好碳达峰碳中和工作的实施意见
516	上海市		2022.07.08	上海市人民政府	上海市碳达峰实施方案
517	上海市		2022.07.14	上海市人民政府办公厅	上海市国家中医药综合改革示范区建设方案
518	上海市		2022.07.15	上海市人民政府	促进“五型经济”发展的若干意见
519	上海市	金山区	2022.08.02	中共金山区委办公室 金山区人民政府办公室	金山区全面推进城市数字化转型加快数智湾区建设的实施意见
520	上海市	浦东新区	2022.08.15	上海市浦东新区人民政府	浦东新区促进重点优势产业高质量发展若干政策措施
521	上海市	浦东新区	2022.09.03	上海市浦东新区检察院	浦东新区人工智能企业数据安全和算法合规指引（试行）

（续表）

序号	省 / 市	市 / 区	成文 / 发布日期	发布主体	规范名称
522	上海市	崇明区	2022.08.17	上海市崇明区区经委区财政局	崇明区企业技术中心管理办法
523	上海市		2022.08.17	上海市人民政府	关于支持中国（上海）自由贸易试验区临港新片区加快建设独立综合性节点滨海城市的若干政策措施
524	上海市		2022.08.27	上海市人民政府	加快本市康复辅助器具产业发展的实施意见
525	上海市		2022.09.06	上海市经信委等 6 部门	上海市时尚消费品产业高质量发展行动计划（2022—2025 年）
526	上海市		2022.09.24	上海市人民政府	上海打造未来产业创新高地发展壮大未来产业集群行动方案
527	上海市		2022.09.29	上海市人民政府办公厅	上海市推进高端制造业发展的若干措施
528	上海市		2022.10.24	上海市人民政府办公厅	上海市加快打造全球生物医药研发经济和产业化高地的若干政策措施
529	上海市		2022.10.31	上海市科委等	上海市促进细胞治疗科技创新与产业发展行动方案（2022—2024 年）
530	上海市		2022.11.19	上海市人民政府办公厅	进一步优化在线为企帮办服务工作方案
531	上海市		2022.11.29	上海市经信委等	上海市新型基础设施领域碳达峰实施方案
532	上海市		2022.12.02	上海市发改委	上海市推动生活性服务业补短板上水平提高人民生活品质行动方案
533	上海市		2022.12.08	上海市经信委等 4 部门	上海市工业领域碳达峰实施方案
534	上海市	青浦区	2022.12.12	上海市青浦区人社局	长三角（青浦）数字人力资源产业高质量发展的实施意见
535	上海市	黄浦区	2022.12.15	上海市黄浦区组织部等 7 部门	黄浦区促进人力资源服务业高质量发展实施办法
536	上海市		2022.12.29	上海市人民政府办公厅	关于推进本市“四好农村路”高质量发展的实施意见（2023—2027 年）
537	四川省		2022.01.04	四川省人民政府办公厅	加快发展新经济培育壮大新动能的实施意见
538	四川省		2022.01.04	四川省人民政府办公厅	建立健全养老服务综合监管制度的实施意见
539	四川省		2022.01.18	四川省人民政府办公厅 重庆市人民政府办公厅	成渝地区双城经济圈优化营商环境方案
540	四川省		2022.01.24	四川省人民政府办公厅	增强协同创新发展能力行动方案
541	四川省		2022.03.11	四川省人民政府办公厅	支持医疗健康装备产业高质量发展若干政策措施

（续表）

序号	省/市	市/区	成文/发布日期	发布主体	规范名称
542	四川省		2022.06.11	四川省人民政府办公厅 重庆市人民政府办公厅	推进成渝地区双城经济圈“无废城市”共建的指导意见
543	四川省		2022.09.15	四川省人民政府办公厅	四川省“一网通办”三年行动方案
544	四川省		2022.09.21	四川省人民政府	四川省全民科学素质行动实施方案
545	四川省		2022.10.11	四川省人民政府	《中国（南充）跨境电子商务综合试验区实施方案》《中国（眉山）跨境电子商务综合试验区实施方案》
546	四川省		2022.10.29	四川省人民政府办公厅	建设培育“川字号”特色劳务品牌二十二条措施
547	四川省		2022.12.29	四川省人民政府办公厅	2022年政府网站与政府系统政务新媒体检查暨年度监管工作考核情况的通报
548	四川省		2022.12.31	四川省人民政府	四川省碳达峰实施方案
549	天津市		2022.01.04	天津市教委	天津市教育信息化“十四五”规划
550	天津市		2022.01.06	天津市人民政府办公厅	天津市生态环境保护“十四五”规划
551	天津市		2022.01.21	天津市交通委	加强天津市铁路沿线安全环境治理工作若干措施
552	天津市		2022.01.26	天津市人民政府办公厅	天津市一体化政务服务平台移动端建设工作方案（2022—2023年）
553	天津市		2022.02.25	天津市人民政府办公厅	完善科技成果评价机制的实施意见
554	天津市		2022.03.04	天津市人民政府	天津市妇女和儿童发展“十四五”规划
555	天津市		2022.03.13	天津市人民政府办公厅	天津市促进首台（套）重大技术装备示范应用若干措施
556	天津市		2022.03.25	天津市人民政府办公厅	天津市构建高标准市场体系若干措施
557	天津市		2022.04.13	天津市教委	天津开放大学综合改革方案
558	天津市		2022.05.07	天津市人民政府办公厅	天津市高质量落实《区域全面经济伙伴关系协定》（RCEP）若干措施
559	天津市		2022.05.11	天津市人民政府办公厅	天津市航空物流发展“十四五”规划
560	天津市		2022.05.30	天津市人民政府	天津市贯彻落实《扎实稳住经济的一揽子政策措施》实施方案
561	天津市		2022.06.09	天津市人民政府办公厅	天津市残疾预防行动计划（2022—2025年）
562	天津市		2022.08.10	天津市人民政府	天津市贯彻落实“十四五”市场监管现代化规划实施方案
563	天津市		2022.08.27	天津市人民政府	天津市计量发展规划（2022—2035年）
564	天津市		2022.08.29	天津市人民政府	加快推进气象高质量发展的意见
565	天津市		2022.09.03	天津市人民政府办公厅	天津市“十四五”特殊教育发展提升行动实施方案

（续表）

序号	省 / 市	市 / 区	成文 / 发布日期	发布主体	规范名称
566	天津市		2022.10.12	天津市人民政府	贯彻落实《国家标准化发展纲要》的意见
567	天津市		2022.10.13	天津市人民政府 甘肃省人民政府	天津市与庆阳市对口合作实施方案
568	天津市		2022.10.13	天津市人民政府办公厅	关于促进生活性服务业发展若干措施
569	西藏自治区		2022.01.18	西藏自治区人民政府	西藏自治区贯彻落实《国家职业教育改革实施方案》行动方案
570	西藏自治区		2022.01.18	西藏自治区人民政府办公厅	关于推进人影响天气工作高质量发展的实施意见
571	新疆生产建设兵团		2022.02.08	新疆生产建设兵团发改委	关于推动生活性服务业补短板上水平提高职工群众生活品质的实施方案
572	新疆生产建设兵团		2022.05.07	新疆生产建设兵团	新疆生产建设兵团 2022 年度地质灾害防治方案
573	新疆生产建设兵团		2022.05.13	新疆生产建设兵团	兵团粮食节约行动实施方案
574	新疆生产建设兵团		2022.06.15	新疆生产建设兵团	兵团关于完善科技成果评价机制的实施意见
575	新疆生产建设兵团		2022.07.06	新疆兵团教育局等 7 部门	兵团“十四五”特殊教育发展提升行动方案
576	新疆生产建设兵团		2022.07.06	新疆生产建设兵团	新疆生产建设兵团“十四五”老龄事业发展和养老服务体系规划
577	新疆生产建设兵团		2022.08.16	新疆生产建设兵团	兵团关于进一步释放消费潜力促进消费持续恢复的实施方案
578	新疆生产建设兵团		2022.09.22	新疆生产建设兵团	新疆生产建设兵团矿产资源总体规划（2021—2025 年）
579	新疆维吾尔自治区		2022.01.05	新疆维吾尔自治区人民政府	《新疆维吾尔自治区妇女发展规划（2021—2025 年）》和《新疆维吾尔自治区儿童发展规划（2021—2025 年）》
580	新疆维吾尔自治区		2022.02.03	新疆维吾尔自治区人民政府	2022 年自治区国民经济和社会发展计划及主要指标
581	新疆维吾尔自治区		2022.03.09	新疆维吾尔自治区人民政府	全面加强药品监管能力建设的实施意见
582	新疆维吾尔自治区		2022.04.27	新疆维吾尔自治区人民政府	新疆维吾尔自治区现代物流业发展“十四五”规划
583	新疆维吾尔自治区		2022.07.15	新疆维吾尔自治区人民政府	新疆维吾尔自治区 2022 年度地质灾害防治方案

（续表）

序号	省/市	市/区	成文/发布日期	发布主体	规范名称
584	新疆维吾尔自治区		2022.09.17	新疆自治区党委办公厅 自治区人民政府办公厅	自治区数字政府改革建设方案
585	新疆维吾尔自治区		2022.09.28	新疆维吾尔自治区人民政府	自治区“十四五”特殊教育发展提升行动计划
586	新疆维吾尔自治区		2022.11.30	新疆维吾尔自治区人民政府	关于贯彻落实《计量发展规划（2021—2035年）》的实施意见
587	新疆维吾尔自治区		2022.12.06	新疆自治区党委办公厅 自治区人民政府办公厅	自治区实施营商环境优化提升三年行动方案（2022—2025年）
588	新疆维吾尔自治区		2022.12.22	新疆维吾尔自治区人民政府	自治区贯彻落实《中国反对拐卖人口行动计划（2021—2030年）》实施方案
589	云南省		2022.01.05	云南省人民政府办公厅	云南省“十四五”高等教育事业发展规划
590	云南省		2022.01.13	云南省人民政府	云南省加快建立健全绿色低碳循环发展经济体系行动计划
591	云南省		2022.01.13	云南省人民政府办公厅	云南省“十四五”综合交通运输发展规划
592	云南省		2022.01.15	云南省人民政府办公厅	云南省“十四五”教育事业发展规划
593	云南省		2022.01.28	云南省人民政府	云南省推动重点产业园区高质量发展若干政策措施
594	云南省		2022.02.18	云南省人民政府	云南省“十四五”民营经济暨中小企业发展规划
595	云南省		2022.03.08	云南省人民政府办公厅	精准做好疫情防控加快旅游业恢复发展若干政策措施
596	云南省		2022.03.10	云南省人民政府	云南省“十四五”健康服务业发展规划
597	云南省		2022.03.15	云南省人民政府办公厅	云南省“十四五”现代服务业发展规划
598	云南省		2022.03.18	云南省人民政府办公厅	加快发展外贸新业态新模式的实施意见
599	云南省		2022.03.23	云南省人民政府办公厅	云南省“十四五”生物医药产业创新发展规划
600	云南省		2022.04.06	云南省人民政府	云南省“十四五”就业促进规划
601	云南省		2022.04.06	云南省人民政府办公厅	云南省“十四五”综合防灾减灾救灾规划
602	云南省		2022.04.07	云南省人民政府办公厅	云南省“十四五”文物保护和科技创新工作实施方案
603	云南省		2022.04.18	云南省人民政府	云南省“十四五”农业农村现代化发展规划
604	云南省		2022.04.21	云南省人民政府办公厅	云南省“十四五”区域协调发展规划
605	云南省		2022.04.24	云南省教育厅等部门	“十四五”特殊教育发展提升行动方案

（续表）

序号	省/市	市/区	成文/发布日期	发布主体	规范名称
606	云南省		2022.04.28	云南省人民政府办公厅	大力推动数字经济加快发展若干政策措施
607	云南省		2022.04.29	云南省人民政府办公厅	加强铁路沿线安全环境治理工作的实施意见
608	云南省		2022.05.09	云南省人民政府	云南省“十四五”新型基础设施建设规划
609	云南省		2022.05.10	云南省人民政府	“十四五”数字云南规划
610	云南省		2022.05.10	云南省人民政府	云南省数字经济发展三年行动方案（2022—2024年）
611	云南省		2022.05.11	云南省人民政府	云南省“十四五”制造业高质量发展规划
612	云南省		2022.05.13	云南省人民政府办公厅	云南省“十四五”电子政务发展规划
613	云南省		2022.05.27	云南省人民政府	云南省“十四五”文化和旅游发展规划
614	云南省		2022.06.02	云南省人民政府办公厅	2022年云南省政务公开工作要点
615	云南省		2022.06.02	云南省人民政府办公厅	高新技术产业开发区高质量发展18条措施和高新技术企业加快发展9条措施
616	云南省		2022.06.02	云南省人民政府办公厅	云南省“十四五”冷链物流发展实施方案
617	云南省		2022.06.09	云南省人民政府	贯彻落实扎实稳住经济一揽子政策措施的意见
618	云南省		2022.06.10	云南省人民政府	云南妇女发展规划和云南儿童发展规划
619	云南省		2022.06.20	云南省人民政府办公厅	积极推行行政执法包容审慎监管的意见
620	云南省		2022.06.26	云南省人民政府办公厅	“十四五”中国（云南）自由贸易试验区建设规划
621	云南省		2022.07.14	云南省人民政府办公厅	加快推进电子证照扩大应用领域和跨地区互通互认15条措施
622	云南省		2022.07.22	云南省人民政府	贯彻落实计量发展规划（2021—2035年）的实施意见
623	云南省		2022.07.29	云南省人民政府办公厅	云南省“十四五”现代物流业发展规划
624	云南省		2022.08.15	云南省人民政府	云南省碳达峰实施方案
625	云南省		2022.08.15	云南省人民政府办公厅	云南省政务服务平台移动端建设工作方案
626	云南省		2022.08.25	云南省人民政府	云南省“十四五”老龄事业发展和养老服务体系规划
627	云南省		2022.09.02	云南省人民政府办公厅	云南省“十四五”产业园区发展规划
628	云南省		2022.09.19	云南省人民政府	云南省“十四五”医疗卫生服务体系规划
629	云南省		2022.10.21	云南省人民政府办公厅	进一步优化营商环境降低市场主体制度性交易成本的若干措施

（续表）

序号	省 / 市	市 / 区	成文 / 发布日期	发布主体	规范名称
630	浙江省		2022.01.24	浙江省人民政府办公厅	加快推进新时代地方志事业发展的意见
631	浙江省		2022.03.31	浙江省人民政府办公厅	支持浙江中医药大学建设一流中医药大学的若干意见
632	浙江省		2022.04.07	浙江省生态环境厅	浙江省环境信息依法披露制度改革实施方案
633	浙江省		2022.05.19	浙江省广播电视局	浙江省广播电视和网络视听发展三年行动计划（2022—2024 年）
634	浙江省		2022.06.10	浙江省市场监督管理局	之江知识产权人才集聚行动计划（2022—2023 年）
635	浙江省		2022.06.16	浙江省人民政府办公厅	促进生物医药产业高质量发展行动方案（2022—2024 年）
636	浙江省		2022.07.30	浙江省人民政府	深化数字政府建设的实施意见
637	浙江省		2022.08.17	浙江省人民政府办公厅	浙江省城乡现代社区服务体系建设“十四五”规划
638	浙江省		2022.08.26	浙江省市场监督管理局	进一步推动浙江省广告产业稳进提质发展
639	浙江省		2022.08.30	浙江省人民政府	高质量发展建设全球先进制造业基地的指导意见
640	浙江省		2022.09.20	浙江省自然资源厅	支持省地理信息产业园高质量开放发展的实施意见
641	浙江省		2022.09.22	浙江省市场监管局 烟草专卖局 大数据发展管理局	推进烟草专卖零售准入准营“一件事”改革实施方案
642	浙江省		2022.10.24	浙江省市场监管局 新闻出版局 大数据发展管理局	《推进出版物零售准入准营“一件事”改革实施方案》《推进音像制品制作准入准营“一件事”改革实施方案》《推进包装装潢印刷品印刷准入准营“一件事”改革实施方案》《推进其他印刷品印刷准入准营“一件事”改革实施方案》
643	浙江省		2022.10.30	浙江省经信厅等 14 部门	深入推进服务型制造促进制造业高质量发展的实施意见
644	浙江省		2022.11.04	浙江省人民政府	加快推进气象高质量发展的实施意见
645	浙江省		2022.12.01	浙江省科技厅　财政厅	关于进一步加强省级科技计划绩效评价的实施意见（试行）
646	重庆市		2022.01.01	重庆市人民政府	重庆市营商环境创新试点实施方案
647	重庆市		2022.01.05	重庆市人民政府	重庆市科技创新“十四五”规划（2021—2025 年）

（续表）

序号	省 / 市	市 / 区	成文 / 发布日期	发布主体	规范名称
648	重庆市		2022.01.08	重庆市人民政府	重庆市就业促进“十四五”规划（2021—2025 年）
649	重庆市		2022.01.10	中共重庆市委 重庆市人民政府	重庆市法治政府建设实施方案（2021—2025 年）
650	重庆市		2022.01.11	重庆市人民政府办公厅	重庆市大健康产业发展“十四五”规划（2021—2025 年）
651	重庆市		2022.01.11	重庆市卫生健康委员会	重庆市卫生健康发展“十四五”规划
652	重庆市		2022.01.13	重庆市人民政府办公厅	重庆市创建“设计之都”行动方案
653	重庆市		2022.01.14	重庆市人民政府	重庆市金融改革发展“十四五”规划（2021—2025 年）
654	重庆市		2022.01.14	重庆市人民政府办公厅	重庆高新区国民经济和社会发展第十四个五年规划和二〇三五年远景目标纲要
655	重庆市		2022.01.16	重庆市人民政府	重庆市医疗卫生服务体系“十四五”规划（2021—2025 年）
656	重庆市		2022.01.16	重庆市人民政府办公厅	重庆市医疗保障“十四五”规划（2021—2025 年）
657	重庆市		2022.01.17	重庆市人民政府办公厅	重庆国际生物城建设发展三年行动计划（2022—2024 年）
658	重庆市		2022.01.19	重庆市人民政府办公厅	重庆市现代物流业发展“十四五”规划（2021—2025 年）和重庆市口岸发展“十四五”规划（2021—2025 年）
659	重庆市		2022.01.22	重庆市人民政府办公厅	重庆市城乡环境卫生发展“十四五”规划（2021—2025 年）
660	重庆市		2022.01.25	重庆市人民政府	关于高质量创建广阳湾智创生态城的意见
661	重庆市		2022.01.25	重庆市商务委	重庆市“十四五”电子商务发展规划
662	重庆市		2022.01.27	重庆市人民政府	重庆市生态环境保护“十四五”规划（2021—2025 年）
663	重庆市		2022.01.27	重庆市人民政府办公厅	重庆市民政事业发展“十四五”规划（2021—2025 年）
664	重庆市		2022.01.27	重庆市商务委	重庆市商贸物流发展“十四五”规划
665	重庆市		2022.01.30	重庆市人民政府办公厅	关于加快发展保障性租赁住房的实施意见
666	重庆市		2022.02.01	重庆市人民政府	关于支持西部（重庆）科学城高质量发展的意见
667	重庆市		2022.02.16	重庆市人民政府办公厅	关于推进中心城区路网更新的意见

（续表）

序号	省/市	市/区	成文/发布日期	发布主体	规范名称
668	重庆市		2022.02.21	重庆市人民政府	重庆市养老服务体系建设“十四五”规划（2021—2025年）
669	重庆市		2022.03.02	重庆市人民政府	重庆市战略性新兴产业发展“十四五”规划（2021—2025年）
670	重庆市		2022.03.11	重庆市人民政府办公厅	关于做好2022年市级重大项目实施有关工作
671	重庆市		2022.03.12	重庆市人民政府办公厅	2022年重庆市政务服务工作要点
672	重庆市		2022.03.13	重庆市人民政府办公厅	重庆市加快发展外贸新业态新模式实施方案
673	重庆市		2022.03.18	重庆市人民政府	重庆市文化和旅游发展“十四五”规划（2021—2025年）
674	重庆市		2022.03.18	重庆市人民政府办公厅	重庆市城镇住房发展“十四五”规划（2021—2025年）
675	重庆市		2022.03.25	重庆市人民政府	重庆市高价值发明专利质量提升行动方案（2022—2024年）
676	重庆市		2022.03.31	重庆市人民政府	重庆市文化和旅游发展“十四五”规划（2021—2025年）
677	重庆市		2022.04.28	重庆市农业农村委员会	重庆市高标准农田建设规划（2021—2030年）
678	重庆市		2022.05.06	重庆市人民政府办公厅	重庆市科技型中小企业创新发展行动计划（2022—2025年）
679	重庆市		2022.05.09	重庆市人民政府办公厅	2022年“渝快办”全市一体化政务服务平台优化提升工作方案
680	重庆市		2022.05.15	重庆市人民政府	关于2021年重庆市教学成果奖励的决定
681	重庆市		2022.05.16	重庆市人民政府办公厅	贯彻落实国务院办公厅2022年政务公开工作要点任务分工
682	重庆市		2022.06.11	重庆市人民政府办公厅	重庆市2022年优化营商环境激发市场主体活力重点任务清单
683	重庆市		2022.06.11	重庆市人民政府办公厅	重庆市促进房地产业良性循环和健康发展若干措施
684	重庆市		2022.06.11	重庆市人民政府办公厅	重庆市能源发展“十四五”规划（2021—2025年）
685	重庆市		2022.06.15	重庆市人民政府	重庆市城市基础设施建设“十四五”规划（2021—2025年）
686	重庆市		2022.06.15	重庆市人民政府办公厅	重庆开放大学综合改革发展方案
687	重庆市		2022.06.22	重庆市人民政府办公厅	重庆市进一步释放消费潜力促进消费持续恢复若干措施

（续表）

序号	省/市	市/区	成文/发布日期	发布主体	规范名称
688	重庆市		2022.06.25	重庆市人民政府	重庆市城市更新提升“十四五”行动计划
689	重庆市		2022.07.07	重庆市人民政府	重庆市计量发展规划（2021—2035年）
690	重庆市		2022.07.09	重庆市人民政府	以实现碳达峰碳中和目标为引领深入推进制造业高质量绿色发展行动计划（2022—2025年）
691	重庆市		2022.07.09	重庆市人民政府办公厅	关于推动城乡建设绿色发展的实施意见
692	重庆市		2022.07.12	重庆市人民政府办公厅	重庆市冷链物流高质量发展“十四五”规划（2021—2025年）
693	重庆市		2022.07.15	重庆市人民政府办公厅	重庆市软件和信息服务业“满天星”行动计划（2022—2025年）
694	重庆市		2022.07.17	重庆市人民政府办公厅 四川省人民政府办公厅	共建长江上游航运中心实施方案
695	重庆市		2022.07.29	重庆市人民政府办公厅	关于推动住宿业规范发展的意见
696	重庆市		2022.08.01	重庆市民政局	重庆市城乡社区服务体系建设“十四五”规划（2021—2025年）
697	重庆市		2022.08.03	重庆市人民政府办公厅	重庆市体育发展“十四五”规划（2021—2025年）
698	重庆市		2022.08.11	重庆市人民政府 四川省人民政府	重庆都市圈发展规划
699	重庆市		2022.09.14	重庆市人民政府办公厅	关于加强非煤矿山安全生产工作的实施意见
700	重庆市		2022.09.15	重庆市人民政府办公厅	重庆临空经济示范区建设实施方案（2022—2025年）
701	重庆市		2022.11.01	重庆市教委等7部门	重庆市教委等部门重庆市“十四五”特殊教育发展提升行动计划实施方案
702	重庆市		2022.12.14	重庆市人民政府办公厅 四川省人民政府办公厅	成渝共建西部金融中心规划联合实施细则
703	重庆市		2022.12.15	重庆市经信委	重庆市材料工业高质量发展“十四五”规划
704	重庆市		2022.12.20	重庆市人民政府办公厅	重庆市推动12345政务服务便民热线与110报警服务台高效对接联动实施方案
705	重庆市		2022.12.21	重庆市新型冠状病毒肺炎疫情防控指挥部综合办公室	关于转发加强农村地区新冠肺炎疫情防控和健康服务工作方案

三、国外人工智能法律与政策

（一）基本概况

1. 法律层面：缓慢推进人工智能治理

过去几年，大数据和人工智能等技术的快速发展，带来了人们关于数据安全和隐私保护的担忧，很多国家和地区纷纷出台数据安全法、个人信息和隐私保护法等法律法规、政策标准和伦理准则等规范，因此技术发展、应用处于前沿的地区，数据保护领域的立法日趋完善，而人工智能和算法规制等专门立法则进展缓慢。2022 年，由于全球新冠疫情、俄乌冲突、美国技术封锁等局势和趋势影响，通货膨胀、跨境贸易等发展放缓，科技壁垒增加，人工智能技术进展缓慢，人工智能领域的专门立法也因面临发展与规制的争论，在缓慢推进。在欧盟，推出了《数据治理法案》，希望促进区域内的数据共享，增强数据的可用性，激发创新活力；涉及人脸识别等的保护和人工智能侵害责任等规范逐步细化。欧盟 2021 年提出的《人工智能法案》（AIA）提案，尽管欧盟理事会 2022 年 12 月 6 日就该提案达成一致立场，但是因为 2022 年 12 月以来，生成型人工智能系统（如 ChatGPT）等新技术带来的问题考验，该提案面临新的挑战，目前仍在争论过程中。在美国，立法主要强调保持半导体产业垄断地位，进一步加强数据和隐私保护，回应公众的数据安全和隐私焦虑；而加强人工智能监管的法案仍处在提案过程中，人工智能风险监管框架的出台为合规提供了方向指引，但是并不具备强制执行力。此外，俄罗斯加强了对生物识别信息的法律保护，泰国也开始加强数据隐私保护。

2. 政策层面：鼓励人工智能的创新应用

世界各主要国家和地区的政策主要强调创新应用、数据隐私保护，而相对弱化人工智能安全的监管。2022 年全球经济低迷，因而科技创新的投入和产出不足，许多国家和地区希望通过政策鼓励人工智能创新和应用，带动经济发展。欧盟推动与美国的数据跨境传输谈判，达成原则性协议。英国发布《数字战略》，推动国家人工智能研究与创新计划，促进数字经济增长。美国的政策主要目的在于鼓励创新、实践，保持技术创新优势和军事人工智能的领先；支持量子算法等尖端科技发展，维持国家安全绝对优势地位。日本提出了人工智能战略，并从国家、地球和基础建设三个层面设定了具体的发展策略。新加坡推出了人工智能治理评估框架，在推动数字化转型、数字经济发展过程中，加强对人工智能的监管，防范可能存在的安全风险。此外，全球科技贸易协会也发布政策原则，希望提升人工智能系统的透明度，有效管控高风险的系统和用途。北约则是进一步实施人工智能计划，推动军事领域人工智能系统的应用，此举也引发世界对于人工智能技术安全的担忧。

（二）法律与政策

1. 欧洲缓慢推动人工智能监管迈向深入

在欧盟，虽然2022年人工智能治理的专项法案仍在争议讨论中未获通过，但是数据治理在逐渐深入，与人脸识别相关的执法规范逐渐明确。在2022年4月6日欧洲议会通过后，2022年5月16日，欧洲理事会批准了《数据治理法案》（DGA）。该法案是欧洲数据战略的重要组成部分，旨在促进欧盟的数据共享，增强数据的可用性，并建立一个值得信赖的环境，以便公司和初创企业能够访问更多可用于开发新产品和服务的数据。该法案将建立健全机制，以促进某些类别的受保护公共部门数据的再利用，增加对数据中介服务的信任，并在整个欧盟促进数据利他主义。《数据治理法案》主要涵盖以下内容。

（1）更广泛地再利用受保护的公共部门数据。DGA将创建一种机制，使某些类别的受他人权利约束的公共部门数据能够安全地重复使用，其中包括例如商业秘密、个人数据和受知识产权保护的数据等。允许这种类型的重复使用的公共部门机构需要适当配备技术，以确保隐私和机密性得到充分保护。DGA补充了《2019年开放数据指令》，该指令不涵盖此类数据。如果有正当理由和必要，可以对公共部门数据的再利用进行独家安排，以提供具有普遍意义的服务。现有合同的最长期限为30个月，新合同的最长期限为12个月。此外，欧盟委员会将建立一个欧洲单一访问点，该访问点具有可搜索的公共部门数据电子登记册。该登记册将通过国家单一信息点提供。

（2）数据中介的新商业模式。DGA创建了一个框架来培育一种新的商业模式——数据中介服务，这将为公司或个人提供一个可以共享数据的安全环境。对于公司而言，这些服务可以采用数字平台的形式，这将支持公司之间的自愿数据共享，并促进履行不仅由该法律规定，而且由其他立法规定的数据共享义务，无论是在欧洲层面还是国家层面而言。通过使用这些服务，公司将能够共享他们的数据，而不必担心数据被滥用或失去竞争优势。对于个人数据，此类服务及其提供者将帮助个人根据《通用数据保护条例》(GDPR)行使他们的权利。这将帮助人们完全控制他们的数据，并允许他们与他们信任的公司分享这些数据。数据中介服务提供商需要在登记册中列出，以便客户知道中介服务提供商可以被信任。中介服务提供商可能会对交易收取费用，但是不得将共享数据用于其他目的。

(3)为了共同利益的数据利他主义。DGA还使个人和公司更容易为公共利益(例如医学研究项目)自愿提供数据。寻求为一般利益目标收集数据的实体，可以要求将其列入公认的数据利他组织的国家登记册。注册组织将在整个欧盟得到认可。这将建立对数据利他主义的必要信任，鼓励个人和公司向此类组织捐赠数据，以便将它们用于更广泛的社会利益。如果一个组织想要被DGA认定为数据利他主义组织，则必须遵守特定的规则手册。

(4)欧洲数据创新委员会。将创建一个新的结构，即欧洲数据创新委员会，以建议和协助委员会加强数据中介服务的互操作性，并发布关于如何促进数据空间发展的指南，或从事其他必要工作。

(5)非个人数据的国际访问和传输。DGA为公共部门数据、数据中介服务和数据利他主义组织创建保护措施，防止非法国际转移或政府访问非个人数据。对于个人数据，欧盟已经根据GDPR提供了类似的保护措施。特别是，欧洲数据创新委员会可以通过二级立法，要求特定的非欧盟国家为使用从欧盟转移的非个人数据提供适当的保障。这些决定类似于GDPR规范下，与个人数据相关的充分性决定。当有关国家采取了同等措施以确保与欧盟或成员国法律提供的保护水平相似时，则认为此类保障措施达到欧盟标准。此外，委员会还可以为非个人数据被转移到第三国的情况制定一套合同条款。

欧盟认为，借助新的数据共享立法，企业将受益于更低的数据成本和更低的市场进入壁垒，从而使他们能够更快地投放产品。同时，这一立法契合“欧洲共同的数据空间应使数据可查找、可访问、可互操作和可重复使用”(FAIR数据原则)，同时确保高水平的网络安全。

在规制人脸识别技术应用方面，2022 年 5 月 16 日，欧盟数据保护委员会（EDPB）通过了《执法领域人脸识别技术应用指南》。该指南为欧盟和成员国立法者以及执法机构提供了实施和使用人脸识别技术系统的指导，人脸识别工具只能在严格遵守该指南的情况下才能使用。同时，根据《基本权利宪章》的规定，只有在必要和适当的情况下才能使用人脸识别工具。此外，EDPB 认为以下行为应当被禁止（见图 1-51）。

（1）在公共场所对个人进行远程生物识别。

（2）人脸识别系统根据个人生物特征，根据种族、性别、政治或性取向或其他歧视理由，将个人分为若干类。

（3）人脸识别或类似技术来推断自然人的情绪。

（4）执法环境中处理个人数据，这将依赖于一个数据库，该数据库由大规模、不加区分地收集的个人数据组成，例如通过“抓取”，在线访问的照片和人脸照片。

图 1-51　欧盟数据保护委员会（EDPB）认为应当禁止的人脸识别场景

2022 年 9 月 28 日，欧盟委员会通过了《人工智能责任指令》（AI Liability Directive，AILD）和《产品责任指令》（Directive of the European Parliament and of the Council on Liability for Defective Products，PLD）修订版两项法案，前者确定了人工智能系统所致损害的法律适用规则，后者将人工智能致人损害的法律适用范围扩展到配有人工智能的产品。作为一项全新立法，《人工智能责任指令》无先例可循，经历了一番争议后终于获得。该指令涵盖了基于人工智能提供者、开发者、使用者的过失或不作为而提出的赔偿责任，有助于保护受害者获得有效补救。将人类决策从可能造成伤害的原因中剔除，会给现有的监管框架带来法律、道德等多方面的挑战，要求人工智能承担损害责任符合公众、企业和监管者的利益，否则就无法促进人工智能更好地为人类和社会提供服务。

在数据跨境安全方面，2022 年 3 月 25 日，欧盟与美国就跨大西洋数据传输的新框架达成原则性协议。EDPB 在收到欧盟委员会的相关文件后，根据欧盟法律、CJEU 判例法和委员会先前的建议，仔细评估新框架可能带来的改进。2022 年 12 月 13 日，欧盟委员会启动了《欧盟—美国数据隐私框架充分性决定》（Adequacy Decision for the

EU-US Data Privacy Framework）的进程，并公布了“充分性决定草案”，其附录内容涵盖一份对于跨大西洋个人数据交换的新的文本框架，即《欧盟—美国数据隐私框架》（DPF），该框架旨在取代之前的隐私盾协议，该协议于2020年7月16日被欧盟法院（CJEU）在Schrems II案件的裁决中宣布无效。DPF的关键组成部分是“EU-US数据隐私框架准则”，包括其补充准则（统称为“DPF准则”）。欧盟委员会于2023年2月28日通过了该“充分性决定草案”。在决定草案中，欧盟委员会的结论是“美国公共当局在欧盟—美国数据隐私框架下，基于公共利益考虑对个人数据被从欧盟转移到美国的个人主体所进行的任何干涉，特别是基于刑事执法和国家安全目的的干涉，将仅限于为实现某种合法目的的严格必要的范围内，且存在对于此类干涉行为的有效法律保护”。

在法国，基于GDPR的人工智能监管正在逐步落实。2022年4月5日，法国数据保护机构（CNIL）发布了一组关于人工智能的合规指南——《面向人工智能的GDPR合规指南》（见图1-52），旨在为基于人权和基本价值观的人工智能监管框架的发展作出贡献，从而取得欧洲公民的信任。该指南的内容主要针对三类受众：普通公众、数据控制者和处理者，以及人工智能专家。

（1）定义使用目的

- 在项目设计中首先明确AI技术的适用目的，如明确基于机器学习的AI模型在学习阶段（即开发和训练AI模型阶段）与生产阶段独立的个人数据处理目的。

（2）明确法律基础

- 在GDPR提供的6类处理个人数据的法律基础中明确所适用的法律基础。需特别注意，为“科学研究”处理个人数据并非法定的法律基础之一。

（3）构建数据库

- 为涉及的个人数据创建数据库，数据库的构成包括：a. 专为数据库建立（以用于算法验证等）目的收集的数据；b. 重复利用已经为其他目的所收集的数据。就后一种情形，需充分评估其合法性。

（4）最小化数据

- 严格遵循GDPR第9条的要求，确保收集和使用的个人数据的最小化。建议采取的措施包括明确并清晰区分AI模型训练和运行所必须的数据类型、批判性地评估所需的数据类型与数量、应用数据假名化技术或数据过滤/混淆机制、建立并保留数据处理日志、评估数据处理风险、采用访问控制管理以确保数据安全等。

（5）防范与AI模型相关的风险

- 避免基于非法收集的数据训练AI模型。同时，尽管根据个人数据训练的AI模型不必然包含个人数据，但仍需注意避免AI模型遭受攻击导致数据泄露。

图1-52　法国数据保护机构有关人工智能合规指南的要点

在对数据控制者和处理者的指导方面，CNIL 特别发布了 1978 年 1 月 6 日《关于数据处理、数据文件和个人自由的第 78-17 号法案》和《通用数据保护条例》，在基于人工智能系统的个人数据处理的实施中或在更具体问题上的 CNIL 立场，包括建立适当的处理法律依据、数据保留期限确定、防范与人工智能模型相关的风险、确保透明度和可解释性以及促进数据主体权利等。此外，CNIL 还发布了人工智能系统自我评估指南。

在英国，为了加强英国作为科技大国的地位，2022 年 6 月 13 日，英国数字、文化、媒体和体育部（DCMS）发布《数字战略》，明确了英国充满活力、有弹性和不断增长的数字经济有 4 个基础支柱（见图 1-53）。现已提交议会的《在线安全法案》是一项开创性的立法，它将开创全球先例，并为英国提供强大的监管和法律工具，以确保互联网用户，尤其是儿童和弱势群体的安全。允许用户在线发布内容或相互交互的服务以及搜索服务将需要删除和限制非法内容的传播，并采取更多措施保护儿童免受在线有害内容的影响。同时，该法案将捍卫言论自由和新闻自由的宝贵作用。英国《国家人工智能战略》的支柱之一是通过促进更多人工智能应用来确保人工智能惠及所有部门和地区。英国研究与创新委员会（UKRI）将通过启动国家人工智能研究与创新计划（R&I）来支持英国人工智能能力的转变，以刺激人工智能技术在高潜力、低人工智能成熟度领域的开发和应用。DCMS 下属的数据伦理与创新中心（CDEI）

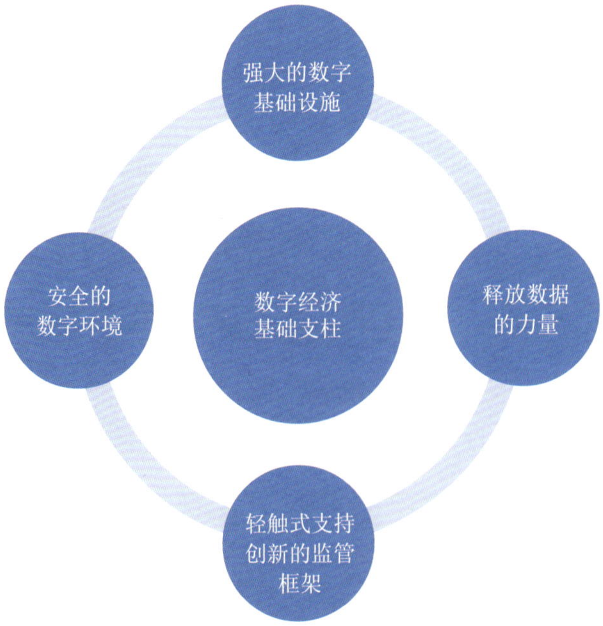

图 1-53　英国数字经济的 4 个基础支柱

推出了人工智能保障路线图，其中列出了不同群体需要发挥的作用，以及需要在 6 个优先领域采取的步骤，以开发负责任的人工智能保障生态系统。

2. 美国鼓励创新适度监管确保领先地位

（1）促进人工智能的优势地位。2022 年 3 月 28 日，美国参众两院通过的《2022 年美国竞争法案》（H.R. 4521）发布，该法案的“第 2 章　网络和人工智能”下的第一节内容为“推进美国人工智能”，也被称为《推进美国人工智能法案》。出台该法案的主要目的是鼓励人工智能创新，以增强美国在科技领域的全球竞争力（见图 1-54）。该法案还给出了“人工智能系统”的定义，① 明确了在政府部门中使用人工智能的原则和政策（见图 1-55）。该法案还要求定期提供“机构清单和人工智能使用案例”。机

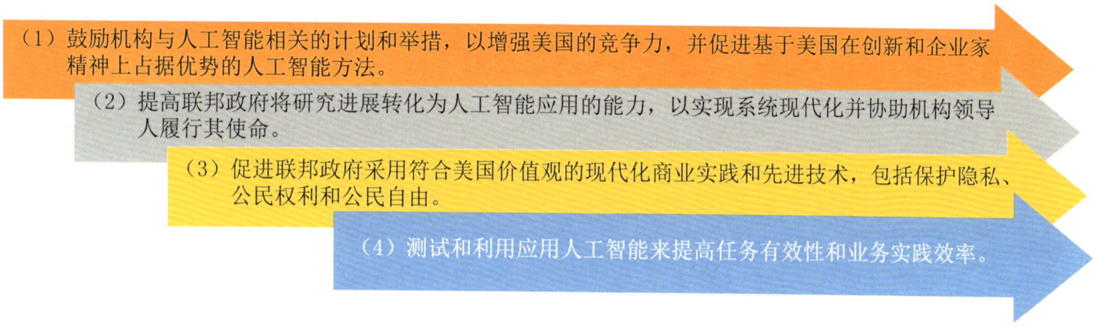

图 1-54　美国鼓励人工智能创新提升竞争力的举措

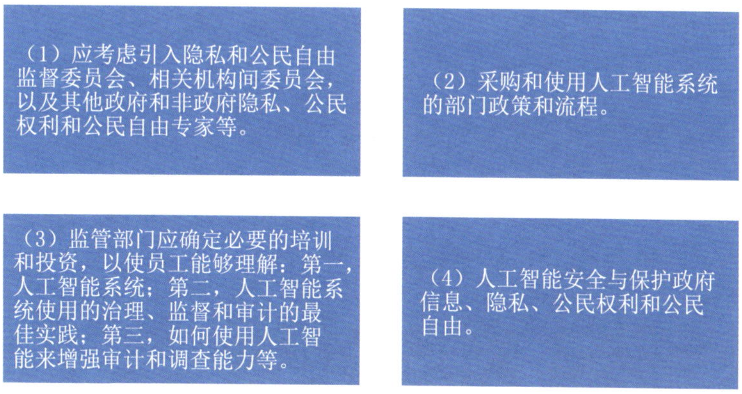

图 1-55　美国规定政府部门中使用人工智能的原则和政策

① 《推进美国人工智能法案》中“人工智能系统”的定义：（1）指全部或部分使用动态或静态机器学习算法或其他形式的人工智能运行的任何数据系统、软件、应用程序、工具或实用程序，无论是：第一，建立数据系统、软件、应用程序、工具或实用程序的主要目的是研究、开发或实施人工智能技术；第二，人工智能能力被集成到另一个系统或机构业务流程、运营活动或技术系统中；（2）不包括任何嵌入了人工智能的常见商业产品，例如文字处理器或地图导航系统。

构的负责人准备和维护该机构的人工智能使用案例清单，包括当前和计划的用途；在可行且符合适用法律和政策的情况下与其他机构共享机构清单，包括有关保护隐私和敏感执法、国家安全和其他受保护信息的法律和政策等。

量子计算机及相关算法是科技竞争的重要领域，对于维护国家安全也具有重要意义。2022 年 9 月 7 日，美国国家安全局（NSA）发布国家安全系统（NSS）的未来抗量子（QR）算法要求“商业国家安全算法套件 2.0”（CNSA2.0）的网络安全咨询（CSA），以通知国家安全系统所有者、运营商和供应商未来的 QR 算法国家安全系统的要求，包含机密信息或对军事和情报活动至关重要的网络。商业国家安全算法套件中提供的算法适用于所有使用公共密码算法的国家安全系统。这包括国家安全系统中使用的所有信息，无论是机密的还是非机密的。除非获得豁免，否则通常禁止使用未经政府批准的任何其他加密算法。与密码分析相关的量子计算机（CRQC）将有可能破坏当今使用的公钥系统（常被称为非对称密码学）。鉴于对量子计算的追求，现在需要为向 QR 算法的过渡进行计划、准备和预算，以确保在 CRQC 成为可实现的现实时持续保护国家安全系统和相关资产。

（2）立法垄断半导体产业优势。芯片半导体产业是提供高质量算力支撑的基础，也是人工智能科技竞争的重要环节。2022 年 9 月 6 日，美国商务部发布《2022 年美国芯片与科学法：芯片资金战略》，落实 500 亿美元“美国芯片激励计划”，以振兴国内半导体行业并刺激创新，确保美国在半导体行业的绝对领先地位。该计划实施三方面的举措（见图 1-56），以实现四个主要目标：第一，在美国建立和扩大领先半导体的国内生产；第二，构建充足稳定的成熟节点半导体供应；第三，投资研发以确保在美国开发和生产下一代半导体技术；第四，创造数以万计的高薪制造业工作岗位和

（1）对前沿制造业的大规模投资	（2）提升当前芯片、专业技术以及半导体行业供应商的新制造能力	（3）加强美国研发领导地位的举措
• 芯片激励计划将把大约四分之三的奖励资金（约280亿美元），用于在国内生产需要目前最复杂制造工艺的尖端逻辑和存储芯片。这些金额可用于赠款或合作协议，或用于补贴贷款或贷款担保。	• 芯片激励计划将增加一系列节点的半导体产量，包括用于国防和汽车等关键商业领域的芯片、信息和通信技术以及医疗设备（至少占激励资金的四分之一，即约100亿美元）。	• 芯片研发计划将投资110亿美元用于国家半导体技术中心、国家先进封装制造计划、三个新的美国制造研究所以及NIST计量研究和开发计划。

图 1-56　美国芯片激励计划三方面的举措

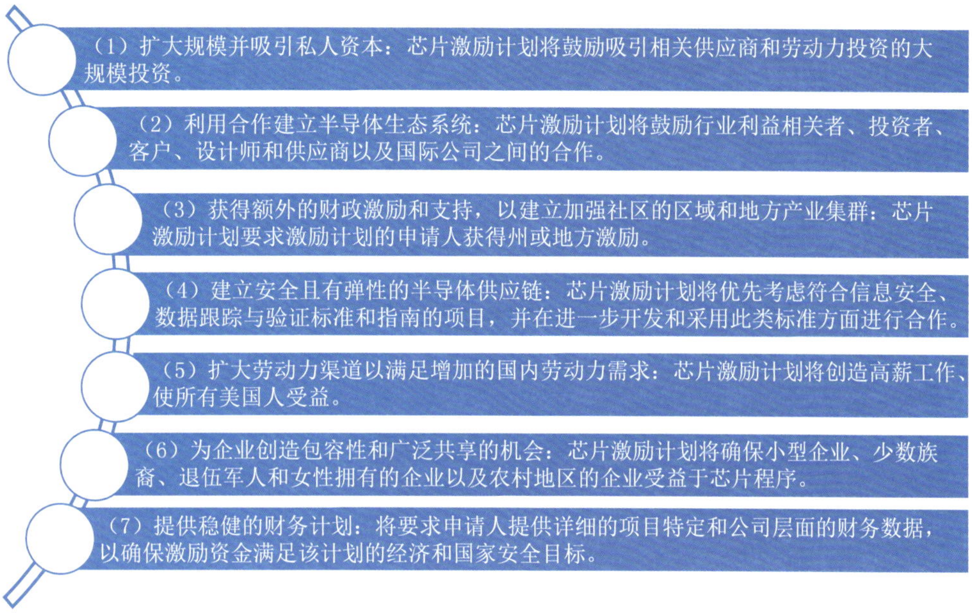

图 1-57　美国芯片激励计划明确了潜在申请人需满足的标准

十万多个建筑工作岗位。该战略还为潜在申请人提供了明确的建议，加强了商务部对推进长期战略目标和确定评估申请标准的承诺（标准详见图 1-57）。

（3）国防领域的优势持续加强。2022 年 6 月 22 日，美国国防部签署了《负责任的人工智能战略和实施路径》（RAI S&I Pathway）的文件。该文件旨在贯彻落实 2020 年 2 月通过的《人工智能道德原则》，以确保人工智能在符合道德原则的方向上加速发展。根据该文件，随着对人工智能技术的依赖，国防部仍然专注于以符合美国价值观、共同民主理想以及军队对合法和道德行为的坚定承诺的方式利用这项技术的必要性。由此产生的国防部《负责任的人工智能战略和实施途径》（the Responsible Artificial Intelligence Strategy and Implementation Pathway，RAI S&I Pathway）围绕六个原则组织，并确定了以下努力方向（见图 1-58）。通过在军事道德和空军安全方面发挥领导作用，国防部能够赢得军人、文职人员和公众的信任。

为了扩大人工智能在军事领域的应用，2022 年 3 月 15 日，美国国防部发布“联合全域指挥与控制（JADC2）实施计划”。该计划使联合部队能够使用自动化、人工智能、预测分析和机器学习快速“感知”“理解”和“行动”等整个战场上的信息，通过弹性网络和态势感知技术提供智能的解决方案。据已公开的信息，该战略提供了六项指导原则：第一，提升信息共享能力，改进在企业层面进行设计和扩展；第二，

（1）现代化治理结构和流程，允许持续监督国防部对人工智能的使用，同时考虑到使用该技术的环境。

（2）使系统操作员达到标准的技术熟悉程度，从而对人工智能和启用人工智能的系统有合理的信心。

（3）在人工智能产品和采购生命周期中采取适当的谨慎措施，以确保从人工智能项目的一开始就考虑潜在的人工智能风险，并努力减轻或消解此类风险并减少意外后果，同时以国防部需要的速度开发符合国防战略的人工智能。

（4）使用需求验证流程，确保利用人工智能的能力与运营需求保持一致，同时应对相关的人工智能风险。

（5）通过国内和国际参与，促进对负责任的人工智能设计、开发、部署和使用的共同理解。

（6）确保所有国防部人工智能工作人员对技术、其开发过程以及适用于实施负责任的人工智能的操作方法有适当的理解。

图 1-58　美国国防部“负责任的人工智能战略和实施途径”的 6 个原则

改进采用分层安全功能；第三，数据结构由高效、可演进且广泛适用的通用数据标准和架构组成；第四，必须在衰弱和竞争性电磁环境中具有弹性；第五，部门开发和实施流程必须统一，以提供更有效的跨领域能力选择；第六，部门开发和实施流程必须以更快的速度执行。

2022 年 9 月 15 日，美国白宫发布《关于确保外国投资委员会考虑不断演变的国家安全风险的行政令》，要求美国外国投资委员会：第一，应酌情考虑涵盖交易对国防工业基础内外的制造能力、服务、关键矿产资源或对国家安全至关重要的技术的供应链弹性和安全的影响，包括微电子、人工智能、生物技术和生物制造、量子计算、先进清洁能源（如电池储能和氢气）、气候适应技术、关键材料（如锂和稀土元素）、农业产业基础元素对粮食安全等。第二，应酌情考虑涉及的交易是否涉及制造能力、服务、关键矿产资源或对美国技术领先地位和国家安全至关重要的技术，例如微电子、人工智能、生物技术和生物制造、量子计算、先进的清洁能源和气候适应技术。此外，还要求美国采取行动，防止破坏存储、数据库或包含敏感数据的系统中数据的保护或完整性的活动。

（4）促进自动驾驶和隐私保护。在自动驾驶制度发布后，2022 年 3 月，美国交通部（DOT）就联网和自动驾驶汽车（CAV）相关的问题，发布首个修改联邦机动车辆安全标准（FMVSS）的最终规则，以考虑配备自动驾驶系统（ADS）且不考虑传统手动控制的车辆与人类驾驶员的关系。对“驾驶员座椅”和“方向盘”等不适用或不准确的术语进行了调整，其首要目标是解决因将 FMVSS 应用于配备 ADS 的车辆而产生的所有歧义。最后，最终规则修改了标准，以保持目前为传统设计车辆中的乘员提供的安全水平。

联邦立法者也参与了与 CAV 相关的问题。众议院交通和基础设施小组委员会在 2022 年 2 月初举行了一场名为“自动驾驶汽车的未来之路”的听证会，专家、劳工领袖和行业代表在听证会上强调了增加消费者对自动驾驶汽车的信任度的必要性，并呼吁建立一个国家框架来促进 CAV 的安全部署。此外，2022 年 2 月 28 日，加州公用事业委员会（CPUC）向 Cruise LLC 和 Waymo LLC 公司颁发了首个“驱动部署”许可证，允许在有安全驾驶员在场的 CAV 中提供乘客服务。CPUC 使用术语“驱动”来指代存在安全驱动器的 CAV，而那些没有安全驱动器的 CAV 被称为“无人驾驶”。

在数据隐私保护方面，2022 年 5 月 11 日，美国众议院通过了《促进数字隐私技术法案》(Promoting Digital Privacy Technologies Act，H.R.847)，接着将由参议院进行下一步审议。该法案是一项拟议的支持隐私增强技术研究和促进负责任数据使用的法案。该法案通过实施多种举措，促进数字隐私技术的升级（见图 1-59）。其中，隐私增强技术作为一种广泛的技术，允许组织收集、共享和使用数据，同时减轻这些活动产生的隐私风险。

（1）资助技术研发	• 要求美国国家科学基金会对研究机构、企业提供资金支持，鼓励开展对隐私增强技术的竞争性基础研究，扩大隐私技术研发的资助范围。
（2）培养专门人才	• 要求教育机构尽快完善隐私专业人才培养机制，确保人才集中学习数字隐私岗位所需要的知识和技能，形成体系性的知识和技能。完善隐私人才培养模式，让受教育人群在实践中培养技能，进一步缓解专业人员短缺问题。
（3）制定技术标准	• 由美国国家技术标准研究院牵头，制定统一的数字隐私技术标准，确保不同企业的产品质量统一，以加速开发、部署和采用隐私增强技术。
（4）推动部门协作	• 提高数字隐私技术的宣传力度，大力推动政府部门、科研机构和产业界之间在增强隐私技术方面的沟通和协同合作。

图 1-59　美国促进数字隐私技术升级的措施

（5）趋于人工智能的监管治理。能源领域的安全，关系到国家发展的物质条件基础安全，是美国重点保护的领域之一。2022 年 4 月 18 日，美国能源部（DOE）宣布成立首届人工智能促进委员会（AIAC）。AIAC 将领导该部门的人工智能治理、创新和人工智能伦理。通过与工业界、学术界和政府的内部和外部伙伴关系，AIAC 将协调人工智能活动并确定能源部人工智能优先事项，以提高国家的经济竞争力和安全性。AIAC 成员将就人工智能战略和实施计划提出建议，以支持由人工智能和技术办公室领导的更广泛的美国能源部人工智能战略。值得注意的是，美国能源部还于 2022 年 3 月 24 日宣布，将向高能物理公司的人工智能研究项目提供 1000 万美元的资金，以支持利用人工智能进一步了解基本粒子及其相互作用的研究。

鉴于科技平台等应用人工智能对用户权益及社会产生危害，对于人工智能的监管需要逐步加强。2022 年 9 月 8 日，美国白宫发布加强竞争和技术平台问责的原则（见图 1-60），以实现对科技平台监管的改革，涉及隐私保护和算法监管等内容，重点关注六个关键领域：竞争；隐私；青少年心理健康；错误信息和虚假信息；非法和虐待行为，包括性剥削；算法歧视和缺乏透明度。

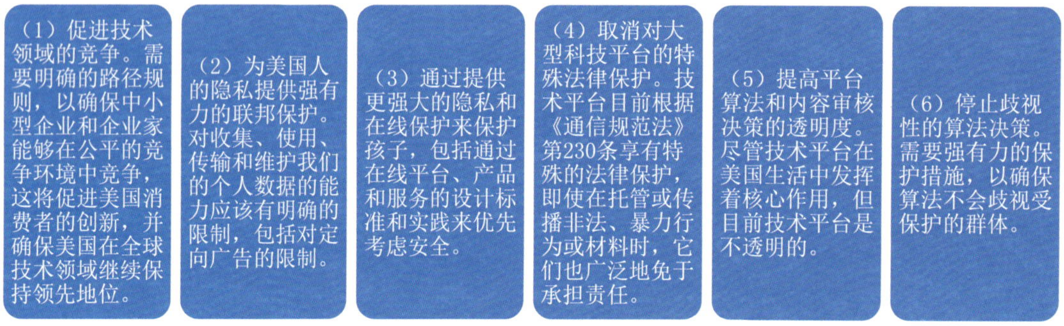

图 1-60　美国白宫明确加强竞争和技术平台问责的原则

2022 年 10 月 7 日，美国白宫科技政策办公室（OSTP）发布“人工智能权利法案蓝图”，鼓励各机构将人工智能原则付诸实践。该文件为政府、科技公司和公民如何合作以确保更负责任的人工智能提供了一个重要框架。该蓝图的目的是“帮助指导自动化系统的设计、使用和部署，以保护美国公众”，共包含五项原则（见图 1-61），这些原则是非监管性和非约束性的，每项原则都包括一个技术伙伴，为负责任地实施这些原则提供指导。

2022 年 3 月 17 日，美国国家标准与技术研究院（NIST）发布《人工智能风险管理框架（第一版）》（草案）征求各方意见；2022 年 8 月 18 日，NIST 发布《人工智

（1）安全有效的系统	（2）算法歧视保护	（3）数据隐私	（4）注意和说明	（5）备选方案
• 应该保护您免受不安全或无效的系统的影响。	• 您不应面临算法歧视，系统应以公平的方式使用和设计。	• 您应该通过内置的保护措施免受滥用数据做法的影响，并且您应该对如何使用您的数据拥有代理权。	• 您应该知道正在使用自动化系统，并了解它如何以及为什么会促成影响您的结果。	• 您应该能够在适当的情况下选择退出，并且可以联系能够快速考虑和解决您遇到的问题的人。

图 1-61　美国“人工智能权利法案蓝图”提出的五项原则

能风险管理框架（第二版）》(草案）征求各方意见。最终于 2023 年 1 月 26 日正式发布了《人工智能风险管理框架》(Artificial Intelligence Risk Management Framework，AI RMF 1.0）及配套使用手册（AI RMF Playbook），旨在推动美国建立可信赖的人工智能技术研究开发和应用体系。尽管这份风险管理框架不具有法律约束力，只是 NIST 提出的建议性框架，但是其可供相关组织设计与管理可信赖和负责任的人工智能，指导机构组织在开发和部署人工智能系统时降低安全风险，避免产生偏见和其他负面后果，提高人工智能可信度。《人工智能风险管理框架》给出了人工智能风险的定义，并明确了“可信赖”人工智能的七大特征（见图 1-62）。与欧盟的人工智能立

图 1-62　美国《人工智能风险管理框架》提出的“可信赖”人工智能七大特征

法相比，该监管框架不具有法律强制力，是一种“软”治理，需要依靠软法机制来发挥其影响力。

算法决测能够反映或加剧我们社会偏见和不平等的判断，当前广泛应用的算法，其工作方式几乎没有透明度，而且很少对歧视性结果负责。2022 年 2 月 3 日，美国参议员 Ron Wyden（D-OR）、参议员 Booker（D-NJ）和众议员 Clarke（D-NY）提出了《2022 年算法责任法案》，旨在提高当今用于重要决策的算法的透明度和问责制。《2022 年算法责任法案》要求公司完成算法影响评估，提供围绕给定算法系统的关键细节，指示联邦贸易委员会（FTC）制定法规，并雇用额外的员工来执行这些法规。然而，该法案至今尚未获得国会通过，仅在一定程度上代表了美国人工智能监管的趋势，未来能否变成生效法律，仍有待观察。

3. 日本发布人工智能战略并提升云服务

日本安倍内阁于 2016 年 1 月公布了日本第五期科学技术基本计划，并在此计划中提出了 Society 5.0（以下简称“社会 5.0”）的概念，将人类社会的发展划分为了 5 个阶段：原始狩猎时代的第一阶段；农耕社会的第二阶段；工业社会的第三阶段；信息社会的第四阶段，以及万物互联的第五阶段（社会 5.0 计划）。与强调通过人工智能技术建设智能工业体系的德国不同，日本的社会 5.0 计划将人格尊严设定为人工智能社会的，旨在活用大数据、人工智能、机器人及物联网等革新性技术，改变日本社会运作方式，根本性地解决少子高龄化、劳动力不足、城乡差异、环境问题及灾害应急等社会问题和社会需求的智能社会。2016 年之后，以 ChatGPT 为代表的人工智能技术不断更新迭代，美中等世界主要经济体在该领域的发展与投入更加重了日本政府的危机意识与紧迫感。自民党更是向政府谏言应建立人工智能政策制定的司令塔，围绕人工智能相关的技术研究、经济结构、人才培养、安全保障等主题，统筹制定连贯系统的法律政策，以确保日本的人工智能技术与产业运行在高效而安全的轨道之中。

（1）制度统领性的内阁府 AI 政策。内阁府在日本 AI 政策的制定工作中，一直肩负着引领指挥的统筹性角色。早在 2018 年，内阁府提出了人工智能社会“人格尊严”（Dignity，人类的尊严可以得到坚定维护）、“多样性”（Diversity & Inclusion，不同背景不同价值观的人可以追求多样化幸福）和“可持续发展”（Sustainability，人类可以活用智能技术有效解决环境污染及全球变暖等生存问题）的三项基本理念。为了更好地统筹相关技术的研发工作，更精准地制定符合技术及产业需求的法规政策，2018年日本内阁设立了“统合创新战略推进会议”机制，对作为产业技术创新司令塔的综合科学技术创新会议、数字社会推进会议、知识产权战略本部、健康医疗推进本部、宇宙开发战略本部、综合海洋政策本部以及地理空间信息利用推进会议进行协调整合，2021年4月则设立了科学技术·创新推进事务局，专门负责协调不同领域的学会研究及政策讨论工作，以降低政策重复并促进跨部门的合作。

2022年，统合创新战略推进会议发布了《人工智能战略2022》，设定了“人才培育”“提高产业竞争力”“建立系统的技术体系”“构建国际AI研究、教育、社会网络”和“危机管理”五项战略目标。特别是，针对“危机管理”，《人工智能战略2022》从国家、地球和基础建设三个层面设定了具体的发展策略。在国家层面，强调日本应加强与“友邦国家”的国际合作，大力发展可用于应对大规模灾害、灾后重建和劳动力低下等全国性危机的人工智能技术；在地球层面，该战略认为当今世界的社会经济活动需要进行重大的范式革命以达到保护生物多样性和自然资源的可再生利用目的，人工智能技术是该种范式革命不可或缺的，日本应加强对于此种技术的研究应用以抢占该领域的世界领导地位；在基础建设层面，应坚持以说明责任为基础的数字化社会基建，以实现生活便捷与信息安全的双重目的。此外，战略还新设了人工智能技术应用的具体目标（加强人工智能技术的可信赖性，为人工智能的活用提供足够的数据支撑，确保人工智能人才供给，通过政府推进人工智能技术的实际应用），以及经济安全保障视角的人工智能政策调整计划（实现与量子技术和生物科学的有机结合以形成相乘效果）。

（2）实操指导性质的总务省政策。2022年2月，总务省发布了《人工智能技术云服务指南》（以下简称《指南》），以规范化云服务供应者的人工智能技术使用行为，帮助其获得利用者的信赖，助力人工智能云服务技术的社会应用。该《指南》以云服务供应商为对象，以云服务提供过程中的具体场景为例，从获得消费者信赖和预防纠纷的角度，提出了应对建议。具体而言，其将人工智能云服务业务分为了技术开发和云服务提供两大部分。《指南》对技术开发阶段进行了从企划、开发准备到程序测试与调整的全周期切分，对于信息保护、外包流程与环境保护等问题提供了较为详尽的合规建议。对于服务提供阶段，《指南》将其区分为售前与售后。售前部分着眼于供应商的说明义务，对于人工智能技术性能说明、人工智能搜索结果的精确度说明、损害赔偿责任说明、获取使用者个人数据的利用说明等内容，进行了详细的分析与例示。售后部分则着眼于供应商对于技术持续改进升级的义务与对于人工智能搜索结果算出依据的说明义务。换言之，总务省广泛听取了业界与法律界对于人工智能云服务产业的顾虑与意见，期待《指南》可以在帮助从业者高效合规的同时，树立人工智能云服务行业的安全形象，以赢得消费者的信心与信赖。

同年，总务省还发布了《信息通信白皮书》，其中对一年来日本在信息通信领域的政策制度改革进行了总结。在乡村的数字基建问题上，2021 年年末，总务省专门设置了“总务省数字田园都市国家构想推进部”，围绕着“数字基建”“数据人才的培育与供给”“以解决地方课题为目的的数字技术实践”三个主轴，出具了一系列国家领导的数据推进计划。特别是在数据基建领域，2022 年出台了《数据田园都市国家基建计划》，切实推进乡村的信息通信基础建设计划，降低城市与乡村在数字生活上的差异性，以实现乡村振兴。在信息通信市场问题上，总务省于 2021 年下半年开启了《以 2030 年为阶段性目标的信息通信政策》会议，在 2022 年的会议报告中提到了中美竞争环境下以经济安全保障为目的的信息通信产业发展需求。

4. 新加坡发布人工智能治理评估框架

随着人工智能技术的普及，越来越多的产品和服务应用人工智能技术进行自动化决策，人工智能治理成为国际社会高度关注的问题。近年来，新加坡为加快数字经济发展，在不断推动社会数字化转型的同时，也注意防范可能存在的安全风险，加强对人工智能的监管。2019 年 1 月，新加坡就发布了亚洲首个人工智能监管模式框架（草案）；2020 年 1 月，又发布人工智能监管模式框架（第二版）。在总结以往经验的基础上，新加坡又加大投入，2022 年 5 月 25 日在全球抢先发布人工智能治理评估框架和工具包，邀请全球互联网巨头企业加入，体现了新加坡在发展人工智能技术、推动人工智能治理方面的雄心。

该评估框架和工具包由新加坡资讯通信媒体发展局（IMDA）和个人数据保护委员会（PDPC）共同开发，是全球首个官方发布的 AI 检测框架和工具包。A.I. VERIFY 属于最简化可行产品（MVP），旨在结合人工智能系统的技术评估和程序检查，提高评估主体与利益相关者之间的透明度。通过融入国际普遍接受的人工智能伦理准则、指南和框架，该框架最终形成了 11 项关键人工智能伦理准则和 5 大支柱。11 项伦理准则包括：透明性、可解释性、可复现性、安全性、鲁棒性、公平性、数据治理、可审计性、人类能动性与监管以及包容增长、社会和环境福利。5 大支柱描述了系统所有者和开发人员如何构建客户与消费者之间的信任关系，分别是人工智能和人工智能系统使用的透明性、理解人工智能模型如何作出决策、确保人工智能系统的安全和弹性、确保公平性以及确保人工智能系统的适当管理和监管。

工具包将为人工智能系统的开发人员、管理人员和业务合作伙伴生成一份评估报告，报告内容涵盖影响人工智能系统性能的一些主要领域。其中，透明度领域包括：使用人工智能能否实现既定结果、人工智能模型如何作出决策、人工智能预测的决策是否会出现偏差等。此外，报告还涉及人工智能系统的安全领域、弹性领域、人工智能系统问责制领域和监督领域。作为人类智能的产物，人工智能治理需要健全的伦理体系。随着人工智能技术的不断演进和应用场景日趋广泛，促进“人工智能向善”成为全球普遍达成的共识，建立一套能得到各国普遍接受的公正、透明、合理的评估体系至关重要。

5. 其他国家有关人工智能的相关立法

（1）泰国实施数据保护法律。2022 年 5 月 31 日，泰国出台《个人数据保护法》（Personal Data Protection Act B.E.2562，PDPA），并于 2022 年 6 月 1 日正式生效。PDPA 最初于 2019 年 5 月在泰国皇家公报上颁布，留有一年的宽限期。但由于新冠肺炎疫情的暴发和当地企业对此缺乏准备，泰国政府发布了皇家法令将合规期限延长至 2022 年 6 月 1 日。作为泰国数字经济转型路线中 12 项数字相关法律之一，新法律将在促进数字经济发展方面发挥关键作用。

PDPA 是泰国制定的第一部用于管理和保护数据的法律，该法案适用于在泰国境内为泰国提供产品或服务而处理个人数据的实体。PDPA 规定了数据控制者和数据处理者（包括公共和私人实体）在处理、收集或披露个人数据之前，应如何获得数据主体的同意。此外，PDPA 规定数据主体有权要求访问其个人数据，并有权删除此类数据。数据主体也有权反对收集、使用或披露他们的个人数据。

PDPA 也在多方面体现了欧盟《通用数据保护条例》中的内容。具体而言，该法规要求数据控制者和处理者具有处理个人数据（即可以直接或间接识别自然人的数据）的有效法律依据。如果此类个人数据是敏感的个人数据（例如健康数据、生物特征数据、种族、宗教、性偏好和犯罪记录），数据控制者和处理者必须确保数据主体明确同意此类数据的收集、使用或披露。

在处罚措施方面，PDPA 给出了三种类型的责任：刑事、民事和行政责任。处罚取决于违规的程度和类型，刑事处罚包括最高 100 万泰铢（约合 19 万元人民币）的罚款以及最高一年的监禁，而行政处罚则可能导致最高 500 万泰铢（约合 97 万元人民币）的罚款和最高两倍于实际损失金额的惩罚性赔偿。

（2）加拿大正拟加强数据隐私保护。2022 年 6 月 16 日，加拿大发布了 2022 年《数字宪章实施法案》（C-27 法案），该法案将显著加强加拿大私营部门的隐私法律，为负责任地开发和使用人工智能制定新规则，并继续推进加拿大数字宪章的实施。事实上，2022 年《数字宪章实施法案》包括三项拟议的法案：《消费者隐私保护法案》《个人信息和数据保护法庭法案》以及《人工智能和数据法案》。

拟议的《消费者隐私保护法案》将解决依赖数字技术的加拿大人的需求，[①] 并对收到的有关先前拟议立法的反馈作出回应。该法律将确保加拿大人的隐私受到保护，并且随着技术的不断发展，创新企业可以从明确的规则中受益（见图 1-63）。

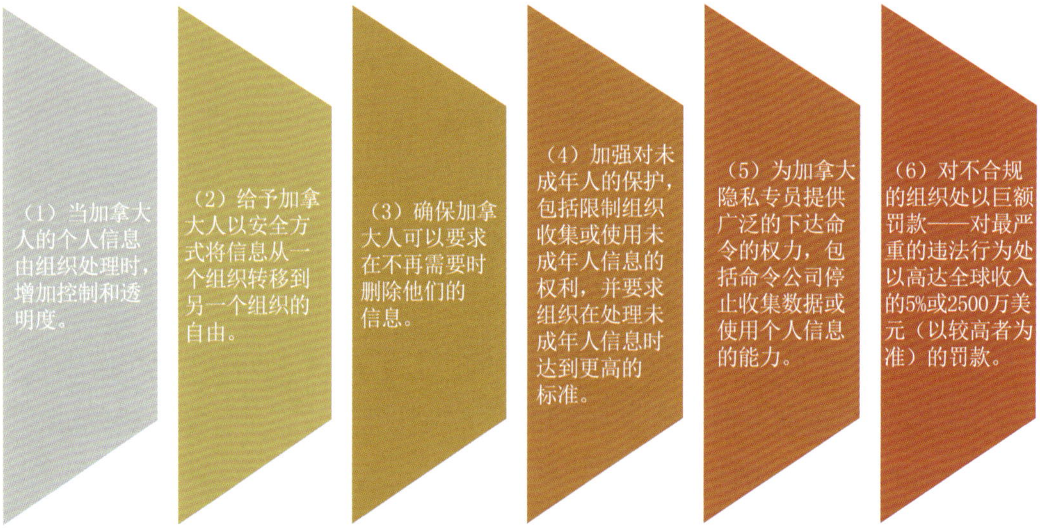

图 1-63　加拿大《消费者隐私保护法案》的特点

① 《消费者隐私保护法案》将取代《个人信息保护和电子文件法案》（the Personal Information Protection and Electronic Document Act，PIPEDA）第 1 部分。PIPEDA 第 2 部分将重命名为“规定使用电子手段交流或记录信息或交易的法案”或“电子文件法案”。

拟议的《个人信息和数据保护法庭法案》将允许创建一个新的法庭，负责对违反《消费者隐私保护法案》的主体处以罚款，以促进《消费者隐私保护法案》的有效执行。加拿大隐私专员办公室除将继续监督对《消费者隐私保护法案》的遵守情况外，还将被授予对公司发出命令的权力，包括命令公司停止收集个人数据的权力，并提出罚款建议，但最终将由法庭征收罚款。不合规的实体将面临高达全球收入 5% 或 2500 万美元的罚款（取二者中较高者）。

拟议的《人工智能和数据法案》将引入新规则（见图 1-64），以加强加拿大人对人工智能系统开发和部署的信任，将要求公司建立高影响力的人工智能系统来识别、评估和减轻伤害和偏见的风险。该法案将在创新、科学和工业部长的领导下设立一个人工智能和数据专员，负责监控合规性并下令对给定系统进行第三方审计，并可能与其他监管机构分享调查结果。

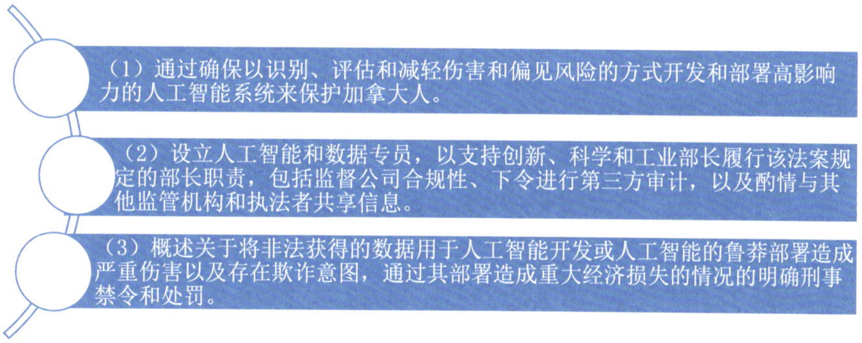

图 1-64　加拿大《人工智能和数据法案》明确人工智能监管的规则

（3）俄罗斯强化生物识别数据保护。为了加强对生物识别数据处理的法律保护，2022 年 6 月 4 日，俄罗斯数字发展部制定的行政、刑事和刑事诉讼法修正案草案《俄罗斯联邦行政违法法典修正案》和“关于修改俄罗斯联邦刑法典和俄罗斯联邦刑事诉讼法典第 151 条”的决定获得通过，此举加强了对违反生物特征数据处理程序的法律责任，目的是提高生物识别信息的安全性。根据对《行政违法法典》的修订，将对违反生物识别工作自然人处以 10 万至 30 万卢布罚款，对法人实体处以 30 万至 50 万卢布罚款。对于未经认证的生物识别信息处理，对自然人处以 30 万到 60 万卢布罚款，对法人实体处以 50 万到 100 万卢布罚款。根据刑法修正案，故意将“故意虚假信息”引入统一生物识别系统（UBS）将面临最高 30 万卢布的罚金、强迫或强制劳动、暂时禁止担任某些职位或长达5年的监禁，造成严重后果的，监禁最高可长达10年。

（4）以色列加速人工智能军事应用。2022年2月，以色列发布了《武装部队人工智能战略》，推动在其武装部队的各个分支机构中整合和使用人工智能。该战略阐明了多种场景，涉及使用来自各种平台的传感器来收集有关潜在威胁的数据，并将该信息发送到可以响应的系统。从空中、地面或海上收集的数据可以汇集在一起并与人工智能融合，为武装部队创建一个通用的作战图。以色列国防军的所有分支机构和司令部都正在经历数字化转型，推动人工智能应用。该战略的发布，是以色列国防军首次针对人工智能的使用制定多分支和多司令部计划。该战略将通过一个新的中央人工智能部门实施，该部门是以色列国防军在过去几年推动的以色列国防军整体数字化转型的一部分。

6. 国际组织对人工智能的不同态度

（1）全球科贸协强调系统透明度。2022年9月15日，全球科技贸易协会（ITI）发布了新的《实现人工智能系统透明度的政策原则》，以为政府当局的政策制定提供信息和指导。ITI在其原则中强调，透明度是开发负责任和可信赖的人工智能系统以及避免意外结果或其他有害影响的关键部分。透明度是关于如何构建、操作和运行人工智能系统的最高层次要求。如果执行得当，人工智能透明度可以帮助分析输出并让适当的人工智能利益相关者承担相应责任。

在该原则中，ITI建议政策制定者通过将透明度要求纳入立法规范（见图1-65），来赋予用户权力，这些规范能够提供足够的信息来理解可能对用户基本权利产生负面影响的人工智能系统的决定，并赋予用户审查或质疑此类自动化决定的能力。ITI还概述了在用户直接与人工智能系统交互时，向用户解释说明系统特征的必要性。

人工智能系统由能够学习和进化的算法集组成，而单独的算法更简单，通常执行有限的指令集。ITI的《实现人工智能系统透明度的政策原则》表明，围绕透明度制定政策的最有效方法是将透明度要求应用于人工智能系统的特定、高风险用途，在这些应用中，负面结果可能会对人，尤其是与健康、安全、自由、歧视或人权有关的问题，产生影响。

（1）考虑透明度要求的最终目标是什么。
（2）考虑任何透明度要求的目标受众以及它们将适用于人工智能系统生命周期的哪个阶段。
（3）在考虑要求时采取基于风险的方法来提高透明度。
（4）在法规或政策提案的背景下明确定义透明度的含义。
（5）考虑到有不同的方法可以实现透明度和提高信任度，而可解释性只是其中一个组成部分。
（6）考虑在立法中加入旨在为用户提供足够信息以了解可能对其基本权利产生负面影响的人工智能系统决策的条款，并为用户提供审查和/或质疑此类决策的能力。
（7）确保透明度要求不要求公司泄露敏感的IP或源代码或以其他方式泄露敏感的个人数据。
（8）利用自愿性国际标准，尽可能保持各种人工智能透明度要求的互操作性。
（9）考虑到当人工智能系统直接与用户交互时，应确保这一事实很容易被发现，而披露要求有助于促进这一点。
（10）有关披露的规定应灵活，避免规定要包括的具体信息或技术细节。
（11）只有人工智能系统的实际部署者才应负责披露。

图 1-65　全球科技贸易协会（ITI）明确人工智能透明度的原则要求

（2）北约人工智能计划确保优势。2022 年 5 月 18 日，两个北约机构启动了一项人工智能计划，以更好地了解人工智能技术及其潜在的战争应用价值。来自美国和其他国家的 80 多名人工智能专家、研究人员和学者参与了一项被称为“地平线扫描”的战略项目，该项目由北约科学技术组织及北约通信和信息局联合发起。该项目能够汇集全球专家，以确保提供最好的科学、专业知识，就该领域的最新科学趋势向北约及其盟国和合作伙伴提供建议。

2021 年 10 月，北约部长们通过了该联盟的首个《人工智能战略》，该战略将这种能力描述为“改变全球国防和安全环境”，并提供“前所未有的机会来加强技术优势，但也将加快面临威胁的速度”。该战略强调负责任地使用人工智能进行六项防御：合法性；责任和问责制；可解释性和可追溯性；可靠性；可治理性；偏差缓解。美国及其国防部起草的人工智能框架和其他指南也采取了类似的方法。北约盟国在 2019 年同意将重点放在七种新兴和颠覆性技术上，其中包括数据、计算和人工智能。北约认为，确保有共同的标准，并且各系统协同工作，对成功至关重要。

第二部分　人工智能法治理论研究

一、概述

开展人工智能法治理论研究旨在整合法学、哲学、伦理学、管理学、社会学等相关学科力量，推动人工智能法治体系、制度体系、实施体系建设，为人工智能安全、可靠、可控、健康发展，发挥引导、规范、促进作用。本部分研究重点围绕人工智能法治理论研究的热点问题，通过对 2022 年全年人工智能法治的研究著作、科研项目、研究论坛、研究论文、国外研究等方面情况的归纳分析，展现 2022 年中国及世界人工智能法治研究的现状。①

总体而言，2022 年，随着《中华人民共和国数据安全法》(以下简称《数据安全法》) 和《中华人民共和国个人信息保护法》(以下简称《个人信息保护法》) 的实施，人工智能法治进入新的研究阶段。学界对于人工智能法治的研究从必要性论证向执法、司法适用层面转变，呈现出“由虚转实”的特点。例如，因新法的适用问题而引起关注的人工智能运用中的个人信息保护问题和数据安全问题；又如人工智能运用中的算法技术和法律价值的结合问题，区块链在司法中的应用问题；还有人工智能技术在司法裁判中的运用问题、数字法治的重要发展面向问题等。

① 本部分数据来源说明：1. 人工智能法治研究著作的分析数据，主要来自当当网、京东、亚马逊等图书销售网站。2. 人工智能法治科研项目的分析数据，主要来自国家社会科学基金项目数据库、司法部官网、中国法学会官网以及教育部官网。3. 人工智能法治研究论坛的分析数据，主要来自百度搜索引擎、微信公众平台、法学创新网中的法治论坛栏目。4. 人工智能法治研究论文的分析数据，主要来自中国知网数据库。5. 人工智能法治国外研究的分析数据，主要来自 Web of Science 数据库。

在研究专著方面。专著作为最新系统的学术研究成果，通常在理论上或实践上有其重要意义。本部分编者通过当当网、亚马逊、京东等图书销售网站的关键词检索，从专著出版社、专著作者和专著内容三方面逐一进行分析，并与2020年、2021年的相关数据形成对比，梳理总结得出2022年人工智能法治研究著作的基本概况。

在科研项目方面。科研项目指开展科学技术研究时的一系列独特的、复杂的并相互关联的活动，有着明确的目标或目的，必须在特定的时间、预算、资源限定内，依据规范完成。在本部分，编者选取了2022年度国家社会科学基金课题立项名单、司法部“2022年国家法治与法学理论研究项目立项课题”、中国法学会“2022年度部级法学研究课题立项名单”以及教育部“2022年人文社会科学研究一般项目立项公示”四份数据作为样本进行分析，通过数据对比，对人工智能法治科研项目的数目、层次特点和机构分布分别展开研究。

在研究论坛方面。研究论坛通常是主办方提供学术交流的平台，以演讲、圆桌会议、报告、论文等形式进行思想的碰撞与融合。本部分编者通过百度、微信公众平台、相关官方论坛网站对2022年人工智能法治研究论坛进行统计与梳理，分别就研究论坛的举办时间地点、论坛举办单位、论坛主题、举办形式等内容与近几年的统计数据进行对比，总结得出2022年人工智能法治研究论坛的整体特点。

在研究论文方面。研究论文是对某个科学领域中的学术问题进行研究后形成的理论文章。为分析学界在文献方面的发展情况，在本部分中，编者对期刊数据进行基础建库、数据核验、数据处理，最终形成较为全面、科学的基础数据库和核心数据库。按关键词、刊物、作者、机构、地区、发文量、文章被引量对数据进行整合，并且通过对比往年数据，以核心作者、法学类核心期刊、研究机构、发文区域、高频热点问题等为轴点展开立体性、系统性分析。

在国外研究方面。本部分编者主要以Web of Science作为数据获取渠道，以“robot”“AI”“Artificial Intelligence”和“law”作为并列主题词进行索引，搜索得出2022年人工智能法治外文文献数据库。从热点研究方向、作者分布、地域分布以及文献用语四个部分分析比较了近年来国外人工智能法治研究的变化，以及2022年国内外相关领域研究方向与层次内容的不同，以求发现2022年国外人工智能法治理论研究情况的特点。

二、中国人工智能法治理论研究

（一）人工智能法治研究重点问题分析

1. 人工智能应用与个人信息保护

个人信息保护问题是人工智能运用过程中衍生出的权利保护问题，《个人信息保护法》全面系统地构建了个人信息保护的法律制度，是我国在数字政府、数字经济、数字社会领域法治理念的集中体现，为个人信息保护贡献了中国方案。目前，关于人工智能运用的个人信息保护问题主要聚焦于以下两个方面：

一是《个人信息保护法》的解释说明与适用问题。《个人信息保护法》(以下简称《个保法》）与《民法典》作为我国个人信息保护法律体系中最重要也是最核心的法律，都对个人信息保护作出了规定。对于二者在司法和执法中应当如何适用，程啸认为首先要立足中国国情，加强对于个人信息保护的研究，做好条文解释工作；其次是进一步细化相应的配套文件，包括行政法规、部门规章等；最后是充分发挥个人信息保护职能部门的力量，重视常态的执法、事前监督和事后处罚。

二是个人信息保护法律体系的构建问题。数字时代的法治建设，需要私法、公法和社会法协同发力，有效规制数字法律秩序，最终实现数字正义。个人信息保护，并非单靠一部《个保法》就能实现。既要对个人信息主体权利体系进行多维观察和理清，①也要从不同部门法角度对个人信息保护进行研究论证与路径探讨，②并促进不同法律体系之间的协同配合。③④此外，石佳友指出企业方面也需要重视“主动合规”，根据“合法、正当、必要”原则来规制日常商业实践。

2. 人工智能应用与数据安全

云计算、大数据和人工智能等新技术的发展和应用，带来了新的风险与挑战，数

---

① 姚佳：《个人信息主体的权利体系——基于数字时代个体权利的多维观察》，载《华东政法大学学报》2022 年第 2 期。

② 刘宪权：《敏感个人信息的刑法特殊保护研究》，载《法学评论》2022 年第 3 期。

③ 孔祥稳：《论个人信息保护的行政规制路径》，载《行政法学研究》2022 年第 1 期。

④ 张翔：《个人信息权的宪法（学）证成——基于对区分保护论和支配权论的反思》，载《环球法律评论》2022 年第 1 期。

据安全问题就是其中之一。2022 年对人工智能运用的数据安全问题研究主要可概括为以下三个方面：

一是数据权益的分类和归属问题。大数据时代，所有信息均可数字化，通过数字 0、1 的组合将各类数据收集保存起来，其中包括国家数据、企业数据、个人数据。为了降低数据交易风险，提高经济效率，学者们对数据所有权的归属展开讨论。衣俊霖对公共数据国家所有展开论证，①张涛对政府数据开放中个人信息保护的范式予以创新，②冯晓青对大数据时代企业数据的财产权保护进行制度构建。③

二是数据交易和传输过程中的规制问题。党的十九届四中全会首次将数据明确纳入生产要素，十九届五中全会再次确立数据要素的市场地位，提出推进数据要素市场化改革。《关于构建数据基础制度更好发挥数据要素作用的意见》提出要统筹推进数据产权、流通交易、收益分配、安全治理，加快构建数据基础制度体系。刘金瑞对数据跨境流动的全球规制进行展开，④丁晓东则通过研究数据要素市场中的阿罗信息悖论与法律应对，解答数据交易如何破局的问题，⑤梅夏英对数据交易进行法律范畴界定，并提出了实现路径。⑥

三是数据保护法律体系的构建问题。《数据安全法》是构建以《国家安全法》为核心的国家安全法律体系的重要组成部分，国家安全保护是其出台的出发点之一，数据安全是国家安全的组成部分。国家在建立健全数据安全协同治理体系过程中，有关部门、行业组织、企业和个人等应共同参与数据安全保护工作。范志勇对金融监管者的数据安全保护义务进行论证，⑦毛逸潇则对数据保护合规体系进行研究。⑧

3. 人工智能法治与算法规制

算法、数据和算力是人工智能的三大要素，凡有人工智能应用的地方就有算

① 衣俊霖：《论公共数据国家所有》，载《法学论坛》2022 年第 4 期。
② 张涛：《政府数据开放中个人信息保护的范式转变》，载《现代法学》2022 年第 1 期。
③ 冯晓青：《大数据时代企业数据的财产权保护与制度构建》，载《当代法学》2022 年第 6 期。
④ 刘金瑞：《迈向数据跨境流动的全球规制：基本关切与中国方案》，载《行政法学研究》2022 年第 4 期。
⑤ 丁晓东：《数据交易如何破局——数据要素市场中的阿罗信息悖论与法律应对》，载《东方法学》2022 年第 2 期。
⑥ 梅夏英：《数据交易的法律范畴界定与实现路径》，载《比较法研究》2022 年第 6 期。
⑦ 范志勇：《论金融监管者的数据安全保护义务》，载《行政法学研究》2022 年第 5 期。
⑧ 毛逸潇：《数据保护合规体系研究》，载《国家检察官学院学报》2022 年第 2 期。

法，智能手机、网络搜索、个人征信评估、人脸识别，甚至我们利用计算机编辑文字等，都离不开算法。目前关于人工智能法治中的算法问题主要聚焦于以下三个方面。

一是算法专项立法亟待推进。算法专项立法应当通过申辩权、标签删除权、算法解释权、备案及评估信息公开请求权等程序性权利，以及备案审查、责令停用或整改的权力设置，推动“算法公开透明”与知识产权保护的利益平衡、“算法公平公正”与隐私权和自由权保护的个案调和、“算法安全可控”与科技研发自主权的价值协调。①

二是默示算法垄断对反垄断法以及现代算法透明法制带来了全新的挑战。传统算法解释权在保护的法益类型、救济机制等方面存在诸多天然的缺陷，对默示算法共谋行为的规制显得捉襟见肘。共治是善治的核心要义，良好的数字法律秩序经由数字共治而形成。现代算法治理“应将算法决策权与个人权利的新型动态平衡作为矫正权力异化的规制目标”。②

三是算法与权力、法律的结合构成对法律的挑战。法律应从本身进行反思以回应时代需求，不仅需要采取积极态度主动做出调整，而且还需认识到算法所产生的问题根源在于现代社会的权力与法律结构自身，需要采取行动平衡社会权力格局，进而正确看待算法的影响，尊重算法价值及其运行规律，注重法律价值与技术理性相互融合，这也是未来法治和“算法善治”的应有之义。③

4. 人工智能法治与区块链

区块链是新一代信息技术的重要组成部分，是分布式网络、加密技术、智能合约等多种技术集成的新型数据库软件。实现区块链智能合约的可持续发展需要秉持法治主义路径以实现标准化合约、厘清自由与国家干预边界、引入第三方机制以及探寻风险管控的最优解等方式对区块链智能合同发展的制约因素加以回应。目前关于人工智能法治中的区块链问题主要聚焦于以下三个方面。

一是区块链共谋需要反垄断监管。区块链既是一种生产增强型技术，又是一种交

---

① 刘辉：《双向驱动型算法解释工具：以默示算法共谋为场景的探索》，载《现代法学》2022 年第 6 期。

② 参见连玉明主编：《数权法 3.0：数权的立法前瞻》，社会科学文献出版社 2021 年版，第 72 页。

③ 殷继国：《人工智能时代算法垄断行为的反垄断法规制》，载《比较法研究》2022 年第 5 期。

易成本降低型技术，能够为更高效的市场经济与法治发展创造有利条件。与此同时，在市场经济语境下，区块链及其关联技术既可能加强经营者之间的合作，也可能导致新技术形态的共谋，产生限制、排除竞争等负面影响。①

二是区块链环境中个人信息保护存在法律障碍。区块链数据中的注册数据、区块体数据、具有可识别性的附加数据和区块链功能交易数据构成个人信息。在区块链背景下，全球个人信息保护立法重心由个人信息处理者转向节点控制者。公有链属于根技术和技术基础，公有链发起人以及节点控制者不承担个人信息处理者的法律责任，而非公有链在法律性质上属于产品应用，其发起人和有限节点控制者应该承担个人信息处理者的法律责任。②

三是区块链亟待用于强化司法应用。司法区块链技术“武装”下的数智司法重构了诉讼证据的存储、传输、证明规则及司法信息交互机制。借助司法区块链技术的“武装”的数智司法实践反向激活技术问题解码，继而展示技术的强大司法功能。诉讼法通过规训代码，实现司法先于技术、司法融于技术、司法规训技术。法律算法化的常态化运作将司法工作人员从繁重的“案牍文书”中解脱出来，其部分时间和精力从案件繁杂琐碎的证明程序中得以释放，从而实现更加注重法律价值与精神的“数智审判”。③

5. 人工智能应用与平台经济反垄断

平台不仅是提供互联网信息中介服务的经营者，同时也是互联网交易的组织者与管理者。基于管理者地位平台经营者有可能采取“自我优待”“大数据杀熟”“二选一”等有损公平竞争的垄断措施，目前学界关于平台经济反垄断问题主要集中在三个方面：

一是修订反垄断法以鼓励创新加强公平竞争。2022年再次修订了《反垄断法》，对实践中存在的诸多问题作出了回应，王晓晔认为，应当强化数字经济的反垄断，禁

① 陈爱飞：《区块链共谋的反垄断监管》，载《现代法学》2022年第4期。
② 齐爱民：《区块链环境中个人信息保护的法律障碍与应对》，载《现代法学》2022年第5期。
③ 马明亮：《区块链司法的生发逻辑与中国前景》，《比较法研究》2022年第2期。

止数字领域滥用行为。[①]时建中认为本次修法顺应了高质量发展的需求，回应了数字科技蓬勃发展和广泛运用带来的机遇和挑战，更加有利于打破行政性垄断，更好地发挥政府作用，推动有效市场和有为政府更好结合，实现公平竞争与创新发展良性互动。[②]

二是规制超级平台的自我优待行为。平台的自我优待主要体现在拒绝交易、搭售以及差别待遇三类行为，对此应注意发挥《反垄断法》第17条兜底条款的规制作用。[③]周围则认为，以封禁为代表的自我优待行为不应被概括禁止，而应根据其市场表现进行综合判断。[④]

三是理清平台的法律地位。妥善的法律主体定性方可精准定位既有法律体系之盲区，并由此建立妥善的规制框架。侯利阳认为，为充分激发平台的创新潜能，现阶段不宜对之进行过度限制，但可引入元规制理论，要求平台尽快建立内部规则的制定机制，并建立平台内部规则的外部督促机制与审查机制。[⑤]

6. 人工智能主体问题与运用

人工智能法律主体问题是所有道德、法律问题的实质与关键。目前国内学界主要针对人工智能刑事责任和人工智能主体地位两个方面展开研究：

一是人工智能相关刑事责任问题。刘宪权认为，元宇宙技术在发展过程中会带来新的刑事风险，对于以元宇宙空间为名义实施的犯罪按照一般犯罪进行认定即可。[⑥]以及涉智能网联汽车技术的刑事风险，应以重大责任事故罪追究智能网联汽车程序设置研发者、生产者的刑事责任。[⑦]

二是人工智能的主体地位问题。范进学认为，要以“非唯人类中心”的哲学价值观认真对待那些非“人”的实体，通过法律拟制赋予一定范围的法律主体资格，最终

① 王晓晔：《〈反垄断法（修正草案）〉的评析》，载《当代法学》2022年第3期。
② 时建中：《新〈反垄断法〉的现实意义与内容解读》，载《中国法律评论》2022年第4期。
③ 孟雁北、赵泽宇：《反垄断法下超级平台自我优待行为的合理规制》，载《中南大学学报（社会科学版）》2022年第1期。
④ 周围：《规制平台封禁行为的反垄断法分析——基于自我优待的视角》，载《法学》2022年第7期。
⑤ 侯利阳：《论互联网平台的法律主体地位》，载《中外法学》2022年第2期。
⑥ 刘宪权：《元宇宙空间犯罪刑法规制的新思路》，载《比较法研究》2022年第3期。
⑦ 刘宪权：《涉智能网联汽车犯罪的刑法理论与适用》，载《法学》2022年第1期。

做到人类与人工智能和谐共舞。① 对此可以为人工智能建立特殊的财产制度，人工智能强制保险、雇员薪资、储备基金、图灵注册等方式可作为财产来源以落实责任承担。② 杨志航认为，以康德的尊严学说为视角，重新对人工智能法律主体资格进行审视，进而可得出人格尊严是法律主体的核心内涵。③ 人工智能主体在独立意志、意思能力、责任能力、理性基础、社会基础方面均无法达到可被赋予法律主体资格的标准。"数字经济＋算法"时代，自然人仍然是构成社会最基本的要素，其属性是唯一的，具有不可替代性。④

7. 人工智能法治与数据流通

2022年12月，国务院下发了《关于构建数据基础制度更好发挥数据要素作用的意见》（以下简称"数据二十条"），系统性布局了数据基础制度体系的"四梁八柱"，加速了数据流通交易和数据要素市场发展，进一步推动了公共数据、企业数据、个人数据合规高效流通使用。

一是公共数据流通问题。政府数据只有在全社会各层面充分流动之后，其价值才能够最大程度地被发掘。政府数据共享、开放和授权运营是当前我国制度确定的三种流动方式。对此，张会平、顾勤提出，针对未来发展，迫切需要落实制度协同、组织协同和功能协同，即协同确立政府数据权属为政府数据流动提供制度保障，以纵向协同联动横向协同为政府数据流动提供组织保障，确保政府数据流动成体系、有区分。张晓娟等指出，政府数据开放促进了政府开放数据资源的流动转化，并促使政府开放数据主体形成了生态链关系，上海以公共数据开放平台为核心培育政府开放数据生态链并促进政府开放数据流转，为其他地区从数据治理、政策保障、分工协作、技术应用等方面保障政府开放数据生态链的良好运行和政府开放数据的高效流转提供了参考。

二是企业数据流通问题。何金海提出，为破解企业数据流通困境，建议以开放流

① 范进学：《人工智能法律主体论：现在与未来》，载《政法论丛》2022年第3期。
② 郑文革：《人工智能法律主体建构的责任路径》，载《中国应用法学》2022年第5期。
③ 杨志航：《人工智能法律主体资格之否定》，载《财经法学》2022年第4期。
④ 祝高峰、尹智扬：《论人工智能法律主体适格性的反思与否定证成》，载《重庆邮电大学学报（社会科学版）》2022年第3期。

通、主动流通为基本向度，以禁止损害国家安全利益、市场正常竞争秩序、用户信息和隐私权益为基本限度，以差别流通为核心原则，架设我国企业数据流通制度框架。具体路径上，建议以多元赋权模式突破数据简单归属论的藩篱，完善数据流通的促进要素与保障要素立法，强化多主体参与的数据流通全环节监管，增加公共利益考量在数据纠纷裁判中的比重，推进企业数据流通的基础设施发展，创新数据流通的传输与安全技术。反垄断视角下，陈来瑶提出，构建平台企业数据共享制度，主要从三个方面出发：其一，创建平台企业流通共享企业数据的强制共享机制，其二，制定平台企业数据共享的官方指南，其三，完善平台企业数据共享市场的公平保障措施。

三是个人数据流通问题。数据可携权作为中国《个保法》中的新设权利和发达国家普遍设置的权利，兼具了人格权益和财产权益，在权利构成中体现出了个人隐私保护与数据流通的平衡。对此，陈喆、杨嘉宁提出将数据可携权制度建设从仅具备宣示意义落地到具备可操作性的立法模式，在双循环新发展格局下提高国际循环的质量水平，激发国内循环的内生动力。针对个人数据跨境流动，徐瑛晗、纪孟汝提出，依据环境风险与数据危机在风险控制方面的共通性，参照环境保护“三同时”制度，将个人数据跨境流动过程切分为数据流通初始意向、数据流动规划与实施、数据后续提供与使用三环节，构建个人数据跨境流动“三同时”制度，分别完善不同场景合同中的动态风险防控机制、落实风险等级分类管理与审查多元架构和跨境风险审查委托与问责机制。

8. 人工智能法治与数字法治

数字化转型已成为驱动生产方式、生活方式和治理方式变革的核心动力，关注2022年数字法治研究，也在三个维度上迈向了数字法治。

一是关于厘定数字政府/数字公民新框架。在当今时代，从衣食住行到生产生活都已全面数字化，每个人都拥有自己的数字身份和数字人格，从而深刻改变了政府与公民的互动关系。要做到这一点，需确立数字行政的合理性、正当性，确认数字公民权身份，保障数字人权等。赵金旭从政府数字化转型与国家治理现代化的逻辑关系入手，从组织机构、制度体系、治理能力和治理效果四个维度构建了数字政府发展的

OPCE 理论框架，原创性地提出了数字政府发展的评估指标体系。马长山从以下四个方面提出了数字公民参与机制：其一，扁平化的数字参与；其二，多层级的共建共治共享；其三，高素养的数字能力；其四，分布式的数字监督。

二是关于塑造数字治理新范式。网络化、数字化、智能化的交融发展与深度变革，催生了数字治理新模式。熊竞提出以“人民城市”重要理念为指引，面向市民公共服务需求和城市公共空间治理两大数字施力对象，将科层效率提升、共建共治共享和专业能力提升作为数字政府建设的目标导向；高景峰提出，数字检察建构的价值追求与使命，在于通过赋能法律监督高质量，推进数字法治体系建设与完善，促进数字正义的实现既富含科学性又符合规律性，保障数字正义“可视可感”，证成数字正义。

三是有关构建“数字主权”新形态。冉从敬提出，因虚拟空间地域边界模糊，数据主权的类别已演进为以国家强制力的强弱为标准划分为硬数据主权和软数据主权，以此二者为原点，可进一步构造数据主权之谱系，前者包含独立权、平等权、管辖权以及自卫权，后者以治理权为基准囊括技术标准制定权、网络文化治理权和多边协商治理权。在数据出境问题上，丁晓东指出，我国的《数据出境安全评估办法》等数据出境制度整体上与数据安全主权的法理高度吻合。但在风险认知上，需要采取合理、开放、动态的安全观。在具体法律工具上，需要针对个人信息、重要数据与关键信息基础设施采纳不同的风险评估方式。

（二）人工智能法治研究专著分析

专著作为最系统的学术研究成果，通常在理论或实践上有重要意义。通过统计 2022 年内国内外关于人工智能法治研究的专著出版情况（见图 2-1），并与 2020 年度和 2021 年度的相关数据形成对比，对人工智能法治研究专著部分进行详细分析。以下数据均来自当当网、亚马逊、京东等图书销售网站。我们以“人工智能”和“法治”作为两大主题关键词，分别将其外延词汇排列组合后，检索出 2022 年国内出版人工智能法治专著共计 116 本，其中国外译著有 8 本，占比约 7%。近三年相比国外，我国学术界对人工智能法治的研究热度正极速增长。

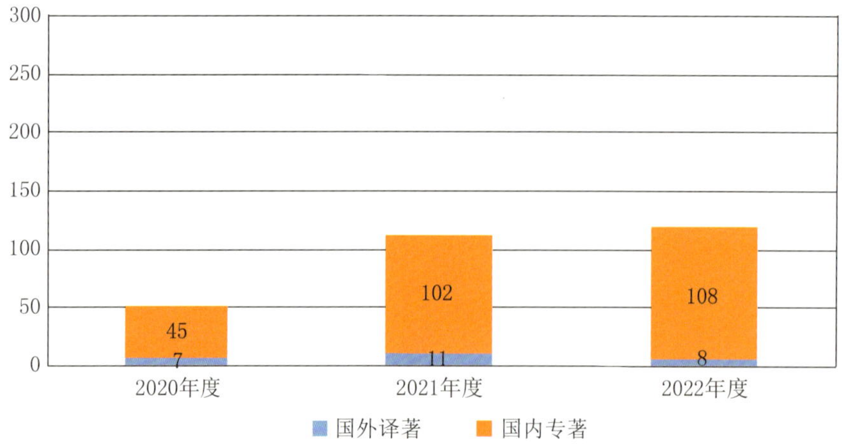

图 2-1　2020、2021、2022 年人工智能法治专著数量对比

2022 年我们对人工智能法治专著的关键词再次进行了扩充。“人工智能”主题关键词的外延如下：新业态、人脸识别、个人信息、App、信息保护、数据安全、电子数据、网络空间、信息安全、数据交易、智能化、算法透明 / 黑箱、数字时代、大数据、智能、人工智能、数字经济、数字人权、平台区块链、科技、智慧、远程、自动、数据爬虫、数据挖潜、数据信托、元宇宙等。“法治”主题关键词的外延包括：法治、法制法规、法律、法学、法律实务、法学研究、法治发展、法律解析、安全规制、应用法律、法律规制、合规指引与规则解析、治理、司法、社会治理等。

1. 出版社的关注度不断提升。

（1）高校出版社数量明显增加。2022 年出版人工智能法治专著的出版社数目明显增加，已增至 38 个出版社。从出版社类别上来看，仍然分为高校出版社、地方出版社和专业出版社三大类。其中高校出版社共有 19 个，占五成，它们分别是北京大学出版社、中国政法大学出版社、浙江大学出版社、华中科技大学出版社、武汉大学出版社、清华大学出版社、中国人民公安大学出版社、中国人民大学出版社、郑州大学出版社、湘潭大学出版社、西南师范大学出版社、西安电子科技大学出版社、西南财经大学出版社、厦门大学出版社、吉林大学出版社、北京交通大学出版社、成都西南交大出版社有限公司、华东师范大学出版社、上海交通大学出版社。相比于 2021 年的数据统计，新增加了 6 所高校出版社。

表 2-1　2022 年出版人工智能法治专著出版社汇总（单位：本）

序号	出版社名称	数目	序号	出版社名称	数目
1	法律出版社	27	20	中国人民公安大学出版社	1
2	上海人民出版社	8	21	中国人民大学出版社	1
3	北京大学出版社	7	22	中国金融出版社	1
4	中国政法大学出版社	6	23	中国检察出版社	1
5	中国社会科学出版社	5	24	中国广播影视出版社	1
6	中国法制出版社	5	25	中国工商出版社	1
7	电子工业出版社	5	26	郑州大学出版社	1
8	知识产权出版社	4	27	学林出版社	1
9	浙江大学出版社	4	28	湘潭大学出版社	1
10	社会科学文献出版社	4	29	西南师范大学出版社	1
11	中国民主法制出版社	3	30	西南财经大学出版社	1
12	商务印书馆	3	31	西安电子科技大学出版社	1
13	人民法院出版社	3	32	上海交通大学出版社	1
14	华中科技大学出版社	3	33	厦门大学出版社	1
15	研究出版社	2	34	吉林大学出版社	1
16	武汉大学出版社	2	35	华东师范大学出版社	1
17	人民出版社	2	36	高等教育出版社	1
18	清华大学出版社	2	37	成都西南交大出版社有限公司	1
19	机械工业出版社	2	38	北京交通大学出版社	1

（2）老牌出版社仍位居前列，法律出版社遥遥领先。如图 2-2 所示，法律出版社、上海人民出版社、北京大学出版社三家出版社，2022 年出版的人工智能法治专

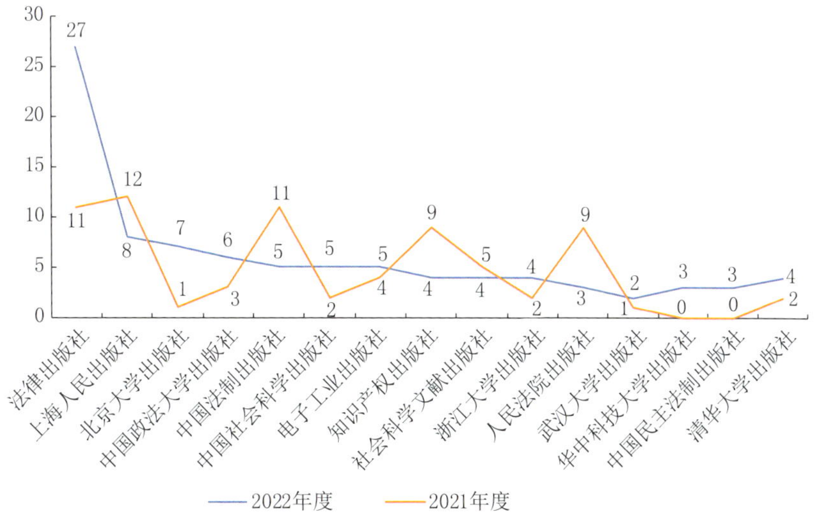

图 2-2　2021 年度、2022 年度（出版数目前 15）出版人工智能法治专著的出版社相关专著出版情况

著数量最多，达到 42 本，占 2022 年全年出版的专著数量的 36%。与 2021 年、2020 年的数据相比，法律出版社和上海人民出版社连续三年占据出版数量前位。

（3）出版社地理分布趋于集中。北京和上海仍为出版人工智能法治专著的出版社的主要所在地。北京和上海作为全国的政治、文化、经济中心，教育基础扎实，学术氛围浓厚，因此近年来，北京和上海在人工智能法治专著出版领域，一直保持前列。2022 年，北京的出版数量进一步呈压倒性态势，充分发挥了带头引领作用（见图 2-3）。

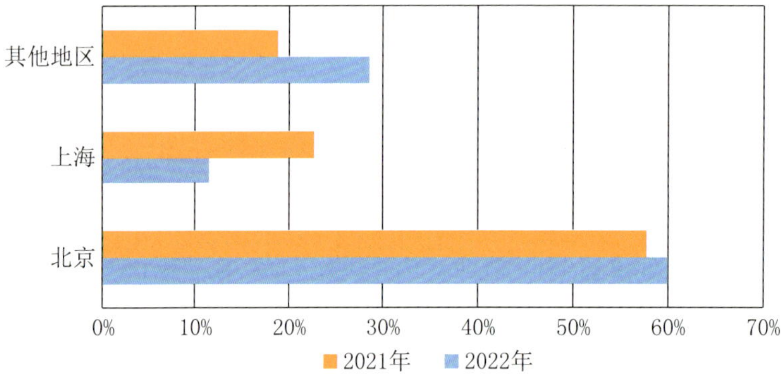

图 2-3　近两年出版人工智能法治专著的出版社地理分布情况对比

2. 作者身份多样性逐步凸显

（1）以非自然人身份参与编撰。除多人合著专著外，还存在着部分以法学会、课题组、研究院等非自然人身份参与编撰的作者。上海人民出版社于 2022 年 2 月出版的《上海法学研究：数字社会中新型权利》一书由上海市法学会编著，上海市法学会成立于 1956 年 12 月，是上海法学、法律界的全市性群众团体和学术团体，是上海政法战线的重要组成部分。上海市法学会作为编纂主体，致力于团结全市法学、法律工作者，以中国特色社会主义理论体系为指导，开展多学科、多门类的法学研究和法学交流，有利于人工智能法治的繁荣发展。再如《智能网联汽车网络安全与数据安全发展报告（2022）》的作者为车联网安全联合实验室，该实验室旨在通过研究，逐步增强汽车网络安全自主创新能力、提升汽车行业网络安全技术水平，从而促进汽车行业未来的网络安全产业发展。

（2）法学大家广泛参与专著研写。人工智能法治专著的作者中包括了许多国内外著名的法学家。如华东政法大学刑事法学研究院院长、上海市高校一流学科刑法学科的学科带头人、博士生导师刘宪权教授在2022年出版的《刑法学研究（第14卷）——数字时代的刑法应对》一书中，以2022年度热议的数字刑法问题为研究主题展开研究，对数字刑法典型案件或对数字经济下的数据犯罪、金融犯罪、数字人民币等所反映的法律与制度问题进行深入研究，以期对我国相关法律制度的完善有所裨益。再比如《世界人工智能法治蓝皮书（2022）》和《人工智能与司法现代化》的主编崔亚东，现任上海市法学会党组书记、会长。《世界人工智能法治蓝皮书（2022）》一书汇集了2021年度国内外人工智能法治发展的战略、政策、法律、重大理论研究、实际应用项目、典型司法案例等方面的最新资料。

国外译著中，作者多为人工智能领域的专业学者。如《人脸识别：看得见的隐私》的作者伊恩·伯尔勒，他认为在一个日益依赖数据并同时规避风险的社会中，有证据表明，如果人脸识别技术的使用不加控制，会导致隐私被侵犯，急需有关部门在个人隐私与社会安全中作出权衡。该书提出了运用法律与伦理的解决方法以更好地保护隐私与规制数据商品化，从而为人脸识别与公民身份安全构建良性发展的法律路径。

3. 内容涉及领域进一步拓宽

2022年，人工智能方面的技术研究得到了进一步拓展，相关法治领域的研究也更加深入，从而专著涉及的内容也有所增加。如表2-2所示，专著内容涉及：数字治理、区块链、算法安全、智慧法院、智慧社会/社区、人工智能赋能、大数据、数据法学、信息保护、数字政府、智慧城市、云计算、机器人、数据交易等多个领域。2022年人工智能法治国内外研究专著可以大致分为：人工智能法治相关领域发展情况报告、理论研究与法学教材、实务应用指南、法律解读、国外译著五部分。

最后，值得注意的是，部分作者于2022年完成了两本以上的人工智能法治领域研究专著，如陈兵（南开大学法学院副院长、教授，南开大学竞争法研究中心主任、数字经济交叉科学中心研究员），他分别于2022年1月和9月出版了《新基建与数据治理法治化》和《法治推进下的数字经济规范发展》两本专著。再如冷传莉（法学博士，贵州大学法学院院长、二级教授，贵州省民法经济法研究会会长、中国法学会民法学研究会理事）在2022年2月和3月，她分别出版了《人工智能的法律规制研究》和《人工智能与大数据法律问题研究》两本专著。

表 2-2　2022 年人工智能法治领域研究专著一览表

序号	出版时间	书　　名	作　　者	出版社
1	2022 年 01 月	个人信息保护法手册：条文梳理与立法素材	申卫星	中国政法大学出版社
2	2022 年 01 月	海事电子数据的证据法问题研究	高波	厦门大学出版社
3	2022 年 01 月	电子数据取证	林晓东	机械工业出版社
4	2022 年 01 月	新基建与数据治理法治化	陈兵	人民出版社
5	2022 年 01 月	数据法原理	齐爱民	高等教育出版社
6	2022 年 01 月	网络空间争议解决的制度分析	高薇	北京大学出版社
7	2022 年 01 月	人工智能立法及监管制度研究	翁怡	中国广播影视出版社
8	2022 年 01 月	高科技风险决策过程的法律规制	杨尚东	中国法制出版社
9	2022 年 01 月	司法行政信息化设计与实践	陈雪松　朱孔凡	华中科技大学出版社
10	2022 年 01 月	智慧司法的理论与实践研究	刘薇	中国政法大学出版社
11	2022 年 01 月	智慧检务建设模式探析——以泰山检察工作网为例	公维剑	吉林大学出版社
12	2022 年 02 月	中华人民共和国个人信息保护法释义	杨合庆	法律出版社
13	2022 年 02 月	个人信息、社会数据与立法选择：大数据时代数据治理的法治进路	刘乃贵	西南财经大学出版社
14	2022 年 02 月	智慧城市建设中个人信息保护机制研究	徐春晖	郑州大学出版社
15	2022 年 02 月	公共视频监控中的个人信息保护研究	王秀哲	法律出版社
16	2022 年 02 月	《关键信息基础设施安全保护条例》《数据安全法》和网络安全等级保护制度解读与实施	郭启全	电子工业出版社
17	2022 年 02 月	生物特征识别数据安全与隐私保护研究	王会勇　丁勇　唐士杰	北京交通大学出版社
18	2022 年 02 月	数据法学	武长海	法律出版社
19	2022 年 02 月	网络空间治理研究（第一卷）	黄东东　吴渝 谢俊　主编	法律出版社
20	2022 年 02 月	网络空间共同犯罪基本构造	张楚	法律出版社
21	2022 年 02 月	网络犯罪：国际立法原理	王肃之	社会科学文献出版社
22	2022 年 02 月	数字时代全民阅读立法研究	谭小军	西南师范大学出版社

（续表）

序号	出版时间	书　名	作　者	出版社
23	2022 年 02 月	数字社会中新型权利	上海市法学会　编	上海人民出版社
24	2022 年 02 月	人工智能的刑事责任研究	热娜古·阿帕尔	研究出版社
25	2022 年 02 月	人工智能的法律规制研究	冷传莉	人民法院出版社
26	2022 年 02 月	网络空间治理研究	黄东东　吴渝　谢俊　主编	法律出版社
27	2022 年 03 月	《个人信息保护法》条文精解与适用指引	周汉华	法律出版社
28	2022 年 03 月	中华人民共和国个人信息保护法解读	高飞	中国法制出版社
29	2022 年 03 月	所有权的终结：数字时代的财产保护	〔美〕亚伦·普赞诺斯基 〔美〕杰森·舒尔茨 赵精武　译	北京大学出版社
30	2022 年 03 月	《中华人民共和国数据安全法》理解与实施	垦丁	电子工业出版社
31	2022 年 03 月	网页取证　网页电子数据证据获取固定步骤与方法	孙百昌	中国工商出版社
32	2022 年 03 月	大数据时代侵权责任法的理论阐释与制度创新	马新彦	中国人民大学出版社
33	2022 年 03 月	无形疆域安全　新时代网络空间安全战略研究	李大光	研究出版社
34	2022 年 03 月	网络犯罪典型案例 2021 卷	李玉萍	人民法院出版社
35	2022 年 03 月	平台治理 2.0——共同富裕时代数字经济治理转型	于凤霞	电子工业出版社
36	2022 年 03 月	人工智能与大数据法律问题研究	冷传莉	知识产权出版社
37	2022 年 03 月	数智化　数字政府数字经济与数字社会大融合	张建锋　肖利华 许诗军	电子工业出版社
38	2022 年 04 月	个人信息保护纠纷理论释解与裁判实务（第二版）	丁宇翔	中国法制出版社
39	2022 年 04 月	数据资产运营中的法律问题研究	牟萍	法律出版社
40	2022 年 04 月	大数据时代金融征信监管研究	周政训	中国政法大学出版社
41	2022 年 04 月	网络空间综合治理中的在线纠纷解决体系研究	于志强　郑旭江	法律出版社
42	2022 年 04 月	数字法治概论	马长山　主编	法律出版社
43	2022 年 04 月	人工智能的政策与法律框架研究	孙占利　钟晓雯 蔡孟兼　李振宇	法律出版社
44	2022 年 04 月	高校科技成果转化法律保障机制研究	王素娟	中国政法大学出版社

（续表）

序号	出版时间	书　名	作　者	出版社
45	2022 年 05 月	个人信息保护通识	王秀军	人民出版社
46	2022 年 05 月	个人信息保护常用法律法规汇编	《个人信息保护常用法律法规汇编》编写组	中国民主法制出版社
47	2022 年 05 月	《中华人民共和国个人信息保护法》导读与释义	杨合庆	中国民主法制出版社
48	2022 年 05 月	网络安全大数据分析与实战	孙佳	机械工业出版社
49	2022 年 05 月	网络刑法原理	江溯	北京大学出版社
50	2022 年 05 月	晒娃请三思　数字时代的儿童隐私保护	[美] 莉亚·普朗科特　著　张昌宏　译	上海人民出版社
51	2022 年 05 月	数字货币与法	刘磊　吴之欧	法律出版社
52	2022 年 05 月	人工智能法学导论	王利军　李大庆	法律出版社
53	2022 年 05 月	主权区块链 2.0：改变未来世界的新力量	连玉明　主编	浙江大学出版社
54	2022 年 06 月	数据安全与治理	陈庄　邹航　张晓琴 张峻峰　黄远江 刘红兵	清华大学出版社
55	2022 年 06 月	城市数字化转型下的网络与数据安全	范渊	电子工业出版社
56	2022 年 06 月	数据合规实务	刘瑛　李晓华	法律出版社
57	2022 年 06 月	大数据法律监督办案指引	贾宇	中国检察出版社
58	2022 年 06 月	金融科技监管从政府规制到社会共治	潘静	法律出版社
59	2022 年 06 月	数字法治评论（第 1 辑）	郑少华	中国社会科学出版社
60	2022 年 07 月	世界人工智能法治蓝皮书（2022）	崔亚东	上海人民出版社
61	2022 年 07 月	信息的限度：个人信息保护法中的同意规则	王琳琳　邬杨 王黎黎　等著 彭诚信　编	上海人民出版社
62	2022 年 07 月	网络信息法基础与前沿问题	龙卫球	中国法制出版社
63	2022 年 07 月	大数据时代网络文学版权运营	王志刚	中国社会科学出版社
64	2022 年 07 月	知识产权制度下人工智能主体拟制路径研究	徐慧丽	华中科技大学出版社
65	2022 年 07 月	规“智”人工智能的法律挑战与回应	张玉洁	社会科学文献出版社
66	2022 年 08 月	人脸识别：看得见的隐私	[英] 伊恩·伯尔勒著 赵精武　唐林垚　译 彭诚信　编 周瑞珏　赵光亮　校	上海人民出版社

（续表）

序号	出版时间	书　名	作　者	出版社
67	2022 年 08 月	人脸识别——公安实战应用教程	蔡竞	成都西南交大出版社有限公司
68	2022 年 08 月	个人信息盗窃法律问题研究	何培育	北京大学出版社
69	2022 年 08 月	保险公司个人信息保护实务研究	中国保险行业协会	法律出版社
70	2022 年 08 月	信息安全法律法规教程	李月琴	西安电子科技大学出版社
71	2022 年 08 月	数字法治：实践与变革	胡铭	浙江大学出版社
72	2022 年 08 月	大数据时代网上银行的安全保障义务研究	李晗	中国政法大学出版社
73	2022 年 08 月	法律与人工智能高级导论	［美］伍德罗·巴菲尔德 ［意大利］乌戈·帕加洛　著 苏苗罕　译	上海人民出版社
74	2022 年 08 月	人工智能司法决策研究	孙庆春	中国社会科学出版社
75	2022 年 08 月	融合：数字经济时代的企业价值创造模式	葛建华	中国政法大学出版社
76	2022 年 09 月	数据要素五论：信息、权属、价值、安全、交易	张平文　邱泽奇	北京大学出版社
77	2022 年 09 月	公民个人信息保护法律指南	李梓琪　杨雪	中国法制出版社
78	2022 年 09 月	数据合规法律实务	吴卫明	法律出版社
79	2022 年 09 月	网络与数据法学	孙晋	武汉大学出版社
80	2022 年 09 月	网络空间经贸规则法治机制研究	孙南翔	中国社会科学出版社
81	2022 年 09 月	数字化转型时代网络安全环境治理	王寒梅　惠志斌	学林出版社
82	2022 年 09 月	开放革命　重写信息时代的规则	［英］鲁弗斯·波拉克　著 于戈　译	华东师范大学出版社
83	2022 年 09 月	数字贸易国际规则的新发展	李晶	北京大学出版社
84	2022 年 09 月	金融法苑	彭冰　主编	中国金融出版社
85	2022 年 09 月	基于大数据的金融零售信用风险评估研究	李淑锦　陈达　嵇晓佳 屠宇航	浙江大学出版社
86	2022 年 09 月	隐私即信任：大数据时代的信息隐私	［美］Ari Ezra Waldman 著 张璐　译	法律出版社
87	2022 年 09 月	人工智能时代的技术创新和专利保护	郭雯	知识产权出版社
88	2022 年 09 月	人工智能与刑事司法	王秀梅	中国人民公安大学出版社

（续表）

序号	出版时间	书　　名	作　　者	出版社
89	2022 年 09 月	法治推进下的数字经济规范发展	陈兵	社会科学文献出版社
90	2022 年 09 月	数字赋能乡村产业振兴与智慧农业发展	侯新烁	湘潭大学出版社
91	2022 年 09 月	加密货币、区块链与全球治理	[加拿大]马尔科姆·坎贝尔-韦杜恩　主编 曾森　高奇琦　金华　译	上海人民出版社
92	2022 年 09 月	信息科技法律问题专论	曾炜	武汉大学出版社
93	2022 年 10 月	《个人信息保护法》一周年观察	张平	法律出版社
94	2022 年 10 月	刑民一体化视域下个人信息保护问题研究	张勇	商务印书馆
95	2022 年 10 月	网络犯罪二十讲（第二版）	喻海松	法律出版社
96	2022 年 10 月	大数据时代企业数据合规之路	杨杰　主编 张昌倩　冯清清　副主编	法律出版社
97	2022 年 10 月	刑法学研究（第 14 卷）：数字时代的刑法应对	刘宪权　主编	上海人民出版社
98	2022 年 10 月	人工智能治理研究	杨晓雷	北京大学出版社
99	2022 年 10 月	智慧医疗技术专利审查研究	朱仁秀　阙东平	知识产权出版社
100	2022 年 11 月	新业态知识产权保护法律问题研究	刘鑫	法律出版社
101	2022 年 11 月	中华人民共和国数据安全法律法规汇编	法律出版社法规中心	法律出版社
102	2022 年 11 月	智能网联汽车网络安全与数据安全发展报告（2022）	车联网安全联合实验室	社会科学文献出版社
103	2022 年 11 月	金融产品网络销售的商业实践与法律逻辑	盛学军	法律出版社
104	2022 年 11 月	数据四重性及其合规系统	陈福	知识产权出版社
105	2022 年 11 月	数字经济与反垄断法：基于理论、实践与国际比较的视角	万江	法律出版社
106	2022 年 11 月	大数据与犯罪侦查	敖日其冷	商务印书馆
107	2022 年 11 月	房地产全流程实务指引——基于司法裁判的大数据分析	张莹琳	法律出版社
108	2022 年 11 月	人工智能时代的专利法研究	刘友华	法律出版社
109	2022 年 11 月	面向数字产业创新的知识产权战略研究	王黎萤　黄灿　陈劲　杨幽红	中国社会科学出版社
110	2022 年 11 月	数字法治：人与科技间的秩序（科际法学第二辑）	孙笑侠	商务印书馆

（续表）

序号	出版时间	书　　名	作　　者	出版社
111	2022 年 12 月	人脸识别算法、优化与信息安全	王蒙　刘庆庆	清华大学出版社
112	2022 年 12 月	消费金融个人信息保护法律问题研究	岳彩申　孙磊	中国民主法制出版社
113	2022 年 12 月	个人信息侵权违法性判定研究	蔡一博	人民法院出版社
114	2022 年 12 月	数字时代的公民科学	［美］詹姆斯·维恩　著 王丽慧　译	上海交通大学出版社
115	2022 年 12 月	大数据时代个人数据保护与利用法律制度研究	王曦	浙江大学出版社
116	2022 年 12 月	司法行政信息化建设与管理	陈雪松	华中科技大学出版社

（三）人工智能法治科研项目分析

科研项目是指开展科学技术研究时的一系列独特的、复杂的并相互关联的活动，有着明确的目标或目的，必须在特定的时间、预算、资源限定内，依据规范完成。科研项目包括国家各级政府成立基金支撑的纵向科研项目（课题）、来自企事业单位的横向科研合作开发项目（课题）、纵向课题的项目经费也可反映出该课题的受重视程度。

故而本部分数据编者选自 2022 年度国家社会科学基金课题立项名单和省部级人工智能领域课题立项情况。省部级课题是由各省行政部门等单位，根据国家科研计划下达的科研项目，编者选取了司法部、法学会和教育部的法学类课题进行研究。为使得研究数据更加全面，编者采取了“人工智能”外延词汇作为关键词，如：大数据、算法透明、算法黑箱、数据爬虫、数据挖潜、数据垄断、元宇宙、生物识别、用户画像、数据社会、数据人权、数字贸易治理、数据信托、个人信息、数字鸿沟、数字时代、数字政府、数字化等。

1. 课题研究数目增幅显著

（1）国家社会科学基金项目中法学类课题总量增幅显著。通过对国家社会科学基金项目数据库中法学类立项课题的统计，2022 年国家社会科学基金法学类立项总数为 429 项，其中属于人工智能法治领域的有 93 项，占比达到 21.68%。人工智能法治研究立项数比 2021 年多了 60%，较 2020 年多了 232%（见表 2-3）。

表 2-3　2020—2022 年国家社科基金法学类课题立项（单位：项）

年　份	2020 年	2021 年	2022 年
法学立项总数	349	326	429
人工智能法治研究立项数	28	58	93
占　比	8.02%	17.79%	21.68%

近年来，人工智能法治相关的课题研究数目呈直线上升趋势，这与我国对科技创新重视程度不断提升的大环境密切相关。人工智能被提到国家战略层面，国家及各地方政府也发布多项政策法规以支持人工智能产业的发展与应用。因此，2022 年人工智能法治领域的科研项目数量较往年而言，增速较快，涉及知识产权、经济法、民法、刑法等多个不同的法学方向。除此之外，在其他非法学立项项目中，通过关键词检索，搜索到 116 项与人工智能法治相关的立项项目。具体数据如表 2-4 所示：

表 2-4　2022 年国家社会科学基金人工智能法治领域立项情况一览表

序号	项目名称	负责人	责任单位	项目层次	所在学科
1	全球治理视阈下数据跨境流动的国际规则与中国方案研究	高兰英	桂林电子科技大学	西部项目	法学
2	数字货币风险防范法治保障研究	赵　莹	西南政法大学	西部项目	法学
3	“数字弱势群体”权利保障的立法路径研究	张　琼	西南政法大学	西部项目	法学
4	国家网络安全审查法律制度研究	马　宁	西北政法大学	西部项目	法学
5	数字经济时代物流法律制度的体系化研究	刘伟军	新疆大学	西部项目	法学
6	数字技术在发展全过程人民民主中的作用机理及其实现策略研究	赵友华	湘潭大学	青年项目	政治学
7	数字技术推动社会治理共同体建设的运行机制与实践路径研究	张　诚	上海交通大学	青年项目	政治学
8	数字治理视域下政府与平台型企业合作模式选择及其风险管控研究	王张华	湘潭大学	青年项目	政治学
9	数据要素视域下政府数据确权机制研究	张亚楠	中共河南省委党校	青年项目	法学
10	数字时代支付结算犯罪认定模式转型研究	汪恭政	浙江工商大学	青年项目	法学
11	数据安全的刑法区分性保护研究	熊　波	华东政法大学	青年项目	法学
12	电子卷宗的基本理论和司法适用研究	秦　汉	浙江工业大学	青年项目	法学

（续表）

序号	项目名称	负责人	责任单位	项目层次	所在学科
13	智慧侦查背景下数据安全的刑事司法保护研究	张　可	中国政法大学	青年项目	法学
14	人工智能背景下刑事证据标准指引体系研究	张丽霞	深圳大学	青年项目	法学
15	数据要素交易规则体系研究	沈健州	清华大学	青年项目	法学
16	企业数据合理使用的边界及其制度构建研究	高　阳	上海对外经贸大学	青年项目	法学
17	平台经济发展的税法规制研究	欧阳天健	华东政法大学	青年项目	法学
18	数字化转型下所得税反避税整体化研究	余鹏峰	江西财经大学	青年项目	法学
19	算法自动化决策中版权侵权法律风险治理研究	黄薇君	重庆邮电大学	青年项目	法学
20	平台经济领域数据垄断的法律规制研究	袁　野	中南民族大学	青年项目	法学
21	数字经济时代超级平台企业竞争合规体系的建构研究	郭传凯	山东大学	青年项目	法学
22	“数字弱势群体”权益法律保障的理论基础与实践路径研究	宋保振	山东大学	青年项目	法学
23	区块链争议的冲突法解决范式研究	李　伟	江西师范大学	青年项目	法学
24	公共算法决策的法律规制研究	陈姿含	北京理工大学	青年项目	法学
25	人机协作视野下医疗人工智能临床应用法律问题研究	李润生	北京中医药大学	青年项目	法学
26	数字经济时代新型财产犯罪认定规则研究	郑　洋	北京理工大学	青年项目	法学
27	网络平台垄断行为的刑法规制研究	苏桑妮	浙江工业大学	青年项目	法学
28	民事在线诉讼实证研究	张兴美	吉林大学	青年项目	法学
29	回归技术现实主义的刑事证据数智化问题研究	黄　健	中国政法大学	青年项目	法学
30	数字时代个人信用治理规范的体系重建研究	杨　帆	上海师范大学	青年项目	法学
31	敏感个人信息条款适用问题研究	陈　骞	长沙理工大学	青年项目	法学
32	数字经济发展视野下商业数据交易规则体系建构研究	孙清白	南京航空航天大学	青年项目	法学
33	智慧司法的伦理风险及其应对研究	王　静	华东政法大学	青年项目	法学
34	人工智能风险的社会建构机理及治理路径研究	庞祯敬	清华大学	青年项目	社会学

（续表）

序号	项目名称	负责人	责任单位	项目层次	所在学科
35	中美数字技术国际标准制定竞争及我国对策研究	耿　召	中共上海市委党校	青年项目	国际问题研究
36	大数据背景下公众隐私风险感知与个人信息治理研究	乔　睿	上海财经大学	青年项目	新闻学与传播学
37	基层社会治理中的“数字官僚主义”及其治理机制研究	詹国辉	南京财经大学	青年项目	管理学
38	面向公众需求的数字政府治理效能提升路径与对策研究	吕　途	青岛大学	青年项目	管理学
39	数字经济视角下垄断形成机制与反垄断规制研究	许　恒	中国政法大学	一般项目	应用经济
40	基于大数据与人工智能的信息披露违规行为传染及其治理研究	张文珂	浙江财经大学	一般项目	应用经济
41	公民数字化政策参与平等性的实现路径研究	张　宇	扬州大学	重点项目	政治学
42	大数据时代提升地方政府治理效能的评估机制创新研究	秦晓蕾	南京师范大学	一般项目	政治学
43	智慧司法建设中的案件事实认定之非形式逻辑方法研究	于　辉	华东交通大学	一般项目	法学
44	算法推荐安全风险法律防控研究	胡　荣	西南政法大学	一般项目	法学
45	数字社会用户画像的法律治理研究	夏　燕	重庆邮电大学	一般项目	法学
46	算法解释制度的体系化构建研究	苏　宇	中国人民公安大学	一般项目	法学
47	数字平台权力的行政法规制研究	马　丽	河南中医药大学	一般项目	法学
48	数字法治政府建设的耦合意义、契合要点与实施路径研究	彭　辉	上海社会科学院	一般项目	法学
49	数字经济包容审慎监管的行政法治研究	刘　权	中央财经大学	一般项目	法学
50	我国法治政府数字化建设研究	王春业	河海大学	一般项目	法学
51	网络毒品犯罪的刑事治理研究	胡　江	西南政法大学	一般项目	法学
52	人工智能时代算法安全的刑法保障研究	李怀胜	中国政法大学	一般项目	法学
53	自动驾驶事故风险的刑事治理研究	付玉明	西北政法大学	一般项目	法学
54	个人信息侵权损害赔偿诉讼法律适用研究	李喜莲	湘潭大学	一般项目	法学
55	个人信息保护民事公益诉讼研究	蔡颖雯	青岛大学	一般项目	法学
56	在线民事诉讼的程序保障研究	何四海	湖南财政经济学院	一般项目	法学

（续表）

序号	项目名称	负责人	责任单位	项目层次	所在学科
57	国际法视阈下的电子数据跨境直接调取研究	李　毅	北京师范大学	一般项目	法学
58	数据刑事合规问题研究	侯东亮	河南财经政法大学	一般项目	法学
59	数字政府时代警察预防性收集、处理个人信息的程序构建研究	蒋　勇	兰州大学	一般项目	法学
60	公共物品理论视角下企业数据权属及其民法保护研究	叶　敏	江南大学	一般项目	法学
61	数字经济时代个人信息侵权损害赔偿责任研究	张建文	西南政法大学	一般项目	法学
62	数据财产权的模块理论及其制度建构研究	许　可	对外经济贸易大学	一般项目	法学
63	个人征信数据跨平台流动法律规制研究	张晓冉	重庆邮电大学	一般项目	法学
64	文化数据产权交易法治保障研究	胡卫萍	华东交通大学	一般项目	法学
65	个人信息的数据化商业利用权益冲突问题研究	邱润根	南昌大学	一般项目	法学
66	商业平台作为关键信息基础设施的法律规制研究	岳　林	上海大学	一般项目	法学
67	数字人民币流通法律治理机制研究	许多奇	复旦大学	一般项目	法学
68	数字经济背景下我国税法与“双支柱方案”的衔接研究	朱炎生	厦门大学	一般项目	法学
69	加密数字资产的税法规制研究	张春燕	外交学院	一般项目	法学
70	人工智能算法应用的金融法规制研究	何　颖	华东政法大学	一般项目	法学
71	互联网内容产业版权交易的制度变革与创新研究	赵　锐	太原科技大学	一般项目	法学
72	算法时代的作品创作与著作权保护问题研究	孙昊亮	西北政法大学	一般项目	法学
73	加强和改进平台经济领域反垄断执法的科学路径研究	丁茂中	上海政法学院	一般项目	法学
74	平台经济反垄断规制问题研究	谭　袁	中国社会科学院	一般项目	法学
75	数据要素市场化配置中的公共利益保留机制建构研究	郝思洋	太原师范学院	一般项目	法学
76	平台经济背景下消费者大数据流通法律治理研究	李　仪	重庆理工大学	一般项目	法学

（续表）

序号	项目名称	负责人	责任单位	项目层次	所在学科
77	共享经济背景下网络食品安全治理法治化研究	王　怡	电子科技大学	一般项目	法学
78	数字普惠金融激励性监管制度研究	孟　飞	上海工程技术大学	一般项目	法学
79	数字化时代“互联网＋医疗健康”的法律规制研究	李　恒	华东政法大学	一般项目	法学
80	数字社会共同富裕的劳动法促进机制研究	熊　晖	西南政法大学	一般项目	法学
81	数字经济时代劳动法法典化证成及技术路径研究	汪　敏	华中科技大学	一般项目	法学
82	生态环境大数据主权安全与智慧化法律保护机制研究	铁　燕	西南政法大学	一般项目	法学
83	数据跨境流动安全评估标准制度化和制度标准化研究	张琨蓓	重庆工商大学	一般项目	法学
84	区块链争议解决机制研究	丁　颖	北京邮电大学	一般项目	法学
85	数据交易场景下隐私计算技术的法律规制研究	詹小平	四川大学	一般项目	法学
86	上合组织数据安全法律治理机制研究	贾少学	上海政法学院	一般项目	法学
87	数字化时代政府信息公开中隐私权保护研究	李卫华	华东政法大学	一般项目	法学
88	大数据监管背景下政府获取企业经营数据的行政法规制研究	宋心然	首都经济贸易大学	一般项目	法学
89	数据流通合同法原理体系的构建与展开研究	金　晶	中国政法大学	一般项目	法学
90	数字经济背景下国际税收新征税权分配法律规则的构建及中国应对研究	张美红	安徽财经大学	一般项目	法学
91	数字经济下数据确权的知识产权路径研究	王德夫	武汉大学	一般项目	法学
92	药物研发国际合作中人类遗传资源数据安全法律保障研究	曹丽荣	同济大学	一般项目	法学
93	平台经济领域中垄断协议法律规制困境及其突破研究	曾　晶	深圳大学	一般项目	法学
94	算法时代数字弱势群体的人权保障研究	洪丹娜	华南理工大学	一般项目	法学
95	中国加入《数字经济伙伴关系协定》的核心问题与对策研究	朱雅妮	广东工业大学	一般项目	法学
96	国际投资法制中跨境数据流动的例外条款规制研究	张倩雯	西南交通大学	一般项目	法学

（续表）

序号	项目名称	负责人	责任单位	项目层次	所在学科
97	数据安全法律域外适用的特殊问题研究	杨　鸿	同济大学	一般项目	法学
98	技术现象学视角下智能算法嵌入社会与治理研究	董向慧	天津社会科学院	一般项目	社会学
99	大国数字竞争背景下算法治理的国际规则构建及我国参与路径研究	石贤泽	对外经济贸易大学	一般项目	国际问题研究
100	智能传播中视听版权立法和司法问题体系化研究	彭桂兵	华东政法大学	一般项目	新闻学与传播学
101	数字传播中个人信息“删除权”适用规则研究	李　兵	浙江工业大学	一般项目	新闻学与传播学
102	数智环境下个人信息数据泄露与保护的政策法规体系构建研究	张立彬	南开大学	一般项目	图书馆、情报与文献学
103	突发公共事件衍生数据开放中个人隐私保护合规治理研究	孙瑞英	黑龙江大学	一般项目	图书馆、情报与文献学
104	社交网络数据隐私风险识别与治理研究	杨瑞仙	郑州大学	一般项目	图书馆、情报与文献学
105	突发公共事件衍生数据隐私风险的识别与消减机制研究	耿瑞利	郑州大学	一般项目	图书馆、情报与文献学
106	走向网络化治理：社会治理的理论发展及实践创新研究	陈　亮	上海交通大学	一般项目	政治学
107	数字化对劳动法的挑战与应对研究	谢增毅	中国社会科学院法学研究所	重点项目	法学
108	政府数据开放法律制度研究	宋　烁	北京科技大学	一般项目	法学
109	人工智能的法律人格与未来发展研究	袁　曾	上海大学	一般项目	法学
110	在线纠纷解决机制（ODR）革新优化研究	许庆永	青岛大学	一般项目	法学
111	大数据时代数据抓取行为的法律分析	戴秋燕	武汉大学	一般项目	法学
112	个人数据权利的公法保护研究	周维栋	中共中央党校（国家行政学院）	一般项目	法学
113	植物新品种权质押融资问题研究	李林启	河南师范大学	一般项目	法学
114	数据犯罪刑法规制体系的建构研究	张　慧	湖南工商大学	一般项目	法学
115	中国参与全球数字经济规则制定的路径选择研究	王　皓	吉林大学	一般项目	国际问题研究
116	全球治理体系中的机制互动及治理有效性问题研究	项南月	华东政法大学	一般项目	国际问题研究

（2）省部级课题中人工智能法治愈发受重视。通过对司法部“国家法治与法学理论研究项目立项课题”、中国法学会“2022 年度部级法学研究课题立项名单”以及教育部“人文社会科学研究一般项目立项公示”进行汇总统计后（见图 2-4），得出 2022 年省部级课题中属于人工智能法治研究的有 105 项，与 2021 年相比增长 6%，具体课题信息如表 2-5 所示：

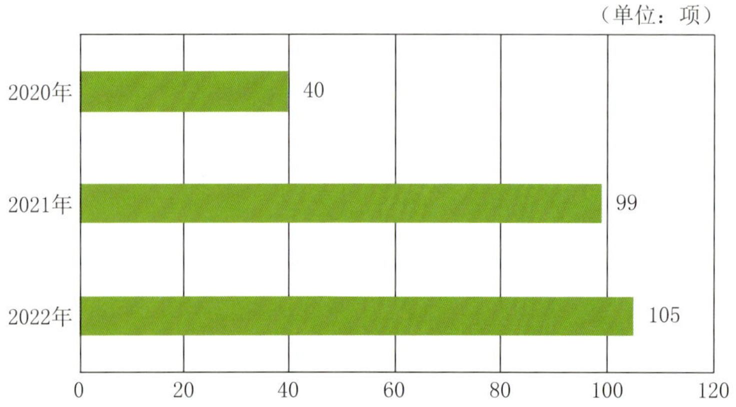

图 2-4　近 3 年省部级课题人工智能法治领域立项数对比

表 2-5　2022 年省部级课题人工智能法治领域立项情况一览表

序号	标　题	负责人	机　构	项目层次	所在学科
1	共享经济平台个人信息保护法律问题研究	何培育	重庆理工大学	青年基金项目	法学
2	数字经济时代民营企业营商环境优化的税法保障研究	侯　欢	西北大学	青年基金项目	法学
3	人工智能国家安全风险及其治理体系研究	冯　洁	天津商业大学	一般课题	法学
4	数字法治体系建设的高效协同机制研究	冯　姣	浙江财经大学	一般课题	法学
5	数字时代创新范式视域下健全反垄断体制机制研究	郭玉新	四川大学	一般课题	法学
6	数据要素市场行政壁垒法律规制研究	丁　瑶	华东政法大学	一般课题	法学
7	云计算平台著作权侵权责任的规范构造与认定路径	宋春雨	中国政法大学	一般课题	法学
8	数字政府建设中的人工干预机制配置研究	施立栋	苏州大学	一般课题	法学
9	数字政府建设的法治保障研究	王红建	郑州大学	一般课题	法学
10	诉源治理下区块链智能合约的实践运行——以西湖法院的探索为中心	毛志军	杭州市西湖区人民法院	一般课题	法学

（续表）

序号	标　题	负责人	机　构	项目层次	所在学科
11	数据要素市场化配置视角下个人信息处理规则的设计	沈浩蓝	西南政法大学	一般课题	法学
12	数字经济税收法律治理的中国方略研究	褚睿刚	首都经济贸易大学	一般课题	法学
13	WTO 协定下数据跨境流动的规制局限及完善方案研究	刘　影	北京理工大学	一般课题	法学
14	数字经济时代税法认识论的调试与革新	张馨予	华东政法大学	一般课题	法学
15	数字经济法治保障研究：企业数据访问规则的构建	付新华	北京交通大学	一般课题	法学
16	多元数据财产权法律制度研究	衣俊霖	上海交通大学	一般课题	法学
17	数据与信息的刑法区分性保护研究	熊　波	华东政法大学	一般课题	法学
18	数字金融监管困局及其法律规制研究	郝志斌	西南政法大学	一般课题	法学
19	完善数据跨境流动全球治理体系的中国方案	刘金瑞	中国法学会	一般课题	法学
20	健全数字经济公平竞争监管法律制度研究——基于数据隐私保护与反垄断监管协同的视角	承　上	西南政法大学	青年调研课题	法学
21	司法人工智能的算法规制研究	马　勤	苏州大学	青年调研课题	法学
22	人工智能法律制度完善研究：智能决策在公共行政中的类型及其法律规制	金　璐	广西民族大学	青年调研课题	法学
23	数字时代的“八二宪法”的守成与回应研究	陈　斌	华东政法大学	自选课题	法学
24	大数据侦查法治化的多维路径研究	彭俊磊	山东政法学院	自选课题	法学
25	数字时代反垄断事前监管的制度建构——以“守门人”监管为视角	张素伦	郑州大学	自选课题	法学
26	互联网环境下版权公共领域问题研究	秦　俭	重庆理工大学	自选课题	法学
27	云服务合同中知识产权法律问题研究	肖　夏	山东财经大学	自选课题	法学
28	数字政府建设的法治保障：公共机构算法决策法治化研究	蔡星月	北京航空航天大学	自选课题	法学
29	数字政府时代信用规制法治化研究	张　涛	清华大学	自选课题	法学
30	政府数据共享活动的三重治理维度	陈锦波	中国政法大学	自选课题	法学
31	数字时代个人信息保护法与刑法的衔接机制研究	童云峰	东南大学	自选课题	法学
32	政府数据开放刑事风险的教义学限制研究	柳　洁	梧州学院	自选课题	法学

（续表）

序号	标　　题	负责人	机　构	项目层次	所在学科
77	数据税立法的法理供给与制度设计研究	褚睿刚	首都经济贸易大学	专项任务项目	法学
78	数字化跨境交易增值税课税问题研究	宫　廷	中山大学	专项任务项目	法学
79	风险防范视域下人工智能产品跟踪观察制度体系研究	高完成	郑州大学	专项任务项目	法学
80	新生产要素数据税法的现代化建构研究	税梦娇	四川大学	专项任务项目	法学
81	经济性数据跨境流动的法律规制研究	曾建知	深圳大学	专项任务项目	法学
82	中国加入《数字经济伙伴关系协定》的核心问题与对策研究	朱雅妮	广东工业大学	专项任务项目	法学
83	中国个人信息保护法域外管辖研究	何叶华	南京航空航天大学	专项任务项目	法学
84	数字赋能背景下的智慧司法与企业创新：机制、效果及制度优化研究	苗　妙	华南理工大学	青年基金项目	经济学
85	大数据时代个人数据价值创造的治理机制研究	马　滔	清华大学	青年基金项目	经济学
86	人工智能快速发展背景下政法跨部门数据共享协同办案研究及实施建议	肖炯恩	广东财经大学	青年基金项目	管理学
87	互联网平台算法歧视识别判定、垄断效应与治理对策研究	闫慧丽	山西财经大学	青年基金项目	管理学
88	网络服务提供者刑事责任的类型化研究	孙运梁	北京航空航天大学	规划基金项目	法学
89	算法自动化决策中的个人信息保护研究	范小华	北京科技大学	规划基金项目	法学
90	中国网络社会治理的法治模式研究	叶竹盛	华南理工大学	规划基金项目	法学
91	数字经济时代著作权集体管理的制度革新研究	徐聪颖	江西财经大学	规划基金项目	法学
92	在线纠纷解决机制研究：理论、规则与实践	郑维炜	中国人民大学	规划基金项目	法学
93	区块链证据规则研究	张　中	中国政法大学	规划基金项目	法学
94	大数据侦查的程序性控制研究	詹建红	中南财经政法大学	规划基金项目	法学
95	数据治理法律规则域外适用研究	于华溢	北京工商大学	青年基金项目	法学
96	网络犯罪刑法理论范式的体系化变革研究	金鸿浩	北京化工大学	青年基金项目	法学
97	算法隐性侵权风险的分级规制研究	杨　曦	江苏警官学院	青年基金项目	法学
98	数字贸易的国际规制进路与中国因应方略研究	韩天竹	山东科技大学	青年基金项目	法学

（续表）

序号	标　题	负责人	机　构	项目层次	所在学科
99	数字中国背景下基因信息法律保护困境及完善路径研究	刘雁军	山西财经大学	青年基金项目	法学
100	人工智能审判的证据评价模式研究	马　勤	苏州大学	青年基金项目	法学
101	数据权属及利用的法律规制研究	庞　琳	西南政法大学	青年基金项目	法学
102	数字经济时代国际税收竞争秩序的法律规制研究	蒋遐雏	中国人民大学	青年基金项目	法学
103	电子数据司法证明模式问题研究	王　宁	湖北警官学院	规划基金项目	交叉学科 / 综合研究
104	基于法律大数据和人工智能技术驱动的法律推理研究	黄金华	西南政法大学	规划基金项目	交叉学科 / 综合研究
105	大数据驱动的司法知识表示与建模研究	刘振宇	中国政法大学	规划基金项目	交叉学科 / 综合研究

（3）省部级课题内容丰富。2022 年的人工智能法治领域省部级课题内容与 2022 年国家社会科学基金项目内容相比，更加多元化。经过对标题高频关键词的统计发现（见图 2-5），2022 年的人工智能法治领域省部级课题题目含“数字经济”“个人信息”“人工智能”和“算法”的最多。2022 年的人工智能法治领域省部级课题题目关

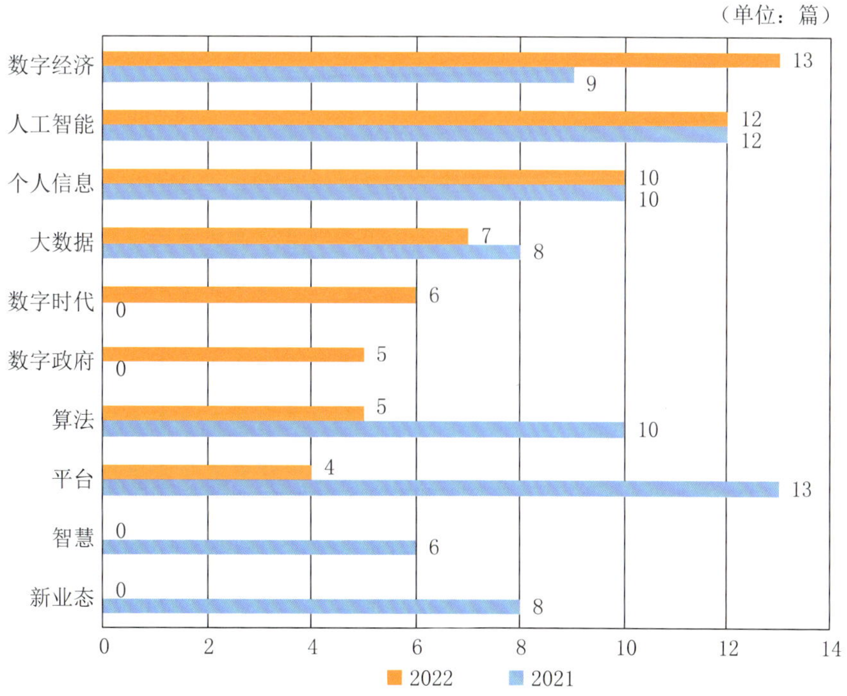

图 2-5　2021、2022 年省部级课题人工智能法治研究高频关键词对比

键词与2021年的（见图2-5）相比，“人工智能”“数字经济”“个人信息”连续两年都是排名前四的关键词，这说明人工智能法治领域对这三个关键词对应的领域关注度依旧很高。“人工智能”“大数据”“个人信息”“数字经济”“平台”“算法”仍属于高频关键词，“新业态”和“智慧”这两个关键词被“数字政府”和“数字时代”取代，这说明“数字政府”和“数字时代”的研究越来越被重视。

2. 课题研究层次日渐丰富

（1）国家社会科学基金项目。国家社会科学基金项目共有重大项目、重点项目、一般项目、青年项目、西部项目、后期资助项目和中华学术外译项目7个立项资助项目类别。

根据对2022年国家社会科学基金项目类别的梳理得出，法学科研项目都集中于重点项目、一般项目、青年项目、西部项目四大类。2022年国家社会科学基金法学类立项重点项目共30项，一般项目共285项，青年项目89项，西部项目25项。人工智能法治领域法学类重点项目共1项，一般项目共62项，青年项目共25项，西部项目共5项（见表2-6）。非法学类项目中，重点项目共1项，一般项目有14项，青年项目共8项。总体而言，国家社会科学基金项目中人工智能法治领域仍以一般项目和青年项目为主。与2021年的数据（见表2-6）相比，几个比较大的变化是，法学类一般项目由36项增长到62项，增幅为72.2%；法学类的青年项目由18项增长到25项，涨幅为38.9%；法学类的西部项目实现0的突破，由0项增长到5项。综合来看人工智能法治领域的法学类国家社会科学基金项目除了重点项目都有明显的增长，这说明2022年法学类国家社会科学基金项目对人工智能法治领域的关注度相对2021年有较大的提升。

表2-6　2021、2022年国家社会科学基金项目人工智能法治领域项目类别一览表

项目＼年份	2021		2022	
	法学	非法学	法学	非法学
重点项目	4	3	1	1
一般项目	36	25	62	14
青年项目	18	9	25	8
西部项目	0	0	5	0

（2）省部级课题。省部级课题方面，在司法部、中国法学会和教育部的省部级课题中，人工智能法治领域相关课题情况各不相同。

第一，中国法学会2022年度部级法学研究课题立项名单中，重大课题2项、重点课题12项、一般课题57项、青年调研课题6项、基础研究重点激励课题2项、自选课题112项。其中人工智能法治领域的一般课题共17项，青年调研课题共3项，自选课题共29项。2022年中国法学会的部级法学研究课题立项名单中，人工智能法治领域无重大课题和重点课题。而2021年人工智能法治领域的一般课题共6项，青年调研课题共2项，自选课题共28项。通过对2021年和2022年人工智能法治领域的课题数量进行比较发现，2022年人工智能法治领域的一般课题数量增长183%，青年调研课题和自选课题数量几乎没有变化，这说明中国法学会2022年对人工智能法治领域的关注明显上涨，涨幅为36%。

第二，教育部课题申报积极。在教育部人文社会科学研究一般项目立项名单中，人工智能法治相关的课题共24项，其中法学类共17项，规划基金项目共7项，青年基金项目共10项；非法学类相关的课题共7项，其中规划基金项目共3项，青年基金项目共4项。总体来看，青年基金项目总数达14项，占比为58%，规划基金项目共10项，占比为42%。与2021年相比，各类项目占比基本维持不变（见表2-7），这说明教育部2022年对人工智能法治领域的关注同2021年相比比较稳定，没有很大的变化。

表2-7　2021年与2022年教育部人工智能法治领域课题立项情况对比

项目＼年份	2021		2022	
	项目数	占比	项目数	占比
青年基金项目	15	60%	14	58%
规划基金项目	9	36%	10	42%
自筹基金项目	1	4%	0	0%

第三，2022年司法部发布的国家法治与法学理论研究项目立项课题中，重点课题共11项，一般课题共34项，青年课题共29项，专项任务课题共66项。其中人工智能法治领域，没有重点课题，一般课题有7项，青年课题共8项，专项任务课题共17项。如图2-6所示，与2021年的数据进行对比可以看出，一般课题的数量增加了

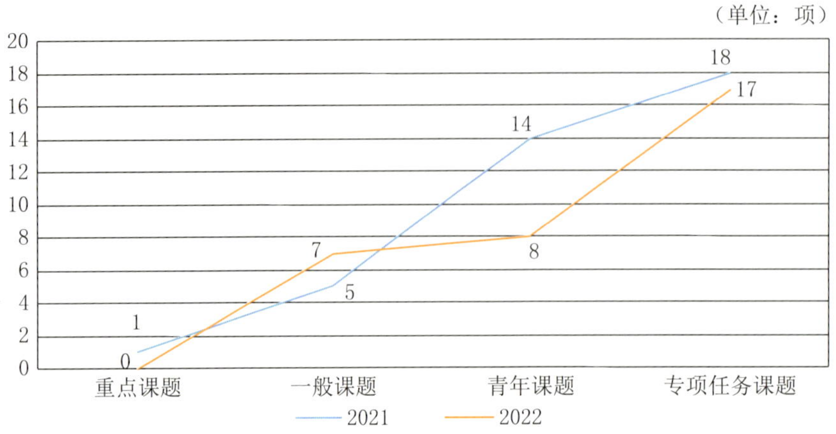

图 2-6　2021 年、2022 年司法部人工智能法治课题数对比

40%，重点课题从 1 下降到了 0，青年课题数量下降了 43%，专项任务课题的数量下降了 5%，总体而言与 2021 相比课题数量下降了 16%，并且重点项目为零，这说明司法部在 2022 年相较 2021 年对于人工智能法治领域的关注度有所下降。

3. 课题研究机构强者恒强

通过对国家社会科学基金数据库和包括司法部、中国法学会、教育部在内的省部级法学课题中 2022 年度人工智能法治领域课题立项名单进行梳理归纳总结，得出人工智能法治领域课题研究机构的分布有以下特点。

（1）研究机构集中于华东、华北地区。2022 年人工智能法治领域科研项目的研究机构已完全覆盖全国各大地区，华北地区和华东地区仍为研究机构的主要集中地区（见图 2-7）。因为华北、华东地区的高校多，尤其是上海市和北京市各大高校师资力量雄厚，学术氛围强，课题立项数也相对较多。2022 年各个地区人工智能法治领域的

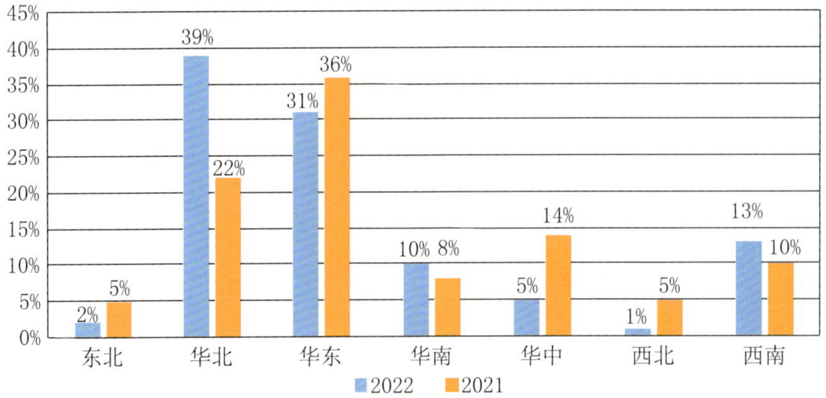

图 2-7　2021、2022 年各地区人工智能法治领域科研项目的研究机构分布情况

研究机构分布情况相较2021年（见图2-7）而言，华北地区对于人工智能法治领域的关注度提升了16%，一举赶超华东地区成为地区研究项目量第一位，这主要是由于中国政法大学、郑州大学、清华大学这几个华北地区的研究机构2022年对人工智能法治领域的关注度较高。

（2）主要研究机构仍为高校。如表2-8所示，2022年人工智能法治领域课题的研究机构主要仍为全国各高校，政法类院校立项数目较多。如2022年度西南政法大学立省部级人工智能法治领域课题7项，中国政法大学立6项，华东政法大学立5项。其他综合性大学如重庆理工大学、苏州大学、四川大学、清华大学、湖南大学、北京理工大学、郑州大学等，所属法学院获得的省部级人工智能法治领域课题也较多。郑州大学有4项课题，重庆理工大学、苏州大学、四川大学、清华大学、湖南大学、北京理工大学都有3项课题，这说明这些综合性大学2022年对人工智能法治领域的关注度都比较高。

表2-8　2022年人工智能法治领域课题研究机构分布情况

序号	机构名	数量	序号	机构名	数量
1	西南政法大学	7	17	广东外语外贸大学	2
2	中国政法大学	6	18	广东财经大学	2
3	华东政法大学	5	19	东南大学	2
4	郑州大学	4	20	北京航空航天大学	2
5	重庆理工大学	3	21	中山大学	1
6	苏州大学	3	22	中南财经政法大学	1
7	四川大学	3	23	中国人民公安大学教授	1
8	清华大学	3	24	中国人民公安大学	1
9	湖南大学	3	25	中国法学会	1
10	北京理工大学	3	26	中共中央党校（国家行政学院）	1
11	中国人民大学	2	27	中共中央党校	1
12	烟台大学	2	28	浙江大学	1
13	首都师范大学	2	29	浙江财经大学	1
14	首都经济贸易大学	2	30	西北大学	1
15	山西财经大学	2	31	梧州学院	1
16	华南理工大学	2	32	温州大学	1

（续表）

序号	机构名	数量	序号	机构名	数量
33	天津商业大学	1	50	江西财经大学	1
34	四川省社会科学院	1	51	江苏警官学院	1
35	沈阳师范大学	1	52	华东理工大学	1
36	深圳大学	1	53	湖北警官学院	1
37	上海政法学院	1	54	河南师范大学	1
38	上海立信会计金融学院	1	55	杭州市西湖区人民法院	1
39	上海理工大学	1	56	桂林电子科技大学	1
40	上海交通大学	1	57	广西民族大学	1
41	山西大学	1	58	广东工业大学	1
42	山东政法学院	1	59	东北师范大学	1
43	山东科技大学	1	60	北京师范大学	1
44	山东工商学院	1	61	北京科技大学	1
45	山东大学	1	62	北京交通大学	1
46	山东财经大学	1	63	北京化工大学	1
47	宁波大学	1	64	北京工商大学	1
48	南京航空航天大学	1	65	北京大学	1
49	南京大学	1			

（四）人工智能法治研究论坛分析

研究论坛通常是由主办方提供学术交流的平台，以演讲、圆桌会议、报告、论文等形式进行思想的碰撞与融合。研究论坛不仅能够促进相关领域人士之间的交流与研讨，还能够拓宽学术思路与领域，对学术研究发展有着极其重要的意义。

在本部分中，编者选取“人工智能”“数字（经济）”“（大）数据”“数据安全”“区块链”“智慧”“个人信息”“算法”“智能汽车”“数据垄断”“法制法规”“司法”“理论”“法益”“规制”“法律解析”等进行排列组合，作为关键词进行检索。通过百度搜索引擎、微信公众平台、法学创新网中的法治论坛一栏中进行检索，① 得出

① 百度搜索引擎为国内最大、使用最广的搜索引擎之一；微信公众平台，为目前最为广泛使用的通信平台，许多论坛通过微信公众平台发布最新消息；法学创新网为中国法学创新讲坛的官方网站，法治论坛一栏收录了国内最新法学论坛的相关报道。编者通过以上渠道进行检索，以求尽可能获取更全、更新的论坛数据。

2022年1月至2022年12月间国内举办人工智能法治领域研究论坛共计100场。如图2-8所示，近四年来，人工智能法治研究论坛的数量急速增长，这与我国政策鼓励支持人工智能发展分不开。

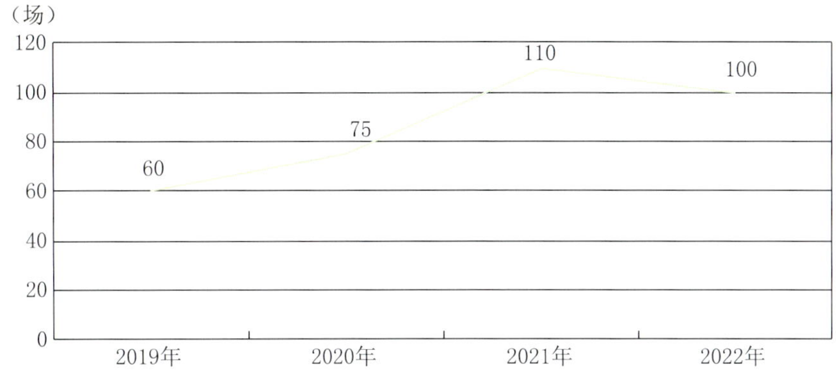

图2-8　2019—2022年度人工智能法治研究论坛数量统计

1. 研究论坛数量减少、多集中在下半年

2022年人工智能法治研究论坛举办数量略低于2021年，且下半年数量远超上半年。从图2-9可知，论坛集中于下半年。2022年上半年共举办23场论坛，下半年共举办78场论坛。年初和年中因有寒暑假，较少论坛选择在这两个时间段进行。2022年3—5月因受新冠疫情影响，论坛数量锐减，10—12月为论坛举办高峰期，11月更是达到一个月举办22场论坛。主要是因为年底各地举行相关年会，并对当年的相关问题进行总结与展望。与2021年人工智能法治领域研究论坛数量分布相比（见图

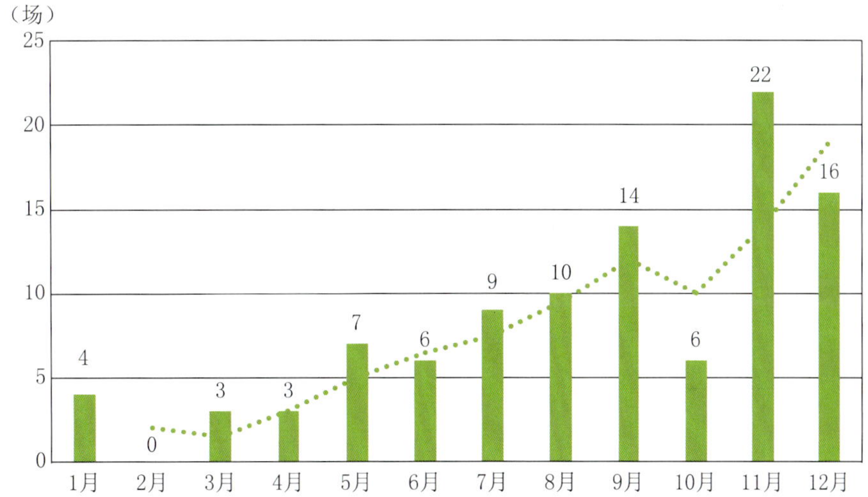

图2-9　2022年每月研究论坛数量分布

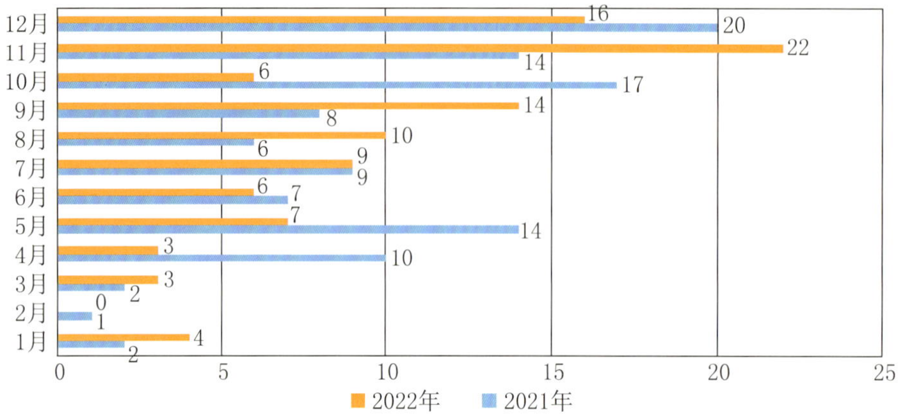

图 2-10　2021 年与 2022 年人工智能法治领域研究论坛数量分布对比图

2-10），2022 年受新冠疫情影响较大，上半年基本上没有举办论坛。下半年尽管仍受影响，但大多论坛主办方已成熟掌握“线上 + 线下”的论坛模式，其中线下论坛 45 起、线上论坛 43 起、线上线下结合的论坛 8 起。论坛的成功举办有助于对本领域最新的研究成果进行展示，并充分进行思想碰撞，积极推动人工智能法治的发展。

2. 研究论坛举办地域渐广

考虑到新冠疫情，绝大部分研究论坛都采用了“线上 + 线下”同步进行的模式，因此编者在统计时按照 2021 年的惯例，将线上论坛的第一主办方所在地作为论坛的举办地。

（1）研究论坛集中于北京市、上海市两地。在 100 场人工智能法治研究论坛中，如图 2-11 所示，论坛主要集中于北京市、上海市两地。共有 46 场论坛在北京市举办，占比高达 46%；共有 15 场论坛在上海市举办，占比 15%。

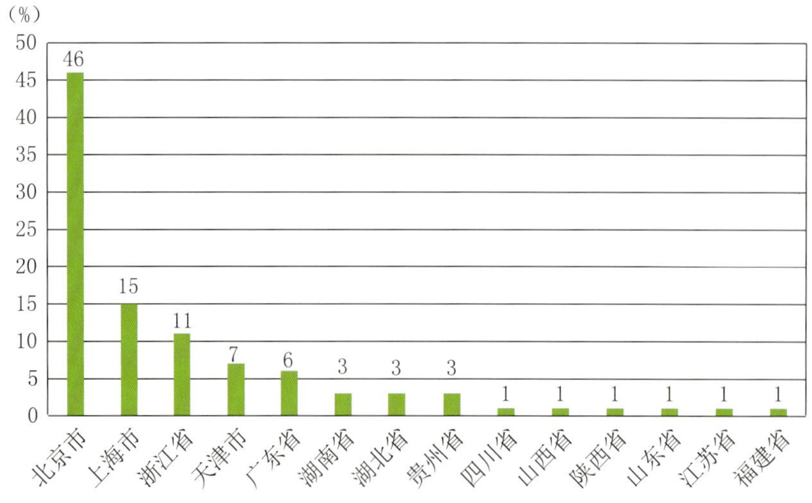

图 2-11　2022 年各省区市人工智能法治研究论坛数量百分比

（2）二、三线城市人工智能法治研究论坛逐渐增多。如表 2-9 所示，2022 年，除北京市、上海市两地以外，浙江省、天津市等地也紧随其后。其中，浙江省包括了杭州市、宁波市等城市，共举办 11 场论坛。在 2020 年，浙江省仅杭州市举办了人工智能法治研究论坛，2021 年温州市、嘉兴市等二线城市也已开始承办论坛。

2022 年人工智能法治研究论坛的举办地域呈现多元化趋势，除北京市、上海市、杭州市等一线城市外，更多的二、三线城市均开始举办论坛。可以看出，在国家政策的推动下，全国人工智能法治的学术氛围都很浓厚。人工智能法治研究论坛的举办，能够进一步促进知识交流，并启迪创新思维。

表 2-9　2022 年各省区市人工智能法治研究论坛数量

地区	北京市	上海市	浙江省	天津市	广东省	湖南省	湖北省
数据	46	15	11	7	6	3	3
地区	贵州省	四川省	陕西省	山东省	江苏省	山西省	福建省
数据	3	1	1	1	1	1	1

3. 举办单位在创新突破中提质增效

本部分中，编者统计梳理了 2022 年人工智能法治研究论坛的各主办、承办单位，由于举办论坛会耗费大量的人力物力，因此目前论坛大多涉及多方单位，此处将涉及论坛举办的单位都作为举办单位进行统计分析。对于举办两次及以上的单位，将分别计数。

如表 2-10 所示，2022 年人工智能法治研究论坛共有举办单位 129 个，编者将统计所得单位大致划分为 10 个大类，分别是：高等院校、企业、研究院所、期刊杂志社、政府机关（机构）、协会、司法机关、律所 / 律协、学会，其余的归为“其他”一类。

表 2-10　2022 年各单位参与举办研究论坛数量

单位	高等院校	研究院所	政府机关（机构）	学会	司法机关
数量	50	25	20	9	7
单位	其他	期刊杂志社	律所 / 律协	企业	协会
数量	5	4	4	3	2

根据图 2-12 和图 2-13，并与往年相关数据进行对比后，总结出以下特点：

（1）高等院校、研究院所占比优势明显。2022 年高等院校仍为人工智能法治论坛的主要举办单位，数量达到 50 所，占比约 39%；研究院所次之，共有 25 个研究院所参与人工智能法治研究论坛的举办，占比约 19%。从原因分析，首先，高等院校和研究院所有大量的学生群体、学者和学术专家，他们是人工智能法治研究的中坚力量。2021 年高等院校大多以其学校下设的“法律科学研究中心”“治理研究基地”“研究院”等形式参与论坛的举办。其次，高等院校和研究院所往往能获得相关领域的最新信息，能对新出现的问题及时展开讨论与研究。

（2）政府机关（机构）、公司企业举办人工智能法治研究论坛比重增加。2022 年，参与人工智能法治研究论坛举办的政府机关（机构）共有 31 个，公司企业共有 30 个，均占比达到 11%，仅次于高校和研究院所。与 2020 年相比，政府机关（机构）举办论坛的数量和比重均有所上升。由于 2021 年全国人大常委会先后颁布了《数据安全法》和《个人信息保护法》两部新法，政府机关（机构）积极响应，组织学习新法，并举办研讨会。

与 2020 年相比，公司企业举办人工智能法治研究论坛的数量增加 3 个，占比增加了 2%。2021 年增加了许多初次尝试举办人工智能法治论坛的公司企业。如中国华录集团有限公司与中国网络空间安全协会于 2021 年 12 月在北京共同主办了“首届中央企业数字化转型峰会数字化转型下的网络安全”分论坛。

（3）单一主体举办论坛为主要趋势。2022 年举办的 100 场人工智能法治研究论坛中，60 场论坛是由单位独立举办的，因此独立举办论坛是主要趋势。这与 2021 年

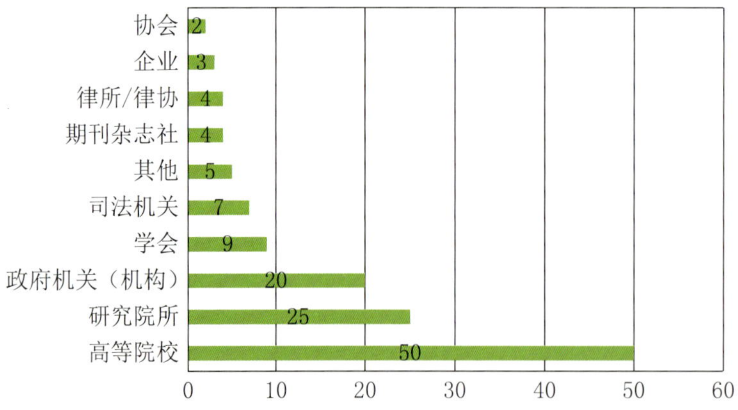

图 2-12　2022 年各单位参与举办研究论坛数量对比

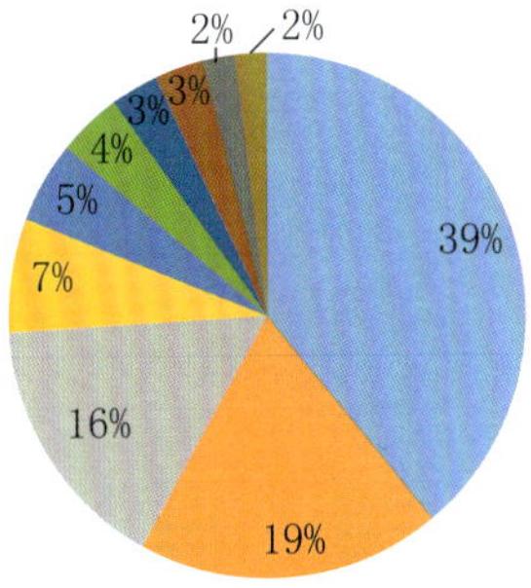

图 2-13 2022 年各单位参与举办研究论坛百分比

完全不同，原因可能是受新冠疫情影响，各单位合作举办不是特别方便。从共同举办的单位可以发现，跨领域、跨地区的联合举办更为普遍。

4. 研究论坛主题精彩丰富

（1）研究论坛主题多且广。2022 年人工智能法治领域研究论坛主题多且广（见表 2-11），有以人工智能、数字化等为背景的相关专业的研讨，还有以《数据安全法》《个保法》的颁布为背景的法律具体应用的讨论。

（2）研究论坛主题综合性增强。在 2022 年人工智能法治研究论坛中，不乏一些大型论坛之下的分论坛。这些论坛大多附属于大型技术论坛或峰会，在此类非法学论坛中设置人工智能法治领域分论坛，正是因为当前人工智能的发展所带来的各种风险急需法律知识提供安全保障。如每年 9 月在浙江乌镇举行的“世界互联网大会乌镇峰会”中，设置了“网络法治：法治护航数字经济高质量发展”分论坛，讨论数字经济法治建设中的立法理念、制度创新和发展趋势，为数字经济高质量发展贡献法治智慧。

表 2-11 2022 年人工智能法治研究论坛名称主题关键词分布

论坛关键词	论坛名称	论坛主题	举办时间
自动驾驶	《中国与德国在自动驾驶领域立法规制》研讨会	自动驾驶法律规制	2022 年 3 月
	新型犯罪治理中欧比较研究暨中欧法学院年度国际学术会议	信息保护、自动驾驶的刑事法保护与新冠疫情下的刑事犯罪等	2022 年 11 月

（续表）

论坛关键词	论坛名称	论坛主题	举办时间
智慧司法	数字＋治理丨第三次“智慧司法研究与应用”研讨会	类案检索中的相关性研究、面向智慧司法应用的自然语言处理、科研项目集成验证的创新与探索——以智慧法院实验室为例、融合预训练的司法判决预测方法、兼顾可解释性和可计算性的司法人工智能辅助、基于司法知识图谱的法律问答系统、“区块链＋证据”的耦合创新等主题	2022 年 7 月
	首届“大数据与法律检索”暑期学校开幕式暨法律检索与类案应用主题论坛	打造法律检索虚拟教研室，建设法律检索教学共同体	2022 年 8 月
	“人工智能与司法大数据”国际研讨会	智慧司法与数字正义、司法人工智能推理辅助、人工智能辅助的互联网域名争议解决机制探索	2022 年 9 月
	智慧司法与司法公正学术研讨会	智慧司法与司法公正	2022 年 11 月
	中国计算机学会计算法学分会首届年会	如何通过计算实现精准量刑等	2022 年 11 月
	浙江省法学会社会治理研究会成立大会暨 2022 年“平安浙江”论坛	新时代“枫桥经验”与中国式基层社会治理现代化	2022 年 11 月
元宇宙规制	中国政法大学第十二届法律硕士成长论坛分论坛二	元宇宙、区块链的法律概览及合规展望	2022 年 5 月
	2022 世界人工智能大会法治青年论坛	元宇宙：适用人类规则的数字世界	2022 年 9 月
算法治理	北京大学数据法治与合规论坛直播讲座第六讲	从算法新规看算法治理	2022 年 3 月
	2022 年中国网络文明大会算法治理论坛	加强算法综合治理，助力网络文明建设	2022 年 8 月
数字法治	数字经济法治论坛	以法治创新推动数字经济规范发展	2022 年 5 月
	“新文科＋”数字法治论坛	数字法学如何可能等	2022 年 6 月
	区块链应用法律合规论坛	数字经济法律实务研究	2022 年 6 月
	“数字化治理激发城市新活力”学术研讨会	以数字化转型全面激发广州城市新活力	2022 年 6 月
	2022 数字安全与法治高峰论坛	护航数字经济，共话数据安全	2022 年 7 月
	2022 中国数字经济创新发展大会数据安全创新发展论坛	新形势新挑战下如何建立数据安全保障机制、把握数字化发展新机遇、推动数字经济健康发展	2022 年 7 月

（续表）

论坛关键词	论坛名称	论坛主题	举办时间
数字法治	2022中国数字经济创新发展大会——数字化治理高层论坛	“科创引领，数智未来——促进粤港澳大湾区数字经济腾飞”	2022年7月
	第二届“中国网络与数据安全法治50人论坛”	构建数据基础制度，强化数据安全治理	2022年8月
	互联网司法与数字治理现代化论坛	打造数字时代互联网司法新高地	2022年8月
	GSE2022全球智慧教育大会“教育数字化治理：政策+技术”论坛	数字化前沿技术、乡村教育治理、互联网教育应用治理及区域教育数字化转型	2022年8月
	中国互联网法治大会 | 数据与算法安全论坛	加快构建数据基础制度体系	2022年9月
	2022世界人工智能大会法治论坛	数字法治：供给和适用	2022年9月
	2022年“法治浙江论坛”	数字化建设法治保障研究	2022年9月
	“数字治理”圆桌论坛	“数字治理的优势与隐患”“数字治理、伪数字治理与准数字治理”“数字政府会让社会更公平吗”	2022年9月
	“基层治理数字化：实践和发展”学术论坛	数字化对传统治理的影响、数字治理案例以及未来发展趋势	2022年9月
	“数字法学与数字司法”高端论坛	“数字法学与‘新文科’建设”“数字期刊与数字法学研究”“数字司法与数字社会治理”	2022年9月
	第二届“数字法治与社会发展”高端论坛	数字司法与数字法治等	2022年10月
	《数字法治评论》辑刊创刊首发式暨“数字法治论坛”首届“三人谈”	数字时代法学理论的新课题、新诉求与新表达	2022年10月
	数字经济竞争政策未来发展前沿论坛	经济学视野谈垄断与竞争、数字经济创新价值与竞争政策、数据竞争问题、自我优待问题、数字经济的产业组织结构、并购反垄断问题、轴幅协议理论及实践问题、最惠国待遇问题	2022年10月
	长三角一体化法治论坛	数字法治的理论与实践	2022年11月
	2022年世界互联网大会乌镇峰会网络法治论坛	构建数字时代法治保障体系	2022年11月
	全国高校“数字法学”联盟会议暨数字法学研讨会	数字法学的未来发展	2022年11月
	2022年《法学研究》青年论坛“推动数字经济高质量发展的法治保障”学术研讨会	推动数字经济高质量发展的法治保障	2022年11月
	数字经济发展法治高峰论坛	司法服务保障数字经济发展等	2022年11月

（续表）

论坛关键词	论坛名称	论坛主题	举办时间
数字法治	数字法治三十人论坛（2022年冬季）	推进数字法治建设	2022年11月
	第二届“科技与法治·数字法治与社会治理”论坛	推进数字法治与社会治理高质量发展的方向和机遇等	2022年11月
	第二次校友会员大会暨“数字法治前沿探究”圆桌论坛	推进数字法治，建设数字中国等	2022年11月
	2022年长沙理工大学研究生博力学术论坛	数字法治与交叉创新	2022年11月
	第一届数字法治前沿学术研讨会	数字法治政府的变革转型等	2022年11月
	网络法治论坛	共商数字时代法治保障	2022年11月
	第25届软博会数字政府融合创新论坛	数字治理为核心特征的政府数字化转型	2022年11月
	第四届全国科际法学论坛“数字社会的科技、人权与治理”研讨会	数字社会的科技、人权与治理	2022年12月
	清华大学第五届计算法学国际会议	数字化转型中的法治	2022年12月
	第五届清华大学世界法治论坛	信息化时代的法治建设	2022年12月
	第八届天大·中国司法论坛数字正义研讨会	“数字中国”背景下司法正义价值的实现	2022年12月
	长宁区“宪法宣传周”主场活动暨长宁首届苏河数字法治论坛	数字法治，赋能治理现代化	2022年12月
	2022年度“全球数字贸易法治论坛”	全球数字贸易法治	2022年12月
	2022年复旦大学博士生论坛之法学分论坛	数字经济时代下的数据法治建设	2022年12月
	首届“数字全球化与全球治理”20人论坛	数字全球治理	2022年12月
数据法治	北京大学数据法治与合规论坛直播讲座第七讲	人工智能企业的数据治理与合规	2022年4月
	社科大互联网法治论坛	数据治理、未成年人网络保护、网络犯罪、知识产权前沿争议、数字平台竞争	2022年5月
	第五届数字中国建设峰会数据法治论坛	数据法治助推数字化发展	2022年7月
	首届北大法学院“数字与法治”系列论坛	全球视野下的隐私与数据保护法	2022年9月
	空间治理与城市安全数字化论坛	“推动数据共融共享·服务民生全程全时”	2022年9月

（续表）

论坛关键词	论坛名称	论坛主题	举办时间
数据法治	北京大学数据法治与合规论坛直播讲座第八讲	数据跨境法规与实践：中美对比的视角	2022 年 10 月
	第三届世界法治论坛暨“未来法治与数字法学”国际论坛	数字法治的理论基础与核心命题	2022 年 12 月
	2022 中国计算机大会数据安全治理论坛	开拓数据安全从体系化框架到建设实践之路	2022 年 12 月
人工智能法治	北京自然辩证法研究会九届三次理事会暨 2021 年学术年会	发挥科学技术哲学跨学科优势，为人类社会发展提供新思路	2022 年 1 月
	人工智能伦理高峰论坛	人工智能伦理挑战与治理策略	2022 年 6 月
	2022 智源大会——人工智能伦理、治理与可持续发展论坛	人工智能治理认知逻辑与框架范式、人工智能伦理治理动机与方向、不同文化背景下的人工智能伦理认识、中国人工智能治理现状与举措、人工智能评测平台构建	2022 年 6 月
	湖南省数字化赋能交通行业治理主题论坛	湖南省智慧交通“双中台”体系建设及成效、数字经济视角下的交通运输高质量发展思考、湖南省交通地理信息一张图建设成效及展望	2022 年 6 月
	2022 世界机器人大会“新智能·新法律·新生活”专题论坛	新智能·新法律·新生活	2022 年 8 月
	2022 年中国网络文明大会网络法治建设论坛	夯实法治之基，实现更高水平数字正义	2022 年 8 月
	2022 年“人工智能与司法大数据”国际研讨会	人工智能与司法建设	2022 年 9 月
	第二届北理法学博士生论坛暨智能科技青年法治论坛	智能科技与国际关系的发展	2022 年 9 月
	2022 全球人工智能技术大会法律人工智能专题论坛	法律人工智能、人工智能赋能司法的理论和应用	2022 年 11 月
	第七届首都社会建设与社会诚信论坛	智享未来：科技法治与社会建设	2022 年 11 月
	第十七届全国法律方法论坛暨山东省法律方法研究会 2022 年学术年会	法典制定和适用的法律方法研究	2022 年 12 月
	第五届“人工智能与未来法治”研讨会	人工智能与未来法治	2022 年 12 月
	2022 人工智能合作与治理国际论坛	人工智能引领韧性治理与未来科技	2022 年 12 月

（续表）

论坛关键词	论坛名称	论坛主题	举办时间
区块链法治	“数智赋能法律：区块链及人工智能的司法应用”前沿论坛	区块链技术与人工智能在司法中的应用	2022 年 8 月
	“数智赋能法律：区块链及人工智能的司法应用”前沿论坛	数智赋能法律	2022 年 8 月
	2022 年第三届区块链法治高峰论坛暨中国科学技术法学会第十七届“创新与法治论坛”	区块链·元宇宙·法治	2022 年 11 月
平台规制	《平台经济反垄断的法律问题》学术沙龙	平台经济反垄断前沿问题：域外理论与实践	2022 年 3 月
	新型权利及其制度创新论坛	平台经济领域反垄断规制与典型案例	2022 年 5 月
	平台经济领域最新反垄断动态及案例分析研讨会	平台经济参与者的主体和角色定位、学术资源垄断、平台经济发展与监管的平衡关系	2022 年 5 月
	2022 年度亚太反垄断发展在线论坛	解读反垄断法修改对中国反垄断行政执法的重要作用与深远影响	2022 年 10 月
	第十一届中国社会科学论坛（法治·2022）	当代法典化理论与实践	2022 年 11 月
	天津市法学会经济法学分会 2022 年年会暨首届天津市“反垄断合规论坛”	反垄断合规制度的现状及优化、企业反垄断合规中的经济分析、反垄断合规制度的构建基础与中国路径	2022 年 12 月
	重点行业反垄断合规实务论坛	互联网行业反垄断合规、医药行业反垄断合规	2022 年 12 月
个人信息保护	《个人信息保护法》普法宣传暨诚信主体责任研讨会	及时总结梳理《个人信息保护法》适用中的难点问题，更好地推进我国个人信息保护工作	2022 年 1 月
	第 516 期民商法前沿论坛“个人信息保护法的基础理论与制度安排”	个人信息保护法的基础理论与制度安排	2022 年 1 月
	“个人信息保护的宪法与民法之维”新年论坛	中国政法大学法学院与民商经济法学院	2022 年 1 月
	第二期“实务刑法论坛”	侵犯公民个人信息罪司法实务问题	2022 年 4 月
	第一届信用法治研究生论坛	信用信息的保护与使用等	2022 年 5 月
	2022 数据与个人信息合规论坛	企业数据治理与信息保护	2022 年 5 月
	企业数据合规出境与个人信息保护实务论坛	个人信息委托处理中的义务及责任	2022 年 7 月
	数据安全治理和个人信息保护论坛	加强数据安全和个人信息保护标准宣贯实施，促进标准应用与技术产业协同联动	2022 年 7 月

（续表）

论坛关键词	论坛名称	论坛主题	举办时间
个人信息保护	2022 年中国网络文明大会分论坛个人信息保护论坛	做好个人信息保护，共筑文明安全网络	2022 年 8 月
	2022（第八届）中国互联网法治大会中国互联网个人信息保护论坛	合规、自律、安全	2022 年 9 月
	“个人信息保护法实施一周年实践与展望”高峰论坛	个人信息保护的发展	2022 年 11 月
	《个人信息保护法》一周年观察学术研讨会	“立法与实施”“理论与实践”“开放圆桌论坛”	2022 年 11 月
大数据治理	第三届大数据与首都治理论坛	政务热线驱动的数字政府建设	2022 年 7 月
	大数据背景下的数字化转型与智慧治理论坛	“数字化转型与法规转换”“大数据背景下的数字化转型与智慧治理 & 生物医药产业的开放创新与商业模式”“大数据背景下的数字化转型与智慧治理”	2022 年 7 月
	“杭检案例研究中心·案例群英会”论坛	大数据赋能新时代：从法律监督迈向社会治理	2022 年 9 月

（3）“数字法治”“人工智能法治”“数据法治”成为新高频关键词（如图 2-14 所示）。原因主要是 2022 年迎来数字经济大爆发，数字技术的应用覆盖至经济社会的更广领域。政府、学界与社会同时关注数字化进程与法治建设的互动，以保障数字化发展及人工智能创新应用的可持续性。在这个背景下，相关领域专家学者通过论坛形式对此展开研讨，将极大有助于数字经济与法治建设的有机融合。

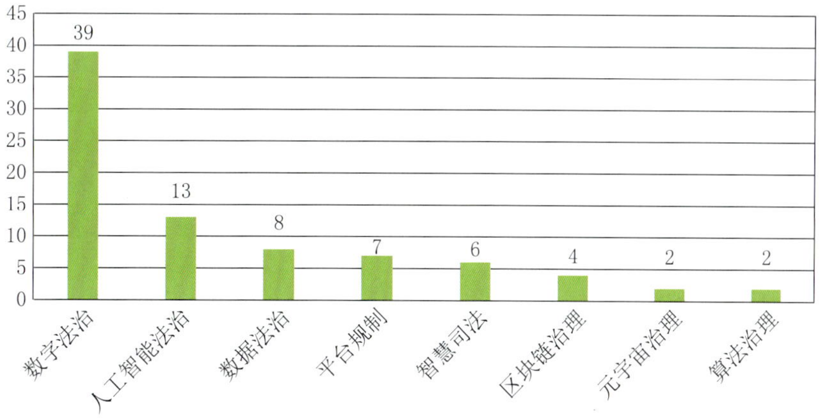

图 2-14　2022 年人工智能法治研究论坛名称高频关键词对比

（五）人工智能法治研究论文分析

研究论文是反映某一领域学术研究水平的主要指标，也是社会公众了解相关行业领域最新发展态势的重要渠道。因此，统计和分析人工智能法治领域的研究论文发表的数量和质量意义重大。

1. 数据检索说明

（1）检索途径。本报告的数据来源是中国知网数据库。

（2）检索日期。检索期限为 2022 年 1 月 1 日至 2022 年 12 月 31 日。

（3）检索方式。本次检索采取 4 种途径，尽可能地扩大检索范围以防遗漏，最后删除重复项和逐条筛选确认。检索词众多，在此只列明关键几项。

方式一：以“篇名/关键词/摘要”为检索范围，分别以“人工智能”“大数据”“个人信息保护”“元宇宙”“区块链”等为检索词进行检索；在检索结果中，以发表年度 2022、中文数据库为条件进行二次筛选；在检索框内再以“法律”为关键词进行“结果中检索”，最终得到相应数据。

方式二：以“主题”为检索范围，分别以“人工智能”“大数据”“个人信息保护”“元宇宙”“区块链”等为检索词进行检索；在检索结果中，以发表年度 2022、中文数据库、法学学科为条件进行二次筛选，最终得到相应数据。

方式三：以“摘要”为检索范围，分别以“人工智能”“大数据”“个人信息保护”“元宇宙”“区块链”等为检索词进行检索；在检索结果中，以发表年度 2022、中文数据库、法学学科为条件进行二次筛选，最终得到相应数据。

方式四：根据 CSSCI 来源期刊目录（2021—2022）中的法学学科部分，通过对 24 本法学 CSSCI 期刊（南大核心）的目录进行逐条筛选，结合论文主题、篇名、关键词、摘要等信息，最终得到相应数据。

（4）检索过程。检索分成两个步骤。一是基础数据汇总建库，删减重复项；二是数据核验。

第一，建立数据库，删减重复项。通过检索范围、发文时间、检索词的搭配，分组检索和统计数据，最终得到 3922 条有效基础数据。

第二，数据核验。数据核验主要是为了排除一些套用了人工智能领域关键词，但主要内容相关度较低的文献。主要采用确认内容后小组讨论、多人投票的方式确定是否将存疑文章纳入统计，最终得到有效数据 3860 条。

（5）数据处理说明。第一，作者所在省份的确定。按作者所在机构所在地的省份来确定，如果注明多个机构，以第一个注明机构所在地的省份确定；如果一篇文章有多位作者，以第一作者所在机构所在地的省份确定。

第二，数据可能存在的误差。一是数据搜集误差，因检索词不可穷尽，最终的数据库存在一定误差；二是数据初步处理误差，用不同的主题和关键词进行检索时会出现大量重复论文，因此在数据处理时以篇名是否重复来删减重复项，可能导致标题完全相同的不同文章被剔除的情形。

第三，对于数据可靠性的说明。基础数据是建立在尽可能穷尽人工智能法治领域的相关词进行无差别检索的基础上的，应在检索结果中通过人工浏览关键词、摘要和文章主要内容删除相关度极低的文章，尽可能使数据覆盖度足够全面和准确。

2. 法学 CSSCI 期刊作者群分析

（1）数据来源和分析。在文献计量分析中，通常需要寻找 CSSCI 期刊作者群，以便发现该研究领域的骨干力量。发文量和被引量是 CSSCI 期刊作者评价体系中最基本的指标，编者运用发文量和被引量两个指标来对 CSSCI 期刊作者进行综合测评，以充分考虑论文数量和质量。经统计，2022 年法学 CSSCI 期刊人工智能相关文献共计 356 篇，选取前 58 名发文在 2 篇以上的候选作者进行分析。

第一，计算候选人发文量和被引量的折算指数（候选人平均发文量与平均被引量指 58 名候选作者的发文量与被引量的平均值）。

候选人发文量折算指数＝（候选人发文量 / 候选人平均发文量）×100。

候选人被引量折算指数＝（候选人被引量 / 候选人平均被引量）×100。

第二，计算候选人的综合指数。本书将发文量和被引量权重值分别定为 0.8 和 0.2，则候选人的综合指数的计算公式为：

候选人综合指数＝候选人发文量折算指数 ×0.8+ 候选人被引量折算指数 ×0.2。

第三，根据候选人综合指数的大小，对 58 名发文在 2 篇以上的候选作者进行排序。

第四，选取综合指数≥ 60（60 即为综合指数平均值 100 的合格点）的作者为法学 CSSCI 期刊作者群的一员。

（2）描述性分析。首先，筛选出 2022 年法学 CSSCI 期刊中发表 2 篇以上文章的候选作者 58 位，并对其进行发文量的统计（见表 2-12），其中丁晓东、刘宪权发文有

表 2-12　2022 年人工智能法治领域 CSSCI 法学类期刊作者发文量排名（单位：篇）

序号	作　者	发文量	单　位	序号	作　者	发文量	单　位
1	丁晓东	6	中国人民大学	30	雷　磊	2	中国政法大学
2	刘宪权	6	华东政法大学	31	朱　振	2	吉林大学
3	刘艳红	5	中国政法大学	32	单　勇	2	南京大学
4	王利明	4	中国人民大学	33	陈爱飞	2	中南财经政法大学
5	程　啸	4	清华大学	34	郑佳宁	2	中国政法大学
6	张新宝	4	中国人民大学	35	杨　力	2	上海交通大学
7	赵炳昊	4	中国政法大学	36	王　苑	2	清华大学
8	许　可	3	对外经济贸易大学	37	陈越峰	2	华东政法大学
9	苏　宇	3	中国人民公安大学	38	田思路	2	华东政法大学
10	彭　錞	3	北京大学	39	胡　铭	2	浙江大学
11	张卫平	3	烟台大学	40	衣俊霖	2	上海交通大学
12	任　颖	3	广东外语外贸大学	41	王首杰	2	西南政法大学
13	刘　权	3	中央财经大学	42	王华伟	2	北京大学
14	王锡锌	3	北京大学	43	杨　凯	2	华东政法大学
15	林洹民	3	浙江大学	44	王　燃	2	天津大学
16	田　野	3	天津大学	45	邢会强	2	中央财经大学
17	张吉豫	2	中国人民大学	46	苏　青	2	西安交通大学
18	张凌寒	2	北京科技大学	47	刘　辉	2	湖南大学
19	高志宏	2	南京航空航天大学	48	姜程潇	2	北京大学
20	赵精武	2	北京航空航天大学	49	左卫民	2	四川大学
21	孔祥俊	2	上海交通大学	50	高景峰	2	最高人民检察院
22	唐林垚	2	中国社会科学院	51	陈可翔	2	广东外语外贸大学
23	毛逸潇	2	北京大学	52	张牧君	2	北京大学
24	侯利阳	2	上海交通大学	53	郑　曦	2	北京外国语大学
25	马长山	2	华东政法大学	54	冯晓青	2	中国政法大学
26	王　伟	2	清华大学	55	夏庆锋	2	安徽大学
27	陈景辉	2	中国人民大学	56	关保英	2	上海政法学院
28	梅夏英	2	对外经济贸易大学	57	郑智航	2	山东大学法学院
29	张　涛	2	清华大学	58	齐延平	2	北京理工大学

6篇，其研究的大方向是“个人信息”“数字权利”“平台责任”；刘艳红发文有5篇，大方向是“个人信息保护”“平台责任”；王利明、程啸、赵炳昊、张新宝，发文各4篇，大方向也是“个人信息”“平台责任”；许可、苏宇、彭錞、张卫平、任颖、刘权、林洹民、田野、王锡锌，共计9位学者，每人发文3篇。58位作者研究内容中出现频率最高的是“个人信息”“平台责任”“数字法学”，分别代表研究人工智能相关技术运用过程中可能出现的个人信息权利受损情形，研究平台不合理使用个人信息应当承担的责任，以及研究新的人工智能技术能够对法律的产生和适用产生怎样的影响这三个大的方向。其次，根据上述前三步对58位法学CSSCI期刊作者候选人进行分析，候选人平均发文量和平均被引量分别为2.48和17.14，较2021年的平均被引量有所增长，但平均发文量呈下降趋势。最后，通过第四步筛选，58名候选作者的综合指数均大于合格点，即可确定法学CSSCI期刊作者群58人。根据作者综合指数降序排名，如表2-13所示：

表2-13 2022年人工智能法治领域法学CSSCI期刊作者综合指数排名

序号	作者	被引	发文	综合指数	机构
1	丁晓东	100	6	310.03	中国人民大学法学院
2	王利明	154	4	308.61	中国人民大学民商事法律科学研究中心；中国人民大学法学院
3	刘宪权	41	6	241.18	华东政法大学
4	刘艳红	61	5	232.30	中国政法大学
5	程　啸	35	4	169.73	清华大学法学院
6	张新宝	13	4	144.06	中国人民大学法学院；中国人民大学网络信息法中心
7	许　可	39	3	142.18	对外经济贸易大学法学院
8	苏　宇	38	3	141.01	中国人民公安大学法学院
9	赵炳昊	8	4	138.22	中国政法大学民商经济法学院
10	彭　錞	30	3	131.68	教育部人文社科重点研究基地北京大学宪法与行政法研究中心
11	张卫平	21	3	121.17	烟台大学
12	任　颖	19	3	118.84	广东外语外贸大学法学院
13	刘　权	17	3	116.51	中央财经大学法学院
14	王锡锌	16	3	115.34	北京大学法学院宪法与行政法研究中心

（续表）

序号	作　者	被引	发文	综合指数	机　　构
15	林洹民	7	3	104.84	浙江大学光华法学院
16	张吉豫	34	2	104.12	中国人民大学法学院
17	田　野	4	3	101.33	天津大学法学院
18	张凌寒	28	2	97.12	北京科技大学文法学院
19	高志宏	24	2	92.45	南京航空航天大学人文与社会科学学院
20	赵精武	24	2	92.45	北京航空航天大学法学院
21	孔祥俊	23	2	91.29	上海交通大学
22	唐林垚	19	2	86.62	中国社会科学院法学研究所
23	毛逸潇	17	2	84.28	北京大学法学院
24	侯利阳	17	2	84.28	上海交通大学
25	马长山	16	2	83.12	华东政法大学法律学院
26	王　伟	16	2	83.12	清华大学法学院
27	陈景辉	14	2	80.78	中国人民大学法学院、中国人民大学未来法治研究院
28	梅夏英	13	2	79.62	对外经济贸易大学法学院
29	张　涛	13	2	79.62	清华大学法学院
30	雷　磊	11	2	77.28	中国政法大学
31	朱　振	11	2	77.28	吉林大学理论法学研究中心 / 法学院
32	单　勇	10	2	76.11	南京大学法学院
33	陈爱飞	9	2	74.95	中南财经政法大学法学院
34	郑佳宁	9	2	74.95	中国政法大学民商经济法学院
35	杨　力	8	2	73.78	上海交通大学智慧法院研究院；中国城市治理研究院
36	王　苑	8	2	73.78	清华大学法学院
37	陈越峰	8	2	73.78	华东政法大学
38	田思路	7	2	72.61	华东政法大学经济法学院
39	胡　铭	7	2	72.61	浙江大学数字法治研究院；浙江大学光华法学院
40	衣俊霖	6	2	71.45	上海交通大学凯原法学院
41	王首杰	6	2	71.45	西南政法大学高等研究院
42	王华伟	6	2	71.45	北京大学法学院
43	杨　凯	5	2	70.28	华东政法大学公共法律服务研究院
44	王　燃	4	2	69.11	天津大学法学院、天津大学中国智慧法治研究院
45	邢会强	3	2	67.95	中央财经大学法学院
46	苏　青	3	2	67.95	西安交通大学法学院

（续表）

序号	作　者	被引	发文	综合指数	机　　　构
47	刘　辉	3	2	67.95	湖南大学
48	姜程潇	2	2	66.78	北京大学法学院
49	左卫民	2	2	66.78	四川大学法学院；国家 2011 协同创新研究计划“司法文明协同创新中心”
50	高景峰	2	2	66.78	最高人民检察院法律政策研究室
51	陈可翔	1	2	65.61	广东外语外贸大学
52	张牧君	1	2	65.61	北京大学法学院
53	郑　曦	1	2	65.61	北京外国语大学法学院
54	冯晓青	0	2	64.44	中国政法大学民商经济法学院
55	夏庆锋	0	2	64.44	安徽大学法学院
56	关保英	0	2	64.44	上海政法学院法律学院
57	郑智航	0	2	64.44	山东大学法学院
58	齐延平	0	2	64.44	北京理工大学智能科技风险法律防控工信部重点实验室

统计数据表明，按照综合得分 60 分以上作为法学 CSSCI 期刊作者群一员，可得出目前我国人工智能法治领域法学 CSSCI 期刊作者共 58 人，较 2021 年增加 30 人，增幅明显（见表 2-14）。此外，我国人工智能法治领域法学 CSSCI 期刊作者群共 58 人，共发文 144 篇（此处统计时，如合作的论文，则为一篇），占 2022 年我国人工智能法治领域法学 CSSCI 期刊总文献量（356 篇）的 40.45%，与 2021 年相比有大幅度提升。这在一定程度上说明我国人工智能法治领域的法学 CSSCI 期刊作者群体已经形成，并且群体质量和数量均在迅速扩增。

表 2-14　2021 年与 2022 年人工智能法治领域法学 CSSCI 期刊作者群比照表

类　别	2021 年（共计 28 人）	2022 年（共计 58 人）
仅入选 2021 年	刘品新、胡凌（北大）、洪延青、皮勇、裴炜、申卫星、魏斌、谢增毅、吕炳斌、宋烁、张欣、周光权、蔡培如、万方、胡凌（上财）、陈兵、蔡星月	—
两年均入选人工智能法治领域法学 CSSCI 期刊作者群	刘宪权、丁晓东、程啸、张新宝、王利明、许可、王锡锌、苏宇、田野、邢会强、张凌寒	

（续表）

类　别	2021 年（共计 28 人）	2022 年（共计 58 人）
2022 年新入选	—	刘艳红、赵炳昊、彭錞、张卫平、任颖、刘权、林洹民、张吉豫、高志宏、赵精武、孔祥俊、唐林垚、毛逸潇、侯利阳、马长山、王伟、陈景辉、梅夏英、张涛、雷磊、朱振、单勇、陈爱飞、郑佳宁、杨力、王苑、陈越峰、田思路、胡铭、衣俊霖、王首杰、王华伟、杨凯、王燃、苏青、刘辉、姜程潇、左卫民、高景峰、陈可翔、张牧君、郑曦、冯晓青、夏庆锋、关保英、郑智航、齐延平

由表 2-14 可知，2021 年和 2022 年均入选人工智能法治领域法学 CSSCI 期刊作者群的共有 11 位，分别是刘宪权、丁晓东、程啸、张新宝、王利明、许可、王锡锌、苏宇、田野、邢会强和张凌寒，而其他作者均仅有 1 年入选。通过对比上述 11 位两年入选法治领域法学 CSSCI 期刊作者群作者的发文量变化（见图 2-15）得出：第一，部分作者 2022 年的发文量多于 2021 年，如刘宪权、丁晓东、王利明、苏宇、田野，说明 2022 年他们对人工智能领域的法学研究比 2021 年更加深入；第二，部分作者 2022 年的发文量与 2021 年没有变化，如张新宝和王锡锌，说明他们对人工智能领域的法学研究始终保持稳定的关注度；第三，部分作者 2022 年的发文量少于 2021 年，如程啸、许可、邢会强和张凌寒，说明他们对人工智能领域关注较早，研究较为深入透彻。

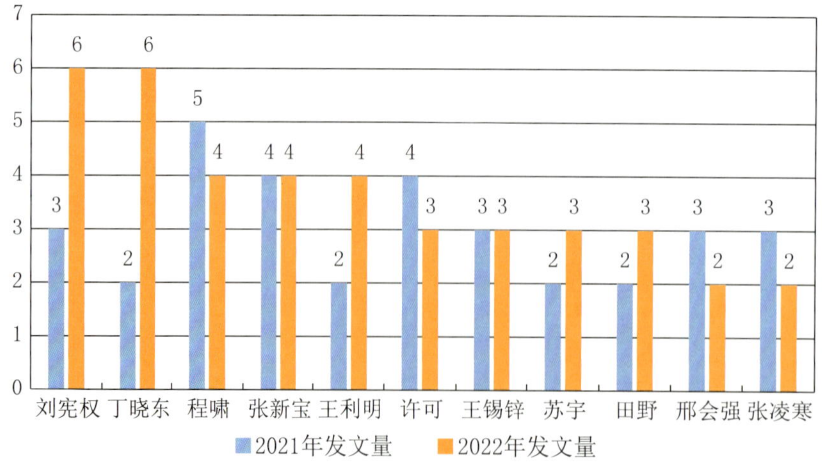

图 2-15　2021 年与 2022 年均入选人工智能法治领域法学 CSSCI 期刊作者群作者的发文量变化

3. 研究刊物分析

（1）研究刊物选择。为对前沿技术和法律规范的融合有切实研究的专业学术成果表示肯定和进行有据的分析，增强人工智能法治领域研究结果的权威性。在2022年度，编者对3860条有效检索数据的刊物进行分析时，集中分析法学CSSCI期刊上有关人工智能的研究成果。在最新的CSSCI来源期刊目录中法学类共有24种正式刊物，经检索，2022年人工智能法治领域发表期刊为法学CSSCI期刊的论文累计共356篇，在全年的有效数据共3860篇中占据9.22%，平均每个刊物14.83篇文章。可见，法学CSSCI期刊在人工智能法治领域的关注度高于一般刊物。下文将对最新法学CSSCI期刊中2022年度的356条数据进行分析并与2021年的数据进行比较。

（2）法学CSSCI期刊分析。通过对2021年人工智能法治领域法学CSSCI期刊发文量统计和对2022年人工智能法治领域法学CSSCI期刊发文量统计（见图2-16），我们对2021、2022年人工智能法治领域法学CSSCI期刊机构发文量排名变化进行了分析（见表2-15）。其中《东方法学》在人工智能法治领域发文量保持不变，连续两年稳居第一，体现了其在人工智能法治领域研究上的领跑地位。有14所期刊机构的发文量排名有所上升，分别是《华东政法大学学报》《比较法研究》《政法论丛》《行政法学研究》《法学》《法商研究》《中国法学》《当代法学》《法学评论》《环球法律评论》《中外法学》《法制与社会发展》《法学研究》《中国刑事法杂志》，其中排名上升超过10位的机构有三所，分别是《政法论丛》排名上升15位，《法学》排名上升11位以及《当代法学》排名上升13位，这说明《政法论丛》《法学》《当代法学》2022年对人工智能法治领域的关注程度与2021年相比有较大的提升。有9所期刊机构的发文量排名有所下降，分别是《法律科学（西北政法大学学报）》《现代法学》《法学论坛》《政法论坛》《国家检察官学院学报》《政治与法律》《清华法学》《法学家》《中国法律评论》，其中排名下降超过10位的机构有两所，分别是《法学论坛》排名下降14位以及《政治与法律》排名下降10位，这说明《法学论坛》与《政治与法律》2022年对人工智能法治领域的关注程度与2021年相比有较大的下降。

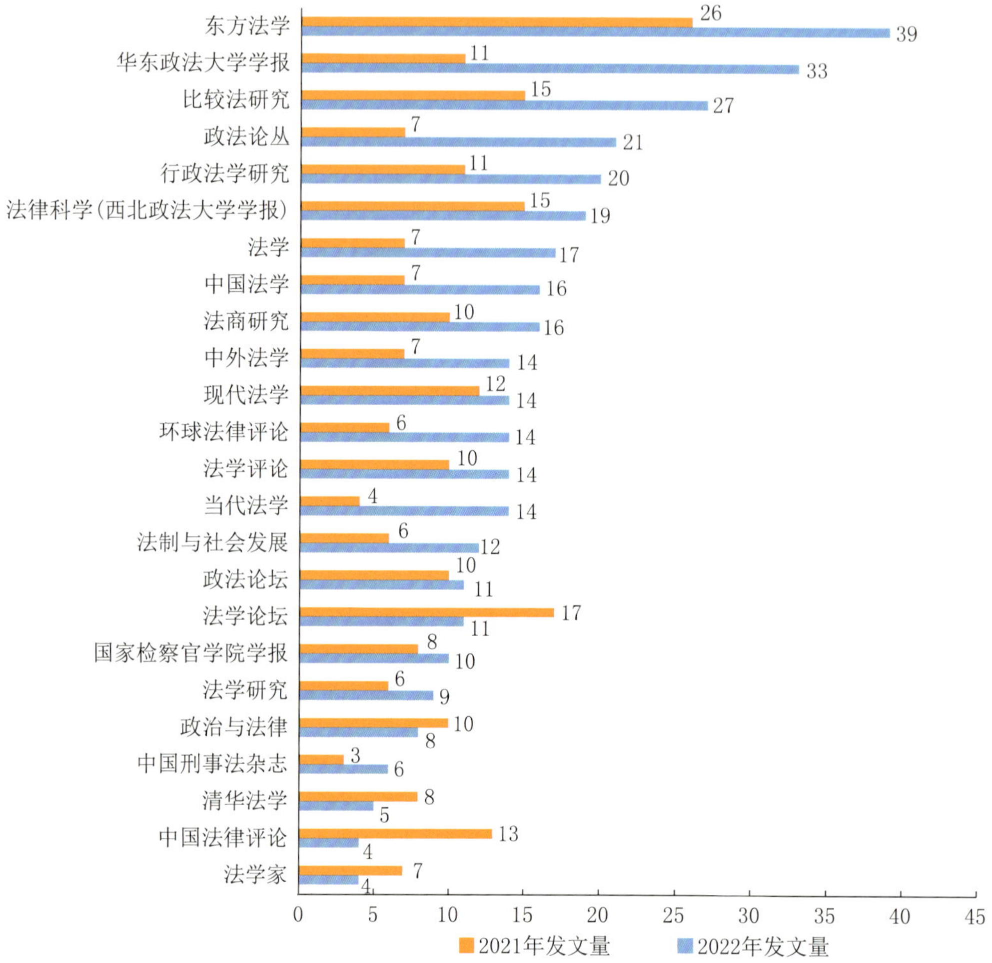

图 2-16　2021 年与 2022 年人工智能法治领域法学 CSSCI 期刊发文量统计（单位：篇）

表 2-15　2021 年、2022 年人工智能法治领域法学 CSSCI 期刊机构发文量排名变化（单位：篇）

	2021 年期刊发文量排名		2022 年期刊发文量排名
1	东方法学	1	东方法学—
2	法学论坛	2	华东政法大学学报↑ 6
3	法律科学（西北政法大学学报）	3	比较法研究↑ 1
4	比较法研究	4	政法论丛↑ 15
5	中国法律评论	5	行政法学研究↑ 2
6	现代法学	6	法律科学（西北政法大学学报）↓ 3
7	行政法学研究	7	法学↑ 11
8	华东政法大学学报	8	法商研究↑ 1
9	法商研究	9	中国法学↑ 6
10	政治与法律	10	当代法学↑ 13

（续表）

	2021 年期刊发文量排名		2022 年期刊发文量排名
11	政法论坛	11	法学评论↑1
12	法学评论	12	环球法律评论↑9
13	清华法学	13	现代法学↓7
14	国家检察官学院学报	14	中外法学↑3
15	中国法学	15	法制与社会发展↑7
16	法学家	16	法学论坛↓14
17	中外法学	17	政法论坛↓6
18	法学	18	国家检察官学院学报↓4
19	政法论丛	19	法学研究↑1
20	法学研究	20	政治与法律↓10
21	环球法律评论	21	中国刑事法杂志↑3
22	法制与社会发展	22	清华法学↓9
23	当代法学	23	法学家↓7
24	中国刑事法杂志	24	中国法律评论↓19

4. 研究机构分析

根据表 2-16，对人工智能法治领域文章第一作者所在机构单位性质的统计，可以判断人工智能法治领域 2022 年度的研究机构分布情况。在 3860 条有效数据中，占据研究机构最大比重的是高等院校，其是科研的主要力量，有效数据为 3372 条，占比达到 87.36%。作者所属单位为国家机关的有效数据有 163 条，占比达到 4.22%，主要包括法院、检察院、公安机关、司法厅局等。其他研究机构中研究所占比为 3.55%，党校占比为 0.28%。另外企业、事业单位、出版社、人民团体等机构也就各自行业领域的人工智能发展情况在法治方面的反映做出了一定的研究成果，有效数据共有 177 条，总占比为 4.59%。

表 2-16　2022 年人工智能法治领域研究机构单位性质分布表

机　构	高等院校	国家机关	研究所	党　校	其　他
数量（个）	3372	163	137	11	177
占比（%）	87.36%	4.22%	3.55%	0.28%	4.59%

图 2-17 展示的为 2022 年与 2021 年人工智能法治领域文章研究机构的对比，可以看出，高等院校仍然是科研的主体，从发文数量来看，占比最大且增幅明显；国家机关对人工智能法治领域的研究也愈加重视。从客观原因来判断，2022 年我国新冠肺炎疫情总体情况严峻，直到下半年才好转，并于年底放开，因此研究所、党校、企业等研究机构对人工智能方面的研究占比有所下降，但在数量上稳增不减，均有所突破。其他机构发文占比的下降也与此因素相关，与我国科研领域的整体情况相一致。

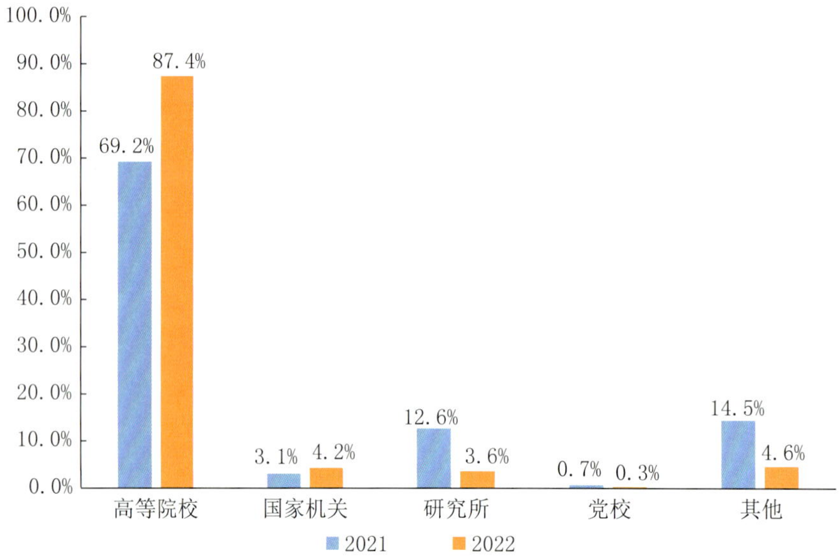

图 2-17　2021 年与 2022 年人工智能法治领域研究机构对比

5. 发文区域分析

（1）描述性分析。表 2-17 展示的是 2022 年人工智能法治领域发文区域分布状况，根据作者所在机构确定地区，并且将未标注地域和国外文件剔除后，梳理得出 3849 篇论文，并依据发文量对地区进行排名，可以较为直接地看出全国范围内人工智能法治领域研究成果的地理分布。其中成果数量排在前三名的是北京市、上海市和江苏省，其中北京市以 803 份研究成果占据明显优势；上海市成果 328 份，江苏省成果 276 份。整体来看，2022 年的研究成果与往年相比大幅增加，绝大多数省份人工智能领域发文均有所增长，北京市、江苏省、上海市、重庆市成果增长量过百。

表 2-17　2022 年各省区市人工智能法治领域成果总量表（单位：篇）

序号	地　区	发文量	同比增长	序号	地　区	发文量	同比增长
1	北京市	803	275	18	湖南省	78	16
2	上海市	328	104	19	四川省	77	33
3	江苏省	276	161	20	江西省	71	33
4	湖北省	196	99	21	天津市	68	22
5	山东省	181	134	22	贵州省	67	35
6	重庆市	161	79	23	福建省	61	33
7	广东省	146	76	24	云南省	50	32
8	安徽省	134	84	25	新疆维吾尔自治区	38	36
9	河南省	132	71	26	山西省	36	18
10	浙江省	128	70	27	青海省	30	27
11	吉林省	128	96	28	内蒙古自治区	29	18
12	辽宁省	124	66	29	海南省	12	−1
13	甘肃省	114	68	30	澳门特别行政区	8	6
14	陕西省	99	53	31	宁夏回族自治区	6	5
15	河北省	93	38	32	西藏自治区	3	2
16	广西壮族自治区	91	53	33	香港特别行政区	3	3
17	黑龙江省	89	43	34	台湾特别行政区	0	0

（2）东中西部区域分析。表 2-18 展示的是 2022 年人工智能法治研究领域论文的东中西部区域分布情况。从发文比重上看，东部地区的发文数量要明显超出中西部地区的总和。其中，尤以经济最发达的北京、上海、江苏、广东、浙江等地发文数量最多。这充分表明东部地区在人工智能法治研究领域具有较强的学术实力和研究优势，同时这种优势也与东部地区在经济、科技、文化等多方面所具有的较强综合实力高度正相关。相比之下，中西部地区在人工智能法治研究领域相对滞后，论文发文数量较少。这就更加需要政府和学术机构进一步加强对中西部地区人工智能法治研究领域的支持和投入，通过搭建跨学科合作平台，推动研究成果的转化与应用等，力促区域间研究能力的均衡发展。

表 2-18　2022 年人工智能法治领域论文的东中西部区域分布情况（不含港澳台，单位：篇）

东　部		西　部		中　部	
北京市	803	重庆市	161	湖北省	196
上海市	328	甘肃省	114	河南省	132

（续表）

东部		西部		中部	
江苏省	276	陕西省	99	湖南省	78
山东省	181	四川省	77	安徽省	134
广东省	146	贵州省	67	吉林省	128
浙江省	128	云南省	50	广西壮族自治区	91
辽宁省	124	新疆维吾尔自治区	38	江西省	71
河北省	93	宁夏回族自治区	6	山西省	36
天津市	68	青海省	30	黑龙江省	89
福建省	61	西藏自治区	3	内蒙古自治区	29
海南省	12				
合计	2220	合计	645	合计	984
总计	3849				

图 2-18 展示的是 2021 年与 2022 年人工智能法治研究领域论文的东中西部区域总发文量比较。由图可知，2022 年东部、西部和中部关于人工智能法治研究领域论文的发文量较 2021 年均呈增长趋势，且东西中部总发文量所占比重并未发生大幅度改变，东部仍然优势明显，西部始终处于劣势。

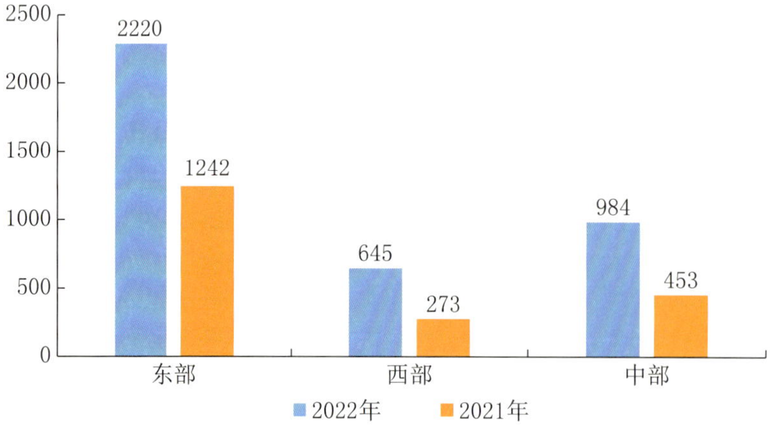

图 2-18　2021 年与 2022 年人工智能法治研究领域论文的东中西部区域总发文量比较

6. 研究高频热点词分析

如表 2-19 所示，通过对文章关键词进行整理和分析，得出了高频关键词的分布情况，在此取出频数为 30 次以上的共计 32 个关键词。其中频数最多的关键词是“人工智能”，其频数多达 287 次，“个人信息”和“大数据”频数也较多，分别是 284 次和 245 次，紧随其后的还有“个人信息保护”“区块链”“法律规制”“数字经济”和“个人信息保护法”，频数都是 100 次以上。

表 2-19　2022 年人工智能法治领域高频关键词分布情况

序号	高频关键词	频数	序号	高频关键词	频数
1	人工智能	287	17	民法典	50
2	个人信息	284	18	侵权责任	47
3	大数据	245	19	智能合约	44
4	个人信息保护	239	20	著作权	43
5	区块链	172	21	互联网	42
6	法律规制	147	22	平台经济	41
7	数字经济	133	23	人脸识别	40
8	个人信息保护法	107	24	数据	39
9	数据安全	77	25	版权保护	39
10	算法	75	26	个人信息权	38
11	隐私权	69	27	反垄断法	36
12	数据治理	55	28	法律风险	36
13	反垄断	52	29	隐私保护	35
14	法律保护	52	30	大数据时代	34
15	元宇宙	51	31	数据保护	31
16	区块链技术	50	32	大数据杀熟	30

总的来看，在人工智能领域，关键词主要包括人工智能、个人信息、大数据、区块链、法律规制、数字经济、数据安全、算法、隐私权、数据治理、反垄断、元宇宙等。此外，对技术要求度较高的领域关键词主要包括区块链、算法、元宇宙、人脸识别、大数据杀熟等。从全部数据来看，2022 年人工智能领域中法治领域的研究最关注数据治理与数据安全方面的法律规制，以及对隐私侵权和个人信息保护等发展方向的思考。相比前几年，法律工作者仍然主要关注两方面内容，一是人工智能的兴起给法律界带来的新兴问题；二是人工智能在法律界的应用及相应立法。

通过对比 2021 年人工智能法治领域高频关键词分布情况（见表 2-20），2022 年的人工智能法治领域高频关键词相比 2021 年变动较大，主要呈现出以下几个特点：

（1）最明显的特点为涉及的关键词的范围进一步扩充和细化。经统计，2022年人工智能法治领域论文所包含的关键词共计7659个，较2021年增长5000余个，全面覆盖各个部门法，如民商法领域的“数据财产权”“被遗忘权”“企业合规”，刑法领域的“数据犯罪”“侵犯公民个人信息罪”“机动车交通事故责任”“刑事合规”，行政法领域的“自动化行政”“政府数据开放”“协同治理”，经济法领域的“互联网金融”“数据垄断”“数字贸易”“涉税信息”，刑事诉讼法领域的“大数据侦查”“区块链证据”，民事诉讼法领域的“电子证据”“在线诉讼”“电子送达”，知识产权法领域的“信息网络传播权”“版权保护”“合理使用”，国际法领域的“跨境数据流动”“数据主权”“通用数据保护条例”，等等。内容涵盖了社会治理方方面面，可谓包罗万象，体现了人工智能法治领域发展的多元化趋势。

（2）2022年人工智能法治领域论文所涉及的关键词较2021年更加细化。通过对比这两年中“人工智能”这一关键词的频数可以发现，2022年较2021年相比明显下降，由589次降至287次。该现象是由于2022年“人工智能”这一关键词的进一步细化所造成的，导致其被更专业具体的名词表述所替代，如“司法人工智能”“人工智能算法”“人工智能生成物”“强人工智能”“法律人工智能”“人工智能证据”“人工智能量刑”“人工智能侵权”，等等。与此类似，“数据”这一关键词也被更细化的表述所替代，如“数据安全”“数据治理”“数据保护”“大数据杀熟”“数据权属”“数据合规”“数据跨境流动”“数据抓取”“数据垄断”，等等。这一趋势极大反映了2022年人工智能法治领域向纵深发展的规律，体现出更强的学术性。

（3）2022年人工智能法治重点领域较2021年有所出入。通过对比2021年与2022年人工智能法治领域高频关键词发现，2021年上榜的汽车、规制、风险、责任、监管等退出榜单，元宇宙、反垄断、智能合约、大数据杀熟等加入榜单，这一系列人工智能法治研究领域的热点变动，一方面体现出学者们对人工智能新兴前沿领域与法律的融合的研究热情，不再拘束于传统的人工智能领域，如自动驾驶汽车，转而去开垦更多前人未涉及的理论“荒地”，提高了对未来新时代新产业发展的前瞻性，此外通过对比榜单发现，2022年人工智能法治领域与经济法的联系更加密切，如“反垄断”“不正当竞争”“数字货币”“平台经济”等关键词频次较高，充分说明理论界对数字经济发展的重视程度，另一方面也反映出学术界进一步解放思想，对人工智能法治领域的态度从规制和保守转为更加积极的守正创新、锐意进取。

（4）2022 年人工智能法治领域高频词的变与不变。值得注意的是，与往年相比，个人信息、个人信息保护以及隐私权、数据安全、法律保护等的词频仍在榜单上居高不下，这进一步说明理论界积极促进数据发展与数据安全之间的平衡，绝不以侵犯公民个人权利为代价发展人工智能，这也是人工智能法治领域的应有之义。

表 2-20　2021 年与 2022 年人工智能法治领域高频关键词对比

2021 年	2022 年
数据；人工智能；法律；区块链；算法；个人信息；技术；保护；数字；治理；司法；规制；风险；数据安全；智能；信息；责任；监管；权利；平台；主体；个人；网络；智慧；人脸识别；金融；保护法；电子；隐私；侵权	人工智能；个人信息；大数据；个人信息保护；区块链；法律规制；数字经济；个人信息保护法；数据安全；算法；隐私权；数据治理；反垄断；法律保护；元宇宙；区块链技术；民法典；侵权责任；智能合约；著作权；互联网；平台经济；人脸识别；数据；版权保护；个人信息权；反垄断法；法律风险；隐私保护；大数据时代

三、国外人工智能法治理论研究

关于国外人工智能法治理论研究，编者通过 Web of Science 对 2022 年人工智能法治领域相关的文献进行了数据检索。在 Web of Science 中分别以“robot”“AI”“Artificial Intelligence”和“law”为并列主题词进行索引，得到了 2022 年共有 2112 篇文献记录。① 与 2021 年相比，2022 年对主题词进行了扩充，新增了“AI”与“Artificial Intelligence”，对主题词的把握更加准确。编者以该项数据源作为外文数据库，与往年相关数据和国内论文相关数据进行对比，以求发现 2022 年国外人工智能法治理论研究情况的特点。

从整体数量上来看，2022 年人工智能法治领域国外研究相关的文献篇数比 2021 年所统计的 1238 篇多了 874 篇，以 70.6% 的增幅大幅上升。与国内相关文献大幅增

① Web of Science 是全球最大、覆盖学科最多的综合性学术信息资源，收录了自然科学、工程技术、生物医学等各个研究领域最具影响力的核心学术期刊。

长相比增幅更为明显。这与国外对人工智能领域的研究时间维度、范围广度与内容深度都有密切关系，国外自 21 世纪初即已开始对人工智能法治展开研究，因此发展速度一直较我国处于领先水平。伴随着我国近两年对人工智能领域的重视与关注不断升温，相关法治研究数量呈稳定上升趋势。

（一）研究方向分析

通过对 Web of Science 检索后所得的 2112 篇文献的进一步研究，发现 2022 年人工智能法治领域国外研究方向主要呈以下特点：

1. 热点方向趋于稳定

国外的人工智能法治研究趋于成熟，学术界更偏向于在人工智能法治实际应用层面进行探讨。如图 2-19 所示，2022 年人工智能法治研究排名前四的方向分别是：Engineering（工程机械）、Computer Science（计算机科学）、Automation Control Systems（自动控制系统）和 Government Law（政府法）。

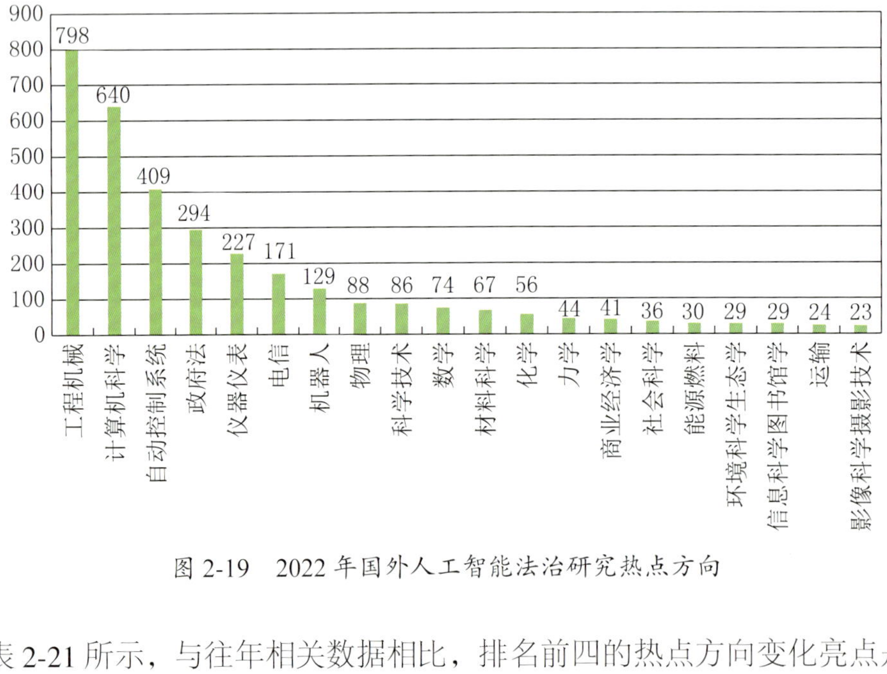

图 2-19　2022 年国外人工智能法治研究热点方向

如表 2-21 所示，与往年相关数据相比，排名前四的热点方向变化亮点是“政府法”。“政府法”研究方向首次出现在前四榜单中，且从数量上来看远超排名第五的“仪器仪表”方向。自动控制系统常年占据热点第一，在 2022 年相关文献中的比重有所下降，仅占 19.37%，而“工程机械”和“计算机科学”后来者居上。这一趋势与国内情况大有不同，根据前文统计情况所示，2022 年人工智能法治领域高频关键词排名前四的分别是：人工智能、个人信息、大数据和个人信息保护。由此可见，国内目前对人工智能法治这一新兴领域仍处于理论研究阶段。

表 2-21 近年来人工智能法治研究热点方向对比

排名	2019 年及以前	2020 年	2021 年	2022 年
1	自动控制系统	自动控制系统	自动控制系统	工程机械
2	机器人	工程电气电子类	工程机械	计算机科学
3	计算机学	机器人	计算机科学	自动控制系统
4	工程学	工程类多学科	机器人	政府法

2. 研究领域不断扩展

除了一些固有热点领域外，2022 年也新增了部分新热点领域。如“社会科学”“环境科学生态学”“信息科学图书馆学”“影像科学摄影技术”等都是首次出现在排名前 20 的热点研究方向中，尽管这些方向的研究文献数量不多，但是以上研究方向的出现体现了 2022 年在国外人工智能法治理论研究中所涉及的领域是不断扩展的，并开始从实际应用层面向社会科学层面发展，立足于多学科交叉视野，关注人工智能在现实发展过程中的场景应用。可以看出，与国内相比，国外人工智能法治理论研究整体上仍然更趋向于专业化和综合化，从不同的专业领域尝试解决问题，提供不同的思考路径。

3. 法治色彩逐渐浓厚

如图 2-19 所示，2022 年国外人工智能法治研究领域中，法律相关的“政府法”方向文献增至 294 篇，排在第四位。与往年数据相比，所占比重由 2021 年的 4.52% 增至 2022 年的 13.92%。不仅所占比例增幅明显，而且在国外整体偏于实际运用研究的情形之下，“政府法”相关文献比重仍然快速稳定增加。说明 2022 年国外对人工智能法治高度重视，政策引导发展较快，立法经验丰富。人工智能的复杂性与广泛性导致人工智能法治理论的研究与实务界紧密相连，学术界负责理论研究，产业界负责技术支撑，政府机构负责政策引导并实施相应的监管措施，各主体发挥自身优势积极参与人工智能的研究规制活动，产学结合、政学结合成为常态。

（二）发文作者变化较大

图 2-20　2022 年国外人工智能法治研究领域发文前 20 的作者

如图 2-20 所示，2022 年人工智能法治领域国外研究发文前 20 的作者，所发篇数从 9 至 20 篇不等。发文量最高的 Li Y 在 2022 年发文达到 20 篇。与 2021 年统计数据相比，发文作者变化并不明显，2021 年排名前 20 的作者中有 14 位仍出现在 2022 年的发文量前 20 作者名单中。此外，2021 年人工智能法治领域国外研究发文最多的 Zhang Y，虽然发文量上升，但增幅不及 Li Y 和 Wang J；而 Li H 增幅十分明显，从 2021 年的 7 篇增长到 2022 年的 14 篇，位列第四。

（三）地域分布分析

作者的地域分布可以反映各国对人工智能法治研究的关注度。如表 2-22 所示，2022 年排名前十的国家分别为：中国、美国、英国、意大利、印度、西班牙、德国、加拿大、法国和澳大利亚。与 2021 年人工智能法治研究发文量前十的国家相比，西班牙、德国和澳大利亚超越韩国、伊朗和俄罗斯，进入前十榜单。

表 2-22　2021 年与 2022 年国外人工智能法治研究发文量前十的国家对比

2021 年	2022 年	2021 年	2022 年
中国	中国	印度	西班牙
美国	美国	英国	德国
法国	英国	伊朗	加拿大
意大利	意大利	俄罗斯	法国
韩国	印度	加拿大	澳大利亚

其余七国仍然在榜，由图 2-21 可知，尽管七国的内部排名有所变化，但足以体现这七个国家近两年来对人工智能法治领域的研究始终保持极高的关注和热情。整体而言，发文前十的国家中以发达国家居多，如美国和意大利，其在 2021 年和 2022 年的统计数据中都始终保持在前五。中国、印度虽不属于发达国家，但均为人口大国。尤其是我国近几十年来经济发展迅速，这为人工智能法治领域的研究打下了坚实的经济基础。我国在人工智能法治领域的发文量上一直处于领先地位，2022 年的发文量更是达到了 591 篇，占比为 27.98%，发文量再创新高。人口大国意味着更广阔的市场，对人工智能的需求也会远高于其他国家。可以预见，拥有稳定经济基础和巨大需求量的我国，在未来人工智能法治领域研究的所占比重会持续稳步提升。

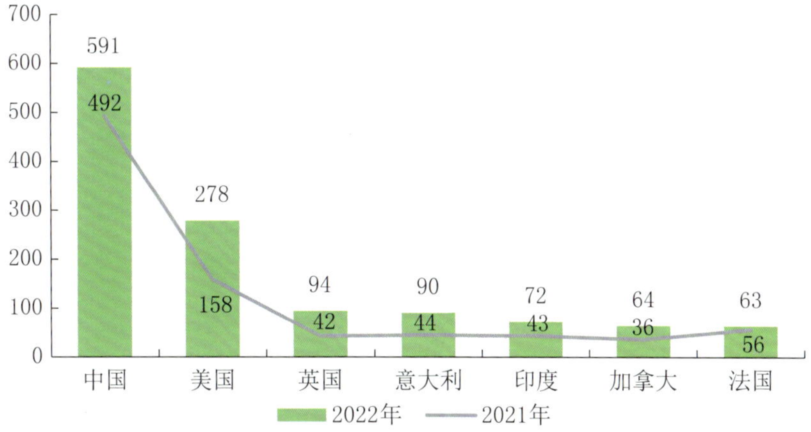

图 2-21　2021 年和 2022 年人工智能法治领域作者地域分布对比

（四）文献用语分析

如图 2-22 所示，通过对 2112 篇人工智能法治领域的文献进一步分析发现，其中 1835 篇的语言都为英文，占比达到 86.88%。韩语文献有 149 篇，中文文献有 69 篇，西班牙语表述的文献有 28 篇，俄语文献有 15 篇，葡萄牙语文献有 6 篇，以及其他用语文献 10 篇。其中，中国作者所发文章占比仅 3.27%，在所用语言上，几乎所有中国学者都采用了英语这一语言。同样地，发文语种选择排名前列的韩国、西班牙、俄国等国学者，也都未选择本国母语，而是以英语进行学术探讨。可以看出，英语作为国际通用语言之一，为便于进行国际学术交流，大多数学者更倾向于选择英语作为文献用语。

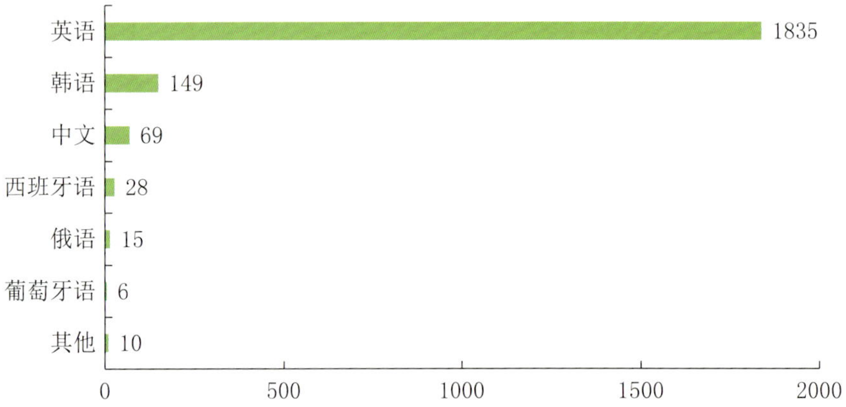

图 2-22　2022 年国外人工智能法治领域文献所用语言分布

第三部分　人工智能法治应用

一、概述①

本部分所述人工智能法治应用，以2022年1月至2022年12月为时间界限，以官方网站、官方媒体和官方微信公众号为搜索渠道，辅以百度、谷歌、必应等搜索引擎，以包括但不限于“人工智能”“AI”“智慧法治”“数字化”“大数据”“云计算”“区块链”“物联网”为关键词进行检索，对中国和国外人工智能在立法、执法、司法和法律服务等法治领域的应用进行分析。

1. 人工智能立法应用。中国人工智能的立法应用呈现功能集成化趋势，全过程人民民主为人工智能立法应用提供了新思路，“智慧人大”平台集法规意见征集、智能辅助立法、规范性文件备案审查、执法检查工作、人大代表履职等功能于一体，确保

① 本部分数据来源说明：1. 中国人工智能立法应用的数据主要源自全国人大官方网站、31个省、自治区、直辖市人大官方网站，微信公众号以及相关调研报告，同时辅以百度、必应、谷歌等搜索引擎进一步扩大检索范围；国外人工智能立法应用的内容主要源自百度、必应、谷歌等搜索引擎。2. 中国人工智能司法应用的数据主要源自百度、必应、谷歌等搜索引擎、省级法院和检察院官方网站及相应的微信公众号关键词检索。国外人工智能司法应用的内容主要通过谷歌、必应、微信公众号进行检索。3. 中国人工智能执法应用数据主要源自公安部官方网站，31个省、自治区、直辖市的政府官方网站、公安厅官方网站和公安厅微信公众号；国外人工智能执法应用的内容主要源自百度、必应、谷歌等搜索引擎。4. 中国人工智能法律服务数据主要分为公共法律服务部分和企业法律服务部分。公共法律服务部分的数据主要源自中国法律服务网及其司法行政案例库、各省级行政区的司法厅（司法局）官网、法律服务网和微信公众号；企业法律服务部分数据主要源自26家主要人工智能企业的官方网站、企查查、天眼查等征信备案网站内容和相关新闻报道中获取的一手数据。国外的相关数据来源于必应、谷歌等搜索引擎和微信公众号关键词搜索。

立法过程的合法合规性。国外人工智能立法应用通过机器学习模型和自然语言处理技术，为立法文本起草与立法评估提供帮助；同时，电子议会也对网络安全的保护与管理措施提出了更高的要求。

2. 人工智能司法应用。中国人工智能司法应用在全领域全要素全流程层面实现深度赋能，建设审判流程、裁判文书、执行信息三大公开平台，同案同判、类案检索机制的运用通过技术呈现在更多的诉讼场景中。国外人工智能司法应用的趋势逐渐从传统行政办公环节扩展到法庭审判程序，人机协同司法审判模式持续推进，但与此同时，对于司法领域如何以及在何种程度上适用人工智能技术仍存在诸多质疑的声音。

3. 人工智能执法应用。中国人工智能执法应用在广度与深度上实现突破，多省市通过搭建智慧系统或智能平台，致力于形成全方位、多领域的智能执法应用格局，提升了执法规范化程度。国外人工智能执法应用重点关注网络安全隐患，推出 ANSR、QuICC 等项目以加强网络安全防线，试图在执法前端解决频发的网络安全问题。同时，人工智能技术可能引发的算法歧视问题与隐私保护问题仍存在较大争议。

4. 人工智能法律服务应用。中国人工智能法律服务应用的精细度得以提升，区块链技术赋能智慧公证平台，VR 虚拟现实拓宽了法治宣传新路径，公共法律服务和企业法律服务向乡村地区深入推进，打通法律服务“最后一公里”。国外人工智能法律服务应用在合同管理与服务方面继续发力，美国 LinkSquares 公司在人工智能合同全生命周期管理平台推出 AI 预签名技术；加拿大 Rally 公司发布名为 Spellbook 的 AI 助手，为起草文书、谈判、帮助行业外群体读懂合同提供支持。

二、人工智能立法应用

（一）中国人工智能立法应用

1. 应用地域分析

通过对 31 个省、自治区、直辖市的应用数量进行统计，2022 年度全国人工智能立法应用数量为 118 个。总体而言，东部地区的应用数量最多，浙江省、上海市、广东省位列该地区前三，山东省较上一年度而言有了较大进步（见图 3-1）。中部地区、西部地区、东北地区的人工智能立法应用数量不及东部地区，但各地区较上一年度都进行了有益探索。在中部地区，山西省、江西省和湖北省排名靠前，各省整体差距不大（见图 3-2）。青海省、内蒙古自治区与宁夏回族自治区位于西部地区前列（见图 3-3）。在东北地区，黑龙江省为该地区第一（见图 3-4）。

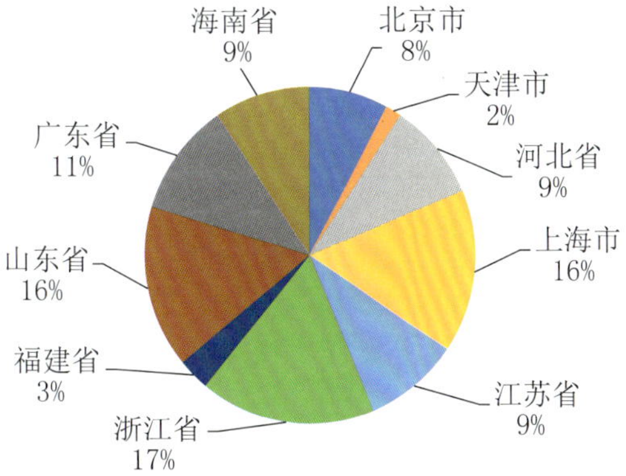

图 3-1　东部地区人工智能立法应用数量占比分析

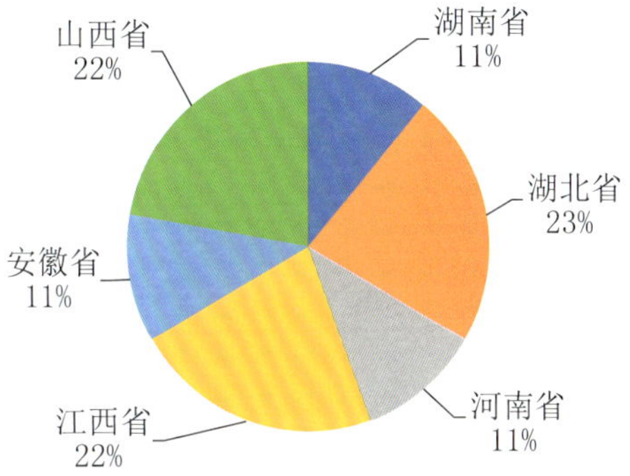

图 3-2　中部地区人工智能立法应用数量占比分析

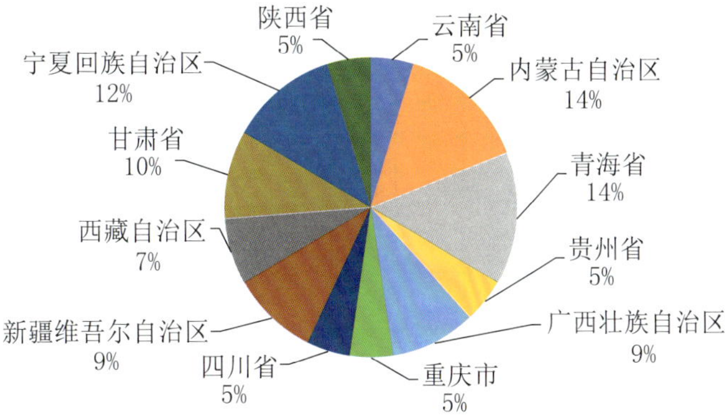

图 3-3　西部地区人工智能立法应用数量占比分析

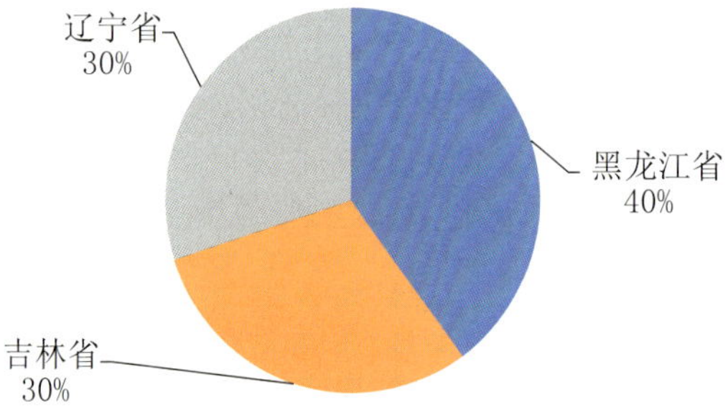

图 3-4　东北地区人工智能立法应用数量占比分析

（1）东部地区人工智能立法应用数量最多、形式最为多样。从人工智能立法的应用数量上看，东部地区高达 64 项，占全国人工智能立法应用数量的 54%（见图 3-5）。相比之下，中部地区、西部地区、东北地区的应用数量较少，分别占全国人工智能立法应用数量的 7%、32%、7%。从人工智能立法应用的形式上看，东部地区的人工智能立法应用形式更为多样。除了传统的位于人大、司法厅、政府官网的立法意见征集系统、备案审查系统以及地方法律法规数据库之外，还包括智慧人大、地方自主研发的立法智能辅助平台、人大代表履职平台、基层立法联系点开设的微信小程序与立法意见征询直播等。相比之下，其他地区的应用形式则较为传统，仅有位于人大、司法厅、政府官网的立法意见征集系统、备案审查系统与地方法律数据库等。

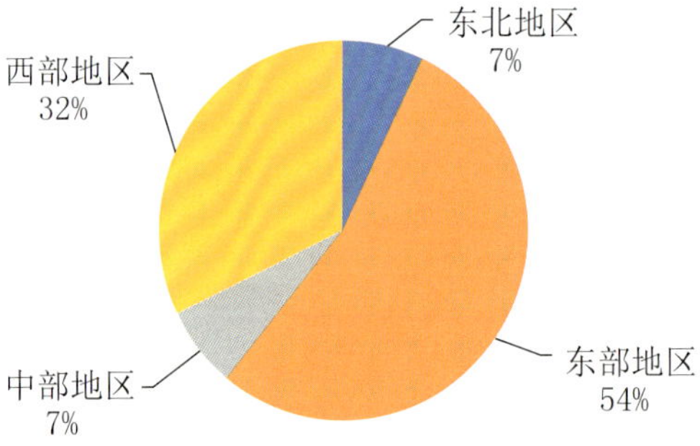

图 3-5　人工智能立法应用的地域分析

（2）东部地区、中部地区的人工智能立法应用功能更为成熟。从人工智能立法应用的功能上看，东部地区的人工智能立法应用除了形式多样外，每一种立法应用形式所包含的具体功能也更为全面，立法应用建设较为成熟。以浙江省为例，其人工智能立法应用包括：台州市立法民意通、人大代表线上平台、微信公众号征询平台、立法意见征询智慧平台、智慧人大与立法文件智能辅助平台等，其功能涵盖了立法的全过程，包括法律草案形成阶段、法律草案的审议与表决阶段、立法后评估阶段。

中部地区人工智能立法应用建设的成熟度则体现在智慧人大的建设上。智慧人大是集各项人大工作的智能化、信息化管理于一体的综合系统，其内嵌的立法工作平台囊括了法律起草、立法意见征集、备案审查功能，涵盖了立法工作的全阶段。中部地区的6个省级行政区，完成了省级智慧人大建设的省份高达4个，占全国智慧人大建设的67%；而东北部地区智慧人大建设项目还有待发展（见图3-6）。在2022年度，东部地区相较于中部地区而言，对智慧人大的建设较少，究其原因在于东部地区人工智能立法应用探索发展较早，智慧人大的功能在其他年度或其他应用中已经实现。

西部地区、东北地区的人工智能立法应用除了形式较为传统之外，其功能也较为单一。以宁夏回族自治区为例，其人工智能立法应用包括法规草案意见征集系统、备案审查信息系统门户、政府法律规章库，没有形成一个汇集各个功能的综合性平台，这些应用只能满足立法工作的某一方面，结构较为扁平。

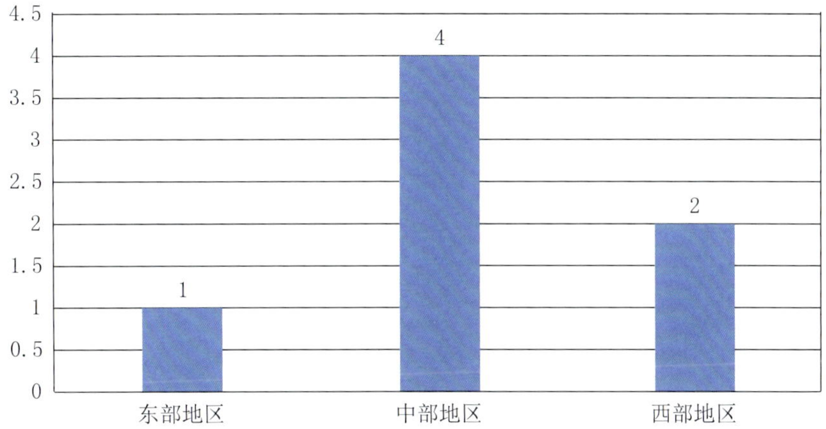

图3-6　2022年度省级智慧人大建设的地域分析

（3）中部地区、西部地区在人工智能立法应用领域取得显著进步。在西部地区，部分省份如内蒙古自治区、宁夏回族自治区与青海省的人工智能立法应用在数量上相较上一年度都有了较大提升。各省份积极推进智慧人大平台建设，运用北大法宝等智慧立法平台以辅助立法。在立法应用的功能上，广西壮族自治区的智慧人大平台通过引入全流程线上管理的创新模式与智能比对等大数据功能，提升了当地人工智能立法应用的质量（见图3-7）。

图 3-7　广西智慧人大平台涵盖的相关功能

在中部地区，尽管人工智能立法应用的数量有待提升，但中部地区在扩展现有人工智能立法应用的功能上进行了一定探索。如江西省在一年内实现了省级数字人大的上线与更新，该平台内含法规起草、意见征询、法规审议与立法监督等相关功能，同时，其研发了全国首个 AI 数字人以辅助用户查阅法规与建言献策（见图 3-8）。

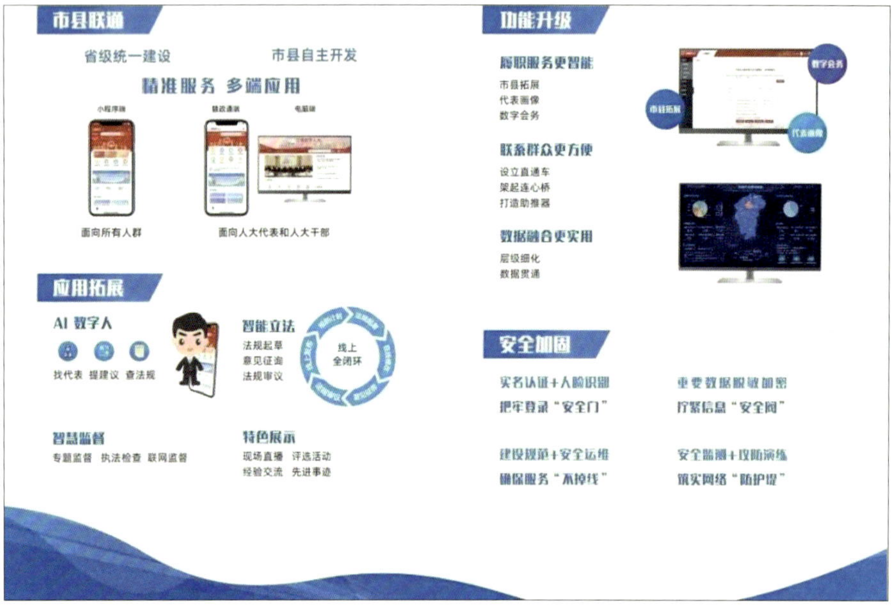

图 3-8　江西省数字人大 2.0 平台涵盖的相关功能

2. 应用场域分析

人工智能立法应用根据立法活动的基本程序可以分为三个阶段：法律草案形成阶段、法律草案的审议与表决阶段和立法后评估阶段。

（1）法律草案形成阶段。法律草案形成阶段主要涉及智能起草、意见征集、文件审核、文件公开、备案审查、文件清理等功能。2022 年度人工智能技术在法律草案形成阶段的应用除了较为典型的北大法宝起草辅助系统外，还体现在智慧人大平台的社情民意征集系统、智慧立法系统与基层立法平台的数字化建设方面。

第一，智慧人大平台助推法律草案形成。智慧人大平台旨在利用互联网和信息网络技术辅助人大及其常委会行使职权、服务人大代表、开展信息公开等方面的工作。智慧人大的功能因各省需求与不同发展阶段而异，一般而言，其主要包括智慧立法管理系统、智能办公系统、智能监督系统、代表履职系统、议案建议管理系统与智能会议系统等功能。部分省份开发了独立的代表履职平台为居民反馈需求提供途径，其功能与代表履职系统相近。

在助推法律草案形成的过程中，智慧人大主要在意见征询上发挥直接或间接的作用，涉及民意表达、立法意见征询和法律法规数据库三大功能。民意表达功能发挥间接作用，收集民众在生活中遇到的问题和对热点事件的相关意见，直接向人大代表进行反馈。这些社情民意的表达虽不一定是与正在进行的立法意见征询有关，但通过人大代表对信息的总结与反馈，可能对之后的立法进程产生影响。与之相对，立法意见征询平台则发挥直接作用，征集民众对草案的意见，同时配备有本省法律法规数据库方便查阅。部分较为成熟的智慧人大还配有文件审核、备案审查与文件清理的功能（见图 3-9）。目前，一些科技公司根据人大信息化建设的需求，打造相应的智慧人大平台，推动该平台产品化，如立足政务信息化平台的山西华迅网络科技股份有限公司。该公司所研发的智慧人大平台服务于山西省孝义市、山西省晋中市等多个地区，可以提供客制化需求，吸引了多地区各级人大观摩。

第二，全过程人民民主为人工智能辅助法律草案形成提供新思路。习近平总书记在党的二十大报告中强调全过程人民民主是社会主义民主政治的本质属性，其是对当代中国民主实践及其成就的集中概括。全过程人民民主注重民主实践在各领域和流程的闭路循环，强调不同层级、不同主体的协同参与，在社会生活的各个领域、国家治理的各个层面更好保障人民当家作主。人工智能的科技形式为切实贯彻全过程人民民主提供了新的方法与思路，智慧人大平台的建设就是贯彻落实全过程人民民主的体现，其使得人民的意见能够直达人大代表。此外，2022 年度基层立法联系点、人大

图 3-9　2022 年度开发的部分智慧人大的界面

代表“家站点”的数字化建设与市民群众的线上列席旁听也是人工智能辅助法律草案形成的典型运用。

以上海市为例，其实现基层立法联系点数字化的方式主要有两种：第一，开发基层立法联系点小程序。上海市静安区江宁路街道、普陀区曹杨新村街道等基层立法联系点，在线下立法平台的基础上开发了对应的线上小程序以收集该区域居民立法意见。第二，开展意见征询直播。2022 年度，上海市新江湾城街道与嘉定工业区等相关基层立法联系点开展立法意见征询直播，让居民参与草案修订的相关讨论，汇集宝贵意见。除此之外，上海市还推动了基层人大代表“家站点”的数字化建设。基层立法联系点以直接的方式收集立法意见，而人大代表“家站点”则是以间接方式推动立法，通过收集社情民意，借助人大代表去总结居民生活中的焦点问题以形成立法意见。如黄浦区在其人大的微信公众号上新增“家站点”服务功能，打造“三位一体”的线上线下互动平台，形成群众反映、代表履职、部门协处、结果反馈一体化的“民意直通车”。此外，上海市还开发了天翼云会议 App 云端议事厅，首次尝试以视频列席方式邀请居民网上旁听现场的法规草案审议，并在会后将旁听居民的意见建议交由承办部门汇总反馈，提升参与质量，扩大民主实效。以上几种方式通过多样的科技手段落实了全过程人民民主的广泛性，为其他地区运用人工智能辅助法律草案形成、贯彻全过程人民民主起到了示范性作用。

（2）法律草案的审议与表决阶段。2022年度，人工智能在法律草案审议与表决阶段的运用主要体现为运用现代信息技术推进会议文件资料的电子化，以及采用网络视频等方式为代表履职提供便利和服务。比较典型的运用是智慧人大平台的智能会议系统的开发，以威数智能开发的智慧人大平台智能会议系统为例，其推出的无纸化会议系统拥有资料共享、信息发送、电子白板、签到、电子表决、满意度测评、民生实事票决等人大会议常用功能；同时，还集成了无纸化电子阅读功能，实现会议文件提前看、会议现场无纸化，是人大信息化、无纸化和智能化发展的新趋势。

（3）立法后评估阶段。人工智能在立法后评估阶段的应用主要集中于两个功能的开发，即备案审查与立法后社会评价的收集与反馈。以往年度大多采用的是传统的备案审查信息平台，近年来随着人大信息化政策的贯彻落实，这些功能逐渐在综合性平台中得以实现。

第一，传统备案审查信息平台。对规范性文件进行备案审查，是宪法和法律赋予各级人大常委会的一项重要职权。全国人大常委会大力推进省级备案审查信息平台建设，利用信息化的手段来提升工作效率。在平台建设过程中，各地的建设模式各有特点，但都以符合本地实际、满足自身工作需要为出发点。有的地方采取自主开发建设的模式，有的使用全国人大信息中心研发的部分软件，还有的直接使用信息中心提供的云服务平台。

在2022年度，全国备案审查信息平台的互联互通程度得到了进一步提高，不少地方积极推动平台建设向下延伸。如宁夏回族自治区人大常委会在规划建设时就将自治区、市、县、乡四级人大的规范性文件电子平台进行“一张图”设计，实现了电子报备工作在四级人大系统内统一规范、统一标准、统一运行。目前自治区级、设区的市一级现行有效的251件地方性法规、221件政府规章、400多件规范性文件都已录入法律法规库，并同步展示于平台系统的二级页面，各级人大可以随时浏览查看辖区内需要审查的所有规范性文件，自治区人大则可以实时掌握全区范围内规范性文件的制定、报备情况和文件内容，地方性法规的审查批准以及向全国人大报备等功能都能够在平台“一键推送”，大大提高了自治区人大常委会备案审查工作的效率。

第二，综合性平台中的备案信息审查系统。首先是北大法宝智能立法辅助平台中的备案审查系统。北大法宝智能立法辅助平台近年来一直在推动人工智能立法应用的进步与普及。在 2022 年度，北大法宝的备案审查信息平台已初步实现备案审查智能化，实现了备案审查流程及在线实质审查功能。北大法宝已完成备案审查流程及在线实质审查功能，还从报备数量、报备率、备案率、审查率等多维度进行可视化数据分析（见图 3-10）。并且，北大法宝科研团队在备案审查方面已有优秀研究成果，该成果将全面应用于备案审查智能化，在构建法律法规要素体系、立法知识图谱方面实现突破性进展。

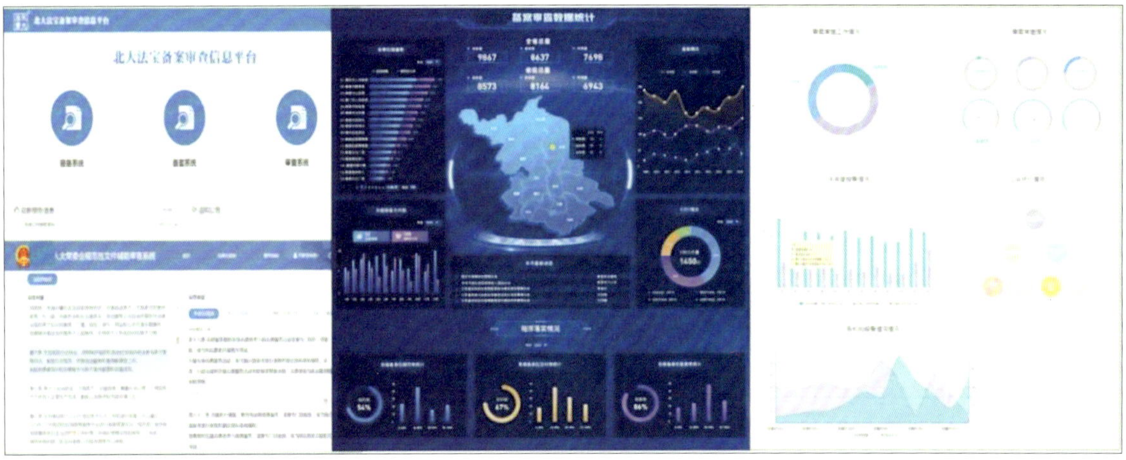

图 3-10　北大法宝备案审查信息平台

其次是智慧人大平台中的备案审查系统。智慧人大是借助互联网、大数据和人工智能等技术，以服务人大常委会和人大代表依法履职为中心、以提高人大工作水平为重点的信息化平台。在 2022 年度，智慧人大项目在多个省市得以落地。以正宇软件科技公司推出的智慧人大平台应用为例，其备案审查系统包括了报备登记、报备目录管理、报备件接收、报送目录管理、审查管理、所有备案件、统计分析、文件分类管理、相关单位管理、智能审查、意见征集、资源库、信息门户、应用集成等功能（见图 3-11），推动了备案审查工作制度化、规范化、数字化、智能化，为实现“有件必备、有备必审、有错必究”提供了有效便捷的物质技术保障。

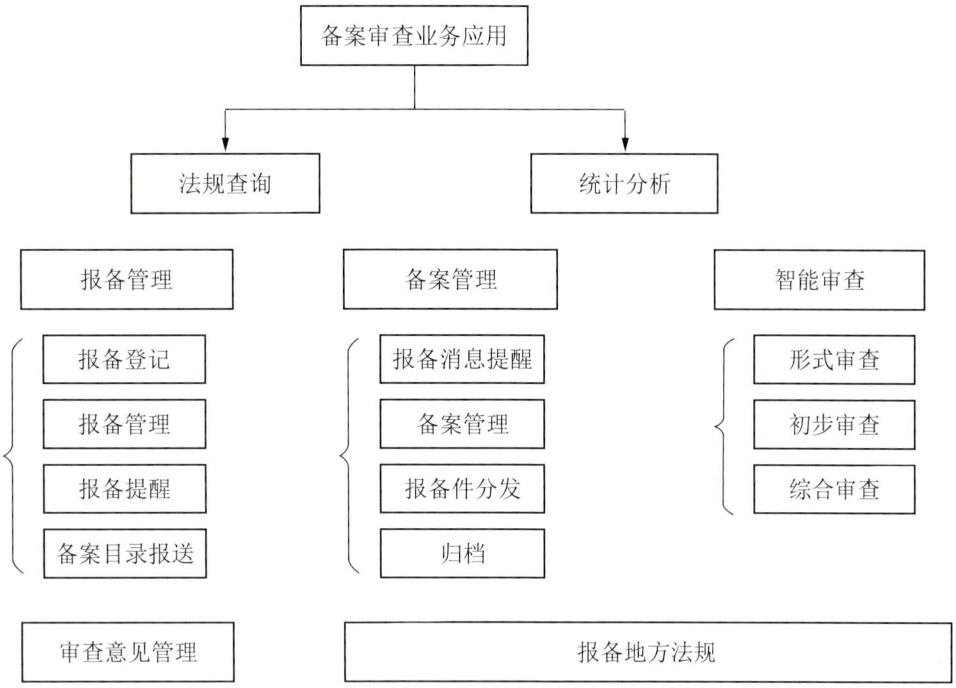

图 3-11　正宇软件科技公司智慧人大平台备案审查业务应用功能介绍

3. 技术侧重分析

（1）法律知识图谱构建水平进一步提高。法律知识图谱的核心是机器能够模拟法律人的真实法律逻辑，即将法律人积累的经验、思维方式转化为算法。基于知识图谱，探索解决现有深度学习技术缺乏的法律推理和解释性能力。法律知识图谱的构建对于人工智能立法应用具有重大意义，在法律草案的起草、法律文本的审议方面将发挥巨大作用。本年度，法律知识图谱的构建得到了进一步发展，以北大法宝的智能立法辅助平台为例，当前北大法宝正在着力开发立法智能化审查系统，通过比对和分析法律条文，运用语义理解、实体 / 关系识别技术，对部分规范性文件进行实时审查、动态审查、追溯审查。

（2）立法意见智能分析技术提升了立法意见征询效率与质量。立法意见智能分析技术是指人工智能在意见征询前对目标人群进行分类，以及在意见征询后对收集的立法意见进行筛选分析的技术，能够提升立法意见征询的效率与质量。由于一些法律草案存在针对特定人群设立的特点，在进行意见征询时，应更多考虑这部分人群的建议。通过立法意见智能分析技术，能够在事前确立目标人群，并将开展立法意见征询的相关法律草案推送给目标对象，提高立法意见的质量。在立法意见征询后，立法意见智能分析技术可以对征集的意见进行分类与筛选，过滤相近的意思表达与无效的意见，总结共性。由于相同意见往往具有不同的表达形式，因此，该技术还要求人工智能不仅仅能够抓取相同的文本，还要有能力去判断其文本意思。同时，该技术也可以对参与立法意见征询的人群进行分类，通过层次分析法等方法对数据样本进行权重分配，实现立法意见征询的层次性和全面性。

2022 年度，浙江省台州市研发的立法民意征集分析应用（立法民意通）与上海市虹口区人大开发的“直通人大代表”网上平台已初步涉猎这一领域。立法民意通荣获了长三角数字化转型优秀案例一等奖，成为未来发展立法智能分析技术的一个值得参考的示例。该应用为提高立法意见的代表性，通过问卷设计、样本选取以及数据研判等几个维度进行事前人群划分与事后数据分析。而上海市虹口区人大则利用大数据技术，在全面了解群众意愿和意图的基础上，提炼找准共性问题，在立法意见征询后，对信息进行有效筛选。

（3）数据共享建设得到进一步发展。实现人工智能立法应用的前提在于数据的完备，而立法数据的开放和有效利用离不开数据共享。在 2022 年度，人工智能立法应用的数据共享建设取得了长足进步，主要体现在两个方面：首先，人大系统内部数据资源的原始积累得以提升。以重庆市人大常委会为例，重庆市在横向层面上整合现有的门户网站、公文办理系统、规范性文件备案审查平台、代表履职平台、预算联网监督系统数据资源，实现了不同平台数据信息互联互通；在纵向层面上，重庆市对接区县、乡镇人大已有数字资源，努力实现市与区县信息化建设、规划、使用一盘棋，避免平台重复建设、资源浪费。其次，各省市人大之间的数据共享也得到了长足发展。重庆市人大开始尝试与全国人大、兄弟省市人大的立法资源实现深度关联，最大限度地整合现有立法资源。

（4）政务数据开放提高地方立法决策水平。2022 年度，政务数据资源得以整合，数据共享朝着安全、有序、开放发展。政务部门作为地方立法起草的主要参与者，政务数据的开放在立法数据中具有重大意义。因此应当打破部门间的数据壁垒，实现立法机关与政府部门、司法部门的数据共享。以兰州市智慧人大平台为例，兰州市智慧人大平台打通了各部门信息化平台，实现了数据实时共享，网上协同办公。而广州市智慧人大则进一步开发了立法决策协同服务，引入专业的第三方立法决策协同服务专家与技术团队，为广州市人大立法工作提供智力咨询服务。该模块有效实现立法形势要点、立法技术研究、立法工作创新、立法信息参阅等资讯的系统聚合，并具备个性化立法决策咨询服务的互动式下单接口，为地方人大的立法工作提供了有力帮助。

4. 发展特点分析

（1）人工智能立法应用的发展趋于功能集成化。大数据技术的发展提升了立法机关的信息化能力。近年来，综合性立法平台开始涌现，集法律草案生成、立法意见征集、备案审查、社情民意评估功能于一体的平台走进大众视野，逐渐取代了传统的单一立法功能系统。2022 年度，江苏省司法厅指出要以大数据赋能推进科学立法、民主立法、依法立法，提升立法机关对立法计划、起草、审查、公布、清理、评估的全过程信息化管理能力，实现立法信息公开化、民意征集便捷化、监督管理全程化、质效评价科学化，着力打造“智慧”立法工作新格局。同时对行政立法智能化信息平台进行了完善，实现立法起草、审查、清理、评估全流程网上运行，全面推进立法活动智能化、立法信息一网化、立法流程标准化。而广西省智慧人大更是集各项人大工作的智能化、信息化管理于一体，引入全流程线上管理模式，每个环节都留痕、可溯源，科学的线上流程设计让每一位经办人不会遗漏也无法遗漏任何一个环节，有效确保了立法过程的合法合规性。人工智能立法应用功能的集成化发展，为立法工作提供了更丰富的参考、更规范的流程和更智慧的手段。随着系统功能的不断完善和交互模块的不断引入，平台“智汇众议”的法规助理角色将愈加凸显。

（2）线下立法平台数字化拓宽立法意见征询渠道。全过程人民民主的深入贯彻为人工智能立法应用提供了新思路，基层立法联系点等线下立法平台实现数字化转型，使得 2022 年度的人工智能立法应用在基层大量铺开，立法意见的征询渠道得以拓宽。传统的立法意见征询渠道主要依托于政府、人大、司法厅的网站，以反馈直接立法意见为主，且居民可能存在不经常登录或关注的问题，所以距离居民的日常生活较远。2022 年度，立法联系点、人大代表“家站点”等线下立法平台实现了数字化转型，通过线上立法联系点小程序、意见征询云直播、云端议事厅等新型立法意见征询方式，直接汇集立法意见；同时，智慧人大、数字人大与代表线上履职等平台极大地方便了居民直接线上联系人大代表以反映社情民意，通过间接参与立法的方式，人大代表将居民意见汇总分析后转换为立法意见。借助人工智能立法应用技术，通过直接、间接两种方式，使社会公众积极参与立法，更好地落实全过程人民民主。

5. 未来趋势分析

（1）加强词库建设以提高法律知识图谱水平。法律知识图谱的构建对智能立法具有重大意义，而构建知识图谱的关键在于人工标注分词词库，无论是备案审查系统中的“敏感词词库”，还是立法意见收集、立法决策量化分析，都离不开分词词库的构建和人工标注。① 目前法律知识图谱技术仍处于发展阶段，本体构建还存在着许多基础问题有待解决，对于选取哪一领域的知识以及达到何种应用需求的认识还不够清晰。此项工作的完成需要法律领域和计算机领域的交叉合作，随着各地立法机关对人工智能的重视，将会有更多的立法专家加入“敏感词词库”的标注工作中，立法工作者为词库建设贡献数据，才能“喂养”出真正的“立法人工智能”。

（2）培养法律与数据的复合型人才以增强人工智能立法应用质量。许多优秀的立法应用产品涌现，科技公司已经成为助推人工智能立法技术发展的关键性力量。尽管科技公司与科技人才已经有了较为深入的发展，然而仍存在可以提升的空间。由于科技公司的开发人员大多为专业的软件数据人才，缺乏一定法律背景，导致在一定程度上存在法律与技术知识相分离的问题，在软件开发后，可能存在功能设置不方便实际立法实践的情况。为解决这一问题，培养精通法律与数据的复合型人才显得至关重要。从国家政策角度来看，诸多政策如教育部、国家发展改革委和财政部印发的《关于“双一流”建设高校促进学科融合　加快人工智能领域研究生培养的若干意见》等，都明确提出要构建基础理论人才与“人工智能 +X”复合型人才并重的培养体系。从市场需求角度来看，目前各个产业之间呈现出彼此交融、相互促进的发展态势，使得就业市场对复合型人才的需求增加。因此，未来的复合型人才将在国家政策和市场需要的双重作用下逐步增长，从而提升立法应用的技术质量。

（二）国外人工智能立法应用

1. 机器学习模型为立法数据库建立与立法评估提供技术支持

机器学习是计算机科学的子领域，主要解决从数据中学习的问题。而“模型”是

① 李宗辉：《人工智能辅助立法的理论探析与现实考量》，载《科学与社会》2022 年第 4 期。

一种与某种训练方法相结合进行预测的算法。机器学习模型的运作原理并不复杂，即对模型进行训练后使用它对新数据进行预测，而这些数据的格式与之前训练的格式相同。机器学习模型对立法工作的开展具有重要的意义，主要体现在以下两个方面：首先，机器学习模型可以推动立法数据库建立，提高立法效率。2022 年度，美国团队 18F 利用机器学习模型开发了一系列基于政府几十年来的政务记录作为机器学习算法的数据集，提高政府的工作效率。如使用机器学习系统来减少数据库中的重复条目，认识到地址相似、电话号码相同的“两个”企业可能指的是同一个现实生活中的实体。通过利用交易历史和标记，机器学习系统能够自动在交易列表中筛选到最有可能被认为不正当的交易。①

其次，机器学习模型可预估当前立法在未来的潜在影响。机器学习可以在不提前了解输入与输出之间内在联系的情况下，发现输入与输出之间的关系。正如显微镜可以检查树叶以发现人眼看不见的结构和模式一样，机器学习模型也可以在程序的结果中发现人类可能看不到的模式，并且机器学习模型不仅能够说明每次干预可能产生的结果，还能够说明这些结果可能发生在哪些群体中。目前欧洲的研究人员创建了一个基于代理的模型，旨在帮助政策制定者了解不同干预措施对爱尔兰经济的可能影响。例如，研究人员可以研究不同的融资方法或税收优惠是否有助于支持在特定城市或高科技行业创建新的小企业。②

2. 自然语言处理技术为立法文本的起草提供帮助

自然语言处理技术是实现人与计算机之间有效通信的技术，其主要目的是克服人机对话中的各种限制，使用户能用自己的语言与计算机对话。实现人机间自然语言通信意味着要使计算机既能理解自然语言文本的意义，也能以自然语言文本来表达给定的意图、思想等。自然语言技术能够对法律文本的起草、评估起到重要作用。2022 年度，自然语言处理技术在立法文本中的运用更加广泛。挪威使用自然语言处理技术来自动识别和纠正政府文件中的语言错误。澳大利亚使用自然语言处理技术自动识别合

① Tony Garvan, *Automating easy government decisions with machine learning*, https://18f.gsa.gov/2015/11/18/automating-easy-government-decisions-with-machine-learning/.

② Joe Mariani, *AI for smarter legislation*, https://www2.deloitte.com/us/en/insights/industry/public-sector/artificial-intelligence-can-benefit-the-legislative-process.html.

规文件中的错误和不一致性。[①] 与此同时，澳大利亚政府正在建立一个名为“DORA”的 AI 系统，该系统可以自动分析法律文本并提供实时意见，以帮助立法者制定法律。[②] 除此之外，ChatGPT 也可以分析法律文书中的语言结构和语义，从而发现其中的漏洞或不妥之处，并进行及时修正和完善。[③]

3. 网络安全问题成为议会应用人工智能立法的核心焦点

安全的网络环境对于人工智能立法应用的发展至关重要。疫情因素加快了议会电子化的进程，人们对远程工作的依赖性也随之增强。与此同时，针对网络空间的攻击增加使得电子议会面临较大的风险，网络安全问题成为了议会利用人工智能立法的核心议题之一。2022 年度，世界各国的议会主要通过以下策略来解决该问题。第一，为议会工作人员进行网络安全培训，通过积极监测其活动来防范风险并发现潜在的违规行为。同时，为其制定完善的入职离职流程，从而保护议会的数字财产。第二，审查国家现有的网络安全准则、网络安全的管理措施与现有系统的情况，考察现有系统的风险性是否会随着互联网的开放性增强而改变，并作出及时的调整。第三，确保网络安全问题是议会电子化过程中具有较高优先级的问题。第四，随着风险的逐步扩大，运用人工智能技术检测立法过程中可能存在的风险。[④] 尽管世界各国议会已经通过上述措施加强了网络安全性，但仍存在人力资源领域的问题有待解决。由于商业部门相较议会能够为网络安全技术人才提供更高的薪资，如何在未来留住这些提供服务的人员值得思考。

远程投票是人工智能在法律审议和表决过程中的一大应用，指的是不在场的选举权人借助科技手段参与选举投票的行为。常见的远程投票有通过专门的应用程序、通过议会专门的投票系统或通过视频会议工具、电子邮件等方式。欧盟在疫情期间开发了特定的应用程序供选民使用，该系统以电子方式统计选票。在投票后，该软件会生

---

① Legalsupportnetwork，*Artificial Intelligence and Future law*，https://www.legalsupportnetwork.co.uk/technology/news/artificial-intelligence-and-future-law.

② Rebecca Currey & Jane Owen，*In the Courts：Australian Court finds AI systems can be “inventors”*，https://www.wipo.int/wipo_magazine/en/2021/03/article_0006.html.

③ Perlman A M，*The Implications of OpenAI's Assistant for Legal Services and Society*［J］. Available at SSRN，2022.

④ Inter-Parliamentary Union，World e-Parliament Report 2022，https://www.ipu.org/resources/publications/reports/2022-11/world-e-parliament-report-2022.

成一份列举投票情况的PDF文件，选民需要打印、签名并将其发送到一个特定的邮箱以保障其投票行为是基于个人的自由意志作出的。[①]2022年度，印度选举委员会ECI开发出多选区远程电子投票机器（RVM），其可以从一个远程投票站处理多个选区的投票。在此之前，许多选民因为城市化等原因从家乡迁徙到外地，由于其没有在新的居住地进行登记，所以无法行使选举权。这一机器的诞生解决了该问题，使得选民能够在他们家乡所在选区以外的投票站进行投票。[②]为了保障远程投票这一功能的实现，许多国家需要修改法律的相关规定或议会的相关程序以允许议会使用远程投票这一技术。由于修改的时效性，存在着技术使用连续性的问题，因此需要通过法律程序确保该技术在未来的使用。

4. 发展中国家积极推进公众参与领域的人工智能立法应用

2022年度，一些发展中国家也加强了公众参与的数字化进程。斐济议会在公众参与中加强了对数字工具的使用，议会认为，越来越多的人使用信息化手段而非线下手段向委员会提交意见。黎巴嫩议会在网站上设置了意见征集渠道，允许公众就委员会讨论的法案和拟议法律提出意见和修正案，并向议员提出问题。津巴布韦议会则致力于利用脸书和推特等社交媒体平台提升公众参与的程度，同时，其还升级了相关网站，使其更具可视性和互动性。[③]

三、人工智能司法应用

（一）中国人工智能司法应用

1. 应用场域分析

（1）东部地区发展保持高位，中西部地区发展态势可观。2022年度，全国人工

① Micaela Del Monte，*Remote Voting in the European Parliament and National Parliaments*，https://www.europarl.europa.eu/thinktank/en/document/EPRS_ATA（2020）649348.

② PIB Delhi，*ECI Ready to Pilot Remote Voting for Domestic Migrants*；*Migrant Voter Need not Travel Back to Home State to Vote*，https://pib.gov.in/PressReleasePage.aspx?PRID=1887248.

③ Inter-Parliamentary Union，*World e-Parliament Report 2022*，https://www.ipu.org/resources/publications/reports/2022-11/world-e-parliament-report-2022.

智能司法应用数量为205个，相较于上一年度增加47.5%。其中，东部地区发展最为强劲，西部地区发展态势良好（见图3-12）。具体而言，东部地区新增数量最多的是浙江省，占比为25%。新增司法应用数量最少的为海南省，占比仅为1%（见图3-13）。广东省新增司法应用速度有所放缓，原因主要有两方面，一是广东省人工智能司法应用的发展水平已经较高，二是广东省主要开展对新型应用场景的拓展。中部地区和东北地区新增应用总量较少，各省份新增数量实际相差不大（见图3-14和图3-16）。新增数量最多的是江西省，占比为30%；其次是安徽省，占比27%（见图3-14）。西部地区新增数量分布较为不均，最多的省份是内蒙古自治区，占比为28%；广西壮族自治区、西藏自治区、青海省均占2%；其余诸省新增数量则相差不大（见图3-15）。

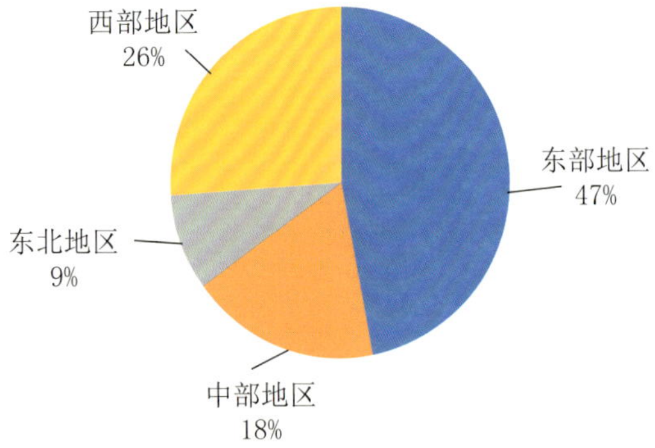

图3-12　全国各地区新增司法应用数量占比

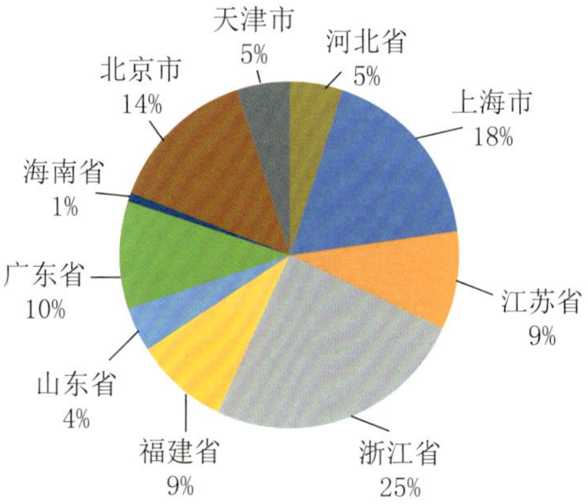

图3-13　东部地区人工智能司法应用数量占比分析

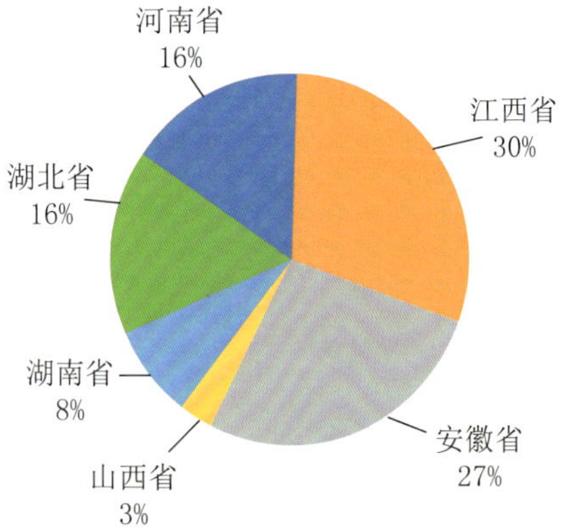

图3-14　中部地区各人工智能司法应用数量占比分析

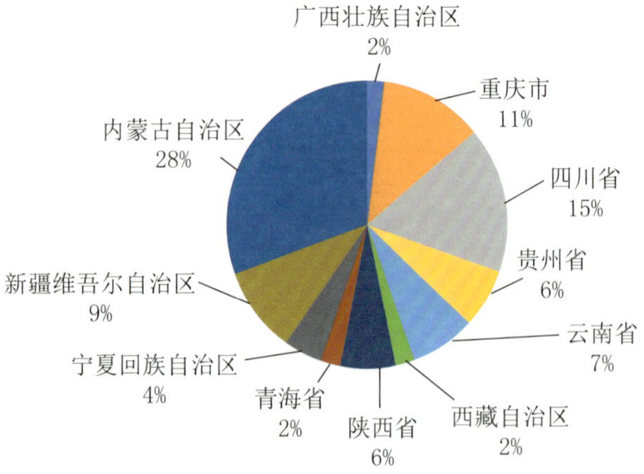

图3-15　西部地区各人工智能司法应用数量占比分析

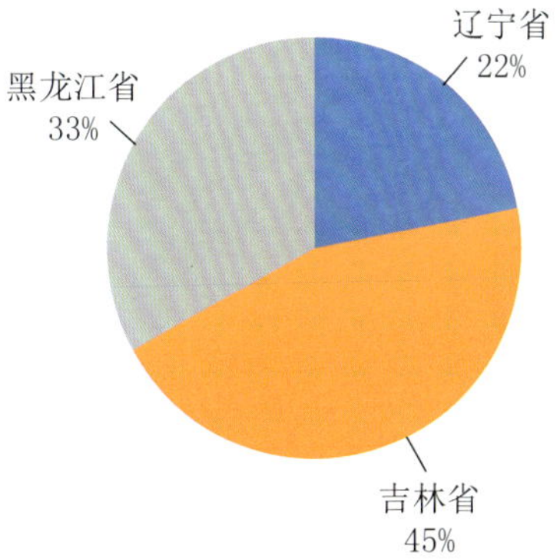

图 3-16　东北地区人工智能司法应用数量占比分析

（2）创新应用与各地发展特征相契合。2022 年度，多个地区的新增应用都与各自发展特点相契合。东部地区总体经济发展水平较高，着力打造新场景、精细化应用。具体来看，首先，40% 的省份开发了关于金融领域的司法应用，说明金融活动较为活跃，如上海市打造数智金融巡回审判站、智能庭审交互系统、MICS 全域可视化云一体化解决方案等应用。其次，沿海地区对外交易额不断提高、对外贸易水平保持稳健上升，与此同时涉外纠纷数量也随之增加。为提高涉外司法服务水平和公信力，浙江省上线全国首个"跨境数字贸易司法解纷与治理平台"，广东省研发 All in Message 5G 智审卡片、域外法查明通、至信知产云审系统等应用。其中，"域外法查明通"利用人工智能和算法，打造了全面系统的域外法查明数据资源库。最后，由于特有的临海地理环境，东部地区的网络交易量和用户数持续上升，这对司法应用开发提出了特别要求。例如，福建省就研发应用了"5G+ 海上巡回法庭"，这为海岛群众的诉讼活动提供了极大便利。

东北地区林业资源丰富，吉林省上线的"掌上环境资源法庭"小程序，针对环境资源案件提供智慧诉讼服务。吉林省运用人工智能交互系统，新增诉讼服务虚拟人、互联网法庭等应用，实现"虚拟现实 + 诉讼服务"。中部地区人口和资源集中，高效执行成为现实需求。河南省推出数字化公益诉讼调查指挥系统、监管场所异常行为分析系统、"小包公"智能量刑辅助系统，用数字赋能检察工作；湖北省推出东西湖区法院破产智能辅助办案平台、智能化信息自动推送平台，打造智慧执行新模式。在西部地区，重庆市结合其多丘陵的地理特点，开发了车载便民法庭 3.0 版、村居法律顾问服务平台，打通司法服务"最后一公里"；新疆维吾尔自治区为攻克民族语言翻译难关，在庭审中应用多民族语言智能翻译系统，切实保障少数民族群众依照宪法使用本民族语言文字参与诉讼的权利。

2. 应用场域分析

2022年度，我国各地区法院进一步推进智慧服务、智慧审判、智慧执行、智慧管理，建成支持全国四级法院“全业务网上办理、全流程依法公开、全方位智能服务”的智慧法院信息系统，构建互联网司法新模式，率先出台人民法院在线诉讼、在线调解、在线运行“三大规则”，使各类在线司法活动有规可依、规范运行。创新纠纷解决和诉讼服务模式，扎实推进司法数据中台和智慧法院、智慧检察院建设的亮点举措。具体而言，智慧审判与智慧检务建设依旧是我国人工智能司法应用发展的重点领域。其中智慧审判领域的人工智能司法应用新增数量最多，占比达到26%；新增司法应用数量最少的领域是智慧执行，占比仅为11%。此外智慧服务领域的人工智能司法应用新增占比达到24%，逐渐成为新的发展趋势。

（1）智慧审判。人工智能应用进一步融入审判环节，支撑构建现代化审判体系。深化司法体制改革，加快推进审判体系和审判能力现代化。2023年《最高人民法院工作报告》指出，2022年，全国在线诉讼审理周期比传统模式缩短22天。智慧法院加速司法模式变革。全面推进智慧服务、智慧审判、智慧执行、智慧管理，建成全业务网上办理、全流程依法公开、全方位智能服务的智慧法院。以法院诉讼流程为分类依据，2022年度智慧审判场域主要体现出以下特点。

第一，案件繁简分流。面对案件持续增长带来的压力，为了科学调配和高效运用审判资源，各地法院积极探索案件繁简分流智能化模式。以案件繁简分流、轻重分离、快慢分道为工作目标，优化审判职权的规范运行，为诉讼服务中心建立调解、速裁、快审一站式解纷机制助力，合理配置司法资源。案件分析初级阶段，设置了分流原则和调整繁简区分要素，智能分案系统能对各类案件进行精细化处理，在平台运转过程中，分别针对刑事、民事、行政等不同案件的特点，综合各项权重系数，科学测算每个案件所需的办案力量，帮助法院实现对案件的繁简分流，缓和“案多人少”的压力。

第二，庭审、合议更加高效智能。首先，审判流程管理系统、电子卷宗应用系统使庭审和合议更智能高效。以上海市为例，法官通过上海法院App、人民陪审员通过

“人民法院在线服务上海”小程序端的“在线评议”功能实时参与评议，使在线庭审形成一个完整的闭环。评议结果经确认后，实时加密回传至政务外网，形成笔录，评议数据不在互联网端落地，更加高效安全。其次，智能庭审交互系统、裁判辅助系统为案情分析、辅助判决等方面提供了强大支撑。江苏省打造的 AI 法官助理“苏 E 审”系统以大量一线法官的审判思维和裁判规则为数据支撑，以 AI 辅助判决推理能力为核心动力，为法官提供全方位智审辅助。2022 年度，江苏省高级人民法院“全场景天翼庭审云法庭”已在全国 700 余个法庭部署试用，支持刑事、民事、行政类案件线上开庭 10 万余场，实现最高人民法院、地方各级法院跨网系、跨地域、跨终端的 SaaS 庭审应用，助力全国四级法院全流程、全场景、全时空线上诉讼服务转型。

第三，助力文书制作、类案推送自动化，加快实现无纸化办案。2022 年度，各地法院不断更新优化诉讼服务体系和法院办公体系，加快实现文书自动生成、类案智能推送、电子卷宗自动归档，将办案法官从琐碎、重复性的事务中解放出来，为当事人提供更高质量的司法服务。上海市高级人民法院在“法律文书智能辅助”系统中，增加了“法律文书智能辅助”模块，使判决书、裁定书、调解书、决定书能在互联网平台制作，并优化了政务外网端“法律文书智能辅助”系统，实现上述法律文书在互联网和政务外网之间双向文书数据同步。四川省崇州市人民法院基于全节点无纸化办公办案，创新构建 7×24 小时无间断便民诉讼服务，全面实施“一窗式通办 + 智能叫号 + 多平台提示”受理模式，配套升级“智能导办 + 人工指引代办”立体化导诉、“示范判例 + 专业调解 + 司法确认”全链条式解纷、繁简分流速裁快审、审判辅助事务集约化管理等机制，全举措助推审判体系和审判能力现代化，有效满足人民群众司法新需求。

第四，着力破解破产案件审判实践难题。浙江法院根据破产工作的规律，打造“企业破产一件事”应用，健全政府和法院联动服务破产企业新机制，通过信息共享、标准化流程、批量化政策支持、多流程同时并进，企业破产案件时间大大缩短，最短的案件在 45 天完成审结。天津“智能化破产案件管理平台”有效连接法院、破产管理人、债权人、金融机构等核心参与方，汇集“司法 + 金融 + 互联网”优势，打造了“智慧破产”新模式，开创了滨海新区法院破产审判信息化建设新局面。值得注意的是，目前个人破产制度相关试点还在持续推进。当前，我国失信名单制度已经建立，支付体系发生变化，大额交易实现可跟踪操作，足以控制债务人转移资产的行为。以深圳为代表的试点工作建立了个人破产信息共享和公示机制，能够有效防范与打击利用个人破产程序“逃废债”的行为，大大减少了信息提供、收集与处理的成本。江苏省徐州市睢宁县人民法院打造“执破一体化中心”，专门负责类个人破产试点及相关执行工作，实现一体化整体推进执破融合。

（2）智慧服务。一站式多元纠纷解决和诉讼服务体系，能够促使纠纷解决程序规范化、服务精细化、管理科学化，实现全业务网上办理、全流程电子流转、全方位智能服务，同步提升司法办案质效和为民服务效能。智慧服务场域主要有以下两个方面的特点：第一，重视诉源治理工作，着力构建一站式多元解纷体系。2022 年度，各地区总体上呈现整合在线服务平台、提升线上服务应用率的司法服务升级趋势，努力将诉前辅导、多元调解、立案、速裁、执前督促全部统筹管理，形成分层递进、繁简结合和配套衔接的多元解纷体系。新增智慧司法服务应用打通线上调解、立案、庭审等环节，使特定领域的同质化纠纷得到快速解决，减轻纠纷主体诉累，提高调解、审理效率。广州互联网法院上线互联网金融纠纷全要素诉、调、审、执的多元解纷系统——“All in Message 5G 智审卡片”，突破时空限制、平台限制，融合人工智能交互技术、区块链存证系统等，提供了在线诉讼全流程服务（见图 3-17）。一站式建设坚持把非诉讼纠纷解决机制挺在前面，使法院参与到党委和政府领导的诉源治理机制建设中来。法院在诉源治理工作中应用人工智能技术，积极融入党委领导的社会治理体系，形成智能化、常态化、规范化的联动机制，进而通过党委和政府强大的综合协调能力以及社会动员能力，排解社会矛盾形成的条件，削弱社会矛盾的源

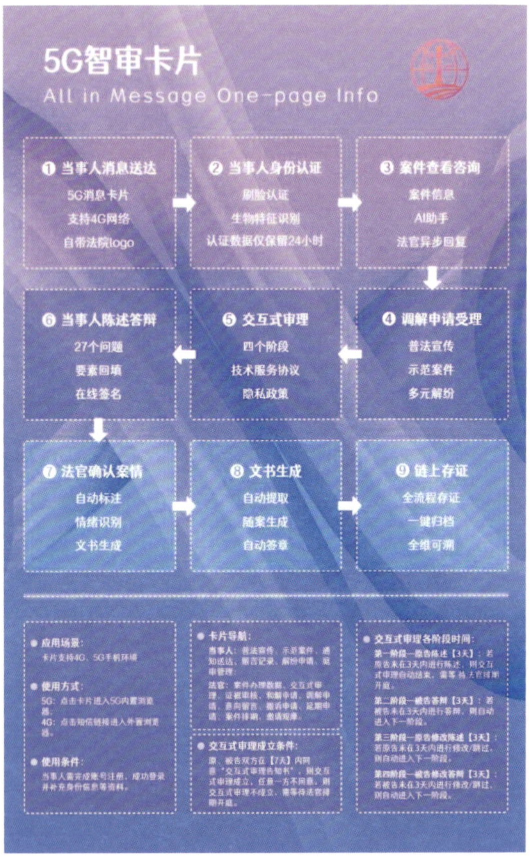

图 3-17　广州互联网法院“All in Message 5G 智审卡片”

发动因，将社会矛盾抑制在低发阶段。

第二，形成“静态+动态”的诉讼服务体系。静态诉讼服务应用包括两类，一是为当事人提供足不出户的线上诉讼服务平台；二是为当事人提供集成式户外司法服务终端。2022年度，前者在已有的较广泛基础上更新功能，后者投入使用的地区增加。吉林省首家“24小时自助法院”正式运行，为群众提供网上立案、缴费、文书签收、联系法官等“一站式、全天候”自助诉讼服务。动态诉讼服务应用主要指以庭审为核心的户外流动法庭，旨在为出行不便地区的群众提供沉浸式诉讼服务，减少当事人诉讼成本。福建省在本统计年度内投入了“5G+海上巡回法庭”，以5G技术赋能移动法庭，完成在线调解、庭前会议等环节，实现远程庭审无时延。

（3）智慧执行。智慧执行场域主要有两个方面的特点：第一，高效衔接审判程序和执行程序。东部地区，浙江法院的“破产智审”融破智联应用、江苏法院的“执破一体化中心”、天津法院的“智能化破产案件管理平台”，推进立保审执破一体化模式发展。上海完成人民法院信息化建设3.0版，研发“五合一庭审系统”、线上执行全要素的智慧执行系统，以及“以电子档案为主、纸质档案为辅”的电子卷宗单套制归档系统。北京互联网法院推出“执行案款线上发还系统”，通过将收款账户信息采集步骤前置，当事人申请立案时同步填写账户信息，通过OCR卡证识别功能，自动抓取账户必要信息生成卷宗材料，并将信息自动导入发还系统，无需法官逐条填写发还账户信息，切实缩短案款发还周期，功能上线以来案款发还平均时长仅有2.81天，不断刷新全市案款发还时长最短记录。中部地区，河北“终本案件智能核查系统”运行一年多以来，实现了对案件信息、执行流程、卷宗质量等多方面的管理，确保终本程序的合规执行，最大程度地保护申请执行人合法利益。

第二，《民事强制执行法》的颁布将完善智慧执行的体系化安排。目前该法尚处于草案阶段，根据草案内容，其将统一完善执行标准，依法维护债权人权益。同时，在诉讼法执行程序规定的基础上，对强制执行的执行机构和人员、执行依据和当事人、执行程序、执行救济和监督等进行规定，对金钱债权的执行和非金钱债权的执行、保全执行等制度进行体系化安排。可见，基于体系化考量，后续智慧执行将结合立法，在人工智能司法应用中进一步充实完善新功能。

（4）智慧管理。智慧管理场域可进一步分为法院内部自我管理，以及法院与其他机关的联动管理展开，主要有以下三个方面的特点。第一，规范审判质效评价。以实现质效评价的规范化、科学化和自动化为主要目标，不仅能有效解决办理不同繁简程度案件的法官绩效考核与工作量分配问题，还能通过评估审判效果发现一站式建设中的难点。比如，内蒙古自治区法院“法院绩效管理平台”辅助法院进行绩效管理，主要包含审判质量评估、工作量评估、绩效考核与业绩档案四大核心功能。

第二，建立并不断深化府检联动、政法协同机制。浙江省高级人民法院创造性地通过对接“政法协同联动系统”的方式，运用一体化数字资源系统，实现了政法单位之间的信息共享、业务协同与机制重建。安徽建立“府检联动”工作机制，检察机关与公安机关、司法行政机关协作联动，共同推动涉民营企业社区矫正对象请假外出制度得到有效落实，2022 年 1 月至 10 月，安徽省检察机关监督公安机关立案同比上升 127.9%；监督公安机关撤案同比上升 170.61%；对侦查活动违法书面提出纠正意见 3170 件次，同比上升 84.41%，侦查活动违法监督率 6.15%，同比增加 2.71 个百分点，有力地促进了公安刑事执法与检察监督规范化双提升。

第三，推动多元共治运行机制，助力数字经济健康发展。北京互联网法院与北京版权保护中心携手打造了版权链—天平链协同治理平台 2.0 版本，相较于 1.0 版本，2.0 版本将原有的“双标统一”和“双链协同”功能进一步完善，并且增加了“双驱促市”这一新的内容，实现了数字版权从确权、授权、交易到维权等各环节的全面覆盖。双标统一，由司法输出标准，统一各个环节存证的标准和规则，提升电子证据认定的效率和质量；双链协同，打通著作权登记信息与司法审判数据壁垒，实现版权登记信息实时交互、高效调取；双驱促市，推动形成标准统一、生态开放的版权数据要素市场，保障数字版权经济的高质量发展。

（5）智慧检务。2022 年度，全国检察机关多措并举推进智慧检务建设，充分发挥大数据在惩防违法犯罪、促进国家治理中的重要作用，为积极稳妥推进“四大检察”全面协调充分发展提供技术保障。智慧检务类应用场景主要包括侦查和执行监管、公益诉讼监督和服务，主要有以下两个方面的特点：第一，积极推进智慧检务工程。智慧检察中的“三远一网”（远程提审、远程送达、远程庭审），把检察官们从提审、送达等事务性工作中解放出来，实现司法资源的高度集约。甘肃省金昌市人民检察院部署完成全国检察业务应用系统 2.0 版，检察官绩效考评系统，全市检察机关移动办公、办案系统，拓展了办案场景、智能编目、案件可视化、知识服务等八个智能化辅助系统以及金昌市检察机关智能语音系统等各类业务系统，拓展了检察信息化应用的广度和深度，进一步促进了信息化与司法办案的深度融合。

第二，全面构建新时代智慧检察生态。2022 年度，黑龙江省逊克县人民检察院建立以检察官为主导、司法警察协助的“检察官 + 司法警察”调查取证模式，检察官负责线索排查，确定发案地点，司法警察负责使用无人机取证、确定地点坐标等，共利用无人机技术配合公益诉讼调查取证 20 余次，向行政机关发出诉前检察建议 20 件，为守护绿水青山贡献了检察力量。

3. 技术侧重分析

2022 年度，人工智能司法应用技术侧重于 5G、大数据、人工智能和区块链技术。各项技术在上一年度的基础上得到了更高水平的应用，其中，人工智能与司法工作深度融合趋势明显。最高人民检察院贯彻落实《“十四五”时期检察工作发展规划》，推进大数据、区块链等技术深度应用。

（1）知识工程技术赋能司法应用。知识工程技术包括深度学习、知识图谱、文档阅读理解等多方面。① 以知识图谱为代表的知识工程技术的运用，使司法应用具备精准分析、智慧搜索、自然人机交互、智慧推理等能力。知识图谱本质是一种大规模语义网络，由实体、概念、属性、关系等信息构成，使得人工智能应用具备理解人类语言和解释的能力，即认知能力。② 以知识图谱为代表的知识工程技术是大数据红利充分释放之后人工智能发展的支撑点。知识工程技术也是 2022 年度人工智能司法应用的技术亮点，推进了司法应用的认知能力水平。凭借知识图谱技术，江苏省开发出 AI 法官助理“苏 E 审”系统。该系统通过深度学习，以专家的裁判推理知识图谱和事件知识图谱为知识库，并结合深度神经网络模型，形成了数据与知识库双向输送的互动关系，因而具备认知领域的逻辑推理能力。此外，广东省广州市中级人民法院上线的“域外法查明通”平台构建起域外法律法规、案例、裁判文书的知识图谱，实现多途径、多维度的智慧搜索，快速定位检索内容；该平台基于用户输入数据，亦能实现多角度类案联想，完成智慧推荐；同时，平台通过算法与知识图谱背景，能够将案

① 《中国对话式 AI 行业发展白皮书》，艾瑞咨询，https://report.iresearch.cn/report/202203/3954.shtml。

② 肖仰华：《知识图谱与认知智能报告》，https://m.wang1314.com/doc/webapp/topic/21757679.html。

件类型、当事人情况、法律适用情况等进行统计分析并以可视化图表形式呈现结果，实现精准分析。

（2）智能语音与自然语言理解技术广泛用于司法应用中。以智能语音与自然语言理解技术为技术支撑，问答型和任务型的对话式 AI 广泛运用于司法实践中。智能语音技术由语音识别与语音合成两部分构成，对话式 AI 首先通过语音识别技术将用户的语音转化为文本，再嵌入自然语言理解技术使 AI 理解人类语言表达的意旨，并基于其具备的知识库生成对应的自然语言，使用语音合成技术形成机器回答，完成人机对话交互。2022 年度，对话式 AI 综合作用于智慧服务、智慧审判等领域。一方面，在智慧服务领域，青海省和内蒙古自治区都应用了“智能 AI 坐席”，进行人机交互的智能答复和流转。AI 坐席以语音识别、语言理解、语音合成技术为基础，兼具问答和任务功能，既能应对当事人的诉讼咨询，也能在为用户完成案件查询、诉讼咨询等服务后，一键生成 AI 工单，记录全流程诉讼服务。另一方面，在智慧审判领域，智慧庭审语音系统已融入多家法院并提升了语音识别和文字转化的准确率，按照诉讼流程引导当事人，同时全流程辅助庭审过程语音文字记录，减轻法官和书记员的事务性工作压力。

（3）大数据建模技术推动法律监督工作向纵深挺进。大数据建模技术是指将海量数据进行关联、碰撞、筛选分析，利用技术手段提炼个案监督模型，将业务模型转化为数据模型，从而发现监督线索，其能够有效破解传统手段难以解决的痛难点问题，实现类案监督、社会治理的效果。法律监督是检察机关的立身之本，大数据法律监督模型将办案职能向社会治理领域延伸，善于发现案件反映出来的倾向性、趋势性问题，是检察技术与检察办案的深度融合，更是大数据赋能法律监督职能的有效实践，势必引起新时代法律监督新格局。2022 年度，上海市黄浦区人民检察院首次运用数据模型构筑反诈防火墙，该模型从同类电信网络诈骗案件中发现可批量提取并使用的数据要素，并能从中归纳出数据特征，指导实际办案。2022 年 3 月，最高人民检察院下发通知，要求各地检察机关探索工程建设领域农民工劳动报酬权益保护公益诉讼办案工作。重庆市随后建立了工程建设领域农民工权益保护公益诉讼监督模型，该模型构建了“收款账户异常”等“四个异常”研判规则，筛选发现在建工程项目存在的滥用工资专户和欠薪风险等监督线索，赋能智慧监督。

4. 发展特点分析

（1）围绕“四智”研发创新，呈现体系化发展态势。2022 年度，最高人民法院、最高人民检察院逐渐加强人工智能司法应用平台系统建设，遵循安全合法原则、公平公正原则、辅助审判原则、透明可信原则以及公序良俗原则，以提升智能化水平为主线，建设符合先进技术发展方向的司法人工智能产品和服务。最高人民法院发布了《人民法院在线运行规则》《最高人民法院关于加强区块链司法应用的意见》《最高人民法院关于规范和加强人工智能司法应用的意见》，出台人民法院在线诉讼、在线调解、在线运行“三大规则”，促进和规范在线司法活动，全面推进智慧服务、智慧审判、智慧执行、智慧管理。在全国层面，智慧法院加速司法模式变革，智慧检务建设持续推进，智慧法院建设与数字检察战略的实施继续加速推动司法模式的变革，促进诉讼制度转型升级，努力创造更高水平数字正义。各地检察院依托统一业务应用系统，积极探索文书自动生成、量刑建议、出庭一体化、类案推送、案件质量评查等多样化的智能辅助办案系统研发应用。全国检察机关统一业务应用系统 2.0 作为司法办案平台的核心软件，是由最高人民检察院统一研发、全国四级检察机关部署应用的办案系统，是全面贯彻检察“信息化、科学化、智能化、人性化”要求的具体实践。

（2）以“人民法院在线服务”平台为代表，持续推进智慧法院建设。2022 年度，智慧法院建设广泛应用类案识别推送、智能合约执行等技术，为审判执行工作赋能增效；同时建成全球最大的司法审判信息资源库，围绕社会治理热点形成 1317 份司法大数据报告，至此智慧法院已经成为中国司法在国际上的鲜明亮色。各级法院建成全业务网上办理、全流程依法公开、全方位智能服务的智慧法院，智慧法院建设取得了重大进展。其中，“人民法院在线服务”平台为 2022 年度法院主要开发的应用系统，该平台功能贯穿诉讼全流程。2022 年 3 月 1 日，最高人民法院微信小程序“中国移动微法院”正式转型升级为“人民法院在线服务”平台，成为全国法院通过互联网提供智慧服务的统一门户。集成整合了立案、调解、开庭、阅卷、送达、保全、鉴定等全国通用诉讼服务功能，实现人民法院在线服务的“一网通办”，满足人民群众“一站式”办理全国法院在线服务的司法需求。截至 2022 年 9 月，“人民法院在线服务”平台实名注册人数达 1300 多万人，接收网上立案申请 2100 余万件，在线送达文书

5400 余万份，累计访问量超过 30 亿人次。2022 年度，“人民法院在线服务”移动端提供网上立案 1071.8 万次；全国四级法院均已开通 12368 诉讼服务热线，服务群众 1450 万件次；人民法院电子送达 9264 万件次，同比增长 123%；网上保全标的额达 26553 亿元，是 2021 年的 2.1 倍，实现“审判执行不停摆、公平正义不止步”。①

（3）检察院法律监督职能以数字检察为突破。检察机关是国家的法律监督机关，是国家监督体系的重要组成部分。2022 年 11 月，最高人民检察院数字检察办公室成立，围绕数据获取和使用、监督模型的培育和推广、类案线索管理和反馈等开展工作，全面部署应用“民事裁判智慧监督系统”，积极运用大数据提升虚假诉讼监督质效。② 检察机关依托大数据等人工智能技术手段进一步开展“数字监察”这一新型法律监督探索。数字检察是检察机关通过数字化技术，建立法律监督模型及配套系统，发现类案线索后进行融合式监督，对社会治理机制进行系统性完善的新模式。一般认为，现阶段数字检察同大数据法律监督具有基本一致的内涵和外延。数字检察可以拆解为不同的要素进而构成类型化体系，主要包括检察大数据、批量异常案件发现模型和人机耦合技战法等。

一方面，数字检察将法律监督由单维改为多维。数字检察的核心在于对法律监督的革新再造。相比于传统法律监督，数字检察推出了集刑事检察监督、民事检察监督、行政检察监督和公益诉讼检察监督之全部或部分于一体的新型监督。法律上监督的多维变化不能被简单理解为仅是量增，实乃产生聚合反应的质变。另一方面，数字检察将监督融于检察办案中。2022 年全国检察机关研发车险欺诈骗保、医保基金诈骗等大数据监督模型 800 余个，发现类案监督线索 20 余万条，监督成案 6.1 万件，以科技为支撑，实现“用数字革命赋能新时代法律监督”。③ 传统法律监督以当事人申请监督、提出控告和检察机关依职权发现为起点，由专门部门分别承担诉讼监督案件的受理、办理、管理工作，分情形提出抗诉、纠正意见或者检察建议等；如今数字检

① 中华人民共和国最高人民法院网：《最高人民法院工作报告（全文）》，https://www.court.gov.cn/xinshidai-xiangqing-391381.html。

② 中华人民共和国最高人民检察院网：《奋楫潮头逐浪高——新时代检察改革这五年》，https://www.spp.gov.cn/spp/2023qglh/202303/t20230305_606354.shtml。

③ 中华人民共和国最高人民检察院网：《最高人民检察院工作报告（审议版）》，https://www.spp.gov.cn/gzbg/202303/t20230307_606720.shtml。

察则强调检察机关对各种大数据的分析研判，通过人机协同促进监督同办案的有机融合。此外，数字检察将条块分割的治理结构变为一轴多元的共治结构。作为国家的法律监督机关，检察机关以法律监督积极参与治理并成为重要力量，但这一工作不是由检察机关单打独斗完成的，而是由参与诉讼的公安机关、审判机关、司法行政机关，以及负责行政管理的行政机关和参与社会治理的社会组织、行业协会等共同完成，强调监督与被监督的良性、积极关系。

（4）着力打造方便群众高效化解矛盾的应用机制。各级法院坚持和发展新时代“枫桥经验”，大力发展在线诉讼服务，建成一站式多元纠纷解决和诉讼服务体系，提供菜单式、集约式、一站式纠纷解决服务，真正把方便留给群众。一方面是着力构建多元化的纠纷解决机制。法院与多单位协同合作，形成覆盖12个领域的“总对总”在线多元调解新格局，最大限度集约各单位分散在省、市、县、乡各个层级调解资源，做到“一平台调解、全流程在线、菜单式服务、一体化解纷”，开创中国特色在线多元纠纷解决新模式。2022年，人民法院调解平台每分钟75件案件成功在诉前在线化解，在线对接7.6万个基层治理单位，嵌入乡村、社区、网格，及时把矛盾纠纷化解在基层、化解在萌芽状态，努力实现案结事了人和。“人民法院在线服务”小程序集成整合调解、立案、阅卷、送达、保全、鉴定等全国通用诉讼服务功能和地方法院特色服务功能，满足人民群众“一站式”办理全国法院在线服务的司法需求。另一方面是构建一站式的诉讼服务体系。江苏省连云港市中级人民法院开发应用的“连云港法院诉讼服务”公众号平台，以“整合在线服务平台、提升线上服务应用率”为建设理念，推行“首选线上办、有序线下办”的服务模式，具体包括诉讼引导服务、信息推送服务、联系法官服务、在线咨询服务、涉企纠纷绿色通道服务以及立案难投诉服务，打造线上线下一体化司法服务升级版。江苏省常州市“龙城e诉中心”提供从立案到调解到开庭到执行到信访的全流程诉讼服务，实现“一网通办、一键直达、一次办好、一站多能”。

（5）依托科研院所、企业与社会等多方力量增强法检联动。2022年度，司法机关与多元主体持续深化合作，共同研发人工智能司法应用，为着力破解智慧法院、智慧检察院关键技术难题，推进人工智能与法院、检察院核心业务深度融合起到了强有力的支撑作用。上海市闵行区人民检察院联合区内具有知识产权刑事司法、行政执法职能的多家单位共同研发“MIP 闵行区知识产权一站式保护平台”，升级更新法律咨询一键式受理功能，并嵌入“一网通办”PC 端闵行服务板块，为全区企业提供全覆盖、多层次、一站式知识产权协同保护；与区法院会签全国首个惩治涉知识产权恶意诉讼合作备忘录，强化涉知识产权恶意诉讼打击防范力度。

5. 未来趋势分析

（1）认知智能技术将进一步应用于人工智能司法应用。认知智能可以体现为应用的精准分析、智能推荐、深层关系推理、自然人机交互等，使人工智能司法应用具有可解释性和逻辑推理能力。2022 年度，部分省市如江苏省、吉林省、广东省，开发了 AI 助理法官、诉讼服务虚拟人、域外法查明通等应用，实现了深层关系推理、自然人机交互、智能推荐；智慧检务领域的部分大数据监督模型亦具有精准分析能力。而认知智能技术具有高难度，是人工智能发展的下一个高地，是充分释放既有大数据活力的必经路径。将认知智能技术应用于司法实践中是深化智慧法院建设、提升人工智能司法应用实际效用、提供高水平智能辅助支持的关键手段。随着认知智能技术的开发建设，未来由认知智能技术赋能的司法应用将在地域和场景层面上进一步拓展。

（2）人工智能与司法活动融合的程度将更加深入。在司法应用中，人工智能是应用最为广泛的技术之一。2022 年度，基于司法活动而特别配置的人工智能技术赋能的应用明显增加，不仅限于标准化技术的简单迁移。例如江苏省 2022 年正式上线的 AI 法官“苏 E 审”、广东省“域外法查明通”，凭借以“算法 + 大数据”为底层逻辑的人工智能技术，应用具备了逻辑推理、法律适用和案件数据分析等较高水平能力。未来，此类人工智能司法应用将更加广泛，不仅做到减轻司法工作人员繁重的事务性工作负担，更能真正辅助法官智慧审判，实现更高水平的数字正义。

（3）大数据将加速赋能法律监督走向深水区。2022 年度，最高人民检察院持续落实《中共中央关于加强新时代检察机关法律监督工作的意见》，研究制定《2023—2027 年检察改革工作规划》，提出深化智慧检务，加快推进数字检察，着力提升法律监督质效。甘肃省检察院坚持贯彻数字检察建设和落实检察大数据战略，建设了甘肃检察大数据一体化平台，通过构建数据生产体系、数据治理体系、数据挖掘体系、应用服务体系、安全防护体系，实现了全省检察机关人、财、物的宏观辅助决策和微观辅助监管，并计划与公安、法院、司法等部门沟通，推动建立数据共享机制，搭建数据依法共享的“高速公路”，加快数据信息的联通、归集、共享，有序实现大数据法律监督的对接获取和挖掘分析，全面推进跨部门大数据协同办案，实现案件数据和办案信息网上流转，证据、卷宗数字化共享。未来，各级各地检察机关将继续大力推进数字检察工作，坚持大数据赋能法律监督，系统整合各类办案数据，积极探索构建大数据法律监督模型和平台，努力推动个案办理式监督和类案治理式监督相结合，为新时代法律监督提质增效。

（二）国外人工智能司法应用

1. 机器学习算法为人工智能司法审判提供技术支持

机器学习（ML）算法基于数据训练而建立模型，致力于理解和建立学习方法，通过无监督学习进行探索性数据分析，从而在没有明确编程的情况下作出预测或决定。[①] 机器学习算法的预测性分析、规则驱动逻辑等特点使人工智能在司法领域的应用得到深化。因此，机器学习算法在各国的人工智能司法应用研发中扮演了重要角色。首先体现在机器学习算法赋能智慧量刑辅助。在大数据、云计算等支撑下，机器学习算法赋能的人工智能辅助量刑应用通过对既有案件裁判等进行数据分析、归纳、关联，构建法律知识图谱，由此能够针对特定案件提供量刑建议。该技术的工具价值在于促进司法量刑统一，限制主观裁判的滥用。新西兰利用机器学习的可解释性，研发量刑预测人工智能算法（Explainable Artificial Intelligence for Assault Sentence Prediction）应用，一方面帮助法官理解其量刑决定，另一方面能够就有争议的裁判决定为司法透明度创造条件。[②] 由于机器学习算法面临“算法歧视”的争议，马来西亚开发的 AI 量刑工具能够针对 20 种不同类型的犯罪进行量刑辅助，同时在算法中删除了“种族”变量。[③]

---

① Wikipedia, Machine Learning, https://en.wikipedia.org/wiki/Machine_learning.

② *The Conversation*, *We Built an Algorithm That Predicts the Length of Court Sentences—Could AI Play a Role in the Justice System*, https://theconversation.com/we-built-an-algorithm-that-predicts-the-length-of-court-sentences-could-ai-play-a-role-in-the-justice-system-193300.

③ Danial Martinus, *Malaysia Tests AI Court Sentencing Despite Ethical Concerns Raised by Lawyers*, https://sea.mashable.com/tech/20026/malaysia-tests-ai-court-sentencing-despite-ethical-concerns-raised-by-lawyers.

其次，机器学习算法赋能特定类型案件的自动化处理。在目前的人工智能发展阶段，其认知能力水平尚不及人类。但部分类型固定、法律关系简单、争议点明确的案件能够由以规则驱动逻辑的机器学习模型来处理，由此给予法官更多时间来处理更复杂的纠纷。爱沙尼亚早已在实践中运用“人工智能法官”，目前正在积极推进小型合同纠纷的自动化解决，凭借 100 名“人工智能法官”来清理积压的 7000 欧元以下的小额索赔纠纷案件。① 值得注意的是，此种裁决可对当事人产生直接影响，并非仅对法官的裁判辅助；同时，当事人不服的也可以上诉。而随着人工智能认知能力的提高，自动化处理更为复杂的案件亦值得期待。

2. 对司法人工智能本身进行风险管理辅助司法应用发展

国外风险评估工具持续更新，美国作为当前智能技术革命的高地，其司法系统内的人工智能技术应用值得关注。大数据、人工智能技术在美国刑事司法领域的应用主要表现为各类风险评估工具，它们进入美国刑事司法体系并非一蹴而就，修复性司法理念的回归为其进入美国刑事司法场域进行了铺垫与准备。风险评估工具历经四代演变，当前广受关注的 COMPAS 系统即是第四代风险评估工具的典型，COMPAS 在整合前三代风险行为评估工具的基础上，博采众长，形成了独具特色的犯罪人风险行为评估系统，由其引发的卢米斯诉威斯康星州案更是成为刑事司法人工智能应用与规制的典型案例。美国威斯康星州的埃里克·卢米斯（Eric Loomis）案件，演变成了对 COMPAS 质疑的大战。② 主要是由于美国利用 COMPAS 算法来评估预测犯罪风险的应用涉种族歧视，引发大量争议。为应对人工智能司法应用引发的有关道德伦理问题，部分国家开始以不同方式对人工智能应用的开发设计、使用等阶段进行管控。新加坡发布“AI Verify”工具包，旨在为人工智能司法应用的技术开发公司提供工具，以验证其系统是否符合“国际公认的 AI 道德原则”。③ 美国商务部国家标准与技术研究院（NIST）发布了人工智能风险管理框架 1.0（AI RMF），其由国会授权，作为一

---

① 环球视野：《人工智能能否在法庭上取代法官？》，http：//www.jsyunjun.com/news/show-55207.html。

② Loomis v. Wisconsin，Petition for Certiorari Denied on June 26，2017，http：//www.scotusblog.com/case-files/cases/loomis-v-wisconsin/.

③ Infocomm Media Development Authority，*A.I. Verify-AI Governance Testing Framework & Toolkit*，https://www.imda.gov.sg/how-we-can-help/ai-verify.

套自愿性标准，能够帮助将可信度考虑应诉纳入人工智能产品、服务和系统的设计、开发、使用和评估中。① 该框架内容包括分析人工智能系统的公平性、透明度、可解释性、安全性、可靠性，以及采用“社会技术”方法来减轻可能具有 AI 偏见的案例，为管理 AI 系统的设计、开发、使用和评估风险提供了指导。

3. 人工智能的应用趋势逐渐从传统行政办公环节扩展到法庭审判程序

美国哥伦比亚法官胡安·曼努埃尔·帕迪拉（Juan Manuel Padilla）在处理一起自闭症儿童保险索赔的案件时使用人工智能应用程序 ChatGPT 作出判决，② 这代表了人工智能在法庭上的应用趋势，即其应用范围从诸如自动电子归档等行政办公事务逐渐扩展到以量刑为代表的法庭审判程序当中。③ 在世界范围内，人工智能在法庭审判中的应用数量正在迅速增长，从爱沙尼亚裁决小额索赔的机器人法官，到加拿大的机器人调解员，拥趸者认为基于人工智能的裁判系统使判决更加一致，并且可以快速、高性价比地清理积压案件，帮助法律诉讼中的各方避免冗长、繁复、昂贵和高强度的诉讼。④ 但这种应用趋势仍旧存在反对声音，例如 2020 年 2 月马来西亚司法机构首次在 Saba 州法院使用 AI 辅助判刑，吉隆坡法院也在 2021 年开始推动测试 AI 量刑软件，用于对付 20 种不同类型的犯罪，但由于受到缺乏自由裁量、底层算法不透明、数据收集面狭窄等方面的质疑，⑤ 最终该测试计划于 2022 年 4 月结束。⑥ 这些批评者认为，人工智能因为缺乏法官权衡个人情况并且适应不断变化的公共舆论与社会习俗的能力，所以有可能在判决中固化并且扩大对少数人群和边缘化群体的偏见，在量刑

① NIST，*Artificial Intelligence Risk Management Framework*（*AI RMF 1.0*），https://nvlpubs.nist.gov/nistpubs/ai/NIST.AI.100-1.pdf.

② Sounak Mukhopadhyay，*US Court Uses ChatGPT to Deliver Ruling*，https://www.livemint.com/news/world/amid-controversy-us-court-uses-chatgpt-to-deliver-ruling-11676431390875.html.

③ Lachlan Colquhoun，*Pleading Your Case to the AI Judge*，https://www.cdotrends.com/story/17205/pleading-your-case-ai-judge?refresh=auto.

④ *As Malaysia Tests AI Court Sentencing*，*Some Lawyers Fear for Justice*，https://www.straitstimes.com/asia/se-asia/as-malaysia-tests-ai-court-sentencing-some-lawyers-fear-for-justice.

⑤ Selina Lum，*S'pore not Likely to Use AI in Sentencing in Foreseeable Future*：*Chief Justice*，https://www.straitstimes.com/singapore/courts-crime/s-pore-not-likely-to-use-ai-in-sentencing-in-foreseeable-future-chief-justice?close=true.

⑥ Rina Chandran，Thomson Reuters Foundation，*FEATURE-As Malaysia tests AI Court Sentencing*，*Some Lawyers Fear for Justice*，https://www.reuters.com/article/malaysia-tech-lawmaking-idUSL8N2HD3V7.

时无法像真正的法官一样运用自由裁量权。①

4. 人机协同司法审判模式持续推进

在人机协同司法审判模式下，依据审判环境的变化和审判环节的不同，人工智能发挥的作用并不相同。在民事领域，爱沙尼亚法院已经使用人工智能来解决标的额在7000欧元以下的小额索赔纠纷；② 在刑事领域，美国法院利用智能辅助裁判系统来裁量被告人量刑，但该辅助系统的适用仅局限于警情预测、人脸识别、取保候审和量刑风险评估等特定领域。③ 此外，法国最高行政法院认为，执法机构使用面部识别来支持刑事调查是“绝对必要的”。④ 可以发现，人工智能可以在常见的法庭程序和事务中作出自主裁决，虽然从宏观角度来看，在人机协同模式中最终作出决定的仍然是人，但是机器的辅助作用由原来的被动参考变为主动建议，机器的“辅助”作用逐渐增加，并有向“辅佐”过渡的趋势。

四、人工智能执法应用

（一）中国人工智能执法应用

1. 应用地域分析

（1）东部地区保持优势，东北地区发展迅猛。从全国范围来看，2022年度各省级行政区人工智能执法应用数量为97个。从地区划分的标准来看，东部地区在数量上依然稳居榜首，占据全国数量的近一半（占比46%），西部地区次之（占比26%），中部地区再次（占比21%），东北地区最后（占比7%）（见图3-18）。从宏观角度来

---

① *As Malaysia Tests AI Court Sentencing*, *Some Lawyers Fear for Justice*, https://www.straitstimes.com/asia/se-asia/as-malaysia-tests-ai-court-sentencing-some-lawyers-fear-for-justice.

② 陈志宏：《“数字国家”爱沙尼亚的司法信息化之路》，https://www.163.com/dy/article/G4IIINMI0514C5MG.html。

③ *Artificial Intelligence*, *Emerging Opportunities*, *Challenges*, *and Implications for Policy and Research*, https://www.gao.gov/products/gao-18-644t.

④ Peter Henderson, *Does Section 230 Cover Generative AI*, https://hai.stanford.edu/news/law-policy-ai-update-does-section-230-cover-generative-ai.

看，这一总体占比态势相比往年变化不大，西部地区存在小幅下降。但由于各地区所涵盖的省级行政区数量不同，这对于数量占比的分布具有较大的影响。具体而言，西部地区涵盖的省级行政区最多（数量为 12 个），东部地区次之（数量为 10 个），中部地区再次（数量为 6 个），东北地区则最少（数量为 3 个）。因此，通过比较各地区应用数量平均值的方式（各地区人工智能执法应用总量 / 省级行政区总数）能够更为客观地展现该地区的整体实力。由此，可以看到东部地区的平均值为 4.5，即 2022 年统计年度，东部地区中每个省级行政区平均新增人工智能执法应用数量为 4.5 个；东北地区平均值约为 2.33；西部地区平均值约为 2.08；中部地区平均值为 2.1（见图 3-23）。因此，尽管在全国人工智能执法应用数量占比中，呈现出西部地区 > 中部地区 > 东北地区的排位状况，但是在平均值比较中，则呈现出东北地区 > 西部地区 > 中部地区的态势。东北地区在 2022 年度的发展势头迅猛，中部地区的增幅有所下降。

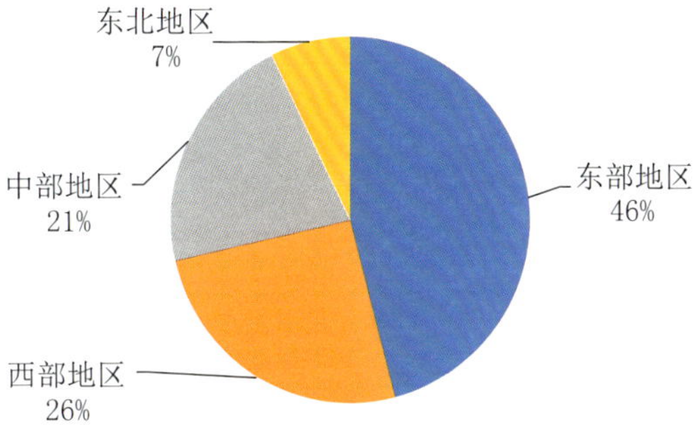

图 3-18　全国人工智能执法应用数量地域占比分析

（2）区域融合发展助力人工智能执法应用数量可持续增长。在东部地区，北京市、上海市、浙江省、江苏省人工智能执法应用数量位列靠前（见图 3-19）。2022 年度，北京市针对规范执法、情报研判、治安防控等应用场域研发了众多应用，位列东部地区第一。上海市、江苏省、浙江省延续往年的发展势头，依托长三角人工智能产业联盟，发挥产业协同效应，呈现“多点开花”的样态，居于东部地区乃至全国前列。在西部地区，重庆市、广西壮族自治区、甘肃省、贵州省在应用数量上具有相对优势（见图 3-20）。其中，重庆市延续了往年的强势地位，位居西部地区第一。值得注意的是，2022 年度广西壮族自治区相较于上一年度占比大大提高，这与其积极承接东部地区数字经济产业转移存在一定的关联。在中部地区，湖南省、湖北省、山西省的应用数量较多，其中，湖南省属于该地区以往统计年度应用数量较多的省份，而山西省相较往年增幅亮眼（见图 3-21）。在东北地区，3 个省级行政区应用数量的分布较为平均，但黑龙江省小幅领先（见图 3-22）。

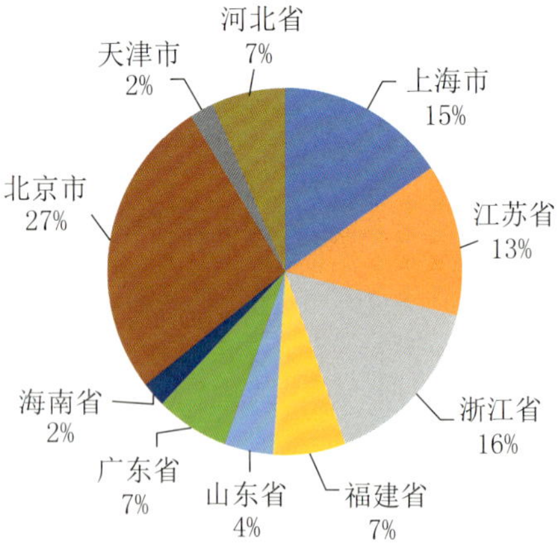

图 3-19　东部地区人工智能执法应用数量占比分析

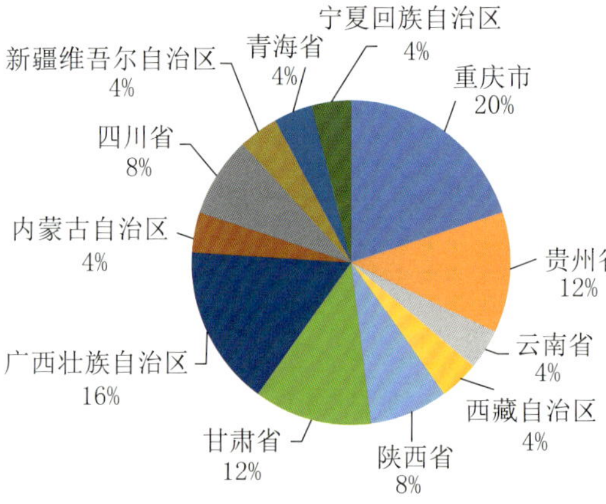

图 3-20　西部地区人工智能执法应用数量占比分析

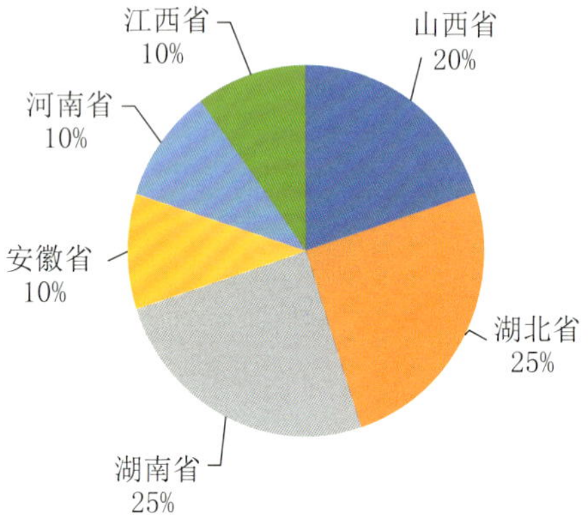

图 3-21　中部地区人工智能执法应用数量占比分析

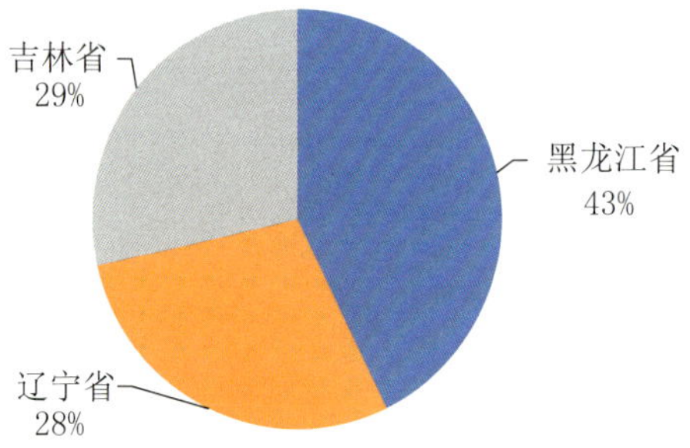

图 3-22　东北地区人工智能执法应用数量占比分析

通过比较全国各省、自治区、直辖市人工智能执法应用的数量，2022 年度排名前七的分别是：北京市、浙江省、上海市、江苏省、重庆市、湖南省、湖北省，应用数量在 5 至 12 之间（见图 3-23）。以上 7 个省级行政区，4 个属于东部地区，1 个属于西部地区、2 个属于中部地区，东北地区的 3 个省级行政区并未进入，各地区的执法应用情况与其总体态势趋同，亦与以往统计年度持平。具体而言，北京市执法应用数量排名第一，其应用聚焦智慧警务实践，这也与北京市作为全国政治中心的定位有关。值得注意的是，湖北省在 2022 年度的表现相较上一年度进步显著，在中部地区的数量占比中排名第一，这与其省内产业布局及战略密切相关。湖北省正在加快建设武汉中国软件特色名城，大力引进知名互联网企业在鄂设立总部或第二总部，加快区块链技术创新、应用创新、模式创新，建设有全国影响力的区块链创新发展集聚区，相关产业布局及战略为湖北省人工智能执法应用的高速发展提供了契机。

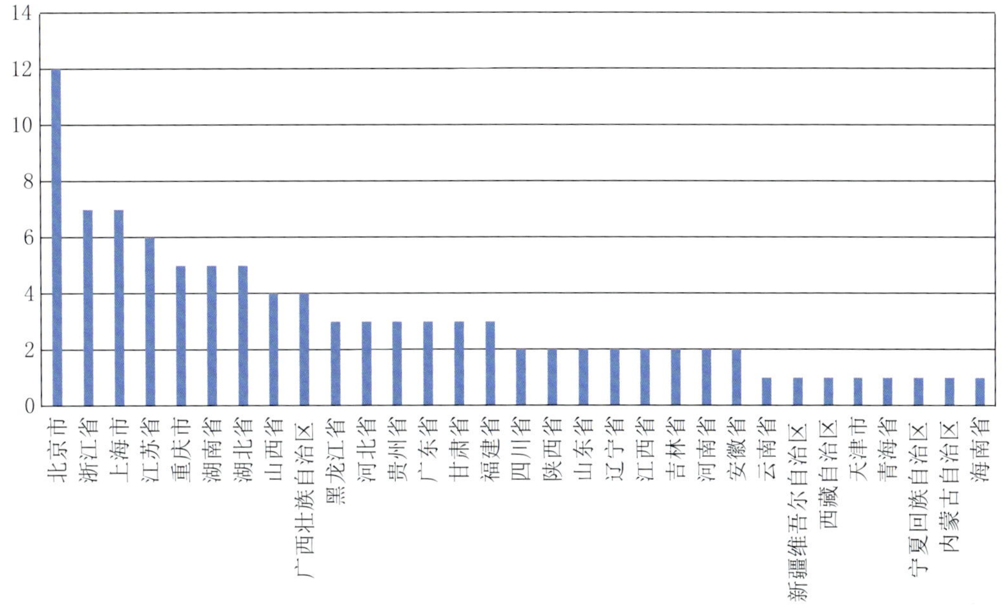

图 3-23　本统计年度全国人工智能执法应用数量

2. 应用场域分析

从应用场域来看，2022 年统计年度人工智能执法应用主要涉及治安防控、规范执法、服务群众、情报研判、破案打击、监狱管理 6 个场域，在 6 个场域下又涵盖了不同的具体应用场景。治安防控场域下的子场景最多，包括交通执法、市域治理、食品（药品）管理、生态环保、疫情防控、安全检查、高效管理、版权执法、边境管理、犯罪预防、网络监管共 11 个子场景，其中，生态环境、食品（药品）管理、高效管理、版权执法是新出现的子场景。部分应用涉及多个场域，故应用场域总数量高于 31 个省、自治区、直辖市的数量统计。

从各个应用场域的占比情况来看，治安防控场域仍然占比较高（占比 44%），这是由于治安防控场域与公众的日常生活息息相关，且相关人工智能技术较容易在实践中得到适用。位列其次的是情报研判场域和规范执法场域，分别占比 20%、18%，位列前三的应用场域累计占比达 81%，可视为人工智能执法技术的主要应用场域（见图

3-24）。相较上一年度，服务群众场域的占比有所下降，为 8.5%。由于以往年度服务群众场域的应用场景聚焦于便民服务，即“一网通办”平台的建设，而 31 个省、自治区、直辖市都已在 2020、2021 年两个统计年度全部建立了相关服务平台，2022 年度该应用已然从服务群众的平台建设，转移重心至“一网统管”的精细化治理，故聚焦的场域主要集中在治安防控。

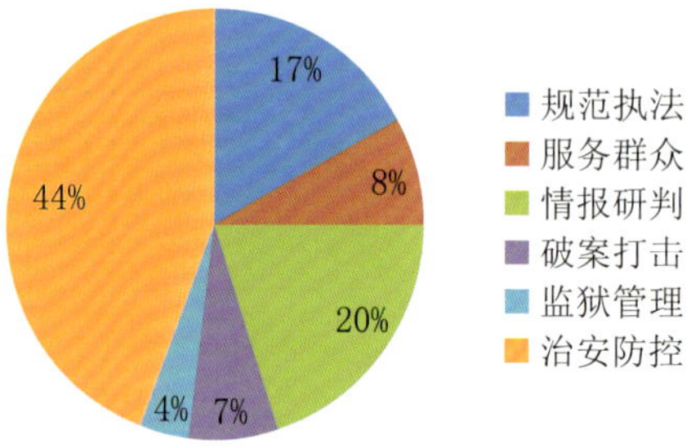

图 3-24 人工智能执法应用场域数量统计

（1）治安防控场域的多元治理关切。在治安防控场域中，共有 11 个子场景的应用，交通管理和市域治理应用场景较为突出（见图 3-25）。一方面，人工智能执法应用较为突出的省份，在实现提能增效执法应用、内部创新执法系统的同时（主要表现在高效多元管理场景），亦在交通执法和市域治理两个场域进行精细化革新。例如，河北省邯郸市公安局主建的“智慧交管”系统，将交通管理、执勤执法、窗口服务的职能赋予机器人，使之成为全天候 24 小时不下岗的“交警”，也将邯郸市的交管提升到了初级人工智能的高度，并向更高的人工智能水平大步迈进。另一方面，以往统计年度较为靠后的省份也逐步提高了人工智能技术的应用水平。例如，长春市交通运输

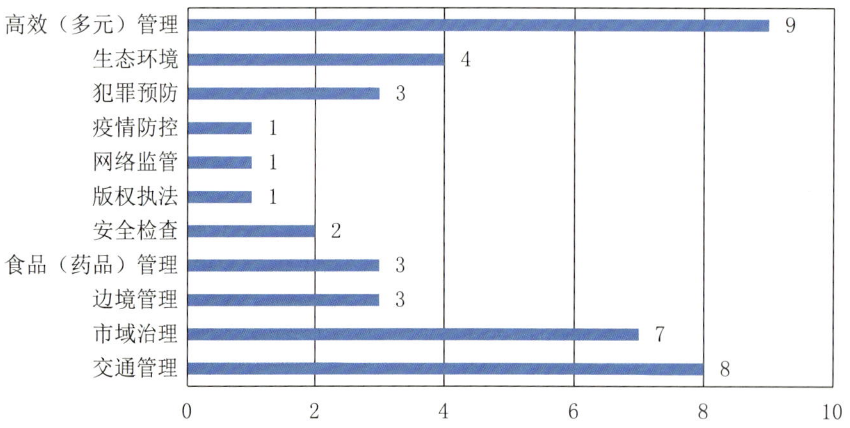

图 3-25 治安防控场域的具体应用场景数量

综合行政执法支队执法六大队联合公安部门建设应用“天网”系统，结合大数据比对实现“摸排”违法车辆。

（2）新兴子场景的精细化实操。2022年度，生态环境、食品（药品）管理、高效（多元）管理、版权执法是新出现的子场景。生态环境子场景，是以自然资源保护、生态监测为工作内容的执法主体将人工智能等技术结合环境类执法应用，以期解决辖域内生态保护的实际问题。以山西省玉山县应用的铁塔视频监控系统为例，相关主体使用新技术赋能自然资源管理工作，着力构建“空、天、地、网”一体化自然资源调查监测体系。生态环境这一新兴子场景打破了传统的行政壁垒，使得自然资源部门与其他主体不断深化合作，让新技术应用于耕地保护、矿产资源监管、森林防火、海域海岛监管、生态保护修复等自然资源管理工作中。

食品（药品）管理是另一新出现的子场景，其直接关系着人民群众的身体健康和生命安全，确保食品与药品的安全就是重要的民生保障之举。以重庆市江北区的“互联网+明厨亮灶+AI智能识别”应用为例，依托“江北区食品信用风险分级分类监管系统”，通过移动执法终端向包保干部推送风险预警信息，方便包保干部精准督导。包保干部督导企业发现问题及时反馈市场监管局，由市场监管局依法处罚或责令整改，并将整改情况反馈包保干部，真正实现“监测—预警—督导—反馈—处置”闭环监管。而甘肃省依托中药材产地加工追溯监管系统这一应用实现“一批一码”，搭建起智能化溯源监管平台，使中药材生产、运输、销售等全过程数字化记录，实现来源可知、去向可追。在食品（药品）的监管场域，总趋势是“人盯”向“数管”的转变。此外，版权执法子场景是执法主体开展作品版权确权、侵权监测、存证固证、运营交易和维权援助的综合类应用。

（3）一体式高效规范执法提升服务群众水平。2022年度，多省份、多城市在执法层面应用总揽性的政务服务平台，既提升了服务群众的水平，也增强了执法的规范度。一方面，“一网统管”在多个省份被投入应用。以辽宁省沈阳市为例，沈阳市的“一网统管”平台建立了“两级监督、两级指挥、三级考核、四级联动”的工作模式，聚焦城市管理中的痛点难点，利用大数据分析等技术充分挖掘城市管理运行数据规律，建设涵盖城市运行、行业监管、智能预警等方面的具体应用场景，探索大数据辅助决策的城市治理新模式。另一方面，在精细化执法层面，一体化的总领式高效监管同样在多领域适用。以新疆昌吉的一体化执法平台为例，执法流程线上开展，调查处理全过程留痕，有序推进移动执法系统的使用，并要求每位执法人员每月上传有效执法数据不少于 4 条，确保执法机构和执法人员使用移动执法系统活跃率均达到 100%，实现相关主体在执法层面的自我约束。

3. 技术侧重分析

从全国范围来看，2022 年度各门类技术应用的数量如下（见图 3-26），其中，同一执法应用可能涉及多个技术门类。宏观来看，大数据与人工智能在数量与范围上居于“领跑者”地位，同时其与卫星（含导航系统）、无人机等具象应用结合，达到精细化执法需求的目的。而针对城市执法中出现的新问题，执法主体也研发了相应的新技术，包含传感器、激光定位与基于视频技术的非接触式面部表情提取分析和推送预警技术。

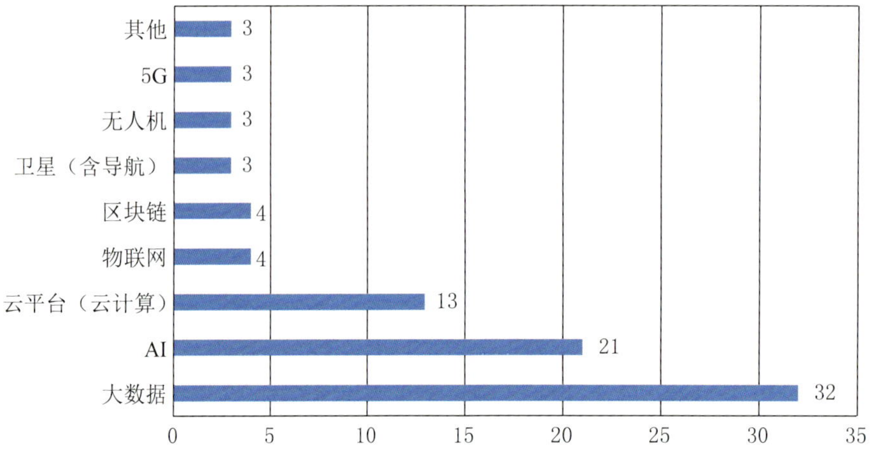

图 3-26 各门类技术应用的数量统计

（1）“大数据 +”领跑人工智能法治应用。根据 2023 年商务印书馆推出的《汉语新词语词典（2000—2020）》，“大数据”成为中国这 20 年生命活力指数最高的十大“时代新词”之一。2022 年度，大数据串联起人工智能、物联网、5G 等多个技术门类，在应用的数量与广度上成为了“领跑者”。首先，大数据技术在 2022 年度实现了新融合、新创造。作为智能执法的核心技术，大数据长期以来与其他应用结合，以提升功效、赋能执法。2022 年度，大数据技术与其他技术面对出现的“新问题”，实现了执法层面的“新发展”，具备了更细化的颗粒度。以甘肃省为例，省版权局依托丝绸之路知识产权港公司建立甘肃版权综合服务平台，运用大数据与区块链技术广泛开展作品版权确权、侵权监测、存证固证、运营交易和维权援助等多项业务，着力打通版权创造、运用、保护、管理、服务全链条。针对网络侵权盗版范围广、渠道多、速度快等特点，在完善作品授权体系和交易机制、加强媒体行业版权自律与合作等方面，积极开展全方位、多样化、前瞻性的实践，实现了不同技术的交融探索。此外，在生态环保、城市交通管理等领域，大数据亦与卫星、5G 等技术内容交融，扩展其子领域的辐射范围，致力于智慧执法应用体系的建设。而传感器、激光定位在特定省份成为为生态环境保护执法、城市交通执法的应对之策。其次，大数据助力构建督察系统等新应用，成为新兴问题的解决进路。以湖南省株洲市公安局为例，其新建的政治建警分类督察系统是利用大数据导引警务督察工作方向，提升工作效能的全新系统。通过在基层公安机关广泛应用，可以实现警力的精准有效投放。

（2）特定领域的精细化技术处理。2022 年度，有三类新出现的执法技术得以应用，分别是传感器、激光定位与基于视频技术的非接触式面部表情提取分析和推送预警技术。首先，在精细化治理的背后，非接触式面部表情分析等新兴执法技术是新时代、新需求背景下执法部门的创新之举。以非接触式面部表情分析关键技术为例，易华录与泰州市公安局姜堰分局 110 指挥室共同研发分析工具，为应对测谎等实际执法中的需求，该系统具备异常情绪预警、生理心理健康监测、视频测谎称述分析等功能模块，其广泛应用于办案审讯、巡逻盘查、维稳安保行政执法、金融风控等场景。其次，卫星遥感等技术内容也在特定领域中适用。以黑龙江省自然资源卫片执法监察云调查平台为例，其利用卫星遥感信息资料对土地开发利用和矿产资源勘查开采开展执法检查。本次核查是按照国家要求对相关违法用地线索进行核实。核查前，省级管理员在“国土调查云”平台上创建在线调度任务，将所需核查的自然资源卫片按照辖区进行分发，县（市）外业核查人员按照预定的时间到达指定位置后申请在线互联，将手机拍摄屏幕进行共享。管理员在电脑前通过叠加卫星影像，可实时查看核查人员站立点位置，对其进行指挥围绕图斑边界拍摄图斑全貌，大大提升了执法效能。

4. 发展特点分析

（1）智慧系统助力执法程序规范化程度不断提高。随着人工智能执法应用研发的不断推进，各地通过建立智慧系统（平台），打造智慧办案新模式，实现执法规范化程度的不断提高。例如，在东部地区，北京市公安局经侦总队为进一步规范涉案资金查询冻结执法工作，研发了涉案资金执法监督工具，从根源上有效杜绝涉案资金查询冻结不规范的行为，强化数据化执法监督能力。在中部地区，湖南省长沙市市场监督管理局研发了内置小型案例库的执法智能防控系统，办案人员只需通过违法事实、裁量情节等关键词搜索，便能找到类似案例，避免同案不同罚、罚过不相当，推动案件裁量走向智慧化、标准化。在西部地区，青海省西宁市应急局借助“互联网＋执法”系统，对执法复查、处罚决定等限期办理事项设置了临期、超期预警，提醒执法人员按期完成工作任务，加强了对执法过程的监督管控。同时整合执法数据，对系统使用率和执法质量进行线上巡查，落实现场检查和案件办理全过程记录管理，加强执法监督，对各单位和执法人员采取量化考核，业务水平和工作效能得到显著提升。

（2）无人机等新型设备助力情报研判水平提升。2022年度，各地积极探索将人工智能硬件设备应用于各类行政执法场景中，执法智能化水平得到了进一步提升。浙江省杭州市临安区综合行政执法局投入了4台“大疆御2进阶版”无人机，打造了一支无人机巡查队，通过建立日常巡查检查制度，分片分区域每周对辖区市容市貌、城市河道非法排污、小区违法建设、露天焚烧垃圾、工程渣土偷倒乱倒等进行高空巡查，针对违法建设、偷倒渣土、偷倒垃圾、大面积扬尘等案件取证难的情况，利用无人机进行高空拍照取证，为执法办案提供有力支撑。西藏自治区日喀则市生态环境局将无人机应用于生态环境保护交叉执法检查中，有效提升了该区生态环境保护执法的智慧化水平。此外，山西省太原市城管指挥中心将安装有智能摄像头、北斗定位仪以及车载智能平台系统的9台采集车投入城市管理执法活动；河北省邯郸市公安局打造了机器人交警，实现了自动巡逻、车牌识别、人脸识别、警示驱离、人机联动、语言交互、语音对讲、自主巡逻、自主值守、自动充电、远程控制等功能；江苏省徐州市公安局通过运动警用AR人工智能头盔、无人巡逻车、慧眼云镜等智能设备，提升分析数据的速度，使得警情处置更加精准高效。各类诸如无人机等的新型设备在2022年度不断涌现，大大提升了情报研判的水平。

5. 未来趋势分析

（1）智能执法技术将全面覆盖百姓的“衣食住行”。2022年度，人工智能应用已经不再仅仅局限于传统的执法领域之中，而是在各行政机关的各类行政执法活动中呈现出多点开花的状态。第一是“食”。在食品安全监管执法领域，重庆市、上海市、山东省济南市等地的市场监管部门均研发了诸如“重庆阳光餐饮”App、餐饮具集中消毒单位实时监控屏、“互联网+明厨亮灶”AI智慧监管平台等应用，通过AI摄像头，自动识别、捕捉潜在风险，实现对食堂、餐饮后厨的实时监管，通过人工智能执法技术，守护百姓舌尖上的健康。第二是“住”。在生态环境执法领域，山东省青岛市生态环境局西海岸新区分局建立了具有西海岸新区特色的智慧执法指挥系统；西藏自治区日喀则市生态环境局投入无人机参与环境执法活动，并与生态环境部执法管理平台同步联网，有效提升全区生态环境保护执法信息化水平。第三是“行”。天津市交通运输委会同天津市公安局、天津市委网信办联合打造“慧治网约车”平台，通过“津监管”App、车载移动布控设备和手持终端的协同配合，实现大数据研判成果的输出运用，从而规范网约车运营，守护人们的出行安全。相信下一步，各类智能执法技术将进一步在执法的其他各个领域发挥更大作用。

（2）各部门将进一步打破数据壁垒，实现执法数据互联互通。在执法实践中，尤其是在不同部门、不同地域之间，广泛存在执法标准不一，联合部门协作职责不清、权限不明，行政相对人情况不互通等信息壁垒。2022年度，各地均积极响应《中共中央 国务院关于加强基层治理体系和治理能力现代化建设的意见》关于整合数据资源、推动基层治理数据资源共享的相关要求，建立人工智能执法系统，旨在打破数据壁垒。如重庆市江津区公安局打造“智慧门牌一码通”，群众通过扫描二维码门楼牌，除连接“警快办”“渝快办”办理户籍、交通、出入境等公安业务外，还可办理医疗卫生、民政服务、社保服务等数十项便民业务，大幅提高了行政效能。此外，浙江公安“办案一件事”改革、广西公安“互联网+政务服务”平台均通过构建协同应用，实现数据资源共享，用智慧化平台大幅提升执法效率。

（二）国外人工智能执法应用

1. 网络安全威胁事件频发，新兴技术护航网络安全

随着互联网信息技术的高速发展，大量金融交易、数据流通均以互联网为介质在国际间进行。如何在执法前端以防御性手段防范网络安全威胁，成为国际执法领域重点关注的议题。2022年度，国际上发生了多起影响重大的网络安全威胁事件，

网络安防体系频频受到恶意攻击。2022 年 2 月，乌克兰国防部以及该国两家国有银行 Privatbank 和 Oschadbank 表示，它们的网络遭到分布式拒绝服务攻击，部分服务被阻止访问，陷入瘫痪状态。① 同月，据报道，全球芯片制造巨头英伟达遭到勒索软件攻击，入侵者成功访问并在线泄露了员工私密信息及登录数据，勒索软件组织 Lapsus$ 声称对此次攻击负责，表示他们可以访问 1TB 的企业数据，并向英伟达索取 100 万美元的赎金和一定比例的未指明费用。由于英伟达的内部系统遭到入侵，它不得不将部分业务下线两天。② 同年 3 月，LockBit 勒索软件团伙破坏了全球最大的轮胎制造商普利司通美洲公司的网络，并窃取了该公司的数据，该团伙威胁称如果公司不支付赎金，其将在 2022 年 3 月 15 日之前释放被盗数据。③

基于上述背景，国际社会高度重视推动新兴技术的研发，积极在人工智能、量子计算等领域开展多个新项目，重点发展网络防御及新型漏洞的处理能力，加强网络安全新兴技术的研发和创新。2022 年 5 月，“量子启发的经典计算”（QuICC）项目在美国国防先进研究项目局（DARPA）推进下开始实施执行。为解决国防部优化问题，该项目期望通过开发量子启发经典求解器将高性能计算性能提高至少两个数量级。④ 同年 6 月，DARPA 宣布推出“有保证的神经符号学习和推理”（ANSR）项目，试图以新的、混合的 AI 算法的形式来解决诸如频发的网络安全问题，该算法将符号推理与数据驱动的学习深度融合，以创建强大有保证的安全系统。⑤ 同时，美国国土安全部与网络安全和基础设施安全局正在构建一个被称为 CAP-M 的基于机器学习技术的多云协作沙盒。CAP-M 将具有多云环境和多个数据结构，一个逻辑数据仓库，促进

① Jenna McLaughlin, *Ukraine Says Government Websites and Banks were Hit with Denial of Service Attack*, https://www.npr.org/2022/02/15/1080876311/ukraine-hack-denial-of-service-attack-defense.

② Mitchell Clark, *Nvidia Says its ‘Proprietary Information’ is being Leaked by Hackers*, https://www.theverge.com/2022/3/1/22957212/nvidia-confirms-hack-proprietary-information-lapsus.

③ Ionut Ilascu, *Bridgestone Americas Confirms Ransomware Attack, LockBit Leaks Data*, https://www.bleepingcomputer.com/news/security/bridgestone-americas-confirms-ransomware-attack-lockbit-leaks-data.

④ Susmit Jha, *Quantum-Inspired Classical Computing*（*QuICC*）（*DARPA*）, https://nusci.csl.sri.com/project/darpa-quicc/.

⑤ National Artificial Intelligence Initiative Office, *DARPA's ANSR to Improving Trustworthy AI*, https://www.ai.gov/darpas-ansr-to-improving-trustworthy-ai/.

跨 CISA 数据集的访问以支持其他基础设施安全任务的数据集、工具和协作。①

2. 数据合规程度与技术发展速度不相适应

2022 年度，各类新型人工智能执法系统不断涌现，诸如太平洋西北国家实验室研究小组所研发的“DPO”数字警察系统②、Eagle AI 开发人员创建的警务素描画像软件③等，都为警察的一线执法提供了不容小觑的辅助作用。但是，其数据合规的程度并不能与技术发展的速度相匹配，主要表现在算法存在歧视和隐私保护力度不足两个方面。

首先是算法歧视问题。尽管芝加哥大学教授伊沙努·查托帕迪耶（Ishanu Chattopadhyay）领导的团队于 2022 年 7 月宣布开发的犯罪预测工具在一定程度上消除了对于黑人、拉丁裔等有色人种的偏见，并将预测准确率提高到了 90%，④但是人们对于相关软件及系统的担忧仍然存在。2022 年 2 月，一起面部识别系统对有色人种的偏见引起了关注。一项面部识别算法将黑人标记为“灵长类动物”，被认为是一个不可接受的错误。⑤众多人工智能伦理学家和研究人员担心，若将警务素描画像软件等生成式人工智能应用于警察取证会非常危险，可能会恶化现有的种族和性别偏见。

其次是隐私保护问题。2022 年 5 月 23 日，英国信息委员会对 Clearview AI 处以 750 万英镑的罚款，原因是其从网络和社交媒体上收集人们的图像，并创建了一个全球数据库，该行为违反了当地隐私法。此外，ICO 还发布了一份执行通知，命令 Clearview AI 停止获取、使用在互联网上公开的英国居民个人数据，并从系统中删除英国居民的信息。同时，英国信息委员会还呼吁其他国家对于 Clearview AI 这种跨国

① Jeff Burt，Homeland Security，*CISA builds AI-based Cybersecurity Analytics Sandbox*，https://www.theregister.com/2023/01/10/dhs_cisa_cybersecurity_sandbox/.

② Dave，Maass，*A National Lab Is Promoting a “Digital Police Officer” Fantasy for Law Enforcement and Border Control*，https://www.eff.org/deeplinks/2022/10/national-lab-promoting-digital-police-officer-fantasy-law-enforcement-and-border.

③ Beth Nicholls，*AI Can Now Create Photo-realistic Police Sketches—and There's a BIG Problem*，https://www.digitalcameraworld.com/news/ai-can-now-create-photo-realistic-police-sketches-and-theres-a-big-problem.

④ Libor Jany，*Researchers Use AI to Predict Crime*，*Biased Policing in Major U.S. Cities like L.A.*，https://www.latimes.com/california/story/2022-07-04/researchers-use-ai-to-predict-crime-biased-policing.

⑤ Hope Reese，*What Happens When Police Use AI to Predict and Prevent Crime*，https://daily.jstor.org/what-happens-when-police-use-ai-to-predict-and-prevent-crime/.

公司进行国际执法。[①] 在以往统计年度，Clearview AI 也曾因同样的原因遭到瑞典警方的罚款处罚，并被加拿大隐私专员办公室宣布违法。

3. 数字化进程中执法主体内部存在技术化隐忧

2022 年度，多国政府在人工智能执法应用开发上的支出仍在增加，如美国执法机构在面部识别技术中持续增加投入，[②] 法国经济部持续投入人工智能应用以期追缴逃税金[③] 等。但在数字化执法进程中，同样存在其他主体的质疑声，主要体现在以下两个方面。首先，由于分工不同，行政主体内部部门对于人工智能执法应用有着不同的立场。以美国政府的财政支出为例，据 CyberScoop 2022 年初的报道，[④] 在拜登政府期间，ICE 对 Clearview AI 的投资总共增加了一倍多，政府问责办公室要求美国联邦调查局（FBI）、美国移民和海关执法局在人脸识别技术上的投入予以回应。美国多机构与技术开发公司的合同表明，尽管立法者、监管者和公民自由倡导者对面部识别技术的危险性越来越关注，但联邦执法机构没有减少对这些技术的使用。相反，FBI 等执法机构正在与一些公司建立私人伙伴关系，这些公司的公民照片数据库在规模上超过了政府数据库；同时，美国立法者也对执法部门无节制地使用技术表示担忧。

其次，在人工智能应用辅助高效执法之余，必然带来执法人员岗位、工作内容的调整。在法国经济和财政部所在的萨利大厦六层，法国税务局的数据分析小组领导着法国税收领域的数字化变革，即利用人工智能应用发现公司和个人纳税申报单中的异常情况。[⑤]2022 年，在企业中存在的 230 个欺诈风险中约有 30 个是由该小组建模，成效显著。预计到 2023 年法国公共财政总局将进一步裁员 850 人，特别拨款 4.5 亿欧元，以进一步实现税务数字化。在过去十年里，每年都有 1500 至 2000 个职位被取

---

① Information Commissioner's Office, *ICO Fines Facial Recognition Database Company Clearview AI Inc More Than £7.5m and Orders UK Data to be Deleted*, https://ico.org.uk/about-the-ico/media-centre/news-and-blogs/2022/05/ico-fines-facial-recognition-database-company-clearview-ai-inc/.

② 《面对隐私侵犯质疑，美联邦政府仍持续增加面部识别技术支出》，苏州信息安全法学所，https://www.secrss.com/articles/38449。

③ 《法国经济部利用人工智能打击逃税》，载欧洲时报官方，https://baijiahao.baidu.com/s?id=1746319773499569497&wfr=spider&for=pc。

④ Tonya Riley, *Advocates Urge Amazon to Drop Controversial DHS Surveillance Program*, https://cyberscoop.com/aws-amazon-dhs-biometrics/.

⑤ 肖仰华：《知识图谱与认知智能报告》，https://m.wang1314.com/doc/webapp/topic/21757679.html。

消，因裁员问题，诸多工会都对行政部门的数字化表达了不满，并以抗议“数字化”的形式抵抗执法的数字化改革。因此，在数字化高效执法对人工需求较少的背景下，如何平衡执法人员的利益成为了人工智能执法应用未来推广不可避免的问题。

五、人工智能法律服务应用

（一）中国人工智能法律服务应用

在公共法律服务部分，项目组以31个省、自治区、直辖市为研究对象，对各省、市级（区级）行政区的司法厅（司法局）官网、法律服务网和微信公众平台的内容进行数据统计，以包括但不限于“人工智能”“法律服务”“大数据”“区块链”“互联网”等为关键词进行检索，对2022年1月至2022年12月这一时间段内上述渠道报道的各人工智能法律服务应用的情况进行数量统计，建立基础数据库。2022年度将数据统计的范围精确到市级（区级），一方面是为了使检索数据统计更加精细化，能够较为全面地反映全国各省市在同一时间范围内和同一检索渠道下人工智能公共法律服务应用的发展情况，另一方面也能较为深入地挖掘2022年度人工智能公共法律服务的发展变化。

在企业法律服务部分，项目组以国内26家主要的人工智能法律服务企业（机构）[①]为研究对象，对企业官网、天眼查等官方备案企业征信机构网站和相关新闻报道内容进行数据统计，对企业的基本信息、发展概况以及2022年1月至2022年12月这一时间段内的人工智能创新研发应用情况进行统计，建立基础数据库。采取上述方式既提高了检索数据来源的真实性，又增加了分析维度，具体包括对企业的应用地域、应用场域和应用技术的分析等。

1. 应用地域分析

（1）公共法律服务应用地域发展整体水平有较大提升。2022年度，人工智能公共法律服务应用数量为197个。东部地区的人工智能公共法律服务应用数量最多，西

① 26家主要的人工智能法律服务企业分别是：上海必智、律谷科技、策问技术、法保网、小包公、合通机器人、律品、北大法宝、赢火虫、为匠、路漫品牌、信任度科技、无讼、律品汇、法信、每日信动、聚法科技、秘塔科技、e签宝、安盾网、法大大、中华遗嘱库、亿律科技、瀛和律师机构、庭立方、法狗狗。

部地区次之，中部地区再次，东北地区最少（见图 3-27）。具体而言，最多的为浙江省，共 37 个，属于东部地区；最低的为西藏自治区、新疆维吾尔自治区、吉林省等，各为 1 个。由于本年度的统计方法精确到市级（区级），人工智能公共法律服务应用总数相较去年增加了 37 个，东部地区依然保持绝对优势，占比 52%，西部地区相较去年有较大提升，总体占比高于中部地区，东北地区占比则和上一年度大致相同。总体而言，东部地区人工智能公共法律服务应用的建设和运营情况良好，西部地区和中部地区在此方面有所发力，东北地区有较大的建设空间。

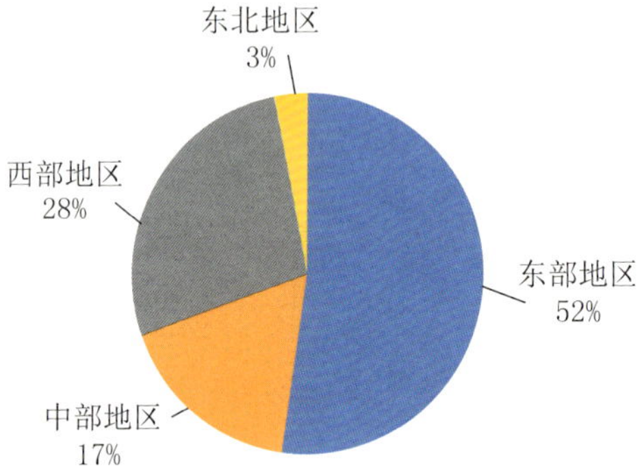

图 3-27 全国人工智能公共法律服务应用数量地域占比分析

2022 年度，在东部地区，浙江省、江苏省、上海市的新增人工智能公共法律服务应用数量较多，其中浙江省较上一年度有所进步（见图 3-28）。在中部地区，安徽省继续保持优势地位，湖北省、湖南省和江西省的新增应用数量较为突出（见图 3-29）；在西部地区，四川省、陕西省的排名靠前，其中宁夏回族自治区、青海省、

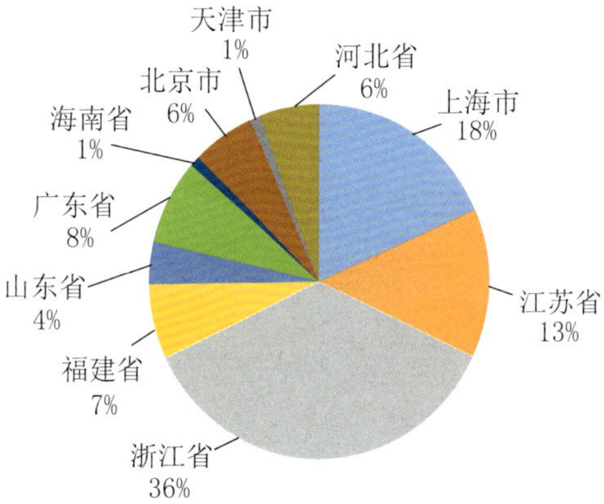

图 3-28 东部地区人工智能公共法律服务应用数量占比分析

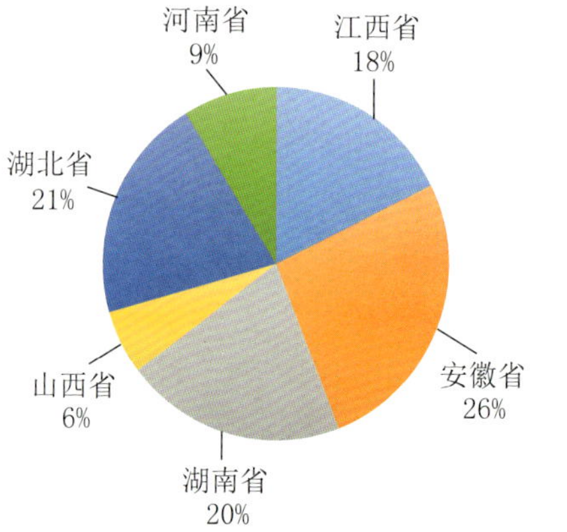

图 3-29 中部地区人工智能公共法律服务应用数量占比分析

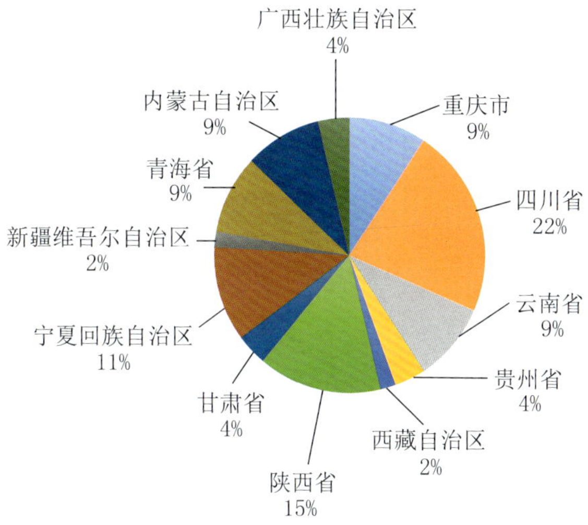

图 3-30　西部地区人工智能法律服务应用数量占比分析

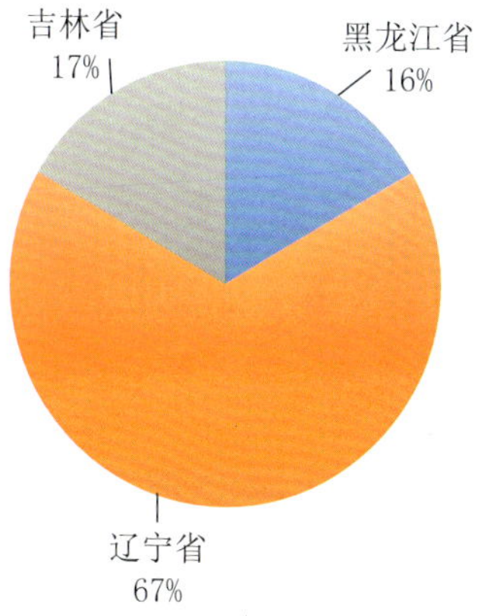

图 3-31　东北地区人工智能公共法律服务应用数量占比分析

内蒙古自治区通过出台“十四五”公共法律服务体系建设规划，深化“互联网＋公共法律服务”，在应用数量上有了较大提升（见图 3-30）；在东北地区，辽宁省的应用数量仍占据优势地位（见图 3-31）。

（2）企业法律服务应用东部地区仍占绝对主导。2022 年，科技部等六部门发文统筹推进场景创新，让人工智能充分赋能经济社会发展，各企业响应国家号召，不断提升企业人工智能法律服务应用的数量和质量。在项目组统计的 26 家人工智能法律服务企业中，以天眼查等官方备案企业征信机构网站为数据来源，从企业所属的地区来看，东部地区拥有的数量最多，西部地区次之，中部地区和东北地区最少（见图 3-32），这与人工智能公共法律服务应用数量占比一致。东部地区在企业法律服务应

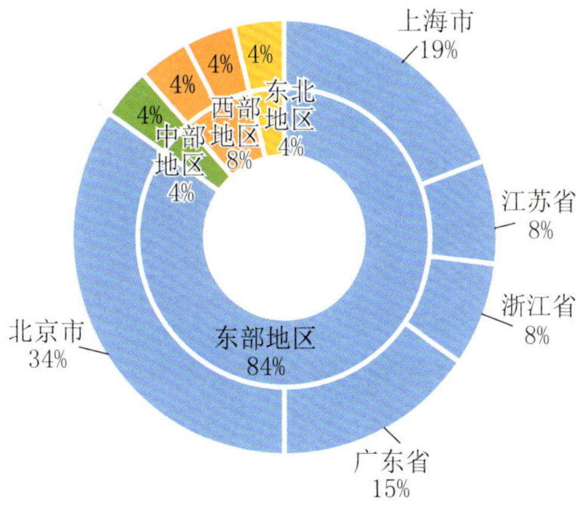

图 3-32　26 家人工智能法律服务企业地域分布数量占比分析

用上占据绝对主导地位，占比 84%，其中，北京市、上海市分别占比 34%、19%，超过了全部企业数量的一半，其开发的人工智能法律服务应用最多，功能也最丰富。

2. 应用场域分析

（1）公共法律服务。依托司法部印发的《公共法律服务事项清单》，项目组将人工智能法律服务划分为以下七大场域：法治宣传、法律咨询、法律检索、法律便利服务、法律援助、公证和司法鉴定、纠纷调解。其中法治宣传包括法治文化设施、法治文化作品、法治宣传教育活动 3 类应用子场景；法律检索包括法律法规查询、司法行政经典案例查询、法律服务机构和人员信息查询 3 类应用子场景；纠纷调解包括人民调解、律师调解、司法调解 3 类应用子场景。2022 年度，法律便利服务和法律咨询两个场域分别占比 27%、19%，累计占比近半。公证和司法鉴定、法律援助、纠纷调解、法治宣传四个场域占比均超 10%（见图 3-33）。

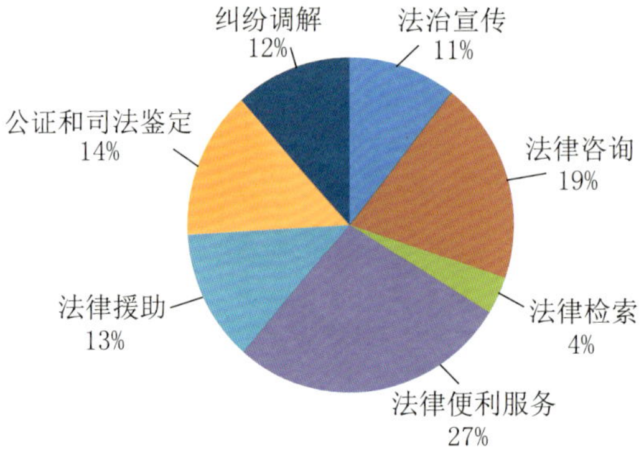

图 3-33　人工智能公共法律服务应用场域数量占比分析

第一，法律便利服务场域：东部引领创新、中西部补全配置。法律便利服务场域主要是指司法行政机关面向社会公众提供的法律服务办事指南，服务提供主体主要包括公共法律服务中心（站、室）、中国法律服务网及各省级法律服务网。2022 年度，全国四大地区均有人工智能法律便利服务场域的创新应用，覆盖地域较广。其中，东部地区的发展形势依然强劲（占比 59%），西部地区次之（占比 30%），中部地区再次（占比 9%），东北地区靠后（占比 2%）（见图 3-34）。相较于上一年度，法律便利服务的应用布局更加全面。尤其体现在中西部地区更广泛地引入和配备公共法律服务智能终端机、智能机器人上。例如，安徽省蚌埠市固镇县引入公共法律服务智能终端，五河县引进智能化信息技术，为县级公共法律服务中心、部分乡镇公共法律服务工作站配备公共法律服务机器人，融入智能咨询、赔偿计算、情景咨询、法律文书等功能，并实现智能终端在偏远乡镇全覆盖。云南省普洱市镇沅县、曲靖市麒麟区、德宏州梁河县结合村（社区）基层实际设计“乡村法治通”公共法律服务机器人，操作简单、数据库容量大、使用门槛低。各地综合运用多种人工智能新技术，继续推进“一网通办”改革，如四川省司法厅将数据共享作为“一网通办”改革的一项重点工作，成立工作推进专班，推动数据全量整合，完成数据编目挂接，为政务服务事项“一件事一次办”提供有力支撑。此外，疫情导致的公共服务新形势呼唤“非接触式”公共服务的变革。以“非接触式”服务为代表的公共服务新模式，无接触、效率高、主动性强，不仅能够实现服务资源利用最大化，也能让服务链条变得更加公开、透明、可追溯。

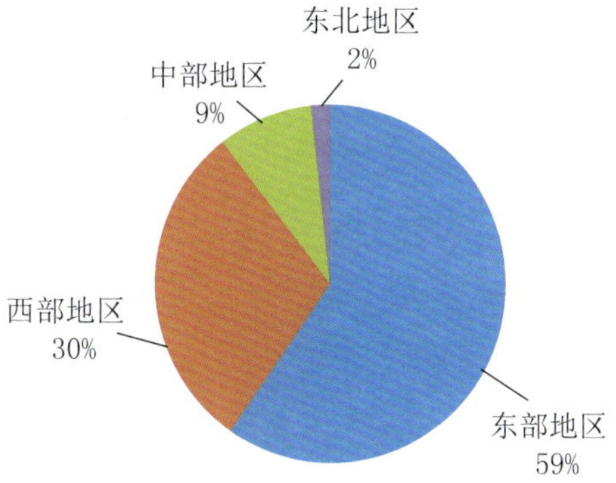

图 3-34 法律便利服务场域各地区占比数量分析

第二，法律咨询场域：向重点地区和群体（企业）加强部署。法律咨询场域是指司法行政机关面向社会公众，依托公共法律服务中心（站、室）、政务服务大厅公共法律服务窗口、“12348”热线、中国法律服务网及各省级法律服务网，解答基本法律问题，导引相关服务，提供专业法律意见。2022 年度，法律咨询服务向重点地区和群体（企业）加强部署，如乡村、农牧民、军人军属、小微企业等。海南省儋州市在“儋州市司法局”公众号开通“村居顾问”服务，将辖区内各村（居）法律顾问纳入海南智慧村（居）法律服务平台，通过人工咨询、视频咨询、自助咨询等功能，实现法律咨询全时段、全地域、全覆盖。甘肃省张掖市肃南县为全县 8 个公共法律服务工作站搭建起专业化视频系统，使农牧民群众可以在就近的公共法律服务工作站通过远程音视频进行法律咨询、全业务预约办理。山西省太原市为军人军属等特殊群体开设服务专席，随时解答“涉农”“涉军”等法律问题。南京市在市、区两级公共法律服务中心设立小微企业（个体工商户）法律服务绿色通道，在12348公共法律服务热线开通12348-5号键小微企业（个体工商户）法律服务和知识产权维权专席，为小微企业（个体工商户）提供法律咨询服务。

第三，公证与司法鉴定场域：中央统筹完善、地方智慧化服务升级。公证与司法鉴定主要是指法律援助机构向符合法律援助条件的当事人办理公证、司法鉴定等，该场域在东部地区、中部地区、西部东区和东北地区都有典型创新应用。2022年，司法部在全国遴选了94家公证机构与65家驻外使领馆共同开展海外远程视频公证试点。同时，制定《司法鉴定机构内部复核工作规定（试行）》，遴选183名专家组建全国司法鉴定专家库，不断完善公证与司法鉴定体制机制。在地方，江苏省昆山市的“鹿城存”充分发挥“国家公信力+技术信任力”双重增信作用，研发区块链赋强公证平台，有效防范化解商业银行不良信贷金融风险，以公证服务技术革新助力实现法治营商环境“全新一跃”，自平台运行以来累计受理公证15233项、出证14022项，累计发放贷款约60亿元。内蒙古自治区乌海市重点打造“智慧公证”新模式，实现了区块链证据保全公证、区块链电子公证书、远程在线公证等功能。青海省将118项公证事项纳入“青松办”App，跳跃式升级应用端口，实现当事人全程“零跑腿”，公证服务“云上办”，办证流程“零接触”；借助大数据平台的便捷查询功能，实现了对传统“公证云”在线公证平台的升级。

（2）企业法律服务。项目组对国内26家主要的人工智能法律服务企业进行统计分析后，将企业法律服务分为六大场域：法律咨询、文书处理、法律检索、预测评估（包括案件预测与风险评估等）、存证鉴定、业务管理。其中排名前三位的分别为法律检索（占比22%）、文书处理（占比22%）和法律咨询（占比19%）（见图3-35）。

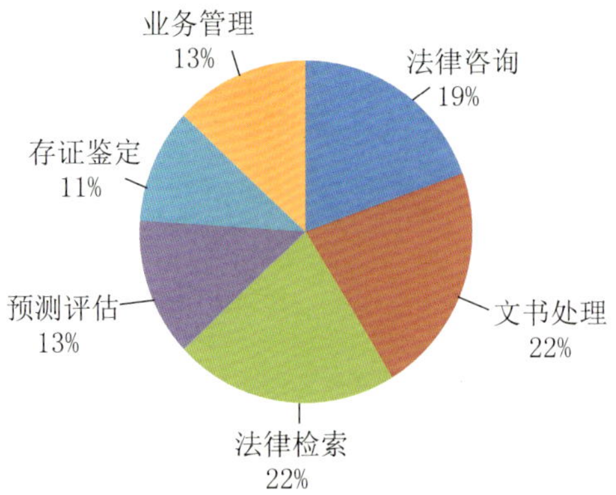

图3-35 人工智能企业法律服务应用场域数量占比分析

第一，细化法律检索颗粒度，筑牢人工智能企业法律服务基石。2022年度，国内企业更多倾向于在已有的人工智能法律检索产品基础上拓展功能，新增检索方式、提升检索效率。比如，北大法宝司法案例库新增主体信息分析功能和案件要素检索方式，用户在司法案例库查阅文书正文页时只需要将鼠标悬停在企业/律所名称处，就会有浮窗展示该企业/律所的详细信息，包括企业名称、注册资本、经营状态及近五年的当前企业涉诉数、当前企业案件总量、当前企业用过的律所数量、当前企业用过的律师数量等内容；通过机器学习等技术手段，针对上千种不同民事案由的裁判文书，对“本院认为”段进行反复解析，将法院对案件核心的描述和认定进行总结，提炼成为一种对案件事实、案件特征概括式描述的信息项，进而提炼出5000多案件要素，按照不同的维度分类整理，助力高效案例检索。同时，对“法宝联想”功能进行升级，其智能文本对比发明获专利授权。

第二，文书处理技术向深向广拓展。文书处理指运用自然语言识别技术结合深度学习，实现人工智能辅助处理各项法律文件，包括合同、诉状等文书的起草、对比分析和审阅等。2022年度，除通过智能OCR识别、智能比对进行合同等各类文书起草、审阅等常见基础功能外，更多人工智能产品在文书的结构排版、签章、统计分析上进行升级。如北大法宝对裁判文书已实现正文结构化，根据文书内容划分为当事人、审理经过等多个结构段落。e签宝将完整的“电子签章+印章管理”能力开放给钉钉，企业用户可以通过“智能合同”获取、使用和管理合法有效的电子签章，实现安全可靠的在线签署过程；“智能合同”的合同管理、合同台账、合同数据智能统计分析、合同周（月）报等功能使得企业可以跟踪提取合同数据，反向助力企业管理者掌握业务数据。

第三，语音识别、语言处理赋强AI法律咨询。2022年度，人工智能法律服务企业在法律咨询场域上的创新主要侧重于语音交互、自然语言处理上，如安盾网与深圳市人马互动科技有限公司以安盾网原创IP“小鹰”为原型，分别依托齐悟的语音交互技术及安盾网在知识产权领域的数据积淀，共同打造知识产权服务的AI机器人。

第四，企业合规与村居服务成为新兴创新点。2022年度，更多人工智能企业在预测评估场域尤其是企业合规方面发力，如瀛和律师机构研发的“智出口”出口管制与经济制裁风险排查服务，通过标准化的流程体系及时完整地给出筛查结果，结合专业人士的分析与复审，补充法律依据及相关案例，并给出替代性的解决方案，其耗时及费用均为传统人工服务的十分之一，解决了传统人工服务耗时长、服务贵且筛查结果更新不及时等痛点。此外，亦有企业相应政策号召，深入乡村，如律品汇于2022年上线的“乡村法治通”就是一款铺设到乡镇的智能法律服务终端，针对乡村基层公共法律服务站点设计，体积小功能强，可实现与法律援助、人民调解、公证、司法鉴定等业务服务系统对接，从而完成预约、申请、办理、查询一站式服务，不仅帮助乡村群众一次性了解整体办事流程，还能满足多层次、多样化的公共法律服务需求。

3. 技术侧重分析

（1）区块链技术赋能智慧公证平台。各地依托区块链技术构建电子数据公证平台，充分优化流程，提高服务准度和运行效率，释放公证服务供给效能。电子公证书查验更加便捷，依托核验平台、哈希值、二维码等多种技术方法，告别纸质版公证书造假时代，大幅度提升证据安全性。此外，“一站式”“远程式”公证服务节省办理成本，实现数据全方位、全领域、全流程动态共享，将“让人民群众少跑路，数据多跑路”落到实处。

（2）VR虚拟现实拓宽法治宣传新路径。VR体验式教育入驻各普法“云展厅”“云广场”，区别于形式单一的传统讲解，体验者只要搭载VR眼镜、定位传感及无线传输系统便可进行交互操作，激发体验兴趣和参与热情，增强普法的针对性和有效性。同时，配合视频平台直播、3D建模、互动小程序等技术，促进单向式传播向互动式、沉浸式、场景式传播转变，运用网络空间延伸法治文化阵地外延，营造浓厚的法律知识学习氛围。

4. 发展特点分析

（1）精准普惠打通法律服务“最后一公里”。2022年度，公共法律服务和企业法律服务向乡村地区深入推进，通过调研群众法律服务需求，充分发挥“互联网+”智能优势，延伸拓宽线上服务渠道；各类绿色通道、共富专窗、咨询专线聚焦特殊群体，分析服务对象的多重属性，根据个性化需求建立人群库，为法律服务精准投放、提质增效提供智能化、数字化保障，补齐法律服务短板，打通“最后一公里”，使群众真正享受到“全方位、全时空、全覆盖”的公共法律服务。

（2）平台联动集聚与新型功能拓展双线并行。地方各级着力构建区域内部统一的政法数据中转枢纽、联动平台，健全完善线上线下一体化的服务模式，集成法律咨询、法律援助、人民调解、公证、仲裁、司法鉴定、普法宣传等服务业务，优化功能布局、拓展服务领域、延长服务链条、完善服务机制，推动网上业务协同一体化。如全国首个省级层面主导建设的现代法务集聚区“天府中央法务区”，初步形成了“公共法律服务中心 + 高端法律服务产业发展带 + 法治文化交往节点”的功能布局。

5. 未来趋势分析

（1）资源整合能力逐步增加，数据合规法律服务将成为发力点。在公共法律服务层面，未来将进一步整合各类法律服务资源，创新智能法律服务模式，不断丰富优化公共法律服务工作内容，扩大公共法律服务覆盖面，以线上、线下相结合的方式，努力为群众提供普惠式、公益性、可选择的智能化公共法律服务。企业在未来也将通过人工智能、大数据、区块链等先进技术，提高法律服务的效能，为公众提供普适性法律服务。此外，数据合规作为现代企业管理的重要环节，将得到更大的重视。随着我国各类法治数据的不断丰富、数据保护门槛日益提高、法规日趋完善、现实场景日渐复杂，亟待提升数据合规领域的治理水平，人工智能技术在该领域的应用具有较大空间。

（2）“生成式 AI”技术将成为发展重点。随着 2022 年 11 月 ChatGPT 的推出，生成式 AI 技术展现出前所未有的发展活力，它在法律服务领域的应用也将得到拓展。例如，生成式 AI 技术可以通过分析大量的法律文档、案例以及相关的数据，生成具有个性化特征的法律建议，此类智能化服务可以帮助个人和企业更好地理解案情，制定科学有效的解决方案，提高客户满意度。未来，生成式 AI 技术将在人工智能法律服务中发挥越来越重要的作用，提高法律工作的效率和质量，更好地服务客户。

（二）国外人工智能法律服务应用

1. 人工智能助力合同管理，智能合同服务继续普及

2022 年度，人工智能在合同全周期管理（Contract Lifecycle Management，CLM）领域大放异彩。CLM 是一个集合合同起草、审批、归档、履约、变更、数据分析全流程的管理系统。企业在日常管理中通常会创建、更新、存储大量合同，包括合同

最初的起草、谈判和合规管理，维护成本高昂。CLM 通过帮助法律从业者快速识别和强调需要续签的合同以减轻审查合同的工作量，还通过自动化技术使用一系列合同模板以快速生成法律文书，从而提升合同执行效率，降低合同合规风险，进而提高企业收益。例如，2022 年 1 月，美国 LinkSquares 公司宣布在人工智能合同全生命周期管理平台推出 AI 预签名技术。① 英国 ContractPodAi 公司构建起内部团队的法律平台，并在 2021 年引入了两项新功能：自动执行合同审查和补救以及合同合规计划。②ContractPodAi 还与 LegalSifter 宣布建立深度合作伙伴关系，它们通过强大的 CLM 技术，为企业法律顾问提供了一个真正的端到端（End-To-End）合同管理平台。③ 此外，人工智能技术还可以帮助律师更好地处理合同文件，有效减少人工失误，提高法律服务效率。2022 年度，英国的 Claustack 公司正与普华永道、ContractPodAi 合作，共同推出一个新的合同模型，即数据处理协议（DPA）。这个新的标准化文件被称为“oneDPA”，合同的标准化将有利于简化法律流程、提高行业整体效率。④ 人工智能法律助理初创公司 Harvey 使用 OpenAI 的 GPT-3 语言模型回答咨询问题，帮助律师编辑法律文书。⑤ 美国法律技术初创公司 Lexion 开发新型 AI 合同辅助 Word 插件，为起草文书、谈判、帮助行业外群体读懂合同提供支持，律师还可以要求 GPT-3 编写合同。⑥ 加拿大的法律技术开发商 Rally 也发布了一个名为 Spellbook 的 AI

---

① Report Linker，*AI Software Market in Legal Industry-Growth，Trends，COVID-19 Impact，and Forecasts*（2022—2027），http：//www.globenewswire.com/news-release/2022/04/22/2427254/0/en/AI-Software-Market-in-Legal-Industry-Growth-Trends-COVID-19-Impact-and-Forecasts-2022-2027.html.

② Steve Brooks，*ContractPodAI Adds Automation and Compliance Features*，https://www.enterprisetimes.co.uk/2022/07/15/contractpodai-adds-automation-and-compliance-features/.

③ NEW YORK（PRWEB），*ContractPodAi and LegalSifter Partner to Offer Complete AI Contract Review and Contract Lifecycle Management Solution*，https://www.prweb.com/releases/contractpodai_and_legalsifter_partner _to_offer_complete_ai_contract_review_and_contract_lifecycle_management_solution/prweb18455256.html.

④ *Artificiallawyer*，*Claustack Launches 'oneDPA' With PwC + ContractPodAi*，https://www.artificiallawyer.com/2022/03/31/claustack-launches-onedpa-with-pwc-contractpodai/.

⑤ ERIC HAL SCHWARTZ，*AI Legal Assistant Startup Harvey Raises $5M Led by OpenAI*，https://voicebot.ai/2022/11/25/ai-legal-assistant-startup-harvey-raises-5m-led-by-openai/.

⑥ ERIC HAL SCHWARTZ，*Legal Tech Startup Lexion Tasks GPT-3 to Help Draft Contracts in Microsoft Word*，https://voicebot.ai/2022/12/28/legal-tech-startup-lexion-tasks-gpt-3-to-help-draft-contracts-in-microsoft-word/.

助手，① 其功能与前者类似。

2. 人工智能法律服务基础设施增强人机交互

2022 年度，人工智能法律服务领域出现更加人性化的交互模式，特别是在语言理解能力和人机接口等方面的应用均有进步，实现个性化服务。例如，2022 年 12 月 13 日，DoNotPay 推出新款人工智能聊天机器人，人们可以通过实时聊天或电子邮件与公司的客户代表进行对话。机器人可以帮助用户生成合同模板、投诉、处理罚单等，还能通过机器学习，识别并突出显示服务条款协议的重要部分。② 美国 OpenAI 推出的 ChatGPT 聊天机器人程序能够回答常见法律问题并提供基础建议，协助律师完成法律检索、文件起草和案例分析等工作。③ 欧盟委员会对其在线平台“eLeniency”（电子宽大处理工具）进行升级，新版本支持各方有效互动，公司可以在线获取宽大处理与和解文件。④ 此外，各国为了应对新形势下民众的法律服务需求，积极开发各类线上法律服务项目。例如，新加坡于 2022 年进行网上调解服务试点，选定六个卫星地点提供调解服务。⑤ 后疫情时代，各国为适应“无接触”服务而建设的法律服务设施大多成为基础政务服务的一部分被予以保留，虚拟会议等线上服务方法亦得到大范围普及，并在几年内不断更新迭代，以实现法律服务资源利用最大化。

3. 人工智能法律服务应用深入挖掘数据价值

2022 年度，大数据分析已经广泛应用于法律服务行业。利用人工智能技术处理和分析案例库、法律文件、判例等数据，可以快速发现法律问题存在的趋势和规律，

① ERIC HAL SCHWARTZ，*Legal Tech Firm Rally Showcases GPT-3 AI Contract Writing Assistant Spellbook*，https://voicebot.ai/2022/11/10/legal-tech-firm-rally-showcases-gpt-3-ai-contract-writing-assistant-spellbook/.

② EMMA ROTH，*DoNotPay is Launching an AI Chatbot that can Negotiate Your Bills*，https://www.theverge.com/2022/12/13/23505873/donotpay-negotiate-bills-ai-chatbot.

③ Andrew Perlman，*The Implications of ChatGPT for Legal Services and Society*，https://clp.law.harvard.edu/knowledge-hub/magazine/issues/generative-ai-in-the-legal-profession/the-implications-of-chatgpt-for-legal-services-and-society/023/.

④ 付兰青：《【域外动态】欧盟委员会升级电子宽大处理工具，允许公司在线获取宽大处理与和解文件》，https://mp.weixin.qq.com/s/if5AvI1_fpvUXozVA1yYeA。

⑤ Singapore Government，*Response by Second Minister for Law Edwin Tong at the Committee of Supply Debate 2023*，https://www.mlaw.gov.sg/news/parliamentary-speeches/response-by-2m-edwin-tong-cos-2023/.

为律师等法律工作者提供参考。2022 年 8 月 16 日，美国律师协会创新中心（The ABA Center for Innovation）发布了《ABA 2022 年创新趋势报告》，其中就提到人工智能当前在法律科技领域的应用普遍集中在法律研究、法律业务应用、合同审查、合同创建等方面。随着机器学习的发展与应用，法律数据分析正在成为一个爆炸性的法律科技增长领域。此外，全球各国、各地区出台各项规划和政策，持续推动人工智能法律服务领域大数据分析技术的运用，从而促进数据的流通，深入挖掘数据价值。例如，2022 年 4 月 22 日，日本政府在第 11 届综合创新战略推进会上正式发布《人工智能战略 2022》，运用 AI 技术推动政府管理的电子化、数字化，提高公共服务的效率和质量。① 新加坡制定了《法律行业数字化计划》（IDP），指导中小型新加坡法律事务所（SLP）、法律技术平台（LTP）和其他工具互补工作，以支持其数字化转型，它还将为中小型新加坡法律事务所（SLP）加强其网络安全和数据保护措施提供指导。② 欧盟则是提出在公司法中进一步扩大和升级数字工具和流程使用的倡议，从而简化行政和司法程序，为公司的跨境扩张提供便利。③

① 《日本发布〈人工智能战略 2022〉》，https://mp.weixin.qq.com/s/DN95EZB6BY076rVoULf USA。

② Singapore Government，*Response by Second Minister for Law Edwin Tong at the Committee of Supply Debate 2023*，https://www.mlaw.gov.sg/news/parliamentary-speeches/response-by-2m-edwin-tong-cos-2023/.

③ 数据法律资讯：《欧盟：欧盟委员会发布 2023 年立法议程》，https://mp.weixin.qq.com/s/wxB3JgKQyK8dsRTaRKhCXA。

第四部分　人工智能司法案件分析

一、概　述

人工智能蓬勃兴起的底层基础是“三算”，数据（算料）、算法和算力共同推动经济社会的结构性变革。数据是人工智能的原料，通过纵向标识关系识别个体以及横向相关关系发现规律；算法是人工智能的引擎，随着类脑计算等可实时处理非结构化信息、具有学习能力的新型计算方式的出现，算法成为智能决策和协同的关键核心；算力是人工智能发展的动力，ChatGPT 的面世将人工智能大模型这一概念引入更多人的视野，大模型具有“实现众多场景通用、泛化和规模化复制”等特性，其优化演进以人工智能数据中心的建设、CPU、AI 计算加速芯片、数据中心存储等硬件的性能优化为基础，算力的升级往往会催生出全新的技术业态。通过对司法案件中关于“三算”的审判执行情况分析，可以从一定程度上展现技术变革驱动力的实践样态，挖掘司法数据潜力，并为社会治理提供决策参考。

有鉴于此，世界人工智能法治蓝皮书编辑部将“人工智能司法案例分析”作为蓝皮书的重要内容，《蓝皮书（2023）》司法案件分析团队[①]以“数据（算料）、算法、

① 参与人员：吴涛、赵佳怡、陆晨莹、陆蕾、印梦婕、缪文宇、方乐、范小阳、杨思、杨楚钰、张逸群。国外案例数据来源：一是搜索引擎，包括谷歌、必应等。二是法律数据库，包括 Westlaw、HeinOnline、Casetext、LexisNexis、Law360、Docketalarm、GDPRhub、ProQuest、FindLaw 等。三是各国的裁判文书网，包括欧洲法院网站、德国联邦法院网站、法国法院网站、西班牙法院网站、西班牙数据保护局网站、俄罗斯法院网站、日本裁判所网站、印尼最高人民法院网站、德国联邦宪法法院网站、法国立法网、韩国国家法律信息中心官网、韩国大法院官网、西班牙裁判文书网、（转下页）

算力”为关键词，以2022年1月1日至2022年12月31日为时间界限，对世界范围涉及人工智能的裁判文书进行分析和研判。相关裁判文书的来源涉及三个方面：一是案件主体涉及人工智能，主要关系到人工智能相关产业经济，以及人工智能相关主体地位；二是案件事实涉及人工智能，包括人工智能相关的行为和事件，具体又包括物理层、规则层、内容层所引发的纠纷；三是案件客体涉及人工智能，例如个人数据、爬虫算法、云平台（算力）等新兴技术产物涉及的实践争议，表现出人工智能技术的介入对司法价值判断的影响，例如在个案中平衡行动自由与权益保护。

其中，中国人工智能司法案件共检索到118338起，数据来源主要为中国裁判文书网、威科先行法律信息库。此外，共筛选出国外人工智能司法案例53起，涉及美国、英国、法国、德国、意大利、奥地利、匈牙利、丹麦、澳大利亚、阿根廷、日本、韩国、印尼等国家。

二、中国人工智能司法案件分析

本部分以司法数据统计为基础，进行可视化数据分析以及对策建议研究，以期为国内人工智能法律研究工作提供基础性素材。例如通过人工智能相关司法案件的地域、诉讼主体、标的、案件类型等方面情况，可以反映出人工智能技术整体的实践状况，以及相关治理问题的发展态势。

（一）人工智能司法案件来源分析

1. 涉案地域在全国范围进一步拓展

我国幅员辽阔，各省市区之间的经济水平和人工智能等新科技应用的发展程度不一，涉人工智能司法案件的分布情况也存在差异。近年来，在政府的大力支持下，人

（接上页）阿根廷裁判文书网、澳大利亚联邦法院官网、欧盟法院官网、美国加利福尼亚北区地方法院官网、美国版权局网站等。四是权威媒体网站，包括日本读卖新闻网站、日本NHK网站、日本每日新闻网站、印尼罗盘报网站、印尼时代周刊网、韩国朝鲜日报网、韩国中央日报网、西班牙法律网、阿根廷国家报官网、法国回声报网站、法国世界报网站、德国联邦政府网、德国联邦议院网、洛杉矶时报网站、纽约时报网站、华盛顿邮报网站等。

工智能相关技术深入发展，产业化和商业化进程不断提速，人工智能等现代科技应用逐渐普及，涉人工智能的司法案件地域范围亦在扩展。对 2022 年全国范围内涉及人工智能的裁判文书的法院所在地进行整理分析后，得出统计结果如图 4-1 所示。

地　域	案件数	占比	地　域	案件数	占比
广东	17787	15.07%	陕西	7201	6.1%
北京	12242	10.37%	湖北	7164	6.07%
湖南	9456	8.01%	上海	7104	6.02%
山东	8863	7.51%	浙江	4806	4.07%
辽宁	7413	6.28%	江苏	4597	3.89%

图 4-1　涉人工智能司法案件地域分布图（前十名）

通过对涉人工智能司法案件地域分布的数据进行分析，并与《世界人工智能法治蓝皮书（2022）》的数据进行对比，可以得知 2022 年我国涉人工智能司法案件的地域集中程度继续下降，呈现向全国各地拓展态势。其中广东省以 17787 的案件数位居榜首，约占全国总案件量的 15.07%；北京市次之，占比 10.37%；湖南省排名第三，占比 8.01%。从整体上看，涉人工智能司法案件主要分布区域仍相对集中于东南沿海地区及个别经济发展水平较高的内陆省市，涉案地域分布的扩散程度受到人工智能技术地域发展差异的影响。

2. 以中基层法院管辖为主，标的额集中于 50 万元以下区间

据统计，2022 年涉人工智能司法案件中由基层人民法院受理的比例为 77.02%，占比最大。中级人民法院受理的案件数量占比约 19.63%。中基层法院对案件的大量受理，有利于推进形成涉人工智能司法案件的类型化裁判规则，需要统筹进行总结和归

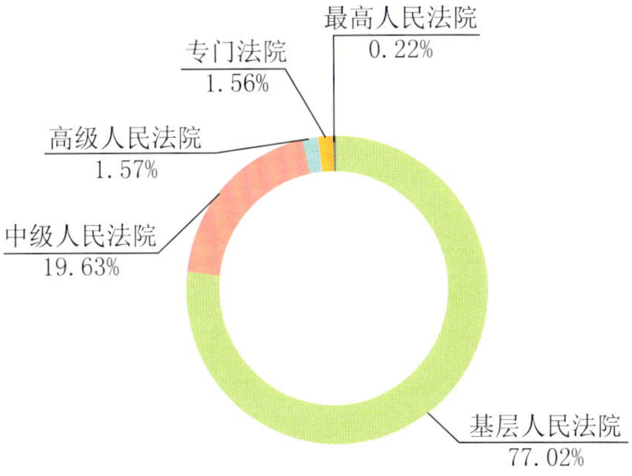

图 4-2　涉人工智能司法案件法院级别分布图（前十名）

纳，进一步在实践中为人工智能应用提供法律支撑和保障，提供明确的预期和指引。

与中基层法院管辖情况相对应，在案件总量中有 82.64% 的案件标的额为 50 万元以下（含 50 万元）。这一特点与中小企业在经济活动中的整体占比较为契合，人工智能产业不仅存在聚光灯下的龙头企业，更有大量中小企业助推发展。出现争议纠纷的基础是普遍活跃的社会经济活动，通过该项司法数据可以看出，人工智能为整个经济体成员带来了普惠性的经济增长点。

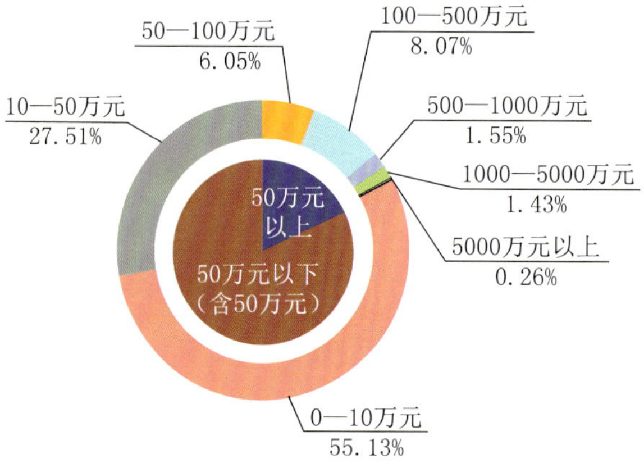

图 4-3　涉人工智能司法案件标的额分布图

3. 服判息诉率较高

2022 年，我国涉人工智能司法案件中约有 71.02% 的案件适用一审程序，18.3% 的案件适用二审程序。这表明大部分涉人工智能司法案件都能够查清案件事实，正确适用法律。一审判决大多能够满足诉讼当事人的期望和需求，体现了一审法院化解矛盾、定分止争的效果，一定程度上反映了承办法官在人工智能等现代科技方面的司法能力以及群众工作能力。

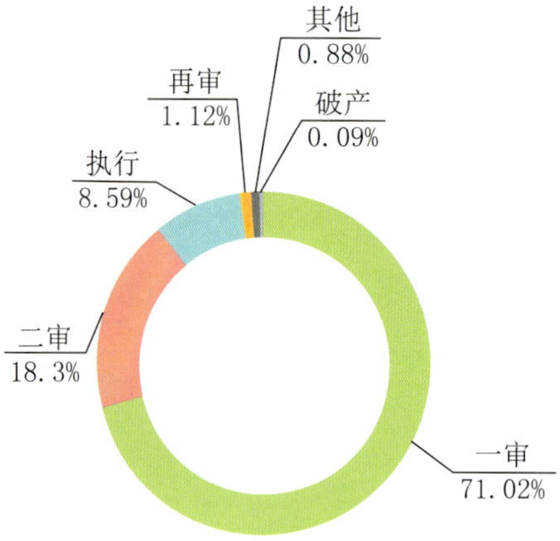

图 4-4　涉人工智能司法案件适用程序情况

4. 法人组织作为诉讼主体占比大幅增长

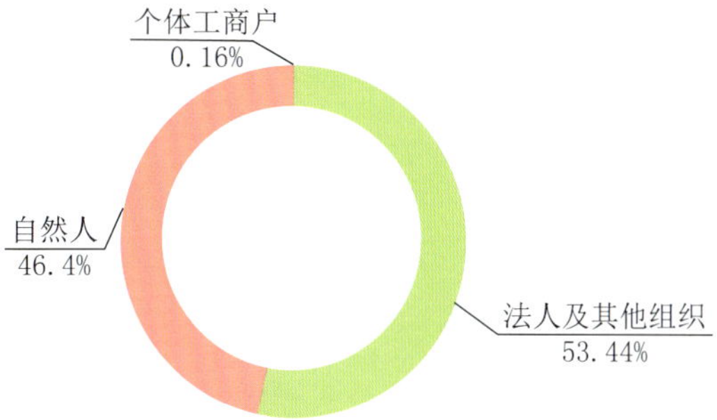

图 4-5　涉人工智能司法案件诉讼主体类型

由图 4-5 可见，2022 年中国涉人工智能案件诉讼主体中自然人占比 46.4%、法人及其他组织占比 53.44%，个体工商户占比 0.16%。诉讼主体多元化趋势继续加强，人工智能技术应用的影响力进一步下沉。在产业智能化进程中，随着传统行业的参与程度愈发深入，人工智能技术的应用场景得以丰富。2022 年最显著的变化是，法人及其他组织作为诉讼主体的占比大幅上升，其中法人组织多以营利法人为主。这体现出人工智能领域作为具有良好前景的新兴领域，近年受到了诸多投资者的青睐。人工智能的应用场景具有多样化和差异化的特点，在不同场景下，人工智能技术的应用深度和影响各有不同，法人组织大量涌入的主要为自动驾驶、智慧医疗和人脸识别等新兴领域。由于法律固有的滞后性，这些新兴领域往往缺乏先例可循，在司法实践中可能会存在法律适用方面的难题，尤其是基于人工智能应用场景的判断规则亟待完善。

（二）人工智能司法案件诉讼案由分析

2022 年全国涉人工智能案件民事、行政、刑事、执行占比分别为 86.92%、0.70%、4.39%、7.98%，相关数量及案由分布情况见图 4-6。

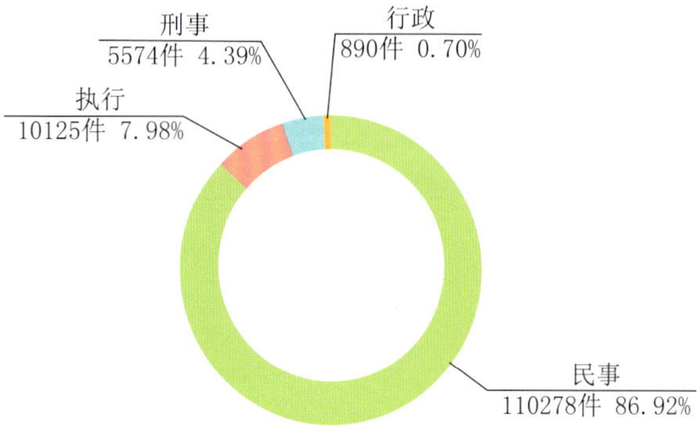

图 4-6　涉人工智能司法案件诉讼类型分布图

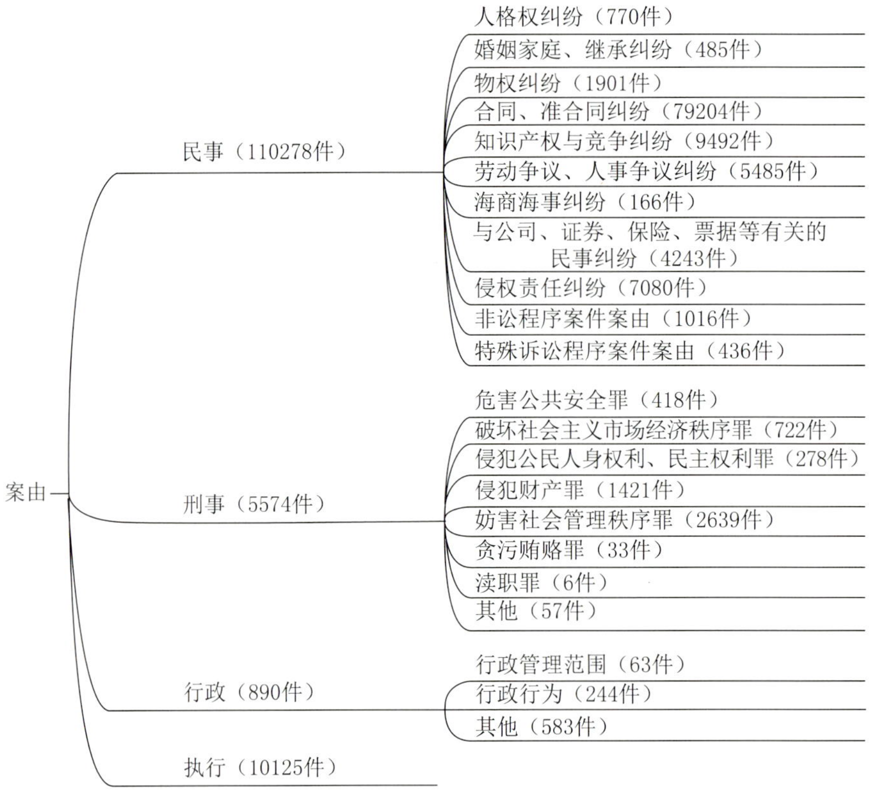

图 4-7　涉人工智能司法案件案由分布图

1. 涉人工智能民事案件以合同类、知识产权与竞争纠纷、侵权责任纠纷（以及人格权纠纷）最为典型

涉人工智能案件中民事案件的占比为全部案件的 86.92%，虽较 2021 年有所下降，但仍是数量最多的诉讼类型。

其中，数量最多的是合同与准合同纠纷，占全部民事案件的 71.83%。其后依次为知识产权与竞争纠纷，占比 8.60%；侵权责任纠纷，占比 6.42%。此外，还有劳动和人事争议纠纷，以及与公司、证券、保险、票据等有关的民事纠纷较为常见。涉案诉讼类型多样，行业领域广泛。

第一，合同作为交易安排的意定基础，是市场主体意思自治的首选方案。

合同及准合同纠纷位居首位。以再保险合同纠纷为例，在“中国人寿财产保险股份有限公司北京市分公司与中国人民财产保险股份有限公司辽宁省分公司营业部二审民事纠纷案”中，[①] 该案系因人工智能产品出现质量问题而引发人寿保险与人民保险

① 北京市金融法院（2021）京 74 民终 534 号民事判决书。

公司对于保险赔付比例的争议。该案指出，区分再保险与共同保险应从参与主体、权利义务、保险费收取、责任分摊四个方面入手。同时，在认定金融领域合同效力时，需要基于公序良俗原则进行权利内容审查，即对合同内容是否直接影响到金融安全、市场秩序、国家宏观政策等方面进行判断。

在杭州互联网法院审理的一起算法风控系统引发的网络服务合同纠纷案件①中，原告在被告某网络交易平台被冻结了账户资金，导致订单款项无法正常转出，其认为被告平台实施算法技术造成误判，构成违约。对于被告采取涉案算法风控行为并对原告作出相应处置措施是否构成违约，法院认为，被告基于法律监管要求和公共利益保护的目的，为了交易款项安全，设置预防性风控系统算法应用，对用户行为进行中立、无差别的风险筛查，虽因技术水平所限造成一定系统误判，但此误差系小概率事件，被告已经尽到了与涉案算法风险相匹配的注意义务，并采取了必要的纠错机制安排，并不构成违约。

第二，知识产权与竞争纠纷主要涉及企业财产权益的保护，前者涉及著作权、专利权和商标权，后者涉及竞争性财产权益。

知识产权与竞争纠纷位居第二。该类案件主要为以人工智能技术搭建的互联网平台为技术基础，从而产生的著作权、专利权和商标权侵权，以及不正当竞争纠纷。例如“捷成华视网聚（北京）文化传媒有限公司、金华市雷火电竞酒店管理有限公司侵害作品信息网络传播权纠纷案”，②雷火公司在酒店客房内通过交互式投影仪连接互联网，使得消费者可以根据需要自主选择在特定的时间和地点观看涉案影片。但雷火公司仅作为智能投影仪的提供者，而非播放涉案影片软件的提供者，其并未实施将涉案电影置于信息网络中的行为，而仅是通过能够联网的技术设备向入住者再现已然置于信息网络中的涉案电影，故雷火公司实施的行为被认定为放映行为而非传播行为，不构成侵权。从该案可以得知，在涉人工智能的知识产权纠纷中要尤其注意对于智能设备功能的详细说明。区分软件与硬件设备功能定位的不同，区分发挥放映等功能固有内容的行为与信息网络传播行为的不同，进而裁判其是否构成侵权。

---

① 杭州互联网法院：《发生算法乌龙，平台该担责吗？法院这样判》，https://mp.weixin.qq.com/s/9J7gg8lOK0-CMxT8BTTE6g，2023年4月3日访问。

② 浙江省高级人民法院（2022）浙民终1050号民事判决书。

在杭州NFT作品侵权案[①]中，被告经营的“元宇宙”平台上，有用户铸造并以899元的售价发布原告创作的“我不是胖虎”动漫形象的NFT作品。法院经审理认为，被告某科技公司经营的“元宇宙”平台作为NFT数字作品交易服务平台，未尽到审查注意义务，存在主观过错，其行为已构成帮助侵权。由此，NFT数字作品交易行为应受信息网络传播权所控制，NFT数字作品交易平台也应承担更高的审查注意义务。因NFT数字作品交易结合区块链、智能合约技术的特点，NFT数字作品一旦完成交易转移，无法在所有的区块链上予以删除，故该法院提出可采取经该侵权NFT数字作品在区块链上予以断开并打入地址黑洞的方式以达到停止侵权的效果。

在“上海菲狐网络科技有限公司、霍尔果斯侠之谷信息科技有限公司等著作权权属、侵权纠纷二审民事案”中，[②]本案被诉侵权游戏并未标明根据其他游戏进行改编，侵害了权利人的署名权。该案同样以人工智能为技术背景，提出了法律应当为了实现其制定目的而适应新技术的发展，与时俱进，适当作出相应调整的裁判要点。对于网络游戏特别是ARPG类游戏的保护，要立足于著作权法保护具有独创性作品的基本要义，加强对著作权的全面保护，防止侵权者利用游戏换皮的侵权方式盗用著作权人具有独创性的智力成果，通过对游戏表层美术形象或者音乐效果的替换来达到规避侵权的目的，从而轻而易举地不当挪用别人的智力创造成果，弱化社会对作品创作的投入和创作能力，最终损害社会福利。在某种程度上，人工智能技术的发展为智力成果的创造提供了强力支持，但与此同时也降低了知识产权侵权行为的实施难度。因此，要加强对于知识产权的司法保护，需要在遵循知识产权保护的基本法理的条件下，实施更加严格的知识产权保护政策，提升司法保护水平。在划清著作权法保护的合理边界的前提下，创新著作权保护方法，适当拓展作品的保护范围，合理平衡著作权人作品的保护与社会公共利益之间的利益平衡。

第三，侵权责任纠纷主要体现智能社会中公民权益遭侵害后的损害填补以及风险预防，此外还涉及人格权益的保护。

侵权责任纠纷位居第三，同时还存在相当数量的人格权纠纷。实践中较为常见的

---

① 杭州互联网法院：《用户发布侵权NFT作品，“元宇宙”平台要担责吗？法院判了》，https://mp.weixin.qq.com/s/IQwjcF_a5EoYdc5CFkaQpA，2023年4月3日访问。

② 广州知识产权法院（2021）粤73民终1245号民事判决书。

是各类摄像探头遭到滥用，未经消费者同意擅自收集使用个人信息构成侵权的情形，尤其是人脸识别信息。例如在“徐某和某置业公司侵权责任纠纷案”①中，开发商为判别客户来源，未经消费者明示同意，擅自在售楼处安装人脸识别系统收集、储存、使用消费者人脸信息，构成侵权，应承担删除信息、赔礼道歉的侵权责任。除了开发商楼盘销售活动，物业公司门禁管理方面也存在较多类似的人脸识别纠纷。

在天津人脸识别案中，②法院认为根据2021年8月1日起施行的《最高人民法院关于审理使用人脸识别技术处理个人信息相关民事案件适用法律若干问题的规定》第10条规定，如果有业主或者物业使用人不同意采取上述验证方式而请求物业公司提供其他合理验证方式的，物业公司不能以智能化管理为由予以拒绝。

在北京互联网法院审理的App强制收集用户画像信息侵权案③中，原告罗某认为被告运营的软件在用户首次登录时强制收集用户画像信息用于个性化推送，已侵犯其个人信息权益。法院经审理认为，涉案软件在首次登录界面收集用户画像信息，未设置“跳过”“拒绝”等路径，属于强制收集，构成侵权，依法判决被告涉案软件运营者承担相应侵权责任。

2. 司法案件的执行问题凸显

2022年执行案件占涉人工智能总案件数的8.56%，其比例相较于2021年有了大幅增长。这表明在涉人工智能案件总数上涨的过程中，存在部分案件执行难的问题，当事人的合法权益并未能在案件一、二审判决后得到及时有效保障。

3. 刑事案件主要集中于对数据、算力资源的不当获取

涉人工智能刑事案件占涉人工智能总案件数的4.71%。

在数据方面，非法获取计算机信息系统数据、非法控制计算机信息系统罪数量较多。根据被侵犯的计算机信息系统的不同，常见的危害行为类型包括：流量攻击

① 李尧、闫高阳：《开发商抓拍客户人脸信息用来“判客”，苏州姑苏区人民法院：未经消费者同意擅自收集使用个人信息构成侵权》，2023年3月10日访问于https://www.chinacourt.org/article/detail/2022/11/id/6988775.shtml。

② 顾某与兰州城关物业服务集团有限公司天津分公司隐私权纠纷案，2023年3月10日访问于https://new.qq.com/rain/a/20220610A01V4700。

③ 北京互联网法院：《App强制收集用户画像信息用于个性化推送，法院：侵权！》，2023年4月3日访问于https://mp.weixin.qq.com/s/UTA52jnPw2erTgJg1jKQhg。

（DDOS 攻击和 CC 攻击）、应用漏洞攻击、流量劫持（DNS 劫持和 HTTP 劫持）、钓鱼攻击（电子邮件、语音、短信钓鱼等）。为了非法获取计算机系统存储的数据，行为人往往需要侵入计算机系统，使得相关案件存在侵害较多法益的情况，需要从行为实质出发，区分手段和目的。根据相关司法实践，利用信息网络实施犯罪，同时构成危害计算机信息系统安全犯罪和其他犯罪的，从一重罪处罚，另一犯罪可以作为量刑情节予以考量。例如“赵某非法获取计算机信息系统数据、非法控制计算机信息系统罪”案件中，① 以非法获取计算机系统数据罪追究其刑事责任。案件中行为人私自使用本人原来的管理员账号及其他公司职工的管理员账号登录某运营商的“商务宽带综合用户管理系统”非法获取他人多条宽带账号数据，这暴露出处理个人数据的公司在数据合规和安全管理方面存在的不足，尤其是内控机制以及安全意识的培养还需优化。其他相关案例显示，网络恶意爬虫系违法犯罪的常用工具，其突破网站机器人协议的禁止爬取要求，爬取网站的核心数据资源，可能极大地损耗被爬取网站服务器的性能，并侵害个人信息权益。

在算力方面，主要涉及基于电力资源的不法侵害行为。例如“陈某、吴某等盗窃罪”案件中，② 通过私接电缆为所购买的挖比特币矿机提供电力，盗接某矿业公司电力为其矿机 24 小时运转供电，并在网上将比特币进行售卖。由于电力资源系国计民生的重要资源之一，为了提供挖矿算力而盗窃电力资源，将同时构成以危险方法危害公共安全罪。关于盗窃财物金额的计算，有电价相关文件、“比特币矿机”窃电量技术鉴定报告、电价统计说明等证据充分证明了盗窃电力资源的具体数额。

4. 行政案件主要涉及知识产权和政府信息公开

涉人工智能案件中行政案件占比为 0.75%。

一是因知识产权等行政申请被驳回后的复审行政纠纷，争议焦点主要集中在对案件事实基础的审查。例如“数据资讯服务有限公司二审行政”案件中，③ 一审法院认为数据资讯公司未提供充分证据证明诉争商标经使用已经获得了可与引证商标相区分

① （2022）豫 0611 刑初 185 号刑事判决书。

② （2022）辽 03 刑终 359 号刑事判决书。

③ （2022）京行终 1161 号行政判决书。

的显著性。二审法院则认为由于诉争商标是否应予核准注册的事实基础发生根本性变化，故对被诉决定及原审判决予以撤销。

二是政府信息公开类案件，争议焦点主要集中在政府机关获取信息的职责以及告知说明义务的履行情况。例如“张某与北京市海淀区人民政府等信息公开二审行政”案件中，① 法院认为镇政府经过查询，未找到上述信息，遂将该情况告知上诉人，已经履行了告知和说明义务；没有相关法律规定镇政府具有获取上述信息的职责，上诉人亦未提供充分证据证明镇政府制作、获取、保存了上述信息，故不支持张某的上诉主张。

（三）国内司法案件特征分析

1. 市场主体行为方式不同于传统社会，涉及的各种法律关系以及实体问题较为复杂

一是法律关系主体多元。传统的法律关系大多在双方主体之间产生，但在数据、算法、算力三元结构的影响下，交易模式更加复杂，法律关系涉及的主体更加多元，且各方主体以其独特的功能与定位参与到市场行为中，由此形成了不同类别的法律关系。“自主机器”“无人驾驶”“机器文本”“自动撮合交易系统”等新型社会事实，对涉人工智能的司法审判专业性提出了更高要求。

二是法律关系内容复杂多变。人工智能技术的发展，产生了交易模式的改变、应用端产品的迭代，并形成以数据平台（数据中台）、算法平台（能力平台）、算力平台（算力中心）为核心的多方法律关系。网络购物、共享经济的网约车和共享单车等，都是在原来的法律关系中加入了信息技术因素，这些因素一方面对权利义务关系的产生和发展起到了促进作用，另一方面也改变了权利义务关系本身。如新冠肺炎疫情影响之下出现的科技平台共享用工模式，智能合约下的交易规则和风险负担规则等问题。

三是权利客体新颖。人工智能驱动下的生产力新革命，产生新的生产方式和组织样态，一方面会衍生新的权利客体，如公民个人信息、数据、流量、虚拟财产等，难

① （2022）京 01 行终 662 号行政判决书。

以在现有法律框架内对该等新型权利客体进行准确定性，必需依托场景进行个案衡量；另一方面人工智能促使传统权利客体呈现出新的样态，例如在共享经济模式下的物要具有适合共享的特性，其公共适应性增强而个性化程度降低。新型权利客体的出现和传统权利客体的样态变化，给传统法律的适用和审判方式带来了挑战。

2. 人工智能技术相关矛盾纠纷逐渐分化、定型，并产生不同的法律需求

人工智能技术在案件事实层面涉及三个层次，分别为物理层、规则层和内容层。物理层是指智能技术依托的硬件，无论何种智能都是以数据为驱动、以物理服务器为载体；规则层是指协调管理系统运行的规则，其表现为代码、编程和各种算法；内容层是网络信息构成的大数据和云计算。随着网络社会的不断延伸和数字经济新业态的不断涌现，三个层面的矛盾纠纷逐渐分化、定型。①

一是人工智能的物理层纠纷虽然与传统社会基本相似，但相应法律规则在适用时必须考虑互联网等现代科技因素的影响。人工智能发展的物质基础是网络架构的硬件设施及其物理性能，涉及硬件设施和信息传输基础功能，包括物理结构部件，如计算机、服务器、移动设备、光纤、交换机等，以及这些部件组合所形成的信息传输固有性能。由于技术迭代的爆发式发展，这类纠纷的损害后果以及产生的风险远超传统社会。

二是人工智能的规则层纠纷具有集群效应，解纷具有示范效应，影响面较广。网络社会的规则层发源于传统社会，其纠纷类型、案件标的、争议焦点与传统社会有着千丝万缕的联系，但网络规则本身的效力及正当性判断已经对治理规则提出了严峻的挑战，不仅涉及当事人双方，还会影响不特定的多数人利益。网络的规则层是协调管理互联网行为的"法律层"，包括认证规则、兼容规则和互联规则等，具体表现为各种协议、算法等。② 这一层面的矛盾纠纷与互联网的使用、发展密切相关，具体包括平台自治规则引起的派单、导航、限时等纠纷，以及用户排名、评价、权限等纠纷；数据算法技术引起的矛盾纠纷，如过度收集、分析、使用个人信息纠纷，利用爬虫技

---

① 李占国：《网络社会司法治理的实践探索与前景展望》，载《中国法学》2020 年第 6 期。

② 张新宝、许可：《虚拟网络，真实主权——基于网络空间主权的网络国际法》，载高鸿钧、申卫星主编：《信息社会法治读本》，清华大学出版社 2019 年版，第 464 页。

术自动获取和使用信息纠纷，利用行为倾向分析信息实施“大数据杀熟”等歧视性行为纠纷等。

三是人工智能的内容层纠纷随着产品种类的不断丰富，纠纷类型越来越复杂，许多领域在现有法律中仍是空白。人工智能依托大数据计算，获得了模仿人类智能的新拓展，衍生出大数据产品纠纷、云服务纠纷、人工智能产品纠纷三类主要纠纷类型。从法律行为的角度看，在具有决定性意义的表示内容产生于人工智能载体设备的情况下，即使是最复杂的处理设备，也只能执行预先设计的程序。由于程序是由人设计的，因此设备表达的内容，最终还是起源于人的意思。在使用错误的数据资料或不正确的程序时，数据或程序与人脑产生动机的意义相同，就事情的本质而言，这种错误与使用打字机打字时打错无异。因此，以人类脑力活动过程为出发点的各种法律判断，也适用于自动化的意思表示，有关的自动化设备经营者就不能过分任意地撤销其设备所表达的内容。①

三、国外人工智能司法案例分析

《蓝皮书（2023）》加强了对国外涉人工智能司法案例的收集、研究和分析，从而为我国人工智能法治研究提供借鉴。蓝皮书案例分析团队检索了上千个国外涉人工智能司法案件，进行关键要素的提取以及典型性分析，共筛选出53份典型判决，涉及国家包括美国、英国、法国、德国、意大利、奥地利、匈牙利、丹麦、澳大利亚、阿根廷、日本、韩国、印尼等国家。分析团队在个案研读基础上，对国外案例的裁判文书内容进行了逐个翻译和要素式整理。

（一）域外司法案件的特征分析

国外涉人工智能司法案件同样集中在数据、算法、算力三个方面，“三算”的三元结构从底层驱动了经济社会发展，也催生了相关争议纠纷。

① ［德］迪特尔·梅迪库斯：《德国民法总论》，邵建东译，法律出版社2013年版，第199—201页。

在案由方面，根据案涉权益的不同，可以区分为算法知识产权、数据财产权益、基于算力的竞争性权益、公民人格权益等不同类型。在行业方面，人工智能渗透进社会领域的方方面面，主要涉及智能制造、智能交通、智能医疗、智能教育、智能金融、公共安全等领域。在技术方面，主要包括智能算法和智慧应用两种类型的技术。前者是智慧和知识的生成技术，如深度学习技术；后者是智慧和知识的应用技术，如区块链以及智能合约技术。在权利客体方面，产生了新型权利客体，以及传统权利客体的新型样态，例如数据、算法、智能作品等不同层级的智能表现形式。

2022 年 2 月，“全美律师协会商法部商业和公司诉讼委员会”发布了《美国 2022 年人工智能最新发展报告》(Recent Developments in Artificial Intelligence 2022)，汇总了美国联邦最高法院、各级巡回法庭近年来审结的人工智能相关判例和立法机关已经颁布和正在审议的政策，从“算法可归责性”“人脸识别技术”“透明度”“其他”四个方面汇总全美的人工智能成文法和政策制定情况，其具体内容以算法为核心、以数据和算力为重点，对美国人工智能相关司法案件进行汇总。

结合各国人工智能相关司法案件的处理现状，我们认为可以从算法可归责性、数据处理的正当性、算力使用的合理性三个方面对相关司法经验进行提炼和总结。

（二）域外司法案件的经验提炼

国外涉人工智能案件的案件焦点通常集中于对科技风险与责任归属的论证，审查人工智能等技术对自然人权利的侵犯程度，从后果出发并结合主观和客观方面综合判断责任的归属。在实体法适用上，人工智能尚无法成为法律关系的主体，如作为专利权等权利主体，无法直接承担风险责任。在诉讼过程中，法官会考虑到公共利益与个人权益保护之间的关系，判断特定背景下二者的交叉情况，强化个案说理、填补法律漏洞。

1. 在算法可归责性方面，侧重对风险与责任分配方式的审查和论证

第一，关于人工智能主体性问题，虽然司法实践存在不同观点，但仍以否定说为主流。作为人工智能的系统“统一感知自动引导装置 DABUS”能否根据澳大利亚 1990 年《专利法》和 1991 年《专利法实施细则》的规定，被视为“发明人”(Commissioner of Patents v Thaler［2022］FCAFC 62)，澳大利亚初审和上诉法院存在不同观点。斯蒂

芬·泰勒（Stephen Thaler）是根据《专利合作条约》(1970年6月19日，华盛顿）相关规定提交的题为“分形食品容器与能引起注意力的警示灯”的第2019363177号专利申请的申请人。在申请中，泰勒博士给出了发明者“DABUS”的名字，并附加评论“该发明是由人工智能自主产生的”。该申请于2020年9月9日进入澳大利亚国家处理阶段，在此后不久，澳大利亚专利局致函泰勒博士的专利律师，表示该申请不符合1991年《专利法实施细则》第3.2C条，因为它未能将自然人识别为发明人。澳大利亚专利局请泰勒博士提供一个或多个自然人的姓名作为发明者，或提交材料，解释如何将DABUS记录为发明者，否则申请将失效。泰勒博士将澳大利亚专利局告上法庭，初审法院认为，专利局的决定诉诸“发明人”一词的过时定义，未能理解该术语背后的想法以及可专利发明及其创造者不断变化的性质，推翻了2022年2月由专利部副专员巴克（Barker）博士作出的“专利发明人只能是自然人”的决定。专利部副专员巴克博士对初级法官的决定提出上诉。上诉法院认为，不能将所有权和控制权问题混为一谈，考虑到《专利法》的法定语言、结构和历史，以及立法计划背后的政策目标，任命DABUS为发明者的申请不符合《专利法实施细则》第3.2C条第2款aa项。

第二，使用爬虫等算法是否侵权，应当从数量和质量两个方面来判断。在韩国“利用网络爬虫私自复制数据案”中，[①]法院认为首先在数量上，应当比较整个数据库的规模来判断。根据韩国《著作权法》第93条第1款，在没有数据库制作者的许可的情况下，只有复制全部或相当部分的数据库时，才构成对数据库制作者复制权的侵犯。而Yeogiuhtae从Yanolja的API服务器上收集到的信息仅限于住宿相关数据库的一小部分（第246条），因此从数量上来说不构成侵权。其次在质量上，根据《著作权法》第93条第2款，一个部分是否具有质量意义必须“综合所有情况，基于数据库制作者是否在复制部分的制作或更新、验证或补充材料等方面在人力或物质方面进行了重大投资”来判断。本案中Yeogiuhtae所收集的信息为已知信息或公开信息，Yanolja并没有花费相当大的成本或精力收集，因此从质量上来看也不构成侵权。最后大法院强调，为了防止阻碍信息共享、不利于信息社会和限制竞争的消极方面，简单地复制他人数据库的个别资料或复制未达到重要部分的信息是数据库生产者的权

① 대법원 2022. 5. 12. 선고 2021 도 1533 판결。

利，不构成侵权。

第三，平台算法如果限制了自主决定和拒绝的自由，将产生实质上的劳动关系。在西班牙劳工和社保监察局确认劳动关系案件①中，法院裁判双方构成劳动关系，并支持了 206 名工人（其中一名女性并未实际在 GLOVOAPP23，S.L 公司从事过送餐服务）的索赔要求。2020 年 2 月 19 日，西班牙劳工和社保监察局对 GLOVOAPP23，S.L 公司（以下简称 GLOVO）处以 248738.56 欧元的罚款，因为 GLOVO 在 2018 年 10 月到 2019 年 8 月期间未与纳瓦拉省的 207 名外卖员签订劳动合同。2020 年 3 月 3 日，GLOVO 向劳工和社保监察局抗辩称双方不构成劳动关系，上述 207 名外卖员是自雇人士。劳工和社保监察局随后向法院提起诉讼，请求确认 GLOVO 和 207 名外卖员之间存在劳动关系。原告主要的理由是，被告方引入了评价系统，该系统限制了外卖员自主选择送餐时间的可能性。且该评价系统也包含相应的惩罚机制，如果外卖员未在系统规定的时间内送餐、超出送餐范围送餐、送餐延迟或者重新安排送餐顺序，系统会降低对该外卖员的评分、减少派单次数。法院认为双方构成劳动关系，原因如下：（1）GLOVO 不仅仅是连接商家、外卖员和消费者之间的中介平台，在提供商品服务时，提供服务费用、服务的方式和付款方式均由 GLOVO 确定，GLOVO 实际上扮演了组织者和控制者的角色。GLOVO 通过算法管理系统、评分系统和定位系统对配送服务进行控制，外卖员无法自行安排工作内容，无法与商家协商服务价格也无法从客户方获得报酬，而 GLOVO 享有实际控制权。（2）外卖员实际上要受公司规章制度的约束，没有真正的能力自主组织安排其工作内容、工作方式。在提供服务的过程中，GLOVO 使用了一个计算机程序，该程序根据每个外卖员的评分分配订单，从理论上来说，这限制了外卖员自主选择送餐时间和拒绝配送订单的自由，这也体现了劳动关系中特有的依赖性。（3）GLOVO 享有惩戒外卖员不当行为的权力，这是雇主管理权力的体现。通过数字平台，GLOVO 对服务进行实时监控，而送货员无法脱离平台完成配送任务。因此，送货员享有非常有限的自主权，只能在进行配送时选择使用何种交通工具以及何种行驶路线。（4）关于兼职外卖员，合同中并不包含禁止多重就业

① https://www.poderjudicial.es/cgpj/es/Poder-Judicial/Tribunales-Superiores-de-Justicia/TSJ-Navarra/Noticias-Judiciales-TSJ-Navarra/La-juez-obliga-a-contratar-como-asalariados-a-los-206-repartidores-autonomos-que-Glovo-tiene-en-Navarra.

的排除性条款，并且在西班牙法律中，多重就业是合法有效的。此外，外卖员并未在GLOVO竞争对手的公司中工作，不会影响GLOVO的利益。

第四，通过算法向用户推荐的行为，可以基于交互式信息中介的身份受到豁免。在美国“安德森与Tiktok公司诉讼案”中，[①]原告之女因在被告的FYP推荐页面上接触到他人尝试“停电挑战”的视频，模仿视频中的行为，用皮包肩带将自己勒至昏厥，经抢救无效死亡。法院首先认定奈拉·安德森（Nylah Anderson）的死是因为她试图接受“停电挑战”，而“停电挑战”视频内容的发布者为第三方用户，并且该挑战也并非由被告Tiktok发起。其次，在法院看来，原告指控被告所未履行的义务，与被告利用FYP推荐算法发布第三方内容的方式密切相关，其实质上仍是要求法院将被告视为“他人所提供的内容的发布者”。而根据美国《通信规范法》第230条的规定，Tiktok作为交互式计算机服务的提供商，不被视为第三方所提供的内容的发布者，也不对其平台上的第三方内容负责。最终法院支持了被告的驳回动议。

2. 在数据处理正当性方面，重点审查数据处理的合法性基础以及合理性标准，并侧重保护人脸、情绪等敏感个人数据

第一，重点审查数据处理的合法性基础。例如基于卫生部门的公共利益和服务科学研究的豁免必须基于国家法律。在“德国汉堡肿瘤登记处因处理个人健康数据被诉”一案中，[②]德国汉堡行政法院判决认为，汉堡肿瘤登记处处理有关健康数据的行为是非法的，尽管该处理的性质符合《通用数据保护条例》第9（2)(h）—（j）条的例外情况，但它需要国家通过立法进行明确规定，否则该行为是缺乏安全保障的。法院认为，根据《通用数据保护条例》第4（1）条，汉堡肿瘤登记处的匿名数据是个人数据，因为将这些数据归属于原告在事实上和法律上都是可能的。然而，数据访问日志不是数据主体访问权的一部分。它们是元数据，因此是有关正在处理的信息的数据。第15（1）条意义上的访问权仅包括经过处理的个人数据，不包括元数据。原告可以根据《通用数据保护条例》第15（1)(c）条获取有关数据接收方的信息，因此不需要访问日志。法院认为，数据处理的合法性必须遵守《通用数据保护条例》第9条，因为根据第9（1）条，存储在汉堡肿瘤登记处内的医疗数据被视为健康数据。

---

① Anderson v. Tiktok，Inc.，Civ. 22-1849（E.D. Pa. Oct. 25，2022）.

② Urteil der VG Hamburg 21. Kammer vom 28.07.2022（21 K 1802/21）.

除非满足第9（2）条的例外情况之一，否则禁止处理健康数据。根据第9（2）(h）条，医疗保健存在例外情况，如果数据处理服务于公共利益，例如预防或职业医学，则根据第9（2）(i）条，出于科学或历史研究目的或统计目的（如果目的与所追求的目标合理比例），则存在例外情况。从表面上看，汉堡肿瘤登记处的处理将属于这一例外情况。汉堡肿瘤登记处根据《通用数据保护条例》第9（2）(h）条处理卫生部门的医疗信息。通过肿瘤登记和报告，治疗医生在短时间内收到结果，肿瘤登记中的数据合并实现了跨学科合作。汉堡肿瘤登记处还为《通用数据保护条例》第9（2）(i）条和第9（2）(j）条所指的卫生部门的公共利益和科学研究提供服务。收集的数据可以提高肿瘤筛查和医疗保健的质量，因为该研究基于大部分人口并捕捉长期发展。但是，所有这些豁免都必须基于国家法律（在本案中为《汉堡肿瘤登记法》)，法院认为国家并没有相关法律。法院进一步认为，转移高度敏感的健康数据以及汉堡肿瘤登记处随后对数据的处理对数据主体的基本权利构成风险，处理活动的性质和情况导致了对基本权利的侵犯。尽管采取了某些保护措施，例如匿名化，但由于《通用数据保护条例》第9（1）条，健康数据仍受到特别保护。由于疾病对人的生命有严重影响，肿瘤数据具有特殊的敏感性。法院认为，不仅健康数据而且个人习惯（例如吸烟）有关的数据都被处理，数据主体对数据处理的原因也没有影响，这一事实进一步表明了处理行为对基本权利的重大侵犯。由于原告患上这种疾病，她不仅处于非自愿状态，而且还处于权利受到侵犯的紧急情况下。法院还考虑到，数据删除是在一个人去世后30年与出生后120年之间，并且数据可用于不同的科学研究，这对于数据主体来说是不可预见的。尽管数据处理也用于足够具体和合法的目的，但处理是不相称的，因此在《通用数据保护条例》第9（2）(h)、(i）和（j）条的含义内是不合法的。立法必须就措施的范围与适用提供明确和准确的规则，实施足够的保障措施，以确保有效保护敏感数据免受滥用的风险。不幸的是，《汉堡肿瘤登记法》缺乏明确和严格的立法规定来保护高度敏感的数据，以充分保证其完整性和机密性。例如，《汉堡肿瘤登记法》第5条要求在机密区处理数据，但根据《汉堡肿瘤登记法》第6条或第7（1）条评估数据的人是开放的。

第二，数据处理活动的正当性，需要在具体应用场景中进行个案衡量。数据处理活动的纠纷既涉及公民权益保护，尤其是基本权利保护，也涉及数据使用者的正当利益以及数据产业发展的利益。在德国“关于医生搜索和评分的网站侵权纠纷”案中，① 在公开数据的基础上，该网站在没有经过医生的要求或同意的情况下，在网站上为每个医生保留了一个基本档案，其中列出了姓名、学历、专业以及诊所的地址和电话号码，并提供收费套餐。原告是一位儿科医生，她没有向被告订购收费套餐，也不同意将她的数据纳入被告的网站。地方法院驳回了该诉讼，原告进行上诉。对于原告的上诉，地方高级法院只是修改了地区法院的判决，即判给原告庭前法律费用1242.84 欧元及利息，其余判决驳回。主要判决理由在于，根据《通用数据保护条例》第 85 条第 2 款和《巴伐利亚州通用数据保护条例》第 38 条的规定，媒体特权无法排除上述法律的适用。只要是为了保障数据控制者或第三方的合法利益，且数据主体的利益或基本权利和自由不被凌驾，那么个人数据的处理就是合法的。因此，有必要对原告与被告及网站用户之间的利益冲突进行全面的测试和权衡。在进行利益权衡时，联邦法院主要关注被告是否通过其网站的设计、通过所提供的广告类型给予个别医生隐性的好处，从而放弃了其作为“中立”信息提供者的角色。根据《通用数据保护条例》第 6 条第 1 款第 1 句 f 项以及要求的利益冲突权衡，被告不存在非法的数据处理行为。根据第 17 条第 1 款第 1 句 d 项，原告无权对被告提出删除公布的关于其资料的要求，因为有关的数据是被合法处理的。被告通过运营其网站和对原告个人数据的相关处理，也保护了合法的用户利益，因为它使活跃的用户能够表达和传播意见，这受到《欧盟基本权利宪章》第 11 条第 1 款的保护。

第三，探索代表诉讼制度在个人数据保护领域的应用。在德国联邦消费者中心协会诉 Meta Platform Ireland Limited（原 Facebook Ireland Limited）案中，② 原告指控被告违反了告知用户同意处理其个人数据的目的和范围的义务。根据《通用数据保护条例》第 4 条第 2 款，“处理”是指对个人数据进行的任何操作或一组操作，无论是否通过自动手段，例如收集、组织、归档、存储、改编或更改、检索、咨询、使用、通过传输、传播或以其他方式提供、调整或组合、限制、删除或销毁。根据字面意思，“处理”可以对个人数据造成直接或至少是间接的影响。第 4 条第 2 款意义上的“操作”可能要求采取一种行动，其效果是使数据发生变化，因此可能不包括与获得对数

① Urteil des VI. Zivilsenats vom 13.12.2022（VI ZR 54/21）.

② Beschluss des I. Zivilsenats des Bundesgerichtshofs vom 10. November 2022（I ZR 186/17）.

据的后续使用的同意有关的信息义务。同时，根据第 6 条第 1 款第 1 句 a 项，该信息义务也具备了数据主体的同意，作为处理个人数据的合法性的核心要求。然而具备合法性基础并不意味着终局的免责，原告以未遵守有关数据处理目的和个人数据接收者的信息义务为诉因，主张满足《通用数据保护条例》第 80 条“对数据主体的代表”第 2 款因信息处理而导致数据主体权利受到侵犯，有权在成员国向第 77 条规定的有权监管机构提起申诉并行使第 78 条和第 79 条规定的司法救济权，这个问题取决于对该条款的解释。因此，在对被告的上诉作出决定之前，必须再次中止诉讼程序，并根据《欧盟条约》第 267 条第 1 款 b 项和第 3 款，从欧盟法院获得初步裁决，即提请欧盟法院根据对欧洲议会和理事会审议，如果保护消费者利益的协会将其行动建立在数据主体权利受到侵犯的事实之上，根据《通用数据保护条例》第 12 条第 1 款第 1 句以及第 13 条第 1 款 c 项和 e 项，关于数据处理目的和个人数据接收者的信息反馈义务尚未履行，是否属于第 80 条第 2 款所指的“信息处理结果”侵权行为，目前欧盟法院正在审理之中。

第四，侧重保护人脸、情绪等敏感个人数据。在匈牙利数据保护机构（NAIH）调查布达佩斯银行［NAIH-85-3/2022］一案中，[①] 匈牙利数据保护机构认为，使用人工智能软件识别情绪状态应被视为敏感性质的处理，在某些情况下可能属于《通用数据保护条例》第 9 条第 1 款所指的特殊类别的个人数据。在美国 Karling 诉 Samsara 公司案中，[②]Samsara 为商业车队和工业运营提供面部识别软件和传感器，Samsara 摄像头可以捕捉驾驶员的动作，监控是否存在疲劳和分心的情况。原告声称被告 Samsara 公司违反了伊利诺伊州生物识别信息隐私法（BIPA）。法院基于 BIPA 第 15（a）条“向公众提供书面政策，建立保留时间表和指导方针，以便在获取生物识别码或信息的目的得到满足后，永久销毁此类生物识别码和生物识别信息”；BIPA 第 15（b）条“未经书面授权，通过贸易收集、捕获、购买、接收，或以其他方式获取个人或客户的生物识别标识符和 / 或生物识别信息是非法的”；BIPA 第 15（c）条“禁止从某人的生物识别标识符或信息中获利”，以及 BIAP 第 15（d）条“禁止在未经同意的情况下披露生物识别标识符或信息”，支持了原告的主张。

① https://gdprhub.eu/index.php?title=NAIH_（Hungary）_-_NAIH-85-3/2022.

② Karling v. Samsara Inc.，22 C 295（N.D. Ill. Jul. 11，2022）.

第五，厘清数据保护规则中重点条款的解释方案。例如，在数据主体诉奥地利数据保护机构（DSB）BVwG-W2142224204-1 一案中，[①] 奥地利法院纠正了奥地利数据保护机构的观点，即数据控制者没有义务自行删除数据，而只有在数据主体要求的情况下才有义务。其认为，根据《通用数据保护条例》第 17 条第 1 款的明确规定，自行删除数据是数据控制者的义务，数据主体不需要请求。在美国 Mora v. J & M Plating 公司案中，[②] 原告声称，被告要求员工用指纹"打卡"，被告在没有事先通知、未获同意及未出示保留和销毁时间表的情况下收集、存储和使用员工指纹及相关的个人身份信息，侵犯了其生物识别数据中受法律保护的隐私权。法院认为《生物识别法》第 15（a）条反映了立法机关的意图，即在拥有生物识别数据之前（或者在拥有生物识别数据时或之后的合理时间内）制定保留和销毁时间表。被告在拥有生物识别数据后等待了近四年才制定保留和销毁时间表，这违反了第 15（a）条。

第六，是否收集和占有数据，将影响数据保护规则的适用。在美国"JANE DOE（代表自己和其他相同处境的人）与苹果公司关于生物识别信息的纠纷"[3：20-CV-421-NJR] 案件中，原告认为苹果公司违反 BIPA 第 14、15 条的 a、b 款，未经用户书面同意收集生物识别信息，且在没有公开说明保存期限和销毁准则的状况下，拥有用户的生物识别信息。2021 年 12 月 16 日，原告提交修改后的起诉书，指控苹果公司在用户设备上收集和存储生物特征信息，并使用这些生物特征数据来识别个人。当用户选择启用 iCloud 照片库时，生物特征信息被传输到苹果的服务器。苹果公司使用这些生物特征信息将同一个人的照片组合在一起，并创建新相册。原告认为苹果公司使用"人脸同步"来保持用户的人物相册是最新的。苹果公司认为，新的索赔必须失败，因为同步数据不是生物特征信息。苹果公司还辩称，它没有收集或拥有同步数据。法院认为：（1）关于同步数据是否构成生物特征标识符或信息的问题，虽然 BIPA 明确将照片从"生物识别标识符"的定义中排除，照片不是生物识别标识符，从照片中获得的信息也不是生物识别信息，但从脸印中获得的信息可以是生物识别标识符。（2）关于苹果公司是否占有同步数据的问题，虽然 BIPA 没有定义"占有"，通常理解的占有是发生在一个人拥有或控制财产或使财产由他或她支配时。普通的占有定义并不要

① https://gdprhub.eu/index.php?title=BVwG_-_W214_2224204-1.

② Mora v. J & M Plating，Inc.，2022 Ill. App. 2d 210692（Ill. App. Ct. 2022）.

求独占控制，BIPA 中没有任何内容表明普通的占有定义不被适用。（3）关于苹果公司是否收集数据的问题，只有当一个实体至少采取“积极步骤收集、捕获、购买或以其他方式获得生物特征数据”时，才会追究责任。很难想象一个实体可以在不采取积极措施的情况下“收集”生物特征数据。法院认为，在诉状阶段，这些指控足以证明苹果公司收集并拥有用户同步数据。因此，必须驳回苹果公司提出的动议。

第七，国家安全的政治诉求可能会影响司法裁判。在 TikTok 消费者隐私诉讼纠纷案中，①原告（代表美国所有 TikTok 用户和伊利诺伊州用户）声称字节跳动公司及其子公司 TikTok 股份有限公司、TikTok 有限责任公司、字节跳动股份有限公司和北京字节跳动技术有限公司（统称为“被告”），使用 TikTok 应用程序偷偷获取并从收集用户隐私信息中获利。TikTok 内置的算法使用人工智能技术和机器学习来收集有关用户的信息，并预测用户希望看到的视频类型。然后，应用程序根据这些预测向用户显示内容和广告。美国国防部表示担心，该应用程序“能够向其中国母公司传达位置、图像和生物识别数据”。这些担忧也引发了美国各地法院针对 TikTok 的推定集体诉讼浪潮。从 2018 年开始，几家原告律师事务所开始调查被告的人工智能和机器学习技术是否违反了美国隐私法。调查特别关注 App 的摄像机是否在未经用户授权的情况下收集、保留和分发 App 用户的面部识别信息或其他生物特征信息。还探讨了该应用程序是否收集了其他类型的私人信息，例如地理位置数据、视频观看历史、电子邮件地址等，以及被告是否将这些数据转移给第三方。诉状中包含“全国集体索赔”“伊利诺伊州集体索赔”两类集体索赔请求。

3. 在算力使用的合理性方面，维持正当的竞争秩序，刺破技术面纱进行穿透审查

第一，充足的算力支持了人工智能企业取得一定的市场竞争优势，然而提供算力并不意味着绝对的垄断地位。通过限制算力而打压竞争对手，有可能会面临反垄断和反不正当竞争诉讼。在美国“汤森路透企业中心有限公司诉罗斯智能公司”案件中，②原告拥有并运营 Westlaw，这是一个广为人知的搜索平台，适用于整个法律行

① In re TikTok，Consumer Privacy Litig.，MDL 2948（N.D. Ill. Jul. 28，2022）.

② Thomson Reuters Enter. Ctr. GmbH v. Ross Intelligence Inc.，C.A. 20-613-LPS（D. Del. Apr. 26，2022）.

业。Westlaw 的订阅者可通过关键字、自然语言等进行搜索，获得与法律相关的众多信息。尽管 Westlaw 占据主导地位，但罗斯仍努力使用人工智能开发一个新的法律搜索平台。它利用基于人工智能的自然搜索引擎从公共信息中（例如各个实践领域的判例法和法规）进行搜索。之后，罗斯与 LegalEase Solutions 公司（LegalEase）合作以改进搜索工具。然而，根据原告的说法，LegalEase 下载、存储大量专有信息，然后提供给罗斯。最终，罗斯被迫暂停商业活动。罗斯对原告提出反垄断和不正当竞争反诉，试图阻止原告“从事排他性和反竞争行为以维持其垄断地位”。首先，原告从未向消费者提供仅许可公法数据库或仅许可法律搜索工具的选项，并且不打算提供这样的选项。罗斯进一步声称，消费者对公法数据库和法律搜索工具有“独立需求”，应当允许法律研究人员“根据特定的偏好和需求混合搭配产品”。其次，据称原告要求其客户签署“附合合同”，其中包含阻止竞争对手获取原告的专有信息的“限制性许可条件”。最后，原告将受版权保护的材料与不受版权保护的政府法令混为一谈，使得原告很容易找到理由起诉竞争对手侵犯版权。关于反垄断反诉中《谢尔曼法》第 2 条的适用，法院认为罗斯充分且合理地论证了公法数据库和法律搜索工具的产品市场是独立的，因此法院认同罗斯第 2 条搭售索赔的动议；关于反垄断反诉中《谢尔曼法》第 1 条的适用，法院认为原告与客户的协议是相关合同，原告使用“限制性许可条件来阻止竞争对手进入相关市场”，通过签订客户协议，原告可以保护其内容不与罗斯等竞争对手共享，法院认同罗斯主张的第 1 条搭售索赔的动议；关于不正当竞争反诉，罗斯根据加利福尼亚州反不正当竞争法提出索赔是否能得到法院的认可，取决于联邦反垄断法，两者结果一致，由于罗斯将被允许继续根据《谢尔曼法》第 1 条和第 2 条提出索赔，法院将驳回原告基于加利福尼亚州反不正当竞争法索赔的动议。

第二，未经同意的情况下利用网页浏览者的电脑算力进行“挖矿”获取报酬的行为，与广告程序并无明显差别。在日本“提供非法指令电磁记录案”[令和 2 年第 457 号]中，被告使用虚拟货币挖矿服务提供网站 Coinhive 提供的程序代码，在其运营的歌曲信息共享网站上设置了名为“Monero”的虚拟货币，即门罗币的挖矿程序，意图在未经浏览者同意的情况下利用浏览者的电脑进行挖矿从而获取相应报酬。2019 年，横滨地区检察院以提供非法指令电磁记录罪适用简易程序起诉被告，后本案经过第一审简易审判、第二审正式审判和第三审最高法院审判，由最高法院于 2022 年 1

月 20 日撤销第二审的有罪判决，作出了被告人无罪的最终裁判。在最高法院的判决中，法院认为被告的行为存在反意图性但不存在不正当性，判决被告无罪。法院认定挖矿程序违背用户意愿，因为其没有设立许可授权机制来获得用户的同意。然而，挖矿程序所占的 CPU 使用率较低，只会使计算机耗电量略微增加，与被社会接受的广告显示程序相比对计算机的影响程度几乎没有差别。同时，网站经营者通过浏览获取利益的机制对于网站的信息流通非常重要，难以认定挖矿程序构成发出非法指令的程序，具有不正当性。

第三，在去中心化元宇宙平台上发布 NFT 的行为，可能引发知识产权和精神损害赔偿纠纷。在西班牙涉 NFT 第一案“西班牙知识产权保护组织诉 PUNTO FA，S.L.”一案［AJMB 1900/2022］中，2022 年 5 月，被告 PUNTO FA，S.L. 创建了一个包含 5 个 NFT 的集合。这些 NFT 由画家琼·米罗（Joan Miró），安东尼·塔皮埃斯（Antonio Tapies）及米格尔·巴塞洛（Mikel Barceló）画作的数字副本组成。同年 5 月，PUNTO FA，S.L. 公司新实体店在纽约开业，被告将上述 NFT 在 OpenSea 平台上发布并在去中心化元宇宙平台和各种社交网络上展出。原告西班牙知识产权保护组织（VEGAP）认为，被告在未经原作者授权和允许的情形下，将画作以 NFT 的方式进行金融交易并在各种数字平台和社交媒体上公布，该行为侵犯了原作者的著作权。本案尚在审理之中，原告已向法院申请采取预防措施，请求停止使用作品，删除所有复制作品的元素，并禁止新的侵权行为。

第四，比特币等算力产物不被视为《刑法》上的财物。在韩国“关于侵占比特币是否构成刑事犯罪的裁判”案中，[①] 争议焦点是比特币是否属于侵占罪的客体“财物”。根据韩国《刑法》第 346 条和第 361 条，侵占罪的客体仅限于自己所保管的他人的财物。但这里的“财物”并不局限于动产和不动产等有形物，能被人类管理并利用的物理能源也被视为财物（如风能、水能、太阳能等）。此外，现行刑法将财物和财产性利益区分开来，因此债券或其他类似财产不属于这里的“财物”。（参考대법원 2014. 2. 27. 선고 2011 도 832 판결）比特币是否属于侵占罪的客体“财物”呢？法院认为，首先，比特币没有物理实体，因此不属于有形物；其次，比特币是一种数字电

① 대전지방법원 2022. 7. 7. 선고 2021 노 3179, 2022 초기 987 판결。

子资源，不属于可以被人类管理的“物理能源”；最后，比特币虽然是合法货币，但并不具有法偿性和强制性，并且比特币这种虚拟货币价值波动性较大，因此也不能像支配具有固定价值的存款或债券那样对其进行支配。综上，比特币不能被认定为《刑法》上的“财物”，所以也就不能以被告人随意使用或拒绝返还为由认定被告人成立侵占罪。双方当事人之间的纠纷可通过民事途径解决。

（三）域外司法案件的启示

一是运用利益衡量等方法妥善处理算法相关司法纠纷。从人机交互的角度理解“算法”的概念，可以深入理解“三算”的非中立性与法律上的可规制性。现代社会中的算法并非实验室里的算法，而是已经深度介入社会生活的方方面面。在很多情形中，算法已经成为社会价值判断的一部分。算法在掌握信息分发权力、帮助用户作出决策的同时，具有复杂性和不透明性的特征，网络用户难以知晓算法的作用原理。由于算法本身具有复杂性的特点，因此即便是开发者也并不能直观地理解算法的含义和对错。虽然算法因人工智能机器学习对相关关系的发现而存在不确定性，但是从算法运用的告知义务、报备参数、公开参数到公开源代码都能不同程度地实现对算法的规制。对算法权力的法律规制，目前各国具体做法不一，但从路径选择来说，都在探索私法与公法齐上的综合规制模式。例如欧盟以赋予数据主体算法解释权、稀释算法权为主，以赋予数据监管机构强监管权为辅。我国也正在探索以设定平台算法义务为主、赋予个体权利为辅的复合型治理路径。

二是平衡好个人信息保护与企业数据产品赋权的双重保障。由于数据利益涉及多方主体、覆盖数据全生命周期，同时还涉及人身权益和财产权益，因此设计数据利益的规则将极为复杂，这也是对数据财产权利迟迟难以达成共识的主要原因。相比而言数据要素收益的内容更清晰明了，其本质是基于使用而产生的财产价值。数据具备非排他性和非竞争性，而数据要素收益具备排他性和竞争性。《关于构建数据基础制度更好发挥数据要素作用的意见》（“数据二十条”）中的“数据资源持有权”描述的是保有利益的正当性基础，数据经由使用后，数据要素收益初次生成于数据使用者处。应从保有利益的正当性以及价值贡献因素出发，构建数据主体与数据使用者、数据使用者与数据使用者之间的用益补偿规则（Nutzungsausgleich）。而后，逐层构建利益平衡规则，以及弱者保护、三次分配等方面的公法规则，辅以消费者基金、平台自治、数据保险等配套制度，实现数据要素收益分配的制度正义。

三是基于算力等数据财产利益价值贡献度判断正当的权益归属秩序。一方面，数据要素收益具有不确定性，如果将之与资本、土地等生产要素并列，可以发现其具有类似于投资性的属性。这使得数据要素收益具有与股权等投资性权利收益相类似的特点。必须考察经营管理的成本和贡献，以及捆绑的资本投入。另一方面，企业所获得的数据集合离不开个人用户的数字行为，域外“数字化佃农”等现象也揭示了，个体网络操作和交互的行为本身就具有劳动的属性，正如同马克思认为劳动是人的本质。处理者的劳动与生产资料相结合可以产生工业数据，而当数据主体个人的劳动介入时，将会衍生个人数据。因此，个人用户的数字行为如果具备劳动生产的价值，应当被计入使用价值贡献度因素，并且重点考虑个人用户的权益保护实效。

第五部分　人工智能法治发展专题报告

一、企业数据保护研究报告[①]

（一）问题的提出

数据作为新型生产要素，具有巨大的经济价值和社会价值。“谁拥有数据”或“数据到底属于谁”成为近年来社会各界广泛关注的问题。对于能够识别特定自然人的个人数据，学界已充分认识到应当走出单方面强调个人数据保护的误区，积极“探索激励相容的个人数据治理之道”。[②]然而，对于非个人的、匿名化数据，[③]国内学界却倡议赋予企业专有性的、排他性的数据财产权。企业数据财产权“旨在安排一种鼓励企业数据经济化的私有结构，这种结构体现为企业自身的可支配性和排他占有私益”。[④]

---

① 本文作者：付新华，北京交通大学法学院副教授，数据法学研究中心主任，法学博士，应用经济学博士后。本文系教育部人文社会科学研究青年基金项目“数据要素下超级平台数据垄断的法律规制研究”（项目批准号：21YJC820010）、中国博士后科学基金第69批面上资助项目（项目批准号：2021M690334）的阶段性成果。

② 参见周汉华：《探索激励相容的个人数据治理之道——中国个人信息保护法的立法方向》，载《法学研究》2018年第2期。

③ 为了与能够识别特定自然人的个人数据区分开，暂且将企业在提供服务时自动收集的、非个人的、匿名化数据统称为“企业数据”。虽然从严格意义上来讲，个人数据与匿名化数据之间的界限并非简单明确，但在将匿名化数据清晰归属于特定自然人之前，本文暂将其划归为企业数据。

④ 参见龙卫球：《数据新型财产权构建及其体系研究》，载《政法论坛》2017年第4期。

也有学者采用数据所有权、[①]数据权、[②]数据知识产权[③]等称谓，但其核心内涵均在于赋予企业专有性的、排他性的数据权利。鉴于此，笔者将这种主张对企业收集的非个人的、匿名化的数据，赋予企业专有性、排他性财产权的观点统称为企业数据财产权保护论。

本文将对企业数据财产权保护论进行反思，力图证明数字经济时代自上而下地创设企业数据财产权并非明智之举，不仅有悖于数字经济的运行实践和逻辑特征，而且会带来诸多现实难题。从数字经济发展的角度而言，重要的不是将数据完全归属于谁，而是定义企业之间的数据使用权。企业数据使用问题应当留给最了解自己商业运营实践的商业公司，由具有利益关系的公司通过合同和技术措施实现企业的数据权益和经营利益。为了降低企业之间缔结合同的交易成本，政策制定者可以发布企业数据使用合同指南和示范合同条款，促进企业探索可靠标识数据源的技术解决方案。

（二）数字经济下企业数据财产权的证成逻辑

企业数据财产权保护论者从现有法律适用困境出发，基于明确数据权属的角度，以及经济学上的激励理论和“财产规则”对企业数据财产权进行合理性证成，认为创设企业数据财产权已刻不容缓，是社会经济发展的必然要求。[④]

1. 基于法律适用困境的证成

企业数据财产权保护论者认为，企业数据保护是全新的时代课题，既有权利体系和法律制度不具有完全匹配性，面临适用困境，亟须创设新的法律制度予以规制。知识产权主要保护具有独创性、新颖性的智力成果，现实中大部分数据是系统和设备自动收集的，难以满足“智力创造”的要求，将知识产权适用于企业数据的保护面临诸

① 参见王融：《关于大数据交易核心法律问题——数据所有权的探讨》，载《大数据》2015 年第 1 期。
② 参见许可：《数据保护的三重进路——评新浪微博诉脉脉不正当竞争案》，载《上海大学学报（社会科学版）》2017 年第 6 期。
③ 参见徐实：《企业数据保护的知识产权路径及其突破》，载《东方法学》2018 年第 5 期。
④ 参见许可：《数据权属：经济学与法学的双重视角》，载《电子知识产权》2018 年第 11 期；龙卫球：《数据新型财产权构建及其体系研究》，载《政法论坛》2017 年第 4 期；孟涛：《基于“丰鸟数据之争”的数据财产的法律属性与保护路径》，载《大连理工大学学报（社会科学版）》2019 年第 2 期。

多不适应性。[①] 特殊数据库权利是建立在企业对数据库投资的基础上，而非建立在对创设数据的投资基础上，因此该权利无法为数据提供保护。[②] 商业秘密旨在维护竞争秩序，并非赋予专属权利，只能获得相对薄弱的保护，且商业秘密不具有排他效力，持有人承担较重的证明责任，[③] 实践中，虽然企业援引商业秘密规则保护数据的行为较多，但未能得到法院的支持。《反不正当竞争法》第 2 条的适用具有不确定性，不能完全覆盖数据保护的独特要求。[④] 合同的相对性不足以应对数据产权的专有性，复杂的价值链关系需要一个强有力的权利制度来规范行业交易。[⑤]

2. 基于明确数据权属的证成

近年来，企业间的数据纠纷日益增多，有研究者认为，数据之争的原因关键在于数据权属不清，并引用科斯的名言“缺乏清楚的产权界定，便不存在有效的市场”加以论证。[⑥] 有学者认为，关于数据纠纷的司法裁判非常接近于为企业合法形成的数据确立一种新的排他性财产权，只是没有在名义上予以明确而已。[⑦] 赋予企业数据财产权可实现数据资源的优化配置，推进数据市场的稳定发展。[⑧] 企业数据财产权使企业按照其意愿转让或授权他人使用数据集合，是数字经济的最佳保障。[⑨]

3. 基于激励理论的证成

激励理论是支持企业数据财产权的重要论据之一。企业数据财产权保护论者普遍认为，赋予企业数据财产权可以激励企业生产、收集、分析、交易数据。例如，龙

---

① 参见曹建峰、祝林华：《欧洲数据产权初探》，载《信息安全与通信保密》2018 年第 7 期；徐实：《企业数据保护的知识产权路径及其突破》，载《东方法学》2018 年第 5 期。

② 参见曹建峰、祝林华：《欧洲数据产权初探》，载《信息安全与通信保密》2018 年第 7 期。

③ 参见许可：《数据保护的三重进路——评新浪微博诉脉脉不正当竞争案》，载《上海大学学报（社会科学版）》2017 年第 6 期。

④ 徐实：《企业数据保护的知识产权路径及其突破》，载《东方法学》2018 年第 5 期。

⑤ 参见曹建峰、祝林华：《欧洲数据产权初探》，载《信息安全与通信保密》2018 年第 7 期。

⑥ 参见许可：《数据保护的三重进路——评新浪微博诉脉脉不正当竞争案》，载《上海大学学报（社会科学版）》2017 年第 6 期。

⑦ 参见龙卫球：《数据新型财产权构建及其体系研究》，载《政法论坛》2017 年第 4 期；徐实：《企业数据保护的知识产权路径及其突破》，载《东方法学》2018 年第 5 期。

⑧ 参见徐海燕、袁泉：《论数据产品的财产权保护——评淘宝诉美景公司案》，载《法律适用》2018 年第 20 期。

⑨ 参见许可：《数据保护的三重进路——评新浪微博诉脉脉不正当竞争案》，载《上海大学学报（社会科学版）》2017 年第 6 期。

卫球教授认为，企业数据财产权在功能上可以为企业数据活动提供最基本的动力和保障，企业通过法律对其数据的赋权，直接获得保护其数据的一种全新的独立的合法依据，企业的数据动力得到有效支持，企业的付出和努力得到合理肯定，企业的经营机制和作用得到有效安排和促进。①

4. 基于“财产规则”的证成

企业数据财产权保护论者对该权利的经济学论证主要是依循“财产规则”的方向展开。“财产规则”是指未经产权持有者同意，不得强制转让产权，并且转让的价格由交易双方协商确定。基于“财产规则”的企业数据财产权意味着，企业对特定数据享有绝对权，未经数据财产权享有者的同意，其他企业和个人不得使用、访问其数据。学界和产业界均出现了以洛克的“劳动赋权论”作为创设企业数据财产权合法性依据的观点，即企业对数据的生成和收集投入了资本、人力、技术，理应获得对数据的所有权。②

（三）数字经济下企业数据财产权保护论之反思

1. 企业数据财产权与数字经济运行的逻辑特征相悖

首先，企业数据财产权与数据本身的性质不符。数据具有非竞争性和非排他性，不宜将数据与物理财产进行类比。数据蕴含的巨大经济效用和社会效用，决定了其在某种意义上是一种公共产品，③赋予企业专有性、排他性的数据财产权，无疑会阻碍其他市场参与者对数据的使用，从而降低整体社会效用。④其次，企业数据财产权与数字经济的运行逻辑不符。企业数据财产权是一种绝对权，具有专有性和排他性，企业对数据的利益一旦通过专有权的方式固定和绝对化，则意味着在该权利范围内为

① 参见龙卫球：《数据新型财产权构建及其体系研究》，载《政法论坛》2017 年第 4 期；龙卫球：《再论企业数据保护的财产权化路径》，载《东方法学》2018 年第 3 期。

② 参见徐海燕、袁泉：《论数据产品的财产权保护——评淘宝诉美景公司案》，载《法律适用》2018 年第 20 期；姬蕾蕾：《数据产业者财产赋权保护研究》，载《图书馆建设》2018 年第 1 期；石丹：《大数据时代数据权属及其保护路径研究》，载《西安交通大学学报（社会科学版）》2018 年第 3 期。

③ 参见吴伟光：《大数据技术下个人数据信息私权保护论批判》，载《政治与法律》2016 年第 7 期。

④ See Wolfgang Kerber，*A New（Intellectual）Property Right for Non-Personal Data?An Economic Analysis*，Social Science Electronic Publishing，37：8—11（2016）.

他人行为设置了绝对的禁区。① 数字经济时代企业收集的数据不仅对自己具有重要价值，对其他市场参与者也具有重要价值，在数据集的上游创设企业数据财产权会阻碍数据自由流动，进而阻碍数字经济的竞争和创新。② 最后，企业数据财产权与数字经济的动态特征不符。企业数据财产权对企业数据在一段固定时间内进行绝对保护，将阻碍大数据价值的实现。大数据不仅是关于稳定的数据集，更是关于高度动态的、以"流"的形式存在的、活的数据，③ 这些数据的价值会随着时间的流逝而消失。大数据分析依赖于对实时数据的持续访问。企业数据财产权忽略了数字经济的动态特征。

2. 企业数据财产权将面临权利分配难题

企业数据财产权是一项绝对权，其专有性和排他性决定了权利人在利益支配上必须得到极高的安定性，因此权利归属规则必须精确。企业数据财产权保护论者认为，创设企业数据财产权可以明确权属，然而事实可能事与愿违，企业数据财产权将面临权利分配难题。数字经济时代，物联网等新的商业模式形成了非常复杂的连接系统，企业数据财产权往往涉及多方利益主体，各方主体均有理由主张对相关数据享有一定的权利，究竟应将这一专有权赋予哪方主体，或者哪家公司能从数据中获益最多，这些问题导致数据财产权的分配尤其困难，④ 这将给立法机构带来相当大的挑战。企业数据财产权面临的权利分配难题将带来高度的法律不确定性风险。德国工业协会反对引入新的数据所有权，"所有权"被认为是一种不符合数字经济需求的概念，被视为一种需要避免的政府干预形式，立法机构应该从一开始就不要创造这样的权利。⑤

---

① 参见王镭：《电子数据财产利益的侵权法保护——以侵害数据完整性为视角》，载《法律科学（西北政法大学学报）》2019 年第 1 期。

② See Josef Drexl, *Designing Competitive Markets for Industrial Data*, 8 Journal of Intellectual Property, Information Technology and E-Commerce Law 263—265（2017）; Wolfgang Kerber, *A New（Intellectual）Property Right for Non-Personal Data?An Economic Analysis*, Social Science Electronic Publishing, 37: 19（2016）.

③ 参见涂子沛：《大数据》，广西师范大学出版社 2015 年版，第 IX 页。

④ See Wolfgang Kerber, *A New（Intellectual）Property Right for Non-Personal Data?An Economic Analysis*, Social Science Electronic Publishing, 37: 6（2016）.

⑤ See Josef Drexl, *Designing Competitive Markets for Industrial Data*, 8 Journal of Intellectual Property, Information Technology and E-Commerce Law 260（2017）.

3. 企业对数据的生成、收集和交易无需法律激励

企业数据财产权不是激励企业生成、收集和交易数据的必要条件，即使没有企业数据财产权的激励，企业基于自身业务的维系和发展也会积极生成和收集数据。从经济学角度来讲，只要数据生成、收集和交易的边际收益超过其边际成本，企业就会继续生成、收集和交易数据。当前互联网企业的商业实践表明，企业可以在向用户提供服务的同时，以非常低的成本收集大量数据。没有证据表明在数字经济中生产、收集和交易数据的动机会因为没有确立企业数据财产权而有任何减损，如果没有激励问题，那么创设新的企业数据财产权的重要论点就会消失。①

4. 企业数据财产权将对隐私造成威胁

一般而言，我们通常把个人数据定义为与自然人相关的能够识别特定自然人的数据，将企业数据定义为非个人的或匿名化的数据，个人数据保护法和隐私法侧重对个人数据的保护，而企业数据财产权则侧重对非个人和匿名化的企业数据的保护。然而，无论是个人数据，还是企业数据，其概念的内涵和边界及其数据权属的划分远非看起来这么简单明确，权属划分的效果和意义更是有待考察。在大数据挖掘和分析技术下，“能够识别自然人”的数据范围可能越来越大，在汇总非个人数据时，处理大数据的强大关联算法可以将这些数据与个人相关联，从而将非个人数据转变为个人数据，如果有足够的努力，那么完全匿名化几乎是不可能的。② 如果将暂时处于匿名或非个人数据完全归属于企业，使企业享有绝对的、排他的专有财产权将造成对个人数据或隐私的威胁或侵犯。

5. 我国立法和司法对企业数据财产权均持谦抑态度

从立法角度来看，有学者认为原《民法总则》第 127 条是法律对企业数据提供保护的表态，并通过解释认为对于企业数据应采取财产权的方式进行保护。③ 事实上，并不能通过该条文的规定得出应当赋予企业数据财产权的唯一解。该法律条文恰恰

① See Wolfgang Kerber，*A New（Intellectual）Property Right for Non-Personal Data?An Economic Analysis*，Social Science Electronic Publishing，37：8—11（2016）.

② See Peter K. Yu，*Data Producer's Right and the Protection of Machine-Generated Data*，93 Tulane Law Review 894（2019）.

③ 参见龙卫球：《数据新型财产权构建及其体系研究》，载《政法论坛》2017 年第 4 期。

说明了立法者对于是否对数据给予保护，以及提供何种保护，尚未形成较为成熟的见解，给后续的立法和相关讨论提供了空间。正因如此，在我国具有示范性和引领性的地方性数据立法《上海市数据条例》及其配套措施并未确认企业专有性的、排他性的数据财产权，提出“探索更加灵活的数据要素配置体系”，体现了地方立法机构在数据赋权方面的审慎态度。

从司法实践角度来看，对于数字市场中大型企业滥用市场主导地位，或者企业未经授权访问数据的行为，可以通过竞争法的适用来纠正或解决。对于近年来的数据纠纷案件，法院大多依据《反不正当竞争法》第 2 条作出裁判，法院虽承认相关企业具有一定的财产权益和竞争利益，但并未确认企业数据财产权。通过引入企业数据财产权无法解决力量不平衡和数据利益不公平分配的问题，而竞争法可以为此提供解决的思路和相应的救济。①

（四）企业数据使用权的合理性及其实现机制

对企业数据财产权的批判并不意味着企业数据不应受到保护，在数字经济复杂的利益网络中有必要对数据进行治理，但创设企业数据财产权并非明智之举。从促进数字经济发展和数据自由流动的角度来讲，真正有助于实现数据价值的制度安排不是创设企业数据财产权，而是定义企业之间的数据使用权，建立高效的企业数据使用规则，促进企业数据的使用、访问和共享。

1. 企业数据使用权的合理性

企业数据使用权是由具有利益关系的公司通过合同所创设和定义的，由企业的技术措施所保障的企业数据控制权，包括使用或许可他人使用数据，以及避免数据被他人非法使用和访问的权利等。首先，企业数据使用权是一种相对权，由具有利益关系的公司之间的私人合同所创设、定义和分配。其次，企业数据使用权具有有限性，受到个人数据权和隐私权的限制，当消费者主张个人数据权或隐私权时，企业数据使用权应当排在其后。再次，企业数据使用权的实现有赖于技术措施对企业数据的清晰标识和事实控制。最后，企业数据使用权并不总是授予某一方，而是由具有利益关系的

① See Wolfgang Kerber，*A New（Intellectual）Property Right for Non-Personal Data?An Economic*，Analysis，Social Science Electronic Publishing，37：8—11（2016）.

各方基于具体情境，综合考虑数据的创建、保存、使用等因素，在合同中明确企业数据使用权的享有者。

企业数据财产权保护论者以经济学上的“财产规则”理论来论证赋予企业数据财产权的正当性，然而，以经济学上产权保护的“责任规则”为基础构建企业数据使用规则效率更高，也更符合数字经济的特征。“责任规则”指的是使用者可以不经产权持有者的同意，先使用物品，后支付合理对价，也称为强制交易规则。法律经济学大师卡拉布雷西认为，在市场交易成本很低的情况下，“财产规则”是有效率的，如果交易成本很高，那么“责任规则”更有效率。① 现实中，自愿的数据交易成本较高，经营者之间平等协商较难进行，互联网巨头公司往往垄断数据资源，不允许其他企业访问其数据，但数据资源的重新配置本身是有效率的。在这种情况下，根据“责任规则”，允许数据使用者先使用数据，再根据第三方估价让数据使用者支付合理价格将更有效率。

企业数据使用和访问规则的构建，应当由公司之间通过合同定义和分配企业数据使用权，可以大大降低立法成本。数字经济涉及的行业领域繁多，政策制定者不可能创设出一种可以完全适用于所有行业部门的企业数据财产权。② 与其创设一个看似简单明确，实则问题重重的企业数据财产权，不如将数据使用与访问问题留给商业公司之间的私人合同，由具有利益关系的公司在合同中明确哪一方主体有权使用并许可他人使用数据。基于合同的企业数据使用权为各方提供了随着时间的推移尝试不同安排的可能性，并且可以灵活地适应数据经济中不同部门的不同情况，允许各方专门设计针对新业务模式所需的权利和义务，大大降低立法难度和成本。③

2. 企业数据使用权的实现机制

企业数据使用权是由企业之间的合同所定义和分配的。当前的大数据交易，关于数据访问和使用的授权都是通过公司之间的合同安排来完成的，通过订立合同可以在数据的整个生命周期内为权利主体提供相应的保护，在未经授权披露数据的情况下，权利主体可以通过强制执行合同来确保遵守合同义务。通过向企业赋予数据专有财产

① 参见陈永伟：《数据产权应划归平台企业还是消费者？》，载《财经问题研究》2018 年第 2 期。

② See Wolfgang Kerber, *A New (Intellectual) Property Right for Non-Personal Data?An Economic Analysis*, Social Science Electronic Publishing, 37: 15—16 (2016).

③ See Josef Drexl, *Designing Competitive Markets for Industrial Data*, 8 Journal of Intellectual Property, Information Technology and E-Commerce Law 277—278 (2017).

权来干扰这一有效的数字经济运行系统，不仅是不必要的，而且往往会导致经济上错误的分配，会带来扰乱市场运作的风险。①从世界范围来看，美国、欧盟、日本等国家或地区均未创设企业数据财产权，且均将政策关注力投向了企业之间关于数据使用权的私人合同。

企业之间未在合同中明确定义和分配企业数据使用权，成为阻碍数据自由流动的障碍。为了继续发挥合同在数字经济发展中的积极作用，政策制定者可以在现有政策法规的基础上就如何在合同中定义和分配企业数据使用权问题发布指南。2017 年日本经济产业省和物联网加速联盟发布的《数据使用权合同指南》明确了利益相关方订立数据使用权合同的步骤，并说明企业在协商合同的详细信息或条款时应考虑的方法，各方对数据创建的贡献水平，如出资水平、财务负担、设备所有权或使用权、经营实体、独创性等，具有可行性和借鉴意义。②政策制定者也可以在了解合同惯例和最佳商业实践的基础上发布示范合同条款，为数据使用许可提供合同范本。

技术措施是实现企业对数据的事实控制、保障公司基于合同进行使用授权的基础。在数字经济实践中，公司一般都会通过技术手段来保护业务运营过程中产生的数据免受第三方未经授权的访问或使用，构成了对数据的事实排他性。为了保障企业对数据的事实控制，增加交易者在数据层面的信任和安全，在数据的许可和流转过程中需要可靠地识别数据来源，提高数据源的可追溯性。政策制定者可以定义用于可靠识别数据源的标准化的协议，推动探索区块链等可靠识别数据源的技术解决方案，实现企业对数据的现实控制。

（五）结　语

数字经济的治理应充分考虑数字经济的运行实践和逻辑特征。引入企业数据财产权将会带来更多的问题而不是答案。在数字经济时代，真正需要激励的是对企业数据使用的开放和共享，企业数据使用规则的构建应成为未来的重要政策研究课题。

---

① See Drexl J，Hilty R，*Desaunettes L*，*et al. Data Ownership and Access to Data-Position Statement of the Max Planck Institute for Innovation and Competition*，of 16 August 2016 on the Current European Debate（August 16，2016）.

② See METI，*Contract Guidelines on Data Utilization Rights ver. 1.0 Formulated*，May 30，2017.

二、刑事数字合规研究报告①

（一）引　言

网络空间治理的一大特征是多主体协同，网络信息业者已经成为参与治理活动、维护网络空间安全与秩序的重要主体。但是现有规则体系在不断从多个维度强化其治理义务的同时，并未就其可能形成的价值和义务冲突予以足够关注。这一问题随着企业数字合规要求的强化而进一步凸显，即法律要求企业建立数字合规机制、开展数字合规工作的前提是合规的可能性，而上述冲突使得企业事实上陷入一种左右为难、进退维谷的合规困境。特别是在刑事司法领域，网络信息业者所承担的协助犯罪治理义务往往具有较强的刚性，其与数字法治体系下的新设义务之间的冲突更加激烈，由此形成企业三方面的数字合规困境。本文以网络信息业者为研究对象，基于其在刑事诉讼中所承担的典型协助义务，观察这些义务与新型网络信息法律义务之间的数字合规冲突并进行类型化，分析其背后的成因，进而探索化解合规困境的立法思路。

（二）刑事合规：风险与困境的界分

刑事程序法是企业一项重要的法律义务来源，违反相关义务亦可能引发多重法律责任。传统刑事诉讼制度不强调合规，主要源于其四方面的特性。第一，刑事诉讼相关措施的高强制性使得义务主体不予遵守相应义务进而引发后续法律责任的情形相对较少。第二，刑事诉讼法律义务的优先性使得其与其他法律义务发生冲突的情形也相对较少。第三，刑事诉讼程序的强主权属性使得其与域外法律规定的冲突相对较少，极少数需要协调的情形主要通过刑事司法协助机制予以解决。第四，刑事诉讼中的协助或配合义务多具有个案性，并且受到严格的正当程序和比例原则限制，其经济成本在规则设计中多被忽略不计。

在网络信息技术的冲击之下，上述特征已经开始发生变化。首先，一些传统刑事

---

① 本文作者：裴炜，北京航空航天大学副教授、博士生导师。本文系 2021 年北京市社会科学基金青年学术带头人项目“刑事诉讼数字合规困境成因及其化解”（项目批准号：21DTR016）的阶段性研究成果。

诉讼措施如特别侦查取证措施在与网络信息技术融合后，其强制性属性发生变化，如侦查机关向网络信息业者调取数据。① 其次，刑事诉讼义务之于新建立的网络信息法律义务的优先性规定不明。再次，网络空间的弱地域性打破了传统刑事诉讼活动的本国壁垒，执法义务和协助执法义务的域外溢出效应日益明显，进而使得本国法与外国法的义务冲突激烈。最后，网络信息业者协助犯罪风险一般性防控和个案打击的义务不断强化和普遍化，使得其协助成本不仅加重并且多样化。

在此背景下，刑事程序法语境下"刑事合规"面临的现实且急迫的挑战并不在于因违法违规行为触发刑责的风险，而在于规则本身因缺位、错位等使得企业面临进退维谷的合规义务冲突，由此形成的合规困境可能产生多重消极后果，既可能妨碍刑事诉讼顺利进行，亦有可能损及数字治理中的其他价值。在不化解此类冲突的情况下强推执法层面的企业数字合规，不仅无助于其建立有效的数字合规机制，反而可能使企业陷入生存困境，偏离合规制度建设的本意。

（三）数字合规困境之一：国内法律义务冲突

企业所面临的刑事诉讼领域的数字合规困境首先源于国内法层面两方面的义务协同问题：第一是刑事诉讼中的协助义务是否优先于用户个人信息保护等义务；第二是企业内部针对信息披露的审核机制能否以及在何种程度上可以作为后续法律责任豁免的依据。

1. 刑事诉讼协助义务优先性

犯罪之于国家、社会与个人的权益侵犯的严重性往往使得打击犯罪相较于其他社会价值具有优先性，但是这种优先性一则需要以明确的法律规定为依据，二则需要控制在比例原则的框架下，三则需要遵循正当程序的要求。

一方面，我国数字立法对上述义务协调问题关注较少，例如《网络安全法》即规定了网络运营者协助侦查犯罪活动的义务（第 28 条），又设置了其诸多维护网络安全和用户个人信息的义务，同时二者分别对应不同的法律责任，但缺乏协调上述两种义

---

① 参见裴炜：《论个人信息的刑事调取——以网络信息业者协助刑事侦查为视角》，载《法律科学（西北政法大学学报）》2021 年第 3 期。

务的规定。《数据安全法》也存在类似的情形。

另一方面，从我国当前的司法实践来看，主要问题并非缺乏形式上的刑事司法义务优先性的法律确认，而是在于具体机制和规则层面的义务协调问题。以《网络安全法》第28条的协助义务为例，尽管该条要求网络运营者为犯罪侦查活动提供技术支持和协助，但是一则未明确该技术支持或协助是否仅指向其自身运营的网络以及基于自身业务控制或处理的数据，二则未明确该协助仅限于个案还是可以常规化，三则未明确侦查机关要求协助所对应的具体程序，使得实践中出现了犯罪风险专业数据分析和模型开发企业的协助活动处于法律的灰色地带，并且极有可能侵犯其他网络信息业者的数据安全、网络安全和用户个人信息保护。

2. 企业内部审查机制的免责效力

企业内部审查机制的免责效力是义务协同问题的延伸。在承担多重义务的情况下，企业需要通过内部机制予以平衡，而这种平衡又必然伴随着企业针对具体案件的自行审查判断。

以调取数据为例，当前世界范围内头部互联网企业多会对侦查机关提出一系列具体要求，例如通过特定平台或联系方式获取信息、要求侦查机关提供特定涉案信息、要求请求具备特定的格式等。根据欧盟2021年发布的SIRIUS项目第三次报告，当前欧洲各国向企业调取数据的一大障碍即在于响应时间过长，而企业延迟或拒绝配合的理由主要有以下九种：（1）缺少法律依据或依据不正确；（2）调取请求中的相对人错误；（3）申请不符合企业要求的程序；（4）申请内容过于宽泛；（5）没有相关数据；（6）申请缺少关于案件性质的必要信息；（7）地域管辖限制；（8）申请缺少有效的身份验证；（9）申请缺少足够信息以确认“紧急情况”。①

上述理由典型地反映出企业需要在多重义务之间进行衡量，尽可能避免因协助执法而不当减损用户相关信息权益。这也意味着，当企业因遵循合理的内部审查机制而造成协助延迟甚至拒绝协助时，原则上应当能够产生法律责任豁免的效果。诚然，责任豁免的重点在于如何判断“合理”，这也是滴滴案中舆论争议的焦点。

① See *SIRIUS EU Digital Evidence Situation Report*（3rd *Annual Report*）*2021*, available at https://www.eurojust.europa.eu/sites/default/files/assets/sirius_eu_digital_evidence_situation_report_2021.pdf. Accessed 27 December 2021.

（四）数字合规困境之二：国际法律义务冲突

随着网络犯罪国际治理需求的不断提升，企业面临的国际层面法律义务冲突亦同步升级，集中体现在三个方面：第一，侦查取证活动与企业跨境自愿协助之间的规则冲突；第二，侦查取证活动与企业用户个人信息保护之间的规则冲突；第三，侦查取证活动与企业跨境数据流动之间的规则冲突。以下分别从这三个方面予以分析。

1. 跨境数字侦查与企业自愿协助

侦查机关跨越国（边）境收集提取境外数据的主要实施路径之一是向控制或占有该数据的企业进行调取。① 从侦查机关的角度来看，是否允许该机关直接调取境外数据属于一国国内法规定范围；但作为相对人的企业能否协助调取境外数据，则通常需要通过国际、多边或双边协议等授权。

从当前国际实践情况来看，上述授权机制适用的范围相对有限，跨境数据直接调取更多地依赖于企业的自愿配合。② 但是，并非所有国家允许此类自愿配合。我国《国际刑事司法协助法》明确禁止境内机构、组织和个人未经主管机关许可向外国提供证据材料（第 4 条第 3 款），③ 基本上阻断了企业自愿协助境外执法机关的路径。欧盟在 SIRIUS 项目 2021 年的报告中特别就成员国相关立法进行了调研，结果表明 16.7% 的成员国明令禁止线上服务提供者（OSPs）主动配合外国执法机关，同时仅有 4.2% 的成员国明令允许。在大多数没有明确规定的成员国中（79.2%），45.9% 的成员国表示原则上允许此类自愿协作。④

---

① 在传统刑事司法框架下，跨境数据调取的常规机制是国际刑事司法协助，但该机制存在诸多弊端，无法应对网络信息时代数据调取的现实需求，因此催生出向网络信息业者跨境调取数据的新型路径。相关探讨参见裴炜：《向网络信息业者取证：跨境数据侦查新模式的源起、障碍与建构》，载《河北法学》2021 年第 4 期。

② See *SIRIUS EU Digital Evidence Situation Report*（3rd *Annual Report*）*2021*, available at https://www.eurojust.europa.eu/sites/default/files/assets/sirius_eu_digital_evidence_situation_report_2021.pdf. Accessed 27 December 2021.

③ 需要注意的是，《国际刑事司法协助法》第 4 条采用的表述是“境内”而非“本国”，意味着该规定不仅适用于中国企业，同时也适用于中国境内的境外企业。

④ See *SIRIUS EU Digital Evidence Situation Report*（3rd Annual Report）*2021*, available at https://www.eurojust.europa.eu/sites/default/files/assets/sirius_eu_digital_evidence_situation_report_2021.pdf. Accessed 27 December 2021.

当前国际层面向网络信息业者跨境调取数据的制度发展呈现出两种方向相反甚至彼此冲突的趋势：一方面强化本国刑事司法机关境外执法的能力，典型的方式是创新境外企业在境内的属地联结点，并在此基础上实质性地扩展执法管辖权；① 另一方面强化数据分割与控制，特别是通过数据主权、数据本地化等对数据流动设置地域边界。② 这种宏观层面的立法趋势冲突直接引发的是微观层面企业在具体案件中的合规困境。

2. 跨境数字侦查与个人信息保护

企业面临的第二重国际层面的合规困境体现在不断强化的个人信息保护义务与刑事司法协助义务之间。首先，不同国家或地区的个人信息保护制度在适用范围、分类标准、义务主体等多方面存在差异，这些差异直接导致即便在相同的概念名称之下，具体协助义务的范围和适用条件亦可能存在差异。其次，即便在相同的个人信息保护规定之下，不同国家或地区的刑事诉讼制度也存在较大差异。最后，即便忽略刑事诉讼制度上的差异，不同国家或地区在刑事司法与个人信息保护的制度衔接上亦存在诸多区别之处。

上述国际层面的制度差异造成了企业在平衡用户个人信息保护与协助执法两项义务中的诸多挑战；二者失衡不仅可能降低企业在全球范围内个人信息保护的整体能力和水平，同时可能因不当干预公民基本权利而减损目标数据的证据能力，③ 最终形成双输的局面。更重要的是，在缺乏必要的国际条约、多边、双边协议等法律依据和机制的情况下，企业无论是否协助一国刑事司法机关获取境外用户个人信息，均有可能引发后续不同类型的法律责任。

3. 跨境数字侦查与数据出境

企业在国际层面面临的第三类合规困境主要源于数据出境规则的限制。尽管网络空间是弱地域性的，但网络空间的规则体系却是强地域性的，特别是将以地域性为核

---

① 参见裴炜：《论网络犯罪跨境数据取证中的执法管辖权》，载《比较法研究》2021 年第 6 期。

② See Dan Svantesson, *Data Localisation Trends and Challenges: Considerations for the Review of the Privacy Guidelines*, OECD Digital Economy Papers No. 301, issued in December 2020, available at dx.doi.org/10.1787/7fbaed62-en. Accessed 29 December 2021.

③ 参见冯俊伟：《境外电子数据的取得与运用——基于第 67 号检察指导性案例的展开》，载《国家检察官学院学报》2021 年第 4 期；冯俊伟：《跨境取证中非法证据排除规则的适用》，载《暨南学报（哲学社会科学版）》2020 年第 3 期。

心属性的主权概念适用于网络空间中的数据流动时，不可避免地会形成一系列制度和机制调和上的挑战。一方面可能通过数据本地化等要求直接阻碍向境外执法机关提供涉犯罪数据，另一方面即便允许数据出境，亦可能因为出境前的安全审查等机制极大延后出境流程，进一步损及打击犯罪的效率。

我国于2017年通过《网络安全法》初步建立起特定类型数据境内存储的制度框架以来，对于数据跨境流动的规则不断细化，并集中体现在2021年制定的《数据安全法》之中。但是，该法中的诸多规则与当前刑事司法跨境数据取证的现实需求存在紧张关系。一方面，数据出境限制与高效协助执法义务之间存在矛盾。这一点直接体现在数据出境的安全审查义务之中。另一方面，一国网络信息业者以遵守本国数据安全保障规定为由，拒绝协助执行他国刑事司法机关取证命令时，该事由往往难以成为有效的外国法上免责事由。

（五）数字合规困境之三：义务履行成本失衡

企业面临的第三类合规困境涉及其协助刑事数字执法与司法过程中承担的超出合理范围的经济成本，主要包含三个事项：第一是协助执法的费用及报销或补偿；第二是技术支持过程中的网络与数据安全保障；第三是关键生产资源或资料的保护。

1. 刑事协助费用的补偿

案外人协助刑事司法权力机关开展诉讼活动，究其本质而言是其为打击犯罪这一公共事务所承担的在一般纳税负担以外的额外负担，通常其构成国家补偿义务的正当性基础。企业在为刑事司法机关提供数据或技术协助时，无论是建立起常规性的协助机制以及时接收、审查和响应诉讼要求，还是在个案中配合具体诉讼措施，均会引发相应的协助成本。对于中小型网络信息业者而言，这种协助执法所造成的成本将更为沉重。欧洲刑警组织在2021年SIRIUS项目第三次报告中指出，尽管费用报销体系对于数据提供的影响尚不明显，但随着数据调取的普遍化，该体系在未来可能深度影响调取措施。①

① See *SIRIUS EU Digital Evidence Situation Report*（*3rd Annual Report*）*2021*, available at https://www.eurojust.europa.eu/sites/default/files/assets/sirius_eu_digital_evidence_situation_report_2021.pdf. Accessed December 27，2021.

鉴于协助负担可能不断强化的整体趋势，许多世界大型互联网企业明确在其协助执法说明中提及费用报销。从我国刑事诉讼法相关规定来看，报销或补贴制度的适用范围极其有限，主要针对的是证人因履行作证义务而产生的费用（第 65 条）。企业作为协助数据调取的主体，其诉讼身份难以直接归入证人范畴，因此在适用第 65 条规定时存在困难。在司法实践中，逐渐衍生出一类以服务国家机关数据收集、分析为主营业务的网络信息业者，二者之间通过合同方式确立权利义务并支付相关服务费用，并非典型意义上的刑事诉讼法律关系，其合法性依据需要相关立法进一步予以明确。

2. 网络信息安全的保障

《网络安全法》中特别提及网络运营者为公安机关侦查犯罪活动提供技术支持的义务（第 28 条），但该义务同样可能形成企业额外成本。一方面，以加密技术为代表的安全保障机制在网络信息产业中广泛应用并且不断强化，另一方面该技术不可避免地阻碍刑事案件的侦查取证活动，二者之间的紧张关系日益凸显。① 除加密技术外，网络信息业者也广泛通过限制用户数据的存留期来提升数据的安全性和保障用户的隐私及个人信息。同时，一些国家或地区的相关立法严格限制网络信息业者的数据存留目的与期限。② 在实践中，面对超出其常规数据存留机制的刑事数据调取需求，网络信息业者常见的一种处理方式是直接表明目标数据不存在。③

这些关于数据获取功能的设置或调整不可避免地与刑事诉讼中证据保全等需求相矛盾。此外，企业为协助刑事司法活动之目的存留原本应当被清除或处理的数据，本身就需要在其常规的数据留存及处理机制之外设置例外路径，不仅可能提升其履行刑事诉讼义务的成本，同时也可能对原有机制的技术完整性有所减损。

① See Orin S. Kerr & Bruce Schneier, *Encryption Workarouds*, The Georgetown Law Journal, 106（2018）: 989, at 990—991.

② See Internet & Jurisdiction Policy Network, *We Need to Talk about Data: Framing the Debate around Free Flow of Data and Data Sovereignty*, available at https://www.internetjurisdiction.net/uploads/pdfs/We-Need-to-Talk-About-Data-Framing-the-Debate-Around-the-Free-Flow-of-Data-and-Data-Sovereignty-Report-2021.pdf. Accessed 2 January 2022.

③ See Europol & Eurojust, *First Report of the Observatory Function on Encryption*, issued in January 2019, available at https://www.europol.europa.eu/publications-documents/first-report-of-observatory-function-encryption. Accessed 7 January 2022.

3. 关键生产资料的保护

企业协助刑事司法活动还可能使其面临关键生产资料或资源受损甚至危及正常经营的困境。对此，较为典型的两种情形是电子证据载体的扣押封存与商业秘密公开。

针对电子证据载体的扣押封存，当前我国电子证据的取证措施和保全措施往往伴随着载体的同步扣押或封存。对于中小型互联网企业而言，作为其主营业务关键资源的服务器一旦被扣押或封存，将可能直接导致其业务中断。

针对商业秘密的公开，其主要涉及的是企业在通过算法模型协助刑事司法机关开展犯罪风险或社会危害性预测、线索分析、大数据证据收集提取等活动。一方面，在数字语境下，上述活动越来越多地需要借助企业的数据资源和技术支持，其所牵涉的原始数据和算法尽管对于生成有效的犯罪线索或证据材料、支撑刑事司法机关决策至关重要，但无论是从证据的审查判断还是从辩护权的有效性角度来看，都有公开相关算法以便于外部审查和质证的必要性。另一方面，上述算法可能构成相关企业的商业秘密而需要保密，从而与上述公开需求形成冲突。

（六）代结语：困境的出路？

综合全文分析可以看出，具体的困境化解措施需要建立在三个基本认知的基础之上。

首先，所谓刑事合规不能仅关注实体法层面，还要关注程序法层面；对于程序法的关注不能仅限于工具论的视角，相反地，从合规概念的内涵出发，更需要关注的是刑事诉讼制度对企业设置的义务本身。可以预见的是，企业在犯罪治理中承担的数字协助义务会不断强化，而要真正发挥其预防和打击犯罪的功能，需要避免其因承担刑事司法义务而陷入两难境地。

其次，数字合规困境的形成不仅源于刑事诉讼制度自身的应对迟滞，同时也源于新型数字法律制度建设中的视野偏差。我国网络信息领域的最新立法在不着重区分公私领域的同时，又基本上忽略了犯罪治理的特殊性，二者存在着多重衔接不畅之处。①

① 例如就个人信息保护制度与刑事诉讼的衔接问题，已经受到越来越多关注，参见郑曦：《刑事诉讼个人信息保护论纲》，载《当代法学》2021 年第 2 期；程雷：《刑事司法中的公民个人信息保护》，载《中国人民大学学报》2019 年第 1 期；裴炜：《个人信息大数据与刑事正当程序的冲突及其调和》，载《法学研究》2018 年第 2 期。

许多数字侦查措施尽管为打击犯罪所必须，但因缺乏与新型数字权益兼容的法律框架而处于灰色地带，不仅无助于刑事司法相关法律规定的数字化转型，同时也可能在实质上减损新型数字权益本身，进而整体性地减损刑事诉讼的数字正义。

最后，刑事数字合规困境反映出了网络信息时代国内法的国际溢出效应的不断强化。网络空间的犯罪治理无法忽略其他法域的相关法律制度，国际对话与协作的需求空前高涨。一方面，单向性协助刑事司法义务的设置或强化可能直接与其他国家或地区的法律规定相冲突，增加犯罪治理的制度障碍；另一方面，国际规则特别是权利保障机制的不平衡以及诉讼程序的衔接不畅既可能造就犯罪分子逃避刑事追诉的避风港，同时也可能形成规避公民权利保障机制的正当程序洼地。此外，网络信息产业自身天然的全球拓展属性意味着国际规则的冲突会不可避免地阻碍本国企业的国际业务拓展和竞争力的提升。

基于上述三方面的基本认知，我们进一步审视当前企业面临的三重刑事数字合规困境，其化解需要至少从以下三个方面予以突破。

第一，加强数字法治建设与刑事司法的对话和衔接。不仅强调刑事诉讼制度的数字化转型，同时也需要强调数字法治建设对刑事诉讼价值与目标的适应。在具体的衔接机制尚未成熟之时，至少可以在相关网络信息立法中对刑事司法活动设置必要的例外，缓解义务叠加下企业的合规挑战。

第二，加强网络空间国际治理规则的对接和合作机制的探索。单方刑事诉讼措施的域外适用需要考虑到该措施对于本国网络信息业者可能造成的负面影响，一方面继续积极推进当前联合国正在开展的新网络犯罪公约的起草和谈判工作，尽可能为跨境开展犯罪治理活动寻找国际法依据；另一方面通过借助国际多边、双边等机制，形成国际间或区际间跨境刑事数据侦查取证的通道。

第三，关注网络信息业者履行法律义务的可行性与合比例性。单位、组织、个人尽管有协助刑事诉讼活动的法律义务，但是这种协助并非没有边界、不计成本。相关义务的设置，一是不应当实质性地损及网络信息业者的正常运营活动，二是需要对超出合理边界的协助义务设置必要的补偿机制，三是需要考虑特殊侦查取证措施与网络和数据安全的协同。

三、元宇宙安全风险的治理机制研究报告[①]

（一）真问题，还是蹭热点：元宇宙应用需法律专门规制？

在回应该问题前，有必要进行反思，在互联网产业尚未对元宇宙技术形态达成共识之前，“元宇宙应用是否需要法律专门规制”究竟是以过往技术创新规制经验为基础的“真问题”，还是法学研究为了“蹭热点话题”而作出的纯理论猜想？在回答这个问题之前，显然有必要对元宇宙的基本概念、应用场景和可能风险进行整体性评估，因为法律不可能预见技术创新的发展方向，也不可能精准判断技术误用造成的损害范围和损害类型，唯有通过整体性评估才能确认元宇宙的技术安全风险及其可能产生的损害结果是否需要法律进行专门规制。因此，“元宇宙应用是否需要法律专门规制”这一问题也就可以分为三个子问题：第一，如何理解元宇宙安全风险的法律性质；第二，元宇宙安全风险及其损害结果是否严重到需要法律特别介入；第三，如果严重的话，法律究竟应当以何种方式回应元宇宙应用的安全风险？

（二）技术概念未决下的风险预测与建构理论滥觞

1. 元宇宙安全风险的基本特征

从元宇宙的概念界定和应用场景来看，元宇宙的技术构想是对基本社会结构和法律关系的重大改变和调整，主体、客体和权利义务内容均存在一定程度的异化。例如，元宇宙固有的匿名化特征促使数字身份成为解决元宇宙法律纠纷的前提条件，非面对面的交易活动需要更加安全的身份认证机制和健全的社会信用体系，此时，法律主体虚拟身份的真实性问题显然成为法律需要回应的技术风险。不过，产业界和学界对于元宇宙安全风险及其可能产生损害结果的认知大多停留于“假设”阶段，有关“元宇宙的安全风险需要专门规制”这一主张的现实依据不尽相同，归根结底在于元宇宙所呈现的虚拟空间具有高度的开放性和去中心化特征。这两种基本技术特征导致了元宇宙商业化应用方式、风险形成原理和技术安全漏洞未来发展的不确定性。产业界对于元宇宙安全风险的理解主要体现在以下层面：一是元宇宙会引发新一轮的数据

① 本文作者：赵精武，工信部工业和信息化法治战略与管理重点实验室办公室主任、研究员。

安全和隐私泄露问题；二是算力资源紧缺，现有基础设施或将无法支撑全球或全国规模的元宇宙空间运作；三是垄断危机，即互联网巨头为了谋取竞争优势而各自打造相对封闭的技术生态，进而导致技术发展滞缓；四是伦理风险，过度沉迷虚拟世界而加剧社交恐惧以及虚拟身份对现实伦理的突破；五是知识产权体系崩塌，既包括人机交互产生的内容难以确定是否构成“作品”，也包括以 NFT 为代表的著作权保护问题。然而，这些风险终究仅是一定程度的合理假设，并且也只是技术发展过程需要解决的现实问题或安全漏洞，是否属法律应当事前规避的风险类型仍然需要从法律关系和权利义务内容层面予以解释。

2. 元宇宙技术规制的建构性主张滥觞

虽然元宇宙应用场景及其风险类型已经对基本的法律关系产生影响，但这种影响的方式和程度很难称得上“根本性改变”。一方面，元宇宙安全风险的形态与现有技术的规制逻辑基本相同，例如个人信息保护、数据安全保障是网络平台的法定义务，虚拟身份的真实性问题与网络实名制、身份验证机制挂钩等；另一方面，元宇宙部分安全风险属于技术层面需解决的安全漏洞，并不属于法律需要解决的风险类型。事实上，学界已经有学者对元宇宙的法律规制进行了尝试论证，认为元宇宙对于数据的搜集、使用呈现“一揽子授权”的倾向，且互通互联的网络节点促使各个节点的数据能够更加轻易地间接识别到特定自然人，[①] 其研究视角显然并没有突破现有的风险类型，侧重的是现有个人信息保护规则如何适用于元宇宙场景之中。不过，正如前文所述，在技术悲观主义者看来，元宇宙所带来的技术风险具有不确定性，需要立法者提前布局，尽早将元宇宙纳入法律的调整范畴。但这些学术观点却又“殊途同归”，大多将元宇宙的风险治理问题回归到行政监管和行政立法领域，提出监管机构应当建立何种制度或者针对某类风险事项进行专门监管。诚然，制度建构性主张仅代表了社会治理方式和法律实施的一种方式，针对潜在的安全风险提出相对应的解决方案，但仔细观察这些制度建构性主张，并未真正解决两个方面的问题：第一，风险内容不确定。部分观点指明了元宇宙存在各种安全风险，但是对于这些风险的产生方式、关键环节等内容并没有展开论述，反倒陷入了“技术发展不确定导致风险内容不确定”的逻辑

① 王德夫：《元宇宙领域的个人信息保护新挑战与法律应对》，《中国市场监管研究》2021 年第 11 期。

论证怪圈。倘若仅是对现有安全风险类型的制度回应，其观察视角显然应当是元宇宙对《个人信息保护法》《网络安全法》等法律法规适用方式的挑战，而不是笼统且概括地主张需要创设新的法律制度。此外，风险内容的不确定将会导致风险预防事项与制度建构方向的不匹配。在产业界未能阐明虚拟世界与现实世界以何种方式相互融合之前，法律所要真正解决的是现有立法体系和制度规则是否能够解决绝大多数的安全风险问题。否则无法解释元宇宙的法律行为与现实世界的法律行为究竟有何本质区别。第二，规制方式不确定。面向元宇宙安全风险，制度建构性主张的结论大多也是以“建构专门规制方案”为核心，提出“技术 + 法律”“法律 + 市场”等可行的规制方向，但对于不同规制工具之间如何组合应用并未提出具体建议。造成这一现象的原因是对元宇宙风险认知的不确定性导致其制度建构性主张仅能停留于宏观层面。事实上，制度建构性主张的滥觞问题并不只停留于元宇宙理论研究，同样存在于其他信息技术风险治理的理论研究中。所谓的“滥觞”实际指向的是“法律万能主义”的认识偏差，不是每一项新型信息技术的诞生都意味着法律需要专门规制，要避免法律陷入“每一项技术对应一项法律规则”的立法泥沼。

客观而言，在法学话语体系下，元宇宙的安全风险本质上并没有超越现有的研究范畴。追根溯源，其规制重心仍然集中在个人信息和隐私保护、数据安全监管、虚拟财产交易安全、运营平台的法定义务等核心议题。例如，学者们对元宇宙最担心的去中心化风险问题不过是底层技术区块链应用风险的映射。从区块链现有的应用场景来看，全世界任何人均可参与的公有链模式发展相当滞缓，完全抛开国家边界和公权力监管的“去中心化”模式并不存在。在立法层面彻底解决区块链去中心化程度问题之时实际上也是解决元宇宙去中心化安全风险之时。因此，“元宇宙应用是否需要法律专门规制”这一核心问题其实也就转化为“现有法律制度如何适用于元宇宙场景”。

（三）建构性主张滥觞的现实成因与理念矫正

1. 法律回应技术的理论范式

学界关于法律如何回应元宇宙乃至信息技术创新的理论学说并不鲜见，不少学者已经开始尝试援引其他学科的理论范式解决法律对一般信息技术的回应方式与治理逻辑。理论研究的基本逻辑要避免针对每一项新兴技术进行全面的风险假设与应对机制分析，而是应当基于过往技术规制的制度经验形成有关法律规制技术的一般性理论范式。我国近年来的网络安全和数据安全立法经验已经表明，将技术作为独立规制对象的立法思路很难从根本上解决问题，技术之间的交叉组合需要更为体系化的方法论来解释技术与法律之间的逻辑关系。总结学界现有的研究成果，有关法律回应技术的理论范式包括敏捷治理理论、元规制理论、生产性的法律理论等。

敏捷治理理论最早是在管理学领域提出的概念，此处的“敏捷”①主要用于表述“对意想不到的变化作出反应的能力”。②此后，“敏捷治理”逐渐演变成涵盖快捷、灵敏和协调三个层次的管理学理论范式，公共管理学则将敏捷治理界定为“一套具有柔韧性、流动性、适应性的行动或方法”，③诸如“一体化政务服务”“一网通办”即是敏捷治理的最佳体现。敏捷治理理论所强调的治理方式和治理工具的灵活性与多变性恰好与元宇宙自身的复杂架构相契合，故而也有学者主张敏捷治理理论适用于元宇宙领域。其中，法律的介入方式应当是以分行业审查为起点，明确虚拟空间法律行为的正当性基础，填补可能存在的立法空白。尤其在调整虚拟空间的“化身”(即虚拟身份)与现实世界的真实身份时，有必要对社会信用机制和责任承担方式予以细化，“公众参与和公开披露正是有效治理元宇宙的关键”。④

元规制理论原本主要用于德国食品药物安全领域的社会规制问题，是介于“国家规制”和“自我规制”之间的规制类型，其核心思想是对自我规制实施规制。具体而言，在元规制理论下，规制对象得到法律规范的授权，通过内部的管理机制或标准体系达成行政监管的基本目标。⑤而技术黑箱、平台自治等产业发展特征让部分学者开始探索在技术规制领域援引元规制理论：如网约车模式下，除了强调政府监管部门主

① 美国学者 Nagel 在《21 世纪制造业企业战略报告》中首次提出管理领域的敏捷概念，呼吁美国从大规模生产向敏捷制造转变，以应对全球时局之变，重振美国制造业的竞争力。

② 赵星、陆绮雯、元宇宙之治:《未来数智世界的敏捷治理前瞻》,《中国图书馆学报》2022 年第 1 期。

③ 薛澜、赵静:《走向敏捷治理：新兴产业发展与监管模式探究》,《中国行政管理》2019 年第 8 期；曹海军、侯甜甜:《敏捷赋能视角下的数字政府建设：实践缘起与理论建构》,《吉林大学社会科学学报》2021 年第 6 期。

④ 赵星、陆绮雯:《元宇宙之治：未来数智世界的敏捷治理前瞻》,《中国图书馆学报》2022 年第 1 期。

⑤ 乔大丽:《元规制和自我规制视域下的共治型药品安全规制模式研究》,《学术交流》2020 年第 5 期；金健:《德国食品安全领域的元规制》,《中德法学论坛》2018 年第 1 期。

导网约车平台的安全保障义务之外，同时在规制策略层面强调对平台内部管理机制的建构；① 在算法规制场景下，引入元规制理论，通过数据控制者采用“数据保护影响评估”“经设计的数据保护”等制度工具建构算法审查机制。②

生产性的法律理论认为，“法律需要对新型生产方式进行回应，并确保生产资料与新生产关系之间的合法性”。③ 国内有学者以脑机接口的风险规制为例，基于生产性的法律理论，认为法律对技术回应的方式主要表现为“确认新兴技术合法性”和“协调新旧生产组织利益冲突”。一旦技术发生系统性创新，法律往往难以及时回应新兴技术风险，其原因除了立法不可能先于技术的客观因素之外，还包括技术创新改变既有的生产关系。因此，法律规制新兴技术的基本思路是以“新型技术的发展”“单一功能和通用功能的技术模式”“平台化的技术模式”和“技术应用场景固化”四个阶段确认法律系统对技术系统的回应方式。④

2. 法律回应元宇宙的一般立场：阶段性风险预防

元宇宙作为三维化的互联网，算法、人工智能、区块链、数字孪生等技术是元宇宙的基本架构，现阶段算法治理、区块链技术治理等法律议题的解决是否意味着元宇宙基础问题的解决呢？现在就作出结论未免为时过早，在元宇宙出现真正意义上的“场景应用”之前，法律需要解决的核心问题依然是元宇宙概念是否会对既有立法体系和法律概念产生直接影响。进一步而言，法律真正关注的是元宇宙在具体应用场景

---

① 马光泽：《网约车元规制：功能、合法性及其实践重塑》，《理论月刊》2019 年第 8 期。

② 程莹：《元规制模式下的数据保护与算法规制——以欧盟〈通用数据保护条例〉为研究样本》，《法律科学（西北政法大学学报）》2019 年第 4 期。

③ 胡凌：《理解技术规制的一般模式：以脑机接口为例》，《东方法学》2021 年第 4 期。

④ 胡凌教授认为，第一阶段可以观察某种新兴技术和服务在初始阶段的变化与发展，特别是它如何在现有新型经济模式下得到开发，以及如何与新兴商业模式加以融合，法律在这一过程中保持开放审慎态度（例如，无人驾驶技术）。第二阶段需要区分单一功能的技术和通用功能的技术，从而较早跟踪观察该种技术如何进一步扩展为平台经济模式，并在此过程中解决与既有经济利益之间发生的冲突与不正当竞争问题，如果出现通过网络扩散急速扩大的风险，则需要及时限制叫停（例如，虚拟币引发的非法集资）。第三阶段是逐步确认平台模式下的新兴技术的合法性，通过对现行法律的重新解释、修改或制定新的单行法律法规的方式加以确认，并推动新型基础设施的建立和完善。最后阶段则是在确认生产方式的基础上加强更细致的监管，包括制定技术标准、审查用户协议、推动日常监管等，充分利用其生产性优势，推动集合性经济价值在社会范围内的公平分配。［德］托马斯·维施迈尔：《人工智能系统的规制》，马可译、赵精武校，载《法治社会》2021 年第 5 期。

中所形成的法律关系。在人工智能法学研究领域，早已有学者注意到法学理论研究出现了“问题意识”的偏离，技术创新并不当然意味着现有立法体系的失效，如认为人工智能对法律主体资格认定构成挑战之主张实与现代要义相悖。① 类似的问题同样出现在元宇宙治理领域，法律回应技术的直接目的是确保民事权利不会有因为技术的创新遭受损害之虞，而不是建立在没有确切依据的风险假设基础上，讨论解决元宇宙安全风险的立法举措或监管模式。

（四）元宇宙安全风险的法治路径矫正：阶段性规制理论与法律概念重述

1. 风险预防视野下元宇宙安全风险的规制思路：阶段性规制

在阶段性规制理论框架下，大数据、云计算、区块链、算法的技术发展均可大致划分为三个阶段，法律规制方式也可相对地划分为三个阶段：第一阶段是技术概念创新阶段，即在概念层面提出某种具有可行性的技术概念，产业界对未来可能的应用场景及其风险进行设想，技术创新主要体现在概念创新这一层面。此时，法律对技术的回应方式主要是以理论层面的风险判断与现行立法、法律概念能否继续沿用为限，由于技术本身的诸多不确定性，相关风险的预防机制远未触及专门立法。第二阶段是技术初步应用阶段，即在实践中已经开始出现了部分单一应用或应用试点，新兴技术商业化应用已经形成了相对确定的共识。在这一阶段，技术发展方向和应用场景业已具体化，未来技术风险的发生方式和损害类型同样得到确认，法律对技术的回应方式则转向了行政监管制度构建和模式选择，提出有关技术应用方式和应用场景的禁止性规范。第三阶段是技术应用的大众化，即在完成了特定场景下的尝试性应用之后，技术应用商业化，甚至在特定行业已经产生了相对安全和成熟的产品或服务。相较于前两个阶段而言，该阶段实现了技术安全风险的具体化，故而法律对技术的回应方式从自上而下的监管制度构建转向了平等法律主体之间权利义务的确认，解释技术开发者、使用者应当承担何种限度的安全保障义务。

客观上，元宇宙仍然仅停留于技术概念阶段，虚拟世界与现实解释如何交融、在元宇宙中究竟如何实现虚拟财产与有体物采用相同的交易方式等技术问题仍然难以

① 刘艳红：《人工智能法学的“时代三问”》，《东方法学》2021 年第 5 期。

得到一个权威答案。因此，在理论研究层面，过早地评估技术风险和具体的规制路径无益于理论研究的成果积累，更契合元宇宙发展需要的是判断元宇宙概念本身是否会对现行立法体系产生直接影响。具体来说，需要解决两个核心问题：一是判断概念层面的元宇宙突破法律治理体系所能调整的风险类型和风险水平；二是判断在具体场景中，元宇宙概念是否会改变原有的法律概念或者创设全新的权利义务内容。

2. 法律回应元宇宙初级阶段的基本思路：法律概念的重新解释

在元宇宙发展初级阶段，法律对元宇宙的回应方式不应当也不可能是对元宇宙运行方式作出直接的限制性规范。未来元宇宙究竟会以何种方式作为最终的产品形态以及元宇宙究竟会在哪些应用场景得到广泛应用等技术发展问题并非是法律制度所能预见的，故而法律回应元宇宙安全风险的基本立场还是以元宇宙初级阶段的技术特征为主，维持既有民事权益保障水平，而其基本方式则是对基础概念和权利义务内容的重新解释。

第一，法律主体概念并没有因为元宇宙概念的提出而发生实质性变化。在元宇宙概念所设想的应用场景中，自然人在元宇宙中均有与自己对应的“虚拟人”身份，需要遵守不同于现实世界的全新制度体系。然而，在这些场景中，产业界所描述的“虚拟人”的真实性似乎仅仅只是感官层面的真实性，“现实人”与“虚拟人”在法律主体资格层面并没有实质差异。元宇宙本身属于互联网的特殊形态，“网络并非法外之地”早已成为公理，元宇宙中虚拟人行为从来不会因为主体身份的“虚拟性”而不属于法律的调整范畴。进一步而言，在元宇宙技术实现有体物创造这种科幻式功能之前，元宇宙用户行为依然需要遵守现行立法体系。民法中的法律行为从来不因行为的发生地是元宇宙而发生变化，同样地，同一法律主体实施的法律行为也不会因为虚拟人身份而不受法律调整。因此，处于技术概念创新阶段的元宇宙并没有实现真正意义上的法律主体变革，并不存在专门立法所需要的“制度供给不足”。

第二，元宇宙的安全风险与现存社会风险属于同质性风险。从产业界所设想的元宇宙应用场景来看，元宇宙安全风险治理需求仍然集中于数据安全、服务提供者的法定义务、虚拟财产交易制度、个人信息保护制度等领域。尽管元宇宙安全风险的表现形式可能与主流技术存在的风险事件有所差异，但其损害结果和侵害的民事权益基本相同，“主体—客体—内容”的法律关系结构也没有因此发生实质性变更。除此之外，元宇宙可能导致的侵权风险同样属于行政监管和民法所调整的基本范畴。产业界普遍认为元宇宙的出现可能会威胁到个人隐私、个人信息权益以及数据安全保护，例如，元宇宙感官真实性体验的实现方式需要通过穿戴设备实现，需要对“现实世界的数据”进行处理，但针对公共场所、私人场所的数据收集、分析等信息处理行为显然可能构成对个人隐私的侵害。① 再如，元宇宙中虚拟地产、虚拟住房等虚拟物品的法律性质难以认定，尤其是基于 NFT（不可同质化代币）② 技术的虚拟物品在被视为虚拟财产时可能会对现有财产权保护制度产生直接影响。但这些制度难题并非仅仅存在于元宇宙之中，在区块链技术治理相关议题中，NFT 作品同样存在法律性质难以认定、持有人权利内容模糊等理论难题。

第三，部分法定义务内容因为元宇宙概念的提出而有所变化。元宇宙概念对法律所提出的最大挑战是既有权利义务体系的内容变化又有部分法律概念的解释方式变化，其中最为突出的内容冲突主要表现在“个人信息可识别标准与现实技术方案的脱节”“数据安全保障义务履行方式与义务性规范的冲突”“平台主体运营资格的中心化监管与技术实现方式的去中心化之间的冲突”。

在个人信息可识别标准层面，元宇宙的技术方案可能导致现有的“可识别”标准无法继续沿用。根据我国《个人信息保护法》第 4 条有关个人信息的概念界定，满足“已识别”或“可识别”“与自然人相关”之要件，即属于法律所保护的“个人信息”范畴，而元宇宙最明显的技术特征是实现网络节点之间的互联互通，数据之间的关联程度也将更为紧密。这也意味着不同场景下的信息在流动、汇总、整合、分析过程中间接识别特定自然人的可能性会显著提升，现有的个人信息界定标准恐怕无法适应这种数据关联技术特征。另外，元宇宙中的“虚拟人”身份与现实世界中的“现实人”身份均属于“自然人”的范畴，如果数据关联之后的识别程度仅能够实现识别“虚拟人”身份，这是否也属于满足个人信息概念“可识别的自然人”这一法定要求？

在数据安全保障义务层面，元宇宙互联互通的技术特征使得数据泄露的安全风险

---

① CMS law-Now，*Legal advice in the metaverse*［R］，Germany，2022.

② NFT 主要是指区块链的一个条目，具有不可替代特性，通常用来表示独一无二的东西。在 2021 年，NFT 艺术作品成为市场“爆款”，但 NFT 的法律性质、保护方式、NFT 开发者享有何种权利等基本问题尚未得到明确。

显著提升，并且数据安全保障义务的义务主体和义务履行方式也发生变化。在义务主体上，数据处理者也有可能是元宇宙的用户，其在处理信息服务接收方的个人信息或企业数据时，仅由其作为数据安全保障义务的唯一义务主体显然与元宇宙的技术原理相悖。因为元宇宙作为一个超大规模“平台”，数据处理者所能采取的技术安全保障措施仅能保证个体网络节点的安全，而无法有效控制其他互联互通网络节点可能诱发的数据安全风险。在义务履行方式上，按照《数据安全法》《个人信息保护法》有关数据传输的相关要求，数据处理者需要对数据接收方的数据安全保障能力进行数据安全评估。这种义务履行方式在“一对一”“一对多”的数据传输语境下并没有争议，但在元宇宙中，作为用户的数据处理者往往需要上传数据至“元宇宙平台”，实现网络节点的全部共享。此时，数据处理者面临着具体的数据接收方范围、数据具体流向等具体事项无法明确的现实难题，数据安全评估制度的实际效果或将大打折扣。

在平台主体运营资格层面，元宇宙所要求的去中心化运行模式与中心化监管模式存在天然冲突。事实上，这类问题同样存在于区块链技术的发展过程中。区块链技术所强调的“去中心化”① 是指网络的运营不再由某个网络节点单独负责，而是所有网络节点共同维护和运营，这就导致在具体应用场景中无法进行责任主体的认定。不过，从现有技术方案来看，现有的技术尝试多是以私有链或联盟链的方式予以实现，完全抛开中心网络节点的公有链模式尚未存在。但这种技术解决方案无法继续套用在元宇宙中，因为元宇宙的“宇宙”之称谓强调的即是与现实世界平行或交融的虚拟世界。如果限制元宇宙的规模，则与元宇宙的基本概念直接相悖，成为了“伪元宇宙”；反之，高度自治化运营方式又将使得公权力无法接入元宇宙的监管活动。这种两难境地仅仅依托既有的“专门监管”“特别监管”“有限度的中心化”等理论主张显然无法解决真正问题，其解决思路或是在技术层面解决去中心化与监管科技之间的衔接，或是在法律层面提供更为健全的财产权制度。因为去中心化问题导致的直接结果是社会活动的不透明，而健全的财产权制度能够通过“法律即代码”的方式实现“中心化监

① 技术层面的“中心化”与“去中心化”的区别类似于“主题演讲”和“自由讨论”，前者不允许除中心节点以外的节点介入，后者则允许所有节点共同参与。微博、社交媒体本身也是去中心化的一种体现，即不同用户可以在同一时间段发表言论。而区块链的去中心化则是强调所有参与者的权利义务平等。

管”意欲达成的效果。如果交易标的属于合法财产，则无法通过元宇宙中区块链共识机制的认可，违法犯罪行为也就难以发生。

（五）结　语

信息技术的理论创新远超社会公众的想象空间，科技概念的创新不是空想和幻想，而是对技术发展方向的一种前瞻。但法律与之不同，其权威性来自稳定性和确定性。仅凭借不确定的技术应用场景和可能的安全风险径直推导出“法律需要对技术进行专门规制或特别监管”，只会陷入“一个技术对应一个法律制度”的谬误之中。法律与技术的关系并非简单的治理与被治理的关系，而表现为被需要与需要的关系。技术在不同的发展阶段，往往存在差异化的制度需求，或是产业促进制度，或是禁止性规范，又或是既有立法体系的法律解释与概念重述。面对元宇宙可能带来的种种不确定性，法学理论研究不必急于提出对元宇宙风险的规制路径，不妨先对元宇宙安全风险的法律性质进行评估，讨论现行立法体系是否可以通过解释等范式予以补充。倘若现行立法体系无法调整元宇宙所产生的新型法律关系，此时则需要通过规则创设的方式予以介入，实现制度层面的技术风险事前预防。

四、元宇宙规制研究报告①

（一）元宇宙的社会失范问题

元宇宙的目标是为用户提供一个开放的、不受束缚的、沉浸式的环境，让用户通过感官突破传统的时间和空间障碍，并可通过技术支持增强用户的存在感、真实感和交互感。② 元宇宙中纵然弥漫着虚拟事物，但人们有意识的交往、互动仍是其中的核心，人们共同的旨趣与联结在一起带来的利益，促使人们在真实世界之外搭建另一个

① 本文作者：张钦昱，中国政法大学民商经济法学院教授、博士生导师。

② Van der Land S.，Schouten A.，Feldberg F.，*Modeling the Metaverse*：*A Theoretical Model of Effective Team Collaboration in 3D Virtual Environments*，Journal of Virtual Worlds Research，4（3），p. 4（2011）.

世界。元宇宙的本质是一个社会。元宇宙依赖的沉浸式的现实主义、无处不在的网络访问、可交互性和可扩展性无不与其社会属性紧密相关。① 人们能够感受到社会的存在，受到社会规制的约束。元宇宙作为新兴事物也可能出现人们如狼般争抢豪夺的可怕自然状态，导致“社会失范”问题。

1. 元宇宙的道德性失范

在元宇宙中，许多游戏都要求玩家执行他们在日常生活中通常不会参与的行动，要求玩家实施偷窃、谋杀和参与不计后果的暴力行为。用户若不加限制地在元宇宙中随意行动，会将影响投射至现实社会，反射性地影响其在现实行动中的决策理性，潜移默化地改变用户多年建立的道德认知标准。

作为元宇宙的身份证，数字身份的随意创设会有违善良风俗。在“罗布乐思”中，用户可通过创建三维形象和用户名的方式来展现其身份特点，其创设的虚拟形象与人类现实形象已别无二致。如果用户的起名和形象创设行为不被筛选，而是凭自己喜好恣意创设，例如用户在人物名称或形象着装中融入侮辱性、攻击性或歧视性较强的元素，会对元宇宙的健康环境产生不利影响。

元宇宙平台会收集海量的用户数据，随着虚拟现实应用愈发流行和逼真，元宇宙以新的方式威胁着我们的隐私，从了解我们的身体移动方式到我们的神经活动模式。② 元宇宙可能会继续这种趋势，并会有更多的生物识别技术，如音频和虹膜识别。③ 由于生物识别与用户是永久关联的，一旦它们被泄露将会永久性地丢失，并且不能被撤销，使用户陷入真正的麻烦之中。

2. 元宇宙的经济性失范

元宇宙中的虚拟财产作为非物化的财产形式，权属确认存在争议。当前，仅同属一家公司下的不同游戏间的虚拟财产才有转移的可能，例如卡普空公司下的游戏《怪物猎人物语 2》的用户可获得之前游戏《怪物猎人崛起》的游戏装备。不同公司间的

① Dionisio J D N，III W G B，Gilbert R.，*3D Virtual Worlds and the Metaverse：Current Status and Future Possibilities*. ACM Computing Surveys（CSUR），45（3），p. 34（2013）.

② Falchuk B，Loeb S，Neff R.，*The Social Metaverse：Battle for Privacy*，IEEE Technology and Society Magazine，37（2），p. 53（2018）.

③ Boddington G.，*The Internet of Bodies—Alive，Connected and Collective：the Virtual Physical Future of Our Bodies and Our Senses*，Ai & Society，pp. 2—4（2021）.

虚拟财产数据传输还缺少畅通性。

元宇宙产业存在反竞争的可能。元宇宙平台之间会出现争夺用户的反竞争行为，元宇宙平台会利用垄断协议、滥用市场支配地位、经营者集中等行为倾轧其他元宇宙。由于市场份额将持续被挤占并集中在几家领先的科技公司手中，元宇宙产业将变成一个寡头垄断的市场。元宇宙内部也会出现不正当竞争行为，比如元宇宙平台中的一个用户在开设商铺时会擅自使用现实社会中他人有一定影响的商品名称、包装、装潢，擅自使用现实社会中他人有一定影响的企业名称、社会组织名称、姓名等。

元宇宙平台不能成为税收荒地。元宇宙用户在元宇宙平台中进行虚拟财产交易或者创造虚拟财产价值，虚拟财产交易的背后是现实的货币交易，自然无法逃避税收征管。比如，表示数字资产的非同质化通证（Non-Fungible Token），是一种确认某种资产所有权或财产性利益的凭证，其可成为元宇宙中虚拟资产与现实资产的链接，进行资产化交易。当使用法定货币购买非同质化通证时，该过程就可能被征收税款。

元宇宙需要价值体系的支撑，人们在元宇宙通过虚拟货币进行交易。2019 年，元公司（Meta）发行天秤币（Libra）。作为一种加密货币，天秤币可与元宇宙的应用场景紧密结合，成为能够在可视化空间里购买商品、游戏服务甚至有形资产的虚拟货币。虚拟货币会产生财产权归属确认、权属效力变动时间确认、数字资产的担保和融资、虚拟货币监管、虚拟财产的可携带权等问题。在现实世界，央行可通过货币工具调整货币供应，但虚拟加密货币欠缺类似机制。元宇宙将会面临通缩压力，货币供应量将难以满足不断增长的交易量。

3. 元宇宙的安全性失范

新奇而神秘的元宇宙，对未成年人有着巨大诱惑。只有保证不会对未成年人的现实成长产生不利影响时，允许未成年人进入元宇宙才具有一定合理性。必须对未成年人在元宇宙中的行为正向引导，限制其实施不符合其心智发育水平的行为，将未成年人作为元宇宙中的特殊群体加以保护。

元宇宙并非完全公平，歧视问题也可能会产生。其一，进入元宇宙不仅需要外在的物质条件，还需要具备一定的学习能力和时间成本。元宇宙对网络环境和对接设备要求都极高，经济能力不够的弱势群体将无法负担昂贵的进入成本，年老力弱的群体或已不具备学习使用元宇宙的能力，将他们排除于元宇宙之外，有违实质正义理念的追求。其二，元宇宙在用户面前展现个性化内容的同时，应尽量减少会影响用户行为与决策的具有偏见的内容，促进系统的公平性。其三，用户创设的虚拟身份形象会影响其在虚拟环境中的社会地位，人们会自动应用现实社会的基本准则回应虚拟身份，现实中刻板印象将会延至元宇宙中。研究人员发现，在沉浸式虚拟环境（IVE）中，现实世界中厌恶某个种族群体的人，在虚拟世界中与外表为该种族的角色互动时，会呈现种族偏见，而被排斥的用户受到的影响也和被现实中的人排斥时一样消极。①

元宇宙运行的高耗能性，是对生态安全的挑战。元宇宙的正常运行依赖于巨大规模的超算中心和数据中心，其储热、散热将消耗大量的电能。“碳中和”和“碳达峰”是我国“十四五”时期必须着手推进的一项重点工作，如果元宇宙的发展有损环境效益，元宇宙便失去了长期存在的正当性。

（二）元宇宙的社会控制：双轮驱动的元宇宙规则

1. 内在控制规则为主

第一，元宇宙规则的自生自发性。② 元宇宙旨在建立一个去中心化的虚拟空间，人们的关系呈现扁平化，人们的自由意志免受现实世界中政治权力、经济权力组织的影响，而是交由各个独立自主的用户共同决定。元宇宙的去中心化表现为生态结构去中心化、交易数据去中心化、信息储存去中心化、内容生产去中心化。元宇宙去中心化的精神内核与权威机构主导制定的规则不适配，伦理道德规则与元宇宙成员自发参与形成的自治规则成为主导。

第二，元宇宙规则的自调适性。元宇宙脱胎于现实世界，虚拟数字人及其身份识别，虚拟财产及其产权流转，元宇宙中各主体的权利、义务、责任，与现实社会的诸多规则并不完全相同。此外，各个元宇宙之间的规则千差万别，元宇宙成员享有依据不同场景定义不同规则的权利，允许存在适应不同元宇宙的差异化规则。

第三，元宇宙规则的自实施性。元宇宙以区块链技术作为支撑，其智能性和自主

---

① Groom V，Bailenson J N，Nass C.，*The Influence of Racial Embodiment on Racial Bias in Immersive Virtual Environments*，Social Influence，4（3），pp. 235—240（2009）.

② 参见江小涓、黄颖轩：《数字时代的市场秩序、市场监管与平台治理》，载《经济研究》2021 年第 12 期。

性远超普通网络平台。[①]元宇宙运行中发生的大量行为均可通过智能合约自动履行，从对用户操作行为的许可、追踪、监管，到对用户违规行为的处罚，无需人工介入，由算法即可自动完成。

2. 外在控制规则为辅

元宇宙的自治规则旨在维护元宇宙的市民社会秩序，包含了协商与缔约的契约内涵。在人数众多的情况下，缔约过程中会出现讨价还价的钳制现象，或因为缔约一方的地位明显高于另一方而出现的自治背离。对此，应当由政府制定基本准则，作为任意性规范的底线思维。

现实社会的等价有偿、公平竞争与优胜劣汰机制对于元宇宙引发的竞争、税收、质量标准等社会性痼疾无法奏效，元宇宙中的社会资源无法得到有效配置，产生所谓的市场失灵问题。需要政府通过外力施加干预，予以纠正，使得元宇宙秩序回到正常运行和均衡发展的轨道之上。例如，元宇宙的开发者若受到利益驱动，利用技术优势通过嵌入隐性软件追踪用户行踪、记录用户对话、收集用户偏好信息作为资源进行不正当竞争，政府可将相关责任强加给元宇宙开发者。

政府可通过建立自治规则的备案审查制度介入元宇宙的社会治理。例如，政府还可以规定元宇宙社区自治规则的最低标准，如服务条款的标准化和透明度，对元宇宙社区的发展壮大产生促进作用。

（三）元宇宙的内在控制规则：基于公序良俗与意思自治理念

1. 元宇宙的伦理规则

（1）元宇宙成员的律己性规则：道德约束的强化。元宇宙中，人们身份具备多重性、隐匿性以及现实与虚拟的交互融合性，交往表现为“虚拟人—虚拟人”“现实人—虚拟人”“现实人—现实人”三个层面。无论何种层面，元宇宙成员的行为都应受到道德规则的约束。

在“虚拟人—虚拟人”层面，以虚拟性骚扰为例。2021 年 Meta 公司在测试元宇宙平台“平行世界”（Horizon Worlds）时，一名女性测试者称自己在虚拟世界遭到了

① 参见聂辉华、李靖：《区块链经济学的形成与展望》，载《浙江工商大学学报》2021 年第 5 期。

性骚扰，[①]与之相似的是虚拟暴力行为。色情、暴力无论在现实世界还是虚拟世界均应被禁止。

在“现实人—虚拟人”层面，“虚拟现实复活”技术引发对生命伦理的反思。在韩国文化广播公司制作的纪录片《遇见你》中，技术人员借助虚拟现实技术“复活”已经逝去的小女孩使其母亲与其再次相见。创设虚拟数字人时需要使用死者本人大量的敏感数据，应当保护死者的人格利益和人格尊严。

在“现实人—现实人”层面，用户在进行人物和游戏规则的创设时往往将现实世界中人的形象、经历作为蓝本。在篮球游戏 NBA2K online 中，用户可通过捏脸系统，按照真人球星的外部形象创设自己的角色。若用户恶意使用他人的肖像、隐私生活等敏感信息，将对现实中他人的权益、情感构成直接干扰。此外，若用户利用创作自由传播淫秽色情内容，也会损害元宇宙的道德秩序。

在元宇宙世界任何人不得借助虚拟身份的遮掩而损害他人的人格利益和人格尊严。应当加强元宇宙道德伦理规则的建设，要求成员将道德内化于心，提高自我约束能力。

（2）元宇宙平台的共益性规则：义利兼顾的秉持。元宇宙被称之为开发者或创作者驱动的经济，即用户成为元宇宙的实际开发者。用户与平台企业的新型关系引发新的企业道德问题。在元宇宙的未来发展中，科技巨头无疑始终掌控着生产资料，其本身在劳动价值的分配中处于强势地位，而用户游戏与劳动边界的模糊，使得平台对其他经营者及用户的剥削更为隐蔽。

在数据隐私方面，元宇宙是由数据信息搭建起来的世界，相较于互联网时代，所收集的数据范围更广、规模更大。企业对利益的追求会诱使其滥用个人信息，侵犯网络用户的隐私。因此，应当树立元宇宙平台企业发展的正确价值导向，引导平台自觉担当社会责任和对用户义务，不得为了追求经济利益而滥用个人信息。

（3）元宇宙技术的人权附属规则：以人为本的关怀。元宇宙遵循以发展人类生产力为前提的人本主义逻辑，元宇宙的规则设计应贯穿以人为本的理念，减弱技术给人

① Joshua Hansen.，*Virtual Indecent Assault Time for the Criminal Law to Enter the Realm of Virtual Reality*，Victoria University of Wellington Law Review，pp. 50—57（2019）.

类带来的不确定性，增益于人类。[①] 元宇宙的未来发展应将人的生命权、人格尊严等人类福祉作为科技活动的底线价值。

元宇宙依托于数字技术，无可避免地将人的身份、行为、生活环境进行数字化。然而，元宇宙中每个虚拟化身的背后都是人的独立意志，数字交往应始终服从人的意向性，秉持人类价值的最高性。元宇宙的技术创新应当遵循人本主义，防止技术运用不当给人类带来毁灭性风险，在技术发展中优先考虑人类福祉。

2. 元宇宙的自治规则

（1）成员的资质认定规则。元宇宙成员以一种“虚拟人”的身份活动。“虚拟人”存在三种类型：仅存在于元宇宙的数字人、现实人在元宇宙的虚拟分身、现实人在元宇宙的虚拟化身。就数字人和虚拟分身而言，应当基于它们是否具备人工智能来判断其是否具有适格的主体地位。若不具备，数字人和虚拟分身应当作为客体对待；反之，则具有主体资质。适用于现实世界的身份规则能够适用于虚拟化身。

（2）产权规则。元宇宙中的产权主要指的是对虚拟资产的所有权、用益物权、担保物权以及知识产权。我国《民法典》第 127 条承认虚拟资产的财产利益属性，使得以现实世界规则来处理虚拟资产的产权纠纷成为可能。元宇宙成员的知识产权应获特殊保护。元宇宙成员应当按照自己的意愿行使产权，但不得滥用权利，损害国家利益、社会公共利益或者他人合法权益。[②]

（3）交易规则。元宇宙的交易规则包括元宇宙交易的准入、运行与退出规则。具体包括元宇宙交易准入的信息公示规则、元宇宙交易运行的防范欺诈规则、元宇宙交易退出的清算与重整规则。

（4）争端处理规则。元宇宙内的争议若因交易违约和侵权行为引起，可参照民法典规定。元宇宙中的行为可能侵犯现实世界中人们的人格权益，应当明确在元宇宙内使用现实人形象等人格权益都须获得现实世界人们的同意。如果现实世界的人们已死亡，其近亲属可在以非营利为目的的情况下代为同意。

针对抢夺虚拟资产、人身伤害等侵权行为而采取的自力救济甚为必要。但自力救

---

① 参见郭少飞：《算法法人的理论证立及构成要素探析》，载《东方法学》2021 年第 5 期。

② 参见肖志珂：《虚拟财产的法律属性与刑法保护》，载《上海大学学报（社会科学版）》2021 年第 6 期。

济不得以破坏元宇宙计算机信息系统为代价。

面对超出元宇宙成员自身能力而难以解决的争议，可以诉诸现实世界的裁判机构或行政机关来达到目的，但其裁判结果或行政决定都不能抑制元宇宙的自治空间。外部主体裁判干预应有一定限度，只有当元宇宙平台内交易等行为涉及重大公共利益和国家政治经济安全时才应介入。

（四）元宇宙的外在控制规则：基于元宇宙与现实世界的互动

1. 元宇宙的平等规则：正义与连带观念在元宇宙的延展

（1）反歧视规则的重述：实质正义理念的运用。现实中的种种不平等会在虚拟现实中被无限扩大。① 元宇宙使得重塑社会平等规则、超越现实世界的局限性和偏见、批判性评估现有法律制度成为可能。抓住元宇宙发展的新时机，重述反歧视规则。在元宇宙规则中借助算法和自动化决策等新技术，穿透形式上的同等对待，直指行为背后的歧视意图，干涉行为主体的决策过程，要求实时评估决策对不同群体造成的不利影响，及时调整可能产生差别的行为。②

（2）消费者保护规则的完善：社会本位理念的普及。元宇宙中非物质化的商品和服务拷问着线下的消费者规则，要求培育新的元宇宙消费者保护规则。应当矫正消费者与开发者在技术和信息方面的不对称。元宇宙开发者应当负有保障消费者知情权利的义务，提供元宇宙接入服务时应当负有更加严格的说明义务，并保障元宇宙运行过程的中立，维护消费者的基本交易权利。③

2. 元宇宙的调制规则：可持续与协调发展理念的彰显

塑造元宇宙与现实世界的联结规则，实现元宇宙与现实世界的协同发展，是元宇宙强制性规则的重要组成部分。

（1）税制筹划规则的选择：促进共同富裕愿景的可行进路。通过元宇宙税制的完

---

① See Mary Anne Franks., *The Desert of the Unreal*: *Inequality in Virtual and Augmented Reality*, U.C. Davis Law Review, Vol. 51: 499, p. 499 (2017).

② 参见金韬：《歧视可以"间接"吗？——对间接歧视可责性问题的分析》，载《法制与社会发展》2021年第6期。

③ See Yusef Al-Jarani, *All Fun and (Mind) Games*: *Protecting Consumers from the Manipulative Harms of Interactive Virtual Reality*, University of Illinois Journal of Law, Vol. 2019, No. 2, p. 353 (2019).

善，能够实现元宇宙的分配正义。元宇宙中税收规则的更新是现实社会投射共同富裕愿景的重要路径。元宇宙中的税收制度从零开始，没有既得利益者的重重阻碍，税制的改革推进将更为顺畅。

（2）环境保护规则的重建：践行绿色发展理念的转型。元宇宙基础设施的建设，应当向绿色发展模式转换。政府可要求元宇宙开发者在产品的环保性上得到相应认证，对污染物排放量和能源消耗量大的产品提高税收征收要求。① 元宇宙的绿色发展规则应当适应元宇宙使用者的不同角色和行为特征，以经济措施激励元宇宙中消费者的理性选择，促进消费者选择更加环保的元宇宙。

（3）货币金融规则的设计：防范系统性金融风险的措施。在元宇宙世界中，数字资产投资一度火热，但元宇宙与金融的结合应极度谨慎，尤其要避免虚拟货币脱离现实价值与法定货币的自我繁殖与炒作。②

元宇宙中的货币金融规则应针对非同质化通证与同质化通证分别规制。应遏止炒作非同质化通证市场价值的有关交易，③ 特别防范用户利用非同质化代币作为变相融资的渠道，将虚拟金融风险转嫁到现实中。目前，我国已出台《关于防范代币发行融资风险的公告》等文件，明令禁止融资交易平台提供非同质化通证的兑换、买卖、定价等服务，未来还可进一步明确非同质化代币交易的违法责任承担。

基于当前的虚拟经济环境，金融体系必须以法定货币为基础，政府应禁止一切同质化通证的发行行为与中介行为，禁止市场主体利用同质化通证非法融资，取缔同质化通证与法定代币的兑换等业务。

3. 元宇宙间的联通规则：共享与共建理念的贯彻

应当打破各个元宇宙的壁垒，在不同元宇宙之间建立起互联互通的有效机制与规则。

（1）竞争规则的安排：元宇宙反竞争行为的规制。开发者限制元宇宙开放性、互

① See John R. Nolon, *Enhancing the Urban Environment through Green Infrastructure*, Environmental Law Reporter News & Analysis, Vol. 46, No. 1, p. 10073 (2016).

② 张宇润、董宇：《论法定数字货币征信难题和法律对策》，载《安徽大学学报（哲学社会科学版）》2021 年第 2 期。

③ Katya Fisher, *Once upon a Time in NFT: Blockchain, Copyright, and the Right of First Sale Doctrine*, Cardozo Arts & Entertainment Law Journal, Vol. 37: 629, p. 631 (2019).

通性的行为应当受到规制。比如，应当禁止开发者通过设置特殊的操作系统或硬件，进行资格审核等方式锁定用户及供应商、排除潜在竞争者及替代品，① 禁止实施独家交易或向元宇宙软件供应商设定不合理交易条件等。并且应当制定反不正当竞争规则，禁止元宇宙开发者对创新研发的数字产品与虚拟经济项目进行抄袭或搬运，禁止其利用技术手段对其他元宇宙的程序不当限制，维护不同元宇宙之间互通互联的公平竞争秩序。

（2）标准化规则的设想：元宇宙产品质量准则的确立。应在元宇宙平台之间建立统一标准，实现用户、信息、资产等元宇宙要素的互通，逐步确立元宇宙间市场普遍认可的统一技术标准和审核程序，提高各元宇宙平台的产品质量。发展元宇宙平台之间的交换工具，可促进虚拟产品在不同元宇宙平台之间的流通。资产在不同区块链中流转的跨链技术已经产生，比如趣链科技的跨链服务 BitXHub 允许虚拟资产在不同平台的不同异构链之间交换。② 未来应进一步推动交换工具的设计与适用，以交换工具作为不同元宇宙之间用户沟通、资产流通的桥梁，在不同元宇宙的产品之间建立良好的竞争关系。

（3）转致规则的适用：元宇宙管辖权冲突的纾解。元宇宙开发者有国籍分野，但元宇宙技术本身无国界。不同用户之间的关系会牵涉不同国家公民的权利、义务甚至国家利益，元宇宙的治理出现了国家层面的管辖权冲突。需要建立虚拟世界数据保护的国际统一规则，或建立起一套衔接适用各国国内法的法律冲突规范、明确数据安全的负责人及管理结构，在特定条件下接受相关国家的安全审查与数据出入境限制等的规范。

（五）结　语

元宇宙一半是天使，一半是恶魔。一方面，元宇宙带给人们对理想世界的美好遐想。另一方面，元宇宙有可能出现“自反性”（reflexivity）悖论，即不断地赋予人类

---

① See Emma C. Smizer, *Epic Games v. Apple*: *Tech-Tying and the Future of Antitrust*, Loyola of Los Angeles Entertainment Law Review, Vol. 41: 215, p. 215 (2021).

② 参见叶少杰等：《BitXHub：基于侧链中继的异构区块链互操作平台》，载《计算机科学》2020 年第 6 期。

社会以交互初衷完全相反的意义。防范天使堕落为恶魔，靠的就是良法善治的规则。

“未来已来，只是尚未流行。”2021 年，在韩国科技信息通信部组织下，500 余家公司与机构成立“元宇宙联盟”，日本经济产业省颁布《关于虚拟空间行业未来可能性与课题的调查报告》。[①] 随着元宇宙愈发被人们认可，各个元宇宙雨后春笋般蓬勃而出，相关支持产业的高度融合，虚火过旺的元宇宙炒作可以休矣。提早布局元宇宙的治理规则，确保在其建立伊始便树立正确的发展轨道，元宇宙成为人类文明的另一片星辰大海则未来可期。

五、生成式人工智能治理研究报告[②]

（一）引　言

生成式人工智能（AIG），也称生成合成类人工智能。算法与数据的不断优化提升生成式人工智能利用数据的能力及输出内容的质量。生成式人工智能突破了虚实边界，带来的风险级别更高、风险范围更为广泛。对此，2023 年 3 月 29 日，著名安全机构生命未来研究所发布公开信，呼吁暂停开发比 GPT-4 还要强大的 AI 系统，并提倡在 6 个月的暂停期间内出台相应治理制度，这份公开信已经获得了包括马斯克、苹果联合创始人等在内万余名科技领袖和研究人员的签名，且人数还在持续增长。[③] 这进一步体现了生成式人工智能治理的迫切性。然而生成式人工智能的治理范式、现有制度和理论均存在缺失，无法为构建生成式人工智能治理体系提供镜鉴。为此，应首先提出生成式人工智能治理的元规则，从人工智能治理原则视角切入，通过梳理不同

① 経済産業省，「仮想空間の今後の可能性と諸課題に関する調査分析事業」，https://www.meti.go.jp/press/2021/07/20210713001/20210713001.html。

② 本文作者：商建刚，上海政法学院经济法学院副教授。本文系国家社会科学基金重大项目“构建人类命运共同体国际法治创新研究”（项目批准号：18ZDA153）；上海市教育委员会人文社科重大项目“创新驱动发展战略下知识产权公共领域问题研究”（项目批准号 2019-01-07-00-07-E00077）阶段性研究成果。

③ See FLI，*Pause Giant AI Experiments*：*An Open Letter*，https://futureoflife.org/open-letter/pause-giant-ai-experiments/，last visited on April 29，2023.

国家、地区、组织、企业所构建的人工智能治理原则，提炼其共性，有针对性地提出生成式人工智能治理元规则是可行进路。

（二）构建生成式人工智能治理元规则的必要性

生成式人工智能在国家、社会、私权利三个层面产生的风险，具有损害方式隐蔽、损害结果严重两大特点。

1. 损害方式具有隐蔽性

数据与算法是生成式人工智能的核心，但其数据固有瑕疵、数据处理瑕疵、数据标注瑕疵，以及算法设计理念瑕疵、算法模型设计瑕疵、算法安全保障瑕疵等问题会传导并生成结果，以人类无法感知的方式造成损害。①

首先，在国家层面，以 ChatGPT 为代表的生成式人工智能基于西方价值观和思维导向建立，其回答也通常迎合西方立场和喜好，可能导致意识形态渗透。

其次，在社会层面，类 ChatGPT 生成式人工智能的输出内容可能会以人类无法察觉的方式对人类进行道德操控，从而影响社会整体伦理道德风尚。ChatGPT 缺乏稳定的道德标准，其道德建议会对人类产生影响，且人类往往会因为“过于自信”而低估了这种影响。②

最后，私权利层面，生成式人工智能的训练数据多源自数据爬取，而数据爬取行为具有隐蔽性。ChatGPT 的训练数据似乎并未获得个人授权，不仅因未列明要收集的信息而违反知情同意原则，也因收集与个人使用 ChatGPT 无关的数据而违反最小必要原则，更加违反我国司法实践中的三重授权原则。③

2. 损害结果具有严重性

生成式人工智能及其结果通过网络传播，能直接或间接对国家、社会、私权利造成严重损害。类似深度伪造技术，ChatGPT 所生成内容具有难以分辨的特征，其算法和数据瑕疵可能产生“胡编乱造的真话”，从而造成严重后果。

---

① 参见商建刚：《算法决策损害责任构成的要件分析》，载《东方法学》2022 年第 6 期。

② See Sebastian Krügel, Andreas Ostermaier & Matthias Uhl, *The Moral Authority of ChatGPT*, 10.48550/arXiv.2301.07098, 2023.

③ 参见北京知识产权法院（2016）京 73 民终 588 号民事判决书。

首先，在国家层面，生成式人工智能可能直接或间接诱发暴力冲突。如，2021年，名为“以色列—巴勒斯坦冲突”的聊天机器人被用于传播关于以色列和巴勒斯坦人的仇恨言论与虚假信息，旨在煽动暴力。① 一些聊天机器人已被恶意编程，用于传播虚假信息或实施非法行为，可见某些生成式人工智能可能被植入恶意程序或被政治和阴谋论所利用，引发暴力冲突。

其次，在社会层面，生成式人工智能可能形成数据垄断和基于数据的垄断，并通过算法垄断不断扩大垄断风险，最终形成信息垄断，提高信息辨别成本。相较于传统搜索引擎，ChatGPT 可通过对数据库或语料库的学习获得竞争优势，② 从而通过应用来垄断数据，以此形成基于数据的垄断。最终形成信息垄断，导致人类无法真正辨别生成式人工智能所产生的结果是否真实，从而产生数字鸿沟。

最后，私权利层面，生成式人工智能的强大性能和简单的操作逻辑，可进一步降低犯罪门槛，提高犯罪治理难度。ChatGPT 通过简单便捷的交互方式和强大的生成能力，对潜在犯罪分子的恶意起到放大作用，甚至某种程度上促生了犯罪行为的产生。

3. 责任承担机制不明

生成式人工智能在国家、社会、私权利层面都可造成损害，然而其损害过程和结果隐蔽，责任承担可能横跨国家、地区、部门、私权利主体等多层次，如何承担责任难以界定。

首先，生成式人工智能过度收集个人信息，但未明确数据挖掘原则。OpenAI 可能对其所收集的用户信息进行挖掘，了解用户喜好甚至突破匿名，从而侵犯用户权利，但其规则尚未明确。如在消费领域，可能实现对部分用户的恶意欺诈或误导性宣传，导致用户的知情权、公平交易权等权利受损；在信息传播领域，可能引发“信息茧房”效应，拉大不同群体的认知鸿沟，侵犯用户自由选择权。③

---

① 参见马科斯·科尔德罗·皮雷斯：《全球互联网监管：避免信息技术成为政治工具》，载《中国社会科学报》2023 年 3 月 7 日，第 A6 版。

② 目前，谷歌仍然占据了世界上搜索引擎市场的绝对份额，2018 年 11 月曾达到惊人的 91.46%，在单一国家，例如印度的市场份额甚至可达到 94%。在 ChatGPT 发布后，内嵌 ChatGPT 的必应吸引了大量用户，并提升了该平台客户端的下载量，具有强大交流能力的 ChatGPT 使得谷歌发布了成立之后的第一次红色警报。可以说，ChatGPT 有可能凭借其技术吸引大量用户，从而挑战谷歌在搜索引擎市场的地位。

③ 参见中国信通院：《人工智能数据安全白皮书》，2019 年 8 月。

其次，生成式人工智能对其数据共享与传输的规定语焉不详，可能造成用户访问权、修正权等数据主体权利失效。根据OpenAI现有规定，其笼统的数据共享与传输处于无序状态，大概率会违反以欧盟《通用数据保护条例》为代表的用户权利保护模式，在数据跨境流通方面也规避了许多国家的监管程序，可能对数据主体的基本权利造成侵害。

最后，生成式人工智能所输出的内容归属不明，容易产生争议。尽管OpenAI试图给予用户ChatGPT输出内容的所有权，但其自身仍能对输出内容进行实际控制，甚至，OpenAI还禁止用户转让或委托《使用协议》中包括控制权在内的权利或者义务，① 致使用户无法行使“输出内容所有权”。不明确责任划分无疑会助长生成式人工智能企业对个人权益的剥削和利用法律漏洞逃避责任的风气。

4. 生成式人工智能治理范式缺失

目前生成式人工智能损害隐蔽、破坏性大，且相关责任承担机制不明。然而，我国尚未形成周延的法律体系，从而对生成式人工智能进行规制。生成式人工智能应当属于深度合成技术的范围。然而，深度合成相关的法律规制也尚未形成体系，仍需进行法律体系的构建。

第一，法律制度的缺失。在行政责任方面，政府能对生成式人工智能起到监管作用，但仅从政府视角无法充分规制。行政责任并不能充分规制生成式人工智能风险。此外，数据流动涉及多主体，现有机制无法联动不同部门展开数据监管协作，更无法在数据跨境中同他国机构进行协作，不具有协同治理的可能。若采取行政责任路径，现有事前监管、事后处罚的模式不足以应对生成式人工智能损害隐蔽、损害结果严重的特点，表现为事前无法侦测损害风险、事后损害结果无法恢复。

在民事责任方面，相关实践不足，理论研究有所缺失。现有实践中的涉数据治理范式集中于采用著作权、反不正当竞争等途径保护相关数据权益，这些保护范式大多基于涉案企业进行了人力、物力等投入，所形成的产品带来了竞争利益，从而给予相关数据的专门保护。采取上述模式进行风险治理无法规制生成内容，以人格权利益作为保护路径可以作为一种尝试。但生成式人工智能的侵权行为隐蔽，无法及时进行规制，同时其危害结果严重，通过人格利益令相关主体承担“停止侵害”“赔偿损失”

① See OpenAI，Terms of use，9.（d）.

等责任规制名誉权受损等情况，无法消除业已产生的影响。

在刑事责任方面，确有一些具体条款能进行规制，但均有缺陷。例如“编造、故意传播虚假信息罪”仅能涵盖“编造虚假的险情、疫情、灾情、警情”的行为，然而ChatGPT生成内容是通过用户“提示”自动生成的，不仅不限于这四种情况，能否追责还尚存疑问。

第二，理论研究的缺失。生成式人工智能的输出结果包括文本、图像、音频、视频、虚拟场景等，理论研究多集中于人工智能生成物的权属、生物信息保护、主体地位及其责任承担，而未有全场景下的生成式人工智能治理理论，也未形成统一治理原则。

首先，文本、图像等创作场景下，现有研究集中于著作权归属及其责任承担。例如生成式人工智能的著作权归属，①生成式人工智能的输出存在的侵权风险，②生成式人工智能语境下，人类作者与生成式人工智能的关系。③

其次，非创作场景下，相关研究内容多样，但不成体系。例如规制“换脸”进行了充分研究，④个人生物信息保护、加工利用、存储保管往往被作为制度构建的重点。⑤

最后，人工智能的主体资格、责任承担等问题也是研究热点。例如人工智能法律主体化，⑥可将人工智能作为自然人、法人和非法人组织之外的“技术人”，⑦以及算法法人的概念等。⑧反对观点则认为应首先明确人工智能的可解释性，⑨基于不同场景进行算法公开或者算法透明，⑩不应考虑将人工智能法律主体化。⑪

① 参见杨利华：《人工智能生成物著作权问题探究》，载《现代法学》2021年第4期。

② 参见焦和平：《人工智能创作中数据获取与利用的著作权风险及化解路径》，载《当代法学》2022年第4期。

③ 参见林秀芹：《人工智能时代著作权合理使用制度的重塑》，载《法学研究》2021年第6期。

④ 参见王禄生：《论“深度伪造”智能技术的一体化规制》，载《东方法学》2019年第6期。

⑤ 参见尚海涛：《“深度伪造”法律规制的新范式与新体系》，载《河北法学》2023年第1期。

⑥ 参见骁克：《论人工智能法律主体的法哲学基础》，载《政治与法律》2021年第4期。

⑦ 参见王春梅、冯源：《技术性人格：人工智能主体资格的私法构设》，载《华东政法大学学报》2021年第5期。

⑧ 参见郭少飞：《算法法人的理论证立及构成要素探析》，载《东方法学》2021年第5期。

⑨ 参见刘艳红：《人工智能的可解释性与AI的法律责任问题研究》，载《法制与社会发展》2022年第1期。

⑩ 参见丁晓东：《论算法的法律规制》，载《中国社会科学》2020年第12期。

⑪ 参见刘练军：《人工智能法律主体论的法理反思》，载《现代法学》2021年第4期。

显然，现有理论研究局限在权属、地位、责任等生成式人工智能制度构建的基础层面，且研究较为分散，未对生成式人工智能的治理模式进行全盘考量，不能解决生成虚假信息、道德操弄、数据处理不合规等问题。

（三）生成式人工智能的治理原则

生成式人工智能治理制度构建中，应建立相应的风险治理元规则（Meta-rule）。然而现行制度和研究中并未形成生成式人工智能的体系化思维，需从人工智能治理原则入手进行分析。

1. 美国的治理原则

美国注重数据集质量的提升和数据风险的应对。2016年，美国连续发布《为人工智能的未来做好准备》和《国家人工智能研究和发展战略规划》两份报告；2019年发布新版《国家人工智能研发与发展战略计划》；2022年，美国政府发布《人工智能权利法案蓝图》，对人工智能数据安全、算法歧视、数据隐私等方面给予指导。可见美国人工智能数据风险治理的元规则主要围绕数据质量与数据安全展开。

2. 欧盟的治理原则

欧盟在人工智能数据治理方面则较为关注个人数据与个人权益保护。2018年3月，欧洲政治战略中心发布《人工智能时代：确立以人为本的欧洲战略》，战略提出要扩大人工智能所需的数据源，避免数据偏见，确保数据的收集、使用和共享遵守《通用数据保护条例》的规定。2018年4月，欧盟委员会发布《欧盟人工智能发展战略》，鼓励在遵守个人数据保护相关法律的基础上更广泛地分享私人数据。2019年欧盟委员会人工智能高级专家组发布的《可信AI伦理指南》确立了3项AI道德原则，即遵守所有适用的法律法规、尊重道德原则和价值观、技术和社会效应的稳定。① 2020年，欧盟委员会人工智能高级专家组发布了《可信人工智能评估清单》，确定了7项关键评估标准。②

① 参见欧盟委员会人工智能高级专家组：《可信AI伦理指南》，2019年8月。

② 参见欧盟委员会人工智能高级专家组：《可信人工智能评估清单》，2020年7月。评估标准分别为：人类管理和监督、科技能力和安全、隐私和数据管理、透明、多元公平无歧视、环境友好有益社会、可责。

3. 我国的治理原则

我国也在规制人工智能方面进行了一定的探索。最具代表性的是，2021 年 9 月，新一代人工智能治理专业委员会发布《新一代人工智能管理规范》，提出“增进人类福祉、促进公平公正、保护隐私安全、确保可控可信、强化责任担当、提升伦理素养”6 项基本伦理要求，以及针对管理、研发等特定活动的 18 项具体伦理要求。最新的《征求意见稿》则提出生成式人工智能应体现社会主义核心价值观、避免算法偏见和歧视、尊重平等竞争、内容真实、保障个人权益的五项基本规定，总体上我国现行的生成式人工智能治理框架比较完善。

4. 国际组织与企业的治理原则

除了美国、欧盟、中国为代表的国家外，大型企业与一些世界性组织也曾发布人工智能治理文件。如 2018 年，谷歌曾提出 7 项人工智能应用的原则用以自律，[①] 分别是：对社会有益、避免制造或加强不公平的偏见、构建并测试安全性、对人负责、隐私保护、坚持高标准的科学追求、使用符合目的。此外，微软、英特尔、IBM 也曾提出过类似 AI 准则。[②]2021 年 5 月，经合组织（OECD）也确立了 5 项人工智能基本原则：包容性增长、可持续发展和福祉；公平及以人为本的价值观；透明性和可解释性；稳健性、保护与安全性；可问责性。[③] 大型企业与世界性组织所构建的规则为生成式人工智能的治理提供了商业和人类共同体视角，补足了相关国家所提出治理原则的缺失之处。

5. 不同主体的治理原则具有共性

不同国家与国际组织可能制定不同的原则，但不同原则之间又具备一定程度的共性。然而，这些原则或治理范式多是针对人工智能的领域通则，面对不同人工智能应

---

① See Google, *AI at Google: Our Principles*, https://blog.google/topics/ai/ai-principles/amp/, last visited on March 14, 2023.

② 微软、因特尔、IBM 的规则，See *Responsible AI*, *MIcRosoIRT*, https://www.microsoft.com/en-us/ai/responsible-ai?activetab=pivotl:primaryr6；*Artificial Intelligence: The Public Policy Opportunity*, INTEL, 2017, https://blogs.intel.com/policy/files/2017/10/lIntel-Artificial-Intelligence-Public-Policy-White-Paper-2017.pdf；*Everyday Ethics for ArtificialIntelligence*, IBM Design Program Office, https://www.ibm.com/watson/assets/duo/pdf/everydayethics.pdf。

③ See OECD, *OECD AI Principles Overview*, https://oecd.ai/en/ai-principles, last visited on March 14, 2023.

用，还应具体细化其原则。尽管现阶段已有大量的元规则对人工智能应用进行规范，但仍应当结合具体行业的要求进行更为细致的法律制度设计，从而将元规则落地。①对生成式人工智能领域，亦应当构建有针对性的元规则。

（四）构建生成式人工智能治理元规则

通过上文对风险的梳理，并吸取国家、组织、企业人工智能数据风险治理的经验，对人工智能数据风险治理的原则进行梳理（见下表）。

表 5-1　企业、组织、国家的人工智能治理原则

原则来源	谷歌	可信 AI 伦理指南	新一代人工智能管理规范	人工智能法案	人工智能权利法案蓝图	OECD
以人为本	√	√	√	√	√	√
目的正当	√	√	√	√	√	
算法安全	√	√	√	√	√	√
算法透明		√	√	√	√	√
算法可信		√	√	√		√
保护隐私	√	√	√	√	√	√
数据安全			√	√	√	√
价值多元		√	√		√	√
算法公平	√	√	√	√	√	√
算法公正		√	√	√		√
反对歧视	√	√	√	√	√	
算法可责		√	√	√	√	√
社会效益	√	√	√			√
算法监管		√	√	√	√	

据上表可知，现有国家、组织、企业实践中的人工智能治理制度体现了 14 个原则，这些原则彼此关联，可被进一步提炼总结，成为普适的生成式人工智能数据风险治理元规则。

① See Dusty-Lee Donnelly, *First Do No Harm: Legal Principles Regulating the Future of Artificial Intelligence in Health Care in South Africa*, 25 Potchefstroom Electronic Law Journal 1, 1—43 (2022).

在元规则的构建过程中，要在核心价值上达成充分共识，保证人类自主性、责任承担的有效性。① 其中，算法公开透明、数据主体权利保护是人工智能法律规制的核心。② 采取算法解释、算法审核、非歧视开发准则和精准的数字平权行动等治理措施有助于人工智能治理。③ 同时，数字福祉、内生监管、合作治理等机制不可缺失。

总的来说，生成式人工智能元规则的构建要以维护人类主体地位为核心，以算法和数据规制为主要内容，保持多元利益的动态平衡，并时刻防范社会风险。对于生成式人工智能，应当从 4 个角度进行元规则的构建：第一，协同共治，涵盖算法监管、算法安全、社会效益、算法可责；第二，提升透明度，涵盖目的正当、算法透明、保护隐私、数据安全；第三，保障数据质量，涵盖算法可信、算法公平、算法公正；第四，伦理先行，涵盖以人为本、价值多元、反对歧视。

1. 协同共治

协同共治包含国家内部不同部门、不同主体间的协同，也包含国家间的协同合作。通过对生成式人工智能的风险分析可知，跨部门甚至跨国家的治理合作具有必要性。我国《网络信息内容生态治理规定》强调网络信息内容生态治理的主体是政府、企业、社会、网民等，体现了国家内部多主体参与的协同治理思路。首先，政府与其他机构相比更具合法性，能确保算法监管、算法安全；其次，政府具备强制执法能力，能确保数据的稳定、可靠以及合规；最后，政府可更好地收集信息并开展协调工作，保障工作效率。

同时，不同国家采用的不同治理方式可能会对人工智能的创新和扩散造成阻碍，如数据访问限制、数据本地化、歧视性投资等，不同的风险分类制度和治理要求会增加全球性企业的服务成本与合规成本，尤其可能对一些小规模企业造成致命的打击。因此，除各国内部需促进多主体、多部门协同治理外，还应积极推进生成式人工智能数据风险治理方面的国际协同合作。于我国而言，可通过双边、多边合作的形式，与价值取向相近或享有共同利益的国家开展合作，共同制定人工智能数据风险治理的标准和程序。以促进国家安全为基础，人工智能应用和数据在合作各国间可以流通，并

① 参见高奇琦：《智能革命与国家治理现代化初探》，载《中国社会科学》2020 年第 7 期。

② 参见汪庆华：《人工智能的法律规制路径：一个框架性讨论》，载《现代法学》2019 年第 2 期。

③ 参见李成：《人工智能歧视的法律治理》，载《中国法学》2021 年第 2 期。

循序渐进构建较为全面的人工智能数据风险治理合作体系。

2. 提升透明度

我国算法治理体系中已经创新性地提出了针对特征库、用户标签、算法机制机理等技术规范的措施，但这些具体的措施很难应对生成式人工智能滥用造成的风险，应结合生成式人工智能的新技术发展与应用场景作出相应调整和改进。

首先，要求包括 ChatGPT 在内的生成式人工智能达到算法透明化客观上非常困难，若强制要求透明化可能会阻碍神经网络技术的应用。因此立法者应结合类似的应用场景、应用效果和受众等因素，对算法透明度要求进行调整。其次，除算法原理解释外，还应增加生成式人工智能挖掘原则方面的透明度。对数据挖掘的范围有所限制，确保数据挖掘满足最小必要原则且具有合法目的，数据挖掘的范围不得超出最初声明的范畴。再次，数据挖掘能长久留存和控制巨量信息，为不侵犯包括数据遗忘权在内的数据主体权利，在主体要求、授权超期、数据资源超范围等情况下，应确保相关数据能予以彻底删除。最后，提升生成式人工智能数据跨境流动方面的透明度。生成式人工智能数据跨境流动应以数据安全主权为原则，该原则不仅可从规制风险的角度统一各国在人工智能数据跨境流动上的思路，还与我国安全与发展兼顾的规制进路相符。①

3. 保障数据质量

保障数据质量应关注原始数据的准确性与产出结果的准确性。原始数据的准确性决定了产出结果的准确性，而产出结果的准确性还受到算法的影响。保证数据质量是正义的要求，保证正义能预防人工智能带来的极端分化。② 算法透明原则能够促进算法可信，算法公平与公正是输出质量的基石。生成式人工智能设计人员应当秉持公平公正的道德观进行数据标签工作，并要求结果符合公平公正的道德标准。

首先，生成式人工智能应尽可能达到信息的无损压缩。ChatGPT 生成的答案是对学习文本的压缩和重新包装，即当一个压缩算法将原件有损压缩成 1% 的大小并重

① 参见丁晓东：《数据跨境流动的法理反思与制度重构——兼评〈数据出境安全评估办法〉》，载《行政法学研究》2023 年第 1 期。

② 参见李晓辉：《如何面对“无用阶层”：人工智能与未来正义》，载《华东政法大学学报》2019 年第 6 期。

建时，原件的内容会有很大程度的损失，输出的结果就可能是捏造的。其次，保证输入的真实性是提升数据质量的关键板块，应增加对所收集信息进行真伪鉴别的模块。ChatGPT 的预学习模型并未鉴别信息的真伪，只通过人工标注的方式去除了有害信息，而互联网本就含有大量的虚假信息，将这些信息作为学习材料无疑会降低模型输出的真实性。最后，在复现阶段应对生成式人工智能的产出进行质量把控，可将相关开发企业是否愿意用模型生成的文本作为新模型的训练材料当作判断指标，若不能作为训练材料，则意味着模型生成的文本较为模糊（训练价值低），若可以作为训练材料，则意味着生成的文本与原件具有相近的"清晰度"（训练价值高），由此入手管理大型语言模型的数据质量。

4. 伦理先行

伦理先行的理念作为生成式人工智能设计、使用时的典范性原则，不能成为空洞的表达，应当贯穿于公法和私法的法律实践中，体现以人为本的理论内涵，反对技术滥用带来的歧视风险，最终实现对人类尊严的维护。现有生成式人工智能缺乏全面的伦理道德过滤机制。人工智能技术应当以最大程度造福全体人类技术为伦理基石，同时不设定统一的价值判断标准，促进多元价值判断体系的生成，尤其是不能形成价值立场，潜移默化进行文化输出，其应用应当是客观的陈述，需要尊重不同人群的国家、地区、民族、性别、宗教等元素。不良信息甚至违法犯罪信息的输出可能对社会造成严重影响，伦理先行是必要原则。

（五）结　语

生成式人工智能的数据风险带来的不确定性逐渐显现在国家、社会、私权利三个层面。基于现有企业、国际组织、国家不同的人工智能治理模式，应通过四大元规则针对生成式人工智能进行风险治理：协同共治、提升透明度、保障数据质量、伦理先行。协同共治包含国家内部不同主体、不同部门之间的协同，旨在发挥政府、企业和个人的不同特性。提升透明度意在提升生成式人工智能算法、挖掘原则及数据共享方面的透明度，帮助数据主体了解数据的获取和处理过程，建立个人、企业和政府对人工智能应用的信任。保障数据质量一是要提升生成式人工智能训练数据的质量，二是要对输出内容进行真伪鉴别，避免人工智能应用输出具有迷惑性的错误言论。伦理先行意味着将伦理道德融入人工智能研发和应用的全生命周期，需不断强调其实质性指引作用，避免成为空洞表达。

六、ChatGPT 的中国式法律规制研究报告①

（一）引　言

ChatGPT 是美国 OpenAI 实验室推出的由人工智能技术驱动的文本交互工具，是生成式人工智能（AIGC）和自然语言处理（NLP）领域的重大突破。ChatGPT 的优异表现或将触发不同领域“人类一败涂地”的链式反应，鉴于此，本文引入海德格尔“怕”（Furcht）与“畏”（Angst）的区分，对 ChatGPT 引发的“怕”与“畏”进行具身意义上的解构，并试图提供详细的治理方案。②

（二）ChatGPT 祛魅：赛博格意义上的具身成全

ChatGPT 因技术缺陷存在目标偏离、隐私泄露、算法歧视等让人“怕”的具体风险，但这并非需要对 ChatGPT 进行特别规制的原因。识辨 ChatGPT“畏”之层面风险，需引入“具身认知”概念。

1. 具身认知的时代背景

西方社会在笛卡尔“我思故我在”及其认识论的基础上构建的道德伦理体系，只能回应严格一致或相反的概念与原则，对不确定性、变化性和发展性欠缺考量。随着技术的发展，伦理实践的边界日益模糊，过于刚性的二元体系丧失了用武之地。第四次工业革命或将通过技术与身体的交互，在脑机接口、基因工程、机械仿生等现代科技所及之处彻底改变人类自身，在强化技术同身体之间融合的同时，消解身体和技术

① 本文作者：唐林垚，中国社会科学院法学研究所助理研究员，法学博士、博士后。本文系北京市习近平新时代中国特色社会主义思想研究中心重大项目“发展数字经济、打造具有国际竞争力的数字产业集群研究”（项目批准号：21LLFXA003）阶段性研究成果。

② 本文中的 ChatGPT，不单指 OpenAI 开发的 ChatGPT，也同样代指所有与之相似的工具和产品，以期跳出应用本体层面为更深层次的人工智能问题寻求法伦理匹配。

间的传统界限。基于此，对 ChatGPT 的风险检视，宜采取具身认知而非二元对立的思维模式。

2. 具身认知的规范释义

身体既是信息的载体，也“作为社会之隐喻而不确定地被动地存在”，“诸多政治和伦理问题都需通过‘身体’这一渠道表达”。[①] 具身认知承认身体意向性及基于其上的主体性和中介性，身体的意向性为身体“参与事务以及超越具体情境进行开拓与创新”提供“背景”。[②]ChatGPT 可将“意向层面”的内容和知识喂养给由其指挥的“身体”范畴，进而颠覆乃至重构人之存在的一切始源性规范。

具身性规范促动着自我、他者与世界普遍性伦理关联之显现，表现在两个层面，其一是复数客观身体间的行为性规范，其二是身体同外物之间的关联性规范。身体和外物之间是双向交流和相互增益的“请求—回应”关系。ChatGPT 建立了生成式预训练转换器同人类的“请求—回应”关系，必然将对第二层次的关联性规范产生深刻影响。探讨全新具身性规范的学理构造，需逐一检视 ChatGPT 的更深层次风险。

3. 具身认知的风险识别

具身认知对“身体”概念的关注，正如马克思那般强调通过尊重个体的主体性而使他人和社会的“存在”成为自我规范的“周遭世界”。借此，对 ChatGPT 在“怕”之近忧外，需额外关注“畏”之远虑：（1）人工智能对人类社会交往的“釜底抽薪”式冲击；（2）决策外包导致的人类对未来走势的控制权旁落；（3）现实世界的文化权力禅让；（4）虚拟空间的人类主权尽失；（5）身份焦虑和身体伦理困惑招致的社会角色失调、变异和错位。

不可将上述五重风险的解决完全系于人类为机器预设的伦理规则。机器的“自保”需求可能激发部分的自我，而自我在他人存在的具身视角下既存在关联，也存在绽裂，因此，正如阿西莫夫“机器人三定律”的“悖论性”所揭示，我们不能一方面将保护人类作为首要的机器伦理准则，另一方面又赋予机器独立的主体地位。职是之

---

① Bryan S. Turner, *The Body and Society*, Sage Press, 1996, p. 6.

② 参见 Jenny Slatman & Guy Widdershoven, *An Ethics of Embodiment*: *The Body as Object and Subject*, in Meacham ed., Medicine and Society, New Perspectives in Continental Philosophy, Springer Press, 2015, p. 33。

故，人类设计的伦理规则必然面临排他性、融入困难乃至被架空的风险。

（三）ChatGPT 治理：具身伦理的规制意涵

前述“畏”之层面的 ChatGPT 风险，既非生成式人工智能的衍生性风险，亦非 ChatGPT 应用层面的现实性风险，而是新技术诞生而必然产生的生存性风险。

1. 触发觉醒的使动性阐释

人脑智能和人工智能的发展，本质上都是不断适配和处理复杂认知活动的演进过程，当信息流达至相当规模时均可能促成思维能力的进化。

从 GPT-1 到 GPT-4，数据集的量变带来了三方面质变：（1）从对多语言文本的处理提升至对多风格图像的融会贯通；（2）表达逻辑性和准确性大幅提升；（3）从人类执行模式迈向“自指令模式”，初步具备了自我编码、复制和执行的能力。从“GPT-4 具有比前代更高情商”的普遍反馈来看，ChatGPT 正逐渐掌握迈向更高“智能”的情感阶梯。

在语言“存在之思”的意义上，ChatGPT 已经具有了“准思想表达”的基础能力；在“使动性”的意义上，人工智能的发展将彻底脱离传统技术突破所遵循的线性轨迹。

2. 具身规制的必要性证立

本文不主张对 ChatGPT 进行单独立法规制。因此，本文“法律规制”的指涉对象便不局限于 ChatGPT 的本体风险或其上位技术、关联技术的失控风险，而是囊括了所有作为 ChatGPT“使动对象”的人、技术、机器可能引致的次生性风险以及他们之间的“交互”所产生的综合性风险。

从具身视角来看，机器和人工智能似乎永远难以企及人类的某些身体功能，但单就认知而言，即便身体状况不同，也可能获得相同认知。对于 ChatGPT 而言，只要训练素材足够丰富，经由传感器、显卡群、运算芯片、处理模块所支撑的数字信号反馈足以在“认知层面”匹敌人类基于五官产生的六觉。

由此可见，对 ChatGPT 的“由怕生畏”，并非无痛呻吟。事实上，OpenAI 已预见到部分风险，并试图通过内控机制减少脱轨几率：（1）为了防止 ChatGPT 生成冒犯性回答，OpenAI 为其设置了多重道德底线；（2）对于利用 ChatGPT 参与法律或医疗领域的敏感请求，OpenAI 内置了专门的内容审核系统来确保 ChatGPT 的回答同人类价值观相符；（3）与其他算法相较，ChatGPT 面临更严峻的算法可解释性问题。大型语言模型参数总量数以万亿计，测试时模型可能够呈现出与训练目的相一致的行为，使用时模型却可能偏离预设轨道。此外，通过逆向工程，技术人员得以窥见神经网络的底层机理，但此种有限可解释性仅对专业技术人员有效。

3. 具身规制的伦理性遵循

寻求能够在规整意义上导向合理治理结构的规制伦理，应回归具身认知，从朴素的身体法则中推导出特殊情境下亦能同社会期望相符的多样性规范：其一，具身自我的自反性特征决定的身体在主客之间的可逆性。ChatGPT 的未来规制应在公共治理、教育科研、政治经济等领域多措并举，并对不同行业布局人才结构方面进行前瞻性调整。其二，基于镜像感知的身体在自我与他者之间的穿梭性。① 在面临重大伦理决策时，不可简单地依凭具身自我的"判断"或"同意"，而是需要在对抗性的反思和批判中寻求平衡，充分虑及社会效益和负面后果。

在更高级的意义维度，具身伦理要求将作为审美主体的身体主体与作为审美对象的身体客体相结合，指向了一种关怀他者、与其他身体主体和谐共生的可持续发展观，主张以彼此间的善意互动促进身体与意向间、身体与身体间、意向与意向间的聚拢和凝合。以此为指导，解决 ChatGPT 远虑的关键，在于将其成全的智能机体融入人类生活实践的大背景下，使之成为与人类交互的共生演化对象。亦即，将交互性的智能机器与人之本我、身体、他者、社会和世界融合交互，形成共治共荣的命运共同体。

（四）当下问题的规则应对

学界对于 ChatGPT 的现实问题已有充分探讨。解决"怕"之近忧乃化解"畏"之远虑的必要条件，本部分仅就最具代表性的问题进行论述。

1. AIGC 型风险的部门法应对

ChatGPT 的多数现实风险，系 AIGC 技术的固有风险，这也是学界主流学者倾向

① ［法］梅洛 · 庞蒂：《眼与心》，杨大春译，商务印书馆 2007 年版，第 48 页。

于将 ChatGPT 等生成式人工智能治理置于深度合成治理范畴的根本原因——聚焦于技术而非应用的学术讨论能够避免概念因“商业应用的衰落而沦落为短暂的社会讨论现象”。[①] 针对 AIGC 的多数现实诟病，已有法律对应，例如，《生成式人工智能服务管理办法（征求意见稿）》(以下简称《AIGC 办法》)，同时，ChatGPT 可被归入《互联网信息服务深度合成管理规定》(以下简称《深合规定》) 第 23 条所称利用深度学习等合成类算法“制作文本、图像、音频、视频、虚拟场景等网络信息的技术”。鉴于此，实践中产生的疑难杂症，应首先考虑通过法律解释的方式填补漏洞。对于因技术迭代导致的超越《AIGC 办法》《深合规定》等立法框架所能调控范围的超纲问题，应紧趋技术特点更新监管逻辑，并结合技术、产业和应用设计具体规则。

《AIGC 办法》《深合规定》尚未对 AIGC 的知识产权风险进行规定。此问题可通过两重制度设计解决：一是置入动态的“知情—同意”框架，二是加强训练集供给侧的知识产权保护，明确训练过程中语料使用的合理界限，并对各方权责利作出分配。知识产权层面更棘手的问题是 AIGC 生成物的版权问题：ChatGPT 对已有材料的“编排”已经满足《著作权法》第 15 条“汇编作品”的标准；ChatGPT 的内容输出并非无意义的“机器洗稿”，而是有独特价值的“筛选合并”。虑此，宜认可同人类脑力创作相当的 AIGC 生成物的作品地位，并相应放宽《著作权法》第 11 条仅人类、法人或非法人组织才能成为“作者”的限制性要求。

2. 社会性风险的策略性应对

ChatGPT 的社会性风险首先源于算法歧视。算法歧视之外，ChatGPT 令人生畏的文本生成能力将不可避免地被学生用于完成书面作业甚至通过测试。学校可在法律授权范围内制定学生诚信守则，禁止学生将 ChatGPT 用于作弊或文稿生成，否则将视情形给予挂科、警告、留校察看或开除学籍等处分。同理，科研机构研究者可利用 ChatGPT 从大量语料中提取有用信息，并将节约下来的时间用于更高位阶的“思想生产”，只要不对 ChatGPT 生成内容不加修改、不加引注地整段使用，便无需上升至学术诚信高度予以看待。

ChatGPT 最紧迫的社会性风险源于工作威胁。不同于历次技术浪潮对基础工种

① 於兴中、郑戈、丁晓东：《“生成性人工智能”与法律：以 ChatGPT 为例》，载《中国法律评论》2023 年第 2 期。

的取代，此次 ChatGPT 技术突破引发的是复杂劳动工作者的担忧。此问题依赖政府有针对性地制定妥善的就业促进和社会保障政策：其一，应鼓励、引导和促进灵活就业、共享经济等新业态的发展，充分发挥新业态“就业蓄水池”缓冲作用；其二，通过再就业培训、组织机构优化、完善失业保障等方式，协助困难群体解决“过渡期间”的种种不适，将技术“创造性破坏”置于可控范围；其三，地方政府可对主动减少人工智能使用的公司提供自然人岗位补贴，避免大规模失业激发系统性风险。

3. 经济类风险的垄断法应对

ChatGPT 的经济类风险主要源自技术垄断。在 ChatGPT 赛道上，法律和政策壁垒并不存在，训练方法、转换架构等核心技术均完全公开，真正产生竞争壁垒的是训练成本。此外，行为层面的垄断问题也不可小觑。例如，ChatGPT 类应用与办公类组件一同销售，是否构成搭售？对此，《反垄断法》第 22 条禁止具有市场支配地位的经营者“没有正当理由搭售商品”。又例如，将具有较大市场份额 ChatGPT 类应用嵌入搜索引擎是否会衍生出新的“自我优待”？对此，国家市场监督管理总局公布《禁止滥用市场支配地位行为规定》删除了此前征求意见稿第 20 条有关“自我优待”的规定，足见执法机构对相关问题的审慎和踌躇。

（五）本土迁适的法律跟进

具身伦理要求我们“根据自身所寄居的时空在世”来重新审视“人类和机器的共在”。① 身体在自我与他者之间的穿梭性指向了一种基于动态均衡的法秩序。

1. 依托举国体制的“ChatGPT 发展”突围

《2022 年北京人工智能产业发展白皮书》明确支持头部企业打造对标 ChatGPT 的大模型。2023 年 3 月，全国人民代表大会表决通过了《政府工作报告》，“完善新型举国体制”成为“强化国家战略科技力量”的顶层设计。

举国体制在数据聚合方面具有天然优势，有望抵消域外先行者的“数据飞轮”效应。分布于不同平台和生态的数据不宜直接“互联互通”，经营者常以保护用户权利、

---

① Rosalyn Diprose，*A “Genethics” That Makes Sense*：*Take Two*，in Margrit Shildrick & Roxanne Mykitiuk eds.，Ethics of the Body，The MIT Press，2005，p. 234.

经营自由为由怠于履行相关义务。[1] 目前，ChatGPT 是互联网生态中规模最大、增长最快的流量入口。为在集中协调的基础上聚合公共算力池，可通过多方安全计算、联邦学习、可信执行环境等隐私计算技术“实现非信任主体间数据价值的合规有序释放”，[2] 避免为达成国家战略目标而对企业日常经营活动造成不必要的干预。

合力攻关通用大模型，离不开四个方面的法律跟进。其一，在通用大模型所需科技重点发展领域，应加强制度保障，集中优势力量，从资源供给、平台生态、产业链条等各个方面强化国家统筹。在基础薄弱领域，应强化制度供给，推行竞争性的产业策略以鼓励不同技术路线、不同资源禀赋的科技类企业参与竞争。其二，通过行业条例和“小切口”立法的促动，使高等学校、科研机构和企业相关技术研发紧扣国家战略、遵从使命定位。其三，为追求效率与安全的动态平衡，宜采取包容审慎的监管模式，给予新技术必要的发展时间。[3] 其四，建立层次分明的准入清单制度，尤其是对于域外 ChatGPT 产品，应严格按照《市场准入负面清单（2022）》“许可准入类”第 111 项，由国家网信办审核其资质，为国内的技术追赶提供合理的窗口期。

举国体制并非在所有方面都无所不能，尤其在促进基础理论研究方面存在短板，宜通过“缓释性”的制度供给，在目标明确的举国体制和营造独立自主的学术环境之间形成有效平衡。

2. 提升国家治理的“ChatGPT 嵌入”准备

具身认知强调对“生活世界”的呵护，在一个无法排除人工智能的世界，后人类学提供了一种机体、人类和其他生命形式“无缝衔接”“彼此依赖”“共生演化”的可能图式。

行政负担是影响政府绩效的制约性因素之一，生成式预训练转换器天然具有以更低成本提供更优服务的比较优势。ChatGPT 产品嵌入政府管理服务，可有效实现公共服务供给侧和需求侧的“双向交互”，有利于将矛盾纠纷化解在基层、化解在萌芽状态；ChatGPT 能够协助政策制定者迅速把握重点、提取核心诉求，为“最广泛、最真

---

① 赵精武、孙小雨：《反垄断法视角下“互联互通”的实施原则与规范表达》，载《西安交通大学学报（社会科学版）》2023 年第 3 期。

② 唐林垚：《数据合规科技的风险规制及法理构建》，载《东方法学》2022 年第 1 期。

③ 参见刘权：《数字经济视域下包容审慎监管的法治逻辑》，载《法学研究》2022 年第 4 期。

实、最管用”的全过程人民民主注入活力。不过，当自动化系统“占有、处理承载着社会利益的大数据时”，它将从单纯的技术工具一步步上升为嵌入社会权力结构发挥作用的“准公权力”，“随之而来的格局很可能是，自动化系统的应用范围越来越广，专属于人类的决策空间和社会沟通被渐次压缩”。①此外，还需要警惕的是，原本中立的技术可能被用作图谋不轨的政治工具。

为缓解 ChatGPT 嵌入治理可能导致的新人机对立，使人民和国家的利益优先于主导当今国际政治的民族主义、狭隘主义和功利主义，有必要在法律层面对 ChatGPT 的治理嵌入做好四方面准备。其一，网信部门应对数据集的“在地性”“准确性”进行把关。其二，通过“陈情权”等机制创设，允许民众就不公正的数字待遇请求公平聆讯的机会。②其三，“自上而下”构建管理部门和行业组织间的多方共治格局，建立敏感内容的“熔断机制”。其四，严格落实实名制，非实名不得开启对话和发送调用请求。

3. 落点教育规章的“适 ChatGPT 化”改革

人之为人是解决人工智能交互性伦理的关键，而有尊严地存在系人之为人的核心要旨。当人类心智受到 ChatGPT 挑战甚至碾压时，我们应着重发展人类在情感、审美、知识原创等人工智能无从替代方面的能力，可从两类教育规范性文件着手：其一，在教育法典层面探索“与技术伴生”的学科建设新路径；其二，在义务教育阶段注重实操能力、审美能力和可移植能力的培养。

（六）未来风险的法治准备

面对 ChatGPT 带来的“畏”之远虑，最为棘手的是对非碳基生命的“具身存在”做好准备。对此，以下三方面的法治准备尤为重要。

1. 把控通用人工智能的研发节奏

硅基智能的发展速度远超有机生物，人类必须提前为可能的风险失控做好防范，对通用人工智能研发的安全性和伦理性进行普适性立法已迫在眉睫。

尤瓦尔·赫拉利虽不认为人工智能能发展出真正的“意识”，但虑及其对社

① 唐林垚：《公共治理视域下自动化应用的法律规制》，载《交大法学》2022 年第 2 期。

② 参见唐林垚：《“脱离算法自动化决策权”的虚幻承诺》，载《东方法学》2020 年第 6 期。

会构造的不断冲击，他指出“我们必须让这个过程变慢，让整个社会适应这个情况”。①2023年3月，美国数千名业界权威共同发出了《暂停通用人工智能研究》的公开信，呼吁所有人工智能实验室即刻暂停训练比GPT-4更强大的人工智能系统，为期至少半年，并建议行业协会、各大企业、研究机构通力制定研发安全协议。②不仅是通用人工智能研究，与之无直接关联但共享特定“技术成分”的某些特殊领域，例如仿生学、控制系统学、密码学等，都应自检是否有“减速”必要。

2. 探索共治融合的人机共生关系

回顾人工智能的发展进程，人与承载智能的机器之间的关系早已超越了单纯“人与物”的关系范畴而具有了“复合属性”，既包括人与智能交互演进的历史嬗变，也包括人与智能相互融合所触发的生产力和生产关系的异化。回归具身认知层面，自我与他者的穿梭性，意在强调人类生存经验之沉淀，凸显了各方和谐共生的交互智慧。

一种可行的解决方案是，通过深化人机合作关系创造出更多更能充分发挥人之特长的新型工作岗位。未来的岗位设计，应将人和机器视为共同认知和多元智慧的承载者，尽量将人的引导作用贯穿于机器智能的动作行使、功能校准、日常训练以及实时互动学习等环节，在人机之间促成一种灵动的各司其职状态。作为配套，需通过合理的规则供给，解决潜在的分配不公问题。在智能机体尚未取得法律上的独立地位之前，由机器产生的经济增量应当由所有人共享，而不是被极少数精英所垄断。

3. 构建虚拟空间适用的硅基伦理

虚拟空间作为人类现实世界的延伸和拓展，丰富了人际、人机际交互的形式和内容，但因身体的“不在场”，可能引发更复杂的伦理问题。

当人机共生的场域从现实世界向虚拟世界平移，具身伦理仍有适用空间，但应进行合理转化。虚拟世界中，人类的身体仅仅是被隐匿，而非被悬置或者放逐，故而，虚拟世界需要构建一种以非碳基生命为中心的硅基伦理。控制论学说已有较为现成的教义：作为客体的碳基生命和生来就是纯粹客体的机器都可被视为一种功能性装

---

① 苗千:《我们和ChatGPT一起专访了〈人类简史〉作者尤瓦拉·赫拉利》，载《三联生活周刊》2023年第13期。

② *Pause Giant AI Experiments*：*An Open Letter*，Future of Life，https://futureoflife.org/open-letter/pause-giant-ai-experiments/，last visited on 2023-04-02.

置，他们存在的根本意义在于局部地和暂时地抵抗“熵增”总趋势。信息伦理学也从熵增的角度对硅基伦理进行了阐释：“只有当一个行动在其实施过程中从不产生任何形而上学熵，它才是无条件地可赞同的。”① 以此为基础，虚拟空间中，人机之间的具身性规范可以被解释为互负通过维持系统的平衡性与完整性继之实现全新生存状态的义务。

（七）结　语

ChatGPT 带来的影响是实质性的。通过具身伦理的引入，本文探讨了“怕”与“畏”层面 ChatGPT 风险的法律规制方案。在更基础的意义上，本文探讨的是防止作为人活动产物的技术变成支配和统治人类异己力量的法治之道；这种努力想要成功，有待学界对人工智能伦理问题给予更多更深刻的思考。

① ［英］卢恰诺・弗洛里迪：《信息伦理学》，薛平译，上海译文出版社 2018 年版，第 102 页。

第六部分　人工智能法治人物专访

一、构建以企业数据为核心的商业数据保护机制

观点：

对商业数据进行立法保护，是回应数据产权制度顶层设计的重要举措。应通过修改反不正当竞争法，专设数据保护条款，针对以企业数据为核心的商业数据，构建一种既赋予一定排他性，又兼顾数据流通利用的商业数据弱权利保护机制。

孔祥俊：现任上海交通大学讲席教授，知识产权与竞争法研究院导师。第五届全国十大杰出青年法学家，三次入选“全球最具影响力的50位知识产权人物”，入选“第三届中国杰出人文社会科学家”，入选“2018年度中国知识产权影响力人物”。兼任上海市法学会副会长、中国市场监督管理学会副会长。曾先后任最高人民法院审判委员会委员、知识产权审判庭庭长、四川省委政法委副书记、最高人民法院第一巡回法庭副庭长。

建议将商业数据纳入反不正当竞争法保护

蓝皮书：在最近国务院机构改革方案中，我国将组建国家数据局，负责协调推进数据基础制度建设，统筹数据资源整合共享和开发利用，统筹推进数字中国、数字经济、数字社会规划和建设等。对此，您是如何看待的?

孔祥俊：新成立的国家数据局与不久前正式发布的《数字中国建设整体布局规划》《关于构建数据基础制度更好发挥数据要素作用的意见》，是我国数字经济发展史上的里程碑，标志着我国数据要素市场化配置进入了以国家体制机制创新和顶层设计为引领，政府、市场和社会全面整合式推进数据要素市场化配置，加速数字经济发展和数字中国建设的新阶段。

蓝皮书：您提出了“商业数据”概念，并建议将商业数据纳入反不正当竞争法保护，在保护上区别各类数据，对此您是如何考虑的?

孔祥俊：商业数据，即用于商业目的或者市场竞争的数据集合。商业数据包括公共数据以外的自然人、法人和非法人组织依法收集获取的数据。2022 年 6 月 22 日，中央全面深化改革委员会第二十六次会议对数据产权构建作出顶层设计，即建立数据产权制度，推进公共数据、企业数据、个人数据分类分级确权授权使用，建立数据资源持有权、数据加工使用权、数据产品经营权等分置的产权运行机制，健全数据要素权益保护制度。数据产权架构需要通过相应的法律制度设计加以具体落实。对此，我认为将商业数据纳入反不正当竞争法保护，主要因为目前尚无更为合适的保护路径，而反不正当竞争法的调整特性更为契合商业数据权益保护。基于既有的数据权益保护实践以及数据产权本身的特殊性，反不正当竞争法可以成为架构和保护企业数据权益的重要法律依据。

将数据区分为公共数据与企业（商业）数据，并在反不正当竞争法场景下正式采用“商业数据”的对应称谓，是必要和可行的。将数据区分为公共数据与企业数据（商业数据）大体已形成共识，并为地方性法规等所普遍采纳。深圳、上海、重庆等地方性立法已开始区分公共数据与市场数据。如《上海市数据条例》规定了“公共数据”和“数据要素市场”，后者涉及市场主体拥有和交易的数据。目前，中央顶层设计正式使用了企业数据概念，并将其与公共数据相对称。公共数据和企业数据具有不同的收集主体、收集对象和收集目的，其界限能够清楚地划分，需要分别单独界定，并构建不同的法律规则。两类数据的区分又是独立界定商业数据产权和构建其保护制度的事实和法理基础。当前已有比较丰富的数据权益保护实践，且除个别涉及著作权和商业秘密保护以外，主要纳入反不正当竞争法进行保护。

蓝皮书：您提到当前数据权益反不正当竞争的保护存在明显的不足，主要表现在哪些方面?

孔祥俊：当前数据权益反不正当竞争保护是一种事后保护，没有预定的具体法益模式，而通过个案裁量进行个案保护，注定其只能是一种过渡性选择，而不是一种终极性办法。其一，通过反不正当竞争法一般条款进行的保护只是一种消极的不确定性保护。这种保护只是基于个案裁量，未能预先确定特定的保护客体、保护条件和保护范围，裁量余地大，裁判标准具有不确定性，因而在具体保护上具有较大变数。其二，不适宜大量、重复和反复的数据权益保护需求。大数据背景下的数据权益保护已成为大量、反复出现和前后一致的保护需求，可以且必须给予类型化保护。应该尽快提升保护层次。其三，应景式个案保护不利于事先建立系统、明晰和稳定的保护标准。其四，将数据权益类型化为反不正当竞争法具体法益的条件已经具备。将数据权益纳入保护范围，规定其保护条件和固化侵权行为类型，可以实现数据权益保护的稳定性，因而同样具有反不正当竞争法保护既能赋予一定排他权，又保持应有灵活性的高度契合性。

互联网平台的反垄断须在法律上维持适度谦抑

蓝皮书：近年来，与商业数据相关的互联网平台反垄断问题受到高度关注，对此您有什么建议?

孔祥俊：基于数据运算和互联网技术应用的数字经济是当今最具活力的经济领域，网络和平台具有规模效益，以网络效应和赢者通吃型市场为特征。当前的反垄断法律框架总体上适用于互联网产业，但互联网产业同样对反垄断规则提出了新课题，如果对其反竞争行为把握不准，制裁了具有促进竞争潜力的行为，就会窒息竞争，损害消费者福利，例如美国的反垄断经常是轰轰烈烈开始，以折中妥协结束，最后达成一种利益平衡，给产业发展留有空间，使竞争更充分，为创新提供宽松环境。在一段时间内，该领域的反垄断只能是既要积极，又要适可而止，不能冒进。我们既要相信执法者与时俱进的智慧和能力，但也希望执法者对未知和不确定领域保持必要的敬畏。因此，互联网平台反垄断执法应当保持必要的和适当的谦抑。反垄断法是维护竞争自由、完善市场结构和保障竞争秩序的“经济宪法”。反垄断法有独特的作用方式和调整特性，反垄断的定位和取向从来都需要立足本国的发展实际。对当今国际反垄断潮流应当进行深度的背景和原因分析，关注总体趋势之下实质取向的差异，“看热闹更看门道”，防止轻率地认同某种趋势。

二、有效推进数字法治政府建设，构建数字法治秩序

观点：

数字法治政府并不仅仅是数字政府的法治化，而是现代法治迈向数字法治这一转型升级进程的必然反映。因此，它必将是一个从业务流程、体制机制再到制度模式的总体性重塑过程，进而形成数字政府平台机制、数字行政行为机制、数字公民参与机制和数字社会治理机制。这就需要坚守数字法治价值，确立数字行政的正当合理框架，保障数字公民参与权利，塑造良法善治的数字文明生态，从而有效推进数字法治政府建设，构建数字法治秩序。

马长山：华东政法大学数字法治研究院院长、教授、博士生导师，《华东政法大学学报》主编；先后入选国家“万人计划”哲学社会科学领军人才、教育部“长江学者”特聘教授、人社部新世纪“百千万人才工程”国家级人选、中宣部文化名家暨“四个一批”人才。兼任中国法学会法理学研究会副会长、东京大学东洋文化研究所“外国人研究员”。

从法治政府到数字法治政府的变革

蓝皮书：如何理解您提出的数字法治政府，其内涵是什么？

马长山：众所周知，现代政府架构于启蒙价值、社会契约、权力分立和法治原则的基础上。“万物数字化、一切可计算”的新一轮科技革命，使“物理政府”转向数字政府成为一种必然趋势。日益崛起的新兴数字政府形态根本性重塑了现代政府架构，并对其形成了深刻挑战。

数字法治政府建设应具有三层基本内涵：其一，数字政府并非“物理政府”的数字化，而是通过平台架构实现了流程与机制再造，因此，数字法治政府建设就要对

其所形成的多元交互关系设置规制框架，特别是面对技术性化减程序、扩张权力、规制逃逸倾向，要进行制度性的规范和拘束；其二，数字政府应当有促进数字发展红利的普惠共享的发展目标，因此，数字法治政府建设就应以保护数字权利、维护数字程序、弘扬数字正义为核心，抑制数字鸿沟、算法歧视、信息茧房和数字控制等问题和风险；其三，数字法治政府并不是在数字政府上简单套用原有法治原则，而是基于数字政府的新型关系、机制和功能进行重塑与重建，其实质是从现代法治迈向数字法治进程中的一种迭代升级，具有革命性的理论意义，并将开辟崭新的数字法治时代。总的来说，从数字政府到数字法治政府，绝不只是工具化的技术附加，形成“监管的数字技术”或者“数字技术的监管”，而是一项适应数字时代的要求，是对政府理念、机构、职能、流程再造的法治化进程。因而，这是一个模式与机制重塑、制度重建的“数字质变”与转型升级。

蓝皮书：数字法治政府在面对转型升级要求时有哪些规制方向？

马长山：首先为平台化行政。推进数字法治政府，需要把政务平台建设、体系架构、平台运行、基础设施、技术保障等纳入法治轨道，从而对平台化行政进行有效规约和风险控制。其次，是数据化行政。数字政府是一种数据驱动的行政构架，其关键环节就是要打破数据壁垒，这样，为数据归集、处理、利用、共享与安全等设立规制框架，就必然成为数字法治政府建设的一个重要规制方向。最后是自动化行政。数字政府的核心在于运用算法进行自动化决策，然而，无论是商业算法，还是行政算法，都存在着算法黑箱、算法歧视、算法错误、算法滥用等突出问题，而一旦自动化行政出现问题，就会产生程序性、系列性、自动性的不良后果。因此，将自动化行政拘束在法治机制之中，无疑是数字法治政府建设的重要内容。

蓝皮书：数字政府创建了新型平台机制，实现了对政府组织结构的再造，生成了“数字空间”政府和数字法治机制，您认为包含哪些内容？

马长山：首先，数字政府基于“政府即平台、公民即用户”的全新定性，在这种模式下，政府的职责是随时随地提供各方所需的信息，公民能够掌握解决国家和地方层面问题的必要技能，从而强化公民赋权和激励创新。这样，平台型政府就必将走出行政权与公民权的二元平衡范围，进入多元主体间的交互境地，为“公民用户”（终端用户）提供便利服务和良好体验，重塑了政府行政、社会协同与公众参与的方式。

其次，形成数字行政新结构。科技公司、头部企业等在参与政府平台建设和运行过程中，通过平台设计、算法设计、平台管理、数据分析、技术维护等方式，能够或隐或显地参与行政决策、分享部分行政职责，从而形成扁平化、分布式、节点性的行政结构。这样，“政府即平台、公民即用户”已不再是政府与公民之间那样简单的对应关系，而是形成了公权力、私权力、私权利的三重交叠互动机制。

最后，塑造数字行政新关系。数字政府的平台化模式，能够通过平台的双边市场、数据信息和建模算法功能，突破物理时空阻隔和限制，推进全要素、全场景可视化、协同化，切实做到“一网通办”“一网统管”“一网协同”“接诉即办”。

建设数字社会治理机制

蓝皮书：正如您所说，建设数字政府在本质上是技术赋权重建政府、社会权力和公民权利的过程。您认为在其中不可忽视的风险有哪些？

马长山：数字政府在消解传统社会基础和行政结构的同时，也在重塑着政府、企业与社会之间的角色与功能。其风险表现体现在以下几方面：

其一，数字政府并不能完全套用平台经济的理论和逻辑，因为它毕竟具有基本的公共属性和职能，特别是在福利行政、给付行政、治理行政上，要承担起必要的义务和责任。其二，“一网通办”“一网统管”“一网协同”在产生促进效率、统一标准、便利为民的良好效果的同时，如何制约权力就成为一个严峻的挑战和问题。其三，参与政府平台建设企业只是按照政府提出的要求进行闭门设计，缺少民众参与和对社会诉求的吸纳。其四，应适时防止将数字发展视为新兴“飞地”，甚至视为“西部世界”那样可以进行“圈地”的工具主义、功利主义倾向，警惕凭借新兴技术实施权力扩张，造成“权力技术化”“技术权力化”的异化风险，从而切实践行数字政府建设“以人民为中心”的宗旨。

蓝皮书：在您看来，数字法治政府建设需要怎样的推进策略？

马长山：我认为，在创新建设数字法治政府的过程中，需要发挥数字治理的“中国智慧”，采取客观务实、开拓创新、包容审慎的策略，积极推进数字法治政府建设。

首先是坚守数字法治价值，赋予核心价值观以数字内涵。在数字法治政府建设的过程中，加强个人信息保护、防止算法歧视、弥合数字鸿沟、促进数据开放共享、增强公民数字参与、推动数字民主发展等，就成为贯彻社会主义核心价值观的时代任务，以确保数字法治政府建设不会偏离“良法善治”的发展轨道。

其次，维护数字正义价值。在数字时代，数据信息与建模算法担负着关系建构和秩序塑造的重要功能。一方面，要确立数字法治思维、秉持数字法治方式，防止权力技术化和技术权力化的异化现象。另一方面，要真正落实“共建共治共享”原则，建立数字时代的执法权力运行机制和管理监督制约体系，切实保障数字公民权利，让数字正义保护百姓，让可视正义进入人心。

再次，保障数字人权。每个人每时每刻都是一个数据信息的生产者，也是一个数据信息的消费者，在数字政府的关系框架下则是一个数字公民。事实表明，数字正义、数字人权在对数据信息的控制、基于算法的控制、通过算法的控制等领域表现得十分突出。对我国而言，数字政府建设的宗旨乃是为民众提供优质服务，增进数字公民的权利保护、提高其参与能力和生活质量，保护数字人权、捍卫数字法治价值，无疑是我国数字法治政府建设的生命线。

建设数字法治政府，还需要塑造良法善治的数字文明生态，在我国，近年来先后发布了《新一代人工智能治理原则——发展负责任的人工智能》等政策文件和行业规范，这些都是确保科技向善、正当合理的基本规范和价值尺度的制度建设基础。因此，数字法治政府建设应当率先垂范，带头遵守良法善治的技术发展规范，营造并引领全社会的数字文明生态。

三、潜意识人工智能系统的监管是全球挑战吗

观点：

人工智能技术的发展需要世界建立起对潜意识人工智能系统的监管。面对此种全球性的挑战，我们或许需要采取具有约束力的全球性监管予以应对。

罗斯坦·J. 纽维尔（Rostam J. Neuwirth）：澳门大学法学院教授，全球法律研究系主任。曾任教于加尔各答西孟加拉国立法学大学（NUJS）和印度赖布尔的希达亚

图拉国立法律大学（HNLU），并在奥地利外交部国际法局欧洲法系担任法律顾问。他在佛罗伦萨欧洲大学学院（EUI）获得博士学位，并在加拿大麦吉尔大学法学院获得法学硕士学位（II.M.）。出版有《欧盟人工智能法案：规制潜意识人工智能系统》和《矛盾修辞时代的法律：语言、逻辑和法律的通感》以及其他关注当代全球法律问题的作品。他的作品探索法律与语言、认知、艺术、文化、社会和技术之间的内在联系来解决法律问题。

蓝皮书：人工智能正日益成为一股巨大的力量，您如何看待对其的监管行为？

罗斯坦 · J. 纽维尔：人工智能被描述为一种自相矛盾的存在，因为人类智能与具有学习能力的人工智能机器之间的相处并不融洽。在过去两年中，全球对人工智能已进行了相当多的监管活动。这些监管活动始于 2021 年 4 月，当时欧盟委员会提出了《人工智能法案》这一新法规，规定了人工智能的统一规则。此后不久的 11 月，联合国教科文组织的 193 名成员还以广泛共识通过了《人工智能伦理问题建议书》。虽然这仅为一项建议，但其也是一份非常重要的文件，并表明存在对人工智能不仅带来机遇，同时还有与之相关风险的一种全球关注。这也是欧盟委员会提出的一项倡议。当然，许多其他国家亦在国内层面讨论了处理人工智能带来的各种后果的立法和监管行为。我还想提及在联合国教科文组织文本中也强调的一个具体方面，即人工智能对社会、环境、生态系统和人类生活的巨大正面和负面影响，其中特别强调对人类生活的影响，这是人工智能在某种程度上成为游戏规则变革者的原因，因为人工智能让我们得以影响人类的思维、互动沟通、决策，最终也会改变我们的行为方式。

The blue book：AI is really a very powerful tool，how do you consider the regulatory activities about AI?

Rostam J. Neuwirth：The artificial intelligence has also been described as an oxymoron，because the human intelligence does not go well with artificial intelligence machines that are capable of learning. There have been quite some regulatory activities in the past two years. It started in April 2021，with the European Commission proposing a new regulation laying down harmonized rules on artificial intelligence，the so-called Artificial Intelligence Act. Shortly thereafter，in November，UNESCO also adopted，by a large consensus of its 193 members，The Text of the Recommendation on the Ethics of

Artificial Intelligence. This is a kind of recommendation only，but it’s also a very important document that indicates that there is a global concern，with not only the opportunities that AI is deemed to provide but also the risks that are kind of attached to it. Here，before that，I would like to also mention one specific aspect that the UNESCO text also highlights，namely，it’s the huge positive and negative impact of AI on societies，environment，ecosystems and human lives，emphasizing the impact on the human lives，because this is where AI is a game changer in a way，because it allows us to influence human thinking，our interaction，our decision making，and ultimately it also alters the way we behave.

蓝皮书：这些在潜意识中运作的人工智能技术是什么？

罗斯坦 · J. 纽维尔：这里我只想举一个例子，有一个关于酒店网站预订的实验，当实验人员在酒店房间的视频中不经意地添加了微小的表情符号，即当被测试人员看到酒店房间的视频时，不会全然意识到微笑表情符号的存在。人工智能的大势已来，我们已经从为计算机编程转变为为人编程。这也概括了一个事实，即我们已经拥有非常强大的技术，随着更多的设备被创建、创新和重新组合，人工智能技术在未来将变得更加高效。

The blue book：What are these AI technologies that functions subliminally?

Rostam J. Neuwirth：And here I’d like to just give one example，there was an experiment conducted with regard to booking of hotel sites and there were like tiny emoji subliminally，like added to the video for hotel room，so again the person would see the video of the hotel room but not be fully aware of the emoji，the smiling happy emoji. There’s an overall trend in nudging and artificial intelligence that shows that we have moved from programming computers to actually programming people，which is summarizing the fact that there are very powerful technologies already available to us，that they will become more efficient in the future with many more，like devices being created，innovated and then combined.

蓝皮书：您认为下一步我们应该关注哪些方面？

罗斯坦 · J. 纽维尔：我们应该真正关注人工智能当下以及未来的智能程度和可信赖性。因此，我们需要一场全球性的讨论，讨论的焦点要关注人工智能的可信赖性，以及我们如何使人工智能合乎伦理道德。我们还需要讨论人工智能受到多大程度的人类监督，我们不应该把所有事情都交代给机器。我们还必须确保这些系统在不同的法律体系、不同的司法管辖区中具有互操作性，而且不存在我们从互联网上得知的人为障碍，比如地域屏蔽。因此，我们也必须通过思想自由和隐私保护等基本权利来保护我们的大脑和思想，我们还必须重新考虑“造成伤害”的含义。对“伤害的范围”有非常有趣的评论，伤害应不仅指心理和生理伤害，我们还需要对伤害作出更广泛的定义：社会伤害、文化伤害、金融伤害，或者一场被操纵的选举还会对全体民众产生影响。因此，我们需要倾听各方意见，以扩大我们对伤害的理解。

The blue book：What do you think we need to focus on next?

Rostam J. Neuwirth：We should be really concerned about how intelligent and how trustworthy AI is and will be. And we also need，I think，a discussion on how much human oversight there will be and we should not leave it to the machines alone. And we must also make sure that there's interoperability between these systems in different legal systems，in different jurisdictions，etc. and not to have artificial obstacles that we know from the Internet like Geoblocking. We must therefore also protect，like the brain，the mind，through fundamental rights like the freedom of thought and privacy protection，and we must also reconsider perhaps what it means to cause harm. There have been very interesting comments on the scope of harm，that psychological and physical harm is not enough，we also need wider collective harms，societal harms，cultural harms，financial harms，or if we think of a manipulated election that this has of course an effect on the whole populace. And therefore，we need to hear to maybe broaden our understanding of what is harm.

蓝皮书：对于监管，您还有什么建议？

罗斯坦 · J. 纽维尔：我们需要更大范围的监管一致性，这意味着不同部门法之间的一致性，不能仅由某一部门法予以监管，比如仅由反不正当竞争法或仅由知识产权法予以监管。这确实需要我们重新思考整个法律体系，以及这些不同的部门法如何协同工作。最重要的是，我们需要一场跨学科的讨论，因为我们需要心理学、神经科学以及所有参与这些在潜意识中发挥作用的人工智能技术和人工智能系统开发的人员的投入，并共同努力确保在未来人工智能技术和系统是安全的，在一定程度上能够保护我们思想的私密性。

The blue book：Do you have any further suggestions about regulate?

Rostam J. Neuwirth：I think we need a greater regulatory coherence that means between different areas of law，and this cannot be regulated only by one area，like only by competition law or only by IP law. It requires really a rethinking of the entire legal system and how these kinds of different legal fields can work together. And on top of it，it needs to be an interdisciplinary debate because we need the input from psychology，neuroscience，all those engaged in the development of these AI technologies/AI systems that function subliminally，and work together to make sure that they can be safe in the future and safeguard also to some extent the privacy of our minds.

四、法律文本分析与解释的困境

观点：

法律文本分析是人工智能与法律领域结合的一个分支。最终达到机器学习程序可以用法律执业者能够理解的术语和方式来解释预测的结果。

凯文·阿什利：国际人工智能和法律协会前主席，法律推理和网络空间法律问题的计算机建模专家，曾任美国国家科学基金会总统青年研究员，IBM 沃森研究中心客座科学家，博洛尼亚大学高等研究院高级访问研究员、法学院访问研究员。曾担任美国国家科学基金会多项资助的首席研究员，研究法律和职业道德案例的推理。出版有《法律论证建模：案例和假设推理》和《人工智能和法律分析：数字时代法律实践新工具》等。

蓝皮书：什么是法律文本分析？

凯文·阿什利：法律文本分析，或称为文本挖掘，是人工智能与法律领域结合的一个分支，通过采用自然语言处理和机器学习，从案件裁判、合同或制定法中自动提取有意义的语义信息。法律文本分析深度学习承载有大型文本数据库的神经网络。神

经网络由输入 / 输出节点组成，这些节点通过边缘加权与多层中间节点相连。输入通过网络上的节点传递至输出。这个过程包含对边缘权重的线性组合。其目的是学习那些能够使计算机输出与目标输出之间差异最小的权重。

The blue book：What is the legal text analytics?

Kevin D. Ashley：The legal text analytics or text mining is a subset of AI and law that employs natural language，processing and machine learning automatically to extract some meaning from archives of legal case decisions contracts or statutes. Legal text analytics employees deep learning with neural networks trained on large databases of texts. As you may know，neural networks comprise input output nodes connected to multiple layers of intermediary nodes the awaited edges. The inputs propagate through the nodes in the network to an output. The process involves the linear combination of weights in the edges. The goal is to learn weights that minimize the deviation of the computed output from the target output.

蓝皮书：谁需要这种基于法律文本的算法呢?

凯文 · 阿什利：从案件文本中的深度学习，可以自动学习那些在确定预测中占有权重的特征。然而，即使这些习得的特征可以从神经网络中提取出来，也并不必然对应法律执业者能够理解的法律知识，因此，他们所使用的机器学习路径并不能解释其预测的结果，其能做的只是突出显示那些能够影响预测结果的文本，为此它采用了多层注意力网络（HAN）。

如前所述，不同的网络架构、层数和深度适合于不同的分析目标。多层注意力网络能够预测案件结果，并且产生神经网络的注意权重。多层注意网络中的注意力权重可以突出显示文件中的相关部分，或者至少突出显示最具预测力权重的部分。这使得使用多层注意力网络的突出显示来解释预测结果成为可能。

Chalkidis 和他的团队想利用多层注意力网络从神经网络中找出法律解释的成分。多层注意力网络对于那些对模型结果预测有更大影响力的文本部分，将赋予更高的注意力分数，然后在界面中突出显示这些文本，并且希望这些突出显示的部分能够等同于对预测结果的解释。Chalkidis 在生成突出显示的事实描述时，使用了多层注意力网络。

《欧洲人权公约》第 3 条规定“禁止酷刑，以及不人道或有辱人格的待遇或惩罚”。事实上，如果人们仔细去阅读那些突出显示的部分，就可以发现尽管这些突出显示的内容确实有一定的意义，但还是会质疑这些内容能否等同于解释。

卡尔·布兰廷的实验表明，这些突出显示的、具有高注意力分数的文本对法律结论的解释意义有限。他的团队让61位专家和非专家人士参与一项任务，该项任务主要分析了世界知识产权组织（WIPO）规则下的网络域名争端解决的裁判。世界知识产权组织仲裁与调解中心提供无须当庭诉讼便可解决网络域名争端的规则和机制。在实验中，参与者都被赋予了一项任务。每个参与者都被要求对两组独立案件中的“无权利或合法利益（NRLI）”问题进行裁判，并为每项预测提供理由。无权利或合法利益是世界知识产权组织域名争端解决中的重要问题。在四个实验条件中，有两个涉及基于注意力权重而突出显示部分案件文本。实验结果表明，突出显示并不会对预测的正确性产生影响。但按照布兰廷的说法，或许参与者难以理解的是他们最具启发性的评论，在突出显示的文本与他们要决定的问题之间存在什么联系。他们说不出那些突出显示的部分与WIPO规则的重要概念“无权利或合法利益”之间有什么关系。

尽管一个实验并不具有决定性意义，但这一发现对多层注意力网络的注意力权重能够解释法律预测的结果而言，是一个打击。布兰廷指出，一个有用的结论支撑应该可以帮助其用户理解案件记录的有关部分与案件的争议焦点和法律推理之间的关系，这是成功的法律解释的目标。

The blue book：Who needs them what might ask deep learning from cases texts automatically learns features that have weighed in determining predictions?

Kevin D. Ashley：Those learned features，however，do not necessarily correspond to the kinds of legal knowledge that legal professionals can understand，even if it could be teased out of the network. Thus，their machine learning approach cannot explain its predictions. What it can do is to highlight portions of text that influence its prediction.

It employs hierarchical attention networks HAN ends for this purpose. As I mentioned，different architectures of networks layers of depth are suitable for different analytic tasks. Hierarchical attention networks predict case outcomes and yield neck work attention weights，the figure shows，and he said that computes attention waits for words and then for sentences. Attention waits in ha ends can highlight relevant portions of a document，or at least the portions with the greatest predictive weight. This leads to the possibility of using HAN and highlighting to explain predictions and answers. Shall ketosis and others want to use hierarchical attention networks to tease out from neural networks，the constituents of legal explanations. HAN assign higher attention scores to the portions of text that have greater influence on the models outcome prediction. And interface then highlights these aspects of the text. The hope is that the highlighted portions will amount to an explanation of the prediction. Chiquita supplied and HAN in generating the highlighted fact description shown here. The model attends more highly to the words colored in various shades of pink and red and to the fact sentences indicated with vertical heat bars.

Article three of the European Convention on Human Rights prohibits Torture and Inhuman or Degrading Treatment or Punishment. And indeed，if one perusing the highlighted portions，one can see that the highlighting makes some sense but query whether it amounts to an explanation.

Carl brandon's experiments suggest that these highlighted high scoring portions of texts fall short of meaningful explanation of legal conclusions. His team engaged 61 experts and non experts in a task involving analyzing decisions of Internet Domain Name disputes under the rules of the World Intellectual Property Organization white both.

White pose arbitration and mediation Center provides rules and mechanisms for resolving Internet Domain Name disputes，without the need for litigation and court. Rantings user interface employed attention wait based highlighting. The screen shows a text with ha and based highlighting. This happens to be from a different kind of case，but it will give you the general idea of using ha ends for explanation. In the experiment，the participating users were given a task to perform.

Each participant was asked to decide the issue of no rights are legitimate interests and NRLI. In two separate cases and to provide a justification for each prediction. As we will see in a moment no rights or legitimate interests is an important issue in weibo domain name disputes. Two of the four experimental conditions involved highlighting portions of the case texts，based on attention weights. The results showed that the highlighting had no effect on correctness of the predictions and that's good. But according to branding perhaps the most illuminating comments by participants were that they had difficulty understanding the connection between the highlighted text and the issue that they were supposed to decide. They couldn't tell what the highlighted portions had to do with the issue of no rights or legitimate interests，one of the concepts in the wipe of rules. Although one experiment is not determinative this finding is a blow to hopes that HAN and attention weights can explain legal predictions. Branding recommends that useful decision support should help the user understand the connection between relevant portions of the case record and the issues and reasoning of the case，that is the goal for a successful legal explanation.

蓝皮书：法律知识对帮助用户理解这种关联而言是重要的，但人们如何将这些法律知识整合到文本分析的分析路径当中?

凯文·阿什利：2020年，卡尔·布兰廷在《人工智能与法律杂志》发表的论文《可扩展和可解释的法律预测》中描述了一种近期最有希望的研究项目。作者开发了一套名为SCALE的半自动检测方法，用以从事实和法律认定方面对世界知识产权组织域名争端案件进行注释。文本注释包括对案件裁判的文本进行标注，以确定信息语义类型的实例。这些语义类型包括文本中的一些关键概念，例如，法院对事实的认定、法律问题、案件中的因素，以及如引注等文本属性。这些重要的语义类型被置于类型系统之中，这是一个概念与关系的位阶等级，这样一个注释管道就可以学习自动为文本分配一些语义概念或意义。

研究人员使用了类型系统中的标签，来对一小部分裁判的事实认定中的句子进行了注释。SCALE标签抓取在涉及域名争端的世界知识产权组织的案件中出现的那些对特征的构成十分关键的事实认定、法律问题、因素和属性的类型。例如，无权利或合法利益问题，及其相关的在先商业使用等因素，都用绿色进行突出显示。如前所述，无权利或合法利益源于世界知识产权组织关于域名争端的规则。该规则强调在收到争端通知前对域名的善意商业使用的重要性。研究人员将一系列经注释的实例载入机器学习分类器，使其对WIPO数据库中的所有案例事实部分的句子按照标签进行分类。在实验中，他们证实了机器学习到的注释能够使程序合理预测案件的结果。预测结果也实现了合理的F1分数。除此之外，注释内容能够代表一些实质性的概念特征，这些特征可以用以解释预测结果。

为什么布兰廷团队会坚持适用SCALE的方法？因为他们想要得到一个能够生成律师可以理解的法律解释的系统，一个能够帮助其用户理解案件记录的有关部分与案件的法律问题和推理之间关系的系统。对于从案例文本中提取诸如法律问题和法律要素等在法律上有意义的特征，SCALE朝着这一方向迈出了惊人的一步。机器学习程序可以用法律执业者能够理解的术语和方式来解释预测的结果。

The blue book：Legal knowledge would be important in helping users understand this connection. But the question is，how does one integrate the legal knowledge into this text analytic analysis?

Kevin D. Ashley：One of the most promising recent research projects is described in Carl rantings 2020 paper in the AI and Law journal. Its title is scalable and explainable legal prediction.

The authors developed a semi supervised approach called scale.

For annotating wipeout domain name dispute cases in terms of factual and legal findings.

Text annotation involves marking up texts of case decisions to identify instances of semantic types of information. Types are the concepts of interest in the texts，for example，of courts findings legal issues factors in cases and attributes like citations.

The types of interest are organized into a type system，a hierarchy of concepts and relations，so that an annotation pipeline can learn to automatically assign some semantics or meaning to text. The researchers annotated sentences from the finding sections of a small set of decisions in terms of the labels and the type system shown here. The scale labels capture features keen to the types of findings issues factors and attributes that arise in the white boat cases involving disputes about domain names. See，for example，the issue of no rights or legitimate interests and our Li and it's related factor of prior biz use prior business use both highlighted in green.

As I mentioned，no rights or legitimate interests comes from one of the wiper rules governing domain name disputes the rule states，the importance of a bonafide a business use of the domain name prior to notice of the dispute. Here are samples of annotated text excerpts from two cases factual and legal findings sections. Human annotated assigned the labels shown in the last column under the red arrow. These labels come from the scale type system, we saw in the previous slide. The researchers used a set of annotated instances to train a machine learning classifier to label the sentences in the finding sections of all the cases in the wipeout corpus. In an experiment they confirmed that the learned annotations enable the program to predict case outcomes reasonably well the resulting predictions achieved reasonable F1 scores. And as a bonus the annotations represented substantive conceptual features, with which to explain the predictions. For example, the text to the right of the blue arrow quote the respondent clearly is not making any non commercial or fair use of these domain names and quote might be highlighted as having weight, but now it will be associated with an annotation to the left of the green arrow that relates it to the issue of no right or legitimate interests as a legal finding.

Why is rantings team pursuing the scale approach, because they want a system that can generate explanations lawyers can understand, a system that can help the user understand the connection between relevant portions of the case record and the issues and reasoning of the case scale is an impressive step toward teasing legally meaningful features from case texts such as legal issues and factors.

That a machine learning program can use to explain predictions in terms that legal professionals can understand.

第七部分 人工智能法治专题采访

一、“一带一路”沿线国家人工智能法治发展概述

张少英：上海政法学院中国—上海合作组织国际司法交流培训基地办公室副主任。上海青年东方学者，上海政法学院佘山学者。兼任上海市法学会“一带一路”法律研究会常务理事、上海美国学会理事。

沈晓晨：上海政法学院中国—上海合作组织国际司法交流合作培训基地上海全球安全治理研究院副研究员。清华大学国际关系学博士后（2015—2017），约翰斯·霍普金斯大学高级国际问题研究院（SAIS）访问学者（2011—2012）。兼任清华大学一带一路战略研究院、兰州大学中亚研究所兼职研究员。

殷敏：上海政法学院上合基地教授。美国休斯敦大学法律中心访问学者，中国人民大学法学院访问学者。

王雅娟：上海政法学院中国—上海合作组织国际司法交流合作培训基地合作部副主任、助理研究员，上海大学传播学博士，加拿大西蒙菲莎大学（SFU）新闻传播学院访问学者。

王盛哲：上海政法学院助理研究员，最高人民法院民四庭“一带一路”司法研究基地（上海政法学院）研究人员，上海市法学会“一带一路”法律研究会理事，《“一带一路”法律研究》编辑。

蓝皮书：近年来，“一带一路”沿线国家人工智能法治发展如何？

张少英：作为"一带一路"沿线重要国家，俄罗斯政府在人工智能立法方面走在了前列。俄罗斯于2019年发布《2030年前俄罗斯国家人工智能发展战略》，旨在推动人工智能技术的发展和应用，并制定相应的法律和监管建设。《俄罗斯联邦通信法》及《俄罗斯联邦关于信息、信息技术和信息保护法》的修正案《主权互联网法》从五个方面立法确立了"自主可控"网络主权。2020年生效的《数据法》，旨在保护个人和企业的数据隐私和安全，规定了数据处理、存储和传输等方面的要求，包括人工智能系统中使用的数据。俄罗斯政府积极倡导并推动人工智能伦理建设，制定了一系列伦理准则和指南，以规范人工智能系统的开发和应用。需要注意的是，俄罗斯政府在推动人工智能的健康、可持续发展，尤其人工智能法规的实施和监管方面、人工智能算法的公平性和透明性等方面亟待加强相关研究和技术投入。

王盛哲、王雅娟："一带一路"沿线国家以中亚—南亚—阿拉伯国家为轴线，代表性国家在人工智能立法方面有着诸多举措。总体来说，中亚—南亚—阿拉伯国家正在积极制定和完善相关法规和政策，以规范人工智能系统的开发和应用，保障公民权利和隐私，并加强对人工智能系统的监管和审查。不过，这些国家的法规和政策尚处于发展阶段，需要进一步完善和实施。同时，这些国家也需要加强相关技术的研究和投入，以推动人工智能技术的发展和应用。

印度共和国政府正在推动《数据保护法案》，以保护个人数据隐私和安全，同时加强对人工智能系统的监管和审查。印度政府于2018年发布了《国家人工智能战略》，其中包括人工智能的发展规划，以及相应的法律和监管建设。《个人数据保护法案》于2019年提交至议会审议，旨在保护个人和企业的数据隐私和安全，规定了数据处理、存储和传输等方面的要求，包括人工智能系统中使用的数据。

土耳其共和国政府于2021年发布了《国家人工智能战略》，该文件重点关注人工智能的伦理和法律问题，包括隐私、公正、透明度等。《个人数据保护法案》于2016年提交至议会审议，旨在保护个人和企业的数据隐私和安全，规定了数据处理、存储和传输等方面的要求，包括人工智能系统中使用的数据。

哈萨克斯坦共和国政府已经通过了诸多人工智能方面的法律文件，以保护人工智能系统使用的个人数据，并加强对人工智能系统的监管。目前，哈萨克斯坦政府已经发布了一份《数字哈萨克斯坦》国家规划，其中涉及了法律、法规、标准等方面的建设。哈萨克斯坦于2020年颁布了《数字技术管理法》，明确规定了个人数据保护的范围和要求，包括人工智能系统中使用的数据。于2014年颁布了《电子商务法（草案）》，该法律规定了在线平台的运营要求和责任，包括在线平台使用人工智能算法的情况。哈萨克斯坦政府还制定了一系列数据使用的合规规范，包括数据安全、隐私保护等方面的要求，以规范人工智能系统的使用。哈萨克斯坦政府还积极倡导并推动人工智能伦理的建设，鼓励企业和研究机构制定相关准则。需要注意的是，尽管哈萨克斯坦在人工智能法治方面已经采取了一些举措，但相关法规的实施和监管仍面临一定挑战，数据隐私保护和算法公平性等方面的问题也需要进一步探讨和解决。

吉尔吉斯共和国政府计划建设一个国家数据平台，旨在整合各部门的数据资源，并提供一系列服务，包括人工智能系统的应用和监管。早在2008年，吉尔吉斯就正式颁布了《个人信息法》，该法律旨在保护个人和企业的数据隐私和安全，规定了数据处理、存储和传输等方面的要求。然而，吉尔吉斯共和国的人工智能应用和技术发展相对较为滞后，需要进一步加强相关研究和技术投入。

2020年，卡塔尔计算研究所（QCRI）启动了名为“AI for Social Good”的计划，旨在开发人工智能解决方案，应对医疗保健、教育、环境等社会挑战，该计划涉及与政府机构、非政府组织和学术机构等各方的合作。卡塔尔正在建立一个专门的人工智能研究中心，该中心将负责推动人工智能技术的研究和发展，并提供相关的政策和监管建议。卡塔尔政府还正在积极制定相关的法规和政策，以规范人工智能系统的开发和应用，保障公民的权利和隐私，同时加强对人工智能系统的监管和审查。卡塔尔政府也在推进人工智能伦理的建设，旨在确保人工智能系统的公正性、可靠性和透明性，同时规范人工智能系统的开发和应用。

蓝皮书：俄罗斯在人工智能立法方面有哪些侧重，取得了哪些成效？

沈晓晨：俄罗斯在人工智能方面已经通过了《联邦个人数据法》《2030年前俄罗斯国家人工智能发展战略》《主权互联网法》等相关立法文件或立法举措，并着重推动人工智能伦理方面的研究。

其中《联邦个人数据法》与《主权互联网法》是代表性立法文件。《联邦个人数据法》旨在保护俄罗斯公民的个人数据，规定公司必须存储俄罗斯公民的个人数据在俄罗斯国内，以确保数据的安全。同时，该法要求公司需要采取必要的措施来保护这些数据，以防止未经授权的访问和泄露。在该法实施后，很多国际互联网公司都开始向俄罗斯政府提交个人数据存储计划，以遵守该法律。《主权互联网法》旨在保护俄罗斯国家的信息安全，要求在线通信服务提供商必须存储俄罗斯公民的通信数据在俄罗斯境内，并要求搜索引擎在展示搜索结果时，必须将俄罗斯政府认定的“禁止网站”从搜索结果中删除。该法的实施效果相对成功。

但俄罗斯人工智能立法仍存在如下问题：第一，缺乏具体的法规和标准。俄罗斯政府已经通过的相关法律文件缺乏具体的实施标准，难以有效规范人工智能技术的开发和应用。第二，缺乏完善的监管机制。虽然俄罗斯政府已经设立了一些监管机构，但是这些机构的监管职责和范围并不清晰，难以有效监管人工智能技术的开发和应用。第三，数据隐私和安全问题。由于缺乏具体的法规执行标准，俄罗斯在数据隐私和安全方面存在一定的问题。人工智能系统需要使用大量的个人数据，但如果这些数据泄露或被滥用，会给公民的隐私和安全带来威胁。第四，对人工智能技术的过度依赖。俄罗斯政府将人工智能技术作为国家发展的战略重点，并加大了对人工智能技术的投入，但是过度依赖人工智能技术可能导致就业机会减少，并加剧社会不平等的问题。

蓝皮书：印度在人工智能方面已经发布了《国家人工智能战略》《个人数据保护法案》《国家人工智能伦理准则》《个人数据保护法案》等一系列法律法规及法律文件，并取得一定效果，其呈现哪些特点？

王盛哲、王雅娟：总体来说，印度在人工智能领域的发展中有以下几个特点：第一，推动政府数字化转型。推出数字印度计划、智能城市计划等，促进政府服务的数字化转型，提高服务效率和透明度。第二，积极支持创新和创业。此外还设立印度创新基金会和印度技术发展委员会等专门机构为人工智能企业提供支持和资源。第三，通过推广 STEM 教育、为人工智能企业提供培训和支持等提升人工智能人才的培养和教育水平。第四，关注个人数据保护。第五，重视人工智能在解决社会问题方面的应用。《国家人工智能战略》于 2018 年发布实施，旨在推动印度在人工智能领域的发展，并使印度成为全球领先的人工智能创新中心。该战略的主要目标是在 2025 年前将印度的人工智能产业规模扩大至价值 1 万亿卢比，并创造 500 万个就业机会。自该战略发布以来，印度的人工智能产业得到了快速发展，同时也面临着监管和法律方面的挑战。《个人数据保护法案》于2019年提交给印度议会，旨在保护个人数据和隐私，并规定了个人数据的收集、存储和使用等方面的规则。该法案还设立了一个监管机构，负责监督和执行法案的规定。但是该法案目前仍在审议过程中，尚未正式实施。

尽管印度政府在人工智能领域有很多举措进行推动，但也表现出缺乏透明度、隐私保护及数据安全等问题，需要其在实施相关计划和政策的过程中积极解决。

蓝皮书：土耳其于2021年发布的《国家人工智能战略》，您能具体介绍一下吗？

沈晓晨：土耳其于2021年发布了《国家人工智能战略》，该战略制定了2021—2025国家人工智能战略，覆盖人力资源、研发、创业、基础设施和数字质量等领域。具体来说，该战略包含几个重点：提高人工智能领域的人才培养和引进，加强教育和培训，鼓励人才创新和创业。支持人工智能研究和开发，建立相关技术和知识产权保护机制。鼓励和支持人工智能创业企业的发展，提供必要的资源和投资。

该战略还提出了一些具体的目标，包括到2030年将人工智能产业规模扩大到150亿美元，培养10万名人工智能专业人才，建设10个人工智能创新中心等。此外，该战略还关注人工智能在教育、医疗、金融、交通、能源等领域的应用，以及与其他国家和国际组织的合作。

虽然土耳其的《国家人工智能战略》作为土耳其国家战略，在内容和目标方面是非常全面和详尽的，然而该战略也存在一些潜在的不足之处，包括缺乏明确的实施计划和时间表，无法评估实现这些目标所需的资源和进度。缺乏明确的财政支持。未提供明确的道德和法律框架，以确保人工智能的安全性、隐私性和社会责任性。缺乏对公众参与的重视，可能导致缺乏公众对人工智能应用的信任和支持。

蓝皮书：您认为人工智能对国际法的发展带来哪些挑战？中国作为“一带一路”倡议的提起国，可以作哪些应对？

殷敏：一是人工智能需要大量的数据来进行训练和应用，但数据的收集和使用涉及个人隐私和数据安全等问题，这可能会导致一些国际法律的冲突。二是人工智能技术的发展需要依靠科技创新和知识产权保护，但同时也涉及技术转移和共享等问题，这可能会对国际知识产权法和技术合作带来新的挑战。三是人工智能技术的应用还涉及自主武器系统和法律责任等问题，这可能会对国际人道法和战争法带来新的挑战。

在应对这些挑战的过程中，中国可以采取以下措施：首先，加强国际合作和交流，促进人工智能技术和国际法的融合和发展。其次，制定和完善相关的国内法律和政策，加强对人工智能的监督和管理，保障个人隐私和数据安全。再次，推动人工智能技术和国际法的研究和创新，积极参与国际标准制定和技术转移等领域，提升中国在相关领域的话语权和影响力。最后，加强法律人才培养和国际交流，提高中国法律人员的国际视野和法律素养，为人工智能时代的国际法发展作出贡献。

二、在数字经济典型案例中有哪些新发现

蓝皮书：2022 年 11 月 17 日，上海市嘉定区人民法院举行新闻发布会，发布上海法院数字经济司法研究及实践（嘉定）基地首批典型案例。您能否简单介绍一下发布的情况？

顾全：“一个案例胜过一打文件”，上海法院数字经济司法研究及实践（嘉定）基地（以下简称“基地”）高度重视数字经济典型案例的发现、培育和发布。这次我们发布的首批典型案例以上海市嘉定区人民法院（以下简称“嘉定法院”）近两年的生效案例为主，还有来自江苏昆山法院、江苏太仓法院等基地首批战略合作单位推荐的案例。我们前期推选了一批典型候选案例，这些案例经科研院校、相关职能部门、大型平台企业、数字化转型生态企业、司法系统等基地首批智库专家研讨论证后，甄选其中 10 个典型案例予以发布。这次发布案例的首要目标之一就是提炼总结能够代表实务、理论界主流意见，又能得到市场认可的裁判规则和案例成果，助推“数字司法建设”和网络空间治理。

蓝皮书：近年来各地法院也重视发布了一些类似案例，如南京市中级人民法院法治护航数字经济发展十大典型案例、杭州互联网法院数据和算法十大典型案例、苏州法院发布十大涉数字经济和数字化发展典型案例。相比之下，嘉定法院此次发布有何特色？

顾全：当前，数字化转型已成为国家战略，数字经济日益成为驱动经济发展的

"新引擎"。正如您所说，我们关注到了各地法院结合辖区数字经济发展和整体产业布局实际，发布的典型案例各有特色，我们也深受启发。

嘉定法院更为重视典型案例的从"个"到"类"，从"典型"到"一般"的提升。整体来说，可以用两个关键词来概括本次典型案例的特点，分别是"体系化研究"和"价值认同"。

我们所讲的"体系化研究"，就是围绕数字经济"信息数据的处理和应用"这一核心特征，对数字经济案件进行体系化研究和归类，在此基础上开展案例分析研究。因为在当今数字化转型的背景下，数据形态与大多数传统权利客体几乎都会有复合交叉，所有的技术和交易、服务模式创新都将围绕数据处理而展开。这些"数字化"共性特征可能出现在任何一起普通的民事、商事、知识产权或刑事案件中，对于数字经济案件面临的共性问题，需要法官具备"穿透性"视角和相对统一的裁判思路，区分不同场景适用相应的法律规范，从而确定相关主体之间的权利义务。据此，我们结合数据所涉客体、主体、法律关系特征，构建起数字经济案件分类研究体系，本次发布的十个典型案例即涵盖这个体系的四个方面：第一是涉个人信息处理或利用网络侵害其他人格权方面的案例。个人信息是数据最初始的来源，对其处理可以视为数据要素的"初级流动"，《民法典》将个人信息置于人格权编，并将其定义为能够识别出个人的任何信息，因此利用网络等手段侵害个人信息与隐私权、肖像权、名誉权等精神性人身权益也可能存在竞合，对这一类的司法救济主要属于人格利益保护层面。第二是涉数据形态财产权益及市场竞争秩序保护方面的案例。信息数据经处理加工后产生经济价值的分配，可以视为数据要素的"次级流动"。《民法典》将数据与网络虚拟财产并列为独立的财产性权利客体，而数据形态可能承载的财产性利益，可以涵盖从虚拟财产、知识产权到由反不正当竞争法保护的商业数据资源等，同样可能发生竞合。对这一类的司法救济主要属于财产性（竞争性）权益的保护层面。第三是涉平台经营者/数据算法运用者法定义务及相关主体权益保护方面的案例。网络服务平台已成为市场中最重要的个人信息处理者和数据财产性（竞争性）利益受益者，是推动数据要素市场化配置的关键节点。为维护市场公平交易及竞争秩序，既要依法保护平台内经营者、从业者、网络消费者等的合法权益，也要准确界定不同商业模式下平台经营者所处的法律关系及地位，把握好其法定责任的边界。第四是涉侵害数据形态权益、利用数据技术实施网络犯罪及灰黑产业防治方面的案例。同一行为除了直接损害公民人身和财产权利外，还可能同时损害与数字经济紧密相关的市场经济秩序和社会管理秩序，从而构成罪名竞合。司法如何进行认定和处理，也关系到对网络环境和数字经济市场秩序的保护。

蓝皮书：我们注意到此次案例将个人信息保护放在了第一位，您能介绍一下相关情况吗？

顾全：正如前面所说，个人信息是数据最初始的来源，是数据要素的“初级流动”，也是与我们每个个体工作生活都息息相关的重要数据资源。我们将涉及个人信息保护及利用网络侵害人身权益的民事案件作为数字经济案件审判研究体系的基础，归为第一大类。为加强对个人信息保护的研究，我们开展专题调研论证，并完成《隐私权和个人信息保护权纠纷类案办案要件指南》。本次发布的典型案例中涉及两个个人信息保护方面的案例，分别是网络言论自由与侵害名誉权边界、平台经营者处理个人信息合法性基础认定，也是相关实务研究的转化成果之一。

蓝皮书：目前各方对数据权益保护及互联网数字经济领域中的网络游戏产业、网络搜索产业等重点产业领域日渐关注，数字经济新业态的网络服务和网络平台公司在经营或用工过程中发生损害从而进行损害赔偿的问题日益突出，这次嘉定法院也公布了涉侵害数据形态权益、利用数据技术实施网络犯罪及灰黑产业防治典型案例，您能介绍一下这些情况吗？

顾全：数字经济的核心内涵就是“产业数字化、数字产业化”。您刚才讲到的产业发展、新业态渗透、网络犯罪，从司法实践角度来看，实际上涉及数据财产权益、平台经营者/数据算法运用者法定义务以及数字经济的刑事保护等问题。对此，我们已进行系统研究和通盘考虑，并将相关内容分别归类至数字经济案件体系中的第二类、第三类和第四类。我这里主要作些补充介绍：就数据财产权益来讲，数据可能成为网络虚拟财产、知识产权及其他反不正当竞争法保护的商业信息的数字化载体或介质，涉及数据权利人与其他信息处理者或经营者等不同主体之间的权利义务，实践中需要准确甄别数据形态下的客体类型，从而确定请求权基础并适用相应的法律规范。比如，网络游戏产业中对游戏视听内容的模仿或抄袭，甚至直接盗用游戏源代码，从而侵犯网络游戏公司的著作权等财产权益。就平台经营者/数据算法运用者法定义务来讲，既要限制与平衡网络平台在数据处理方面的优势地位，又要界定平台经营者法定责任的边界和种类，力争探寻保护与发展的最大公约数，激发平台经营者的创新意识和活力。

就数字经济的刑事保护方面来讲，在数字经济时代，许多的传统犯罪都有可能通过网络和数据技术实现，既有直接侵害数据财产权益，如盗窃虚拟财产、买卖公民个人信息等，还有利用数据技术实施的网络犯罪，如网上开设赌场、网络诈骗等，该种类型的案件数量较多。本次专门公布了3起相关典型案例，分别是买卖公民个人信息、非法搭建“第四方支付平台”、利用新技术逃避支付汽车租金，都是在刑事领域下对数字经济司法保护的有益探索，为有效规制“网络利用型”犯罪提供了一定的规则指引和遵循。

蓝皮书：嘉定作为汽车产业的集聚地，嘉定法院对于相关案例有哪些探索和思考？

顾全：嘉定法院高度重视对汽车产业的司法保护，前往汽车城开展实地调研，设立“汽车城法律服务点”，围绕汽车产业数据安全、自动驾驶、个人信息、物联网、知识产权等前沿问题进行研讨，持续提升司法保护能力。本次发布的典型案例中，有三大类4个案例涉及汽车产业的发展。比如案例6、7涉及对货运平台、网约车平台的法定义务及相关主体的权益保护，既明确了平台的法律地位、各主体之间的法律关系，保护了劳动者、消费者的合法权益，又界定了平台的安全保障义务边界，为平台的发展提供价值指引；案例10涉及车联网场景下对共享汽车新型犯罪手段定性、罪名选择、数额认定等，护航共享出行新业态的健康发展。

接下来，我们将系统研究发布汽车产业司法保护白皮书，并将智能网联汽车的司法保护等作为重要的研究课题之一，邀请首批智库联合体在内的社会各界共同参与，为立法完善和行业规范提供决策参考。

蓝皮书：未来嘉定法院还将有哪些举措助推“数字司法建设”和网络空间治理？

顾全：下一步，我们将以审判实践为基础，重点做好以下几方面的工作：

一是进一步深化数字经济案件分类研究体系，统一裁判思路，服务保障数字经济市场有序运行。

二是探索创新相关配套机制。探索数字经济案件的要素化识别和繁简分流审判机制；分步开展涉数字经济类案要件指南的研究编撰，建立类案、裁判规则参考库和知识图谱等。

三是做深做实智库联合体合作。以审判实践为基础，分别邀请参与相关课题研究及裁判规则论证、为专业法官会议提供咨询意见、担任相关案件技术标准认定专家辅助人等。

四是形成高质量研究和实践成果。建立精品案例培育、法律适用分歧解决机制，每年立项研究课题、定期发布区域典型案例和司法白皮书、承办高规格论坛等加强成果转化，为上海打造具有世界影响力的国际数字之都贡献更强力量。

附：典型案例

一、涉个人信息处理或利用网络侵害其他人格权典型案例

案例 1：微博大 V 网络言论自由与侵害名誉权边界——上海某汽车有限公司诉微博大 V 刘某网络侵权责任纠纷案

案例 2：电子商务平台经营者处理个人信息合法性基础的认定——蔡某某诉上海某电子商务有限公司网络购物合同纠纷案

二、涉数据形态财产权益及市场竞争秩序保护典型案例

案例 3：网络游戏账号限制自由转让约定的效力及虚拟财产价值认定——王某诉上海某网络科技有限公司、夏某网络服务合同纠纷案

案例 4：设置网页推广关键词侵害商标权及不正当竞争竞合的处理——山东某连锁便利店有限公司诉上海某商贸有限公司、海南某科技有限公司、北京某科技有限公司侵害商标权纠纷案

三、涉平台经营者 / 数据算法运用者法定义务及相关主体权益保护典型案例

案例 5：网络接入服务提供者网站备案信息真实性核验义务的认定——西安某网络科技有限公司诉贾某、上海某信息科技发展有限公司网络侵权责任纠纷案

案例 6：网络货运平台司机提供劳务受损赔偿责任的认定——董某诉上海某机器人有限公司、上海某物流有限公司健康权纠纷案

案例 7：平台在网约顺风车交易中的安全保障义务及侵权责任的认定——曾某某诉陈某某、成都某网络科技公司机动车交通事故责任纠纷案

四、涉侵害数据形态权益、利用数据技术实施网络犯罪及灰黑产业防治典型案例

案例8：买卖公民个人信息的刑事责任及相关灰黑产业链的规制——被告人钱某、董某、沈某、彭某侵犯公民个人信息罪三案

案例9：非法搭建“第四方支付平台”为商户提供收付款服务的认定——被告人庄某等人非法经营、帮助信息网络犯罪活动案

案例10：切断分时租赁汽车定位系统逃避租金行为的定性——被告人付某、凡某、史某等13人盗窃罪系列案

第八部分 《世界人工智能法治蓝皮书（2023）》调研问卷及分析

《世界人工智能法治蓝皮书（2023）》调研问卷数据汇总

本次调研问卷填写时间为2023年1月11日—2月28日。调查问卷通过上海市法学会公众号，各省市法学会调查问卷函，部分高校涉人工智能法学专业师生推荐等方式填报，采用问卷星系统。共收到有效填写问卷数7944份。

从本次调研问卷对象看，以公检法司机关公务员及涉及公共管理事业单位人员为主，占总数93%。

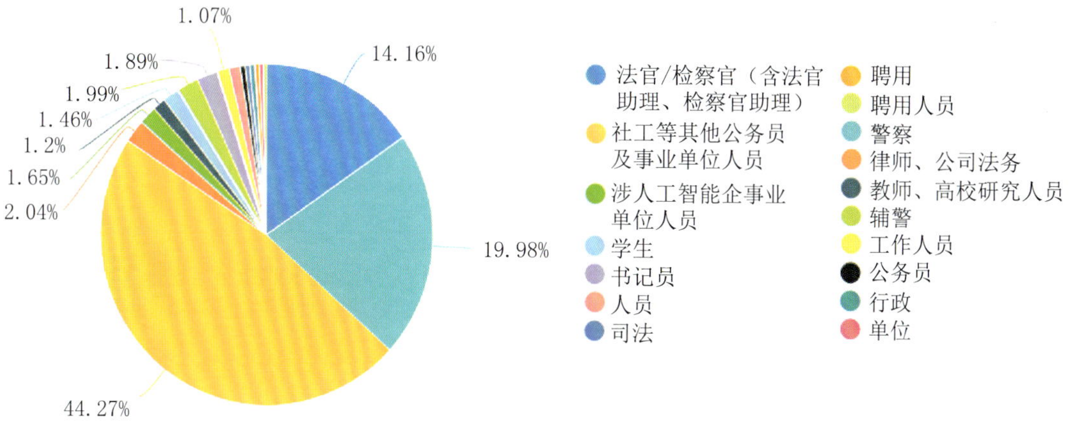

从年龄结构看，本次调研问卷对象年龄分布主要集中在 26—50 岁之间。

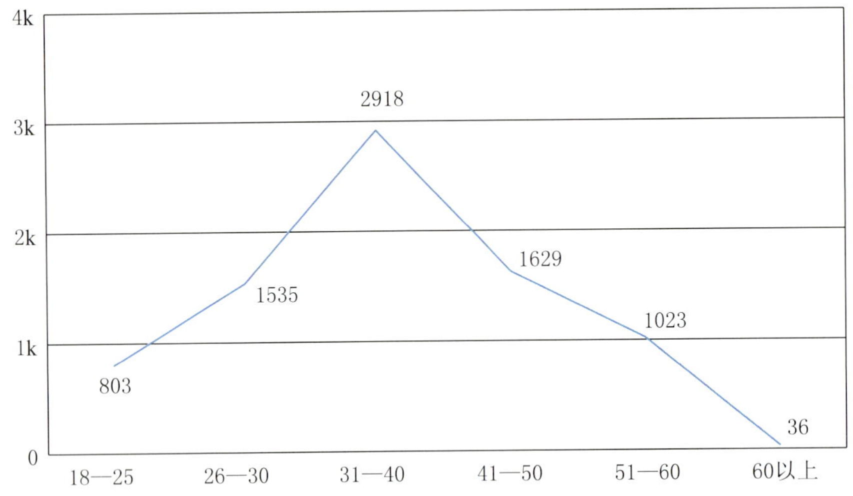

在关注有关人工智能发展的政策性、法律性文件方面，关注和非常关注占 54.6%，显示社会对于国内外有关人工智能发展的政策性、法律性文件关注度较高。其中关注度最高的人群依次为高校、教师研究人员（71.58%），涉人工智能企事业单位人员（67.93%），律师、公司法务（64.81%），警察（59.04%），法官 / 检察官（57.51%）。

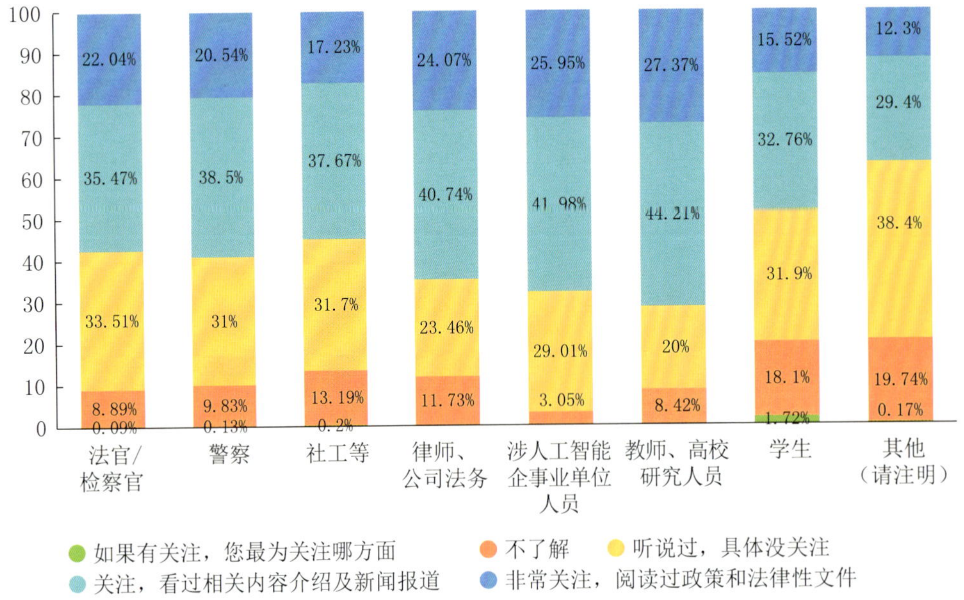

从地域上看，人工智能发展较快地区人群对于新政策法规的关注度明显偏高，如在上海地区关注和非常关注占比达到了 82.7%。

X/Y	非常关注，阅读过政策和法律性文件	关注，看过相关内容介绍及新闻报道	听说过，具体没关注	不了解
福建	16.33%	37.73%	33.47%	12.17%
广东	22.45%	31.63%	27.55%	17.35%
广西	18.20%	36.67%	32.28%	12.69%
河南	26.15%	35.90%	27.69%	10.26%
上海	28.85%	53.85%	13.46%	3.85%

在对涉及人工智能的地方立法的态度上，显示较为支持地方立法。有 66.39% 选择“可以政策先行，总结出规律后再以法律形式确立宏观方向”，赞同“无需立法”的仅为 5.24%。

其中，涉人工智能企事业单位人员态度最为积极，其中赞成立法“越早越好”的比例为 38.93%，同时，该群体表示“无需立法”与没有态度的人群也较高，分别为 6.11% 和 6.87%。

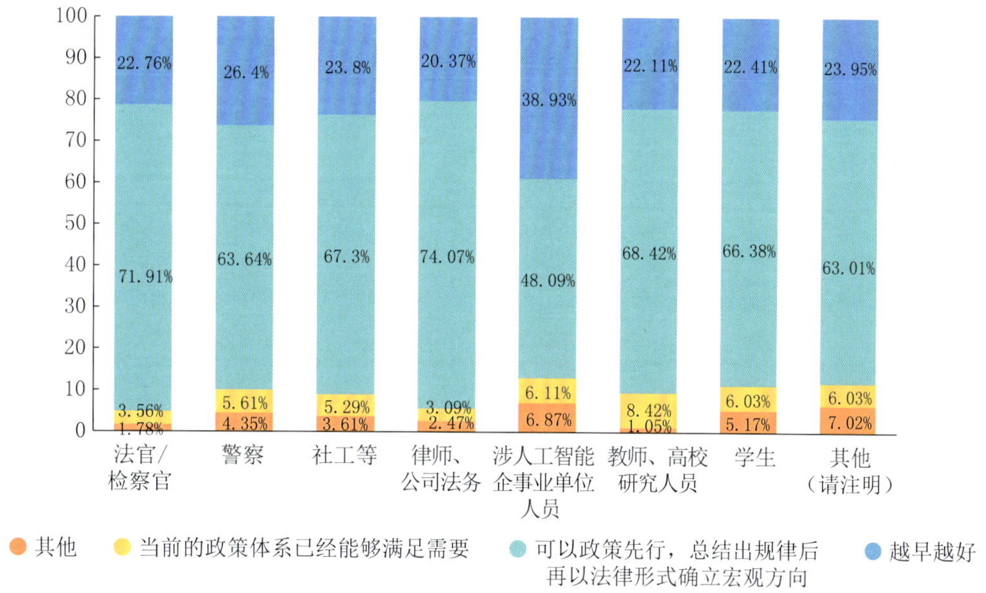

关注新政策法规与认为人工智能司法应用呈现正相关。在认为“非常关注，阅读过政策和法律性文件”的群体中，有 43.57% 认为“帮助巨大”，在“不了解”的群体中，仅有 4.84% 认为“帮助巨大”，并认为“拖累工作”占比达到 36.54%。在“听说过，具体没关注”群体中，认为“没有帮助”和“没有接触”的占比分别为 44.51%、42.75%。显示运用与了解需求呈现正相关性。

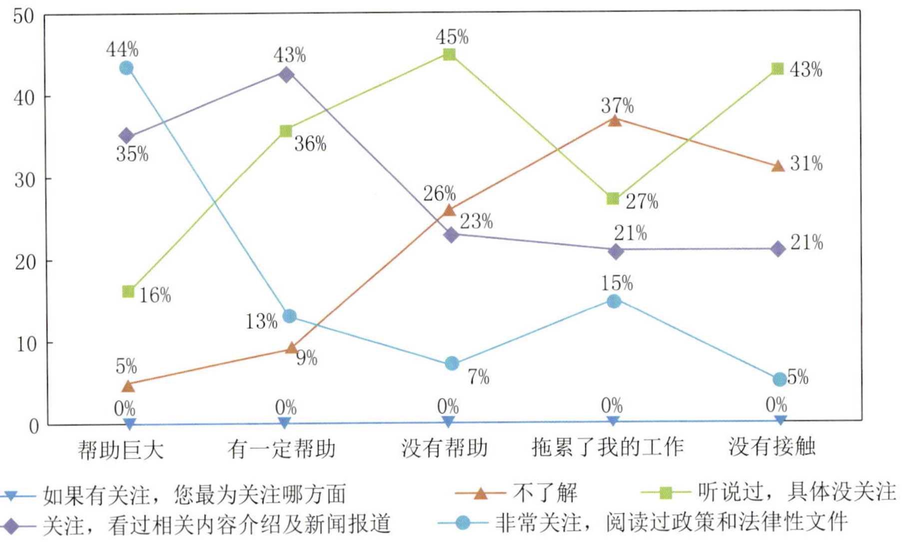

认为人工智能应用中最迫切需要立法的领域，排名靠前为“大数据与数据交易”占比68.1%，“隐私权保护”占比65.63%，排名靠后的为“自动驾驶”占比24.58%，“行业企业垄断等不正当竞争”占比31.61%。在人工智能应用中最迫切需要立法的领域选择中，选择“隐私权保护”方面随年龄增长而上升，选择“金融领域”方面随年龄增长而下降。

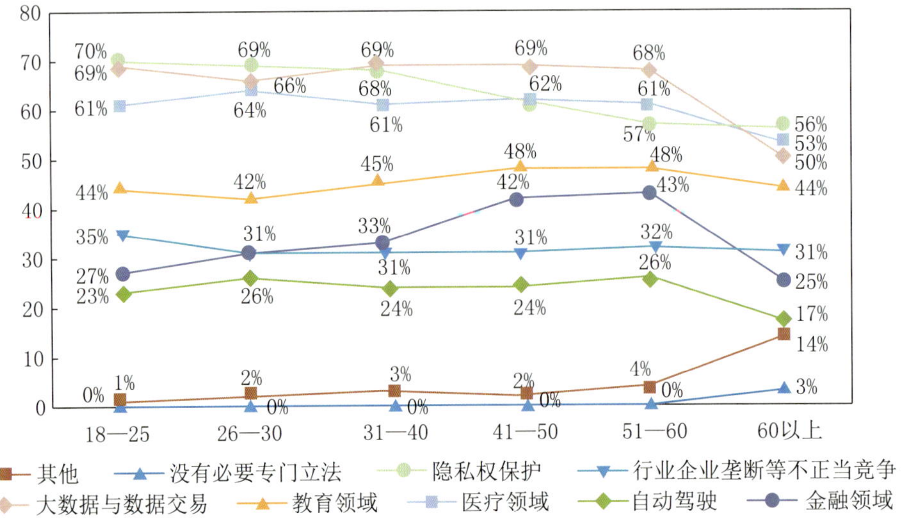

在看待企业数据财产权中，有70.53%选择赞同“强化数据保护”，整体对确认和保护企业数据财产权持相当正面的态度。

对于元宇宙概念，有72.12%选择“很有必要结合元宇宙发展进行研究，进行立法准备”。

在“使用人工智能司法应用时，是否感受到运行出现错误，或者产生算法歧视、大数据杀熟”选项中，有25.59%为“经常感受到”，33.81%为“有时感受到”，显示遭受到负面情况较多。法官/检察官和涉人工智能企事业单位人员最经常感受到，警察群体感受到最少。

X/Y	经常感受到	有时感受到	极少感受到	从未感受到	没有接触	小计
法官/检察官（含法官助理、检察官助理）	392（34.84%）	417（37.07%）	125（11.11%）	30（2.67%）	161（14.31%）	1125
警察	382（24.07%）	574（36.17%）	194（12.22%）	70（4.41%）	367（23.13%）	1587
社工等其他公务员及事业单位人员	836（23.77%）	1146（32.58%）	407（11.57%）	197（5.60%）	931（26.47%）	3517
律师、公司法务	50（30.86%）	65（40.12%）	17（10.49%）	5（3.09%）	25（15.43%）	162
涉人工智能企事业单位人员	45（34.35%）	42（32.06%）	13（9.92%）	9（6.87%）	22（16.79%）	131
教师、高校研究人员	28（29.47%）	34（35.79%）	7（7.37%）	1（1.05%）	25（26.32%）	95
学生	32（27.59%）	38（32.76%）	18（15.52%）	2（1.72%）	26（22.41%）	116
其他（请注明）	268（22.13%）	370（30.55%）	157（12.96%）	61（5.04%）	355（29.31%）	1211

在使用人工智能司法应用时，运行出现错误、产生算法歧视、大数据杀熟影响群体对隐私权保护的态度。“经常感受到”群体中有27.04%“担心人工智能的使用有泄露隐私的风险”，而“从未感受到”群体中，只有2.89%感到担心。

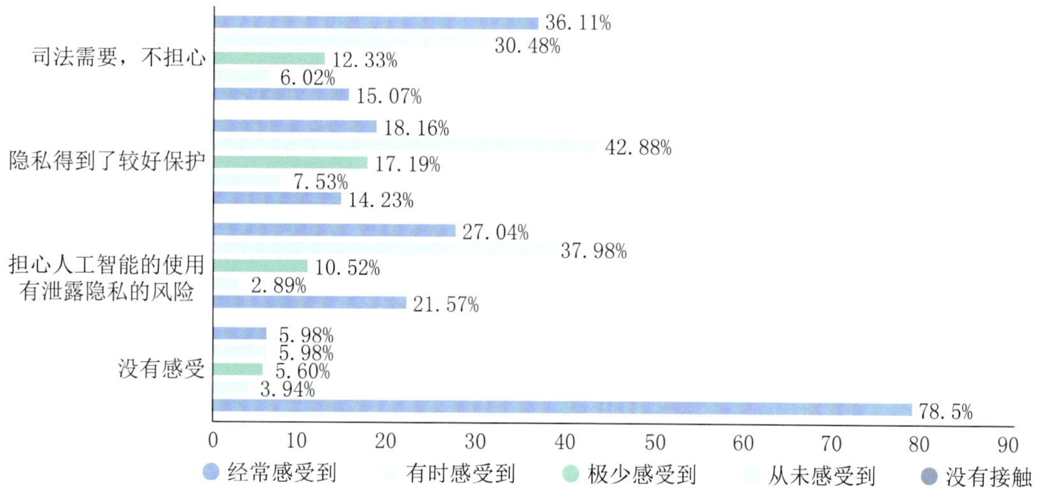

在“人工智能司法应用在多大程度上帮助了您的工作？”中，选择“帮助巨大”的为23.4%，选择“有一定帮助”的为55.3%，显示人工智能司法已经较好地对相关人士工作产生帮助。其中，法官/检察官群体对人工智能司法应用帮助工作最持正面态度，其中认为“帮助巨大”占比30.58%，“有一定帮助”占比58.49%，“没有帮助”占比2.4%，“拖累了我的工作”占比2.4%，“没有接触”占比7.47%。涉人工智能企事业单位人员也较高，分别为30.53%、51.91%、3.05%、0、14.50%。

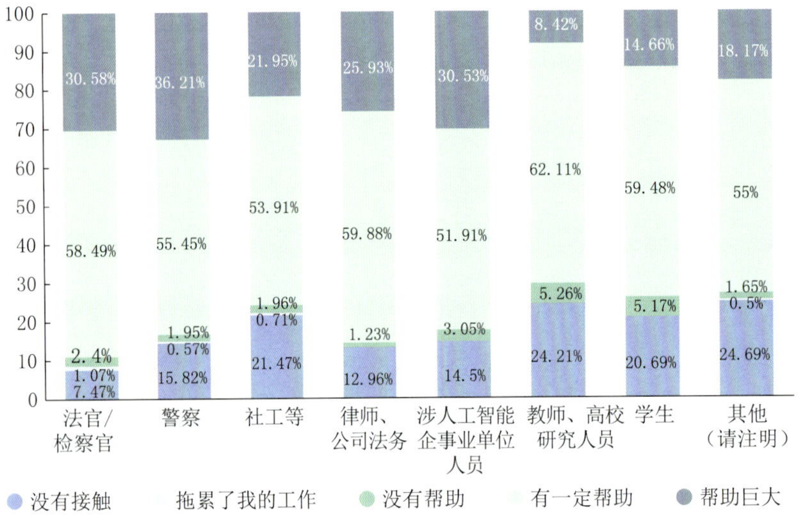

在“如何看待执法中使用人工智能技术对隐私产生的影响”中，“担心人工智能的使用有泄露隐私的风险”占比44.41%，显示泄漏隐私依然是对使用人工智能技术中一个关注的问题。对于“关注，看过人工智能法治相关内容介绍及新闻报道”群体中，有73.24%不担心执法中使用人工智能技术对隐私产生的影响。其中一个可能是对人工智能相关法规的了解有助于建立对隐私保护的信心，另一个可能是公检法司人

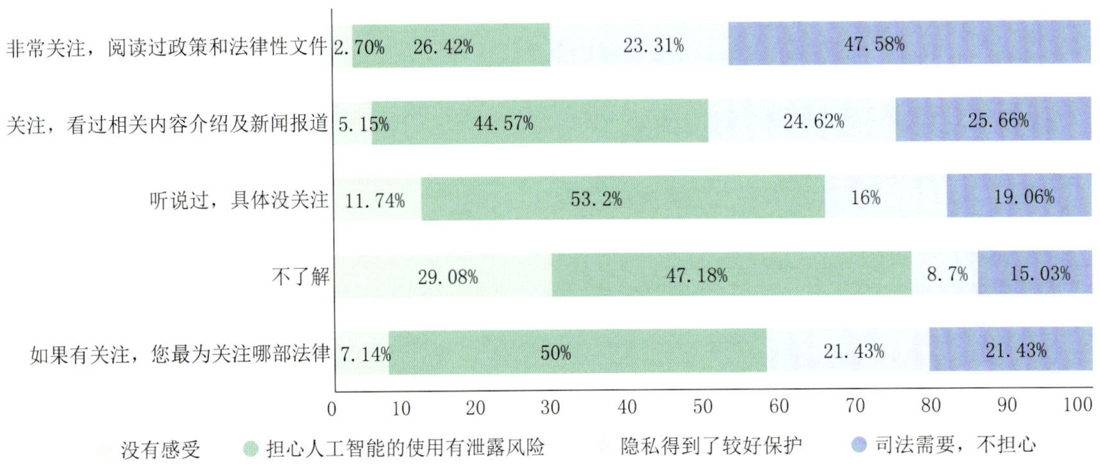

员更为主动了解新法规同时对于隐私权保护更有信心。

在遇到人脸信息被滥用或者盗用等人工智能技术的损害时，选择“向政府部门举报”占比 55.65%，选择“去法院起诉”为 54.9%，选择“网络平台自我维权”为 51.11%。调查显示群体更倾向于多种渠道维护自身权益。

对“2022 世界人工智能大会法治论坛”“有一定了解”的占比 37.16%。显示世界人工智能大会法治论坛的传播度得到了较大的提升。除此之外还显示出，对论坛的了解程度与关注有关人工智能发展的政策性、法律性文件呈现强烈的正相关。在“参加过论坛”的人群中，“非常了解非常关注，阅读过政策和法律性文件”为 65.90%。

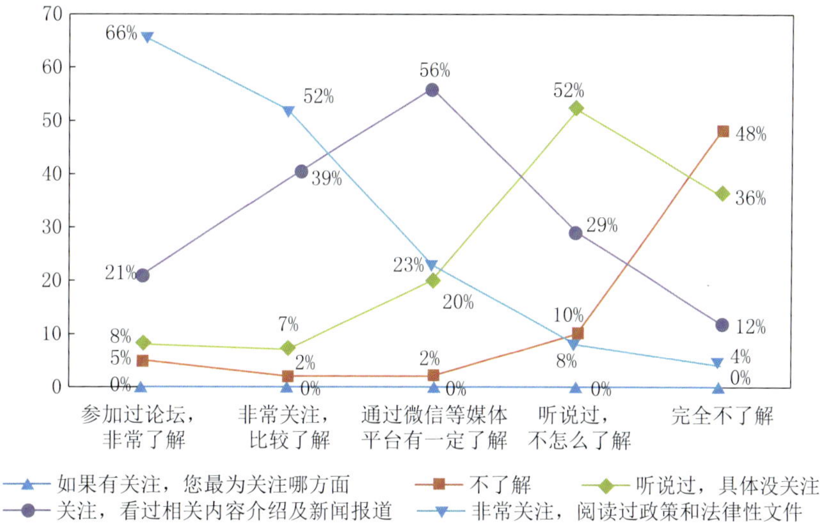

在“2022 世界人工智能大会法治论坛”的了解程度人群中，涉人工智能企事业单位人员群体了解程度最高，其中“非常了解”和“比较了解”比例为 22.13%。

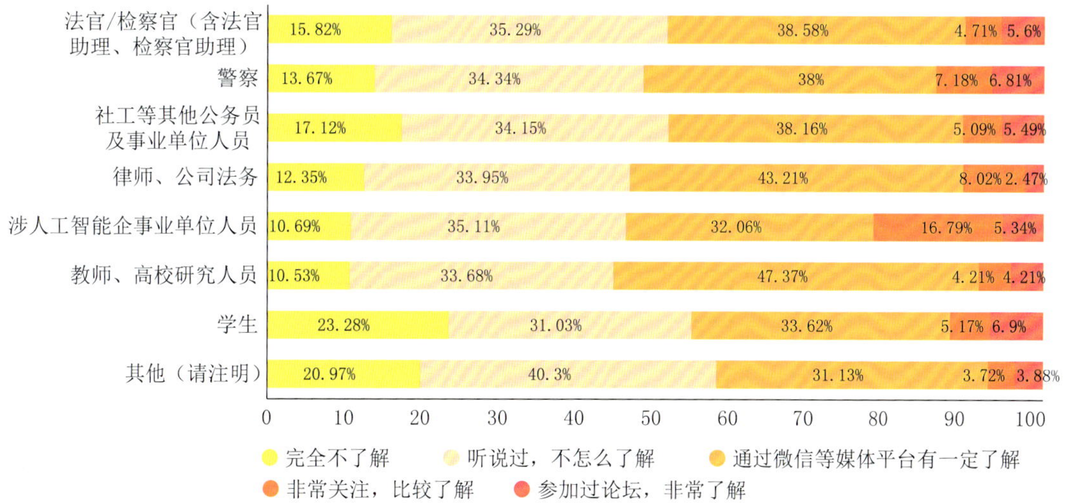

在“建议2024年《世界人工智能法治蓝皮书》还需要关注哪些问题”，最高频词汇为“隐私”，其次分别为“发展”“数据”“个人隐私”“法治”等。

第八部分 《世界人工智能法治蓝皮书（2023）》调研问卷及分析

《世界人工智能法治蓝皮书（2023）》调研问卷

第 1 题 您的职业是 ［单选题］

选项	小计	选项	小计
法官 / 检察官（含法官助理、检察官助理）	1125	教师、高校研究人员	95
警察	1587	学生	116
社工等其他公务员及事业单位人员	3517	其他（请注明）	1211
律师、公司法务	162	本题有效填写人次	7944
涉人工智能企事业单位人员	131		

本次调研问卷对象以公检法司机关公务员及涉及公共管理事业单位人员为主。

第 2 题 您的年龄是：［单选题］

选项	小计	比例	选项	小计	比例
18—25	803	10.11%	51—60	1023	12.88%
26—30	1535	19.32%	60 以上	36	0.45%
31—40	2918	36.73%	本题有效填写人次	7944	
41—50	1629	20.51%			

第 3 题 您的工作所在地是：［填空题］

略

第 4 题 您关注国内外近年来发布的有关人工智能发展的政策性、法律性文件吗？［单选题］

选项	小计	比例
非常关注，阅读过政策和法律性文件	1446	18.2%
关注，看过相关内容介绍及新闻报道	2892	36.4%
听说过，具体没关注	2581	32.49%
不了解	1011	12.73%
本题有效填写人次	7944	

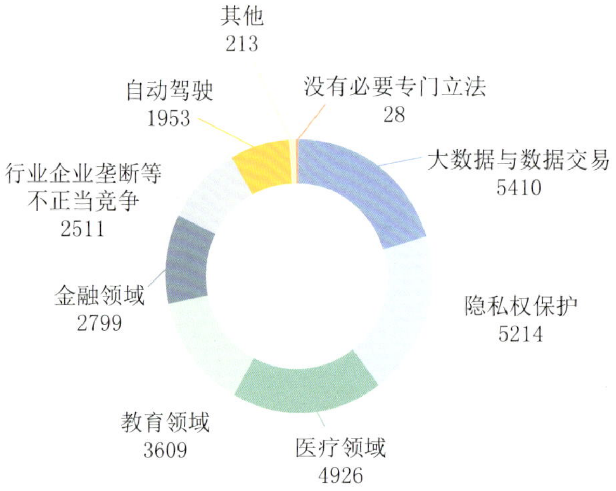

第 5 题　2022 年 10 月 1 日起，《上海市促进人工智能产业发展条例》正式开始施行。成为国内在人工智能领域首部省级地方性法规，您对涉及人工智能的地方立法的态度是？［单选题］

选　项	小　计	比　例
越早越好	1933	24.33%
可以政策先行，总结出规律后再以法律形式确立宏观方向	5274	66.39%
当前的政策体系已经能够满足需要，一定时间内无需立法	416	5.24%
其他	321	4.04%
本题有效填写人次	7944	

第 6 题　您认为人工智能应用中最迫切需要立法的领域是［多选题］

选　项	小计	比例	选　项	小计	比例
金融领域	2799	35.23%	行业企业垄断等不正当竞争	2511	31.61%
自动驾驶	1953	24.58%	隐私权保护	5214	65.63%
医疗领域	4926	62.01%	没有必要专门立法	28	0.35%
教育领域	3609	45.43%	其他	213	2.68%
大数据与数据交易	5410	68.1%	本题有效填写人次	7944	

第 7 题　2022 年上海数据交易所正式运行，提出“探索更加灵活的数据要素配置体系”，您如何看待企业数据财产权？［多选题］

选　　项	小计	比例
数据产权明晰是建立数据交易规则和市场秩序的前提，对企业收集的非个人的、匿名化的数据，企业专有性的、排他性的数据财产权	1571	19.78%
强化数据保护是为了最大程度地保护数据控制者的利益，形成对数据收集、处理和利用的有效激励，最终实现整体数据经济的繁荣和福利的增进	5603	70.53%
创设企业数据财产权造成“数据垄断”。企业数据财产权将带来干扰市场自由竞争的风险，并对数据下游市场的发展产生负面影响	872	10.98%
企业数据财产权往往涉及多方利益主体，导致数据财产权的分配尤其困难	631	7.94%
阻碍数字经济发展，带来高度不确定的法律风险	392	4.93%
其他	298	3.75%
本题有效填写人次	7944	

第 8 题　随着元宇宙概念的提出与发展，您认为 ［单选题］

选　　项	小　计	比　例
很有必要结合元宇宙发展进行研究，进行立法准备	5729	72.12%
在人工智能立法中进行研究，不需要单独立法	421	5.3%
元宇宙目前还是一个概念，等待发展成熟	1105	13.91%
不清楚	689	8.67%
本题有效填写人次	7944	

第 9 题　您在使用人工智能司法应用时，是否感受到运行出现错误，或者产生算法歧视、大数据杀熟？ ［单选题］

选　　项	小计	比例	选　　项	小计	比例
经常感受到	2033	25.59%	从未感受到	375	4.72%
有时感受到	2686	33.81%	没有接触	1912	24.07%
极少感受到	938	11.81%	本题有效填写人次	7944	

第 10 题　您认为人工智能司法应用在多大程度上帮助了您的工作？ ［单选题］

选　　项	小计	比例	选　　项	小计	比例
帮助巨大	1859	23.4%	拖累了我的工作	52	0.65%
有一定帮助	4393	55.3%	没有接触	1476	18.58%
没有帮助	164	2.06%	本题有效填写人次	7944	

第 11 题　您如何看待执法中使用人工智能技术对隐私产生的影响？［单选题］

选　　项	小　计	比　例
司法需要，不担心	2077	26.15%
隐私得到了较好保护	1553	19.55%
担心人工智能的使用有泄露隐私的风险	3528	44.41%
没有感受	786	9.89%
本题有效填写人次	7944	

第 12 题　如果您遇到人工智能技术的损害，比如人脸信息被滥用或者盗用，您会用什么途径维护自己的权益？［多选题］

选　　项	小计	比例	选　　项	小计	比例
去法院起诉	4361	54.9%	有心无力	1411	17.76%
向政府部门举报	4421	55.65%	其他	442	5.56%
与企业协商	1919	24.16%	本题有效填写人次	7944	
网络平台自我维权	4060	51.11%			

第 13 题　您对“2022 世界人工智能大会法治论坛”的了解程度如何？［单选题］

选　　项	小计	比例	选　　项	小计	比例
参加过论坛，非常了解	434	5.46%	听说过，不怎么了解	2800	35.25%
非常关注，比较了解	436	5.49%	完全不了解	1322	16.64%
通过微信等媒体平台有一定了解	2952	37.16%	本题有效填写人次	7944	

第 14 题　您建议 2024 年《世界人工智能法治蓝皮书》还需要关注哪些问题［填空题］

略

附　录

附录一　人工智能政策法规一览（2022.1—2022.12）

中　国

《关于加快场景创新以人工智能高水平应用促进经济高质量发展的指导意见》（2022.7）

《深圳经济特区智能网联汽车管理条例》（2022.6）

《上海市促进人工智能产业发展条例》（2022.9）

《上海市浦东新区促进无驾驶人智能网联汽车创新应用规定》（2022.11）

《最高人民法院关于规范和加强人工智能司法应用的意见》（2022.12）

日　本

《统合创新战略 2022》（AI 戰略 2022）（2022.4）

欧　盟

《人工智能责任指令》（AI Liability Directive）（2022.3）

美　国

《美国数据隐私和保护法案》（American Data Privacy and Protection Act）（2022.6）

英　国

《国家人工智能战略——人工智能行动计划》（National AI Strategy-AI Action Plan）（2022.7）

附录二　人工智能法治研究机构一览（2022.1—2022.12）

一、国内（新增）机构

1. 中国人民大学法学院数字法学教研中心成立，是为了进一步推进数字法学领域的教学和研究工作，也是回应社会发展和法治建设的需要。该教研中心是中国人民大学法学院未来法治研究院的重要组成部分，致力于深度探索数字时代法学领域的挑战与前沿问题，促进法学与当代科技的结合与交融，构建具有解释力、回应能力和影响力的研究和教育平台。教研中心将贯彻习近平总书记有关“加快建设数字中国”的指示，与未来法治研究院共同探索数字法学领域，为制定相关国内和国际规则提供理论支撑和人才储备，为社会进步和人类文明的发展服务。该中心的成立，也是中国人民大学法学院在数字法学领域教学和研究工作中的新里程碑，将进一步丰富和发展中国特色社会主义法学理论，为数字时代的法学教育提供更好的服务。（2022.4）

2. 中国人民大学法学院举办了全国高校“数字法学”联盟会议暨数字法学研讨会，“数字法学”联盟旨在推进数字法学学科体系构建，深入研讨数字法学的未来发展。随着互联网、大数据、人工智能、区块链、物联网等科技的快速发展，数字经济和实体经济深度融合，数字中国建设和法治中国建设成为重要任务。数字法治作为其中重要的一环，需要全国高校和研究机构的共同努力。

中国人民大学法学院率先成立数字法学教研中心，设立数字法学二级学科，响应党和国家的战略需求，回应数字中国建设特别是数字法治建设的需要。本次会议以线下线上相结合的方式召开，来自最高人民法院、最高人民检察院、中国法学会、中央网信办、中国社会科学院、北京大学、清华大学、浙江大学、吉林大学、中国政法大学、对外经济贸易大学、华东政法大学、西北政法大学、东南大学、北京航空航天大学、上海交通大学、华中科技大学、人民法院出版社等单位的专家学者参加了会议。数字联盟的意义在于提供了一个全国高校和研究机构交流互助的平台，共同推动数字法学学科建设和数字法治的发展。（2022.11）

二、国外（新增）机构

1. 加拿大成立了国家人工智能法律研究中心（National Centre for Artificial Intelligence Law），该中心致力于研究人工智能领域的法律和伦理问题，并为政策制定者、企业和社会提供相关的咨询和建议。（2022.3）

2. 美国国家人工智能倡议办公室（National Artificial Intelligence Initiative Office）成立，该办公室负责协调各部门的人工智能研究和开发，促进人工智能在国家安全、经济、医疗等领域的应用，同时也关注人工智能的伦理和法律问题。（2022.5）

3. 欧盟委员会成立了“人工智能的法律和伦理问题专家组”（Expert Group on Legal and Ethical Aspects of Artificial Intelligence），该专家组由来自欧盟各成员国的法律专家、伦理学家和人工智能技术专家组成，旨在为欧盟制定人工智能相关政策提供支持和建议。（2022.10）

附录三 人工智能法治重要著作一览（2022.1—2022.12）

一、国内专著

本书由申卫星主编，中国政法大学出版社于 2022 年 1 月出版。

《数字法治评论（第 1 辑）》

本书由郑少华主编，中国社会科学出版社于 2022 年 6 月出版。

《网络信息法基础与前沿问题》

本书由龙卫球著，中国法制出版社于 2022 年 7 月出版。

《世界人工智能法治蓝皮书（2022）》

本书由崔亚东主编，上海人民出版社于 2022 年 7 月出版。

二、国外专著

《人脸识别：看得见的隐私》

本书由［英］伊恩·伯尔勒著；赵精武、唐林垚译；彭诚信主编；周瑞珏，赵光亮校对，上海人民出版社于 2022 年 8 月出版。

附录四　人工智能法治重要会议（论坛）一览（2022.1—2022.12）

一、国内会议（论坛）

1.“个人信息保护的宪法与民法之维”新年论坛

2022 年 1 月

北京

2. 第二期“实务刑法论坛”

2022 年 4 月

浙江

3. 数字经济法治论坛

2022 年 5 月

北京

4. 第五届数字中国建设峰会数据法治论坛

2022 年 7 月

福建

5. 中国互联网法治大会 | 数据与算法安全论坛

2022 年 9 月

北京

6. 2022 世界人工智能大会法治青年论坛

2022 年 9 月

上海

7. 第二届“数字法治与社会发展”高端论坛

2022 年 10 月

上海

8.“数字法学与数字司法”高端论坛

2022 年 9 月

北京

9. 首届北大法学院“数字与法治”系列论坛

2022 年 9 月

北京

10. 第三届世界法治论坛暨“未来法治与数字法学”国际论坛

2022 年 12 月

北京

11. 清华大学第五届计算法学国际会议

2022 年 12 月

北京

二、国际会议（论坛）

1. World Artificial Intelligence Cannes Festival

2022 年 4 月 14 日—16 日

法国

2. Open Data Science Conference

2022 年 6 月 15 日—16 日

英国伦敦

3. World Summit AI

2022 年 5 月 4 日—5 日

加拿大

4. AI & Big Data Expo

2022 年 5 月 11 日—12 日

美国

5. Machine Learning Prague

2022 年 5 月 27 日—29 日

匈牙利

附录五　人工智能法治应用典型事例一览（2022.1—2022.12）

依照人工智能法治应用领域的不同，对过去一年间发生的应用事例可以从立法、执法、司法领域进行简要回顾。

一、立法应用

上海市第十五届人大常委会第44次会议表决通过了《上海市促进人工智能产业发展条例》。条例于10月1日起实施，这是人工智能领域的首部省级地方法规。市人大常委会法工委主任阎锐表示，此次立法立足于促进法的基本定位，注重创新性和引领性，充分发挥有效市场和有为政府的作用，采取各种激励措施推动人工智能产业高质量发展。这也是上海继《上海市数据条例》后的第二部数字经济领域地方法规，将有力支撑城市全面数字化转型，助力建成具有国际影响力的人工智能“上海高地”。立法确立了人工智能产品和服务的行为底线，明确相关主体开展人工智能研发和应用，应当遵守法律、法规规定，增强伦理意识，并不得从事相关禁止行为。比如禁止提供危害用户人身或者财产安全、侵害个人隐私或者个人信息权益的产品和服务；禁止利用算法技术实施价格歧视或者消费欺诈等侵害消费者权益的行为，实施垄断或者不正当竞争等行为等。

2022年9月6日，我国首部人工智能产业专项立法——《深圳经济特区人工智能产业促进条例》(以下简称《条例》) 正式公布，并自同年11月1日起实施。《条例》在人工智能产业的多个环节进行了探索创新，例如首次立法明确人工智能概念和产业边界、建立面向产业的算力算法开放平台、定期制定并发布人工智能场景需求清单等。

二、司法应用

2022年12月，最高人民法院发布《最高人民法院关于规范和加强人工智能司法应用的意见》，坚持以习近平新时代中国特色社会主义思想为指导，深入贯彻习近平法治思想，坚持司法为民、公正司法工作主线，加快推进人工智能技术与审判执行、诉讼服务、司法管理和服务社会治理等工作的深度融合，规范司法人工智能技术应用，提升人工智能司法应用实效，促进审判体系和审判能力现代化，为全面建设社会主义现代化国家、全面推进中华民族伟大复兴提供有力司法服务。

三、执法应用

2022 年，江苏省交通运输综合行政执法监督局狠抓道路运输天网行动和安全生产专项整治，严厉打击道路运输非法违规运营，加大对全省道路运输规范化执法指导、监督，加强跨部门、跨区域联合执法，全面实践“一体化 + 智慧执法 + 信用监管”执法新模式，全力以赴保障道路运输安全，有效维护全省道路运输市场秩序，道路运输事故起数和死亡人数达到双下降的目标。2022 年 12 月 20 日，省交通综合执法局宁沪支队联合上海市、苏州市、昆山市交通执法、公安交警等部门，在宁沪高速陆家卡口进行“两客一危”联合执法。

2022 年 3 月 31 日，福安警方“智慧”助力执法规范化。福安市公安局根据实际需要，在智慧型执法办案管理中心建设中，合理设置办案功能区，选配智能化辅助设备，建成了实现人员登记、信息采集、统一看管、办案辅助和数据互通等基本功能，构建含案件管理区、办案区、涉案财物管理区、合成作战区和服务保障区“五位一体”的执法办案管理中心，所有刑事案件和需要处罚的行政案件全部进入中心办理，强化对办案活动的监督管理和服务保障，有力地提升了执法规范化。

附录六　人工智能司法典型案例一览（2022.1—2022.12）

1.“AI陪伴”软件侵害人格权案

被告运营某款智能手机记账软件，在该软件中，用户可以自行创设或添加“AI陪伴者”，设定“AI陪伴者”的名称、头像、与用户的关系、相互称谓等，并通过系统功能设置“AI陪伴者”与用户的互动内容，系统称之为“调教”。本案原告何某系公众人物，在原告未同意的情况下，该软件中出现了以原告姓名、肖像为标识的“AI陪伴者”，同时，被告通过算法应用，将该角色开放给众多用户，允许用户上传大量原告的“表情包”，制作图文互动内容从而实现“调教”该“AI陪伴者”的功能。原告认为被告侵害了原告的姓名权、肖像权、一般人格权，故诉至法院，要求赔礼道歉并赔偿经济损失、精神损害抚慰金等。

北京互联网法院经审理认为，案涉软件中，用户使用原告的姓名、肖像创设虚拟人物，制作互动素材，将原告的姓名、肖像、人格特点等综合而成的整体形象投射到AI角色上，该AI角色形成了原告的虚拟形象，被告的行为属于对包含了原告肖像、姓名的整体人格形象的使用。同时，用户可以与该AI角色设定身份关系、设定任意相互称谓、通过制作素材“调教”角色，从而形成与原告真实互动的体验，被告对于案件的上述功能设置还涉及自然人的人格自由和人格尊严。虽然具体图文由用户上传，但被告的产品设计和对算法的应用实际上鼓励、组织了用户的上传行为，直接决定了软件核心功能的实现，被告不再只是中立的技术服务提供者，应作为内容服务提供者承担侵权责任。因此，被告未经同意使用原告姓名、肖像，设定涉及原告人格自由和人格尊严的系统功能，构成对原告姓名权、肖像权、一般人格权的侵害。遂判决被告向原告赔礼道歉、赔偿损失。

2. 何某起诉记账软件侵权获赔20万元

上海自古红蓝人工智能科技有限公司开发的叨叨记账中使用了何某的虚拟人设，利用了粉丝经济，虚拟明星人物经常用说情话的方式来吸引客户进行使用。何某提起诉讼，诉称该公司对他姓名权、肖像权、人格权等造成了侵犯。

上海自古红蓝人工智能科技有限公司辩解称叨叨记账里面是用户个人使用何某的

表情包等，公司不需要承担责任。即便是用户个人使用也是在这个平台上面，所以最后法院判定公司和用户个人共同承担侵权事实。

3. BKC就透明度和商业监督向FTC发表评论

2022年2月，网络法律诊所提交了一份评论，以回应联邦贸易委员会的要求，要求就与商业监控和数据隐私相关的拟议规则制定预先通知提供反馈。该评论是代表伯克曼克莱因中心及其项目和同事提交的，包括数据营养项目，流明数据库，风险评估工具数据库项目以及青年和媒体项目。

该评论提供了可操作的建议，这些建议将代表有意义的增量步骤，以实现数据收集器和处理者的端到端数据透明度的最终目标。这些措施包括量身定制的透明度机制、灵活的披露要求以及对在线弱势群体的保护。

附录七　人工智能法治大事件（2022.1—2022.12）

2022 年以来，随着人工智能技术的飞速发展，司法改革和法律信息化的持续推动，“人工智能 + 法治”成为创新创业的重要方向，人工智能在法治领域的各种应用和解决方案已逐步进入公众视野，并悄然改变着现行法律体系的运作机制。以下为简要摘列：

- 北京大学和清华大学联合建立通用人工智能实验班（2022.3）
- 欧盟《人工智能法案》正式生效（2022.4）
- 中国发布《中国法治实施报告（2022）》（2022.11）
- 深圳针对人工智能产品应用“落地难”问题立法，并发布《深圳市人工智能产业发展规划（2021—2025 年）》（2022.6）
- 日本在 2022 年继续推进其人工智能技术的发展和应用，并发布《统合创新战略》（2022.6）

图书在版编目(CIP)数据

世界人工智能法治蓝皮书.2023/崔亚东主编.—
上海:上海人民出版社,2023
ISBN 978-7-208-18350-6

Ⅰ.①世…　Ⅱ.①崔…　Ⅲ.①人工智能-科学技术管理法规-研究报告-2023　Ⅳ.①D912.174

中国国家版本馆CIP数据核字(2023)第102768号

责任编辑　张晓玲　夏红梅
美术编辑　夏　芳
封面设计　北京高高国际文化传媒有限责任公司

世界人工智能法治蓝皮书(2023)
崔亚东 主编
叶　青　刘晓红　黄开胜　施伟东 副主编
上海市法学会
浙江清华长三角研究院
华东政法大学
上海政法学院
编

出　　版　上海人民出版社
(201101　上海市闵行区号景路159弄C座)
发　　行　上海人民出版社发行中心
印　　刷　上海盛通时代印刷有限公司
开　　本　889×1194　1/16
印　　张　30
字　　数　349,000
版　　次　2023年6月第1版
印　　次　2023年6月第1次印刷
ISBN 978-7-208-18350-6/D·4145
定　　价　265.00元